Manifest der demokratischen Zivilisation

Vierter Band

Die demokratische Zivilisation Wege aus der Zivilisationskrise im Nahen Osten

Abdullah Öcalan
Manifest der demokratischen Zivilisation

Vierter Band

Die demokratische Zivilisation
Wege aus der Zivilisationskrise im Nahen Osten

Bibliografische Information der Deutschen Bibliothek
Die Deutsche Bibliothek verzeichnet diese Publikation in der Deutschen Nationalbibliografie; detaillierte bibliografische Daten sind im Internet über http://ddb.de abrufbar.

Die demokratische Zivilisation
Manifest der demokratischen Zivilisation, Band IV
ISBN 978-3-89771-098-6 (PB)
ISBN 978-3-89771-037-5 (HC)

Aus dem Türkischen: Mehmet Salih Akın und Reimar Heider
Titelmotiv: Mezopotamya von Ercan Altuntaş, Acrylfarben auf Papier, 50 × 70 cm

Erscheint in der International Initiative Edition
Internationale Initiative »Freiheit für Abdullah Öcalan – Frieden in Kurdistan« (Hg.) – Postfach 100511, 50445 Köln
www.freeocalan.org

www.unrast-verlag.de – kontakt@unrast-verlag.de
Mitglied in der assoziation Linker Verlage (aLiVe)

Originaltitel: *Ortadoğu'da Uygarlık Krizi ve Demokratik Uygarlık Çözümü*
Erstveröffentlichung 2010 bei Mezopotamien Verlag, Neuss

1. Auflage April 2023
Umschlag und Satz: Internationale Initiative
Druck: Multiprint, Kostinbrod

Inhalt

Vorwort

Utopie ist nicht das Unmögliche, sondern das noch nicht Verwirklichte

von Leyla Güven

Der Nahe Osten ist eine Region, in der Kulturen, Völker, Zivilisationen gelebt und tiefe Wurzeln geschlagen haben. Jahrtausendelang bildete er das Zentrum der Welt. Er ist ein Ursprung, und er ist historisch. Er war nicht nur ein Zentrum, weil er geografisch in der Mitte der Welt liegt, sondern aufgrund seiner historischen und kulturellen Werte. Der Nahe Osten ist ein Ort, an dem unter der Führung der Frau die natürliche Gesellschaft intensiv gelebt wurde und bleibende Spuren hinterlassen hat. Er ist die Heimat der Göttinen. Er wurde Zeuge des Aufstiegs und Niedergangs zahlreicher Zivilisationen.

Der Nahe Osten war die Heimat der Sumerer*innen, Babylonier*innen, Assyrer*innen, Hethiter*innen, Meder*innen und Perser*innen. Die Region des Nahen Ostens ist gleichzeitig der Ort, an dem das Leben der autonomen moralisch-politischen Gesellschaft entstand, und der Ort, an dem die ersten Machtstrukturen und Staaten der Geschichte geschaffen wurden. Auch die ersten Kapitalisten kamen aus diesen Ländern. Mythologie, Religion, Philosophie und Wissenschaft sind die Schöpfungen dieser uralten Geografie. Hier können wir die ersten Keime von Literatur und Kunst erkennen. Einige der ersten Epen und Legenden der Menschheit wurden in diesen Ländern formuliert und niedergeschrieben. Kurzum, hier gab es viele Premieren für die Menschheit. Deshalb ist der Nahe Osten so originell, er ist wie die Stammzelle des Universellen. Wie Öcalan sagt, ist er die Mutter aller Zivilisationen.

In diesen Tagen, in denen der Dritte Weltkrieg – insbesondere im Nahen Osten – eskaliert, können wir gleichzeitig den Keimling einer Mentalitätsrevolution erkennen. Der Geburtsort dieser Mentalitätsrevolution ist die Geografie Kurdistans. Durch die Revolution in Kurdistan geht der Nahe Osten schwanger mit einer Revolution des Denkens und der

Mentalität, die der Menschheit einen neuen Anfang geben wird. Außerdem ist die Revolution in Kurdistan über den Aufbau der Freiheit des kurdischen Volkes hinausgegangen. Sie ist zur Hoffnung aller Menschen im Nahen Osten geworden. Denn das Verständnis der demokratischen Nation, das sich in Kurdistan entwickelt hat, ist in der Lage, Lösungen für viele soziale Probleme im Nahen Osten zu finden. Aus diesem Grund haben schon die ersten Schritte der Revolution in Rojava ausgereicht, um alle Völker des Nahen Ostens und der Welt Hoffnung schöpfen zu lassen, wie sie aus der Krise und dem Chaos von heute herauskommen können.

In »Die demokratische Zivilisation – Wege aus der Zivilisationskrise im Nahen Osten« und in all seinen anderen Büchern zuvor hat Öcalan neue Lösungen entwickelt, die nicht nur den Nahen Osten, sondern alle Weltsysteme erhellen werden. Er hat eine demokratische Nation, eine demokratische Republik, ein ökologisches, frauenbefreiendes Paradigma und viele andere Modelle mit demokratischem Inhalt vorgeschlagen. Alle Vorschläge, die er entwickelt hat, sind konkret und umfassend und entsprechen sowohl den universellen Werten als auch den Gegebenheiten in der Region.

Die Perspektive der demokratischen Nation, die Öcalan gegen die Ideologie des Nationalismus der kapitalistischen Moderne vertritt, ist Ausdruck einer großen Revolution. Vor allem im Nahen Osten sind die Nationen sogar innerhalb ihrer selbst zersplittert und befinden sich in einem ständigen Chaos mit Kriegen im Namen von Sekten und Religionen. Dabei ist der Nahe Osten ein Paradies der Kulturen. Es ist ein gemeinsamer Lebensraum, in dem Völker, Glaubensgemeinschaften und Kulturen miteinander verwoben leben und sich gegenseitig nähren und bereichern. Mit anderen Worten: Der Nahe Osten ist das Fundament der demokratischen Nation.

In Kenntnis dieser Realität ist das kapitalistische System heute dabei, die Kultur der sozialen Moral im Nahen Osten aufzubrauchen, und will die Gesellschaft vollständig in die Kapitulation treiben, indem es Chaos schafft. Da die Wurzeln dieser Kultur jedoch im Nahen Osten liegen, werden es wiederum die Völker dieser Geografie sein, die Demokratie und Freiheit anführen werden. Orientalisten, die den Nahen Osten als ein Laboratorium für Besatzer-Mentalitäten betrachten, haben im Rahmen der Orientalismus-Studien zahlreiche Forschungen durchgeführt. Obwohl die Menschen, die in diesem Gebiet leben, die eigentlichen Eigentümer dieser Ländereien sind, haben sie gegen ihren Willen Entscheidungen getroffen und sie diesen Völkern aufgezwungen. Sie teilten die Araber in zweiundzwanzig Mini-Nationalstaaten auf und begannen, sie zu beherrschen, teilten Kurdistan in vier und überließen es seinem Verschwinden, indem sie es in vier Nationalstaaten integrierten und assimilierten.

»Das Gewusste ist das Erkannte«, sagt Öcalan. Wir, das kurdische Volk, wissen, dass wir für unsere Freiheit kämpfen müssen. Wir sind uns auch bewusst, dass diejenigen, die keine eigene Lösung haben, auf die Lösungen anderer angewiesen sein werden. Mit den Lehren Öcalans werden wir sowohl uns selbst als auch die Welt, in der wir leben, auf der Grundlage von gesellschaftlicher Freiheit und ökologischem Leben verändern. Diesen Mut und diese Entschlossenheit schöpfen wir aus dem historischen Erbe der Frauen. Das von Öcalan entwickelte Modell ist ein demokratisches und konföderales Modell, das für die multiidentitäre, multireligiöse und multikulturelle Struktur des Nahen Ostens besonders geeignet ist. Wir behaupten, dass alle Völker des Nahen Ostens nach der Verwirklichung dieses Modells in der Lage sein werden, in ihren Gemeinden frei zu leben. Doch obwohl der Schöpfer dieser äußerst wertvollen Thesen und seine wissenschaftlichen Arbeiten alle Menschen inspirieren, ist er selbst immer noch im İmralı-Gefängnis inhaftiert, wohin ihn eine internationale Verschwörung gebracht hat.

Öcalan, den Millionen von Menschen »meinen politischen Repräsentanten« nennen, werden die Rechte verweigert, die allen Gefangenen und Verurteilten nach den Gesetzen des türkischen Staates zustehen. Vierundzwanzig Jahre lang konnten sich Öcalan und unsere anderen drei Freunde auf der Insel nur dann mit ihren Anwälten und Familien treffen, wenn der Staat, d.h. die Machthabenden, dies verlangten. Das Recht zu telefonieren wurde in den letzten vierundzwanzig Jahren nur einmal zugestanden. Der türkische Staat tut so, als gäbe es keine internationalen Konventionen, die er unterzeichnet hat, und führt weiterhin Handlungen durch, die nach seinem eigenen Recht kriminell sind. Viele Institutionen und Organisationen, insbesondere das CPT des Europarats, schweigen zu dieser »personalisierten« Rechtswidrigkeit. Wir wissen, dass die internationale Diplomatie ausschließlich auf interessegeleiteten Beziehungen beruht. In diesem Bereich werden die Stimmen der unterdrückten und ausgebeuteten Völker meist nicht gehört. Die Palästinenser*innen werden jeden Tag in ihrem eigenen Land massakriert, und die Welt schaut nur zu. Im Jahr 1915 wurden mehr als eine Million Armenier vor den Augen der ganzen Welt massakriert. Der Westen konnte erst hundert Jahre später von einer »großen Katastrophe« sprechen. Das Land der Kurd*innen wurde in vier Teile geteilt, und obwohl es offensichtlich war, dass es in jedem Teil zu zahlreichen Massakern wie Anfal, Halabja, Dersim, Roboski und Cizre kam, konnte der Westen nur sagen: »Das ist besorgniserregend« und »wir beobachten das mit Sorge«. Unsere Erwartungen in diesen Fragen richten sich nicht an diejenigen, die die Welt beherrschen und von einer imperialistischen, kapitalistischen, kaufmännischen Mentalität geprägt sind. Sie richten sich an alle Völker der Welt, die die universellen Werte ernstnehmen und für ein gleichberechtigtes und geschwisterliches Leben in Frieden eintreten.

In meinem eigenen Namen sage ich noch einmal, dass die Utopie nicht das Unmögliche ist, sondern das noch nicht Verwirklichte. Wenn ich nur fünfzig Jahre zurückblicke, sehe ich sehr deutlich, dass viele Dinge, die ich für unmöglich gehalten hatte, verwirklicht wurden. Als kurdische Frau, die nur fünf Jahre zur Schule gehen konnte, habe ich es der Frauenperspektive von Öcalan zu verdanken, dass ich trotz allem in dem von Männern dominierten System überleben konnte. Meine Familie, meine Freunde, meine Verwandten, mein Umfeld, mit anderen Worten alle haben gesagt: »Du bist eine Frau, du kannst es nicht schaffen, du kannst es nicht tun.« Aber als ich Öcalans Schriften las, wurde mir gesagt: »Du kannst es schaffen, du kannst auf eigenen Füßen stehen, du musst nur daran glauben, nicht aufgeben, es muss dir gelingen, *xwebûn* zu sein«. Öcalan erklärte, dass das einundzwanzigste Jahrhundert das Jahrhundert der Frauen sein wird, in dem die Widersprüche zwischen den Geschlechtern offengelegt werden. Ich habe gesehen, wie wahr diese Worte sind, als ich in der Frauenbewegung lebte, an der ich seit fast dreißig Jahren beteiligt bin.

Es erfordert Mut, über die Existenz von Frauen in einem Land zu sprechen, in dem die Wahrheit so sehr auf den Kopf gestellt wird. Öcalan forderte jede feudale, religiöse, sexistische, frauenfeindliche und frauenverachtende Gruppe mit einer maskulinen Mentalität heraus. Er hat mit der Vorstellung aufgeräumt, dass »Frauen nicht kämpfen können«. Es waren gestern Hypatia, die sagte: »Ich bin in die Wahrheit verliebt« und ihre ehrenhafte Haltung nicht aufgab, obwohl sie wusste, dass ihr Körper in Stücke gerissen werden würde, Clara Zetkin, die sagte: »Nur wer das Leben einsetzt, kann das Leben gewinnen« und Alexandra Kollontai, die sagte: »Die Herrschenden haben schon immer organisierte Lügen gegen die Frauen erzählt«. Heute sind es Leyla Qasim, die sagt: »Man sagt mir, ich solle meine Kultur verleugnen, ich sage, wenn man so etwas tut, verleugnet man seine eigene Existenz«, Zîlan, die klar macht: »Wer das Leben nicht so sehr liebt, dass er dafür stirbt, sondern wer das Leben wegwirft, kann keine großen

Taten vollbringen«, und Sara, die sagt: »Liebe entsteht nicht durch Worte, die Liebe selbst ist das Wort, die Liebe selbst ist die schönste Entscheidung.« Diese mutige und entschlossene Haltung, die Frauen von der Geschichte bis heute an den Tag legen, setzt sich bis heute mit ununterbrochenen Aktionen und Wellen der Rebellion in der ganzen Welt fort. Ja, wir behaupten erneut, dass Frauen weiterhin der Garant für demokratischen Wandel und ein freies, partnerschaftliches Leben sind, von Rojava bis Chile, von Argentinien bis Palästina, vom Iran bis Tunesien.

Da Öcalan die Realität der Frauen sehr gut analysiert hat, hat er, wenn er über die Geschichte des Widerstands im Nahen Osten sprach, immer betont, dass die grundlegendste Dynamik dabei die Frauen sind. Die Revolution in Rojava, die sich unter der Führung von Frauen entwickelt hat, ist in der Tat ein konkreter Indikator für einen revolutionären Ausweg, der den gesamten Nahen Osten auf die Grundlage einer demokratischen Transformation stellen wird.

Als Öcalan sagte »Die Hoffnung ist mehr wert als der Sieg«, bezog er sich auf die Geschichte und die Erfahrungen. Denn viele führende Persönlichkeiten, Philosoph*innen und weise Menschen in der Geschichte haben in ihrer eigenen Zeit sehr wichtige revolutionäre Durchbrüche erzielt und künftigen Generationen Hoffnung gegeben. Um nur einige Beispiele zu nennen: Mansur al-Halladsch, der wegen seiner Worte »ana'l-haqq« (Ich bin Gott) verhaftet und am 25. März 922 getötet wurde, nachdem er ausgepeitscht worden war, Manî, der das gleiche Schicksal erlitt, Babek, dem 838 Hände und Füße abgehackt und der zu Tode gefoltert wurden, Abraham, der ins Feuer geworfen wurde, Jesus, der gekreuzigt wurde … Wenn wir das letzte Jahrhundert betrachten, können wir sehen, dass tapfere und mutige Führer den Kampf für die Wahrheit fortsetzen. Im Jahr 1947 wurden Qazî Mohammed und seine Freunde rechtswidrig hingerichtet, weil sie die Gründung der Mahabad-Republik im Iran angeführt hatten. Als der 80-jährige Şêx Said 1925 zum Tode verurteilt wurde, verriet er seine Haltung, indem er dem Henker, der ihn zum Galgen brachte, sagte: »Sie können mich heute hängen, aber morgen werden unsere Enkelkinder Sie dafür zur Rechenschaft ziehen.« Die letzten Worte von Seyid Rıza, der 1938 zusammen mit seinem Sohn als Anführer des Dersîm-Aufstands hingerichtet wurde, lauteten: »Ich bin mit euren Tricks und Täuschungen nicht fertig geworden, lasst mir das eine Lehre sein. Ich bin vor eurer Unterdrückung nicht in die Knie gegangen, und das sollte euch eine Lehre sein.« Diese Führung und dieser mutige Vorstoß haben sich bis heute in der Person von Öcalan fortgesetzt. Heute ist die Freiheit von Menschen wie Öcalan, der sagt, dass die Völker nicht ohne Lösungen und Alternativen sind, dass es möglich ist, aus dem Chaos und der Krise in der ganzen Welt herauszukommen, und der den Preis dafür zahlt, dass er den Aufbau des demokratischen, freien Lebens vorschlägt, nach dem sich die Völker durch die globale Technologie sehnen, unsere Rechtfertigung für den Kampf. Als einer der bedeutendsten Philosophen des einundzwanzigsten Jahrhunderts sollte Abdullah Öcalan frei sein und seine Thesen mit der Gesellschaft teilen können. Als kurdische politische Gefangene organisieren wir von Zeit zu Zeit Aktionen und Aktivitäten, bei denen wir unser Leben aufs Spiel setzen, um unseren Stimmen in der Welt Gehör zu verschaffen. Weil wir lieber einen ehrenhaften Widerstand leisten, als ohne Identität und Status zu leben.

Alle Völker der Welt sollen wissen, dass ein klassenloses, ausbeutungsfreies, ökologisches und frauenbefreiendes Leben möglich ist. Und dafür müssen vor allem die Frauen, die Jugend, die Revolutionäre und alle, die demokratische und universelle Werte verteidigen, kämpfen. Wir sind fest davon überzeugt, dass dieser Kampf erfolgreich sein wird. Auch wenn wir heute einen hohen Preis zahlen müssen, wird das Ende unseres Kampfes glorreich sein.

Mit meiner unendlichen Achtung, Liebe und Sehnsucht,
Leyla Güven

Vorrede

In diesem vierten Band des Manifests der demokratischen Zivilisation werde ich die nahöstliche Kultur genauer unter die Lupe nehmen, denn die Selbstdefinition der Einzelnen würde ohne ein Verständnis dieser Kultur, die in der allgemeinen Menschheitsgeschichte seit jeher eine Schlüsselrolle spielt, nicht nur oberflächlich, sondern völlig bedeutungslos bleiben. Man sollte sich darüber im Klaren sein, dass selbst die hegemoniale europäische Kultur eigentlich nur eine Variante der nahöstlichen ist. Obwohl erstere, vom wissenschaftlichen Standpunkt aus gesehen, ihr fortgeschrittenes Stadium verkörpert, spielt darin die nahöstliche Kultur nach wie vor eine schicksalhafte Rolle. Nicht ohne Grund fallen uns diese beiden Kulturen ein, wenn heute von Kampf und Verständigung der Kulturen bzw. Zivilisationen die Rede ist. Diese Feststellungen bestätigen in gewisser Hinsicht auch den Begriff der Zentralzivilisation.

Die vorigen Bände dieses Manifests bemühten sich um eine Definition des Allgemeinen. Die Kultur des Nahen Ostens kann nur im Rahmen der allgemeinen Erzählung ihren Ausdruck finden. Der Nahe Osten stellt ohnehin die Hauptader des Allgemeinen dar. Der einzelnen Geschichte und Kultur kommt nur im Rahmen dieser Allgemeinheit eine Bedeutung zu. Unter dem Begriff »einzeln« verstehe ich ein breites Spektrum von Besonderheiten, die von der Person bis hin zur Nation reichen. Ich gab mir große Mühe, mich als Einzelnen zu definieren. Je mehr ich diese Bemühungen intensivierte, desto eindeutiger merkte ich, dass ich mich dabei dem Allgemeinen nicht entziehen kann. Ich habe keinen Zweifel, dass dem leeren Individuum im Liberalismus ein mythischer Wert zugeschrieben wird, welcher nicht einmal soviel Bedeutung trägt wie die alten Mythologien. Auch die Idee äußerst starrer gesellschaftlicher Kollektivitäten, die Einzelnen zu schlucken, ist auf andere Weise ebenfalls mythisch. An dieser Stelle möchte ich einen früheren Ausspruch von mir wiederholen: Es ist immer möglich, im Individuum die Geschichte zu analysieren.[1] Das Individuum ist Produkt der Geschichte, ihr konkreter Zustand – wenn es noch am Leben ist, ihre Gegenwart. Mit Geschichte meine ich freilich die historische Gesellschaft.

---

1 Aus dem Jahr 1986, vom dritten Kongress der PKK, stammt in Zusammenhang mit den Persönlichkeitsanalysen der Ausspruch *Burada çözümlenen an değil tarihtir, kişi değil toplumdur:* »Hier wird nicht der Moment analysiert, sondern die Geschichte, nicht die Person, sondern die Gesellschaft.« Gemeint sein könnte auch der Titel seines 1997 erschienen Buches *Tarih Günümüzde Gizli ve Biz Tarihin Başlangıcında Gizliyiz*, etwa: »Die Geschichte ist in uns verborgen, und wir sind im Anfang der Geschichte verborgen.« Es handelt sich um eine Sammlung von Reden zu Kunst, Geschichte, Kultur und Philosophie.

Die erste und wichtigste Erkenntnis, die ich aus dieser Geschichte ziehe, um deren Definition ich mich bemühe, ist, dass es unmöglich ist, Mensch zu werden, ohne die Gesellschaft, der man im engeren und im weiteren Sinne angehört, zu analysieren und zu verstehen – und sei es nur auf der Ebene eines Klans. Heute sind in der Gesellschaft stets Verleugnung und Zwangsassimilation am Werk, was ursächlich für den Bedeutungsverlust der Einzelnen ist. Individuen und Gemeinschaften, die diesen Prozess durchlaufen haben, lassen sich allenfalls als negative Individuen und negative Gesellschaften bezeichnen. Meines Erachtens lassen sie sich schwer als Gemeinschaften von Menschen bezeichnen.

Meine Überzeugung, dass die Wirklichkeit eine gesellschaftliche ist, verfestigt sich immer mehr. Nur ein Mensch, der den gesellschaftlichen Ursprung der Wirklichkeit begreift, kann die höchste Stufe des Wissens erreichen. Aus diesem Grund kommt die Flucht vor der Gesellschaft einer Flucht vor Bedeutung und Weisheit gleich. Die beharrliche Flucht des Liberalismus vor der Gesellschaft ist sowohl seinem oberflächlichen Verhältnis zur Wirklichkeit geschuldet, auch als der Natur des Kapitalismus, dessen ideologischer Ausdruck er ist. Dass der Kapitalismus und die Gesellschaft unter kapitalistischer Hegemonie sich immer mehr der Werbung und der Lüge bedienen, unterstreicht ebenfalls diese Facette der Wirklichkeit.

Sowohl meine theoretische Entwicklung als auch meine Rolle in der praktisch-politischen Entwicklung machen meine Verteidigung mit jedem Tag aufschlussreicher. Wir wissen bzw. sollten wissen, dass die Bedingungen meiner Gefangenschaft nicht gut sind und meine Gefangenschaft nicht angenehm verläuft. Meine erste Antwort auf die Frage, wie ich diesen Bedingungen standhalten könne, ist sprichwörtlichen Charakters: Ich erlebe bloß die Gefangenschaft meiner gesellschaftlichen Wirklichkeit. Ich bin mir gänzlich bewusst, dass ich in dieser Wirklichkeit nicht frei leben könnte, selbst wenn ich es wollte, selbst wenn der Garten Eden vor mir läge. Andere, die sich in derselben Wirklichkeit befinden und frei zu leben behaupten, sollten sich bewusst sein, dass sie – gelinde gesagt – sich selbst betrügen. Die historischen und gegenwärtigen Ursachen der gesellschaftlichen Gefangenschaft bedürfen natürlich einer langen dialektischen Erklärung. Wichtig ist es, zu diesem Verständnis zu gelangen. Erst wenn wir dieses Verständnis erlangen, können wir den Befreiungsmarsch in Raum und Zeit antreten. Es handelt sich dabei um einen Marsch, der gleichermaßen innerlich wie äußerlich ist, gleichermaßen individuell wie gesellschaftlich.

Häufig hinterfrage ich mein eigenes Leben und versuche dann vor allem zu begreifen, in was für einem Widerstand, in was für einer Flucht oder in was für einem Kompromiss ich mich gerade befinde. Es ist klar, dass meine Verteidigung nichts als meine Lebensgeschichte sein kann. Ich bin der Meinung, dass eben diese Geschichte sehr interessant und lehrreich ist. Und noch wichtiger ist, dass sich meine Verteidigung auch in der Praxis entfaltet, gemeinsam mit der Verteidigung meiner Gesellschaft. Ich bin der Überzeugung, dass eine Verteidigung der Freiheit anders nicht möglich ist; eine mögliche andere Verteidigung wäre keine Verteidigung der Freiheit.

Als Individuum und als Gesellschaft sind wir in der Wiege des Nahen Ostens und der Zentralzivilisation entstanden: in Mesopotamien. Dieser wie der Euphrat fließende Strom der Zivilisation erweckt mehr und mehr mein Interesse. Ich werde nicht müde noch gelangweilt, mich ihm zuzuwenden. Der Mensch und die Gesellschaft des Nahen Ostens, die mit seiner Geologie, seinen Pflanzen und Tieren eins geworden sind, stellen eindeutig den Ursprung all dessen dar, was wirklich ist. Durch diese Wirklichkeiten werde ich nicht nur meine eigene Bedeutung verstehen, sondern auch die ganze Menschheit und den allgemeinen Menschen bestmöglich definieren und verstehen. Dieser Band widmet sich eher dieser Facette der Wirklichkeit. Sich Menschen wie Moses, Jesus und Mohammed, die vor Nimrods und Pharaonen flüchteten und zurückkehrten, um Widerstand zu leisten, anzunähern, das Wesen ihrer Botschaften zu verstehen, sie anzunehmen und weiterzugeben, stellt gewiss ein bedeutendes und aufregendes Abenteuer dar.

Die Zentralzivilisation ist immer noch hinter mir her, und ich bin Gefangener dieser Zivilisation. Ich flüchte vor ihr und leiste ihr zugleich Widerstand. Es ist wichtig, die Geschichte, die sich zwischen meinem Landsmann Abraham und dem Nimrod abspielte, zu aktualisieren. Der Widerstand gegen Nimrods und Pharaonen bildet die bedeutendste zu respektierende Eigenschaft der Religion. Völkermord und Krieg, die auf der Entwicklungsstufe der europäischen Zivilisation beruhen, stellen die Kehrseite derselben Medaille dar. Nationalstaat, Industrialismus und Kapitalismus beuten die Natur und die Gesellschaft des Nahen Ostens aus, indem sie sie nahezu an der Schwelle zum Selbstmord halten. Mein Manifest muss auch dieser Wirklichkeit gerecht werden. Während dies den Kern der Wirklichkeit darstellt, können Erzählungen von Ereignissen, politischen Begebenheiten und Individuen nicht mehr sein als eine literarische Dekoration des Ganzen.

Ich fand den Ansatz, meine Verteidigung auf dem Phänomen des Türkentums aufzubauen, stets zweifelhaft. Es ist wichtig zu begreifen, dass die Wahrheitskriterien nahöstlicher Nationalitäten im Allgemeinen ohne Wesensgehalt und losgelöst von historischen Grundlagen konstruiert wurden. Die im Nahen Osten geformten Nationalstaaten sind nicht nur das Produkt der kapitalistischen Hegemonie (d. h. Europas), sondern darüber hinaus eine scharfe Verdrehung der gesellschaftlichen Geschichte. Daher stellen sie eine Verleugnung eines Großteils der Wirklichkeit dar.

Der İmralı-Prozess wurde von Anfang bis Ende unter der Aufsicht der heutigen offiziellen Vertreterinnen der europäischen Zivilisation – der USA und der EU – gestaltet und inszeniert. Die Rolle, die dem Türkentum übertragen wurde, ergibt nur Sinn, wenn sie in diesem Zusammenhang untersucht wird, und genau das versuche ich zu tun. Der Europäische Gerichtshof für Menschenrechte nimmt mit seinem Beschluss einer »Wiederaufnahme des Verfahrens« die Wirklichkeit, um deren Definition ich bemüht bin, stillschweigend an. Die türkische Justiz wiederum legte ein ähnliches Verhalten an den Tag und gab diese Wahrheit stillschweigend zu, indem sie nicht den Mut zeigte, das Verfahren wieder aufzunehmen, und die Akte dem Ministerkomitee des Europarats zurückgab. Das Ministerkomitee hat mittlerweile meine Akte dem Europäischen Gerichtshof für Menschenrechte zurückgegeben. Also befindet sich meine Gerichtsakte im Leerlauf, in einem Vakuum. Dieser Umstand wurde zum Gegenstand eines weiteren Verfahrens vor dem Europäischen Gerichtshof für Menschenrechte gemacht. Seit zehn Jahren nimmt sich weder, wie es anfangs die Überlegung war, das Berufungsgericht in Rom noch der Europäische Gerichtshof für Menschenrechte in Straßburg meines Verfahrens vernünftig an – noch schlimmer: Obwohl ein Proto-Guantanamo-Vorgang herrscht, seitdem die griechische (Simitis-)Regierung mich wider jegliches nationale und europäische Recht nach Kenia verschleppte, kann nicht einmal im Athener Gericht das Verfahren aufgenommen werden, was nach wie vor angestrebt wird. Das Berufungsgericht in Athen kam zu dem Urteil, dass ich den griechischen Boden nicht widerrechtlich betreten, sondern dadurch von meinem Asylrecht Gebrauch gemacht hatte. Laut diesem Urteil gelte ich immer noch als auf griechischem Boden und im Wirkungsbereich der griechischen Justiz befindlich. In Wirklichkeit aber sitze ich nach einer von der Gladio-Struktur der NATO durchgeführten, gewaltigen Verfolgungsjagd, die mit meiner Gefangenschaft endete, in einer Zelle des Inselgefängnisses İmralı, einem speziellen Proto-Guantanamo-Ein-Personen-Gefängnis. Ich unterliege hier einem Regime, das sich außerhalb der Verfassung und der Richtlinien und Gesetze bewegt, die für alle anderen Gefängnisinsass*innen gelten.

Ich habe die politisch-gesellschaftlichen, daher auch die historischen und wirtschaftlichen Realitäten zu analysieren, die hinter dieser rechtlichen Monstrosität des Jahrhunderts stecken. So wird man nochmals begreifen, dass es nicht nur ein besonderes Volk, sondern gleichzeitig auch die Universalgeschichte ist, die in meiner Person verurteilt wird. Die offizielle europäische Zivilisation, die treibende Kraft der Universalgeschichte, sollte den Mut aufbringen, mich auf der Grundlage der Tatsachen vor ihr eigenes Gericht zu stellen. Der Europäische Gerichtshof für Menschenrechte sollte sich dieser seiner Aufgabe annehmen und seinen Beschluss in meiner Angelegenheit nicht länger hinauszögern.

Einleitung

Wir wissen, dass Karl Marx mit dem *Kapital* ein Musterwerk erschaffen wollte, welches die hegelsche Philosophie vom Kopf auf die Füße stellen sollte. Er bediente sich dabei zweier Ideen seines Zeitalters. Zunächst wollte er analog zur darwinschen Evolutionstheorie eine lineare Theorie des gesellschaftlichen Fortschritts entwickeln. Dies ist die erste der Hauptadern, auf denen der materialistische Zweig der positivistischen Philosophie beruhte. Zweitens übernahm er von Hegel unter dem Begriff der »Anerkennung« die Dialektik, die zu einer homogenen und höchst vollkommenen Staatstheorie des »starken und listigen Mannes« in der Geschichte führte. Er bildete sich ein, die hegelsche Philosophie vom Kopf auf die Füße zu stellen, indem er in der Dialektik von Herrschaft und Knechtschaft[2] die Rolle des Herrn dem Knecht (Arbeiter*in) zukommen ließ; und so glaubte er aufrichtig, sich durch einen Linkshegelianismus namens »dialektischer Materialismus« auf den Weg zur Wahrheit gemacht und die »soziale Wissenschaft« gegründet oder zumindest einen bedeutenden ersten Schritt in diese Richtung getan zu haben. Dass er sich dabei auch des französischen Sozialismus und der englischen politischen Ökonomie bediente, spielt eine zweitrangige Rolle. Dass der französische Sozialismus gleichbedeutend mit einem äußerst laizistischen Republikanismus und die englische politische Ökonomie mit einem kapitalistisch-liberalen Individualismus waren, sind Tatsachen, die erst später durch die dialektische Entwicklung deutlich wurden.

Die hegelsche Philosophie ist wichtig und hat nichts an ihrer Aktualität eingebüßt. Als Philosophie der Form der kapitalistischen Akkumulation und Stärke stellt sie tatsächlich einen Höhepunkt dar. Sie ist das letzte Wort dieses Systems. Was danach im Namen rechter und linker Philosophie geleistet wurde, geht nicht über detaillierte Arbeitsprogramme und ihre Propaganda hinaus. Das schließt alle möglichen marxistischen, liberalen und konservativen Ideologien ein. Der Philosoph Friedrich Nietzsche stellt dagegen eine andere Schule dar. Meines Erachtens stellen seine Ideen einen wahren Schrei des Aufstands gegen den Albtraum des kapitalistischen Systems dar. Als ein Freiheitssystem jedoch ist die Philosophie Nietzsches weit davon entfernt, zu Ende geführt worden zu sein. Nach dem Zweiten Weltkrieg wagte sich die französische Philosophie an diese Aufgabe; ihr Erfolg hielt sich allerdings in Grenzen.

Hegel zu verstehen und sich so mit dem Hegelianismus auseinanderzusetzen, ist nach wie vor eine aktuelle und grundsätzliche ideologische Aufgabe.

---

2 Diese Passage bezieht sich auf das *Herrschaft und Knechtschaft* überschriebene Kapitel in Hegels *Phänomenologie des Geistes*.

Auch wenn man sich dabei der Philosophie Nietzsches und der französischen Schule bedienen kann, bedarf es kreativerer philosophischer Arbeiten. Hegel versuchte, den Nationalstaat – personifiziert durch Napoleon – als die Form, die die Macht angenommen hatte, als Ende der politischen Geschichte zu deuten. Er wollte verdeckt ausdrücken, dass Gott als Nationalstaat in der Person Napoleons auf die Erde gekommen und dadurch einerseits vermenschlicht sei bzw. aus einem Menschen bestehe, andererseits (durch die Vermenschlichung) gestorben sei. Diese Behauptungen sind wichtige Ideen, die nochmals und gründlich untersucht werden sollten.

Hegels wichtigste Tat, seine wesentlichste Arbeit, bestand in einer Sammlung und Synthese der materiellen und immateriellen Ausdrücke und Diskurse der Kultur (Religion, Kunst, Wissenschaft und Philosophie) bis zu seiner Zeit. Das beginnende neunzehnte Jahrhundert markiert den Abschluss einer Schrifttradition, deren Schlussstein Hegels Nationalstaatstheorie bildet. Es ist gleichzeitig der Zeitpunkt, an dem die Hegemonie des kapitalistischen Westens sich endgültig durchgesetzt hat. Das Phänomen, das man Industrielle Revolution nennt, trägt den Stempel dieser Zeit. Seither sind mehr als zwei Jahrhunderte vergangen. Die Hegemonie der europäischen Zivilisation steht nun kurz davor, auch das Finanzzeitalter, die dritte große Welle der Globalisierung, mit einer schweren globalen Krise hinter sich zu lassen. Die kapitalistische Hegemonie, die in verschiedene Stadien eingeteilt wird, die als Handelskapitalismus und Kolonialismus (fünfzehntes bis achtzehntes Jahrhundert), Industriekapitalismus und Imperialismus (neunzehntes Jahrhundert) und Finanzkapitalismus und Globalisierung (zwanzigstes Jahrhundert) bezeichnet werden, muss in Hegels Ausdruckssphären der materiellen und immateriellen Kultur (Religion, Kunst, Philosophie und Wissenschaft) endlich überwunden werden. Die jüngsten Krisen (in den 2000er Jahren), die ihren Ursprung in der Finanzwelt hatten, offenbaren den strukturellen Ruin des Kapitalismus. Was noch fehlt, damit sich dieser Ruin tatsächlich ereignet, sind anti-hegelianische philosophische Arbeiten und praktische politische Kämpfe.

Ich schätze die Kritiken und Aktionen, die in den letzten zweihundert Jahren gegen die materielle und immaterielle Kultur der fünftausend Jahre alten Zentralzivilisation geleistet wurden, keinesfalls gering. Sozialismus, Anarchismus und kulturelle Widerstände jeglicher Art gehören dazu. Außerdem stellen ökologische und feministische Strömungen der letzten Zeit ebenfalls beachtenswerte Aufbrüche dar. Doch wenn ein nie dagewesenes Plünderungsregime, das alle Pflanzen, Tiere, Menschen und sogar die

Atmosphäre gefährdet, während es aus Finanzpapieren gigantische Profite schlägt, sich immer noch selbstherrlich wie ein Albtraum über das Leben legen und weiter herrschen kann, beweist dies, dass auf der gegnerischen Seite ernsthafte Mängel vorhanden sind und Fehler gemacht werden. Die Menschheit ist noch nie in der Geschichte so anfällig für Unterdrückung und Ausbeutung gemacht worden.

Die nahöstliche Kultur, die unter einer seit zwei Jahrhunderten fortschreitenden Hegemonie der europäischen Zivilisation steht, bewegt sich nicht nur auf ihren Ruin zu, sondern ist geradewegs auf dem Weg in ihren eigenen Selbstmord. Das ist keine Übertreibung. Es ist eine Tatsache, dass von Indien, China und Afghanistan bis hin zur Atlantikküste in allen Wirkungsbereichen dieser Kultur tagtäglich Selbstmordattentate stattfinden. Nicht die Anzahl dieser Attentate, sondern nur eine Analyse der ihnen zugrunde liegenden Kultur kann erklären, was hier vor sich geht. Weder traditionelle kulturelle Erklärungen (die abrahamitischen Religionen) noch orientalistische Erklärungen der westlichen Zivilisation sind in der Lage, diese Krise und dieses Selbstmordphänomen zu erklären. Zudem sind sie selbst Teil – sowohl Ursache als auch Wirkung – der Krise und des Selbstmords.

Diese Welt, die die islamische genannt wird – meines Erachtens ein propagandistischer Begriff –, hat seit Imam Ghazzālī (gest. 1111) den Boden der Philosophie verlassen. Bis heute hat dies zur Folge, dass man sich im despotischen Staat konzentriert, woraus zahlreiche Phänomene wie Kriege um die gewaltsame Aneignung des gesellschaftlichen Mehrwerts und die Eroberung, Vernichtung und Beherrschung von Gesellschaften erwachsen.

Hegel entwickelte seine Staatsphilosophie auf der Grundlage der vergangenen politischen Machtideen und -strukturen, die in dem Zeitraum von den griechischen Stadtstaaten bis zum napoleonischen Nationalstaat existiert hatten. Für die Entwicklung einer nahöstlichen Staatsphilosophie wäre es methodisch richtiger, nicht vom antiken Griechenland, sondern vom Stadtstaat Uruk auszugehen. Selbst eine sehr beschränkte Lektüre reichte aus, um mich in den Bann der Epen über Uruks Stadtgöttin Inanna und den ersten Gottkönig Gilgamesch zu schlagen. Die sokratischen und aristotelischen Philosophien, die die Rettung des athenischen Stadtstaats zum Ziel hatten, können die Phänomene von Macht und Hierarchie nicht ausreichend erklären. Die hegelsche Philosophie konnte trotz Hegels bezauberndem Gesamtwerk lediglich den Nationalstaat erzeugen. Dass selbst Kapitalist*innen, gleichzeitig die Herrscher*innen über den Nationalstaat wie auch seine ureigensten Kinder, diesen oder zumindest seine klassische

Gestalt nun als zu überwindendes Hindernis betrachten und eine entsprechende Praxis entwickeln, beweist die Unzulänglichkeit deer hegelschen Philosophie.

Es ist zweifellos wichtig und richtig, dass Karl Marx von Anfang an die Unzulänglichkeiten in Hegels Erklärung der (Staats-)Rechts- und Staatsphilosophie bemerkte. Das eigentlich Denkwürdige und Lehrreiche dabei ist allerdings, dass seine Antwort darauf die unzulänglichste der Unzulänglichkeiten darstellt. Seine Antwort beruht nicht auf einer Überwindung, sondern auf der Fortsetzung der hegelschen Philosophie. Die Herr- und Herrenloswerdung des Knechts in der Herr-Knecht-Dialektik werden dabei für Sozialismus und Kommunismus gehalten. Diese Lösung scheint auf eine klassen-, folglich ausbeutungslose Gesellschaft abzuzielen. Wenn man sich jedoch damit auseinandersetzt, mit welchen Mitteln das erreicht werden soll, geht diese Antwort allerdings nicht über einen planvolleren, rationaleren Staatskapitalismus hinaus, welcher einen kollektiven Kapitalismus darstellt, der rückständiger und verderbender ist, als es der Pharaonensozialismus war. Anhänger*innen und Kritiker*innen des Marxismus, die sich als allwissend ausgeben, setzen gleichermaßen ihr arrogantes Delirium heute noch fort.

Aus zwei Gründen kommt es zu diesen Resultaten, die sich auch in der Praxis bestätigen, allen voran im sowjetischen und chinesischen Realsozialismus. Die erste dieser Ursachen ist der positivistische Aufbau der Arbeitswerttheorie. Die tägliche Arbeitszeit von Arbeiter*innen wird dabei zum Maßstab des wirklichen Wertes ihrer Arbeitskraft erklärt. Solche Arbeiter*innen kommen aber historisch und gesellschaftlich nicht vor. Dieses Phänomen namens »Arbeiter*in« ist kein verwirklichter Mensch, genauer gesagt, seine Definition im *Kapital* ist nicht verwirklicht. Es gibt keine solche menschlich-individuelle Verwirklichung. Wenn das Individuum gesellschaftlich sein soll, kann es niemals zur Entstehung von Arbeiter*innen kommen, wie sie im *Kapital* erklärt wird. Damit die marxsche Arbeitswerttheorie der Wirklichkeit entspräche, müsste erst das Individuum aufhören, ein gesellschaftliches zu sein. Bisherige soziologische Studien belegen allerdings reichlich, dass das Individuum ohne Gesellschaft niemals entstehen könnte.

Es macht mich wütend, diese einfache Tatsache wiederholen zu müssen. Wenn das Individuum gesellschaftlich ist und, weil es gesellschaftlich ist, auch geschichtlich ist, dann ist es unmöglich, einen Maßstab für den Arbeitswert (Lohn, Profit, Rente, Zins usw.) zu finden; denn es ist unmessbar, zu welcher Zeit und mit wessen kumulativer Arbeitskraft das

Gesellschaftliche aufgebaut wurde. Aus diesem Grund ist es nicht möglich, die der Gesellschaft immanente, sie aufbauende Arbeitskraft quantitativ oder qualitativ zu kennen oder besser gesagt: sie zu messen. Während die Gesellschaft durch die Vergesellschaftung qualitativ wie quantitativ niemals messbarer individueller Arbeitskräfte entsteht, lässt sie ihre Individuen, zum Beispiel die Arbeiter*innen, zu Menschen werden, indem sie einen Teil jener angehäuften und institutionalisierten Arbeit an sie weitergibt. Allein die Institution Familie: Um einen Preis für die geronnene Arbeit zu bestimmen, genügt es nicht, nur die Arbeit, den Menschen im Mutterleib zu tragen, zu betrachten, auch nicht die Arbeit, ein Kind großzuziehen; nicht einmal die gesamte Ära der geschriebenen Geschichte. Um einen gerechten Maßstab für Arbeit entwickeln zu können, müssten wir das ganze gesellschaftliche Abenteuer der menschlichen Gattung in den Wert miteinbeziehen.

Mich wundert, wie es sein kann, dass so viele angeblich auf der Seite der Arbeiter*innen stehende Philosoph*innen, allen voran Marx, und militante Arbeiter*innen diese einfache Tatsache nicht zum Gegenstand ihrer Überlegungen machen oder dass sie, selbst wenn dies ihnen gelegentlich gelang, daraus keine radikal gerechten Schlüsse ziehen konnten? Es ließe sich beweisen, dass alleine die mütterliche Arbeit wertvoller ist als vierzig Jahre Lohn eines*einer Arbeiter*in. Wie sollen wir den Lohnanteil der Geschichte, Philosophie, Religion, Kunst und Wissenschaft an der Entstehung jener einzelnen Arbeiter*innen berechnen und ihren Gegenwert bezahlen? Wir werden uns wohl nicht herauswinden können, indem wir einfach sagen, dass diejenigen, die diese Arbeit erbracht haben, schon tot sind. Es ist wohl einer der Grundsätze des Sozialismus, dass die Erbringer*innen der Arbeit unsterblich sind. Also geht die Frage der Arbeiter*innen und des Arbeitslohns, selbst im Lichte dieser kurzen Definition, nicht über eine mythologische Erzählung hinaus.

Aus diesem Grund ist es näher an der Wahrheit, die positivistische Philosophie in ihrer vulgärsten faktenorientiert-materialistischen Spielart als hohlste Metaphysik zu bezeichnen. Eine radikale Kritik und Selbstkritik der marxistisch-positivistischen »Sozialwissenschaft« ist im Rahmen dieser Kategorie zu entwickeln. Auch die grundsätzliche Rolle der gesellschaftlichen Moral begegnet uns in diesem Zusammenhang. Die Moral stellt die Waage der Gerechtigkeit der gesellschaftlichen Arbeit dar, die sich nicht immer nach den Normen von Gut und Böse beurteilen lässt, und so ist es auch richtig. Die Beschränktheit des Marxismus in Bezug auf die Moraltheorie ist eng mit seinem Verständnis von Arbeitswert und Lohn verbunden. Die entscheidende Rolle, die seine fehlende moralische Grundlage beim raschen Zerfall des Realsozialismus spielte, wird so einerseits verständlicher, stellt andererseits einen der wichtigsten Kritikpunkte dar. Eine wichtige Sache, die an dieser Stelle erwähnt werden sollte, ist, dass die Befreiung der Gesellschaft vom Kapitalismus weder durch Trade-Unionismus noch eine Staatspartei, sondern nur durch die moralische und politische Gesellschaft erfolgen kann.

Der zweite große Fehler des Kapitals, wie auch der fälschlichen Darstellung des Kapitalismus als System, ist, dass das dialektische Verhältnis zwischen Macht und Hierarchie, also Gewalt, und der Akkumulation des Mehrwerts nicht richtig interpretiert wird. Alle Beobachtungen der historischen Gesellschaft zeigen, dass die Gewalt bei der Akkumulation jeglichen gesellschaftlichen Mehrwerts, welcher über die notwendigen Grundbedürfnisse hinausgeht, eine entscheidende Rolle spielt. Ohne Gewalt kommen weder ein gesellschaftliches Mehrprodukt noch Akkumulation zustande. Hinter dem Aufbau jeglicher Hierarchie und Macht steckt das Motiv, sich der gesellschaftlichen Akkumulation zu bemächtigen. Alle Formen des Machtaufbaus haben direkt oder indirekt mit der Akkumulation zu tun; abstrakter formuliert: Die überwältigende Mehrheit von hierarchischen und Machtverhältnissen ist nichts anderes als verdichtete gesellschaftliche Arbeit. Es ist nicht möglich, die Macht von verdichteter, institutionalisierter gesellschaftlicher Arbeit zu abstrahieren. Vom Raub der erarbeiteten Werte der Klangemeinschaften, vor allem denen der Frauen, auf die es der »starke und listige Mann« bereits in der Ära des Jagens und Sammelns abgesehen hatte, bis hin zur fortgeschrittenen Aneignung des gesellschaftlichen Mehrwerts durch den Nationalstaat als kapitalistischem Gewaltapparat, vermag keine Akkumulation losgelöst von Macht stattzufinden. Der fünftausendjährige Prozess der Zentralzivilisation selbst besteht aus verdichtetem, institutionalisiertem gesellschaftlichen Reichtum – einer gesellschaftlichen Akkumulation, die größtenteils durch brutale Kriege, Gewaltapparate und Staaten verwaltet wird.

Den Kapitalismus zur »ersten Produktionsweise« zu erklären, »die sich jenseits der Institution Staat durch die freiwillige Zusammenkunft der Bosse und Arbeiter*innen auf der Grundlage des Marktes entwickelte«, wie es manche akademische Sozialist*innen tun, ist nichts als eine riesige Propagandalüge. Eine solche Produktionsweise existiert nicht. Im Gegenteil ist der Kapitalismus vielmehr ein System, das auf der Grundlage einer im historischen Vergleich beispiellos entwickelten und institutionalisierten Gewalt eine Akkumulationsweise für den Mehrwert herausgebildet hat. Lasst uns die Geschichte genauestens untersuchen: Vom ersten auf Landwirtschaft basierten Mehrprodukt der Sumerer*innen und Ägypter*innen bis hin zur auf Handel und Industrie basierten gesellschaftlichen Akkumulation bedienten sich Macht und Hierarchie bei der Akkumulation stets einer strengen Kontrolle und Überwachung der Durchführung. Es ist eine einfach festzustellende gesellschaftliche Tatsache, dass der Zins – als Methode, mit Geld Geld zu verdienen – nicht realisierbar ist, wenn kein Gewaltapparat existiert. Die Geschichte ließe sich auch als eine in dieser Hinsicht ununterbrochene, auf sich selbst aufbauende und mit der verketteten Entwicklung aller gesellschaftlichen Bereiche verbundene Wirklichkeit beschreiben. Obwohl die Geschichte des Kapitalismus in dieser Hinsicht wohlbekannt ist, gehen die kapitalistischen Diskurse über das Kapital in ihrer überwältigenden Mehrheit nicht über absichtlich verdrehte mythologische Erzählungen und Propaganda hinaus.

An Marx' gutem Willen und auch dem der Marxist*innen ist nicht zu zweifeln. Ihr Macht-/Staats- und Arbeitswertaufbau als eine Art Staatskapitalismus war aber dem System dienlicher als der liberale Kapitalismus. Alleine die Erfahrungen, die in China und Sowjetrussland gemacht wurden, beweisen dies zur Genüge. Während der Rechtshegelianismus die Entstehung des Nationaletatismus in Deutschland und Europa zur Folge hatte, erzeugte der Linkshegelianismus den Nationaletatismus in der Peripherie, vor allem in Sowjetrussland und in China. Wenn beides sich schließlich in das kapitalistische Nationalstaatswesen integriert hat, lässt sich eine grundsätzliche Verbindung zur hegelschen Philosophie wohl nicht leugnen. Auch wenn sie viele Erschütterungen hinter sich hat, herrscht nach wie vor die hegelsche Staatsphilosophie.

Die feministische und ökologische Kritik an diesem System, welches wir als kapitalistische Moderne bezeichnen, und vor allem die Kritik des Anarchismus, sind von großer Bedeutung. Es ist aber auch festzustellen, dass diese Kritiken nicht über die Ansichten der sich nach wie vor in der Depression befindenden städtischen Mittelschicht hinausgehen.

Wenn ich mich mit der Staats- und Gesellschaftskrise des Nahen Ostens beschäftige, gehe ich dabei sehr sorgfältig vor, um nicht die Fehler der Kritik und des Widerstands der letzten fünftausend Jahre im Allgemeinen, vor allem aber die der letzten fünfhundert bzw. zweihundert Jahre zu wiederholen. Wir bedürfen dieser Sorgfalt. Dabei lege ich großen Wert darauf, nicht für die Zukunft, sondern vielmehr für die vergangene Tradition zu leben. Geschichte ist eine wissenschaftliche Disziplin und Philosophie, die wir vor allem dafür brauchen. Die Geschichte erzählt von den Toten, tut dies aber um eines menschenwürdigen Lebens willen. Man sollte gut begreifen, dass dem gesellschaftlichen Leben derjenigen, die kein Geschichtsbewusstsein besitzen, jegliche Sinnhaftigkeit fehlt. Wir sollten nicht vergessen: je mehr Geschichtsbewusstsein, desto sinnvoller das gesellschaftliche Leben – und nicht nur das; erst wenn die Geschichte neben dem Sinn auch als materielle Struktur und Kultur erlebt wird, lässt sich das gesellschaftliche Leben als wertvoll bezeichnen.

Sicherlich ist es nicht einfach, über sowohl Hegel als auch Marx hinauszugehen und die nahöstliche Kultur und ihre gegenwärtige Staats- und Gesellschaftskrise zu analysieren. Gegen die kapitalistische Hegemonie über den Nahen Osten wurden in den letzten zwei Jahrhunderten sowohl von innen als auch von außen reichlich Kritiken und Widerstände entwickelt. Alle hatten aber das Scheitern gemeinsam. Von radikal und gemäßigt islamistischen über kommunistische, nationalistische und liberale bis hin zu konservativen scheiterten alle Versuche, die aktuelle Lage in der Region zu analysieren und ein anderes System aufzubauen. Also konnten orientalistische Arbeiten, die aus der europäischen Zivilisation übernommen wurden, und Anleihen aus der Geschichte, die auf die Interessen und Lebensweisen besonderer Gruppen umgemünzt wurden, weder eine philosophische Synthese noch eine erfolgreiche freiheitliche politische Entwicklung oder Theorie liefern.

Die Aufgabe, die Systematik der demokratischen Zivilisation im Sinne dieser Kritiken und Widerstände zu entwickeln, drängt sich geradezu als der richtige Weg der gesellschaftlichen Wahrheit auf. Ich bin der Meinung, dass die ersten drei Bände dieses Manifests bereits die notwendige Richtung dazu aufzeigen. Im vorliegenden Band werde ich mich auf den Nahen Osten, insbesondere auf die historische Lösung konzentrieren. Aus diesem Grund halte ich es für notwendig zu unterstreichen, dass die Geschichte notwendigerweise universal sein muss. Um die Region zu verstehen, ist eine allgemeine Lösung unausweichlich. Zudem macht die Tatsache, dass die Universalgeschichte sich neben der fünftausendjährigen Geschichte der Zentralzivilisation auch vom mindestens genauso wichtigen zehntausendjährigen Neolithikum nährt, die Lage der Region noch wichtiger und interessanter. Bei der Lösung globaler Probleme und für neue zivilisatorische Synthesen besitzt der Nahe Osten ein mindestens ebenso großes Gewicht wie Europa. Es ist mittlerweile offensichtlich, dass das Nahost-Projekt, dessen Umsetzung in den 2000er Jahren durch die US-Hegemonie beschleunigt wurde, nicht einseitig funktionieren kann. Süd- und Südostasien sowie Südamerika können sich vielleicht ins System integrieren, aber eine einfache Integration einer Region, die historisch die Zentralzivilisation beherbergte, ist nicht zu erwarten. Eine absolute Loslösung vom System ist jedoch auch nicht möglich. Zivilisationen können sich in diesem Sinne ohnehin nur selten absolut loslösen bzw. integrieren. Zu versuchen, ganz von vorne anzufangen, wäre so relevant wie ein neuer Systemaufbau in Grönland.

Die demokratische Zivilisation stellt eine Alternative dar, deren Gewicht einerseits als historische Tradition, andererseits durch die Zuspitzung der gegenwärtigen Krise immer mehr zu spüren sein wird. Auf Nationalstaaten basierende Wiederaufbauversuche können die Krise nur weiter zuspitzen. Die kulturelle Wirklichkeit der Region befindet sich sowohl materiell als auch ideell in einem dialektischen Widerspruch zum Nationalstaat. Dieser sich zuspitzende Widerspruch verhält sich nun wie ein aktiv werdender Vulkan, der im Begriff ist, auszubrechen. Der Beitrag der kapitalistischen Konzerne und Mini-Nationalstaaten zur Lösung kann nicht einmal so groß sein wie einst der der lokalen Fürstentümer, von denen es in der Geschichte Tausende gab, die jahrtausendelang existiert haben. Die kapitalistischen Konzerne und Nationalstaaten bieten keine Antworten auf die gesellschaftlichen Probleme, sondern vermehren und intensivieren durch ihre Ideologie und Praxis vielmehr die gesellschaftlichen Probleme noch. Jedes System, das im Nahen Osten die Chance ergreifen will, eine Lösung zu bieten, muss zunächst eine erfolgreiche ideologische Auseinandersetzung mit Nationalismus, Sexismus, Religionismus und Positivismus führen. Auf der Bühne der praktischen Politik hat es viele und vielfältige nichtstaatlich orientierte, demokratische Gesellschaftsaktivitäten zu entfalten. Ich spreche hier nicht von einer innerlich hohlen Zivilgesellschaft. Eine wirklich lokale demokratische Kultur muss als Grundbedürfnis, das genauso wichtig und elementar wie Brot, Wasser und Luft ist, angesehen und dementsprechend entwickelt werden. Die Befreiung vom Individuum, das sich auf die alles wie ein Magnet anziehende Macht- und Staatskultur konzentriert, ist die erste zu erledigende Aufgabe. Diese jahrtausendealte Tradition stellt das größte Hindernis auf dem Weg zu einer demokratischen Kultur dar. Unsere grundlegende Parole muss lauten: Keine andere gesellschaftliche Aktivität kann so erwünscht und wertvoll sein wie die demokratischen Gesellschaftsaktivitäten.

Im **ersten Teil** dieses Bandes wird der Nahe Osten der Universalgeschichte gegenübergestellt. Dabei werden die geologischen, biologischen und gesellschaftlichen Wirklichkeiten der Region als ineinander verwoben betrachtet. Die Bedeutung der Universalgeschichte und ihre Entfaltung in der Region werden schematisch behandelt. Es wird versucht, das Verhältnis zwischen dem Neolithikum und dem Übergang zur Zivilisation sowie die hegemoniale Rolle der Zentralzivilisation in der Region zu interpretieren. Das Wesen von Kriegen und der Macht, ohne die die Zivilisation nicht auskommt, wird definiert, und Staatsformationen werden in diesem Zusammenhang beurteilt. Zwischen der Zentralzivilisation und anderen Zivilisationen wird ein vergleichender Ansatz vorgestellt.

Im **zweiten Teil** werden die Ursachen und die Entwicklung des Problems in der nahöstlichen Gesellschaft thematisiert. Während kriegerische Ideologien und Handlungen, die auf der Grundlage des gesellschaftlichen Mehr Beständigkeit erlangten und verherrlicht wurden, als Hauptursache der gesellschaftlichen Probleme ausgemacht werden, werden die von ihnen ausgehenden Zerstörungen und die sich zuspitzenden Krisenprozesse dargestellt. Ferner wird in diesem Teil behandelt, welche Konsequenzen für die Region das Kippen der hegemonialen Macht, die ihre Funktion verlor und deren Grundlage überwunden wurde, mit sich brachte.

Im **dritten Teil** wird die Rolle der Lösungs- und Befreiungsideologien und Widerstandskräfte diskutiert. Dabei werden die Rolle der Stammessysteme und der monotheistischen Religionen analysiert und die assimilatorischen Fähigkeiten von Zivilisationssytemen infrage gestellt. Die Gründe des Scheiterns der Befreiungsideologien und Widerstandskräfte steht dabei im Fokus aller Analysen, Diskussionen und Hinterfragungen. Formen von Religionisierungen und Stammesstrukturen werden in diesem Rahmen dargestellt. Der Zerfall des Systems, das von sich aus keine Lösung entwickeln kann, durch äußere Impulse und die Entstehung neuer Hegemoniebereiche werden dabei als weitere wichtige Themen betrachtet.

Im **vierten Teil** wird die historische Rolle der an der Westküste Europas als neue hegemoniale Kraft aufstrebenden, siegreichen kapitalistischen Akkumulation unter die Lupe genommen und die Rückständigkeit der nahöstlichen Zivilisation und das Erleben des gesellschaftlichen Problems als Dauerkrise diskutiert. Der hegemoniale Aufstieg Europas stellt einen Schock für alle diejenigen dar, die sich selbst als die islamische Gesellschaft begreifen. Auch das Verhältnis zwischen den neuen islamischen Bewegungen und der kapitalistischen Moderne ist Gegenstand einer wichtigen Diskussion. Dass der Kapitalismus, ein Profitsystem mit immer häufigeren und chronischer werdenden Krisen, sowohl als Staat als auch als wirtschaftliche Institution nicht etwa zur Quelle von Lösungen, sondern vielmehr von Problemen wurde, führte dazu, dass Staats- und Gesellschaftskrisen in der Region als ineinander verwoben erlebt werden. Ideologische und aktionistische Selbstmorde werden in diesem Rahmen analysiert.

Im **fünften Teil** wird die historische und gegenwärtige Rolle der demokratischen Zivilisation als Lösungsalternative diskutiert. Die demokratischen Errungenschaften der europäischen Zivilisation mit ihrem historischen Kulturerbe werden daraufhin analysiert, wie sie beim ideologischen und praktischen Wiederaufbau der demokratischen Zivilisation zu verwerten sind. Der demokratische Konföderalismus, die moralische und politische Gesellschaft und eine ökologische und frauenzentrierte Wirtschaftsordnung werden als wichtige Lösungsinstitutionen dargestellt.

Der **letzte Teil** zieht ein kurzes Fazit und schlägt eine Brücke zum Thema des folgenden Bandes.

Erster Teil

Die Universalgeschichte und der Nahe Osten

Eine Wahrheit, auf die sich alle Wissenschaften einigen können, ist die Schöpferrolle, die die Geschichte nicht nur für die menschliche Gesellschaft, sondern bei jeglichem Werden im Universum spielt. Die Zeit ist schöpferisch. Es stellt geradezu ein Mysterium dar, dass die Gottheiten zugeschriebene Schöpferrolle von der Zeit selbst gespielt wird. Die Geschwindigkeit des Werdens nennen wir Zeit. Ohne Werden existiert also auch keine Zeit. Das Mysterium der Zeit spiegelt sich so im menschlichen Bewusstsein wider. Das Altern auf die letale Auswirkung der Zeit zurückzuführen, stellt in diesem Zusammenhang ein falsches Verständnis dar. Da die Zeit keine letale Auswirkung hat, ist dieses Verständnis bedeutungslos. Es gibt also keinen Tod. Der Tod ist eine menschliche Erinnerung, die soziologisch konstruiert wurde, ein künstliches Gefühl, aber gleichzeitig eine für das Leben äußerst wertvolle Erinnerung, genauer gesagt: ein warnendes Gefühl. Ich verspüre, im Gegensatz zu Hegel, nicht das Bedürfnis, mich auf eine »Reise des Geistes« zu begeben. Ich verstehe aber, was er dadurch erreichen wollte. Auch wenn mit der »Urknall«-Theorie das Alter des Universums (ca. 13,8 Milliarden Jahre) geschätzt und ihm eine Geschichte zugeschrieben wird, ist es höchst wahrscheinlich, dass dies nichts weiter als eine neue mythologische Erzählung der westlichen Zivilisation ist. Trotz ihrer ganzen Wissenschaftlichkeit spielt diese Theorie eine ähnliche gesellschaftliche Rolle wie die Schöpfungsgeschichten in den heiligen Schriften. Nur weil dem so ist, wollen wir hier allerdings nicht die Existenz der Zeit leugnen, sondern nur feststellen, dass ihr immer noch etwas Rätselhaftes innewohnt. Ich persönlich sehe es als eine große Chance an, dies in der menschlichen Gesellschaft teilweise zu entdecken.

Die gesellschaftliche Geschichte spielt eine sehr wichtige Rolle bei der Formung des Menschen. Wenn das Geheimnis der Zeit gelüftet werden soll, dann in diesen äußerst kurzen Zeiten des Werdens. Die Fähigkeit der menschlichen Gesellschaft, ihre Individuen zu erschaffen, konnte bisher keine so große Bedeutung erlangen, wie meist angenommen wird. Mit sehr viel Arbeit könnte man einen tieferen Sinn erfassen. In keinem anderen Phänomen können wir die Kraft der Zeit entdecken. Aus diesem Grund halte ich die Gesellschaftswissenschaft für die Königinmutter oder Muttergöttin aller Wissenschaften. Als eine weitere wichtige Feststellung möchte ich hinzufügen, dass ich allen wissenschaftlichen Disziplinen gegenüber skeptisch bin, die nicht auf der Gesellschaftswissenschaft beruhen. Der Weg zu allen anderen Wissenschaften führt über die Verwirklichung der Gesellschaftswissenschaft. Jegliches Wissen von den subatomaren Teilchen bis hin zum kosmischen Universum, von dem angenommen wird, dass es sich immer noch ausdehnt, können wir nur im Maße des Fortschritts der Gesellschaftswissenschaft erlangen.

Es ist eine wichtige Feststellung, dass nicht nur Hegel, sondern auch der Gott der Heiligen Schrift sein Aufnehmen des Schöpfungsabenteuers auf den Wunsch zurückführt, verstanden zu werden, also darauf, dass die Idee sich selbst zu denken beginnt[3]. Die Idee, die sich selbst zu denken versucht, drückt das Wesen der Wahrheit aus, und das ist eine Sache, welcher wir – sofern wir wissen – außerhalb der menschlichen Gesellschaft nie begegnet sind. Jeglicher Schöpfung liegt zugrunde, dass der Mensch sich selbst zu denken beginnt. »Existieren wohl im Atom und im kosmischen Universum Ideen?« – eine brennende Frage, die es wert ist, gestellt zu werden. Ich wage nicht, zu vermuten, dass Mikro- sowie Makrouniversen gedankenlos entstanden seien. Der Begriff »leblose Materie«, an den man uns so sehr gewöhnt hatte, hat sich soziologisch als ein sehr hohler Begriff herausgestellt. Man sollte daraus nicht sofort schlussfolgern, dass ich Hegelianismus betriebe. Der Zusammenhang zwischen Gedanken und menschlichen Gehirnwellen wurde festgestellt, also so gut wie bewiesen, dass Ideen so etwas wie Energie sind. Es bleibt also nur die Frage, wie sehr wir uns trauen werden, diese nachgewiesene Tatsache auf die nicht-menschliche Natur zu übertragen.

Worauf ich hinaus will, ist, dass wir uns nicht von der verbrannten Erde beirren lassen müssen, die der negative Sozialismus hinterlassen hat. Der positive Sozialismus, mit anderen Worten die sich permanent befreiende Gesellschaft bildet für uns die einzige Grundlage der Wahrheit. Die einfachste Definition der Universalgeschichte ist die gesellschaftliche Entwicklung als Grundlage der Wahrheit, und die menschliche Gesellschaft ist in diesem Sinne nicht nur einfach die Geschichte des Menschen, sondern im wahrsten Sinne des Wortes auch die Geschichte des Universums. Es ist die Geschichte des Universums, einschließlich der ganz schlicht als 13,8 Milliarden Jahre ausgedrückten Zeitspanne. Aus diesem Grund sollten wir dem Menschen, seiner Gesellschaft und seiner Geschichte eine sehr große Bedeutung beimessen.

---

3 Die sich selbstdenkende Idee liest sich bei Hegel so: »§ 236: Die Idee als Einheit der subjektiven und der objektiven Idee ist der Begriff der Idee, dem die Idee als solche der Gegenstand, dem das Objekt sie ist; – ein Objekt, in welches alle Bestimmungen zusammengegangen sind. Diese Einheit ist hiermit die *absolute und alle Wahrheit*, die sich selbstdenkende Idee, und zwar hier als denkende, als *logische* Idee.« (Die Wissenschaft der Logik; Hegel: Werke Band 8, S. 388) Dem voraus geht der Abschnitt über das Erkennen (§ 223–232, S. 377–384).

a) Die jüngste Eiszeit, die vor ungefähr 20 000 Jahren endete, stellt einen wichtigen Meilenstein in der gesellschaftlichen Geschichte dar. Die Geschichte des Nahen Ostens nahm zu dieser Zeit ihren Anfang, und insbesondere die Ausläufer des Taurus-Zāgros-Gebirgssystems und die angrenzenden heutigen Wüstengebiete boten der menschlichen Spezies damals eine außerordentliche Fülle an Nahrungsmitteln und gute Sicherheits- und Fortpflanzungsbedingungen. Die Gleichzeitigkeit dieser drei Faktoren bedeutet beste Überlebenschancen für eine Spezies. Im Abenteuer der menschlichen Spezies, die aus Ostafrika stammend sieben Millionen Jahre Evolution hinter sich hat, markierte der (durch zwei Kontinentalplatten gebildete) Graben, der Ostafrika längs durchzieht und über das Rote Meer und die Gebirgsausläufer im östlichen Mittelmeerraum bis hin zum Taurus-Gebirge reicht, eine natürliche Ausbreitungsroute. Es wurde nachgewiesen, dass die stetigen Wanderungsströme über diese Route nach Europa und Asien zumindest eine Million Jahre zurückreichen. Der Taurus-Zāgros-Bogen stellte stets eine zentrale Station auf dieser Reise dar. So begreifen wir besser, wie wichtig Geologie ist. Auch das seinerzeit sehr fruchtbare angrenzende Flachland spielte eine ähnlich positive Rolle wie diese Gebirgsausläufer. Das Ende der jüngsten Eiszeit schuf die Voraussetzungen für dauerhaftes Verweilen an diesen Haltestationen und führte zu einer ersten Bevölkerungsexplosion in der Menschheitsgeschichte. Heute bezeichnen wir diese Region als den Nahen Osten. Die geologische, biologische und gesellschaftliche Bedeutung der Region ist auf die genannten Tatsachen in der jüngeren Vergangenheit zurückzuführen. Der Nahe Osten stellt also nicht irgendeine beliebige geografische Region dar, sondern die Bühne, auf der sich die Universalgeschichte abspielen sollte.

Es herrscht in der Wissenschaft Einigkeit darüber, dass die Menschheit bis zum Ende der jüngsten Eiszeit aus Klans von nicht mehr als fünfundzwanzig bis dreißig Personen bestand. Die Verachtung der Klangesellschaft[4] als primitiver kommunaler Einheit ist ein Produkt des »Zivilisationschauvinismus«, der erst später entstand. Die Menschheit verbrachte achtundneunzig Prozent ihrer Geschichte in solchen Gesellschaften. Der Klan spielte bei der Entstehung der Gesellschaft die Rolle der Stammzelle. So, wie die Milliarden Jahre dauernde Entwicklung der Stammzellen zur Entstehung der Pflanzen- und Tierarten führte, ermöglichte das Millionen Jahre wäh-

4 In der Anthropologie wird auch von »Hordengesellschaft« und »Horden« gesprochen. Wegen der negativen Konnotationen verwenden wir durchgängig die Begriffe »Klangesellschaft« und »Klans«.

rende Abenteuer der Klangesellschaft den Übergang zur heterogenen Gesellschaft. Die »Revolution der vielfältigen Gesellschaft«, war eine der elementaren Stufen der Universalgeschichte. Im Grunde wurde diese Stufe erreicht, als die »Zeichensprache« durch die »Symbolsprache« abgelöst wurde. Die menschliche Symbolsprache besitzt aufgrund der Anatomie des menschlichen Körpers und Kehlkopfes ein großes Entwicklungspotenzial. Die Möglichkeit, Symbolsprache zu verwenden, ermöglichte auch erst die geistige Revolution.

Historiker*innen gehen davon aus, dass sich die symbolsprachliche Revolution im geobiologischen Gefüge Afrikas um 100 000 v. Chr., also bereits vor der jüngsten Eiszeit, ereignete, aber sie sind sich auch darüber einig, dass die eigentliche explosive Entwicklung erst nach der jüngsten Eiszeit um 20 000 v. Chr. im Zusammenhang mit dem geobiologischen Gefüge des Nahen Ostens stattfand. Es existieren eindeutige historische Beobachtungen, ethnologische und anthropologische Informationen darüber, dass verschiedene Gemeinschaften in einem Raum, der von der Sahara, die bis vor 6000 Jahren noch über eine reiche Flora verfügte, bis hin zu den arabischen und iranischen Wüsten reichte, um den Ursprung semitischer Sprachen herum ein weites »Stammesystem« etablierten. Der Übergang dieses Stammessystems von den reichen Zeichensprachen Afrikas zu semitischen Symbolsprachen stellt einen elementaren historischen Fortschritt dar. Diese Sprach- und Kulturgruppe sollte später sowohl in der neolithischen Revolution von Ackerbau und Viehzucht als auch in der urbanen (Zivilisations-)Revolution eine bedeutende Rolle spielen.

Dass die zweite große symbolsprachliche Revolution von Gruppen ausging, die dem im Taurus-Zāgros-Gebirgssystem beheimateten, auch als indogermanisch bezeichneten arischen Stammessystem angehörten, wurde ebenfalls durch historische Beobachtungen, ethnologische und anthropologische Studien eindeutig nachgewiesen. Es ist wichtig, festzuhalten, dass diese Gruppen nachweislich bei der agrarischen wie bei der urbanen Revolution eine führende Rolle spielten, die im Wesentlichen auf der geobiologischen Struktur ihres Siedlungsgebiets beruhte.

Die dritte große symbolsprachliche Gruppe bilden die in den sibirischen Wäldern beheimateten, in Südsibirien ansässigen Stammessysteme, die auch als die ural-altaische Sprachgruppe bezeichnet werden. Auch diese Gruppen, die sich nach der Eiszeit vom heutigen China über die Mongolei und Turkestan bis nach Finnland ausgebreitet haben, leisteten sowohl bei der neolithischen als auch bei der urbanen Revolution wichtige Beiträge zur

Universalgeschichte, wenn auch in etwas geringerem Umfang als die erstgenannten beiden Gruppen.

Es existieren historische Beobachtungen, ethnologische und anthropologische Informationen, welche die – wenn auch marginale – Rolle einiger ähnlicher, eher isolierter Gruppen aus Kaukasien und Amerika bei der Entwicklung symbolischer Sprache sowie der agrarischen und später der urbanen Revolution belegen.

Zahlreiche philologische, ethnologische, anthropologische, archäologische und geologische Studien beweisen, dass die dörflich-agrarische Revolution hauptsächlich im Zusammenhang mit den geologischen Strukturen und biologischen Arten im inneren Bogen des Taurus-Zāgros-Gebirgssystems, dem »Fruchtbaren Halbmond«, stattfand. Diese Revolution stellt ein wesentliches Stadium in der universalen Menschheitsgeschichte dar. Ich muss an dieser Stelle erneut betonen, dass ich Entwicklungen, die eine qualitative Transformation bedeuten, als »Revolution« bezeichne. Die Bedeutung dieser Revolution ist vielseitig.

Erstens ging die Gesellschaft vom Stadium der Klangesellschaft (kleiner, homogener, einander ähnlicher Gruppen) zum Stadium der heterogenen (vielfältigen) »Stammessysteme« über. Die auf gemeinsamem Sprachursprung basierenden, halb nomadischen, halb in ihren Siedlungsgebieten sesshaften Stammessysteme, die untereinander ein auf gegenseitigem Austausch von Gaben und Geschenken basierendes Verhältnis pflegten und die gemeinsame Tempel und Begräbnisorte für ihre Toten schufen, waren langlebige Gesellschaftsstrukturen. Bei den Ausgrabungen in Göbekli Tepe bei Urfa, einer »Supernova« im Hinblick auf die Enthüllung der Menschheitsgeschichte, wurden um 10 000 v. Chr. erbaute Tempel mit reliefierten Steinpfeilern entdeckt, die uns mit der wichtigen historischen Entdeckung konfrontieren, dass sich die Stammessysteme der Zeit vor der Agrarrevolution – im Gegensatz zur bisherigen Annahme – nicht in einem primitiven Zustand befanden, sondern äußerst entwickelte Gesellschaftsstrukturen hervorgebracht hatten. Diese Tempel mit den kreisförmig angeordneten, behauenen steinernen Stelen zeigen eindeutig, dass damals eine umfangreiche Gedanken- und Gefühlswelt existierte. Es ist wichtig, darauf hinzuweisen, dass die Geobiologie Urfas (und Obermesopotamiens im Allgemeinen) einen idealen Raum für die Entwicklung dieser Stammessysteme darstellte. Die historische Forschung muss sich dringend auf dieses Stammessystem und seine Kultur konzentrieren, und je genauer sie analysiert werden, desto mehr wird zweifellos die Universalgeschichte erhellt.

Zweitens wurden die Dorfstrukturen bisher lediglich im Zusammenhang mit der Agrarrevolution betrachtet. Der Übergang von halb-nomadischen Stammessystem zu Dorfstrukturen stellt eine weitere gesellschaftliche Tatsache dar, die anhand des Tempels in Göbekli Tepe nachgewiesen wurde. Bereits an anderer Stelle habe ich die Geburt der Stadt und des Staates auf die sumerischen Priestertempel zurückgeführt. Gleichzeitig muss ich mit Nachdruck betonen, dass sich die Leitung von Dorf und Kommune, also primitive im Sinne von ursprünglicher Demokratie, um diese gemeinsamen Tempelsysteme der Stämme entwickelte. Jeder gemeinsame Tempel stellte die Grundlage der Sesshaftigkeit, des primitiven Handels und der Revolution des gemeinsamen Fühlen und Denkens (der Kunst) dar.

Drittens lässt sich also behaupten, dass der Austausch von Geschenken – die primitive, ursprüngliche Form des Handels – bei gemeinsamen Treffen im Tempel entstand.

Viertens fand auch die Genese von Religion und Kunst (welche anfangs untrennbar miteinander verbundene ideelle Kulturelemente waren) bei gemeinsamen Gebetsritualen im Tempel statt. Tempelbilder in Göbekli Tepe, die bereits sehr einer Schrift ähneln, zeugen von einem hohen geistigen und emotionalen Entwicklungsniveau. Es handelt sich dabei um eine Kunst, die als Vorbotin der sumerischen und ägyptischen Schriften angesehen werden sollte. In Bezug auf diese Dinge lassen sich noch weitere ähnliche Lesarten erarbeiten.

Ferner sollte der Aspekt betont werden, dass sich diese Kultur aufgrund ihrer halbnomadischen Lebensweise sehr flexibel und schnell ausbreiten konnte. Die Feststellung, dass sie sich zwischen 15 000 und 10 000 v. Chr. universal, aber vor allem im Nahen Osten, ausbreitete, dürfte in Bezug auf historische Erzählungen eine sehr erhellende Rolle spielen. Meines Erachtens eroberte diese Kultur – im Sinne kultureller Ausbreitung – schließlich ganz Asien, Afrika, Europa, Amerika und sogar Australien.

b) Historiker*innen sind sich darüber einig, dass die Agrarrevolution auf der Grundlage der halb-sesshaften Stammessysteme stattfand und von revolutionärer Bedeutung war. Die Feststellung, dass die Region um Urfa, der aufgrund seiner Geobiologie fruchtbarste Teil des *Fruchtbaren Halbmonds*, für lange Zeit – d. h. ca. von 10 000 bis 5000 v. Chr. – das Epizentrum der Agrarrevolution war, kommt als Narrativ der historischen Wahrheit am nächsten. Dieser Raum bot sowohl für die Einbindung von Pflanzen in die Landwirtschaft als auch die Domestizierung von Schafen, Ziegen und Rindern eine nahezu ideale Fruchtbarkeit und Vielfalt. Urfa war mit ihrer

Topografie, der Ergiebigkeit ihres Bodens, den klimatischen Bedingungen, ihrer Flora und Fauna seinerzeit die ideale Region. Es bot quasi natürliche Bewässerungsbedingungen. Außerdem standen an den Ufern von Tigris, Euphrat und ihren Nebenflüssen schon immer breite Flächen für Bewässerungsfeldwirtschaft bereit. Neue Feldstudien enthüllen täglich weitere Details dieser Rolle der Region.

Auch über diese Ära, in der eine der grundsätzlichen Entwicklungsstufen der Universalgeschichte stattfand, lassen sich ähnliche Punkte feststellen. Erstens wurden in Tempel- und Dorfstrukturen qualitative sowie quantitative Fortschritte erzielt. Die Kulturen von Körtik Tepe bei Bismil, Çemê Halan (Hallan Çemi), Qota Berçem (Çayönü) bei Ergani und Newala Çorî (Nevalı Çori)[5] bei Siverek zeugen von der starken Ausbreitung der Urfa-Göbekli-Tepe-Kultur. Zwischen 10 000 und 7000 v. Chr., d. h. im sogenannten »präkeramischen Neolithikum«, wurden in allen oben erwähnten Aspekten Fortschritte erzielt. Auch diese Zeit besaß einen Charakter der fortschreitenden universalen Ausbreitung, die zunächst den Nahen Osten erfasste.

Der zweite wichtige Punkt ist, dass das keramische Neolithikum, welches sich nach 7000 v. Chr. entfaltete, als eine höhere Entwicklungsstufe einen Fortschritt ermöglichte, der bis an die Schwelle von Stadtgründungen reichte. Unzählige archäologische Ausgrabungen bestätigen diese These. Aus demselben Zentrum ging eine sich vor allem ab 5000 v. Chr. noch beschleunigende kulturelle Ausbreitung hervor, die in einem breiten geobiologischen Raum, insbesondere in Ägypten, im niedermesopotamischen Sumer, im Punjab zwischen Indien und Pakistan und in den Amudarja- und Syrdarja-Ebenen in Turkestan, eine Entwicklung auslöste, die bis zu Protostädten führte. Zum ersten Mal lässt sich in dieser Ära die Entwicklung eines Zentrum-Peripherie-Systems als einer Art globalen Systems beobachten. Die Feststellung einer zweiten Ausbreitungswelle von China bis Europa, also von Ozean zu Ozean, in der Zeit zwischen 4000 und 2000 v. Chr., bei der diese Kultur die Hauptrolle spielte, ist von großer Bedeutung für die Universalgeschichte. Die Globalisierung ist kein Phänomen, das nur gegenwärtig stattfindet. Die wichtigste und längste Globalisierung, die vielleicht frei von Unterdrückung und Ausbeutung war (Ausnahmen bestätigen die Regel), ereignete sich in jener Ära. Dies ist es, was wir unter

5 Der Autor verwendet für die meisten der in Kurdistan gelegenen Orte die kurdischen Namen; in Klammern stehen die türkischen Bezeichnungen. Çemê Halan und Newala Çorî wurden durch Staudammbauten vollständig zerstört.

Universalgeschichte verstehen sollten. Die Herausbildung einer sowohl materiellen als auch immateriellen Kultur und ihre globale Ausbreitung bilden die Grundlage einer sinnvollen historischen Erzählung. Unter der Universalgeschichte sollten wir uns Subjekt-Objekt-Kreise vorstellen, die von allen Gesellschaften auf ähnliche Weise gedacht und praktiziert werden. Sämtliche mikrohistorischen Narrative, insbesondere die nationalen Geschichtsschreibungen, gehen nicht über den Wert belletristischer Erzählungen hinaus, solange sie nicht innerhalb der Universalgeschichte verortet werden.

Eigentlich existiert keine Narration namens Mikrohistorie. Sie wurde durch das Propagandabedürfnis kapitalistischer Monopole erzeugt. Um die Geschichte zu verstehen, ist es von großer Bedeutung, diesen Punkt zu verstehen. Die menschliche Spezies ist nicht einfach sie selbst, sondern die Geschichte des gesamten Universums. Die Totalität der Phasen aller Materie- und Energieflüsse ist es, was sich im Menschen rekonfiguriert. Es existiert kein Stück Universum, keine materielle oder energetische Totalität, die außerhalb des Menschen steht und sich im Menschen nicht wieder zusammenfinden und rekonfigurieren, nicht die Form von Gefühlen und Gedanken annehmen würde. Wir meinen zuallererst diese Tatsache, wenn wir von der Universalgeschichte sprechen. Das ist es auch, was der Pantheismus zu begreifen versucht. Zweitens sollten wir, wenn von der Universalgeschichte die Rede ist, darunter das Narrativ über die materielle und immaterielle kulturelle Entwicklung der gesellschaftlichen Natur verstehen, welche auch die *Zweite Natur* genannt wird. Diese Geschichte lässt sich auch als den von Klans, quasi den Stammzellen der Gesellschaft, zur Gegenwart führenden Fluss historischer Hauptströme betrachten. In dieser Narration kommt dem Begriff »Hauptstrom« eine große Bedeutung zu. Genauso wie man, um die Geschichte des nicht-menschlichen Universums zu verstehen und verständlich zu beschreiben, nicht der Erkenntnis der Gesamtheit aller Materien und Energien, sondern der der Mechanismen der Phasenübergänge (bei Hegel Logik und Momente) und ihrer Hauptkreise (Physik, Chemie, Biologie) bedarf, benötigen wir eine ähnliche Erzählung von der Geschichte der Gesellschaft als der Zweiten Natur. Mit der Gesellschaftsgeschichte ist freilich die Soziologie gemeint. Die Existenz separater soziologischer und historischer Narrative ist auf die ideologische Hegemonie des die Bedeutungstotalität stets zerlegenden kapitalistischen Monopolismus zurückzuführen.

Also stellt die Universalgeschichte in beiderlei Hinsicht ein Ganzes dar. Dies bedeutet selbstverständlich nicht, dass einzelne Individuen, Phänomene und Ereignisse in jener Erzählung keinen Platz hätten; vielmehr erlangen Individuen, Phänomene und Ereignisse ihre Bedeutung erst durch die Rolle, die sie innerhalb der allgemeinen Erzählung spielen. Die Mikrohistorie findet ihren Platz nur im dialektischen Zusammenhang mit der (allgemeinen) Makrohistorie. Die Mikrohistorie alleine wäre gleichbedeutend mit belletristischen und soziologischen Erzählungen ohne Philosophie, was schließlich in gröbsten positivistischen Unfug münden würde.

Bedeutende Historiker*innen sind der Ansicht, dass im Fruchtbaren Halbmond in der Zeit zwischen 6000 und 4000 v. Chr. alle für den Übergang zur Zivilisation notwendigen materiellen sowie immateriellen Kulturelemente vorhanden waren. Diese Ansicht wird durch zahlreiche Beobachtungen und ethnologische und archäologische Untersuchungen untermauert. Die materiellen Kulturmittel hatten – insbesondere in den Bereichen Bekleidung, Ernährung und Behausung – das Niveau einer industriellen Produktion erreicht. Gesellschaftliches Mehrprodukt konnte somit akkumuliert und während Notzeiten und Katastrophen verwendet werden. Die Grundlage für den Handel war gelegt. Nach der Geschenkkultur konnten nun den jeweiligen Bedürfnissen entsprechend wechselseitig Produkte getauscht werden. Viele Elemente der immateriellen Kultur wurden in dieser Zeit geschaffen. Religion, Gott, Kunst, Wissenschaft und Technik in ihrer Urform entwickelten sich rasant. Es fand der Übergang vom Bergbau zu Techniken der Metallverarbeitung statt. Das Rad fand Verwendung. Man bediente sich Energieumwandlungen. Zweifellos wurden in dieser Zeit mehr Entdeckungen gemacht, als allgemein angenommen. Noch wichtiger ist aber, dass es sich dabei noch um ein von Frauen dominiertes und nicht im Widerspruch zur Natur stehendes Leben handelte. Verglichen mit der Gegenwart würde alleine dieser Aspekt ausreichen, um die Überlegenheit der damaligen Gesellschaft zu erklären. Eine Gesellschaft, die – trotz der gegenteiligen Propaganda – so sehr die Natur zerstört und die Frau unterdrückt wie die gegenwärtige Zivilisation, kann niemals als überlegen und fortschrittlich gelten. Wenn von der Gesundheit und Überlegenheit einer Gesellschaft die Rede sein soll, müssen ökologische und (nicht im bürgerlichen Sinne) feministische Kriterien im Mittelpunkt stehen. In dieser Hinsicht sind die gegenwärtigen Gesellschaften wirklich kranke Gesellschaften.

c) Der Übergang zur Stadt und der darauf basierenden zivilisierten Gesellschaft erfolgte durch einen qualitativen Sprung die materiellen und immateriellen kulturellen Werte betreffend, die in den jahrtausendealten Gesellschaftstraditionen des Fruchtbaren Halbmonds angehäuft worden waren. Die Synthese der vorhandenen Kulturelemente mit weiteren Elementen vor allem in den alluvialen Deltas von Tigris, Euphrat, Nil und Punjab machte die Entstehung der Stadt unausweichlich. Diese Synthese bedeutete eine enorme Produktionssteigerung. Es darf nicht vergessen werden, dass über diese alluvialen Flächen Hunderttausende Jahre lang Menschen gezogen waren, dass aber diese aufgrund ihrer Eigendynamik nicht einmal Klangesellschaften, geschweige denn die Urbanisierung, zustande gebracht hatten. Die dialektische Verbindung mit einer fortgeschrittenen neolithischen Gesellschaft stellte in diesen Räumen eine unabdingbare Voraussetzung für den Übergang zur urbanen Zivilisation dar. Auch in China sollte aufgrund derselben Dialektik eine ähnliche Entwicklung stattfinden. Die Geschichtswissenschaft ist sich darüber einig, dass Uruk, das auf der alluvialen Fläche an der Mündung von Tigris und Euphrat gegründet wurde, die erste Stadt überhaupt war. Für die Universalgeschichte ist die Uruk-Zeit (3500–3000 v. Chr.) derart bedeutend, weil sie den Beginn der Zivilisation markiert.

Zuerst muss erwähnt werden, dass die Epen über die Stadtgöttin Inanna und den heldenhaften ersten König Gilgamesch, die die urukische Kultur widerspiegeln, eine dichterische Zusammenfassung ihrer Zeit darstellen. Diese bis heute schriftlich überlieferten authentischen Epen spiegeln einerseits die Menschheit ihrer Zeit mit ihren Gedanken, Glauben und Wünschen wider, lassen uns andererseits ihre Sehnsucht nach Unsterblichkeit wie eine Erinnerung nachempfinden. Genau das ist die Universalgeschichte. Im Inanna-Epos werden 104 gesellschaftliche Institutionen, Regeln und Techniken erwähnt, die durch die jahrtausendelange produktive, kreative Arbeit von Frauen entstanden waren. Es wird erzählt, wie vermännlichte, »listige und starke Götter« sich der Arglist und Unterdrückung bedienten, um die Frauen dieser Institutionen, Regeln und Techniken zu berauben. Das Gilgamesch-Epos dagegen erzählt von Gilgameschs großem Kummer nach dem Tod seines Gefährten Enkidu, seiner Sorge, das bezaubernde königliche Leben könnte ihm aus den Händen gleiten, und von seinen Abenteuern auf der Suche nach dem Kraut der Unsterblichkeit.

Die sich zunehmend intensivierende Versklavung von Frauen und das krankhaft werdende Machtstreben des Gott-Königs stellen den ersten großen dialektischen Widerspruch der Zivilisation dar. Auch der Widerspruch zwischen Herr und Knecht hat seinen Ursprung in diesem Widerspruch. Indem er sich vertiefte und ausbreitete, setzte sich dieser Widerspruch bis hin zu den Arbeiter*innen, Arbeitslosen und allen verarmten Sklav*innen der Gegenwart fort. Es ist sehr wichtig, das Zivilisationsstadium der Universalgeschichte abzuschließen und ihre wesentlichsten Momente festzuhalten. Die Städte, die das Handelsbedürfnis ländlicher Regionen gut nutzten und auf der Grundlage eines Konzeptes und einer Technik aufgebaut wurden, die die Erfüllung dieses Bedürfnisses durch eine höhere Produktivität erlaubten, spielten anfänglich keine negative Rolle. Im Gegenteil, sie beschleunigten in einem harmonischen Kooperationsverhältnis zu ländlichen Regionen die gesellschaftliche Entwicklung. Doch die stadtbasierten Prozesse der Herausbildung von Klassen und Staaten, die mit den Kämpfen und Kriegen um das erzeugte und im großen Stil akkumulierte Mehrprodukt einhergingen, wurden zunehmend zu einer Gefahr für die gesellschaftliche Ordnung der Landbevölkerung sowie der städtischen Arbeiter*innen und alle Stammessysteme. Mit Hegels Worten fing die Gesellschaft an, einem allgemeinen Herr-Knecht-Verhältnis und -widerspruch zu unterliegen. Das Zivilisationsstadium der Universalgeschichte sollte stets von Kriegen, die ihren Ursprung in diesem Widerspruch haben, und von der Gründung von Staatsstrukturen geprägt bleiben, die mit diesen Kriegen einhergehen. In diesem Sinne stellt die Geschichte eine »Schlachtbank für Menschen«[6] dar.

Für eine richtige Erzählung der Geschichte bedarf es einer richtigen Analyse, wie in zivilisierten Gesellschaften die Hierarchie ständig Macht und Staat hervorbringt. Es besteht ein großer qualitativer Unterschied zwischen der in die Phase der Macht eingetretenen Gesellschaft und den ihr vorausgegangenen Gesellschaften. Die Institution von Macht bzw. Herrschaft wies im Laufe der Zivilisationsgeschichte eine stetige Weiterentwicklung, Intensivierung und Ausbreitung auf. Sie ist geradezu krebsartig, kann also nicht weiterbestehen, ohne sich auszubreiten und zu intensivieren. Die Institution der Macht ähnelt der chronischen Versessenheit kapitalistischer Monopole auf Akkumulation und Profit. Im Wesentlichen leben beide von konzentriertem gesellschaftlichem Mehrwert. Die Klassen können sich nur auf der Grundlage des gesellschaftlichen Mehrwerts herausbilden. Bleibt er

---

6 In der Einleitung zu den *Vorlesungen über die Philosophie der Geschichte* schreibt Hegel: »Aber auch indem wir die Geschichte als diese Schlachtbank betrachten, auf welcher das Glück der Völker, die Weisheit der Staaten und die Tugend der Individuen zum Opfer gebracht worden, so entsteht dem Gedanken notwendig auch die Frage, wem, welchem Endzwecke diese ungeheuersten Opfer gebracht worden sind.«

aus oder verringert er sich maßgeblich, führt dies ausnahmslos zur Krise der staatlichen Gesellschaft. Es kommt dann zu sich ständig reproduzierenden Kriegen und zu dem Versuch, sich erneut als Teil des Staates, als Teil der Macht zu etablieren. Die Machteliten und ihre Institutionen verhalten sich wie Jäger*innen, die hinter einer Beute her sind, und Staaten sollten wir als legitimierte Formen dieses Vorgehens definieren.

Das allgemeine Bedürfnis von Gesellschaften nach Leitung wird zweifellos bei der Legitimation von Staaten als Maske eingesetzt. Alle staatlichen Herrscher*innen in der Geschichte achten darauf, sich mit dieser Maske zu zeigen. In manchen Bereichen – wie Sicherheit, große Bewässerungs- und Industrieunternehmen, Justiz – können gesellschaftliche Leitungen als notwendige Bedürfnisse angesehen werden. Diese gesellschaftlichen Angelegenheiten bleiben allerdings bei Leitungen durch Macht und Staat stets zweitrangig und dienen ihrer Legitimation. Macht-Gesellschaften sind patriarchale Gesellschaften. In Bezug auf die Regierten besteht ein – in den heiligen Schriften häufig erwähntes – »Hirt-und-Herde«-Verhältnis. Die Entwicklung dieses Verhältnisses bis heute nimmt die Form der allgemeinen Tendenz einer Ehefrauisierung[7] der Umwelt und der Arbeiter*innen an. Dieser Umstand wird durch den männlichen Charakter der Macht erzeugt. Während die von Frauen geführten Leitungen in der neolithischen Gesellschaft im Wesentlichen Produktion, Sicherheit und Fortpflanzung zum Ziel hatten, haben die Macht-Regierungen zivilisierter Gesellschaften im Inneren wie nach außen Ausbeutung und Krieg zum Ziel. Aus diesem Grund erhalten Kriegs- und Machttechnologien Vorrang. Außerdem wird die Umwelt stets als ein zu erobernder Raum der Ausbeutung betrachtet.

In der Machtkultur des Nahen Ostens stellen diese Abstraktionen nicht nur ein Phänomen dar, dem wir in den Konkretisierungen der Macht begegnen können, sondern sie bilden die Regel, die Norm. Um das Zivilisationssystem zu verstehen, müssen wir uns ihm zentral und ganzheitlich annähern. Unterbrechungen und versprengte Leerstellen sind auf lange Sicht nicht möglich. In dieser Hinsicht gilt die Devise »Die Macht kennt kein Vakuum«.

d) Es ist von großer methodischer Bedeutung, die mehr als fünftausend Jahre ununterbrochen bestehende Zentralzivilisation, das Rückgrat

---

7 Der Autor spricht seit den späten 1980er Jahren von der Ehefrauisierung (*karılaşma*), also der Verwandlung der Frau in eine Ehefrau. Dies ähnelt dem von Maria Mies geprägten Begriff der »Hausfrauisierung der Arbeit«, ist aber nicht mit ihm gleichzusetzen, zumal Öcalan gleichzeitig auch die »Ehemannisierung« (*kocalaşma*) des Mannes kritisiert.

der Universalgeschichte, welche ihren Ursprung in Mesopotamien hat, als grundsätzlichste historische Einheit zu untersuchen. In dieser Hinsicht sind sowohl Methoden mit engen, ökonomistischen Klassenansätzen als auch solche mit Ansätzen, die Recht und Nationalstaat oder Produktionsweisen in den Mittelpunkt stellen, weit davon entfernt, der Totalität der Geschichte gerecht zu werden. Insbesondere die positivistisch-mikrohistorischen Methoden, die sich einer immer größer werdenden Beliebtheit erfreuen, fungieren geradezu als Bedeutungsmassaker. Die Geschichte anhand ihrer Einzelelemente wie insbesondere Individuum, Ereignis, Dynastie, Nation, Staat, Klasse oder Wirtschaft reduktionistisch zu analysieren und in eine Erzählung zu verwandeln, führt zu ihrer Zersplitterung und letztendlich zu ihrer Auslöschung. Diese unter der ideologischen Hegemonie kapitalistischer Monopole entwickelten mythischen Erzählungen wirken größtenteils als Propaganda. Partikulare Erzählungen sind zweifelsohne notwendig und wichtig; doch sie dienen keinem ganzheitlichen Begreifen der Wirklichkeit, solange sie sich nicht in die universalen Flüsse der Geschichte integrieren. Historische Erzählung ist heute eine sehr problematische Angelegenheit. Richtige Narrative bedürfen einer großen Stärke und Anstrengung. Ich spreche hier sowohl von einer gedanklichen Anstrengung als auch von einer Stärke des Handelns. Solange man nicht begreift, dass Macht eine ähnliche Eigenschaft wie das Kapital aufweist, das andauernd nach Profit strebt, wird eine richtige Analyse der zivilisierten Gesellschaft unmöglich sein. Eigentlich ist Macht nicht gänzlich zu begreifen, solange man sie sich nicht als das raffinierteste organisierte Kapital vorstellt. Das Kapital sollte weder gänzlich ökonomisch (wie Marxist*innen und Liberale es tun) noch politisch (wie es die nationalstaatliche Herangehensweise ist) gedacht werden. Diese Sphären bei der Konzeptualisierung des Kapitals als sich gegenseitig erzeugende, ohne einander nicht existenzfähige Zwillinge zu betrachten, würde zu realitätsnäheren Ergebnissen führen.

Das System der Zentralzivilisation lässt sich im Rahmen dieser Definitionen als ein über fünftausend Jahre zurückreichendes historisch-gesellschaftliches System begreifen. Wir können es in Form von drei Hauptversionen und zahlreichen Unterkategorien schematisieren. Die erste ist der sumerische Ursprung. Die rapide Vervielfältigung des urukischen Vorbildes schuf sich permanent vergrößernde urbane Konzentrationen. Den zentralen Raum bildete dabei Niedermesopotamien, die Hegemonialmacht der Stadtstaat Uruk, der ungefähr fünfhundert Jahre lang überall in seiner Reichweite Semi-Peripherien und Kolonien errichtete und den ganzen

Fruchtbaren Halbmond in Form von Zentrum und Peripherie organisierte. Infolge der Konjunkturkrise des Systems ging die Hegemonialmacht um das Jahr 3000 v. Chr. auf die Stadt Ur über. Die Ur-Ära dauerte, mit einigen Unterbrechungen, ca. eintausend Jahre. Man kann die Zeit zwischen 3000 und 2000 v. Chr. als Ur-Ära bezeichnen. Ur übernahm die ganze Zentrum-Peripherie-Konstruktion Uruks, baute sie weiter aus und vermehrte die Städte in ihrem Herrschaftsbereich. Die Urbanisierung ging sowohl im Zentrum als auch in den peripheren Räumen weit über die in der Uruk-Ära hinaus. Es entstanden Dutzende von neuen Städten. Die vertikale und horizontale Organisierung der Gesellschaft nahm zu. Die Schrift wurde entwickelt. Wissenschaft und Bildung wurden institutionalisiert. Nippur war in dieser Ära eine Art Universitätsstadt. Es wurden zahlreiche Kolonien wie Susa in der im Norden angrenzenden Elam-Region, Aleppo und Ebla im Westen sowie die Städte Mari und Kazaz[8] im Norden, am Euphrat, errichtet.

Die Urbanisierung im ägyptischen Nil-Tal und in den Tälern des Punjab sind als Unterkategorien der ferneren Peripherie zu betrachten. Die Gründungen in den Tälern von Nil und Punjab scheinen eher Kolonien zu ähneln als autonome Städte gewesen zu sein. Die ägyptische Zivilisation ähnelte einer aus dem Palast-Grab-Tempel-Dreieck des Pharaos bestehenden, mechanisierten Sklav*innenkommune. Sie glich einem großen, kollektivierten Dorf, da sie die autonome und konkurrenzorientierte Urbanisierung der sumerischen Zivilisation nicht bewerkstelligen konnte. Aus diesem Grund wird sie auch als Pharaonensozialismus[9] bezeichnet. Die Siedlungen Harappa und Mohenjo-Daro im Punjab glichen eher großen Kolonien. Es ist durchaus möglich, dass sie sumerische Kolonien waren. Die chinesische Zivilisation, die sich später (im sechzehnten Jahrhundert v. Chr.) entwickelte, ähnelt einem zweiten Ägypten, welches in den Deltas des Gelben Flusses entstand.

Die Stadtgründungen in Nordmesopotamien sind dagegen anders zu beurteilen. Die Gemeinschaften in dieser Region gingen in ihrer Eigendynamik ab 3000 v. Chr. zur Urbanisierung über, wehrten sich gegen die Kolonisierung durch Uruk und Ur (zuvor zwischen 4500 und 3500 v. Chr. gegen den Expansionismus der Obed-Kultur) und absorbierten die

8 Es ist unklar, welche Stadt der Autor mit Kazaz meint. Infrage kommen eventuell Ḫaššum (nördlich von Karkemiš) oder Kuššara. Beide Städte konnten noch nicht exakt lokalisiert werden.

9 Der Autor hat selbst lange Zeit diesen Begriff verwendet und stieß später darauf, dass der Soziologe Max Weber in *Wirtschaft und Gesellschaft* auch von einem »pharaonischen Staatssozialismus« spricht.

kolonialen Kräfte. Dies wurde durch das sehr starke Stammessystem und die Struktur landwirtschaftlicher Dörfer in der Region ermöglicht. Ähnlich wie Europa gegenüber den USA stellte die Region eher ein zweites Zentrum dar als eine Peripherie oder eine Unterkategorie.

Die Hegemonialsysteme von Uruk und Ur waren Ende des dritten Jahrtausends v. Chr. im Inneren durch die Städtekonkurrenz (vor allem durch Babylon und Ninive), im Äußeren durch die Verteidigungs- und Angriffskriege der semitischen Amurriter*innen und der arischen Stämme im Nordosten (vor allem der Akkader*innen und Guti) geschwächt. Babylon und Aššur waren nun die neuen Hegemonialmächte. Babylon erlebte in seiner ersten Periode, d. h. zwischen 1950 und 1600 v. Chr., einen imposanten Aufstieg. Der berühmte Hammurapi I. steht exemplarisch für diese Zeit. Die zweite Periode der babylonischen Ära war die Zeit zwischen 1600 und 1300 v. Chr., die durch die Zusammenarbeit von Stämmen aus dem Norden und dem Osten (die Bündnisse von Hethiter*innen und Hurriter*innen) geprägt war. Die letzte Periode der babylonischen Ära bildet die Zeit zwischen 612 und 539 v. Chr., d. h. die Zeit nach der Zerschlagung der assyrischen Hegemonie in Koalition mit den Meder*innen. Diese Zeit wird durch Nebukadnezar II. symbolisiert, der die erste Vertreibung von Jüd*innen in der Geschichte, das »babylonische Exil«, organisierte. Babylon bildete in allen diesen Perioden ein hegemoniales Zentrum – ähnlich wie später London und New York für die kapitalistische Hegemonie. Es war ein Industrie-, Handels-, Religions-, Kunst- und Wissenschaftszentrum, denn es war berühmt. Der Ausdruck »zweiundsiebzig Nationen« stammt aus der babylonischen Ära[10]. Es gab kaum einen Stamm, der von Babylon nicht angezogen worden wäre. Für die damaligen Griech*innen war Babylon Paris und London zugleich. Die ersten griechischen Philosoph*innen waren Schüler*innen der babylonischen Schule. Langer Rede kurzer Sinn, Babylon war die hegemoniale Weltstadt jener Ära.

Die assyrische Hegemonie lässt sich ebenfalls in drei Perioden aufteilen: die Periode der von Babylon abhängigen Handelskolonien zwischen 2000 und 1600 v. Chr., die Periode der vollständigen Hegemonie zwischen 1300 und 1000 v. Chr. und die letzte Periode zwischen 900 und 600 v. Chr. Ihr Herrschaftsgebiet erstreckte sich vom Zāgros bis zum Mittelmeer, von Zentralanatolien bis Ägypten und Oman. Aššur erzielte Fortschritte in

10 In der islamischen Tradition heißt es seit at-Tabarī, dass Allah die Sprache der Menschen in zweiundsiebzig Sprachen aufteilte. Die »zweiundsiebzig Nationen Babylons« sind im Türkischen so sprichwörtlich wie die »babylonische Sprachverwirrung« im Deutschen.

Handel und Industrie; sie transportierten Rohstoffe in ihre Metropole und verkauften Fertigwaren. Sie entwickelten viele Aspekte des Kapitalismus weiter (Buchhaltung, Waagen, Maße, Kredit, Geld usw.). In ihrer letzten Periode stellte sich ihnen Urartu mit Van als Zentrum als stärkste Konkurrenz entgegen, konnte aber nicht den gleichen Erfolg verbuchen. Allerdings ist es bedeutend, dass Urartu die einzige Macht war, die gegen Aššur bestehen konnte. Die Assyrer*innen errichteten während ihrer ganzen Hegemonialära starke Kolonien. Die Begriffe *kâr* und *kârhane* stammen beide vom assyrischen Wort *kārum* (Niederlassung)[11]. Im Osten konnten die Assyrer*innen die Meder*innen und Perser*innen, im Westen die Ägypter*innen, Israelit*innen und Phönizier*innen und bis nach Zentralanatolien hinein viele Fürstentümer unter ihre Kontrolle bringen und kolonisieren.

Genauso wie Uruk, Ur und Babylon war auch die Hegemonie Aššurs mit dem erfolgreichen Widerstand der aus arischen Stämmen bestehenden hurritischen und hethitischen Kräfte konfrontiert. Wir wissen, dass der hethitische König Muršili I. gemeinsam mit seinen hurritischen Verbündeten im Jahre 1596 v. Chr. das ganze hegemoniale Zentrum einschließlich der Stadt Babylon bezwang. Der Mittani-Zweig der Hethiter*innen konnte zwischen 1500 und 1250 v. Chr. in einem großen Raum, der von Kirkuk bis zum Mittelmeer reichte, eine reichsähnliche Macht errichten. Die Urartäer*innen und die Meder*innen, die dieselbe Abstammung teilten, führten 612 v. Chr. nach langjährigem Widerstand die strategische Niederlage Aššurs herbei. Es wäre allerdings eine falsche Herangehensweise, die Niederlage Aššurs ausschließlich auf äußere Kriege zurückzuführen. Die Hauptursache dafür war, dass die Kriege nicht mehr profitabel waren. Genauso, wie der tendenzielle Fall der Profitrate des Kapitals eine Krisenursache darstellt, führt auch das Gesetz des tendenziellen Falls der Profitrate der Kriege zu Krisen und Niederlagen.

In der post-assyrischen Ära entstand das auf einem persisch-medischen Bündnis basierende Persische Reich als die neue Hegemonialmacht im Nahen Osten. Die persischen Großkönige, die in der Zeit zwischen 550 und 330 v. Chr. die Rolle der Welthegemonen innehatten, erschufen das bis dato größte globale System. Ihr Herrschaftsgebiet erstreckte sich von der Ägäis bis zum Punjab, und sie konnten alle zivilisierten Gebiete bis auf China unter der Hegemonie einer Macht vereinen. An diesem Erfolg hatte der Zoroastrismus als immaterielle Kultur einen entscheidenden Anteil.

11 Als *kārum* wurden im Assyrischen die Handelsniederlassungen bezeichnet. *kâr* bedeutet im heutigen Türkisch »Profit«, *kârhane* »Geschäftshaus«, *kerhane* »Bordell«.

Dieses System wurde durch die ständigen Aufstände der ägäisch-ionischen Zivilisationskräfte, die sich in einem neuen Zivilisierungsprozess befanden, und der älteren ägyptischen Zivilisationskräfte geschwächt. Es kam auch häufig zu Aufständen durch Babylon, das das alte mesopotamische Erbe fortsetzte. Im Norden waren die skythischen Stämme mit ihren guerillaartigen Verteidigungs- und Angriffskriegen die Kräfte, die das System am meisten schwächten. Schließlich führte die ideologische und taktische Überlegenheit des sehr jungen Königs (und Aristoteles-Schülers) Alexander III. von Makedonien, das sich gerade erst unter dem Einfluss der griechischen Kultur schnell entwickelte, das Ende der persischen Hegemonie herbei. So konnte sich die neue griechische Zivilisation erfolgreich behaupten.

e) Die hegemoniale Macht begann, sich in Richtung der hellenischen Zivilisation und der sie vertretenden griechisch-römischen Kräfte zu verschieben. Dies stellte die erste ernsthafte Machtverschiebung von Ost nach West dar. Die griechisch-römische Zivilisation, welche auf der ionischen Stadtkultur an der ägäischen Küste (600–500 v. Chr.) beruhte, löste die zweite große Urbanisierungswelle der Universalgeschichte aus. Diese Zivilisation schöpfte ihre Stärke hauptsächlich aus der in jahrhundertelanger Verinnerlichung übernommenen materiellen sowie immateriellen kulturellen Akkumulation Ägyptens, Babylons, der Hethiter*innen, Kretas und der Meder*innen bzw. Perser*innen. Es gab kaum federführende ionische Gelehrte, die nicht die Paläste Ägyptens, Babylons und Persiens besucht und ihre Kulturen intensiv studiert hätten (Solon, Thales, Pythagoras). Freilich gab es auch vielseitige griechisch-römische Beiträge zur Zivilisation. Das Ausschlaggebende ist allerdings die Verkettung von Einflüssen verschiedener Zivilisationen. Kriege und Institutionalisierungen der Macht, in deren Kern es um die Aneignung des gesellschaftlichen Mehrwerts geht, werden wie ein traditionelles Erbe weitergegeben. Wer die Macht am meisten ausbaut, hält sich für am erfolgreichsten, und das hängt mit der Vergrößerung und Aneignung des Mehrwerts zusammen.

Die griechisch-römische Zivilisation leistete einen materiellen und immateriellen Kulturtransfer aus dem Osten – ähnlich dem später zwischen dem neunten und dreizehnten Jahrhundert n. Chr. in Richtung europäische Zivilisation erfolgenden – zunächst ab dem siebzehnten Jahrhundert v. Chr. durch das Modell von Mykene und Hellas auf der griechischen Halbinsel und ab dem elften Jahrhundert v. Chr. durch die Etrusker*innen auf der italienischen Halbinsel. Der neolithische Kulturtransfer hatte bereits ab der Zeit von 7000 bis 4000 v. Chr. ununterbrochen stattgefunden, wobei der

Kulturtransfer in der Universalgeschichte nicht einseitig, sondern immer auf der Grundlage gegenseitiger Abhängigkeiten erfolgt. Auf Herrschaft beruhende Ausbreitungen fanden in der zivilisierten Ära viel seltener statt, als allgemein angenommen. Und auch die Geschichte ist nicht vollständig; die Propaganda der offiziellen Geschichtsschreibungen können wir nicht als die Geschichte betrachten. Die auf Macht beruhende Ausbreitung von Kulturen stellt nur einen kleinen Teil der Universalgeschichte dar. Die eigentlich wichtige Rolle spielt die darunter liegende, mit Stämmen und Völkern verwobene gesellschaftliche Geschichte. Die Geschichtsschreibungen der Macht lassen sich dagegen kaum als Geschichte bezeichnen. Erst durch eine Betrachtung der Geschichte im gesellschaftlichen Zusammenhang gelangt man zum Wesen der Universalgeschichte. Ich möchte hier nochmals betonen, dass diese Fragen in ihrer ganzen Bedeutungsschwere nach wie vor diskutiert werden.

Die auf beiden Seiten der Ägäis beginnende Urbanisierung (700–500 v. Chr.) und die auf ihr basierende Kultur- und Zivilisationsbewegung stellen innerhalb der Universalgeschichte ein neues Moment und eine neue Synthese dar. Dieses Moment und diese Synthese werden als Ursprung der westlich-europäischen Zivilisation betrachtet. Sie werden in allen Weltanschauungen als ein Anfang behandelt. Die europäische Zentralzivilisation verfolgt aber trotz ihrer wissenschaftlichen und sogar philosophischen Ideen in dieser Sache vorwiegend eine mythologische Herangehensweise und bedient sich dabei großer Verfälschungen in Bezug auf die Universalgeschichte.

Der bisherigen Erzählung ist eindeutig zu entnehmen, dass die an den ägäischen Küsten entstandene Kultur eine äußerst wichtige Synthese war, die durch einen jahrhunderte-, sogar jahrtausendelang andauernden Kulturtransfer aus den ihr vorausgegangenen nahöstlichen Kulturen entstanden war. Man braucht nicht sehr weit zurückzublicken. Alleine die durch die persisch-hellenischen Beziehungen entstandene Synthese zeugt von den Ergebnissen der Beziehungen vom siebten Jahrhundert v. Chr. (wenn wir auch die Meder*innen mit einbeziehen) bis zum Niedergang des Weströmischen Reiches, d. h. bis ins sechste Jahrhundert hinein (wenn wir die Sassaniden mit einbeziehen), und beweist diese Tatsache. Alleine ein Blick auf das Pantheon auf dem Berg Nemrut bei Adıyaman reicht, um diese Tatsache zu begreifen[12].

12 Die dortigen Monumentalfiguren von Göttinnen und Göttern sind jeweils mit persischen und griechischen Namen beschriftet.

Die griechische Urbanisierungswelle stellt eine erfolgreiche Synthese und ein höheres Stadium dar. Im dadurch erzeugten Klima wurden religiöse Ideologien vorwiegend mythologischen Ursprungs aufgelöst und es wurde ein sehr großer Beitrag dazu geleistet, dass Philosophie und Wissenschaft an Gewicht gewannen. Dieser Beitrag war entscheidend dafür, die Fundamente von Philosophie und Wissenschaft zu legen. Er brachte also die Universalgeschichte ernsthaft in Schwung. In dieser Zeit wurde der Entwicklung von Physik, Chemie und Biologie als Wissenschaften der Weg geebnet und die Grundlagen der Geschichts- und Gesellschaftsphilosophie erhielten wissenschaftlichere Kriterien. Auch im Bereich der Kunst, vor allem urbane Architektur, Bildhauerei, Theater und Epenerzählung betreffend, entstanden prächtige Werke. Hinter den großen Siegen Alexanders steckte zweifellos diese kulturelle Überlegenheit. Die militärische und politische Hegemonie Roms ist ebenfalls auf diese kulturelle Überlegenheit zurückzuführen. Rom stellte sowohl in seiner republikanischen als auch in seiner kaiserlichen Phase eine Ausweitung der griechischen Kultur auf die politischen und militärischen Bereiche dar. Das etwa tausendjährige hegemoniale Abenteuer Roms (508–495 v. Chr.) stellte sowohl eine Bestätigung als auch die Verwirklichung der Ziele Athens dar. Aus diesem Grund ist Rom weder als eine neue Synthese noch als ein Ursprung zu betrachten. Es ist freilich quantitativ größer geworden und zielte qualitativ (in Bezug auf die militärische und politische Hegemonie) darauf, sich zu perfektionieren, und schuf entsprechende Werke in den Bereichen Recht, Architektur und Rhetorik.

Die römische Hegemonie zwang die Universalität und die Universalgeschichte zur Weiterentwicklung, was einen wichtigen, nicht zu unterschätzenden Beitrag darstellt. Allerdings sollte man ebenfalls nicht vergessen, dass die Römer*innen diese Rolle vorwiegend im nahöstlichen Kulturraum spielten. Am Beispiel des Oströmischen Reiches (Byzanz) wird diese Tatsache klar ersichtlich. Es bemühte sich darum, Teil des Westens zu sein, der europäischen Zivilisation anzugehören. Diese Bemühungen gingen aber nicht über die Erbauung einiger Wege, Burgen und Festungsmauern für die Feldzüge gegen die Got*innen (germanische Stämme) hinaus. Das Oströmische Reich erlebte eine Universalität, in welcher seine östliche Seite (Euphrat und Tigris bildeten lange Zeit seine Ostgrenze) überwog. Es war östlicher geprägt als seine griechischen Vorbilder. Das war nicht nur im Bereich der materiellen und geistigen Kultur so, sondern drückte auch qualitativ sowie quantitativ eine solche Synthese aus. Es stellte zweifellos eine Vorerfahrung und ein historisches Vorstadium der Entstehung der europäischen Zivilisation dar.

In der Ära der römischen Hegemonie versuchten parthische und sassanidische Dynastien (ca. 250 v. Chr.–650 n. Chr.), die an die Stelle der persischen (der Achämeniden) getreten waren, die östliche Kultur zu vertreten. Was ich damit meine, ist die Vertretung der politischen und militärischen Adern der Machtkultur. Genauso, wie hinter der griechisch-römischen Hegemonie nach Alexander die hellenische Kulturwelt steckte, spielte bei den medisch-persisch dominierten Hegemonialmächten die zoroastrische Kultur, die um die Flammen in den Feuertempeln am Fuße des Zāgros-Gebirges entstand, dafür eine entscheidende Rolle. Parallel zu den etwa tausendjährigen politischen und militärischen Kämpfen zwischen den beiden Hegemonialmächten fand auch ein ideologischer Kampf zwischen den beiden Kulturen statt. Dieser Konflikt spielte eine entscheidende Rolle bei der westlichen Kultursynthese.

Ich möchte mit Nachdruck betonen, dass die Gesellschaftskultur, die sich auf die Hänge der Zāgros- und Taurus-Gebirge stützt, ihre Originalität zu keiner Zeit gänzlich einbüßte. Sie kapitulierte niemals vor den militärischen, politischen und sogar priesterlich-religiösen Hegemonen, die aus ihr heraus entstanden, sondern existierte weiterhin als gesellschaftliche Geschichte und konnte ihr gesellschaftliches Dasein trotz sämtlicher Invasionswellen aus allen Himmelsrichtungen fortführen. Dabei war die Rolle der auf Landwirtschaft und Tierzucht basierten Wirtschaft und des Stammessystems mit seinen tief (von 15 000 v. Chr. bis in die Gegenwart) reichenden Wurzeln entscheidend. Es gibt in dieser Kultur geradezu zwei Welten. Die erste ist die gesellschaftliche Welt der in Land und Geschichte tief verwurzelten Stämme und Völker, während die zweite Welt aus den hegemonialen Machtkämpfen, Kriegen und Staaten der zahllosen Invasionskräfte, der kolonisierenden, ausbeuterischen und zerstörerischen Kräfte besteht. Damit versuche ich, die rote Linie zwischen den beiden Welten in der bis in die Gegenwart reichenden dialektischen Entwicklung der Universalgeschichte zu verdeutlichen. Die Kultur dieser Region fand sich mit einem peripheren Dasein – zumindest subjektiv – niemals ab; dies lag ihr fern. Auch wenn sie dabei manchmal zu komischen und tragischen Geschichten Anlass bot, beharrte sie stets darauf, Zentrum zu bleiben. Wenn wir unsere Mikrohistorie aus dieser universalen Perspektive betrachten, werden wir keine Schwierigkeiten haben, in ihr Tausende Beispiele von Würde und Niedertracht, von Freude und Schmerz, von Komödie und Tragödie zu entdecken und zu verstehen. Wir werden unsere eigene gesellschaftliche Natur (und die physischen, chemischen und biologischen Naturen, die eine unzertrennliche Einheit mit ihr bilden) besser begreifen und viel stärker Willen und Aktivität entwickeln, um die Missstände zurückzudrängen.

f) Der jüngste universale Vorstoß der nahöstlichen Zentralzivilisation ereignete sich durch das Moment und in der Synthese der islamischen Zivilisation. Beim Islam handelt es sich nicht – wie häufig angenommen – um eine verfeinerte religiöse Ideologie, sondern um eine Synthese aller bis dato existierenden ideologischen Variationen. Der Islam stellt keine Originalität, sondern einen Abschnitt, ein Moment im allgemeinen Kulturfluss und in der Zivilisation des Nahen Ostens dar. Gleichzeitig bildet er eine sehr komplizierte ideologische Synthese. Unglücklich war dabei, dass die beginnenden wissenschaftlich-philosophischen Analysen im Islam vor ihrer Vollendung unterdrückt wurden, während Westeuropa durch eine erneute Analyse der christlichen Synthese einen universalgeschichtlichen Fortschritt in Wissenschaft und Philosophie auslöste. Dies war einer der ausschlaggebenden Gründe dafür, dass sich die Zentralzivilisation vom Nahen Osten nach Europa verschob.

Die islamische Zivilisation verwandelte sich, trotz ihrer anfänglichen befreienden Motive, in kürzester Zeit (während der umayyadischen Dynastie, 650–750) in eine hegemoniale Zivilisation. Der Islam hatte sich eigentlich als eine Lösung, ein Ausweg aus der jahrhundertelangen Klemme, aus der Ausweglosigkeit der in ihren letzten Jahren äußerst degenerierten, keinen Profit mehr bringenden, die Völker der Region und ihr gesellschaftliches Gefüge zermürbenden Konkurrenz zwischen Byzanz und den Sassaniden angeboten. Wie man es auch ihrem Namen entnehmen kann, handelte es sich bei dieser Botschaft um eine Salām- (die etymologische Wurzel des Wortes Islam), also eine Friedensreligion. Doch man kam vom Regen in die Traufe: Mit der Umayyaden-Dynastie (die Gemeindeordnung – bzw. der -vertrag von Medina blieb von 622 bis 650 in Kraft; im Konflikt zwischen Ali und Muʿāwiya I. setzten sich die Umayyaden aus dem Stamm der Quraisch durch) intensivierten sich die Zivilisationskriege im Nahen Osten weiter. Byzanz und die Sassaniden wurden mehrmals besiegt, Konstantinopel belagert und alle sassanidischen Städte eingenommen. Erst an der chinesischen Grenze konnten die Umayyaden (um 750 n. Chr.) aufgehalten werden. Ihre Herrschaft erstreckte sich von Indien über Afrika bis zur Iberischen Halbinsel. Durch die Islamisierung der Turkvölker gelang ihnen in der nördlichen Hemisphäre die Ausbreitung von Mitteleuropa bis Südsibirien und Zentralasien. Es kam zu einer großen Ausbreitung ihres Macht-, Staats- und Zivilisationsbereichs.

In der Ära der abbasidischen Dynastie (750–1250) wurde die Spitze der Hegemonie erklommen. Oft wird der Begriff »Weltreich« verwendet. Die griechischen, indischen und sogar chinesischen Kulturen wurden schnell übersetzt und kompiliert, um dem Islam eine kulturelle Überlegenheit zu verschaffen. Der Handelskapitalismus erreichte sein bis dato höchstes Stadium. Die Abbasiden waren eigentlich stark genug, um Europa, gegen das sie später eine hegemoniale Niederlage erleiden sollten, unter ihre Kontrolle zu bringen und sogar zu besetzen. Sie begrenzten in Europas allerdings ihre Eroberungen, da es für sie nicht profitabel war. Im Gegensatz zum allgemeinen Glauben blieb die Besetzung Europas nicht aufgrund des Widerstands, sondern – genauso wie bei den römischen Besetzungen – wegen seiner Unergiebigkeit unvollendet. Auch die Invasionen durch die Hunn*innen und Dschingis Khan wurden aus ähnlichen Gründen unvollständig gelassen. Bis zum fünfzehnten Jahrhundert war es Europas Glück, dass es noch nicht ergiebig und profitabel genug war, um das Interesse der (aus dem Nahen Osten stammenden) Großmächte zu wecken. Als es (ab dem neunzehnten Jahrhundert) jenen Zustand erreicht hatte, gelang es Europa, im Gegenzug seine eigene Hegemonie ins Leben zu rufen und langfristig zu stabilisieren.

Bei der Analyse des Zerfalls der islamischen Hegemonie im Sinne einer Zivilisation werden die Invasionen und Besetzungen der mongolischen Dschingis-Khan-Dynastie im Außenverhältnis und die Konfessionskonflikte im Inneren als ihre Hauptursachen angegeben. Diese Darstellung ist aber unzureichend. Die Hauptursache war, wie bereits erwähnt, die Unfähigkeit zu einer kulturellen Renaissance. Die abbasidische Dynastie war sich in der Ära ihrer Herrschaft dieser Tatsache bewusst. Man wusste, dass das Reich nicht alleine durch die religiöse Funktion des Islam als einer Befreiungs- und Friedensbotschaft aufrechterhalten werden konnte. In der Zeit zwischen 800 und 1200 kam es häufig zu Bemühungen, die tatsächlich einer islamischen Renaissance nahekamen. In Wissenschaft und Philosophie wurden dabei ernsthafte Fortschritte erzielt. In Medizin, Biologie, Mathematik, Physik, Chemie, Geschichte und Gesellschaftswissenschaften war die islamische Zivilisation der europäischen überlegen. In den philosophischen Bereichen Weisheit, Mystik, Logik, Theologie und Gerechtigkeit kam es zu durchaus ernsthaften Öffnungen. Doch aufgrund des starken religiösen Dogmatismus verkümmerten diese Arbeiten und wurden schließlich sogar verdammt und ausgeschaltet.

Europa dagegen versuchte zur selben Zeit einerseits, unmittelbar zu seinen griechisch-römischen Quellen zu gelangen, bediente sich andererseits aber auch aller Quellen, die in den islamischen Ländern entstanden und für Europa nützlich sein konnten. Die Renaissance, die im Nahen Osten abgebrochen wurde, schritt in Europa voran. Das vierzehnte und fünfzehnte Jahrhundert waren das Zeitalter der Renaissance in Europa. Europas Glück war es, dass es seine eigene Renaissance trotz des christlichen Dogmatismus fortsetzen und auf den ganzen Kontinent ausweiten konnte. Im sechzehnten, siebzehnten und achtzehnten Jahrhundert brachte Europa diesen Prozess erfolgreich hinter sich, indem es durch die Reformation (d. h. eine radikale Reform der Religion) und durch philosophische und wissenschaftliche Revolutionen die Aufklärung herbeiführte. Am Anfang des neunzehnten Jahrhunderts war schließlich der Sieg der kulturellen (Mentalitäts-) Revolution in trockenen Tüchern. Der Sieg dieser kulturellen Revolution spielte eine entscheidende Rolle beim Untergang der Hegemonie der islamischen Zivilisation und dem Übergang zur europäischen Hegemonie.

Der Faktor, der bei der Hegemonieverschiebung an zweiter Stelle erwähnt werden sollte, ist der auf ähnliche Weise erfolgte, erfolgreiche Transfer des Handelskapitalismus nach Europa. Die ab dem elften Jahrhundert mit den Kreuzzügen einhergehende gigantische Handelsoffensive italienischer Städte – insbesondere Venedigs, Genuas und Florenz' – zielte nicht ausschließlich auf Profite ab, sondern übertrug mit dem Profit auch die gesamten kapitalistischen Entwicklungen, die sich in Jahrtausenden herausgebildet hatten (Landwirtschaft, Geld, Handel, Industrie), als eine Kultur aus dem Nahen Osten auf Europa. Mit den Waren brachten sie auch die Verfahren und Techniken, mit deren Hilfe jene Waren hergestellt wurden. In diesen Zusammenhang ist auch der Transfer aus der chinesischen Zivilisation (Papier, Schießpulver, Drucktechnik, Kanonen usw.) zu erwähnen. Drittens wurden vor allem »durch die Mongolen« militärisches und politisches Denken und Technik nach Europa importiert. Europa entwickelte Macht- und Staatstechniken und das dahinter steckende Denken nicht eigenständig, sondern übernahm sie größtenteils. Es leistete erst ab dem sechzehnten Jahrhundert seinen eigenen Beitrag dazu. An vierter Stelle kommen die künstlerischen und literarischen Transfers. Bei diesen spielten die italienischen Stadtstaaten und der islamische Staat al-Andalus die Hauptrolle.

Zu guter Letzt fungierte das Christentum als grundsätzliches Instrument eines ideellen und moralischen Transfers. Nach dem Niedergang Roms war es das Christentum, das dem am Boden liegenden Europa moralisch wieder auf die Beine half. Noch wichtiger ist es, dass die neue Urbanisierungswelle größtenteils um christliche Klöster herum stattfand.

Die neue Urbanisierungsbewegung, die ab dem elften Jahrhundert in Italien und an der westeuropäischen Küste einsetzte, stellte in Hinblick auf ihre Universalität nach der sumerischen und der ionischen die dritte große Welle dieser Art dar. Diese Urbanisierungsbewegungen, die neben ihren zahlreichen Ähnlichkeiten sowohl die hinter ihnen stehenden Kulturen als auch ihre Gestaltungsformen betreffend Unterschiede aufweisen, haben zweifellos auch zahlreiche Unterkategorien.

Die fünftausendjährige Zivilisationsgeschichte ist gleichzeitig die Geschichte der Entwicklung verschiedener urbaner Variationen. Städte spielten als zusammenhängende Stränge sowohl materieller als auch immaterieller Kultur in der Geschichte eine kontinuierliche und beständige Rolle. Es ist Gegenstand breiter Diskussionen und der Suche nach neuen Lösungen, worin die fortbestehende europäische Urbanisierungsphase mit ihren schwerwiegenden Krisen und krebsartigen Wachstumskrankheiten münden wird. Das Christentum hatte mit diesen seinen Eigenschaften beim Transfer materieller und immaterieller Kulturelemente die strategisch und taktische Führungsrolle inne. Wenn wir den Ursprung des Christentums im Nahen Osten nicht aus dem Blick verlieren, können wir besser begreifen, wie das ab dem sechzehnten Jahrhundert in eine neue Zivilisation übergehende Europa entstand. Die von der griechisch-römischen Zivilisation übrig gebliebene europäische Zivilisation konnte ihre Hegemonie errichten, indem sie sich auf der Grundlage dieser neuen Transfers erneuerte und dadurch eine starke Kultursynthese und eine radikale Transformation seiner Produktions- und Akkumulationsweise zustande brachte.

Bei der Errichtung dieser Hegemonie spielten die italienischen Stadtstaaten, die Rückeroberung der Iberischen Halbinsel und der Aufbau eines Kolonialreichs durch die spanischen Könige, der Aufstieg Englands und Hollands und die Konkurrenz zwischen Frankreich und Deutschland lediglich eine nachgeordnete Rolle. Die materiellen und immateriellen Elemente der jüdischen Kultur spielten dagegen bei diesem hegemonialen Aufstieg Europas zumindest eine genauso wichtige strategische Rolle wie das Christentum. Beim Transfer von Kulturelementen aus der islamischen Welt stellten die Jüd*innen sicherlich die Vorreiter*innen dar. Sie vor allem lehrten Europa den Handel und den Umgang mit Geld. In jeder geistigen, wissenschaftlichen und philosophischen Bewegung hinterließen sie bleibende Spuren. In jeder Revolution war ihre Anwesenheit bei der theoretischen und taktischen Führung greifbar. Es lässt sich nicht leugnen, dass sie das Blut und Gehirn der neuen europäischen Zivilisation bildeten beziehungsweise zumindest an ihrer Entwicklung ausschlaggebend beteiligt waren.

Als Ergebnis können wir festhalten, dass die Universalgeschichte, die Hegel mit dem griechischen Stadtstaat beginnen und mit dem napoleonischen Nationalstaat enden lassen wollte, offenbar keineswegs seiner Erzählung entspricht. Auch die sich im Widerspruch zu Hegel befindende liberale Philosophie prophezeite nach der Auflösung der Sowjetunion auf ähnliche Weise das »Ende der Geschichte«. Wir sind tatsächlich an einem »Ende« angekommen, es ist aber nicht das Ende der Universalgeschichte, sondern das der Geschichte der Zentralzivilisation und ihrer Macht- und Staatsstrukturen. Indem der Nationalstaat in die intimsten Poren der Gesellschaft eindrang, führte er gleichzeitig die Macht- und Staatsfrage zu ihrem Ende. Aus diesem Grund gilt: Wenn die hegelsche Philosophie in diesem Sinne (also nicht so, wie Marx es tat) vom Kopf auf die Füße gestellt wird, wird sie noch viel lehrreicher sein. Ich fragte mich immer wieder, ob die USA sich bewusst sind, dass sie, als sie bei ihrer Nahost-Offensive in den 2000er Jahren Saddam Hussein über die Klinge springen ließen, gleichzeitig auch das Ende des Nationalstaats verkündeten. Die Antwort auf diese Frage ist allerdings nicht so wichtig; wichtig ist die Wirklichkeit selbst. Dabei bediente ich mich folgender Analogie: So wichtig die Enthauptung Ludwigs XVI. während der Französischen Revolution für den Aufbau des Nationalstaats war, so wichtig war es für das Ende des – zumindest nahöstlichen – Nationalstaats, dass man Saddam Hussein hinrichten ließ. Wer die Universalgeschichte richtig und tiefgehend zu betrachten weiß, wird in den bereits beginnenden Zusammenbrüchen in der von Afghanistan bis Marokko reichenden Kette von Nationalstaaten bereits viele Hinweise auf dieses Ende entdecken.[13]

Allerdings bedeutet das Ende der Macht-, Staats- und Zivilisationsphänomene hegelscher Art nicht das Ende der Universalgeschichte, sondern einen Neubeginn, ausgehend von einem anderen Paradigma. Die gesellschaftliche Geschichte, eine der immer im Hintergrund bleibenden, aber ununterbrochen pulsierenden Hauptadern der Universalgeschichte, steht im Begriff, sich nach langer Zeit wieder ans Tageslicht zu begeben und

13 Diese Zeilen wurden im Oktober 2008 geschrieben, also mehr als zwei Jahre vor dem Beginn des sogenannten Arabischen Frühlings im Dezember 2010.

ihre historische Rolle wahrzunehmen. Die Thesen zur demokratischen Zivilisation enthalten weder zum Aufbau noch zum Niedergang von Staaten viele Ideen. Stattdessen versucht die demokratische Zivilisation stets, die strategischen und taktischen Linien zwischen ihr und der hierarchischen und staatlichen Zivilisation zu verdeutlichen. Diese beiden Zivilisationen existierten in der Universalgeschichte immer nebeneinander, und das tun sie nach wie vor. Unsere Aufgabe ist es, alle ideologischen und politischen Programme sowie strategischen und taktischen Grundsätze und Mittel unserer demokratischen Zivilisation zu entwickeln, und das nicht, indem wir wie Karl Marx einen Linkshegelianismus betreiben, sondern indem wir die ganze hegelsche Philosophie kritisch überwinden und unsere eigene Philosophie der demokratischen Zivilisation vorantreiben.

Zweiter Teil

Krisen und Probleme in der nahöstlichen Gesellschaft

Gesellschaftskrisen sind Phasen, in denen ein System nicht mehr in der Lage ist, fortzubestehen. Krisen haben eine allgemeinere Bedeutung als der Begriff »Problem«. Während Krisen eher zyklischer Natur sind, tauchen Probleme in Ereignissen, Phänomenen, Verhältnissen und Institutionen temporär auf. Während Krisen innerhalb eines Systems »konjunkturell« auftreten, muss die Krise des Systems selbst als »strukturell« bezeichnet werden. Gesellschaftskrisen haben vielfältige Ursachen. Neben denen, die auf politische, wirtschaftliche und demografische Ursachen zurückzuführen sind, gibt es auch Krisen, die geobiologischen Ursprungs sind. Gesellschaften, in denen sich Hierarchie und Staat (Machtinstitutionen im Allgemeinen) nicht entfalten konnten, sind geobiologischer Art. Ein natürliches Erdbeben oder eine Dürre können ernsthafte Gesellschaftskrisen auslösen. Eine unerwartete Umweltzerstörung kann ähnliche Folgen haben. Genauso wie eine Bevölkerung, die sich nicht mehr ernähren kann, kann auch eine stark geschrumpfte Bevölkerung einen Krisenfaktor darstellen.

Auf eine Schwächung der Macht zurückzuführende Krisen entstehen ursächlich dadurch, dass die Profitraten, die durch Kriegstechnik sowie durch finanzielle, kommerzielle und industrielle Mittel erzeugt werden, stetig fallen. Wenn die Kosten von Kriegen den dabei erzielten Profit übersteigen und man dem anderweitig nicht entgegenwirken kann, wird die Gesellschaftskrise unumgänglich. Wenn die Profitraten der über die Märkte herrschenden Finanz-, Handels- und Industriemonopole stetig fallen und diese Profitraten nicht durch neue Kriege kompensiert werden können, werden Krisen im System unumgänglich. Wenn die auf die Konjunktur zurückzuführenden Krisen (in kapitalistischen Systemen variiert die Dauer von Krisenzyklen zwischen fünf und einhundert Jahren) länger anhalten, verwandeln sie sich in eine Systemkrise. Dabei wird das gesellschaftliche Fortbestehen unter diesem System immer unmöglicher. Die Systemstrukturen geraten aus den Fugen und es entsteht eine chaotische Lage, in welcher sich neue systemische Strukturen entwickeln. Diejenigen gesellschaftlichen Kräfte, die ideologisch und strukturell vorbereitet sind und über bessere Antworten verfügen, erlangen die Gelegenheit bzw. die Aufgabe, beim Aufbau des neuen Systems eine führende Rolle zu spielen.

Der Zerfall eines jeden Systems und der Aufbau neuer Systeme wurden in der positivistischen Wissenschaftstraditon mit verzerrenden Bezeichnungen dargestellt. Insbesondere der Versuch der Vertreter*innen linearer Geschichtskonzepte, mit einem neuen Fatalismus Gesellschaftsformationen zu bestimmen, hatte verheerende Folgen. Eine so komplizierte Natur wie die

Gesellschaft wie eine Ingenieursarbeit zu projektieren, hat in der Geschichte die Krisen nicht gelöst, sondern vielmehr vertieft. Ob metaphysische (Islam, Christentum, Hinduismus) oder positivistische Ansätze (Nation, Wirtschaft, Recht), sie alle laufen auf das Gleiche hinaus. Positivistische Methoden haben sogar – wie es sich im Faschismus zeigte – über Krisen hinausgehende Folgen, bis hin zu Genoziden. Infolge der wissenschaftlichen und philosophischen Revolutionen nach dem Zweiten Weltkrieg entwickelten sich tiefer gehende Diskussionen über die gesellschaftliche Natur. Ökologie-, Feminismus-, Kultur- und Demokratiediskurse erhellen die gesellschaftliche Natur viel mehr, suchen auf richtige Weise nach Lösungsmöglichkeiten und erhöhen dadurch die Chancen auf eine Lösung.

Wenn auch die marxistische Theorie kapitalistischer Krisen das Phänomen richtig beschreibt, entfernt man sich von der von ihr prophezeiten Lösung – dem Sozialismus bzw. dem Kommunismus – immer mehr, anstatt sich ihr zu nähern. Dies hat einerseits damit zu tun, dass die gesellschaftliche Natur dabei ungenügend oder sogar falsch verstanden wird, andererseits aber auch damit, dass die vorgeschlagenen Lösungsmodelle über ihren utopischen Gehalt hinaus keine Bedeutung haben. Noch schlimmer ist es, dass die vorgeschlagenen Handlungsweisen, ihre Methoden und Mittel, wenn auch unbeabsichtigterweise, der Stärkung des Kapitalismus dienten. Die Geschichte ist in dieser Hinsicht voller illusionärer Lösungen und hoffnungsloser Agonien. Die bedeutendste Folge der historischen Geschehnisse im Zusammenhang mit Gesellschaftskrisen und Lösungsansätzen ist eine zunehmende Vertiefung des Akts des Wissens und des Bedürfnisses danach. Wissenschaft und Philosophie, sogar Religion und Kunst entwickelten sich in diesem Sinne auf der Suche nach Lösungen für schwerwiegende Gesellschaftskrisen.

Gesellschaftliche Probleme besitzen einen davon zu unterscheidenden Charakter. Selbstverständlich entspringen sie ebenfalls Macht und Ausbeutung; doch sie weisen auch einige Unterschiede auf, wie z. B. dass manche alltäglicher sind. Außerdem kann etwas, das für einige Individuen oder Gruppen ein Problem darstellt, für andere eine Lösung sein. Krisen sind in dieser Hinsicht allgemeiner. Krisen haben negative Auswirkungen auf alle gesellschaftlichen Gruppen. Nur einige wenige Gesellschaftsfeind*innen können davon profitieren. Wenn sie sich nicht auf äußere Einflüsse zurückführen lassen, haben Krisen ihren Ursprung vorwiegend in der Ausbeutung und Unterdrückung durch die Machteliten. Frauen stehen unter den negativen Auswirkungen der männlichen Herrschaft und

Hierarchie, Sklav*innen unter denen ihrer Herr*innen, Bäuer*innen unter denen der Feudalherr*innen, Beamte unter denen ihrer Vorgesetzten, Arbeiter*innen unter denen ihrer Chef*innen; letztlich leidet die ganze Gesellschaft unter den Unterdrückungs- und Ausbeutungsapparaten der Machtmonopole, wird beschädigt, ausgebeutet, unterdrückt und gefoltert. Schließlich erleben sie alle gesellschaftliche Probleme, und was die Macht- und Ausbeutungsmonopole als Lösungen präsentieren, sind weiter intensivierte Machtformen und Ausbeutungsmethoden. Dies kommt daher, dass sich Staats- und Ausbeutungsformen immer weiterentwickeln. Als Reaktion darauf kommt es immer wieder zu Widerständen, Rebellionen und Kriegen. Da diese aber häufig der Machtlogik verfallen und in den Bann der Ausbeutung gezogen werden, mündet das Ganze geradezu schicksalhaft in ein würdeloses Leben unter Ausbeutung und dem Druck der Probleme. Die Geschichte der staatlichen Zivilisation ist in gewisser Hinsicht auch die Geschichte der kontinuierlichen Erneuerung und Weiterentwicklung der Unterdrückungs- und Ausbeutungsmethoden und ebenso der Entwicklung der Freiheits- und Gleichheitsphilosophie sowie -aktionen derer, die dagegen Widerstand leisten.

Die nahöstlichen Gesellschaften waren im Laufe der Geschichte der Teil der Menschheit, der die meisten Krisen und Probleme erlebte. Der Hauptgrund dafür ist zweifellos, dass sie seit über fünftausend Jahren stets unter dem heftigen Druck und der Ausbeutung der Zentralzivilisation existieren mussten. Nirgendwo auf der Welt haben so langwierige und so intensive Unterdrückungs- und Ausbeutungsformen fortbestanden wie im Nahen Osten.

1 – Die Frauenfrage in der nahöstlichen Gesellschaft

Es ist von großer Bedeutung, in einer Gesellschaft der Beurteilung der Probleme von Frauen im Rahmen ihrer historisch-gesellschaftlichen Dimensionen Vorrang einzuräumen. Alle Probleme haben ihren Ursprung in der Frauenfrage. Wir sehen, dass bereits vor dem Übergang zu Staatlichkeit und Klassengesellschaft eine streng patriarchale Hierarchie über Frauen institutionalisiert worden war. Für die Begründung des Patriarchats bediente man sich zahlreicher mythologischer und religiöser Diskurse. Das Epos über Inanna, die Göttin von Uruk, spiegelt diesen Prozess wider. Es wurde eine große Sehnsucht nach der alten heiligen Muttergöttin und der Natur empfunden. Die Frau ächzte unter den Intrigen, der Arglist und Brutalität der dominanten Männlichkeit in der patriarchalen Ordnung von Hierarchie und Staat, in die sie eingezwängt war. Diese Realität wird im babylonischen Epos *Enūma eliš* (als Streit zwischen dem mächtigen babylonischen Gott Marduk und der Göttin Tiamat) noch offener und ergreifender dargestellt. In der sumerischen Mythologie wird erzählt, dass die Frau aus der Rippe des Mannes geschaffen worden sei. Diese Erzählung ist sehr symbolisch. Die monotheistischen Religionen setzten diesen Ansatz fort[14]. Die Frau, die die sumerischen Zikkurats als Göttin betreten hatte, verließ sie als Tempelhure. Die ersten Bordelle wurden in sumerischen Städten eröffnet. Die Frau stieg von der Tempelhure zur Hofkonkubine auf. Als versklavtes Objekt ist sie von den Handelsmärkten nicht wegzudenken. In der griechisch-römischen Zivilisation ist sie ausschließlich die Sklavin für Hausarbeiten. In der Politik hat sie nichts zu suchen. In der europäischen Zivilisation stellt sie ein an den Mann vertraglich gebundenes Sexualobjekt dar. In der kapitalistischen Zivilisation ist sie die verallgemeinerte Universalhure. Durch das Patriarchat bekam die Geschichte eine gänzlich sexistische Struktur und Bedeutung. Die Geschichte schreitet nun als eine männliche voran.

Die Ehefrauisierung der Frau (die mit ihrer Sklaverei gleichbedeutend ist) spiegelt sich im Anschluss auch in den in der Gesellschaft ausgebeuteten und unterdrückten männlichen Objekten wider. Während die oberste politische, militärische und priesterliche Clique die Position eines herrschenden Geschlechts einnimmt, wird die beherrschte Unterschicht zunehmend ehefrauisiert. In der griechisch-römischen Gesellschaft erhielten Männer von ihrer Jugend an eine äußerst sexistische Erziehung. Als Folge der sexistischen Herangehensweise gegenüber Frauen kommt es in allen Zivilisationsphasen zur Verbreitung sexueller Verzerrungen. So sehr die Frau Sklavin ist, so sehr ist auch der männliche Sklave nun Frau bzw. Ehefrau.

Nachdem zu diesen Problemen, die ihre Wurzeln in der Geschichte haben, auch diejenigen hinzukamen, die auf die kapitalistischen Unterdrückungs- und Ausbeutungsapparate zurückzuführen sind, ist in der nahöstlichen Gesellschaft ein albtraumhaftes Leben für die Frauen unumgänglich geworden. Frau zu sein, bedeutet vielleicht, der Mensch in der schwierigsten

---

14 Im sumerischen Mythos vergreift sich Enki, um einen Sohn zu zeugen, an seiner Tochter, seiner Enkeltocher und, als diese jeweils Töchter gebären, sogar an seiner Urenkeltochter. Seine Frau, die Muttergöttin Ninḫursanga, versucht ihn zu stoppen, indem sie aus seinem Samen Pflanzen wachsen lässt und ihm zu Essen gibt. Daraufhin erkrankt er schwer an acht Körperteilen, darunter den Rippen. Ninhursanga heilt jeden Körperteil, indem sie acht Gottheiten gebiert, die jeweils einem Körperteil Enkis entspringen.
Die spätere Erzählung der Bibel, in der ein männlicher Gott eine Frau aus der Rippe eines Mannes erschafft, ist offenbar von diesem Mythos inspiriert, stellt aber die Geschlechterverhältnisse auf den Kopf.

Lage zu sein. Die grobe Unterdrückung und Ausbeutung, denen die Gesellschaft ausgesetzt ist, werden am drastischsten am Körper und in der Arbeitskraft der Frau verwirklicht. Es wird gerade erst neu entdeckt, dass die Frau auch Mensch ist. Man muss endlich die würdelose, streng sexistische Herangehensweise durch die Suche nach einer Freundin und Gefährtin, derer man bedarf, ersetzen. Es wird zumindest mittlerweile darüber diskutiert. Man sollte sich dessen bewusst sein, dass ein sinnvolles Leben unmöglich bleibt, solange kein richtiges gesellschaftliches Leben gemeinsam mit der Frau verwirklicht worden ist. Wir müssen unsere Worte und unser Handeln danach ausrichten, dass das sinnvollste und schönste Leben nur gemeinsam mit freien Frauen in ihrer ganzen Würde verwirklicht werden kann.

2 – Probleme von Stämmen, Ethnien und Volksstämmen[15]

Zu den häufigsten Problemen in der nahöstlichen Gesellschaft, die im Laufe der Geschichte auftauchten, gehören die Fragen von Stamm bzw. *aşiret*, Ethnie und Nation. Je mehr sich die staatliche Zivilisation entfaltete, desto mehr verbreiteten und intensivierten sich diese Probleme. Vor der Entwicklung der Zivilisation herrschte – genauso wie für Frauen – auch in Bezug auf Stämme ein sehr natürliches, freies Leben. Die Stammesmoral überragte alles. Das Individuum war bereit, für seinen Stamm jegliches Opfer zu bringen, während der Stamm bereit war, das Gleiche für seine Individuen zu tun. Es handelte sich dabei um wahren Individualismus in einem wahren Sozialismus[16]. Als die Zivilisationsstrukturen die Stämme versklaven wollten, wurde der breiteste und intensivste Widerstandsprozess der Geschichte ausgelöst. Der Hauptwiderspruch bestand im Verhältnis zwischen dem Staat und dem Stamm, der der Versklavung Widerstand leistete. Die Berge und Wüsten wurden zu Widerstandsorten. Die Stammesstruktur stellte die unverzichtbare Voraussetzung für Selbstverteidigung, Ernährung und Fortpflanzung dar. Es ist wichtig, zu begreifen, dass die Geschichte ihr brutalstes Gesicht nach der Versklavung der Frau bei der Rekrutierung von Sklav*innen aus Stämmen zeigte. Die Stämme wurden zu *aşiret*[17] und

15 Mit dem Begriff *kavim*, hier als Volksstamm übersetzt, bezeichnet der Autor Gemeinschaften, die sowohl ethnisch als auch religiös definiert sind. Ein Beispiel sind die christlichen Armenier*innen.

16 Der Autor verwendet hier und an vielen anderen Stellen *toplumculuk* statt dem geläufigeren *sosyalizm*. Die beiden Wörter sind gleichbedeutend (ähnlich wie »gesellschaftlich« und »sozial«), aber *toplumculuk* wird weniger mit der politischen Theorie und Bewegung des Sozialismus assoziiert.

17 *aşiret* (oder Aschiret) wird meist als Stamm übersetzt, bezeichnet in der Terminologie des Autors jedoch die stammesübergreifenden Verbände und Konföderationen, die dann wieder

vergrößerten ihren Widerstand, um sich von diesem Problem zu befreien. Allerdings behielten die Waffentechnologien und die Organisation der Zivilisationskräfte meist die Oberhand.

Im Mittelalter entwickelte sich neben den Stammes- und Aschiretstrukturen eine Organisierung bis hin zur Ebene von Nationalitäten/Volksstämmen (*milliyet/kavim*). Es wurde ein weiterer Schritt in Richtung Nation gemacht. Zu den Stammes- und Aschiretideologien und -organisationen kamen Volkstammesideologien und -organisationen hinzu. So wurden die monotheistischen Religionen in China, Indien und dem Nahen Osten quasi zu Religionen von Volksstämmen. Religionskriege und Kriege zwischen Volksstämmen waren ineinander verwoben. Die griechischen, armenischen, assyrischen, arabischen, persischen und kurdischen Volksstämme wählten ihre Religionen entsprechend der Interessen ihres Volksstammes aus. Manche wurden zu Christ*innen, andere zu Muslim*innen. Der jüdische Volksstamm hatte sich ohnehin von Anfang an als eine Synthese von Religion und Volksstamm gestaltet. Allerdings waren weder die Stammes- und Aschiretideologien noch die Religionen der Volksstämme in der Lage, die bestehenden Probleme zu lösen. Das Judentum war von Anfang an von allen Seiten mit Problemen konfrontiert. Die Assyrer*innen, Armenier*innen und Hellen*innen, die ersten Völker, die sich vom Götzenglauben abwandten, konnten den Frieden, die Geschwisterlichkeit und Einheit, die sie im Christentum suchten, nie wirklich realisieren. Dieser Umstand sollte später zu unglücklichen Ereignissen führen, die sie um des Christentums willen erlitten.

Der Islam, der sich im Widerspruch zum Götzenglauben entwickelte, konnte zwar arabischen Stämmen und *aşiret* Frieden, Einheit und Überlegenheit schenken, fand sich allerdings binnen kurzer Zeit in einem Konflikt mit dem Christentum und dem Judentum wieder. Während die Religion einige Probleme zu lösen versuchte, brachte sie eine Menge andere mit sich. Vor allem für die in Anatolien zusammengedrängten Volksstämme der Armenier*innen, Hellen*innen, Assyrer*innen und Jüd*innen begann – zum Teil als Opfer ihrer eigenen frühen Entwicklung – eine sehr schwere Zeit angesichts der Araber*innen, Türk*innen, Perser*innen und Kurd*innen, die mit dem Islam Bekanntschaft machten. Als zu diesen Problemen auch noch die immerwährenden konfessionellen Auseinandersetzungen untereinander hinzukamen, steigerten sich ihre Probleme bis hin zu ihrer Liquidierung.

---

als Großstämme betrachtet werden. Eine *aşiret* kann mehrere Hunderttausend Menschen umfassen.

Die Christ*innen wurden im selben Zeitraum und mit ähnlichen Methoden liquidiert wie die Muslim*innen auf der Iberischen Halbinsel.

3 – Probleme von Religion und Konfession

Zu den religiösen Problemen, mit denen die Völker konfrontiert waren, kamen konfessionelle hinzu. Die Geschwisterlichkeits-, Einheits- und Friedensversprechen der Religionen funktionierten angesichts unterschiedlicher materieller Interessen nur in begrenztem Rahmen. Dieselben Völker gerieten aufgrund der Klassenverhältnisse, die sich in der Gesellschaft herausgebildet hatten, in geballte Probleme, die zu schwerwiegenden Auseinandersetzungen führten. In einem sehr kleinen und fest gefügten Stamm wie dem jüdischen kam es bereits zu Moses' Zeiten zu schweren Auseinandersetzungen mit seinem engeren Umfeld. Die Streitigkeiten zwischen Moses und seinen Geschwistern Aaron und Mirjam sind diesbezüglich sehr aufschlussreich. Jesus sprach vorrangig arme Jüd*innen an. Mu'āwiya I. nahm den Kampf um die Vorherrschaft und die Dynastie gegen die Ahl al-bait[18] bereits vor Mohammeds Tod auf. Die Charidschit*innen hießen Morde gut, um das zwischen Ali, Mu'āwiya I. und 'Amr ibn al-'Ās umkämpfte Kalifat zu retten. Yazid I., Sohn von Mu'āwiya I., ließ in der Kerbela-Wüste die vornehmsten Söhne der Ahl al-bait wie Schafe abschlachten. Jedes islamisierte Volk brachte im Inneren wie im Äußeren sich schneeballartig vergrößernde neue Probleme mit sich. Die alte iranische Zivilisation versuchte, ihre Niederlage gegen die muslimischen Araber*innen mit der Herausbildung der Schia zu beantworten. Die türkisch-seldschukischen und -osmanischen Fürsten sahen ihre Interessen im Sunnitentum, der vorherrschenden Tradition des Islam, vertreten. Die ärmeren Turkmen*innen entschieden sich für die Schia oder für das Alevitentum. Auch die Kurd*innen erlebten eine ähnliche Spaltung. Während die mächtigen Fürsten das Sunnitentum annahmen und vorwiegend mit türkischen und arabischen Sultanen kooperierten, wurde der arme und würdevolle Teil der Kurd*innen alevitisch oder zoroastrisch.

Die ersten drei Jahrhunderte des Christentums waren voller konfessioneller Spaltungen. Klassen und Völker waren dazu gezwungen, ihre Interessen als Konfessionen zu tarnen. Jedes Volk hatte seine eigene Konfession. Die romanischen Völker suchten ihr Heil im Katholizismus, die Griech*innen und

18 Als Ahl al-bait wird die engere Verwandtschaft Mohammeds bezeichnet. Die Frage der Zugehörigkeit zur Verwandtschaft Mohammeds spielte eine wichtige Rolle bei den Kämpfen um seine Nachfolge und bei der Spaltung in Sunna und Schia.

Slaw*innen in der Orthodoxie, die Armenier*innen in der Gregorianischen Kirche und die Assyrer*innen in vielen verschiedenen Konfessionen, allen voran im Nestorianismus. Außerdem gab es ernsthafte Spaltungsprobleme zwischen imperialen und nicht-imperialen Religionen. Es entstanden aus dem Judentum heraus nicht nur das Christentum und der Islam, sondern auch das Judentum selbst erlebte eine bis hin zu einzelnen Stämmen reichende Aufsplitterung. Als wäre die Spaltung zwischen Juda und Israel[19] nicht genug, kam es darüber hinaus zu einer Spaltung in pro-persische und pro-griechische Jüd*innen[20]. Später erfolgte eine weitere Spaltung zwischen Ost- und Westjüd*innen (Aschkenasim und Sephardim). Im Zeitalter der kapitalistischen Zivilisation entstammten dem Judentum sowohl laizistische als auch säkularistische Intellektuelle.

Gleichzeitig erlebte das Christentum eine große Reformation. Der Protestantismus wurde geboren und die nationalen Kirchen entstanden. In den fernöstlichen Zivilisationen, vor allem in China und Indien, verbreiteten sich konfessionelle Spaltungen, die neue Probleme mit sich brachten. Wenn wir nach der materiellen Grundlage all dieser religiösen und konfessionellen Probleme suchen, kommen wir ohne Schwierigkeiten darauf, dass die sich verbreitenden und intensivierenden Unterdrückungs- und Ausbeutungsapparate dabei die zentrale Rolle gespielt haben. Es handelte sich um Unterdrückungs- und Ausbeutungskriege der miteinander verwobenen materiellen und ideologischen Monopole gegen die Gesellschaft. Diese Probleme wurden bereits in der Zeit der sumerischen und ägyptischen Priesterstaaten geschaffen und seither durch Kriege vergrößert. Als Buddha nach seiner großen Erfahrung sagte, dass sich Feuer nicht durch Feuer löschen lasse, sprach er eine bedeutende Wahrheit aus. Macht bedeutete Krieg, und Krieg war Ausbeutung. Deswegen musste eine Macht gegen die andere Krieg führen; denn es gab keinen anderen Weg, um in den Genuss des Profits zu kommen.

So produzierte einerseits die über fünftausend Jahre zurückreichende Zivilisationsgeschichte tagtäglich Probleme, andererseits verbreiteten und intensivierten die vorgeschlagenen imaginären Lösungen nur die Probleme. Weder die Göttermythologie der sumerischen Priester noch die Götter und Propheten der monotheistischen Religionen, die denselben Ursprung teilen,

19 Gemeint ist die Spaltung in das nördliche Königreich Israel und das südliche Königreich Juda nach dem Tod Salomos um 926 v. Chr.

20 Möglicherweise ist hier auch die räumliche Trennung der jüdischen Gemeinschaften in Persien und Griechenland gemeint, die jeweils seit der Zeit des Achämenidenreichs bzw. Alexanders des Großen in den jeweiligen Gebieten heimisch waren.

noch die vielköpfigen konfessionellen Absplitterungen konnten eine Lösung für die Sklaverei bieten. Imaginäre Lösungen konnten nicht zu materiellen werden. Die Unterdrückungs- und Ausbeutungsapparate weiteten sich nicht nur auf alle Stämme aus, sondern durchdrangen auf der Grundlage des Nationalstaates auch noch alle Zellen der Gesellschaft. Folglich weiteten sich die Probleme auf die ganze Gesellschaft aus. Da es keine Poren mehr gibt, in die die fünftausendjährigen Unterdrückungs- und Ausbeutungsmonopole jetzt noch eindringen könnten, könnte ihr Ende nahen, sogar in Sichtweite gerückt sein. In diesem Sinne kommen wir vielleicht der Wahrheit näher als je zuvor, wenn wir behaupten, dass das Ende der Geschichte gekommen ist.

4 – Die Stadt- und Umweltfrage

In der nahöstlichen Zivilisation kam es von Beginn an zu Problemen zwischen Stadt und Umland. Wenn man die Gründungsgeschichten der sumerischen Städte betrachtet, sieht man, dass ihre Entstehung in einer Atmosphäre voller Probleme in und zwischen ihnen erfolgte. Es handelte sich dabei um Probleme, die sich auf die Sklaverei zurückführen lassen. Die Urbanisierung brachte die Versklavung und dadurch die Staatswerdung mit sich. Durch die Gründung des Marktes kam es dabei auch zur Entstehung der ökonomischen Frage. Wer sollte die Tauschraten, d. h. die Preise, bestimmen? Die diesbezügliche Einigung erfolgte nicht einfach. Die Verpflegung und Verteidigung der Stadt war ein Problem an sich. Die entstandenen Machtcliquen (Priester, Verwalter und militärische Befehlshaber) konkurrierten stets miteinander und erzeugten die Probleme von Revolutionen und Konterrevolutionen. Außerdem erlebten die Städte auch Probleme aufgrund ihres Wachstums.

Die Stadtverwaltungen und -staaten, die sich mit der Stadt gleichzeitig entwickelten, bildeten ein unverzichtbares Phänomen aller Zivilisationsphasen. Der Stadtstaat war die älteste und am meisten verbreitete Machtform. Die Imperien und Nationalstaaten entstanden erst später. Die historisch eindeutig vorherrschende Form waren die Stadtverwaltung und der Stadtstaat, die sich auf die Stadt und ihre unmittelbare Umgebung beschränkten. Die große Konkurrenz zwischen Städten führte ständig zu Konflikten, die deren Ressourcen aufbrauchten. Die Lösung fand man in hegemonialen Metropolen. Uruk, Ur, Babylon, Aššur, Persepolis, Athen und Rom waren solche hegemonialen Städte. Später spielten sie die Rolle imperialer Zentren.

Der erste Imperator der Geschichte war Sargon, Gründer der akkadischen Dynastie. Sargon brachte nicht nur die sumerischen Städte unter seine und Akkads Hegemonie, sondern dehnte seine Hegemonie auf den gesamten Zivilisationsraum jener Zeit aus. Das Königreich war in diesem Fall gleichbedeutend mit der Kontrolle der hegemonialen Metropole über andere Städte und ihre Umgebung und der Aneignung eines Teils ihres gesellschaftlichen Mehrwerts. Im Handel, in der Landwirtschaft und Industrie erzielte man durch größere Absatzmärkte und materielle Möglichkeiten höhere Profite. Aus diesem Grund war die Machtform des großflächigen Königreiches viel profitabler. Diese Tendenz lässt sich am Beispiel der Reiche des Sargon, Babylons und Aššurs eindeutig beobachten. Insbesondere das assyrische Reich war auf Rohstoff- und Fertigwarenhandel spezialisiert. Um diese Profitquelle aufrechtzuerhalten, schreckte es vor den brutalsten Szenen nicht zurück. Die Assyrer*innen rühmten sich damit, dass sie aus menschlichen Häuptern Mauern und Stadtmauern errichteten.

Die Perser*innen wollten durch flexiblere und moralischere Methoden ein ähnliches Ergebnis erzielen, was ihnen auch gelang. Babylon stellte die Superstadt jener Zeit dar. Es war eine mächtige und prachtvolle Stadt voller Probleme, in welcher sich zweiundsiebzig Nationen zusammengefunden hatten. Babylon hatte Vorbildcharakter für die persischen Städte. Die griechisch-römische Urbanisierung beinhaltete, auch wenn sie eine fortgeschrittenere Lösung darstellte, vor allem in den Bereichen der Verwaltung, Verpflegung und Verteidigung die gleichen Probleme. Die hellenistische Synthese im Nahen Osten stellte, was die urbane Architektur betrifft, ein höheres Stadium dar. Das lässt sich an der Gründung prächtiger Städte erkennen. Allerdings ist unschwer festzustellen, dass selbst der Tempel einer Stadt zu vielseitigen Problemen in der Gesellschaft führt. In diesem Zusammenhang zu beurteilen, wie die Pyramide eines ägyptischen Pharaos die Gesellschaft auslaugte, ist um einiges beeindruckender. Auch Athen und Rom als Metropolen steckten bis zum Hals in gesellschaftlichen Problemen.

In der islamischen Ära wuchsen die nahöstlichen Städte zwar, blieben aber in Bezug auf die Architektur weit hinter der hellenistischen Ära zurück. Sie verloren allmählich ihren Charakter und wurden zu Problemquellen für sich selbst und ihre Umgebung. Dass keine industrielle Revolution stattfand, machte die Probleme noch schwerwiegender.

Die Urbanisierungswelle in der westeuropäischen Zivilisation führte zu Wirtschaftsstädten, die sich auf der Grundlage des Handels und Marktes entwickelten. Diese Welle trug von Anfang an den Stempel des Kapitals, das in ländlichen Gebieten wie in Städten seine Hegemonie über das Handwerk zu errichten versuchte. Dies führte zu harten Klassenkämpfen.

Die Konkurrenz in und zwischen Städten regte zunächst die Tendenz zur Gründung von Imperien und Königreichen an, doch mit der industriellen Revolution mussten die Städte vor dem Nationalstaat kapitulieren. Es waren die deutschen und italienischen Städte, die als letzte ihre Autonomie aufgaben und sich dem Nationalstaat erst später – im neunzehnten Jahrhundert – unterordneten. Meines Erachtens stellt die industrielle Revolution keine Lösung, sondern den Anfang vom Ende und Tod der Städte dar. Mit dem Industrialismus und der Bürokratie vergrößerten sich die Städte krebsartig, und diese wuchernde Expansion mündete in eine Umweltkatastrophe. Die Stadt bringt nicht nur sich selbst um, sondern auch ihre Umwelt und folglich die ländliche Gesellschaft (die fünfzehntausendjährige Wirklichkeit und Produktivkraft der Geschichte und die Quelle materieller sowie immaterieller Kultur), indem sie sie verbraucht. Die Folge ist, dass die Gesellschaft mit riesigen Problemen ringen muss und zum Produktionszentrum allgemeiner Arbeitslosigkeit und Armut wird. Die nahöstliche Stadt, die ihre Hegemonie verloren hat, verwandelt sich ins Zentrum einer Disurbanität und Ermordens und ständigen Sterbens der Stadt, einem der wichtigsten Werkzeuge der Gesellschaftlichkeit.

Die nahöstliche Zivilisationsgeschichte ist die der Zerstörung und Negierung der Umwelt. Da sie die Werte ihrer Zivilisation als materielle und immaterielle Kultur durch die Negierung der Werte der neolithischen Gesellschaft (im Sinne einer dialektischen Negation) schuf, gestaltet sich der Fluss der Geschichte auf diese Weise. Demgegenüber war die neolithische Gesellschaft im Hinblick auf beide Kulturwerte ökologisch. In ihrer geistigen Welt, in ihrer Religion wurde die Umwelt als ein lebendiger und äußerst erhabener Wert sakralisiert. Die Ernährungsmöglichkeiten, die um die Frau herum gediehen, stellten den Anfang der Wirtschaft dar. Die Natur und die Frau existierten als harmonische Einheit. Ein lebendiges Naturreligionskonzept wurde durch die Muttergöttin symbolisiert. Die meisten materiellen Produktionsmittel waren Erfindungen von Frauen. Auch die Ernährungs- und Bekleidungskulturen trugen den Stempel der Frauen. Alle diese Werte wurden im Zuge der Zivilisation verleugnet und unter der männlichen Hegemonie in Profit- und Unterdrückungsinstrumente verwandelt. Die Mutter Erde wurde gedemütigt. Die heiligen Schriften sagen Männern: »Eure Frauen sind ein Saatfeld für euch: darum bestellt euer Saatfeld wie ihr wollt.«[21] Noch schlimmer ist es, dass die sumerischen Städte

21 *Der Heilige Koran*, übersetzt von Rudi Paret (Darmstadt: Wissenschaftliche Buchgesellschaft, 1975), 2:223.

die stets drohende natürliche Wüstenbildung künstlich ergänzten und verstärkten, weil sie durch ihre stetige, profitorientierte Nutzung des Bodens zu seiner Versalzung führten. Für die Wüstenbildung in Mesopotamien spielte also die Zivilisierung eine erhebliche Rolle.

In der geistigen Welt der Zivilisation werden die Natur, Umwelt und Erde stets erniedrigt. Eigentlich ist dies eine ideologische Haltung. Sie dient der Erniedrigung und einfachen Beherrschung der agrarisch-dörflichen Gesellschaft, die sich entgegengesetzt zur der Zivilisation entwickelt. Die Zivilisation schuf so ideologisch ein Bild der Welt, als sei diese der Menschheit feindlich gesinnt, und existiere, um dem Menschen Rechenschaft abzulegen. Auch sagen die heiligen Schriften: »Jener Ort ist nur eine Prüfung für euch.«[22] Andererseits glauben die, die den Staat besitzen und sich auf der Erde ihre Paradiese schaffen, gleichzeitig nicht an die von ihnen selbst erfundenen Religionen. Denn sie wissen genau, dass sie selbst es waren, die die Religionen erfanden. Die mit ihrer geobiologischen Umgebung verflochtene gesellschaftliche Entwicklung dagegen wird mit dem Fortschritt (eigentlich sollte man sagen: dem ständigen Rückschritt) der Zivilisationsgeschichte zur Verleugnung dieses ihres Wesens gezwungen und durch abstrakte Jenseitsbilder in ihr Gegenteil verkehrt.

Der Kern der ökologischen Frage liegt in dieser Wirklichkeit. Deshalb können wir sie mit in vollem Umfang als eine gesellschaftliche Frage begreifen. Eine Gesellschaft, die auf diese Weise zur Verleugnung ihres eigenen Wesens gezwungen wird, kann dem Leben niemals eine langfristige Kontinuität verleihen. Die Profitlogik der Herrschafts- und Ausbeutungsmonopole und die von ihnen dafür entwickelten ideologischen und militärischen Kriege sind anti-ökologisch, anti-biologisch und anti-sozial. Die gegenwärtige Krise im Finanzzeitalter der kapitalistischen Hegemonie reibt der ganzen Menschheit diese Wahrheiten unter die Nase, brennt sie in ihr Gedächtnis ein und zeigt allen offensichtlich, dass diese Hegemonie mittlerweile nur noch aus den Papierbündeln einer Welt der Täuschung besteht, die sie geschaffen hat. Zu keinem anderen Zeitpunkt in der Geschichte hatte sich die Menschheit von der Natur, dem Leben und der Gesellschaft so sehr entfremdet. Im Nahen Osten hat einerseits die Gesellschaft am längsten

22 Es gibt mehrere Stellen im Koran, die die Welt als Prüfungsort darstellen, z. B.: »Wir haben, was auf der Erde ist, ihr zur Pracht geschaffen, um sie (die Menschen) zu prüfen, wer von ihnen besser handelt.« (18:7), »Er ist … der den Tod und das Leben erschaffen hat, um zu prüfen, wer von euch am besten handelt …« (67:2) und »Er ist es, der die Himmel und die Erde in sechs Tagen erschaffen hat … um euch zu prüfen, wer von euch am besten handelt.« (11:7), alle zitiert nach *Der Koran*, übersetzt von Hans Zirker (Darmstadt: Lambert Schneider, 2013).

unter der quälenden, plündernden Last der Zentralzivilisation gelitten, andererseits gehört er selbst zu den Regionen, deren Geobiologie aufgrund von natürlichen und menschengemachten Ursachen am stärksten von der fortschreitenden Wüstenbildung bedroht sind. Insofern bestehen nicht nur Probleme; die Gesellschaft gibt das Leben dermaßen auf, dass sie die Lösung im Selbstmord sucht. Genauer gesagt, sie wird zum Aufgeben gezwungen.

5 – Die Klassen-, Hierarchie-, Familien-, Macht- und Staatsfrage

Die nahöstliche Gesellschaft war die erste in der Universalgeschichte, die mit den Klassen-, Hierarchie- und Herrschaftsfragen Bekanntschaft machte. Wir wissen, dass vor der Etablierung der Macht der erste hierarchische Mechanismus über Jugendliche und Frauen errichtet wurde. Das Bündnis zwischen dem despotischen und listigen Mann, dem Schamanen und Priester und erfahrenen alten Männern stellte den Prototyp aller Hierarchien und der später entstandenen Mächte und Staaten dar. Es war die Brutstätte aller gesellschaftlichen Probleme. In Niedermesopotamien begegnen wir vor der Hegemonie der Stadt Uruk der hierarchischen Obed-Zeit (5000-3500 v. Chr.). Es handelte sich hierbei um eine Hierarchie, die sich in ganz Mesopotamien ausbreitete. Dieses System war um größere Haushalte und Familien herum gewoben. Es stellt den Anfang des dynastischen Systems dar. Dabei wurden ein Weltbild und eine Praxis entwickelt, in denen Frauen, Jugendliche und alle anderen Menschen, die nicht der hierarchischen Oberschicht angehörten, einer systematischen Versklavung unterworfen wurden – was also den historischen Ursprung der sozialen Frage darstellt. Mesopotamien war der globale Vorreiter auch dieses Systems und der Ursprung der dynastischen und familiaristischen Ideologien. Die gegenwärtige Stärke beider Institutionen im Nahen Osten hängt unter anderem mit dieser historischen Tatsache zusammen. Diese zwei ältesten, männlich geführten gesellschaftlichen Institutionen unterlagen im Laufe der Geschichte einem stetigen Wandel. Während die Dynastie zum vorherrschenden Machtzentrum und zur Staatsform wurde, wurde der Familiarismus zur offiziellen Keimzelle aller Gesellschaften. Es wurden im Laufe der Geschichte um der Gründung und des Niedergangs von Dynastien und Familien willen unzählige Kriege geführt. Mit diesen Kriegen wurden Gesellschaften nicht nur in Problemquellen verwandelt, sondern nahezu innerlich ausgezehrt.

Unter dem dynastischen System ist eine Totalität zu verstehen, in der Ideologie und Struktur ineinander verwoben sind. Obwohl es aus dem Stammessystem heraus entstand, stellt es dessen Negation dar, entstanden aus dem Kern der führenden Familien der Oberschicht und gekennzeichnet durch eine sehr strenge Hierarchie. Es handelt sich dabei um die Vorgängerin der herrschenden Klasse. Das dynastische System ist der Prototyp der Macht und des Staates und basiert auf dem Mann-und-Sohn-Prinzip. Für die Macht des Mannes ist es wichtig, zahlreiche Söhne zu haben. Dieser Aspekt führte zur Polygynie, zum Haremsleben und Konkubinensystem. Dass manche Männer Dutzende Frauen und Hunderte Kinder hatten, hängt mit der dynastischen Ideologie zusammen. Die Macht und der Staat wurden vorwiegend innerhalb der Dynastie hergestellt. Die Dynastie stellte die erste Institution dar, die andere Stammessysteme, allen voran den eigenen Stamm und Klan, an Klassenbildung und Sklaverei gewöhnte. In der nahöstlichen Zivilisation lassen sich kaum eine Macht und kaum ein Staat finden, die ohne eine Dynastie auskommen. Dies ist auf die tiefe Verwurzelung der dynastischen Realität und auf ihre Funktion als eine Art Vorschule für die Macht und den Staat zurückzuführen.

Mit seiner Verwandlung zur offiziellen Ideologie drückte der Dynastismus auch der Familienstruktur seinen Stempel auf, was zur Subideologie des Familiarismus führte. Familie ist nicht gleich Familie. Es existierten im Laufe der Geschichte und in der Vorgeschichte viele verschiedene Beziehungsformen zwischen Mann und Frau. Insbesondere der frauenzentrierte Klan war weit verbreitet. Dieser Familientyp kannte eigentlich keinen Ehe-Mann. Der Onkel mütterlicherseits und die Kinder waren wichtiger. Ein weiterer Typ ist das Zusammenleben von Mann und Frau in einer gleichwertigen Dualität. Im Gegensatz zur weit verbreiteten Annahme war auch dieser Typ historisch sehr verbreitet. Das System mit einem Mann als Familienoberhaupt entwickelte sich erst viel später als Widerspiegelung des Trios Dynastie, Macht und Staat. Das eigentliche Ziel dieses Familientyps ist eine den Dynastie-, Macht- und Staatsinteressen der oberen Schichten entsprechende Erziehung von Frauen und Kindern und die Schaffung von abhängigen Satellitenpersönlichkeiten. Aufgrund dieser Macht- und Staatsinteressen entstand die polygyne Familie mit ihren zahlreichen Kindern, obwohl sie überhaupt nicht notwendig war und zu schwerwiegenden gesellschaftlichen Problemen führte. Genauso wie der dynastische Herrscher und ihn nachahmend betrachteten alle Familienoberhäupter den Besitz zahlreicher Frauen und Kinder als eine Art Macht- und Lebensgarantie. Die in der Gesellschaft vorherrschende Mentalität förderte dabei stets dieses Denken. Allerdings wurden dadurch keine gesellschaftlichen Fragen gelöst, sondern es wurde neuen Problemen Tür und Tor geöffnet. Die Erkenntnis, dass dieser Umstand durch die offizielle Ideologie bedingt und durch die Religion gefördert und so gefestigt wurde, ist wichtig für das Verständnis gesellschaftlicher Probleme. Die dynastische und familiaristische Kultur, die im heutigen Nahen Osten nach wie vor stark ausgeprägt ist, bildet wegen der dadurch hervorgerufenen Überbevölkerung und der Gier nach Anteilen an Staat und Macht eine der Hauptursachen gesellschaftlicher Probleme. Die Verachtung und Ungleichheit der Frau, die mangelnde Bildung von Kindern, die Familienstreits und das Problem der »Ehre« hängen alle mit dem Familiarismus zusammen. Es ist so, als sei ein kleines Modell der internen Probleme von Macht und Staat in die Familie hineingebaut worden. Die richtige Analyse der Familie ist unabdingbar für eine richtige Analyse der Macht, des Staates, der Klassen und der Gesellschaft.

Da sie die Macht zum Mittelpunkt haben, ist es nachvollziehbar, dass Familie und Dynastie in der Gesellschaft als Gegenstand der Ideologie und Praxis von Macht und Staat besonders beliebt sind. Die stetige Existenz der Probleme von Macht und Staat in den Gesellschaften des Nahen Ostens, über die sie errichtet wurden, liegt an dem in ihnen verankerten Familiarismus und Dynastismus. Es handelt sich dabei um sich gegenseitig verstärkende Probleme. In dieser Hinsicht ist die Erkenntnis der ideologischen Seite der Probleme von großer Wichtigkeit. Die nahöstliche Gesellschaft ist fern davon, zu begreifen, dass die Stärke der Macht und des Staates, die man sich als Mittel zur Lösung der Probleme vorstellt, zu einem Ergebnis führt, das einen Gegensatz zu ihrer eigenen Stärke bildet und zu einem schwachen und unkreativen Leben voller Sklaverei führt. Aus diesem Grund interpretieren wir nun diese Beziehungsstränge als Hauptursache der Probleme, was äußerst wichtig ist. Aufgrund dieser Tatsache, die ich bereits sehr früh entdeckte, zeigte ich großes Interesse für demokratische Ideologien und Organisationen, Diskussionen und Aktionen. Das Leben lehrte mich tagtäglich, dass die Lösung gesellschaftlicher Probleme dort zu suchen ist.

Entgegen der weit verbreiteten Annahme ist es nicht die Klasse, welche Macht und Staat hervorbringt. Im Gegenteil führten auf Dynastismus und Familiarismus (hierarchischen Institutionen) basierende Macht- und Staatsgebilde zur Herausbildung von Klassen. Zunächst entwickelten sich die hierarchisch-etatistische Ideologie und Praxis. Wir können feststellen, dass dieser Vorgang in der Geschichte des Nahen Ostens sehr verbreitet war. Die Tendenz zur Klassenbildung von oben nach unten ist stärker ausgeprägt als die von unten nach oben. Noch wichtiger: Es entstehen vielmehr ideologisch wie praktisch ineinander verwobene Klassen-, Macht- und Staatsphänomene als unabhängig voneinander existierende Staats- und Klassenverhältnisse. Dies ist ein Prozess, der sich recht verdeckt abspielt, sodass die Klassen aufgrund der klanistischen, familiaristischen, dynastistischen und etatistischen Bilder nahezu unsichtbar werden. So wird versucht, die Entstehung des Klassenbewusstseins zu unterbinden. Bei Klassenanalysen ist es wichtig, das Konkrete zu betrachten. Dabei soll die Herangehensweise so sein, dass wir uns das anschauen, was sich in der Geschichte tatsächlich ereignete. Die Klassenbildung in der nahöstlichen Gesellschaft ist eng mit der offiziellen Familie, der Dynastie, den Macht- und Staatsbildungsprozessen verbunden. Die Sklaverei wird nicht nur auf der Basis der materiellen Arbeit errichtet, sondern zunächst auf der Grundlage von Mentalitäten, Emotionen und Körpern. Ohne die Entwicklung einer ideologischen Sklaverei kann sich die Sklaverei der materiellen Arbeit nicht entfalten. Um die Probleme, die sich durch sehr verbreitete Klasseneigenschaften ergeben, sehen zu können, wäre eine solche holistische Herangehensweise wesentlich aufschlussreicher.

Den Macht- und Staatsaufbau in der nahöstlichen Gesellschaft als politische Rendite (die Schaffung von Profit durch Macht) zu betrachten, würde uns der Wahrheit näherbringen. Die Konzentration des gesellschaftlichen Reichtums erfolgt eher durch Besitzergreifung vonseiten der Macht- und Staatscliquen als durch das Herr-Knecht-Verhältnis. Die Macht stellt ein Phänomen dar, dem wir häufiger begegnen als dem Staat. Auch ohne Staat kann die Macht intensiv erlebt werden. Aus diesem Grund ist die Machtkonzentration als eine Art Kapitalmonopol zu sehen. Ohne Profit ergibt die Macht keinen Sinn. Der Profit bildet das eigentliche Ziel von Machtstrukturen. Die Macht als eine vom Profit unabhängige Institution zu sehen, stellt eine Verirrung dar. Dies ist ein wichtiges Thema, um dessen Aufklärung sich die westliche Soziologie drückt. Monopole werden nicht ausschließlich durch das kapitalistische System und in Form von Kapital errichtet. Sie sind in der Geschichte in überwältigender Mehrheit als Machtmonopole und -gruppen zu finden. Profit ist undenkbar ohne Macht. Diese Feststellung gilt ebenso für die europäische Zivilisation. Wenn wir sogar die Machtmonopole als raffiniertere, klassische Mittel für Profit denken, können wir die Geschichte richtiger deuten.

Der Staat stellt ein Phänomen dar, das von der Macht zu unterscheiden ist. Er beruht zwar auf Macht, jedoch als eine andere Formation. Wenn mehrere Machtcliquen in ihrem Zusammenschluss die Möglichkeit größerer Profite erkennen, streben sie mit größter Leidenschaft nach der Staatsbildung. Der Staat wird also stets als gemeinsame Profitorganisation verschiedener Machtcliquen errichtet. Aus diesem Grund werden in seiner inneren Struktur um Profitanteile ständige Konflikte und Streits, ja sogar Bürgerkriege ausgetragen. Da jedoch der Staat eine raffiniertere und legitimierte Tradition hat, befürworten alle Profitmonopole stets den Staat als Ausdruck ihrer gemeinsamen Interessen. Erst wenn der Staat zu einer existentiellen Gefahr für ihre Interessen wird, ziehen sie die Spaltung des Staates und die Suche nach neuen Staaten und Machtformen in Betracht. Die nahöstliche Zivilisation machte im Laufe ihrer Geschichte mehrfach diese Erfahrung.

Anhand der über fünftausend Jahre alten Zentralzivilisation lassen sich realistischere Macht- und Staatsanalysen durchführen. Die fünfhundertjährige Geschichte der europäischen Zivilisation stellt dafür weder zeitlich noch räumlich gesehen einen ausreichenden Rahmen dar. Aus diesem Grund bleiben die Analysen zu Staat und Macht unvollkommen. Während der Marxismus diesbezüglich eine regelrechte Ignoranz an den Tag legt, unternimmt der Liberalismus feinere Verdrehungen der Tatsachen. Die konservativen Kräfte kennen zwar die Wahrheit genauer, aber es widerspricht ihren Interessen, sie auszusprechen. Sie bevorzugen eine ideologisch-mythische Sprache und vertiefen dadurch die Tatsachen verdrehende Erzählung. Dass Fragen von Macht und Staat von der Realität abgekoppelt werden, ist vor allem auf die Profitraten in ihrem Kern zurückzuführen. Alle Religions- und Gottesbegriffe in der Zivilisationsgeschichte würden sich durch eine wahrhaft soziologische Analyse als ein Schema des Staates, als eine ideologische Überhöhung der Gottkönig-Praxis entpuppen. Den heutigen Nationalstaat als Gott auf Erden zu betrachten und ihn – mit seinem säkularen Ausdruck – als Entgöttlichung derselben Organisation zu beurteilen, läuft im Grunde genommen auf das Gleiche hinaus. Hegel analysiert die Geschichte in dieser Hinsicht tiefgehender als Marx.

Alle Gesellschaftsfragen im Nahen Osten sind Familien-, Dynastie-, Klassen-, Macht- und Staatsfragen, denen wir gegenwärtig häufiger und intensiver begegnen denn je zuvor.

6 – Die Moral-, Politik- und Demokratiefrage der nahöstlichen Gesellschaft

Eine Untersuchung der über fünftausend Jahre alten Zentralzivilisation auf der Grundlage der Begriffe Moral, Politik und Demokratie wird aufschlussreich sein. Im letzten Teil habe ich thematisiert, dass sich die gesellschaftliche Natur in Form moralischer und politischer Phänomene entwickelt. Ich sollte an dieser Stelle kurz wiederholen: Ohne Moral und Politik gäbe es keine Gesellschaft, und selbst wenn es sie gäbe, wäre sie nichts anderes als eine amorphe Masse. Selbst wenn es derartige Gesellschaften gäbe, wären sie nur Rohmaterial, Objekte für andere Gesellschaften.

Die Moral ließe sich als die Gesamtheit der Haltungen definieren, die die Gesellschaft bei ihrem ursprünglichen Aufbau einnimmt. Das sind alle Maßnahmen, Arbeiten und Aktionen, die die primitive Gesellschaft um ihrer Ernährung, Fortpflanzung und ihres Schutzes willen unternimmt. Soweit sich diese Totalitäten traditionalisieren, kann man von der Entstehung einer Moral sprechen. Da eine Gesellschaft ohne Ernährung, Fortpflanzung und Schutz nicht weiterbestehen könnte, kann es auch keine Gesellschaft ohne Moral geben. Politik ist zwar ein anderer Begriff, jedoch ist sie mit der Moral eng verbunden. Sie unterscheidet sich von der Moral dadurch, dass sie eine aktuelle Handlung darstellt. Während die Moral als Tradition in Form standardisierter Formeln funktioniert und ihre Rolle spielt, stellt die Politik die Gesamtheit der Entscheidungen dar, die angesichts der Probleme, mit denen die Gesellschaft konfrontiert ist, tagtäglich getroffen werden. In dem Maße, wie sich diese gesamte Bandbreite von Entscheidungen traditionalisiert, integrieren sich diese in die moralischen Traditionen und werden selbst zu moralischen Regeln. Die Politik und die Moral nähren sich dabei gegenseitig. Während die Moral traditionell der Politik einen Rahmen bietet, erweitert und vertieft die Politik diesen Rahmen mit ihren funktionierenden Entscheidungen. Die beiden Begriffe und Phänomene lassen sich also nicht gänzlich voneinander trennen.

Als ein drittes Phänomen und dritter Begriff sollte ihnen die Demokratie hinzugefügt werden. In diesem Sinne wäre auch ohne Demokratie keine Gesellschaft vorstellbar. Selbst wenn sie vorstellbar wäre, würde sie lediglich ein gesellschaftliches Rohmaterial und Objekt darstellen, das sich nicht ausdrücken kann. Sie wäre also unweigerlich nicht mehr als die Summe von Objekten, die von anderen Gesellschaften benutzt wird. In diesem Zusammenhang bedeutet Demokratie die Beteiligung der ganzen Gesellschaft als Ausdrucks- und Organisationsmacht an der Politik und den Entscheidungen, die dabei gefällt werden. Die Politik ist in diesem Sinne in ihrem Wesen demokratisch. Die wahre Politik ist demokratisch. Eine undemokratische Politik besteht aus einseitigen Verwaltungsentscheidungen der hierarchischen Macht- und Staatskräfte, die sich erst später entwickelt haben. Die »Verwaltungsentscheidungen« dieser Kräfte sind keine Politik, sondern lediglich Verwaltungsregeln.

Die wahre Politik ist jene, die durch die Beteiligung und Diskussion des Demos (Gesamtheit aller Organe der Gesellschaft von Stamm, Familie, Aschiret, Volksstamm bis Nation) vollzogen wird. Die Politik ist kein Phänomen und kein Konzept, das ohne Volk, Gesellschaft, ohne Beteiligung möglich wäre. Daher muss die Politik, weil sie demokratisch sein muss, auch moralisch sein. Eine Gesellschaft, in der es keine Demokratie gibt, kann nicht politisch, eine Gesellschaft, in der es keine Politik gibt, nicht moralisch sein. Diese drei unverzichtbaren Phänomene und Begriffe bedingen sich gegenseitig.

Zu diesen drei grundlegenden Phänomenen der Gesellschaft und ihrem begrifflichen Ausdruck entwickelte sich die nahöstliche Zentralzivilisation im Widerspruch und als Gegenpart. Zwischen ihnen besteht ein grundsätzlich dialektisches Verhältnis. Je weiter sich die zivilisierte Gesellschaft (Stadt, Klasse, Macht) entwickelt, desto mehr weichen Moral, Politik und Demokratie zurück. Gleichzeitig kommt es zu entsprechenden Spannungen und zu Kämpfen. In den sumerischen Epen lässt sich dieser Prozess anhand der Diskurse über Frauen, Bäuer*innen und Hirt*innen verfolgen. Sie drücken die tatsächlichen Spannungen und Kämpfe aus. In späteren Epen und religiösen Texten hören wir die Stimmen dieser Trias (der drei Hauptsäulen der Gesellschaft) kaum noch. Das heißt, dass sie den Kampf verloren haben. Dagegen sind die Epen von Stämmen und Aschirets immer noch lebendig, sodass sie bis in die Gegenwart hinein existieren. Sie haben also ihre Moral-, Politik- und Demokratietradition nicht völlig verloren. Die monotheistischen Religionen als höhere Abstraktionen sprechen häufig von Nimrod oder Pharao. Also machten sie zumindest anfänglich moralische, politische und demokratische Schritte. Die Moral-, Politik- und Demokratienarrative, die auf der europäischen Zivilisation beruhen, sind sehr unvollständig, haltlos und bürgerlich. Aus der Perspektive einer äußerst egoistischen Klasse wie der Bourgeoisie lassen sich die historische Entwicklung und Wirklichkeit der Phänomene Moral, Politik und Demokratie und ihrer begrifflichen Ausdrücke nicht in ihrer Totalität begreifen. Wir sollten eine solche Wissenschaft des Westens äußerst kritisch betrachten.

Es sollte kategorisch festgestellt werden, dass die Phänomene der Moral, Politik und Demokratie in allen Gesellschaften außerhalb des Systems der Zentralzivilisation stärker ausgeprägt sind. In diesem Rahmen wäre es realistisch, alle halbnomadischen und arbeitslosen Stammes-, Aschiret- und Konfessionsgemeinschaften, die Widerstand leisten und sich auf Berge oder in die Wüste zurückziehen, und in ländlichen Gebieten alle bäuerlichen und pastoralen Gruppen als Widerstandskräfte zu betrachten, die der Freiheit und der Gleichheit näherstehen. In zweiter Linie können auch zutiefst versklavte Elemente objektiv als Teil dieses Projekts betrachtet werden. Das Wichtigste für Freiheit und Gleichheit, daher auch für Moral-, Politik- und Demokratiefragen, ist aber nicht die objektive Sklaverei, sondern die Antwort auf die Fragen, inwiefern sie sich nicht ergeben haben, inwiefern sie Widerstand leisten, wie sehr sie nomadisch sind, wie sehr sie für ihre Überzeugungen kämpfen.

In den nahöstlichen Gesellschaften existieren sicherlich ernsthafte moralische, politische und die Demokratie betreffende Probleme. Diese Probleme sind dem Zivilisationsprozess entsprechend sehr umfangreich. Es ist allerdings wichtig, zu wissen, dass das Recht, die Politik und die Demokratie der europäischen Zivilisation sehr bürgerlich sind und die Moral-, Politik- und Demokratiephänomene der universalen, historischen Gesellschaft weder vertreten noch widerspiegeln. Die Bourgeoisie ist kein Teil der Demokratie sondern der Staatsverwaltung. Auch wenn wir das nicht völlig verallgemeinern können, lässt sich trotzdem behaupten, dass das, was im Namen der Demokratie getan wird, als Feigenblatt dient, welches die Staatsverwaltung kaschiert. Das Gleiche gilt für die Menschenrechte. Vor allem ist festzustellen, dass das Recht an die Stelle der Moral getreten ist. Das Recht besteht aus einem Haufen Verträge, die sich auf den Staat und die Macht beziehen, und kann die lebendige Moral niemals ersetzen. Man sollte auch begreifen, dass man die Staatsverwaltung, die inneren und äußeren Angelegenheiten des Staates und die diesbezüglichen Entscheidungen und Maßnahmen nicht als Politik bezeichnen kann. Vielleicht könnte man sie Staatspolitik nennen, aber niemals Gesellschaftspolitik. Was im Namen der Demokratie getan wird, findet völlig außerhalb der Gesellschaft statt und hat kaum eine Funktion über die einer Theaterbühne hinaus.

Auf der Grundlage dieser kurzen Kritik lässt sich unschwer behaupten, dass in der nahöstlichen Gesellschaft ein Demokratie-, Moral- und Politikpotenzial vorhanden ist. Dass in Bezug auf Moral, Politik und Demokratie ernsthafte Probleme bestehen, weist auch auf die Größe dieses Potenzials hin. Der nach wie vor starke Hang zum Etatismus und zur Machtideologie zeigt andererseits die Existenz großer moralischer, politischer und demokratischer Probleme auf. Wegen des dialektischen Widerspruchs zwischen den beiden Seiten dieser Medaille lässt sich die Wirklichkeit nur auf diese Weise ausdrücken.

7 – Wirtschaftliche und ideologische Probleme in der nahöstlichen Gesellschaft

Eigentlich versuchte ich, in alle Erklärungen der Probleme auch ihre ideologischen und wirtschaftlichen Dimensionen miteinzubeziehen. Um diese Probleme als materielle und immaterielle Kulturelemente im engsten Sinne sichtbarer zu machen, möchte ich das gleiche Schema fortsetzen. Ich werde im Folgenden die wichtigsten Stichpunkte skizzieren.

Die westliche politische Ökonomie behandelt in Bezug auf die Gesellschaft vorwiegend die in anderen Disziplinen produzierten wissenschaftlichen Verfälschungen und Prophezeiungen. Sie bedarf dieser Verfälschungen und Prophezeiungen. Es dreht sich dabei um eine andere, entwickeltere Kapitalakkumulation und höhere Profitraten. Die Wissenschaft der politischen Ökonomie trägt eher zur Verschleierung dieser Wirklichkeit anstatt zu ihrer Erklärung bei. Man kann sie aus diesem Grund als eine zeitgenössische Version der mythologischen Erzählung betrachten.

Die wirtschaftliche Frage hat ihren eigentlichen Anfang im Ausschluss der Frau aus der Wirtschaft. Die Wirtschaft selbst ist dabei alles, was mit der Ernährung zu tun hat. Laut der politischen Ökonomie allerdings (einschließlich Marx' *Das Kapital*) bilden durch die Produktion für den Markt erzielte Profite, Renditen, Zinsen und Löhne den Hauptgegenstand der Ökonomie. Es handelt sich hierbei nicht um eine Wissenschaft, sondern um eine Disziplin, die gänzlich dem auf dem Profit beruhenden Leben der Bourgeoisie entspricht. Das auf der Grundlage des Profits organisierte Wirtschaftsleben stellt das grundlegendste Problem der Gesellschaft dar. Das menschliche Leben gemäß dem Profit zu organisieren, führt zur brutalsten Macht. Der foucaultsche Begriff der »Biomacht« drückt unter anderem diese Wirklichkeit aus. Im Laufe der Geschichte betrachteten alle Gesellschaften über ihre Bedürfnisse hinausgehende Geld- und Warenakkumulationen mit Skepsis und schreckten nicht davor zurück, diese zugunsten der Bedürftigen umzuverteilen. Nicht ohne Grund wurde eine Akkumulation, die nicht als Maßnahme gegen Katastrophen, sondern der Bereicherung von einigen Gruppen und Individuen dient, von der Moral stets verurteilt. Einen heilig zu erklärenden Wert wie das menschliche Leben den Akkumulator*innen zu überlassen, wurde für die größte Unmoral gehalten. Die kapitalistische Moderne des Westens versucht mit ihren unzähligen juristischen und Machtapparaten, eben dieses Phänomen zu legitimieren. Der Leviathan, der in der heiligen Schrift symbolisch als ein Ungeheuer gegen die Gesellschaft dargestellt wird, weist im Wesentlichen auf dieses

Phänomen hin. die Beschäftigung mit einer Gruppe von Phänomenen, die nicht die Wirtschaft ausmachen, sondern sie zugrunde richten, wird unter dem Namen der politischen Ökonomie als Wissenschaft verkauft. Karl Marx' große Bemühungen, die englische politische Ökonomie zu rationalisieren, handeln nicht von der Wirtschaft, sondern der Anti-Wirtschaft. Dies als Ökonomie zu bezeichnen, wäre in keiner Gesellschaft ethisch richtig, geschweige denn in einer sozialistischen. Während er versuchte, Hegel vom Kopf auf die Füße zu stellen, ist Marx selbst auf den Kopf gefallen. Langer Rede kurzer Sinn: Die Operationen oberhalb des Marktes, um Kapital zu akkumulieren und Profit zu machen, stellen die Ursache von ökonomischen Problemen dar, die in der Geschichte ihresgleichen suchen.

Ich muss nochmals betonen, dass es in keiner Hinsicht konsequent ist, gegen den Markt zu sein und ihn als Mittel des Warenfetischs zu sehen, solange er der Befriedigung der Ernährungs-, Bekleidungs-, Transport- und Behausungsbedürfnisse dient. In diesem Sinne ist der Markt ein notwendiges und gutes ökonomisches Mittel, und es ist nicht der Markt, gegen den wir uns wenden, sondern das extreme Profitsystem, das einerseits durch die Manipulation der Marktpreise, andererseits durch große Entfernungen entsteht – also der Kapitalismus. Antikapitalist*in zu sein bedeutet, dass man gegen dieses System und selbstverständlich gegen alles ist, was es aufrechterhält. Der Markt gehört allerdings nicht dazu. Vielmehr verhindern die Kapitalmonopole einen gesunden und gerechten Wandel des Marktes, indem sie die Preise manipulieren und ihre Profitmöglichkeiten aufrechterhalten. Der Kapitalismus ist also nicht nur mit Anti-Wirtschaft, sondern auch mit Anti-Markt gleichbedeutend. Wenn dem nicht so wäre, könnte denn das Gesellschaftsleben immer wieder durch Krisen und Finanzmanipulationen erschüttert werden? Könnten sonst Probleme wie extremes Bevölkerungswachstum, Arbeitslosigkeit, Verarmung und Umweltzerstörung, die die Menschheit bedrohen, so groß werden?

Es ist eine verständliche Sache, dass Frauen in der Wirtschaft eine zentrale Rolle spielen, denn sie gebären und ernähren Kinder. Wer sollte von Wirtschaft etwas verstehen, wenn nicht Frauen? Nachdem die Frau in der Zivilisationsgeschichte im Allgemeinen, in der kapitalistischen Moderne im Besonderen ausgeschlossen wird, wird die Wirtschaft, mit der die ach so großen Männer am liebsten ihre Spielchen spielen, deswegen zu einem Knäuel von Problemen. Dieses Spiel, das kein organisches Verhältnis zur Wirtschaft hat und das sie mit extremer Profit- und Machtgier aufnehmen, um alle wirtschaftlichen Kräfte, insbesondere die Frau, unter ihre Kontrolle zu bringen, hat schließlich dazu geführt, dass Hierarchie-, Macht- und Staatskräfte jeglicher Art sich in der Gesellschaft tumorartig ausbreiten und eine Größe erreichen, dic sich nicht länger aufrechterhalten lässt und keine Spiele mehr zulässt.

Nach den Frauen wurden Hirten, Handwerker, Kleinhändler und Bauern, die sich wirklich mit der Wirtschaft beschäftigten, von den Macht- und Kapitalapparaten Schritt für Schritt aus der Wirtschaft ausgeschlossen und es wurde dadurch eine regelrechte Beutezugatmosphäre geschaffen. Wir haben es hier mit einem der Themen zu tun, die dringend aufgeklärt werden sollten. Wie konnten die Zivilisationsprozesse, die in gewissem Sinne gleichbedeutend mit der Plünderung der wirtschaftlichen Lebensbereiche und Gegenstände sind, legitimiert und bis heute fortgesetzt werden? Wie wurden die Kräfte, die die Wirtschaft liquidierten, als grundsätzliche wirtschaftliche Faktoren präsentiert? Es wäre kein Irrtum, zu sagen, dass die sumerische Gesellschaft realistischer war, als sie die Gött*innen konstruierte. Trotz all dieser Kritik: Karl Marx war sich der Furchtbarkeit, der Katastrophe, bewusst, die unter dem Namen kapitalistische Ökonomie präsentiert wird. In einer Ära aber, in der die kapitalistische Moderne ihre Hegemonie weitestgehend etablierte, konnten seine Analyse und sein revolutionäres Handeln nur bis zu einem bestimmen Punkt reichen.

Ein wichtiger Unterschied der nahöstlichen Gesellschaft ist es, dass dort das wirtschaftliche Mehr mit staatlicher Hand abgepresst wird. Wenn man sich vor Augen hält, dass auch in der europäischen Zivilisation Profit ohne Staat eine Unmöglichkeit darstellt, wird man sehen, dass der Staat in letzter Instanz der einzige legitime Besitzer des gesellschaftlichen Überschusses ist. Dass er sich als Eigentümer des Landes (*mülk*)[23] sieht, ist ohnehin ein ausreichender Grund dafür. Von einem Profit außerhalb des Staates zu reden, ist nichts als Schwindel. Schließlich ist die Zivilisationsgeschichte eine anti-wirtschaftliche. Alle wirtschaftlichen Probleme entstehen als Ergebnis dieses Widerspruchs. Je mehr die herrschende Klasse, die Stadt und der Staat sich aus der Wirtschaft zurückziehen, mit anderen Worten, je kleiner sie werden und je mehr sie die Wirtschaft den wirklich dafür Verantwortlichen überlassen, desto näher kommen die wirtschaftlichen Probleme ihrer

23 Dieser aus dem Arabischen stammende Begriff hat zahlreiche Bedeutungen, unter anderem Staat, Land, Macht, Königtum, Ordnung und Herrschaft. Aus islamischer Sicht ist allerdings Allah der alleinige Besitzer des Landes; der Staat maßt sich hier also quasi göttliche Vollmachten an.

Lösung. Diese Feststellung, die für die globale Wirtschaft gilt, ist umso richtiger für das Wirtschaftsleben im Nahen Osten.

Die Gesellschaft als immaterielle Kulturkraft kann nicht ideologiefrei sein. Zwar ist Ideologie mit der Mentalität verbunden, ist aber ein Begriff, der sich von ihr unterscheidet. Man kann zwar auch vom Geist der Tiere, sogar der Pflanzen und Atome sprechen, aber die Ideologie ist der menschlichen Gesellschaft eigen. Ihre Aufgabe ist im Wesentlichen, dem Leben einen Sinn zu verleihen und es zu regeln. Ohne diesen Sinn und diese Regelungen kann die Gesellschaft nicht überleben; sie gerät in Angst und Schrecken. Aus diesem Grund stellt die Ideologie ein ziemlich interessantes Phänomen dar. Das Wort an sich bedeutet die Lehre der Ideen. Die menschliche Gesellschaft eignet sich dazu, als eine sehr flexible Natur durch die Lehre der Ideen geformt zu werden und sich zu befreien, oder aber auch dazu, versklavt zu werden. Dass Ideologie sowohl eine Problemlösung als auch eine Problemquelle darstellt, hängt mit ihrer Struktur zusammen.

In den nahöstlichen Zivilisationen spielten Ideologien eine große Rolle. Die Zivilisation selbst schuldet den mythologischen Kreationen der sumerischen Priester*innen sehr viel. Das Pantheon, das sie errichtet haben, hat alle Religionen beeinflusst. Mit der materiellen Zivilisation verwoben, wurde gleichzeitig auch immer eine geistige Zivilisation aufgebaut. Die königliche, dynastische Macht, die sich auf Erden erhob, machte es zur Hauptaufgabe ihrer Ideologie, sich symbolisch als Gött*in zu präsentieren und zu verherrlichen. Der Glanz des Königs auf Erden wurde in göttliche Bilder übersetzt und in den Himmel projiziert. Seit jener Zeit haben die Philosophie, Wissenschaft, Kunst und Religionen stets nach diesen Gött*innen gesucht. Was sie dabei finden konnten, war einerseits die wirkliche Welt, andererseits eine imaginäre Welt, in der die Wirklichkeit verdreht wurde.

Wichtig für das Verständnis von der ideologischen Welt des Nahen Ostens ist es, dass wir verfolgen, wie die mythologische Ideologie sich in die religiöse, die religiöse sich in die philosophische und schließlich in wissenschaftliche Theorien verwandelt haben, um herauszufinden, welcher Welt materieller Probleme sie entsprechen. Die Probleme des wirtschaftlichen und gesellschaftlichen Lebens finden unbedingt ihr Gegenstück in der Ideologie – sei es ein wirkliches, sei es ein verdrehtes. Die Gründung von Macht, Staat und Dynastie offenbaren und präsentieren sich typischerweise in der ideologischen Welt als Gottheiten. Eine ideologische Analyse dieses Aspekts kann ein richtigeres Bewusstsein von der Gesellschaft und ihre Aufklärung ermöglichen. Die gesamte Welt der Religionen und Gött*innen des Altertums und Mittelalters trägt Spuren davon, wie die Welt von Dynastien, Macht, Staat und Kapitalist*innen widergespiegelt und legitimiert wurde. Und auch ihre Probleme und Kämpfe untereinander finden sich in jenen Spuren. So sehr wir den ideologischen Bereich brauchen, um materielle Probleme gut begreifen zu können, sosehr gilt dies auch andersherum. Wir müssen beide Seiten unterscheiden, gleichzeitig aber stets die Verbindungen zwischen ihnen suchen und sehen.

In der Dynamik der Zivilisationen waren sich die Kräfte, die sie errichteten, über den imaginären Charakter der Ideologie völlig im Klaren. Indem sie der Welt der Sklav*innen diese imaginäre Welt als Wirklichkeit präsentierten, zähmten sie einerseits die Sklav*innen, zügelten andererseits ihre Begierden und hofften, dass sie im Bild des Jenseits Trost finden würden. Folglich kam es zur Traditionalisierung einer äußerst problematischen ideologischen Welt. Dass die Zivilisationsgeschichte stets im Schatten der Religionen und Gött*innen dargestellt wird, hängt mit dieser Wirklichkeit zusammen.

Schwerwiegende Probleme werden auch heute noch in derartige ideologische Probleme verwandelt – vielleicht auch wegen des Glaubens, dass sie auf diese Weise einfacher zu lösen seien. Die heutige Wiederbelebung der islamischen Ideologie spiegelt das zunehmende Vorhandensein gesellschaftlicher Probleme wider. Dass die Ideologien der Moderne keine Instrumente der Lösung sind, rührt daher, dass sie keine realistische Verbindung zu gesellschaftlichen Problemen herstellen können. Das Scheitern sowohl der traditionellen (religiösen) als auch der modernen Ideologien (Liberalismus, Nationalismus, Sozialismus usw.) hat damit zu tun, dass sie gesellschaftliche Probleme nicht richtig widerspiegeln. Die Lösung liegt im Drängen darauf, dass sowohl im Reden als auch im Handeln das Wahre und Richtige sowohl in evolutionärer als auch in revolutionärer Weise gelebt wird.

8 – Die Revolutionsfrage der nahöstlichen Gesellschaft

Es ist nachvollziehbar, dass sich all diese gesellschaftlichen Fragen, um deren schematische Darstellung ich mich hier bemüht habe, in ihrer Gänze selbstverständlich in der Frage der Revolution bündeln. Ich werde versuchen, eine völlige neue Definition von Revolution vorzunehmen. Die Geschichte der nahöstlichen Zivilisation kann man in gewisser Hinsicht als die Geschichte der Konterrevolution interpretieren. Wogegen richtet sich diese Konterrevolution? Es ist eine Konterrevolution gegen alle gesellschaftlichen Elemente, die aus dem Zivilisationssystem ausgegrenzt werden

– gegen Frauen, Jugendliche, die agrarisch-dörfliche Gesellschaft, gegen nomadische Stämme und *aşirets*, heimliche Anhänger*innen verschiedener Glaubensrichtungen und Konfessionen, gegen Versklavte. Während die Zivilisation für ihre eigenen Interessensgruppen eine neue Ordnung bzw. eine Revolution darstellt, bedeutet sie für die Kräfte der Gegenseite Zerstörung und Konterrevolution. Für mich bedeutet Revolution, dass die moralische, politische und demokratische Gesellschaft, deren Raum und Praxis durch das Zivilisationssystem stetig eingeschränkt wurden, diese Qualitäten wieder und in weiter entwickelter Form erlangt.

Für marxistische Sozialist*innen ist die Revolution die »sozialistische Gesellschaft«, für islamische Revolutionär*innen die »islamische Gesellschaft«, für die Bourgeoisie die »liberale Gesellschaft«. Eigentlich existieren keine solchen Gesellschaften. Das sind nur zugeschriebene Benennungen, ähnlich dem Begriff »Mittelalter«. Gesellschaften ändern nicht ihre Beschaffenheit, nur weil man sie mit einem ideologischen Etikett versieht. Beispielsweise stellte sich nach der Auflösung der Sowjetunion sehr deutlich heraus, dass zwischen sozialistischen Sowjetbürger*innen und liberalen Europäer*innen keine radikalen Unterschiede bestanden. Die auf der jeweiligen Religion basierenden Unterschiede zwischen Christ*innen und Muslim*innen haben eine verschwindend geringe Auswirkung auf das Alltagsleben. Wenn Gesellschaften qualitativ voneinander unterschieden werden sollen, kann dies nur auf der Grundlage der moralischen, politischen und demokratischen Gesellschaft erfolgen, um deren Definition ich bemüht bin. Tief reichende Unterschiede können viel realistischer anhand dieser Begriffe und der von ihnen widergespiegelten Phänomene festgestellt werden. Zweifellos haben moralischere, politischere und demokratischere Gesellschaften viel eher die Möglichkeit, Freiheit und Gleichheit zu leben. Wer möchte, kann dies auch sozialistische Gesellschaft nennen.

Wenn die nahöstliche Gesellschaft realistisch interpretiert wird, lassen sich die moralischen, politischen und demokratischen Qualitäten der Revolution, die stattfinden muss, unschwer feststellen. An den Entwicklungen lässt sich erkennen, dass alle traditionellen und modernistischen Ideologien, die ausprobiert wurden, zu einer noch problematischeren Lage führten. Diese Ergebnisse beweisen die Unabdingbarkeit der politischen und moralischen Demokratie. Die grundsätzliche Revolutionsfrage für eine Gesellschaft, der die demokratische Politik und folglich die Moral fehlen, ist die Erlangung dieser Qualitäten. Wenn die Frage der Revolution auf dieser Basis gestellt wird, können auch das politische Programm, strategische und taktische

Positionen und die richtigen praktischen Schritte dementsprechend bestimmt werden. Ein solches Revolutionsverständnis unterscheidet sich sehr von islamisch-, sozialistisch- und nationalistisch-revolutionären Ansätzen. Unter den Bedingungen der kapitalistischen Moderne münden alle diese Ansätze letztlich in den Nationalstaat. Die kapitalistische Moderne ist aber kein Mittel zur Lösung, sondern vergrößert und verbreitet die gesellschaftlichen Probleme.

Die Revolution hingegen beginnt und entwickelt sich in dem Maße, wie sie ihre Praxis in moralischen, politischen und demokratischen Bereichen entfaltet, sich von der kapitalistischen Moderne zu entfernen und die demokratische Moderne zu konkretisieren. Ein weiterer Unterschied in Bezug auf die Revolutionsfrage ist in der Lebens- und Aktionsweise zu finden. Genauso wie es falsch ist, in einen linearen Ansatz zu verfallen, führt es zu falschen Handlungen, die Schere zwischen Theorie und Praxis allzu weit zu öffnen. Wir müssen uns klarmachen, dass es nicht zwei verschiedene Lebensweisen vor und nach der Revolution geben kann. Das gilt vor allem auch für Revolutionär*innen. Auch ein aktionistischer Mensch lebt mit einem theoretischen Rüstzeug. Einen Menschen, der moralische, politische und demokratische Qualitäten nicht Teil seiner Worte und Taten im Alltag werden lässt, können wir nicht als Revolutionär*in bezeichnen. Solche Personen können kein militant-revolutionäres Leben führen. Zudem kann man nicht nur durch Widerstand und Selbstverteidigung der Gesellschaft Aktivist*in sein. Keine Art des Selbstverteidigungskriegs und des Widerstandskampfes kann dauerhaft erfolgreich sein, solange er nicht in den Aufbau der moralischen, politischen und demokratischen Gesellschaft integriert ist. So wie die gesellschaftlichen Fragen eine Totalität aufweisen, müssen auch die Revolution und die Revolutionär*innen in all ihren Äußerungen und Handlungen das politische Programm, die Strategie und die taktische Planung ineinander verwoben leben. Der Fluss des Lebens ist ein Ganzes. Wir sollten uns nicht einbilden, wir könnten in Form von voneinander getrennten Phasen leben. Wenn wir aus einigen historischen Beispielen Lehren ziehen wollen, sollten wir die Beispiele von Zarathustra, Moses, Jesus und Mohammed als äußerst lehrreich begreifen. Diese Beispiele aus einer jahrtausendealten Vergangenheit ermahnen uns, wie ganzheitlich, temporeich, prinzipientreu und praktisch Revolutionen und Revolutionär*innen in nahöstlichen Gesellschaften zu handeln haben. Die nahöstlichen Revolutionen können nicht nach den Schemata der kapitalistischen Moderne erfolgreich sein, sondern nur dann, wenn sie ihren eigenen historischen Werten entsprechen und mit der aktuellen Wissenschaft eins werden.

Abschließend lassen sich die Krisen und Probleme der nahöstlichen Gesellschaft in drei Phasen zusammenfassen. Die erste Phase ist der Aufstieg des Systems der Zentralzivilisation um 3500 v. Chr., das sich um die Phänomene der Dynastie, der Hierarchie, der Stadt, der Macht, des Staates und der Klassen herum entwickelte. Dieses System ist die Quelle aller gesellschaftlichen Probleme. Man versuchte, diesem Prozess von außen durch das Stammessystem, von innen durch die abrahamitischen und zoroastrischen Religionssysteme etwas entgegenzusetzen. Die zweite Phase begann, als es dem System der Zentralzivilisation, das mit der islamischen Zivilisation seinen letzten Aufbruch erlebte, nicht ganz gelang, seine im zwölften Jahrhundert gegen die aufgestauten Probleme begonnenen Renaissancebemühungen zu einem erfolgreichen Abschluss zu bringen. Dadurch verlor der Nahe Osten die Führungsrolle innerhalb der Zentralzivilisation an die urbane Zivilisation, die auf der italienischen Halbinsel ihren Aufstieg erlebte. Es begann ein Prozess, in dem sich die Krisen und Probleme weiter vertieften.

Die dritte Phase, die gegenwärtig unter dem Namen »orientalische Frage« stattfindet, wurde im neunzehnten Jahrhundert dadurch eingeleitet, dass Europa die Hegemonie über das System der Zentralzivilisation erlangte und auf den Nahen Osten losging. Die traditionellen und modernistischen Lösungsversuche, die auf der kapitalistischen Moderne beruhen, mündeten alle in eine Verschärfung der Probleme und führten zu negativen Erscheinungen bis hin zu Krisen, Völkermorden und dem Beinahe-Selbstmord.

Dritter Teil

Die historischen Widerstände und Lösungsversuche in der nahöstlichen Gesellschaft

Dass die Entwicklung der eurozentrischen Sozialwissenschaften auf der Annahme beruhte, die griechisch-römische Zivilisation stelle einen Ursprung dar, verzerrte die universale Geschichtsschreibung und -interpretation zutiefst. Die Sozialwissenschaften tragen deutliche Spuren dieser Verzerrung. Zweifellos trachten jedes Zeitalter und jede Zivilisation, die ein Ideal haben, leidenschaftlich danach, sich selbst als Zentrum und Ursprung zu betrachten. Die europäische Zentralzivilisation zeigte immerhin die Tugend, sich bereits früh selbstkritisch zu betrachten. Die Entwicklung der kritischen Strömung macht die universale Geschichtsschreibung und -interpretation realistischer (näher an der Wahrheit). Derartige sozialwissenschaftliche Studien gewannen an Tiefe. Dass sich allerdings die Sozialwissenschaften wie alle anderen auch in extrem ausdifferenzierte Disziplinen verwandelten, erzeugte die Gefahr, die Totalität der Wirklichkeit zu zerlegen. Dass Hegels Urteil »Das Wahre ist das Ganze«[24] sich bei Adorno in die Reaktion »Das Ganze ist das Unwahre«[25] verwandelt, fasst diesen Umstand zusammen. Die extreme Hinwendung zu Mikrohistorien, insbesondere zu »nationalen Geschichten« als negative Reaktion auf die universale Makrohistorie führte offensichtlich dazu, dass die Totalität der Wahrheit gestört und die Missstände vermehrt wurden. Die Vernachlässigung der Mikroereignisse, -phänomene und -verhältnisse durch die ganzheitliche Herangehensweise hatte auch einen Anteil an diesem Ergebnis. Das Richtige, aber schwer zu Verwirklichende, ist, ganzheitliche und partikuläre (makro- und mikrohistorische) Ansätze, wie sie auch in der Wirklichkeit vorkommen, ineinander verwoben zu analysieren und mit der Methode der Synthese zu präsentieren. Bei meinen Bemühungen im Lesen, Schreiben und der Darstellung achte ich darauf, mich an diesen Ansatz zu halten.

Hegels Philosophie der Universalgeschichte bringt uns begrifflich weiter. Es führte allerdings zu schweren Kritiken, dass er seine Geschichtsphilosophie auf die griechisch-römische Zivilisation stützte und sie zu metaphysisch gestaltete. Friedrich Nietzsches Kritik an Hegel ist aufschlussreich. Sie zwingt uns gegen Hegels abstrakte Ideen (Geist) mit all seiner Kraft und Offenheit das konkrete Leben auf. Er will sagen: »Die Wahrheit ist konkret«, lässt dabei aber die Universalgeschichte, das Abstrakte, nicht völlig außer Acht. Er geht über die Herangehensweise hinaus, sich auf die griechisch-römische Zivilisation zu stützen, um bis Zarathustra zurückzugreifen. Dort

24 GWF Hegel, *Phänomenologie des Geistes* (Bamberg und Würzburg, 1807), Vorrede.

25 Theodor W. Adorno, *Minima Moralia – Reflexionen aus dem beschädigten Leben* (Berlin, Frankfurt am Main, 1951).

nimmt er gegen die monotheistische Metaphysik eine Untersuchung der Moralphilosophie auf. Er will eine Philosophie des Leids und der Freude betreiben.

Auf den Linkshegelianismus von Karl Marx sind wir teilweise eingegangen. Obwohl er sich materialistisch gab, können wir nicht wirklich behaupten, dass Marx über die positive Metaphysik hinausgegangen ist. Die französische Sozialwissenschaft (die Grundlage des nationalen Mikrohistorizismus) ist völlig mikro-orientiert. Dabei spielen die Französische Revolution sowie ihr extremer National-Etatismus und Republikanismus eine entscheidende Rolle. Die englische Geschichtsschule, die sich auf der Grundlage der englischen politischen Ökonomie entwickelt hat, ist dagegen äußerst pragmatisch. Ihr einziges Ziel war, das aufsteigende englische Imperium und seine Hegemonie durch einen historischen Hintergrund zu unterstützen und ihm eine ideologische Grundlage zu verschaffen. Aufgrund ihrer intensiven Praxisorientierung war sie erfolgreicher als die deutschen oder französischen Schulen. Der Erfolg eines Systems beschert seiner Philosophie ebenfalls Erfolg; dies bedeutet allerdings nicht, dass diese die Wahrheit vertritt. So wie nicht jeder Erfolg mit der Wahrheit zusammenhängt, beweist auch nicht jede Niederlage, dass man falsch liegt. Ohne diese Wahrheit gut begriffen zu haben, können wir den Wahrheitsmarsch nicht richtig durchführen.

Der mehr als fünftausendjährige Gang des Systems der Zentralzivilisation, der in Sumer seinen Anfang nahm, ist eines der wichtigsten Argumente zugunsten der Universalgeschichte. Dass Hegel sich nicht dieses Arguments bediente, war nicht seiner Unfähigkeit oder Blindheit geschuldet, sondern der Tatsache, dass die Erforschung Sumers zu seiner Zeit noch gar nicht begonnen hatte. Das Material zum Ursprung der abrahamitischen Religionen war sehr begrenzt. Die Bedeutung des Stammessystems wurde nicht ganz begriffen bzw. die universale Rolle, die es gemeinsam mit dem neolithischen System gespielt hatte, wurde nicht ausreichend gewürdigt. Die Atmosphäre war (in der Zeit während und nach der Französischen Revolution) gänzlich dem Nationalismus (dem neuen religionsartigen Argument) und der Geschichtsforschung des Nationalstaats geöffnet. Alle Intellektuellen waren hinter ihren eigenen Nationalgeschichten her. Diese Geschichtsschreibungen wurden aufgrund des Charakters der Revolution (der bürgerlichen Hegemonie) offensichtlich aus einer Klassenperspektive betrieben. Während bürgerliche Intellektuelle in der nationalstaatlichen Geschichtsschreibung eine dominante Rolle spielten und Konservative sich auf die Suche nach einer neuen historischen Basis für die feudale Aristokratie machten, nahmen Demokrat*innen und Sozialist*innen die Erforschung der Geschichte von Arbeiter*innen und Völkern auf. Die gesellschaftliche Natur war aber zu kompliziert und flexibel, um aus einer Klassenperspektive interpretiert zu werden. Daher setzte sie einen ganzheitlichen Ansatz voraus, der aber auch die Wichtigkeit der einzelnen Teile darlegen muss. Anfang des zwanzigsten Jahrhunderts behandelten die Kritische Theorie (Frankfurter Schule) und die Annales-Schule die ganzheitlichen und partikulären Ansätze tiefgehender. Die wissenschaftlichen Revolutionen in der zweiten Hälfte des zwanzigsten Jahrhunderts spiegelten sich auch in der Soziologie wider und erlaubten dadurch ausgeglichenere Erzählungen und Forschungen. Wir können behaupten, dass wir heute der gesellschaftlichen und folglich der historischen und universalen Wahrheit nähergekommen sind. Wenn wir von der Dialektik irgendetwas verstanden haben, sollten wir wissen, dass der Wahrheit näherzukommen und große Fehler zu machen eng beieinander liegen.

Als Hegel Napoleons Identität und historischen Gang (seine militärischen und politischen Bewegungen) beurteilte, ging er von einem im Grunde richtigen und wichtigen Punkt aus. Als er Napoleon als auf die Erde herabgestiegenen Gott und sein System (den Nationalstaat) als homogenste und letzte, ideale Staatsform betrachtete, war seine Erzählung weiterführend und lehrreich. Die Wahrheitssuche sollte in dieser Hinsicht Hegel nicht ignorieren. Napoleon verkörperte in seiner Person die bisherige Geschichte. Wenn die materiellen und geistigen Kulturelemente, die ihn formten, erforscht würden, wäre es nicht schwer, zu diesem Schluss zu kommen, kurz gesagt: Es ist ein nachvollziehbarer Aspekt, dass das Christentum, das der europäischen Zivilisation zugrunde liegt, und die Dreifaltigkeit von Vater, Sohn und Heiligem Geist, die den Kern des Christentums bildet, sich in Napoleon widerspiegelten. In dem Maße, wie das Christentum zum Staat wurde, verwandelte sich die Göttlichkeit in seinem Wesen in den konkreten Staat. Hinzu kommt, dass auch in Bezug auf das Judentum und den Islam ähnliche Interpretationen entwickelt werden könnten. Wenn nationale Kirchen und der zum Staat gewordene Gott sich vereint haben, lässt sich auch der Nationalstaat als Gott interpretieren – und nichts Anderes tat Hegel.

Wir können diese Interpretation weiterentwickeln und breiter verwenden. Außerdem ist die Interpretation des Gottesbegriffs von großer Wichtigkeit für ein besseres Verständnis. Sogar Émile Durkheim, der Gott als »Bild der gesellschaftlichen Identität« interpretierte, betrieb eine gute Soziologie. Das realistischste soziologische Gottesverständnis ist die Interpretation des

Gottes als dem allgemeinen Bild der Identität der Gesellschaft. Dem möchte ich hinzufügen, dass Gott nicht nur ein Bild, sondern ein gesellschaftlich-politisches Programm darstellt. Anhand Mohammeds Gottesverständnis werde ich versuchen, diesen Aspekt umfangreicher zu interpretieren. Noch wichtiger sind die Aspekte, die mit der Interpretation der abrahamitischen Religionen zusammenhängen. Ohne die ägypischen und sumerischen mythologischen Erzählungen und ihre Pantheons in die Analyse miteinzubeziehen, wäre eine Soziologie der abrahamitischen Religionen, wenn auch nicht unmöglich, doch zumindest sehr unzulänglich.

Wenn wir unseren Marsch in die Vergangenheit fortsetzen, sehen wir, dass die Interpretationen der Epen von Inanna und Gilgamesch in den schriftlichen Dokumenten der sumerischen Zivilisation, die uns erreicht haben, viel lehrreicher sind. Selbst wenn es kein einziges Argument zugunsten der Universalgeschichte gäbe, ließe sich nicht leugnen, dass ihre Interpretation eine der wichtigsten Methoden darstellt. Man könnte meinen, dass man auf der Grundlage der Metaphysik keine Geschichtsschreibung betreiben dürfe. Das wäre aber eine sehr banale Meinung. Meine Antwort darauf wäre, dass die erdrückende Mehrheit der bisherigen Entwicklung der menschlichen Kultur aus Metaphysik besteht. Hinzu kommt, dass es weder richtig noch möglich wäre, die Metaphysik als gänzlich unwahr zu betrachten. Es hat sich herausgestellt, dass sogar die Positivist*innen, die diese Meinung am häufigsten geäußert haben, die vulgärsten Metaphysiker*innen waren. Nietzsches diesbezügliche Beurteilung erhellt den Zusammenhang. Ihm zufolge ist das Ausschlaggebende nicht, ob man Metaphysik betreibt oder nicht, sondern dass man gute Metaphysik betreibt. Eine Metaphysik, die im Leben das Leid lindert, die Freude und Heiterkeit vermehrt, ist gute Metaphysik. Das bemerkenswerteste Beispiel für schlechte Metaphysik ist, dass der positivistisch-universale Ansatz den Nationalstaat und den Faschismus erweckte.

Um auf unser Thema zurückzukommen: Ohne das System der Zentralzivilisation zu begreifen, wird das Verständnis der Universalgeschichte sehr unzulänglich bleiben. Zudem bleibt das Verständnis der partikulären Gesellschaftsgeschichten ohne das Verständnis der Universalgeschichte nicht nur unzulänglich, sondern auch noch bedeutungslos, da es keinen Vergleich gibt. Diesbezüglich sollte ich noch eine sehr kurze Anmerkung über das Stammessystem hinzufügen. Die Herangehensweise, den Stamm zum Gegenstand der kleinsten Mikronarration nach dem Klan zu machen, ist nicht richtig. Genauso wie der Klan ist auch der Stamm eine systemische Struktur und Träger von universalen Eigenschaften. Eine Interpretation der universalen Geschichtsnarration, die das Klan- und Stammessystem nicht beinhaltet, wird nicht nur voller Fehler sein, sondern auch unzulänglich bleiben. Genauso, wie heute die universale Geschichte nicht ohne die nationale erzählt werden kann, können weder die universale Geschichte noch Teile davon ohne die Geschichte der Klans und Stämme erzählt werden. Zudem ist es eine völlig mythologische, genauer gesagt eine positivistisch-mythologische, Entscheidung, die Geschichte mit der Schrift anfangen zu lassen.

Diese kurzen Vorerläuterungen zu historischen Widerständen und Suchen sind wichtig für das Verständnis des Themas. Als der ursprüngliche Beginn des Prozesses der Zentralzivilisation erfolgte, erlebte die dem gegenüberstehende Welt das Zeitalter der neolithischen Gesellschaft in seiner ganzen Pracht. Zwischen den beiden Prozessen lässt sich ein perfektes dialektisches Verhältnis feststellen. Es besteht kein Zweifel daran, dass alle Pläne, Projekte und Praxisgrundsätze dieser dialektischen Fiktion in sumerischen Priestertempeln entwickelt wurden. Egal, ob man dokumentarisch-empirisch oder rational-abstrakt denkt, das geschaffene dialektische Verhältnis geht mit großen Entwicklungen schwanger. Alle materiellen und geistigen Kulturwerte des fruchtbarsten Teils Obermesopotamiens, des Fruchtbaren Halbmonds (der Historiker Gordon Childe stellt diese Kultur im Hinblick auf die Zahl und Qualität von Erfindungen auf eine Stufe mit der europäischen ab dem sechzehnten Jahrhundert), wurden von der sumerischen Zivilisation (der Ballung von Stadt, Klassen und Staat) für ihre eigene Nutzung als Materialien gesichert. Durch ihre Verarbeitung und Transformation wird die Maschine namens Zivilisation erschaffen.

Die Wörter »Zivilisation« und »Maschine« sind von einer so großen Bedeutung, dass sie einer genaueren Erläuterung bedürfen. Zivilisation ist ein Begriff, dessen Propaganda viel betrieben wurde, da sie zum herrschenden System geworden ist. Das Wort hat die Bedeutung »Urbanisierung«, »Verbürgerlichung«. Die Zivilisation ist der Name eines neuen Lebens, das mit Attributen wie zivilisiert, modern, fein, rational, ordentlich, höflich, schön, berechnend, planend, sicher, friedlich usw. stets gelobt wird. Während die Zivilisation die Auswirkungen ihrer materiellen Kultur im konkreten Leben mit solchen Worten beschreibt, schmückt sie ihre immaterielle Kultur mit einem neuen Pantheon und Paradiesbeschreibungen aus. Die immaterielle Kultur bietet mit diesen Begriffen das mit Perfektion und Unsterblichkeit aufgeladene Maximalprogramm der neuen Zivilisationskräfte dar. Während die Wörter, die sich auf die materielle Kultur beziehen, das Minimalprogramm des Alltagslebens darstellen, legen die Erzählungen über die immaterielle Kultur das Maximalprogramm der in der Zukunft zu erreichenden Lebensideale dar. Die sumerischen Priestertempel sollten besonders beachtet werden, da sie diese Maximal- und Minimalprogramme entwickelt haben. Die Funktion der heutigen Tempel geht dagegen nicht über die Propaganda der bestehenden Ordnung hinaus.

Die ursprünglichen sumerischen Tempel fungierten als Brutstätte der Zivilisationsphänomene der folgenden mehr als fünftausend Jahre. In der ersten Etappe führten sie den Aufbau der Städte, Klassen und des Staates mit all ihren Institutionen und Ideologien selbst durch; sie haben also die Niederlassungen der Maschine namens Zivilisation erschaffen. Es besteht kein Zweifel daran, dass die Wurzeln des Konzepts der »göttlichen Schöpfung« mit der Erschaffung der Zivilisationsmaschine eng zusammenhängen. Auch das Konzept der Zivilisation als Maschine verdient, analysiert zu werden. Maschine ist sowohl der Name, den man selbstfahrenden Fahrzeugen wie dem Automobil gibt, als auch ein Attribut. Die Frage, die man stellen sollte, ist, welche Bedeutung dieser konstruierten Gesellschaftsmaschine zukommt. Die Hauptfunktion dieser Maschine ist offenbar die Beschleunigung der Arbeit der von ihr kontrollierten und beherrschten Gesellschaft und dadurch die Vergrößerung des gesellschaftlichen Mehrwerts. »Funktion« ist ein Begriff, der sich von »Aufgabe« unterscheidet, indem er sich auf das Wesen einer Sache bezieht. Eine Aufgabe kann aufgegeben werden, eine Funktion dagegen nicht. Denn eine Funktion ist eine Sache, die mit dem Wesen, der Konstitution des betreffenden Organs bzw. Werkzeugs zu tun hat. Wenn das Werkzeug zu existieren aufhört, hört auch seine Funktion auf zu existieren. Die Zivilisation mit ihrem Muster von Stadt, Klassen und Staat ist also keine Gesellschaft, sondern eine Maschine mit einer solchen Funktion. Sie ist es, die die Gesellschaft arbeiten lässt, und zwar schnell arbeiten lässt. Sie ist es, die die Gesellschaft, nicht arbeiten lässt und arbeitslos macht, wenn es ihr nützt. Sie ist es, die sich nicht damit begnügt, sondern aucdasen gesellschaftlichen Mehrwert beschlagnahmt. Sie ist es, die für diesen Zweck jegliche ideologische und militärische Maßnahme ergreift. Sie ist ein Leviathan, der sich mit tausendundeins Listen, Lügen und Grausamkeiten über der Gesellschaft hält. Sie ist es, die sich auf der Kultur, die die Gesellschaft in den geeignetsten Gebieten der Millionen Jahre alten Geobiologie geschaffen hat, breitmacht und sich ihrer angeblichen Göttlichkeit (Kreativität) rühmt.

Also müssen wir folgende Frage stellen: Wer ähnelt hier einem Barbar, einem Monster? Die Gesellschaften, die in der Natur, mit ihr wie Mutter und Kind umschlungen leben, oder diejenigen, die sich auf ihre Schultern gesetzt haben und sich ihre Werte gewaltsam aneignen? Offensichtlich ist es längst an der Zeit, wenn nicht zu spät, diese Begriffe umzukrempeln. Die Zivilisationskräfte sind es, die Barbaren und Monster sind! Die wahren Menschen sind dagegen jene, die mit der Natur und untereinander so liebevoll leben wie Mutter und Kind, die in Gesellschaften leben, in denen Frauen eine überwiegende Rolle spielen, die ein Leben führen, ohne die Umwelt zu zerstören und zu verschmutzen, denen Unterdrückung und Ausbeutung fremd ist. Diese Definitionen mögen sehr einfach erscheinen, aber sie sind erweckend, transformativ und erhellend, um den dialektischen Widerspruch, den die Zivilisation mit der Gesellschaft eingegangen ist, ganz klar zu begreifen. Wir sollten nicht vergessen, dass die erdrückende Mehrheit der Menschen keine andere Rolle spielt als die der von der Zivilisation Verdummten. Wir sind also diejenigen, die die Maschine arbeiten lässt. Wie bei jeder anderen Maschine können auch Zivilisationen in ihrer Arbeitszeit verschleißen und in Krisen geraten. Es fehlt niemals an schweren Depressionen und Problemen. Schließlich sind die Massen lebendiger Menschen, die von ihnen beherrscht werden, Lebewesen mit einem eigenen Gehirn und eigenen Wünschen. Diese Lebewesen sind im Besitz einer Flexibilität, weshalb sie auf lange Sicht weder Lügen noch Schwierigkeiten aushalten. Sie können Widerstand leisten, aufstehen, von einem sinnvolleren, freien, gleichen und geschwisterlichen Leben träumen. Sie können sich dafür organisieren und sogar kämpfen.

Wir werden unser Thema unter drei Hauptüberschriften weiter behandeln.

A Die Krise der Zivilisation und ihre internen Lösungsversuche

Dass ich das System der Zentralzivilisation als Hauptglied zum zentralen Untersuchungsgegenstand nehme, wenn von der Zivilisation die Rede ist, bedeutet nicht, dass ich andere Zivilisationen leugne oder ignoriere. Ich behaupte auch nicht, dass diese Zivilisationen unwichtig seien. Ich möchte lediglich unterstreichen, dass der Begriff des Hauptstroms des historischen Fließens lehrreicher und weiterführender ist. Andere Zivilisationen entsprechen Nebenflüssen, die in den Hauptfluss münden. Sie stärken das Fließen der Zivilisation, ändern aber nicht ihr Wesen. Das System, das andere Zeitalter und die Gegenwart am meisten bestimmt, als zentrales Weltsystem zum Untersuchungsgegenstand zu machen, wird auch zur Beurteilung der Nebenarme des Hauptstroms beitragen. Ohne das Fließen der Universalgeschichte aus den Augen zu verlieren, können wir historische Flüsse in anderen Räumen und zu anderen Zeiten richtiger verstehen. Das Ganze kann die Teile erklären, aber die Teile sind nicht in der Lage, das Ganze zu erklären. Aus diesem Grund bevorzuge ich den Ansatz der Zentralzivilisation bzw. des Weltsystems, die über fünftausend Jahre alt sind.

Die sumerische urbane Zivilisation funktionierte anfangs ziemlich produktiv – wie jedes Fahrzeug, das frisch aus der Niederlassung herausgekommen ist. Sie breite sich schnell aus; eine Stadt nach der anderen wurde gegründet. Von Untermesopotamien ausgehend breitete sie sich in alle Himmelsrichtungen, vor allem aber auf Obermesopotamien aus. Jede neue Stadt bedeutete ein noch grßerensrwertprodukt. Die Verwandlung von etablierten Hierarchien zu dynastischen Staaten war auf dieser Basis zu erwarten. Rohstoffe und Produkte, die den Handel beschleunigten, zwangen Städte zur Konkurrenz um die Hegemonie. Die Kraft, die den Handel beherrschte, vergrößerte dadurch ihre Chance auf Hegemonie. Der Aufbau von zahlreichen Städten auf immer engerem Raum war ein weiterer Faktor, der Konkurrenz und Kriege um Hegemonie entfachte. Außerdem wurde die anfangs notwendige Bevölkerung mit der Zeit zu einem Problem, da sie sich sehr schnell vergrößert hatte. Produktivität bedeutete zugleich Bevölkerungswachstum. Solange es viel Bodenfläche gab und die Bewässerungsmöglichkeiten es erlaubten, konnte dieses System erfolgreich funktionieren. Doch die fruchtbaren Felder waren auf das Umland von Euphrat und Tigris beschränkt. Mit der Miteinbeziehung dieser Grenzen in den Verstädterungsprozess wurden die objektiven Voraussetzungen für eine Krise erreicht.

Uruk, dessen Ära ungefähr fünfhundert Jahre andauerte, verlor aufgrund der Konkurrenz seine Stellung und Hegemonie an die Stadt Ur. Die Krise Uruks führte zum Aufstieg Urs. Mit den Krisen der drei Ur-Dynastien zwischen ca. 3000 und 2000 v. Chr., des semitischen Reiches von Akkad 2350–2150 v. Chr. und der arischen Guti-Dynastie 2150–2050 v. Chr. kam dieses Zeitalter an sein Ende. Die Dokumente, von denen wir wissen, zeigen, dass sich in jener Zeit zahlreiche Kriege zwischen Städten intensivierten. Es ist bekannt, dass manche Städte ganz ausgelöscht wurden. Beispielsweise entnehmen wir der Erzählung *Fluch über Akkad*, dass die Hauptstadt des Akkadischen Reiches in erschütternder Art und Weise vollständig vom Erdboden getilgt wurde. In der Geschichte gibt es zahlreiche solche Erzählungen. Es ist eine Tatsache, dass es zu Krisen und Konkurrenz kam, die den heutigen in nichts nachstanden. Profit ist immer mit Mehrprodukt gleichbedeutend. Deswegen werden die Kämpfe darum stets ähnlich verlaufen und zu gleichen Ergebnissen führen. Es ist offensichtlich, dass die Krise der Zivilisation sich weiterentwickelt. Zerstörte Städte und erbarmungslos geführte Kriege wie heute im Irak bestätigen diese Tatsache nur. Wenn wir uns ins Gedächtnis rufen, dass Uruk den Ursprung Iraks darstellt, können wir besser begreifen, was für eine klägliche Geschichte (die Zivilisationsgeschichte) sich ereignet hat.

Auch die Lösung, die für die Krise gefunden wurde, ist traditioneller Art. Bis heute hat die Krise nichts an Vehemenz eingebüßt, setzt sich fort und nimmt sogar an Intensität zu: mehr Bereiche zum Ausbeuten entdecken und mehr Kraft, Macht und Staat für diese Ausbeutung besitzen. Babylon ging gegen Ende des zweiten Jahrtausends gestärkt aus der Krise hervor. Es besaß nun größere Kraft und mehr Ausbeutungsmöglichkeiten. Es hatte einen Vorsprung in Handel und Industrie. Es konnte seine Hegemonie mit einigen Unterbrechungen bis ins vierte Jahrhundert v. Chr. hinein fortsetzen. Alle Hegemonen jener Zeit (Hegemon bedeutet ursprünglich ja »Kommandant«) wollten – wie zuletzt das Beispiel Alexanders zeigt – in Babylon sein. Es waren die assyrischen Händler*innen und Kolonien, die gleich neben Babylon zu alten Hasen im Geschäft geworden waren, die die Krisen Babylons am besten ausnutzen konnten. Die Assyrer*innen waren gewissermaßen die Phönizier*innen des Festlandes. Sie sollten das, was die Phönizier*innen im Mittelmeer mithilfe von Handel geschafft hatten, auf dem nahöstlichen Festland verwirklichen. Den Assyrer*innen, die sich in heftiger Konkurrenz zu Babylon befanden (die nach wie vor anhaltende Konkurrenz zwischen Assyrer*innen und Chaldäer*innen spiegelt diese Tradition wider), sollte es nur gelingen, in der babylonischen Hegemonie (2000–1600 v. Chr.) das Handelsmonopol in ihren Händen zu halten.

Aus der Krise, in die Babylon nach Hammurapi I. geriet, gingen zwei historische Kräfte hervor: Abrahams Aufbruch im Inneren (schätzungsweise 1700–1600 v. Chr.) und die Offensive der Hurriter*innen von außen. Babylon ging im Jahr 1596 v. Chr. zu einer gemeinsamen Regierung mit hurritischstämmigen Dynastien (Hethiter*innen und Kassit*innen sind die bekannteren) über, was der heutigen Regierung in Bagdad ähnelt.

Als Babylon seine Hegemonie verlor, betraten zwei neue Hegemonialmächte die Bühne. Das hethitische Reich mit dem Zentrum in Ḫattuša (dem heutigen Boğazkale, Provinz Çorum) in Zentralanatolien und Mitanni mit seinem Zentrum in Waššukanni (»schöne Quelle«, heute: Ceylanpınar/Serêkaniyê[26] an der heutigen türkisch-syrischen Grenze) erlebten einen hegemonialen Aufstieg. Beide wurden von Fürstentümern errichtet, die von hurritischen (protokurdischen) Stämmen abstammten (1600–1250 v. Chr.). Gemeinsam mit dem ägyptischen Neuen Reich repräsentieren sie in dieser Zeit eine neue, prachtvolle Stufe in der nahöstlichen Zivilisation. Zwischen diesen drei Zivilisationszentren kam es durch eine lebendige Diplomatie und Eheschließungen zwischen den jeweiligen Palästen zu einer Beziehung, die einer primitiven Internationalen ähnelte. Der Untergang der hethitischen und mitannischen Hegemonie aufgrund der traditionellen Krise, die im Inneren durch Thronkämpfe und im Äußeren durch Stammesangriffe ausgelöst wurde (zwischen den Krisen jener Ära lag jeweils eine längere Zeit, die zwischen einhundert und vierhundert Jahren variierte), führte zum Aufstieg der assyrischen Dynastie, die bereits auf der Lauer lag. In zwei verschiedenen Phasen (1300–1000 und 900–600 v. Chr.) wurde sie zur stärksten Hegemonialmacht des Nahen Ostens.

Es wird erzählt, dass Aššur die grausamste Macht der ganzen Geschichte gewesen sei. Wenn man sich auf den Kern der Sache fokussiert, gewinnt das Verhältnis zwischen der Grausamkeit und dem Monopolprofit an Bedeutung. Die Assyrer*innen unterschieden sich als Volk nicht wesentlich von anderen

26 Durch die nach dem I. Weltkrieg gezogene Grenze in Ceylanpınar (Türkei) und Serêkanî bzw. Ra's al-ʿAin (Syrien) geteilter kurdischer Ort. Alle Namen verweisen auf die Quelle (pınar/kanî/ʿain) des Chabur.

Völkern. Dass aber die assyrische Hegemonie auf dem Handelsmonopol basierte, machte die Gewalt um des Profits willen unumgänglich. Der Profit in einem Handelsmonopol kann im Gegensatz zu Landwirtschaftsmonopolen (wie der sumerischen Bodenverwaltung) nicht ohne Gewalt verwirklicht werden. Diese Realität lag der Gewalt Aššurs zugrunde. Die einzige die Zivilisation betreffende Neuerung der assyrischen Hegemonie war, wenn überhaupt, die Produktion von mehr Macht für mehr Profit und von mehr Gewalt für mehr Macht. Offensichtlich vergrößerte sich die Gewalt räumlich und von ihrem Umfang her. Die Lösungsstrategie Aššurs gilt deswegen als historisches Vorbild anderer gewaltsamer Lösungen. Diese Tradition, die im Nahen Osten immer noch als Lösung gedacht wird, schuldet der assyrischen Hegemonie sehr viel.

Die assyrische Gewalt und die ihr zugrunde liegende Profitgier (ich glaube, dass sowohl *kâr* [Profit] als auch *şiddet* [Gewalt] etymologisch aus dem Assyrisch-Aramäischen stammen) verwundeten das Gewissen der Menschheit. Sie führten nicht nur zu einer Krise, sondern auch dazu, dass sich die Assyrer*innen sowohl als politisch-militärische Kraft als auch als Volk und Gesellschaft nie wieder aufrichten konnten. Sie führten auch dazu, dass die Völker des Nahen Ostens die Macht- und Handelsmonopole mit großen Verwünschungen und Flüchen belegten und sich für ihre Freiheit erhoben. Die Legende von Kawa dem Schmied und der berühmte »dreihundertjährige Widerstand«[27] der Meder*innen und Urartäer*innen waren Produkte jener Ära, noch viel wichtiger: Sie führten außerdem zu einer Ära, an die man sich als »Zeitalter der Weisen«[28] (600–300 v. Chr.) erinnert. Im »Zeitalter der Weisen« entstand das Bedürfnis nach großen Ideen, um die große assyrische Katastrophe zu analysieren. Sowohl der Aufstand der Ideen als auch der des Gewissens bildeten die schöpferische Kraft jener Zeit. Während dieses Zeitalters, in dessen Zentrum sich Zarathustra befand, im Osten in Indien und China von Buddha und Konfuzius (sechstes Jahrhundert v. Chr.) vertreten wurde, wurde es im Westen bei den Griech*innen von Sokrates repräsentiert. Große Krisen können neben großer Gewalt und großen Schandtaten auch dem Aufstieg großer Gedanken und des Gewissens den Weg ebnen.

---

27 Gemeint sind die dreihundert Jahre vor dem Fall der assyrischen Hauptstadt Ninive im Jahre 612 v. Chr. durch ein Bündnis von Urartu, Medien und Babylon. Die damit verbundene Erzählung von Kawa dem Schmied, der den Tyrannen stürzt, bildet den Kern der Newrozlegende.

28 Mark W. Muesse nennt die sonst meist »Achsenzeit« genannte Ära von 800–200 v. Chr. *Age of the Sages* und bezieht sich dabei u. a. auf Buddha, Konfuzius und Zarathustra, aber auch die griechischen Philosophen und hebräischen Propheten.

Die assyrische Hegemonie, die durch Bündnisse der Meder*innen und Babylonier*innen auf dem Müllhaufen der Geschichte endete, wurde nach einer kurzen Ära der Meder*innen und Babylonier*innen (600–550 v. Chr.) durch das Persische Reich abgelöst (550–330 v. Chr.). Es wird erzählt, dass die persische Lösung eine der der Assyrer*innen entgegengesetzte Methode verfolgte. Dies mag dialektisch gesehen stimmen. Toleranz, kulturelle Freiheit für die Völker ohne Diskriminierung sowie Gerechtigkeit und Ehrlichkeit beim Regieren waren die positiven Eigenschaften der besagten Methode. Es ließe sich also behaupten, dass die Völker des Nahen Ostens sie in dieser Hinsicht als das kleinere Übel empfanden. Die Perser*innen errichteten die ausgedehnteste Hegemonie der Geschichte, die sich von Indien bis Makedonien erstreckte. Nur China und die Römische Republik blieben außerhalb. Trotz allem war sie letztlich auch eine zivilisatorische Kraft. Ihr Hauptwiderspruch sollte in kurzer Zeit Wirkung zeigen und die Krise vertiefen. Im Inneren sollten große innerdynastische Konflikte, von außen die Angriffe von Stämmen allmählich das Ende der persischen Hegemonie herbeiführen.

Auch für Alexander bildete der Stammesadel das Rückgrat seiner Stärke. Sein Schwert war es nur scheinbar. Im Gegensatz zur allgemeinen Erzählung war es weniger die Größe Alexanders als Kämpfer als vielmehr die innere Verkommenheit des Persischen Reiches, die der persischen Hegemonie das Ende bereitete. Das Zeitalter des Hellenismus (300 v. Chr.–300 n. Chr.) war mehr als fünfhundert Jahre lang eine wahre Ost-West-Synthese. Indem die Hellen*innen dem Fortschritt der Perser*innen im Osten auf ähnliche Art im Westen begegneten, kam es zu einer der großen Synthesen der Menschheitsgeschichte. Die griechische Zivilisation (600–300 v. Chr.) nährte sich von diesem Prozess und erlebte mit dem Hellenismus einen großen Aufbruch. Obwohl die militärische und politische Hegemonie bei Rom lag, repräsentierten die Hellen*innen den kulturellen Fortschritt. Die parthischen und sassanidischen Dynastien, die der persischen nachfolgten, leisteten im historischen Sinne keinen Beitrag zur Kultur. Der Hegemonialkrieg, den sie gegen Rom aufnahmen, führte in der nahöstlichen Gesellschaft erneut zu großen Widerständen und Suchbewegungen. Das Christentum und der Manichäismus entstanden infolge dieses Suchens, und der islamische Aufbruch war schließlich eine Fortsetzung dieses Suchprozesses.

Das Zeitalter der römischen Hegemonie brachte das Zivilisationssystem einen Schritt weiter. Ein wichtiger Teil Europas einschließlich Englands machte Bekanntschaft mit der Zivilisation. Sie begann, nach Afrika und auf den indischen Subkontinent vorzudringen. Die arabische Halbinsel war mit der zivilisatorischen Umzingelung durch die Sassaniden, Rom und Abessinien konfrontiert. China vertiefte seine eigene Zivilisation und breitete sie aus. Als man in der Zeit n. Chr. ankam, verlängerten die Zivilisationskräfte zwar ihre Lebensdauer, indem sie die menschlichen Gemeinschaften in ihre strukturelle Krise hineinzogen, konnten aber offenbar keine permanente Lösung finden. Die berühmten Worte Buddhas, Feuer lasse sich nicht mit Feuer löschen, drücken diese Tatsache aus. Die Macht mit noch größerer Macht zu überwinden, ist keine Lösung. Dies kommt vielmehr einer Vergrößerung der Brandfläche gleich. Der Untergang Roms war eine weitere Bestätigung dieser Regel. Die große Konkurrenz zwischen den Kaisern im Inneren (in der letzten Phase kam es zu einer Zeit multipler Kaiser) und die Angriffswellen des Stammessystems von außen machten den Untergang unausweichlich. Die große Gewissensbewegung des Christentums spielte dabei ebenfalls eine wichtige Rolle.

Auch das Sassanidenreich erlebte einen ähnlichen Prozess. Wenn innere Konflikte mit Religions- und Stammesbewegungen zusammenkommen, werden eine Eskalation der Krise und der Untergang des Reiches unumgänglich. Das vierte und das fünfte Jahrhundert bildeten das globale Krisenzeitalter des Systems der Zentralzivilisation (des Weltsystems). Die Bilanz der letzten viertausend Jahre war, dass Frauen als private und öffentliche Prostituierte[29] gänzlich eingeschlossen, zum privaten und öffentlichen Besitz, zum Objekt und zur Ware gemacht wurden. Nach Frauen wurden sesshafte Bauern und Handwerker wie Frauen versklavt und in ein Produktionsmittel für Schutzgeld, Steuern und »Bälger« für den Krieg verwandelt. Alle kontrollierten Elemente (es ist schwer, diese als Klassen oder Schichten zu bezeichnen) der offiziellen Gesellschaft, mit Ausnahme der vergöttlichten Oberschicht, wurden einer allgemeinen Konditionierung zu Sklav*innen unterworfen. Die Zweige der Zivilisation, die ihren Ursprung in China, Indien und sogar Afrika und Amerika haben, unterlagen einer noch strikteren, kastenartigen Ordnung. Gegen dieses System sollten sich Widerstände und die Suche nach Neuem entwickeln.

Genauso wie die strukturellen Krisen des Kapitalismus bestätigen alle Zivilisationskrisen drei grundsätzliche Eigenschaften des Systems. Erstens ist das Verhältnis zwischen Zentrum und Peripherie zwar veränderlich, aber ständig vorhanden. Zweitens herrschen zwischen Systemkräften stets

---

29 Dieser vom Autor häufig verwendete Begriff spielt darauf an, dass das türkische Wort für Bordell, *genelev*, »öffentliches Haus« bedeutet.

Konkurrenz und Konflikte um Profit. Drittens und als Folge der ersten beiden Eigenschaften muss das System stets Krisenprozesse mit ihren Hochs und Tiefs erleben. Die natürliche Konsequenz aus diesen drei Eigenschaften ist, dass das System eine Leitung hegemonialen Charakters unabdingbar macht. Zivilisationen funktionieren nicht ohne Hegemonie. Die Folge aus all diesen Eigenschaften ist wiederum, dass die Globalisierung sich stets vertieft und ausbreitet. Diese vier grundsätzlichen Eigenschaften zwingen Zivilisationen, von Anfang an global zu sein. Diese Tatsache rührt von der Natur der Macht- und Kapitalmonopole her. Je mehr sich Monopole horizontal und vertikal ausbreiten, desto mehr vergrößern sich Stärke und Profit, indem sie sich gegenseitig nähren. Es steht fest, dass diese beiden Prozesse miteinander korrelieren. Wenn die Zivilisation heute das Leben massiv eingezwängt hat (alle soziologischen Daten bestätigen diese Tatsache) und die Krise sich nicht auf Menschen beschränkt, sondern die ganze ökologische Struktur gefährdet, stellen die wahre Ursache dafür das Zerstörerische und die Barbarei dar, die der Beschaffenheit der Zivilisation immanent sind. In den Geschehnissen wird das Wesen offenbar.

B Die Widerstände von Stämmen, *aşiret* und Völkern (Ethnien)

Auch wenn im ideologischen Trugbild des Weltsystems das Gegenteil behauptet wird, hat die Ordnung niemals den göttlichen Geboten entsprechend funktioniert. Offensichtlich vertreten das Gebot und die Ordnung (trotz aller ideologischer Verschleierungsversuche sind für mich die Bedeutungen von »Gebot« und »Ordnung« sehr eindeutig) die Befehle und Regeln der auf dem gesellschaftlichen Mehrwert basierenden herrschenden Schicht (Regent + Soldat + Priester). Nach dem Motto, dass jemand verrückt wird, wenn man ihm vierzigmal sagt, dass er verrückt sei, hat das System auf der Grundlage seiner ideologischen Hegemonie Tausende Jahre lang immer wieder und immer subtiler versucht, diese Befehle und Regeln der gesamten Gesellschaft – von ganz oben bis zum niedrigsten Knecht – als göttliche Notwendigkeit und Realität einzutrichtern. Trotz alledem ist es der Ordnung des Gräuels, der Despotie und der Plünderung nicht gelungen, sich komplett zu verschleiern und vollständig anerkannt zu werden. Aschirets und Volksstämme, die außerhalb des Systems geblieben und stets den »Feldzügen« des Systems, der Plünderung und Versklavung ausgesetzt waren, rebellierten, und diese Aufstandsbewegungen erlangten im Laufe der Zeit – genauso wie das System selbst – Kontinuität. Das System versucht, diese Bewegungen als »Barbarei« abzustempeln und zu verurteilen. Aus Gründen, die ich bereits erklärt habe, ist aber das Gegenteil davon wahr: die Ordnung der Zivilisation ist eine »Maschinerie der Barbarei«. Dagegen ist es die Ordnung der Stämme und Kommunen, die sich am humanen Leben festkrallt.

Auch wenn es Völker gibt, die es geschafft haben, historisch wahrgenommen zu werden, muss man besonders betonen, dass der erdrückenden Mehrheit der Völker dies nicht gelang. Die Geschichte hätte eigentlich nicht so sein sollen, wie sie geschrieben wurde. Ich bin mir sicher, dass die wahre Geschichte die derjenigen ist, die sich nicht sichtbar machen und sich nicht verschriftlichen lassen konnten. Die Arbeit, der Widerstand, die Entdeckungen der überwiegenden Mehrheit der Gesellschaft wurden stets unsichtbar gemacht. Dies geschah sowohl bewusst als auch spontan. Gesellschaftliche Errungenschaften wurden beschlagnahmt. Ihre wahren

Besitzer*innen wurden unbekannt gemacht, man hat nicht über sie geschrieben und niemanden über sie schreiben lassen. Obwohl fast sämtliche Entdeckungen und Erfindungen von Bäuer*innen, Hirt*innen und Handwerker*innen – und vor allem von Frauen – gemacht wurden, wird diese Tatsache von der Geschichte nicht anerkannt. Auch wenn das Epos, in dem die Göttin Inanna, die die ME (gesellschaftlichen Entdeckungen, Erfindungen und Regeln) einzeln aufzählt und die Gottkönige fragt: »Wart es nicht ihr, die mir meine 104 ME gestohlen haben?«, vielen Menschen schwach und bedeutungslos vorkommt, da ihre Ohren darauf konditioniert sind, stellt es das letzte Epos der wahren Geschichte dar. Als im Epos *Dumuzi und Enkimdu* (ich glaube, es erzählt von einem Streitgespräch zwischen Hirte und Bauer) die Welt der Bäuer*innen und Hirt*innen die Bedeutung ihrer Arbeit, Entdeckungen und Erfindungen zum Ausdruck brachte, entsprach die Geschichte wohl eher der Wirklichkeit. Die heutigen positivistischen Nationalgeschichten sind trotz ihrer ganzen wissenschaftlichen Rhetorik Beispiele schlimmster Metaphysik, die maximal weit von den Wahrheiten entfernt ist. Wenn man eine vergleichende Analyse und Interpretation der eurozentrischen, positivistisch-szientistischen Soziologie und der Mythologie des sumerischen Zeitalters unternimmt, merkt man, dass die sumerische Mythologie viel näher an der gesellschaftlichen Wahrheit liegt. Zumindest setzen mein Glaube und meine Rationalität das voraus.

Kommen wir zu konkreten Beispielen historischer Widerstände:

a) Die Widerstände und Gegenangriffe der semitischen Stämme

Es existieren wissenschaftliche Beweise dafür, dass das Gebiet zwischen der Sahara und dem Osten der arabischen Halbinsel bis vor sechstausend Jahren eine regenreiche und grüne Region war. Ich habe bereits angemerkt, dass sich in dieser geobiologischen Umgebung ein breites, als semitisch bezeichnetes Stammessystem entwickelt hatte. Dieses System wurde ab ungefähr 4000 v. Chr. von zwei Seiten unter Druck gesetzt. Diese zwei bedeutenden Faktoren waren der Beginn einer natürlichen Dürre und Desertifikation und der Aufstieg der ägyptischen und der sumerischen Zivilisationen. Aus diesen Gründen waren die Stämme zu einer Massenodyssee gezwungen, die sie zu Oasengebieten innerhalb und zu regenreicheren und grüneren Gebieten außerhalb ihres Stammesgebiets führte. Die Geschichte belegt die Existenz dieser Bewegungen. In den sumerischen und ägyptischen Dokumenten wird ständig über diese »Gefahr« gesprochen. Während Ägypter*innen diesen Kräften den Namen *apiru*, also »staubige Menschen«, gaben, wurden sie von den Sumerer*innen Amurriter*innen genannt – was dasselbe bedeutet bzw. »diejenigen, die aus dem Westen kamen« –, und als Quelle von Gefahr identifiziert. Ägypter*innen haben einen bedeutenden Teil von ihnen versklavt und zu ihren Diener*innen gemacht. Es ist gut bekannt, dass sich die Sklaverei, wie bei der Versklavung von Schwarzen, bis heute fortsetzt.

Welches Leid wurde für das Betreiben dieses etwa sechstausend Jahre alten Versklavungssystems in Kauf genommen? Wer hat von seinen Folgen wie profitiert? Ohne diese Fragen zu beantworten, wird man wohl die wahre Geschichte nicht schreiben können. Da die Lage Ägyptens für die Verteidigung vergleichsweise günstig war, konnte es die Migration und Angriffe, eigentlich den Widerstand dieser Stämme, besser abwehren. Die Sumerer*innen waren dem Widerstand und den ihnen geltenden Angriffen schutzloser ausgesetzt. Man sieht, dass diese Stammeswiderstände und -angriffe, die sich wellenartig entfalteten, im sechzehnten Jahrhundert v. Chr. zu einem Ergebnis führten.[30] Die Dynastie, die als »akkadische« in die Geschichte einging, konnte nach der Zerschlagung der sumerischen Verteidigung durch diese Stammeswiderstände und -angriffe im Machtsystem Wurzeln schlagen. Die Reichsphase dieser Dynastie, die von 2350 bis 2150 v. Chr. dauerte und von Sargon begründet wurde, der als erster »Imperator« in die Geschichte einging, lässt sich als »proto-assyrisches« Regime betrachten. Mit der Person Sargons entstand eine Regel. Die besagte Regel erklärt, wie Stammesführer in einer zivilisatorischen Umgebung zu schlimmeren Despoten als ihre Vorgänger werden, wenn sie die Gelegenheit dazu erhalten. Neben den Schwierigkeiten, die sie erlebt haben, spielen dabei auch ihre Gier und Machttrunkenheit in ihrer neuen Machtposition eine wichtige Rolle.

Nach einer zweiten Welle von Angriffen semitischer Stämme entstanden die babylonischen und assyrischen Großreiche. Es handelte sich dabei um ein Zeitalter, in dem Halb-Gottkönige herrschten, die Sargon in nichts nachstanden. Babylon und Aššur leisteten einen historischen Beitrag zur Entwicklung von Macht- und Handelsinstitutionen. Ihr Beitrag zur Entwicklung der Sklaverei war zweifellos auch nicht geringer als der der ursprünglichen ägyptischen und sumerischen Dynastien. Es besteht kein Zweifel daran, dass Babylon und Aššur bei der klassischen

30 Gemeint ist das Ende des altbabylonisches Reiches und seine Plünderung durch ein hethitisches Heer 1596 v. Chr. Anschließend wurde Mesopotamien mehrere Jahrhundert lang von einer kassitischen Dynastie regiert und dann von Elam erobert. Sowohl Kassit*innen als auch Hethiter*innen sprachen eine nichtsemitische Sprache.

Institutionalisierung von Ausbeutung und Repression eine universale Rolle spielten. Es ist von großer Bedeutung für eine richtige Geschichtsschreibung, festzustellen, dass diese Rolle nicht kleiner war als die der griechisch-römischen. In den Ären von Akkad, Babylon und Aššur wurden die sumerische Sprache und Kultur assimiliert und in den Hintergrund gerückt, während Akkadisch und Aramäisch zu den offiziellen Sprachen jener Zeit wurden. Vor allem Aramäisch, das Latein des Nahen Ostens, fand überregional Verwendung, bis Arabisch zur neuen offiziellen Zivilisationssprache wurde. Diese Stellung der aramäischen Sprache ist wichtig, da sie uns an die dahinter verborgenen Macht- und Handelsmonopole erinnert. Zudem ist sie die gemeinsame ideologisch-theologische Sprache. Die offizielle Sprache der materiellen Kultur zwängt sich als offizielle Sprache der immateriellen Kultur auf und legitimiert sich so.

Die dritte große Welle von Angriffen semitischer Kriegerstämme fand im Namen des Arabertums statt. Die anti-zivilisatorischen Widerstände und Angriffe, die in der vorislamischen Zeit, ungefähr im sechsten Jahrhundert v. Chr., in der arabischen Identität in Erscheinung traten, sollten später im Islam eine Rolle von universaler Bedeutung spielen. Araber*innen gelang die Ausbreitung in ganz Nordafrika, rund um die Sahara und von der Arabischen Halbinsel bis hin zu den Hängen des Taurus-Zāgros-Gebirgssystems. Es handelte sich um eine riesige Stammesbewegung, die sich seit zweitausendfünfhundert Jahren im selben Raum fortsetzt und transformiert, ohne an Geschwindigkeit zu verlieren. Der Transformationsprozess des Arabertums verdient eine besondere Untersuchung. Die Institutionalisierung von Scheichtum, Emirat und Sultanat in der Oberschicht ist lehrreich für das Verständnis von Staat und Macht. Die Begriffe Scheichtum, Emirat, Sultanat, Macht [*iktidar*] und Staat [*devlet*] sind arabischen Ursprungs. Zum Beispiel soll *devlet* von dem Wort abgeleitet sein, das für die »Nacht, die man mit einer gefangen genommenen Frau verbringt« verwendet wird. Der Zusammenhang zwischen dem *devlet* selbst als Wort und der Vergewaltigung und Versklavung ist interessant. Die Bedeutung sämtlicher Begriffe und Institutionen, die im Arabischen mit Macht assoziiert werden, ist unverhüllt und erinnert an kontinuierliche Lust und Vergnügungen.

Das Alte Testament (die Tora) bietet eine viel detailliertere Liste der semitischen Stämme, und die Geschichte des hebräischen Stammes selbst wird ausführlich erzählt. Der Schluss, den man aus diesem Thema, das im Abschnitt über monotheistische Religionen noch ausführlich zu analysieren sein wird, in Bezug auf diesen Teil ziehen sollte, ist, dass man es mit einer komplizierten semitischen Stammeslandschaft zu tun hatte. Zum Beispiel waren Kanaaniter*innen ein Zweig dieser Stämme, während Aramäer*innen einen anderen bildeten.

Die Unterschicht der semitischen Stämme und Aschirets bildeten die Beduin*innen. Man könnte die Beduin*innen auch als in Armut lebende Wüsten-, Oasen- bzw. Dorfaraber*innen bezeichnen. Beduinentum bildet eine Kategorie, die neben dem Stammescharakter auch eine Klassen- und soziale Bedeutung beinhaltet. Es hat eine uralte Geschichte und eine ihm eigentümliche soziale Identität. In diesem Sinne stellt das Beduinentum eine andere Art des Arabertums dar. Die Beduin*innen besitzen bei Araber*innen eine ähnliche soziale und kulturelle Bedeutung wie die Turkmen*innen bei den Türk*innen und die Kurmandsch bei den Kurd*innen. Araber*innen als Volksstamm – mit ihrer Unter- sowie Oberschicht – bildeten eines der Stammessysteme, die durch die Geschichte hindurch, bis in die Gegenwart hinein, die universale Geschichte, vor allem die des Nahen Ostens, am meisten beschäftigten und beeinflussten. Ihre Veränderung und Transformation setzt sich auch heute mit voller Geschwindigkeit fort. Wenn man sich die regionalen und weltweiten Auswirkungen des Konflikts zwischen zwei semitischen Gruppen, Araber*innen und Jüd*innen, vergegenwärtigt, wird man begreifen, wie bedeutend diese Tatsache ist. Ohne die Veränderung und die Transformation des Arabertums zu begreifen, wird man den Nahen Osten und die Welt kaum ganz verstehen.

In welchem Sinne die Widerstands- und Suchbewegungen bei den Semit*innen im Allgemeinen und der Araber*innen im Besonderen als antizivilisatorisch oder innerzivilisatorisch einzustufen sind, stellt eine heikle Frage dar. Die Unterscheidung zwischen dem Ethnischen und dem Religiösen stellt ebenfalls ein ernsthaftes Problem dar. Auch bei anderen Stämmen und Völkern gibt es hinsichtlich dieser Unterscheidung ähnliche Probleme. Allerdings ist das Thema bei den Araber*innen komplizierter als sonst. Innerhalb des Systems und gegen das System zu sein, stand weltweit bei allen ähnlichen Bewegungen stets auf der Tagesordnung. Sowohl in der Vergangenheit als auch heute hat dieses Problem immer existiert. Den semitischen und arabischen Stammes- und Volksbewegungen wohnten beide Dimensionen inne, und beide waren von Relevanz. Die zivilisatorischen und antizivilisatorischen Seiten der Stämme und Völker standen stets in einem dialektischen Verhältnis und Widerspruch zueinander, und die widersprüchlichen Kräfte befanden sich in einem stetigen Kampf gegeneinander. Ethnien zeigten sich eher antizivilisatorisch, religiöse Strömungen wiederum eher zivilisatorisch. Allerdings sollte man an dieser Stelle anmerken, dass zivilisatorische und antizivilisatorische Tendenzen in und zwischen den beiden Bewegungstypen sehr offen für Wandel und Veränderung sind. Moderne und traditionelle Kommentator*innen haben zwischen diesen beiden Unterscheidungen eine sehr komplizierte Erklärung entwickelt. Die Kompliziertheit des Diskurses und seine unrichtige Darstellung der Phänomene können auch im Bereich der Handlungen äußerst falsche Konsequenzen haben. Wenn man davon ausgeht, dass das Reden dem Handeln meistens vorausgeht, können wir begreifen, wie wichtig es ist, dass unsere Schilderungen den Themen und Problemen entsprechen.

b) Die hurritischen Widerstände und Angriffe

Ich bin der Ansicht, dass die Wörter *ari*, *ur* und *hurri* etymologisch gesehen sumerischen Ursprungs sind und »Hügel, Plateau, Berggruppe« bedeuten. Es ist möglich, dass die Sumerer*innen ihre nordöstlichen Nachbar*innen wegen der Region, in der sie lebten, als »Hügel- bzw. Bergvolk« bezeichnet haben. Zudem wird Kurd*innen, die in derselben Region leben, immer noch viele Namen gegeben, die »Bergvolk« bedeuten. Die Geschichte mit »*kart-kurt*« ist auch Teil dieser Tradition[31]. Aus diesem Grund ist der Ausdruck »Bergvolk« nachvollziehbar.

Auch wenn Hurriter*innen in etymologischer Hinsicht den indoeuropäischen Stammesgruppen zugerechnet werden, hatten sie einen viel authentischeren (indigeneren) Charakter als all die anderen Gruppen. Meine persönliche Ansicht ist, dass sie die gleiche Gemeinschaft darstellen, die seit Ende der quartären Eiszeit in derselben Region lebte und bei der Entwicklung der neolithischen Revolution eine dominante Rolle spielte. Zahlreiche geobiologische, archäologische, anthropologische, etymologische und ethnische Untersuchungen kamen zu dem Schluss, dass die Bevölkerung derselben Region heute noch einen uralten und authentischen Charakter besitzt.

Dass die Gemeinschaften der neolithischen Ära in einem Gebiet, welches sich vom Pandschab bis zum Nil erstreckte und in dessen Zentrum der Fruchtbare Halbmond liegt, vor sechstausend Jahren die für zivilisatorischen Fortschritt notwendigen materiellen und geistigen Kulturelemente ausreifen ließen, lässt sich wissenschaftlich feststellen. Ich habe ja bereits angemerkt,

31 Nach dem Militärputsch 1980 in der Türkei hieß es in einem Weißbuch des Generalstabs, die Bezeichnung »kurdisch« komme von dem knirschenden Geräusch, das die Schritte der »Bergtürk*innen« im Schnee machen: *kart-kurt*. Diese absurde Herleitung wurde zu einem Symbol für die türkische Assimiliationspolitik.

dass Gordon Childe die Ähnlichkeit dieser reifen neolithischen Ära mit Europa nach dem sechzehnten Jahrhundert feststellte. Viele Forschungen kamen zu ähnlichen Ergebnissen.

Die Spuren der Obed-Kultur reichen in der Region[32] bis ins fünfte Jahrtausend v. Chr. zurück. Diese Spuren zeigen, dass die untermesopotamische Obed-Kultur bereits damals einen regen Austausch mit der Kultur der Region hatte. Wichtiger noch, es gibt noch viel mehr Überbleibsel aus den Uruk-, Ur- und Aššur-Ären. An Euphrat und Tigris entlang und zwischen diesen beiden Flüssen begegnet man verbreiteten Kolonialbewegungen aus jener Zeit. Die archäologischen Befunde sind sehr konkret. Die Region und ihre Bevölkerung sind also, soweit es historisch festgestellt werden konnte, seit sechstausend Jahren mit der Bedrohung und der Praxis der Kolonialisierung konfrontiert. Möglicherweise kamen auch aus anderen Richtungen ähnliche Bedrohungen. Man begegnet vor allem stetigen Invasionsbewegungen über Kaukasien. Da die Region, in der sich die neolithische Revolution entfaltete, die älteste und eine äußerst fruchtbare war, waren Migrationsbewegungen von überall zu erwarten – vergleichbar mit der gegenwärtigen Migration in die EU oder die USA. Fruchtbare und reiche Regionen wirkten auf Menschen immer anziehend. Der Fruchtbare Halbmond besaß in dieser Hinsicht sehr attraktive Eigenschaften.

Es könnte auch das Gegenteil der Fall gewesen sein. In der Reifephase des Systems könnte die Region wegen der Bevölkerungszunahme zu eng geworden sein. Die Entwicklung von Migrationsbewegungen in andere Regionen, allen voran in die angrenzenden fruchtbaren Regionen, ist möglich und wahrscheinlich. Historische Niederschriften bieten auch darüber Daten. Es lässt sich beobachten, dass die Kultur der Region sich seit Beginn der Reifephase (7000–5000 v. Chr.) sowohl kulturell (ohne Menschen) als auch physisch (mit Menschen) zusehends weltweit ausbreitete. Es lässt sich wissenschaftlich feststellen, dass sich die besagten Kulturwerte ab jener Zeit, wenn auch mit Verspätung, in beiderlei Weise bis ins Innere Europas und nach Indien (die Existenz der indoeuropäischen Sprachfamilie bestätigt diese Tatsache) und bis nach Ägypten und Sumer ausgebreitet hat. Was sollten sonst die neolithischen Wörter des authentischen Volkes in Indien und Europa suchen? Ohne diese Tatsache zu akzeptieren, kann man wiederum die Frage nicht beantworten, warum man auf den alluvialen Böden in der Nähe der Meeresmündungen von Nil, Euphrat, Tigris und dem Pandschab

32 Gemeint ist hier vermutlich Obermesopotamien, das Zentrum des Fruchtbaren Halbmondes.

keinen Spuren der Zivilisation begegnet, obwohl dort Hunderttausende Jahre lang die gleichen fruchtbaren Böden vorhanden waren. Um die Geschichte der Menschheit richtig schreiben und lesen zu können, braucht man den Begriffs des *Zeitalters der zentralen Landwirtschaft* genauso sehr wie den der Zentralzivilisation.

Das zwölftausendjährige Erbe des Göbekli-Tepe-Tempels bei Urfa erklärt eigentlich alles darüber, dass die Hurriter*innen das authentische Volk waren. Die auf dem Stammessystem basierende Bevölkerung der Region besitzt eine uralte und hoch entwickelte Kultur. Die Archäolog*innen, die vor Ort die Ausgrabungen leiteten, sind auch der Ansicht, dass eine Neuschreibung der Geschichte unabdingbar sei. Ich muss mit Nachdruck betonen, dass ich die Sache hier nicht chauvinistisch angehe. Es geht um richtige Geschichtsschreibung für die ganze Menschheit und es steht außer Frage, dass es nichts gibt, was die Menschheit mehr braucht als eine richtige Geschichtsschreibung. Denn die richtige Geschichte ist mit dem richtigen Menschen und der richtige Mensch mit dem richtigen Leben gleichbedeutend.

Wir können beobachten, dass die hurritischen Stämme sich im vierten Jahrtausend v. Chr. aufgrund des zunehmenden Drucks in Richtung Aschiret-Bildung weiterentwickelten. Was wir darüber wissen, erfahren wir natürlich anhand historischer Aufzeichnungen. In dieser Ära begegnet man den Spuren der Aschiret-Kultur. In sumerischen schriftlichen Dokumenten werden die nordöstlichen Nachbar*innen der Sumerer*innen häufiger erwähnt. In den vorangegangenen Teilen bin ich, wenn auch beschränkt, auf die Herkunft der Sumerer*innen eingegangen. Meiner Überzeugung nach bildeten Sumerer*innen als Folge der kulturellen und physischen Ausbreitung aus Obermesopotamien eine Kultursynthese, indem sie sich einige semitische Gruppen einverleibten. Diese Überzeugung behalte ich bei. Dass sich mit der Transformation, die sich ereignete, bei den Hurriter*innen Aschirets herausbildeten, stellt einen Bewies für ihren politischen Fortschritt dar. Der Übergang zur Aschiret-Form ist meistens eine unumgängliche Stufe im Hinblick auf das Bedürfnis von Stämmen nach gemeinsamer Verteidigung und Regierung. Zunehmende innere wie äußere Probleme beschleunigen sicherlich die Aschiret-Bildung. Im dritten Jahrtausend v. Chr. gingen die Aschirets zu einer Organisierung über, in welcher sie miteinander einen lockeren, konföderationsähnlichen Bund eingingen. Diese Situation lässt sich sowohl in der sumerischen Kultur, in der sich politische Eliten herausbildeten (etwa in der Guti/Gudea-Ära 2150–2050 v. Chr.), als auch im vorhethitischen Zentralanatolien (dies belegt der Brief, den König Anum-Hirbi aus der Gegend des heutigen Elbistan an den Fürsten von Nēša [Kültepe] schrieb) beobachten. Die Inschriften sind auf Hurritisch verfasst.

Aus den bestehenden Dokumenten geht hervor, dass die hurritischen Eliten sich einerseits verteidigten, andererseits ausbreiteten. Die Hurriter*innen mussten stets dem Druck Aššurs widerstehen. Die großen Erz- und Holzvorkommen auf ihrem Siedlungsgebiet führten dazu, dass sie von den assyrischen Königen andauernd bedrängt wurden. Auf diesen Druck antworteten sie in Form von zwei wichtigen Zweigen: in Zentralanatolien die hethitische Konföderation mit ihrem Zentrum zunächst in Nēša, später in Ḫattuša (1650–1200 v. Chr.) und die Mitanni mit ihrem Zentrum in Waššukanni (1500–1250 v. Chr.). Es lässt sich ohne Weiteres behaupten, dass der Druck, die Ausbeutungs- und Kolonialisierungsoffensiven der babylonischen und vor allem assyrischen Händler*innen zu diesen Konföderationen führten. Davon ausgehend, dass die Völker dieser beiden Konföderationen 1596 v. Chr. Babylon besetzten, kann man diesen Schluss ziehen. Ich muss mit Nachdruck betonen, dass man die politischen und sozialen Strukturen von vor viertausend Jahren nicht mit der nationalistischen Terminologie von heute interpretieren darf. Was wir tun können, ist, anstatt gar nichts zu tun und zu schreiben, zumindest Diskurse zu entwickeln, die nicht allzu falsch sind und zur Entstehung eines neuen Geschichtsbildes beitragen. Unsere Herangehensweise in Bezug auf dieses Thema sollte so verstanden werden. Andernfalls können wir mit den alten Geschichtsverdrehungen und -verfälschungen nicht brechen.

Die Hurriter*innen scheinen sich gegen Ende des dritten Jahrtausends v. Chr. in der Lage befunden zu haben, die Gegenden, in denen die heutigen Kurd*innen leben, zu besitzen oder über sie zu herrschen. Aus Hügelausgrabungen weiß man heute, dass sie manchmal insbesondere sumerische, babylonische und assyrische Kolonien verwüsteten. In Titriş Höyük bei Urfa-Bozova begegnet man der Verwüstung einer Siedlung, die eine solche Kolonie gewesen sein könnte. Nebenbei bemerkt, wer sich ein wenig mit Etymologie befasst, kann begreifen, dass die hurritische Sprache ein Proto-Kurdisch war. Dass die Dialekte, die in den stark gebirgigen Regionen Dersim, Bingöl und dem Zāgros relativ ursprünglich erhalten geblieben sind, der hurritischen Sprache näher sind, bestätigt diese Tatsache zusätzlich.

Das zweite Jahrtausend v. Chr. war offensichtlich ein Zeitalter des Widerstands gegen den Kolonialismus Babylons und Aššurs. Es ist bekannt, dass die assyrischen Hegemonen, die vor allem 1300–1000 v. Chr.

ihre Hochphase erlebten, in der heutigen Bismil-Ebene (Tashan genannt) ein Provinzzentrum errichtet und gegen die hurritischen Fürstentümer und Stämme, die in der Gegend von Lice und Genç ihren Widerstand immer noch fortsetzten, Feldzüge durchgeführt haben. Die bei Lice in Felsen eingravierten Figuren assyrischer Könige belegen dies in bemerkenswerter Weise. Es ist ersichtlich, dass ähnliche Feldzüge ebenfalls zum Zāgros-Gebirge stattgefunden haben. In den assyrischen Dokumenten aus dem dreizehnten Jahrhundert v. Chr. werden das Volk der Nairi und die gleichnamige Konföderation (»Land der Flüsse«) erwähnt. Es handelt sich um die Ufer der Flüsse Tigris und Zab. Mit Nachdruck muss ich noch betonen, dass es bei diesen Auseinandersetzungen zwischen Königen und Eliten um die Aneignung des gesellschaftlichen Mehrwerts ging. Dagegen konnten Assyrer*innen und Hurriter*innen als Völker friedlich zusammenleben. Es existiert kein Grund für einen systematischen Kampf zwischen Völkern und Stämmen.

Da die Benennung *ḫurri* sumerisch war, sehen wir, dass mit dem Nachlassen des Einflusses der sumerischen Sprache und mit der Dominanz des Akkadischen und Aramäischen, die ein Ausdruck der Hegemonie Babylons und Aššurs war, die hurritischen Stämme andere Namen erhielten. Wenn sowohl die Mentalität als auch die Sprache einer Ära sich ändern, kommt es selbstverständlich auch zu Änderungen der Benennungen. Damals sagte weder ein Mensch noch ein Stamm: »Ich bin arabisch, assyrisch, kurdisch.« Sie identifizierten sich höchstens mit ihrem Stamm oder dem Gott, dem sie anhingen. So wollten sie auch benannt werden. Die (sumerische) Benennung Hurriter*innen wurde ab dem zweiten Jahrtausend v. Chr. durch assyrische und aramäische Namen abgelöst. In der assyrischen Terminologie werden vielmehr die Meder*innen und Bianili (die Bevölkerung von Medien und dem heutigen Van) erwähnt. Urartu ist wahrscheinlich ein älterer und von den Sumerer*innen stammender Begriff.

Mit dem zweiten Jahrtausend v. Chr. bahnte sich das Zeitalter eiserner Werkzeuge an. Eisen war das beliebteste Metall. Dem Erdöl von heute ähnlich wurden Kämpfe um Eisenerzvorkommen gefochten. Die Taurus-Zāgros-Bergkette ist sehr reich an Eisenerzvorkommen und Anlagen seiner Verarbeitung, genauso wie es Kupfer betreffend der Fall war. Die urartäische Zivilisation (900–600 v. Chr.) als eine Eisenzivilisation stellte die einzige Kraft dar, die gegen die assyrischen Könige bestehen konnte. Die medischen Fürstentümer konnten trotz ihres kontinuierlichen Widerstands erst 612 v. Chr. einen Sieg gegen den assyrischen Staat und die assyrische Zivilisation verbuchen. Der medische Widerstand war wichtig. Er fand östlich von Urartu statt und hielt dreihundert Jahre lang an. Die Meder*innen besaßen bis 550 v. Chr., dem Jahr, in dem sie die Souveränität an die Perser*innen verloren, ihre eigenen Konföderationen. Darauf folgte eine andere Ära. Die medische Aristokratie existierte weiter, indem sie ein Bündnis mit den Perser*innen einging und sich mit einer zweitrangigen Position begnügte. Dies war eine historische Stufe der traditionellen Kollaboration der Kurd*innen. In den Historien des Herodot steht dazu Folgendes: »Schändlicher, wenn du mich schon stürzt, warum hast du die Macht einem persischen Bastard übergeben? Wärest du doch zumindest selbst König geworden. Warum hast du die Macht den Persern übergeben? Wäre sie doch bei den Medern geblieben.«[33] Dies ist eine Frage, die auch heute ziemlich der Realität entspricht.

Die Widerstände und Suchbewegungen der Stämme im Taurus-Zāgros-Gebirgssystem entwickelten sich in der persisch-sassanidischen Ära weiterhin in zwei Richtungen: Sie versuchten einerseits ihre Position beizubehalten, indem sie sich gegen die Kollaborateure in ihren eigenen Reihen und die persisch-sassanidische Aristokratie auf die Dimension kleiner Stämme zurückzogen, andererseits sesshaft oder halb-sesshaft auf der Grundlage des Bauern- und Hirtentums ihre gesellschaftliche Existenz fortzusetzen. Auch bei ihnen herrschte, genauso wie bei arabischen Beduin*innen, ein vollständig isolierter, außerzivilisatorischer Lebensstil. Die Führungen von Aschirets hatten keine andere wichtige Funktion inne, außer mit den Zivilisationskräften umzugehen und die Probleme zwischen den Aschirets zu lösen. Abgesehen von der Errichtung kleiner Fürstentümer zeigten sie auch kaum Neigung zur Macht. Wenn vom Staat die Rede war, dachten sie an Kollaboration mit Persien, den Hellen*innen und Römer*innen und daran, von ihnen absorbiert zu werden. Wie es im Altertum lange Zeit der Fall war, waren ihre Bemühungen, selbst eine Macht zu bilden, verschwindend gering.

Die zweite Tendenz, die sich andererseits entwickelte, waren ideologische Bewegungen überwiegend religiösen Charakters. Zwar besitzen Aschirets immer eine Ideologie; hier geht es aber um eine nicht auf dem Aschiret basierende, übergreifende Bewegung. Insbesondere Mithraismus, Christentum, Judentum und Manichäismus waren Strömungen, die ihren

33 Für die Stelle in Herodots *Historien* siehe Abdullah Öcalan, *Zivilisation und Wahrheit. Manifest der demokratischen Zivilisation, Band I* (Münster: Unrast, 2019), S. 189.

Einfluss zu erweitern suchten. Das Zoroastrismus-Êzîdentum[34] bildet einen eigenständigen Zweig, der eine Fortsetzung des Zoroastrismus darstellt. Auch diese Bewegungen waren Teil des Widerstands und vorwiegend unter den Armen einflussreich.

In der Zeit der Ausbreitung des Islam traten die Volksgruppen hurritisch-medischer Herkunft zum ersten Mal unter dem Namen Kurd*innen auf die Bühne der Geschichte. Der Widerstandskampf der Aschirets und Stämme geriet angesichts der religiösen Bewegungen in den Hintergrund. Dass der sassanidische Staat 650 n. Chr. zu existieren aufhörte und Ostrom (Byzanz) sich hinter den Taurus zurückzog, bezeugt eine neue Phase des Widerstands und der Anerkennung von Kurd*innen. Die traditionell kollaborierenden Kreise setzten ihre Kollaboration mit allen islamischen Dynastien (Umayyaden, Abbasiden, Seldschuken, Osmanen etc.) auf der Basis ihrer kleinen Fürstentümer fort. Versuche wie der der Marwaniden, sich in Form eines Staates zu organisieren, waren nur von kurzer Dauer. Es wäre angebrachter, Sultan Saladin als einen zwar kurdischen, aber über Araber*innen herrschenden Dynastiegründer zu betrachten. Ich sage das nicht aus Geringschätzung; er hätte gar nicht anders gekonnt. Sein Widerstand war im Namen der Familie schwach, im Namen des Islam stark. In jener Ära blieben die armen Kurd*innen unter dem Namen Kurmandsch eher abseits des Zivilisationssystems. Die Kurmandsch wollten ihre Existenz als Stämme oder Familien, die sich vom Zivilisationssystem abgesondert hatten, in Städten und Dörfern, vorwiegend aber als Halbnomad*innen, als Pächter*innen und Landarbeiter*innen und in diesem Sinne Widerstand leistend fortsetzen.

Im Rahmen dieser Darstellung ist ein besseres Verständnis des Grundes für die nach wie vor anhaltende Stärke des Familiarismus und des Tribalismus auf ideologischer Ebene möglich. Diese Mentalität der Kurd*innen als letzte Vertreter*innen der Gruppen, die eine nach der anderen das Erbe der ältesten und authentischsten Stämme der Geschichte übernahmen, ist nachvollziehbar. Sie wurden dermaßen von der Zivilisation und Politik ausgeschlossen, dass sie solche Begriffe und Phänomene kaum kennen und von ihnen kaum etwas verstehen. Richtiger gesagt, man lässt ihnen wegen ideologischer Hegemonien und deren Ablagerungen keine Möglichkeit, sie zu verstehen. Die kollaborierende Oberschicht hat eine andere Position inne.

34 Der Autor verwendet hier die Wortneuschöpfung *zerdeştçilik-êzidîlik*, wobei offen bleibt, ob er eine Strömung innerhalb des Êzîdentums meint, die sich stärker auf Zarathustra bezieht, oder das gesamte Spektrum des Zorastrismus und des Êzîdentums.

Ihre Mitglieder kennen die Zivilisation und die Politik. Wer ihre Interessen nicht durchkreuzt, den scheinen sie zu unterstützen. Sie besitzen keinerlei Prinzipien. Ihr einziges Prinzip sind Stärke und Interessen. Sie kennen keinen gesellschaftlichen Wert, den sie für Machthaber*innen, die ihre Interessen bejahen, nicht verraten würden. Kurz gesagt: Die Gewährleistung ihres Lebens mit Interessens- und Machtverhältnissen auf der Grundlage des Verrats an allen Werten der moralischen und politischen Gesellschaft, als eine in sehr wenigen Gesellschaften zu beobachtende Eigenschaft, scheint sich im kurdischen Kollaborateurstum strukturell herausgebildet zu haben.

Wenn wir die Hurriter*innen als westlichen Arm der Arier*innen definieren, lassen sich die persischen Stämme als die Ostarier*innen bezeichnen. Es besteht eine historisch-gesellschaftliche Nähe zwischen ihnen. Diese Tatsache wurde ohnehin in der medisch-persischen Organisation konkret. Aus diesem Grund halte ich eine eigenständige Analyse der Perser*innen nicht für notwendig. Wahrscheinlich spielten sie in der Geschichte eine ähnliche Rolle wie die arischen Gruppen in Belutschistan, Pakistan und Afghanistan. Was hier in Bezug auf Hurriter*innen gesagt wurde, ließe sich über alle arischen Stämme sagen, wenn man es entsprechend konkretisiert. Als man sich der Gegenwart näherte, entwickelten sich die Unterschiede zwischen ihnen so weit, dass man den heutigen Zustand erreichte. Die nach wie vor lebendigen tribalen und religiösen Widerstände in Afghanistan und Pakistan belegen, wie weit ihre historischen Wurzeln in der Geschichte zurückreichen und wie stark sie sind.

c) Die ural-altaischen Stammeswiderstände und Angriffe

Das letzte Glied der ural-altaischen Kultur waren Stämmen zwischen dem Ural- und dem Altai-Gebirge. Trotz ihrer entfernten Verwandtschaft mit den Chines*innen haben sich diese Stämme durch ihre kulturelle Entwicklung und wegen des Zivilisationswiderspruchs sehr unterschiedlich entwickelt. Zur chinesischen Zivilisation standen sie von Beginn an im Widerspruch, der dem zwischen den hurritischen Stämmen und der sumerischen Zivilisation ähnelte. Diese Gruppen, in deren Zentrum die proto-türkischen Hunn*innen und Mongol*innen standen, befanden sich ab dem ersten Jahrtausend v. Chr. in einem Raum, der auf der einen Seite an das Gebiet der chinesischen Zivilisation, auf der anderen Seite an die römische Zivilisation und im Süden an die persische Zivilisation angrenzte, und waren stets in Bewegung. Vergleichbar mit Arabien war auch in dieser Zentralasien genannten Region aufgrund der Desertifikation und des Drucks der Zivilisationskräfte ein widerständiges Leben geboten.

In chinesischen Quellen wird die hunnische Gefahr im dritten Jahrhundert v. Chr. unter dem Stammesführer Mao-tun erwähnt. Es wird von Angriffen hunnischer Stämme unter Mao-tuns Führung im Jahre 209 v. Chr. berichtet. Es wäre wahrscheinlich zutreffender, den Beginn dieses Prozesses im zweiten Jahrtausend v. Chr. zu verorten. Die chinesische Zivilisation nahm etwa im sechzehnten Jahrhundert v. Chr. ihren Anfang. Da die Stamm/Zivilisations-Widersprüche stetiger Art sind, lässt sich auch dieser Konflikt auf die Anfangsjahre der chinesischen Zivilisation übertragen. Ohnehin ist die Chinesische Mauer ein Ausdruck dieser Realität.

Man weiß, dass diese Gruppen ab dem achten Jahrtausend aus Südsibirien nach Süden wanderten. Etymologische und anthropologische Studien beweisen, dass ein Zweig von ihnen etwa zeitgleich auf dem Weg nach Amerika die Beringstraße überquerte. Wahrscheinlich machten sie im fünften Jahrtausend v. Chr. mit der neolithischen Gesellschaft Bekanntschaft. Die Bedrohung durch die chinesische Zivilisation und die Dürre dürften zu radikalen Veränderungen ihrer Lage geführt haben. Dass sie aufgrund dieser Bedingungen – wie die semitischen Gruppen – in einen sehr bewegten Prozess gerieten, bestätigt diese Meinung. Nachdem ihr Widerstand und ihre Angriffe auf die chinesische Zivilisation erfolglos geblieben waren, sehen wir, dass sie sich ab dem dritten Jahrhundert n. Chr. gen Westen wandten. Es ist bekannt, dass diese Gruppen im Iran bereits viel früher Turanier*innen genannt wurden. Da der Iran ihr südwestlicher Nachbar war, könnte man häufige Kontakte zwischen ihnen erwarten. Dass der iranisch-persische Kaiser Kyros II. im heutigen Kasachstan (Heimat der Massaget*innen) im Gefecht gegen einen anderen Arm dieser Gruppen namens Skyth*innen starb, spiegelt den Charakter dieses Verhältnisses zur Genüge wider. Wenn man sich vergegenwärtigt, dass die Sykth*innen zwischen dem achten und dem sechsten Jahrhundert v. Chr. in dem Gebiet zwischen Donau und Zentralasien eine starke Konföderation gründeten, können die Dimensionen der Widersprüche besser eingeschätzt werden.

Dass die Skyth*innen aus Kaukasien und Zentralasien stammten, ändert nichts daran. Sie stellten eine bedeutende anti-zivilisatorische Kraft dar. Ob ihre Beweglichkeit durch den Druck erzeugt wurde oder ob sie sich bewegten, weil sie es auf den Reichtum der zivilisierten Gebiete abgesehen hatten, lässt sich nicht ohne Weiteres sagen. Die Grenze zwischen diesen beiden Aspekten ist äußerst durchlässig. Zivilisationen wollen sich stets ausbreiten. Die Folge ist Druck. Da der Aufstand, um Erfolg zu haben, dazu gezwungen ist, sich vor allem militärischer und politischer Methoden und Mittel der Zivilisation zu bedienen, oder zumindest die Eliten der widerständigen Stämme diese Haltung an den Tag legen, werden sie entweder die Zivilisation zerschlagen oder ihr ein Stück entreißen wollen. In beiden Fällen führen sie die Ausbreitung des Zivilisationssystems herbei, genauso, wie es bei den Akkader*innen der Fall war. Da Stammesführer als neue Kräfte an die Annehmlichkeiten der Zivilisation gewöhnt waren (als Stammesführer basierte ihr Leben teils auf ähnlichen Annehmlichkeiten; es handelte sich dabei um eine Vorstufe des zivilisatorischen Lebens), entschieden sie sich entweder für das Aufgehen innerhalb des Zivilisationssystems, gegen das sie kämpften, oder für die Gründung eines neuen.

Der Kampf zwischen Iran und Turan wird im Schāhnāme, dem Buch der Könige, ausführlich dargestellt. Man könnte an dieser Stelle anmerken, dass der Begriff Turan nicht nur Proto-Türk*innen, sondern alle Gruppen in der Region umfasste. Es ist bekannt, dass die Stämme aus Turan manchmal bis nach Indien vordrangen. Ebenfalls bekannt ist, dass sie viel häufiger in die Regionen Iran, Afghanistan und Pakistan eindrangen und dort temporäre Konföderationen errichteten. Die Stammeskonföderation, die die Hunn*innen Anfang des fünften Jahrhunderts n. Chr. im heutigen Ungarn gegründet hatten, erlangte eine solche Stärke, dass sie 453 n. Chr. unter der Führung Attilas vor den Toren Roms stand. Wenn sie nicht auf das Flehen des Papstes gehört hätten, hätten die Hunn*innen Rom vielleicht noch vor den Got*innen (germanische Stämme) stürzen können. Außerdem standen sie auch vor den Toren des Oströmischen Reiches. Das heutige Südrussland wurde gänzlich zum Einflussgebiet der Awar*innen, die ebenfalls zu diesen Gruppen gehörten. Es gab Bewegungen von vielen weiteren ähnlichen Gruppen. Kimmerer*innen und Skyth*innen stürzten im sechsten Jahrhundert v. Chr. das ganze Gebiet von den Toren Urartus bis hin zu den Grenzen Lydiens (ein im sechsten Jahrhundert v. Chr. in Westanatolien gegründetes Königreich) ins Chaos. Es ist eine bemerkenswerte Tatsache, dass alle diese Gruppen sich gegenüber der persischen und der römischen Zivilisation ähnlich widerständig verhielten und Angriffe durchführten wie die semitischen Gruppen gegenüber den Sumerer*innen. Anstatt beliebiger Vorwürfe des Barbarentums bedarf es einer wissenschaftlicheren Erklärung des Hasses von Stammesvölkern gegenüber Zivilisationen.

In den 550er Jahren n. Chr. begegnen wir innerhalb der Grenzen der heutigen Mongolei erstmals der Gründung eines Fürstentums durch sogenannte

Kök-Türk*innen (zum ersten Mal in der Geschichte begegnen wir hier dem Wort *türk*). Es wies Ähnlichkeiten mit Aschiret-Konföderationen auf. Aufgrund innerer Widersprüche blieb es kurzlebig. Die Uigur*innen stellten eine andere vorislamische Proto-Zivilisationserfahrung dar. In dieser in den 750er Jahren n. Chr. gegründeten Struktur waren Buddhismus und Manichäismus die einflussreichen Religionen. Es scheint unwahrscheinlich, dass die Uigur*innen eine Zivilisation darstellten, die mit China hätte konkurrieren können. Bis zum Eindringen des Islam wurde die Region von anti-zivilisatorischen Stammesbewegungen beherrscht. Dieser nomadische Zustand sollte mit dem Eindringen des Islam tiefgreifende Transformationen erleben.

Der islamische Aufbruch führte zu einer radikalen Transformation, die das Ende der altertümlichen Zivilisationen einläutete und den Übergang zu den mittelalterlichen Zivilisationen vollzog. Dass der Islam, der anfangs anti-zivilisatorisch war, sich in kurzer Zeit in die Basis der Zivilisation verwandelte, stellt eine Transformation dar, die näher untersucht werden sollte. Die Verwandlung des Islam, der sich in seiner Entstehungsphase auf die arabischen Beduin*innen stützte, in die hegemoniale Kraft des Mittelalters erfolgte durch eine Vielzahl innerer Konflikte. Die Transformationen, die der Islam im Stammessystem Zentralasiens verursachte, verdienen eine Untersuchung. Dass er eine Ausbreitung der Zivilisation, die China jahrtausendelang nicht gelungen war, in kürzester Zeit bis an die chinesischen Grenzen verwirklichte, könnte als eine zivilisatorische Revolution interpretiert werden. Genauso wie die Namen Kurd*innen und Kurdistan fanden auch die Begriffe Türk*innen und Turkestan zum ersten Mal in der islamischen Ära Verwendung. Dies sind Phänomene, die die Rolle des Islam bei der Bildung von Volksstämmen (*kavim*) eindeutig darlegen. Der Übergang vom Stamm zum Volksstamm macht die Einführung von Landes- und Stammesnamen notwendig. Im zehnten Jahrhundert wandte sich die erdrückende Mehrheit der türkischen Stämme dem Islam zu. Bei der raschen Islamisierung der Türk*innen spielten zwei Faktoren eine wichtige Rolle: einerseits die Tatsache, dass der Islam im Gegensatz zur chinesischen Zivilisation nicht versklavend war, und andererseits, dass ihnen mit dem Untergang des Iranischen Reiches, das zuvor noch einen Damm gebildet hatte, der Weg in den Iran offen stand. Es steht außer Zweifel, dass der größte Fortschritt in der türkischen Geschichte mit der islamischen Zivilisation erzielt wurde. Die schnelle Staatswerdung der Stammesaristokratie brachte auch die Spaltung in Türk*innen und Turkmen*innen mit sich. Diese ähnelt der Spaltung in Kurd*innen/Kurmandsch und Araber*innen/Beduin*innen. Während die Türk*innen die zivilisierten Teile bildeten, stellten die Turkmen*innen die muslimischen Kreise dar, die sich nach wie vor in einer anti-zivilisatorischen Lage befanden und vom System zunehmend ausgeschlossen wurden. Stammes- und Klassenwidersprüche waren dabei ineinander verwoben.

Man sollte gut begreifen, dass der Islam gleichzeitig eine Klassenbewegung (der Mittel- und Oberschichten) war. Die Türk*innen begnügten sich nicht mit einer Stabilisierung ihrer Lage in Turkestan, sondern übernahmen auch mit den seldschukischen und osmanischen Dynastien vom elften bis zum zwanzigsten Jahrhundert die Rolle einer hegemonialen Kraft. Ihre Widerstände und Angriffe wandten sich eher gegen das Byzantinische Reich. Während Anatolien türkisiert und islamisiert wurde, migrierten die Turkmen*innen in viele verschiedene Gegenden des Nahen Ostens und sogar auf die Balkanhalbinsel (vor allem in bergige Gegenden, die sich gut für Tierzucht und Nomadentum eigneten). Das Stammesleben wurde im Grunde genommen von Turkmen*innen weitergeführt. Während der Ausbreitung der Türk*innen im Nahen Osten zeigten sich Widersprüche und es folgten Auseinandersetzungen zwischen den Türk*innen, die hinter der Staatsmacht her waren, und Machthabenden anderer Volksstämme. Die Turkmen*innen waren dagegen friedlicher und neigten eher zu Kompromissen. Dass Kriege auf das Phänomen der Stärke zurückzuführen sind, lässt sich an der Zivilisierung von Türk*innen sehr gut beobachten.

Nach den türkischen Stämmen wurde die zweitgrößte Stammeswiderstands- und -angriffsbewegung Zentralasiens von mit ihnen eng verwandten mongolischen Stämmen durchgeführt – und dies nicht auf der Basis des Islam. Das dreizehnte Jahrhundert stellt aus Sicht der Universalgeschichte ein mongolisches Jahrhundert dar. Die mongolischen Kräfte, die vom Fernen Osten bis Europa ganz Eurasien eroberten, wiesen einen bemerkenswert anti-zivilisatorischen Charakter auf. Sie breiteten sich im gesamten Nahen Osten aus. Wenn sie gewollt hätten, hätten sie die sich neu entwickelnde europäische Zivilisation gänzlich auslöschen können. Sie eroberten auch die chinesische Zivilisation. Allerdings konnten sie – derselben Regel entsprechend – nicht anders, als sich im Zivilisationssystem aufzulösen. Timurs halb türkische, halb mongolische Kräfte verwirklichten während des vierzehnten Jahrhunderts einen ähnlichen Aufbruch. Die beiden Kräfte besiegten das Seldschukische und das Osmanische Reich (einschließlich der Abbasiden). Allerdings wusste die Zivilisationsmaschine mit ihrer jahrtausendelang erprobten Kraft gestärkt aus dieser Situation hervorzugehen, indem sie die Anführer dieses welterobernden Stammessystems in sich aufnahm.

Als Beispiele für Widerstands- und Angriffsbewegungen von Stämmen könnten dienen: die Ausbreitung der Thraker*innen, die sich gegen Ende des dreizehnten Jahrhunderts v. Chr. mit dem Fall Trojas an der Küste der Ägäis zeigten, ins Innere Anatoliens hinein, die Gründung einiger Königreiche wie Phrygien und die Zerschlagung der Hethiter*innen durch die sogenannten Seevölker, die anschließend bis zu den Grenzen Ägyptens vordrangen (dass sie als mutmaßliche Vorfahren der heutigen Palästinenser*innen gelten, könnte von diesem Umstand herrühren). Die ionischen, aiolischen und dorischen Stämme, die als Vorfahr*innen der Hellen*innen gelten, zerschlugen im dreizehnten Jahrhundert v. Chr die mykenische Zivilisation, traten wesentlich später (700–500 v. Chr.) in eine Phase der Gründung von historisch bedeutenden Stadtstaaten auf beiden Seiten der Ägäis ein und kolonisierten Anatolien von Neuem. All dies waren Aufbrüche von großer Wichtigkeit, die bleibende Spuren in der nahöstlichen Kultur und Zivilisation hinterließen. Während die thrakischen Stämme sich in der Kultur der Region auflösten, drückten ihr die hellenischen Stämme ihren Stempel auf. Der Hellenismus bildet eine der Hauptadern der nahöstlichen Kultur und Zivilisation.

Zweifellos hatten auch Stämme aus Kaukasien eine intensive Beziehung zum Nahen Osten. Sie führten ebenfalls sehr bedeutende Widerstände und Angriffe gegen die Zivilisierung durch. Es gibt zudem andere Beispiele als die Skyth*innen und die Kimmerer*innen. Wahrscheinlich machten auch Georgier*innen und Armenier*innen ähnliche Erfahrungen. Die Stammesgemeinschaften, die im Kaukasus, der Heimstätte des Stammeslebens, lebten, drangen seit den Zeiten Sumers ständig in die Region und verließen sie wieder, bereicherten ihre Kultur und spielten eine wichtige Rolle in der Gegnerschaft sowie Stabilisierung von Zivilisationen. In der Kultur der Region können sie als Widerstands- und Angriffskraft an vierter Stelle erwähnt werden. Die heutigen Ereignisse bestätigen diese Realität.

Fazit

Als Fazit können wir festhalten: Das Stammessystem behielt seine Stellung in der Universalgeschichte, indem es in Bezug auf Zivilisationssysteme im Allgemeinen und die Zentralzivilisation (Weltsystem) im Besonderen einerseits seinen außer-systemischen und anti-zivilisatorischen Charakter bewahrte und andererseits dem System kontinuierlich frisches Blut zuführte.

Es befand sich im Grunde genommen in dialektischem Widerspruch zur Entstehung und Fortsetzung des Systems. Es war eine stetige Quelle neuer Bevölkerung und wandelte sich regelmäßig durch Familiarismus und Dynastismus. Die Verwandlung des Stammessystems in eine pro-zivilisatorische, dynastische und familiaristische Institution stellt eine der wichtigsten gesellschaftlichen und daher auch historischen Transformationen dar. Familiarismus und Dynastismus sind Institutionen, die sich auf der Grundlage der Negation des Stammessystems entwickelten. Man sollte diese ihre Eigenschaft sehr gut begreifen. Stämme haben erst durch diese Transformation der Zivilisation gedient und sich von ihr genährt. Das Stammessystem stellt eine in ihrem Wesen anti-zivilisatorische Institution dar, in der freie und egalitäre Beziehungen vorherrschen. Familiarismus und Dynastismus sind pro-zivilisatorische Institutionen, die diesen Kern negieren, aber darauf achten, die Schale des Stammes zu bewahren (Umayyaden, Abbasiden, Seldschuken, Osmanen usw.). Ein Großteil der Kraft- und Beziehungsquellen, die an der Spitze sowie der Basis zum Fortbestehen der Zivilisation beitragen, wird von diesen beiden Institutionen geschaffen. Deswegen könnte die Zivilisation ohne diese beiden Institutionen nicht ohne Weiteres fortbestehen.

An dieser Stelle ist es wichtig, auf folgenden Aspekt hinzuweisen: Die Stammesorganisierung ist eine unverzichtbare Eigenschaft der Gesellschaftlichkeit. Der Stamm stellt, da er auch den Klan fortentwickelt und in sich aufgenommen, sich einverleibt hat, die universale Einheit der menschlichen Organisierung dar. Wenn wir dem auch noch die Formen der Familie, der Dynastie und die transformierten und degenerierten Formen der kapitalistischen Moderne nach Art der Firma hinzufügen, können wir seine Universalität besser begreifen. Außerdem haben wir bereits hinreichend dargelegt, dass keine Struktur von Hierarchie, Macht und Staat ohne Familie und Dynastie auskäme. Wir sollten aber zwischen dem Stammessystem mit seinem anti-zivilisatorischen, freien und gleichen Charakter und den Formen Familiarismus, Dynastismus und »Firmaismus«, die sich degeneriert und transformiert haben und zur Quelle von Stärke, Sklaverei und Profit geworden sind, eindeutig unterscheiden. Die Stammessysteme werden in jeglicher zu errichtenden, aufzubauenden neuen gesellschaftlichen Institutionalisierung – einschließlich der Veränderung, Transformation und Überwindung des gesamten Zivilisationssystems einschließlich der kapitalistischen Zivilisation (oder Moderne) –, vielleicht in einer fortgeschrittenen wissenschaftlichen Atmosphäre, gleicher und freier ihren Platz behaupten.

Obwohl die Typen Stadtstaat, Reich und Nationalstaat (wegen der offiziellen Ideologie) viel propagiert werden, sind dies keine wesentlichen gesellschaftlichen Institutionen und können es auch nicht sein. Sie sind Zentren zur Produktion von Stärke und Profit, sortiert nach Größe, also grundlegende Organisationen der Zivilisation. Sie sind Maschinerien zur Produktion von Profit und Gewalt, die über der Gesellschaft errichtet wurden. Der Typ des Stadtstaats kann teilweise zur Gesellschaft beitragen, denn er ist klein und eng mit den gesellschaftlichen Problemen verknüpft. Deswegen ist es möglich, dass er manchmal sensibel reagiert und eine Lösungskraft ist. Das gilt dann, wenn er sich der Demokratie öffnet. Das historische Beispiel dazu ist die attische Demokratie. Die Typen Reich und Nationalstaat dagegen stellen Organisationen über- bzw. außerhalb der Gesellschaft dar, die mit ihren unterdrückerischen Elementen strikt an Gewalt und Profitstreben (Steuer, Rente, Zins, sogar Lohn) festhalten. Dass ihre blutigen Abenteuer in den meisten Geschichtsbüchern als dominantes Element behandelt werden, ist durch die ideologische Hegemonie bedingt. Der große Historiker Fernand Braudel kam der richtigen Erzählung näher, als er im Schlusskapitel des Buches Das Mittelmeer und die mediterrane Welt in der Epoche Philipps II. zu Recht schrieb, dass er nicht zu einer Geschichtsschreibung dieses Typs dienen wolle, aber eine Pflicht der bestehenden Historikerzunft erfüllt habe. Durch diese Haltung leistete er einen Beitrag zur richtigen Entwicklung der Geschichtsschreibung. Die Geschichtswissenschaft befindet sich in Entwicklung. Sie hat noch einen langen Weg vor sich. Die Geschichte sollten wir lesen und schreiben, ohne jemals zu übersehen, dass die mit ideologischer Hegemonie aufgeladene Geschichte der Zivilisation in Bezug auf die historisch-gesellschaftliche Wirklichkeit keine erhellende, sondern eine verblendende Funktion erfüllt.

Ich bin mir sicher, dass bei der Neuschreibung von Geschichtsbüchern vor allem der Entwicklung von Stammessystemen ein großer Wert beigemessen werden wird. Die Entwicklung der geeignetsten Form wirtschaftlicher, sozialer, politischer und ideologischer Arbeiten (einschließlich der religiösen, künstlerischen und wissenschaftlichen) – und dazu gehört auch das Familienleben – in Stammesdimensionen (Kommunen) wird für eine gesunde Entwicklung des Gesellschaftslebens unabdingbar bleiben. Die Menschheit kann die familiaristische, dynastische und firmaistische Institutionalisierung der Moderne, die mit allem, was zu ihr gehört, auf den Profit abzielt und von der nur die Schale übrig geblieben ist, nicht mehr lange tragen. Sie kann die zeusartig gewordene Göttlichkeit des Nationalstaats, die eine künstliche, lebensfeindliche Institution von Institutionen darstellt, nicht fortführen.

Der demokratische Gehalt der Widerstände und Angriffe, die das Stammessystem gegen die Zivilisationssysteme entwickelte, stellt auch eine wichtige Problematik dar. Kurz, eine Untersuchung der Rolle dieser Widerstände und Angriffe hinsichtlich der demokratischen Zivilisation und der Zivilisation mit staatlicher Herrschaft ist von großer Bedeutung. Ihre Rolle hinsichtlich der Zivilisation mit staatlicher Herrschaft wurde zur Genüge erklärt. Ich habe anhand zahlreicher bemerkenswerter Beispiele versucht, zu zeigen, dass Stammesführer bereits in der Phase des »Tribalismus« (nicht des Stammes) zu proto-zivilisatorischen Kräften wurden, dass sie sich stets im Widerspruch zum egalitären und freien Leben ihrer Stämme befanden, dass es aus diesem Grund häufig zu intensiven Auseinandersetzungen innerhalb von Stämmen kam, dass sich bei der Kontaktaufnahme mit der Zivilisation im Falle einer Niederlage diese Kräfte zunächst den Zivilisationskräften unterwarfen, mit sich selbst auch ihre Stämme zur Unterwerfung zwangen und sich im Falle des Erfolgs als neue Dynastien an die Spitze der alten Zivilisationen setzten oder aus dem Drang heraus, eine Dynastie zu gründen, neue Zivilisationen schufen. Darin erschöpft sich die Geschichte allerdings nicht.

Wenn wir versuchen, dieses Thema aus der Perspektive der demokratischen Zivilisation zu analysieren, sehen und verstehen wir, dass der dominante Faktor in der Universalgeschichte demokratischen Charakters ist. In der Geschichte wurden staatliche Zivilisationen stets als einzige Wahrheit dargestellt. Insbesondere der positivistische Nationalstaat und die nationale Geschichtsschreibung in ihrer verblendenden Funktion spielten dabei eine entscheidende Rolle. Schon diese Verteidigung, in der ich die Geschichte in Form eines kurzen Schemas wiederzugeben versuche, beweist, dass die Geschichte anders und richtig interpretiert und geschrieben werden kann. Die Geschichte zeigt viel mehr, als man meint, den Charakter der demokratischen Zivilisation. Wenn man sie auf dieser Basis interpretiert, wird man sehen, dass sie nicht nur reich an Material ist, sondern in ihr in unglaublichem Maße ideologische Geflechte sowie systemische Strukturen und Organisationen vorhanden sind. Man sollte nicht vergessen, dass die Geschichte mit dem gesellschaftlichen Paradigma des Demos, der nicht-staatlichen Gemeinschaft, entweder nie geschrieben wurde oder nicht über zusammengeflickte, bruchstückhafte Skizzen hinausging. Zudem wurde das, was man schrieb oder schreiben wollte, verboten, zensiert und meistens verhindert. Es fanden also, was die Geschichtsschreibung angeht, mehr ideologische Kämpfe statt als allgemein angenommen. Wenn man nicht verstanden hat, dass die bestehende Geschichte eine offizielle, gänzlich durch die Filter der Zivilisationssysteme gegangene Geschichte ist, wird ihre Lektüre nicht nur den Geist und somit das Leben, das sinnvolle Gesellschaftsleben, bedrängen, sondern es gleichzeitig auch noch verunmöglichen. Es gibt kein richtiges Leben mit der falschen Geschichte. Wer nicht seine eigene Freiheitsgeschichte richtig schreiben kann, kann auch nicht frei leben.

Trotz aller Niederlagen und Verrate, die ihnen widerfuhren, ist es offensichtlich, dass Stammeswiderstände eine der treibenden Kräfte der Geschichte darstellen und Stämme stets die egalitären und freien Strukturen der demokratischen Zivilisation leben. Der Stamm an sich ist die unerschöpfliche Quelle des demokratischen Kommunalismus. Beim Versuch, den Stamm wahrzunehmen, sollte man nicht an traditionellen Strukturen hängen bleiben. Strukturen, die durch Verwandtschaftsbeziehungen zusammenhängen, sind nicht mit dem Stamm gleichbedeutend. Blutsbande allein sind weder ausreichend noch notwendig für einen Stamm. Der Stamm ist eine fundamentale soziale Struktur. Er ist das Grundmuster eines sinnvollen Gesellschaftslebens. Zum besseren Verständnis: Selbst bei einer Marx-Lektüre führt eine Beurteilung aus der Stammesperspektive zu realistischeren Ergebnissen. Anarchistische Organisierungen sind typischerweise tribalistisch. Umwelt- und feministische Bewegungen besitzen auch eher diese Eigenschaft. Dass staatsfokussierte Parteien und NGOs mit ihren anti-tribalistischen Eigenschaften jeweils zu leeren Organisationshüllen werden, ist in dieser Hinsicht ziemlich lehrreich.

Nur unter einer bestimmten Bedingung lassen sich Stämme als Kommunen bezeichnen: nämlich, dass sie einen egalitären und freiheitlichen Charakter besitzen. Die demokratische Zivilisation wird, so wie in der Geschichte, auch heute dadurch Bedeutung erlangen, dass Restrukturierungen auf dieser Grundlage unternommen werden. Die Geschichte besteht nicht nur aus dem Gang der staatlichen Zivilisation, sondern auch und viel mehr aus einem demokratischen, kommunalen Gang. Das jahrtausendealte Leben der Stammessysteme, ihre unnachgiebigen Widerstände und Gegenangriffe während der ganzen Zivilisationsgeschichte bestätigen diese Tatsache zu Genüge. Dieser noble Gang der Geschichte ist es, der Theorie und Neustrukturierung braucht.

C Der religiöse Widerstand oder Klassenkämpfe im System der Zentralzivilisation

Zivilisationssysteme sind Klassen- und Schichtenstrukturen. Sie sind sowohl Ergebnis als auch Katalysator der Herausbildung von Klassen und Schichten. Es kommt dabei nicht darauf an, die Existenz von Klassen festzustellen, sondern vielmehr die Art und Weise zu analysieren, wie sie entstanden sind und funktionalisiert wurden. In der Klassenrealität spiegeln sich die Identitäten niemals nackt als Klassen wider. Insbesondere die marxistische Klassenterminologie beschreibt die Klassenrealität nicht richtig. Der szientistische Ansatz des Positivismus spielte so wie bei allen anderen soziologischen Phänomenen, Ereignissen und Verhältnissen auch in Hinblick auf Klassenphänomene und -verhältnisse eine verblendende und Tatsachen verdrehende Rolle. Der Marxismus konnte nicht verhindern, von der Moderne auf diese Weise zutiefst beeinflusst zu werden, und kann immer noch nicht begreifen, dass einer der Hauptgründe für sein Scheitern mit diesem Ansatz zusammenhing.

Die Frage der sozialen Klassen und Schichten hat sowohl in begrifflich-theoretischer als auch in politisch-praktischer Hinsicht keineswegs an Bedeutung verloren. Die Klassenfrage erfordert aber tiefgreifende ideologische und praktische Erneuerungen. Analysen von Bourgeoisie und Proletariat alleine können historische Ereignisse auch aus Klassenperspektive nicht richtig darstellen. Das praktische Scheitern des Realsozialismus hängt auch mit seinem Geschichtsverständnis zusammen. Während die Klassenanalysen des positivistischen Marxismus sich nicht sehr von denen der von ihm viel kritisierten klassischen Religionen unterscheiden, sind Marxist*innen weit davon entfernt, die Gründe für ihr diesbezügliches Scheitern zu begreifen. Die Sowjet-Erfahrung hat folgende Analogie bewiesen: Man kann ein hundertstöckiges Gebäude errichten, aber es nicht daran hindern, an einem einzigen Tag zusammenzubrechen. Niemand kann leugnen, dass sich eine solche Realität ereignet hat. Der Ansatz des Realsozialismus war, im Gegensatz zu häufigen Behauptungen, nicht wissenschaftlich. Wenn er es gewesen wäre, hätte er sich nicht auf diese Weise aufgelöst. Ein weiteres auffälliges Beispiel dafür, dass die realsozialistischen Erfahrungen noch erfolgloser als religiöse Herangehensweisen waren, war das Schicksal der Kommunistischen Partei

Afghanistans. Die religionistischen Taliban dagegen sind immer noch stark und in der Lage, gegen die USA – ihre Gründerin – und deren Verbündete zu kämpfen.

Wie ist die gesellschaftliche Natur zu betrachten? In dieser Hinsicht existiert sogar methodisch gesehen ein großes Problem. Alle Methoden, die bisher probiert wurden, konnten selbst die größten Vernichtungskriege, Krisen, Umweltprobleme, Arbeitslosigkeits- und Hungerprobleme der Geschichte nicht richtig deuten. Man wird sich vielleicht fragen, welche Verantwortung die Anwender*innen dieser Methoden dabei hatten. Das ließe sich folgendermaßen beantworten: Die soziale Wirklichkeit stellt eine Totalität dar. Diejenigen an der Wissenschaftsfront sind für alle Entwicklungen zumindest genauso verantwortlich wie diejenigen an der Kriegsfront. Wenn sie diese Verantwortung nicht spüren, bedeutet es, dass ihnen die Wissenschaftsethik fehlt und dass sie einfach Werkzeuge des Systems sind. In diesem Fall dürfen sie keinen Anspruch auf Wissenschaftlichkeit behaupten, geschweige denn im Namen der Klassenkämpfe sprechen. Das grundsätzlichste Wesensmerkmal der Wissenschaft ist der Anspruch auf Wahrheit. Genau an dieser Stelle wäre es angebracht, Giordano Bruno (der 1600 in Rom verbrannt wurde), ein Monument der Wissenschaftsethik, als Beispiel zu erwähnen. Ohne in Kauf zu nehmen, um der Wahrheit willen sogar verbrannt zu werden, kann von der Liebe zur Wissenschaft (Wissenschaft ist für den Menschen unabdingbar) keine Rede sein. Wissenschaftler*in zu sein, ist ohne Liebe zur Wissenschaft unmöglich.

Mansur al-Halladsch[35] könnten wir als weiteres Beispiel anführen. Wer als Wissenschaftler*in keine Lösung für die lebenswichtigen Fragen der eigenen Zeit anbieten kann und nicht die moralische Stärke besitzt, den Preis dafür genauso zu bezahlen wie Soldaten, die an der Front sterben oder in Gefangenschaft geraten, kann diesen Titel nicht zu Recht tragen. Diese Worte gelten ebenso – sogar viel mehr – für Politiker*innen. Denn die Politik ist kein Mittel, um Einkünften nachzujagen, sondern das Hauptquartier zur Lösung gesellschaftlicher Probleme. Wenn der Mensch, der in diese Situation geraten ist, wirklich Politiker*in ist (und nicht nur einfach staatliche Angelegenheiten verwaltet), stellt er nicht nur eine Person dar, die es verdient, aus dem Amt gejagt zu werden, sondern einen Sisyphos, der eine schlimmere Konsequenz als den Tod auf den Schultern trägt. Eine Menschheit, die aus der Atombombe, die auf sie abgeworfen wurde,

35 Der islamische Mystiker wurde 922 in Bagdad hingerichtet.

noch immer nicht die richtigen Konsequenzen ziehen kann, ist eine tote Menschheit. Diejenigen, die das Gegenteil behaupten, haben keine Ahnung vom menschlichen Gesellschaftsleben.

Diejenigen, die nicht nur die Phänomene Klasse und Nation, sondern vor allem auch die gesellschaftliche Natur nicht genug kennen, sollten ganz genau wissen, dass sie weder Wissenschaftler*in noch Politiker*in sein können. Was ich sagen möchte, ist, dass wissenschaftliche und politische Verantwortung und Ethik sehr wichtig sind. Ich schreibe diese Worte in einer Zelle, unter schwersten Isolationsbedingungen. Der einzige Wert, der mich aufrechterhält, ist die Liebe zur Wissenschaft. Der Menschheit schulde ich zu sagen, dass es außer der Wissenschaft keine Lösung für die größten Leiden im Leben, einschließlich des Todes, gibt.

a) Klasse und Religiosität

Um die konkrete Wirklichkeit zwischen Klassen und Religiosität begrifflich zu fassen, werde ich wieder auf ihren Ursprung zurückblicken. Das sumerische Beispiel ist nicht nur für die Entstehung der Stadt und des Staates, sondern auch für die Produktion von Klassen und Ideologie äußerst lehrreich; es trägt viel umfang- und lehrreichere Elemente in sich als die griechisch-römische Quelle. Den europäischen Kapitalismus als etwas Ursprüngliches anzunehmen und seine Klassen und Ideologie davon ausgehend zu untersuchen, stellte nicht nur für den Marxismus, sondern für alle diejenigen, die ideologisch arbeiteten, (einschließlich der Wissenschaft und Philosophie) ein großes Hindernis dar. Es ist ganz offensichtlich, dass die Untersuchung der jüngsten Variation der gesellschaftlichen Wirklichkeit zu weniger richtigen Ergebnissen führt als die Untersuchung ihres Ursprungs. Ich werde dabei versuchen, diejenigen, die sich mit der Wissenschaft und Philosophie beschäftigen, nicht Priester zu nennen, sondern den Begriff »sumerische Ideologen« zu verwenden. Was hat sich bei den Sumerer*innen in Hinblick auf Klassen und Religiosität ereignet? Welche Lektionen kann man daraus lernen? Bei meiner Beurteilung werde ich die Methode bevorzugen, vom Konkreten auf das Abstrakte zu gelangen.

Diejenigen, die in den Zikkurats, die gleichzeitig als ideologisches Hauptquartier fungierten, die Angelegenheiten von Wirtschaft, Politik und Verteidigung regelten, sagten nicht: »Diese Arbeit ist Wirtschaft und jene Politik oder Verteidigung.« Sie trennten sie nicht voneinander. Man ließ die Menschen arbeiten, die Produktionsbereiche wurden verteidigt. Die Planung der Politik (mit dem zeitgenössischen Begriff: der politischen Ökonomie) wurde unternommen. Es handelte sich dabei um eine äußerst konkrete Weise. All das bildete eine Totalität. Wirtschaft, Politik und Verteidigung waren für sie wohl ohne den Bau einer Zikkurat nicht einmal vorstellbar. Die Zikkurat war vor allem ein Zentrum der Ideologieproduktion. Dort wurden Begriffe und Glaubensüberzeugungen konstruiert. Die Begriffe und Glauben wurden mit großer Wahrscheinlichkeit aus der Jahrtausende alten neolithischen Gesellschaft, deren Nachfolger die Sumerer*innen waren, abgeleitet; aber sie hatten Probleme damit, jene Gesellschaft zu überwinden. Aus diesem Grund konnten sie die Glaubenssätze und Regeln der Begriffe, die sie übernahmen, nicht so anwenden, wie sie waren. Sie mussten sie transformieren. Bei der gesellschaftlichen Konstruktion, die sie angingen, gab es sowohl diejenigen, die sich den Löwenanteil des Mehrprodukts aneigneten, als auch diejenigen, die sie für ihr täglich Brot arbeiten ließen. Außerdem brauchte man auch Verteidiger*innen. Es könnte im Inneren oder von außen jederzeit jemand einen Aufstand wagen. Dergestalt war die aufgebaute Ordnung. Ihre Verantwortung wog schwer. Es handelte sich dabei um einen gesellschaftlichen Aufbau, der sich von der Gesellschaftlichkeit aus gleichen und freien Stammesmenschen in jeder Hinsicht unterschied.

Das menschliche Individuum und die menschliche Gesellschaft sind ein Individuum und eine Gesellschaft der Mentalität und des Glaubens. Es hat niemals eine menschliche Gesellschaft ohne Mentalität und Glauben gegeben. Aus diesem Grund sind die Mentalität und der Glaube Themen, die oberste Priorität haben. Ohne in dieser Hinsicht Erfolg zu haben, kann man die Gesellschaft nicht arbeiten lassen. Mithilfe des ideologischen Schaffens wird diese vordringliche Aufgabe gemeistert. Die Erfindungen der sumerischen Ideologen sind bekannt. Es erfolgte der Übergang von der Religion mit einer Muttergöttin zu der mit einem Vatergott (als Widerspiegelung der patriarchalen Gesellschaft), vom Totem auf der Erde zum Gott im Himmel, vom eigenen Gott eines jeden Stammes zum Stadtgott, hin zu den allgemeinen Göttern der Erde und des Himmels, die die Einheit der Städte repräsentierten. Die Bedeutung, die dem Gottesbegriff beigemessen wurde, nährte sich aus zwei Bereichen: Bilder, die ihren Ursprung in der sogenannten Ersten Natur, also in allem außerhalb des Menschen und seiner Gesellschaft, haben, und Gedanken und Glaubensüberzeugungen, die sich auf die gesellschaftliche Natur beziehen. Elemente der alten immateriellen Kultur spielen dabei eine Vorreiterrolle. Die neuen Legitimationsmittel, also die Elemente der Mythologie und der Religion, legen, sich aus diesen Quellen nährend, die Erfordernisse der Konstruktion dar. Die ideologische

Arbeit geht so lange weiter, bis sie gelungen ist. Wenn sie Akzeptanz findet, wird sie institutionalisiert, ritualisiert, menschliche Funktionsträger werden bestimmt, Opfer dargebracht und Tempel gebaut. Alle diese Arbeiten dienen zur Aufrechterhaltung der neuen ertragreichen und profitablen Gesellschaft. Das hier ist nicht die passende Stelle, um An, Enlil, Enki, Ninhursag, Inanna, Ištar, Marduk und das weitere Pantheon zu erläutern. Es ist aber offensichtlich, dass es bei der Sache um gesellschaftliche Legitimierung ging. Das Ausschlaggebende ist dabei, was die neue Götterordnung (Pantheon), die an die Stelle der alten Gött*innenordnung trat, repräsentierte bzw. widerspiegelte.

Es ist keine falsche Feststellung, dass die immaterielle Welt (Kultur) die materielle widerspiegelt. Es ist aber wichtig, *wie* dies geschieht. Es handelt sich wohl nicht um ein Spiegelbild wie das des Ochsen im Wasser. Die geistige Widerspiegelung wird ganz anders vollzogen. Es handelt sich dabei um keine einfache Widerspiegelung, sondern um eine Konstruktion, die den Menschen zum Menschen macht. Konstruktion und simple Widerspiegelung stellen unterschiedliche Begriffe dar. Ich versuche oft, den Gottesbegriff zu analysieren. Denn es handelt sich dabei um einen Begriff, dessen Bedeutung sich je nach Zeit und Ort verändert. Diejenigen, die einen tiefer gehenden soziologischen Ansatz haben, drücken sich nicht darum, zu akzeptieren, dass Gott als gesellschaftliches Identitätsbild fungiert. Gesellschaftliche Identitätsbilder dürfen wir nicht unterschätzen. Dieses Bild wurde bis in die subatomaren Teilchen hinein verfolgt. Heutzutage sucht man sogar in den CERN-Laboren nach dem »Higgs-Teilchen«, dem »Gottesteilchen«, das der Materie ihre Struktur verleiht. Wenn man seine Geschichte erzählen würde, würde man ganze Bände damit vollschreiben. Ich betreibe hier keine positivistische Soziologie, und ich sehe die Gesellschaft nicht einfach als eine materielle Menschenmenge. Ich habe keinen positivistischen Ansatz. Ich bin mir völlig bewusst, dass dieser Ansatz gröbster Religionismus wäre. Ich könnte auch sagen, dass Gott als Bild gesellschaftlicher Identität die Summe des 13,8 Milliarden Jahre alten Universums ist. Wir können ihn auch »das, was Unvergänglich ist« nennen. Ich habe auch nicht vor, trockene Metaphysik zu betreiben. Ich erwähne es, um diejenigen zu warnen, die das Thema unterschätzen. So wie die Gesellschaft die Materie-Energie-Fluidität mit der flexibelsten Intelligenz darstellt, stellt der Gottesbegriff den flexibelsten Bedeutungs-Energie-Begriff dar. Wer will, kann diesem Begriff beliebig viel Bedeutung beimessen. Diejenigen, die die Bedeutungskunst zu ihrem Beruf machen (wir könnten sie Philosoph*innen nennen), scheinen die Expert*innen darin zu sein. Was die Herstellung von Bedeutung und Begriffen angeht, sind auch die Prophet*innen mindestens ebenso große Meister*innen wie sie.

Die sumerische Zivilisation ist für die Analyse deshalb so vorteilhaft, weil sie nahezu gänzlich unverhüllt zeigt, dass die Sache auf diese Weise betrieben wurde. Kein anderes Beispiel spiegelt die materielle kulturelle Entwicklung auf so einfache und gleichzeitig so prächtige Art und Weise im immateriellen Bereich wider. Das ist zumindest, was ich behaupte; wer nicht will, muss es nicht glauben, muss es nicht wissen. Das sumerische Pantheon ist die Selbstvergöttlichung der aufsteigenden neuen Klasse. Ich unterstreiche es mit Beharrlichkeit: Diese Tatsache ist absolut eindeutig. Später fungierte sie in der fünftausendjährigen Geschichte der Zentralzivilisation als Ursprung jeglicher Suche in Religion, Philosophie, Kunst und Wissenschaft. Die Zikkurat selbst verkündet diese Wahrheit. In ihrem höchsten Stockwerk befand sich das Götter-Pantheon. Das mittlere Stockwerk war der Ort der Priester*innen, der Gesandten Gottes, derjenigen, welche die Kunst der Bedeutung ausübten. Das unterste Stockwerk war der Ort der Knechte und Sklav*innen, die man arbeiten ließ, derjenigen, die ganz unten waren. Begegnen wir nicht in jeder Religion demselben Trio, der Ordnung aus Gott, Gesandter*m und Sklav*in? Ist dies nicht die grundsätzliche Klassenordnung? Militär + politischer Regent + Priester bilden die Oberschicht, während Mittelklasse + Bürokratie + Legitimationsinstitutionen (Universität, Tempel und Medien) die Mittelschicht, also das verbindende Glied bilden. Ganz unten befinden sich alle, die außerhalb der ersten beiden Klassen stehen: Proletarier*innen, Bäuer*innen, Beamt*innen, Schüler*innen und Studierende, Frauen, Kinder, Arbeitslose usw.

Die Sumerer*innen konstruierten den Kern des Ganzen einfach und verständlich, damit die Bedeutungskonstrukteur*innen nach ihnen nicht so viele Lügen produzieren können. Mit »einfach« meine ich nicht, dass sie quasi Theater spielten, sondern dass sie die Kunst des Begriffs mit ausgezeichnetem Können betrieben haben. Im Akkadischen, Babylonischen und Assyrischen Reich sehen wir, dass ein Gott begann, sich aus dem polytheistischen Pantheon herauszuheben, sich über die anderen Gött*innen zu stellen und sie zu seinen Helfer*innen zu machen. Offensichtlich zentralisierte sich mit der Zentralisierung der Macht, d. h. der Gewalt, auch das Pantheon. Mit Königen, deren jedes Wort Regel und Gesetz war, wurde das Tor zu absoluten, monotheistischen Glaubensvorstellungen aufgestoßen. In der neolithischen Gesellschaft hatte jeder Klan, jeder Stamm seine eigene*n Gött*in. Es gab so viele Gött*innen wie Klans und Stämme. Als die Gesellschaft größer und einheitlicher wurde, sich in ihr Klassen herausbildeten, Regierungen und sogar Ein-Personen-Regierungen über ihr entstanden, begann die Anzahl unserer Gött*innen, sich von einer Vielheit auf nur einen zu reduzieren. Die Repräsentation war sehr eindeutig. Als Frauen ihren gesellschaftlichen Einfluss verloren, änderte sich zudem auch das Geschlecht unserer Gött*innen. Der männliche Vater-Gott erschien.

Wir unternehmen hier eine schematische Darstellung des Ganzen. Dieser Prozess verlief zweifellos sehr komplex und voller Kämpfe. Während die Priester*innen mythologieähnliche Religionen konstruierten, gingen sie vom Glaubensniveau der Menschen in ihrer Zeit aus. Ihrem Erfolg lag zugrunde, dass sie dem jeweiligen Zeitalter entsprechende Konstruktionen gebildet haben. Als sich die Gesellschaft und ihre Individuen veränderten, erlebte auch die Religion einen Wandel. Andererseits – und dies ist sehr wichtig – traten Menschen auf, die dieses Gött*innengeflecht im Widerspruch zu ihren Interessen, individuellen Meinungen und Glaubensüberzeugungen wahrnahmen. Glauben kann von Interessenkämpfen von innerhalb und außerhalb der Gesellschaft nicht unbehelligt bleiben. Kämpfende Individuen und Klassen spiegeln sich in kämpfenden Religionen und ihren Gött*innen wider. Man sollte folgende gesellschaftliche Regel gut kennen: Ohne einen großen Kampf in der Bedeutungskunst kann es keinen ernsthaften Klassenkampf geben. Mit nackten Händen und Herzen kann man keinen nachhaltigen und starken Kampf führen – und auch nicht umgekehrt. Große soziale Harmonien und Frieden werden durch große Harmonien und Frieden zwischen den Bedeutungskünsten ermöglicht.

Als sich unsere Maschine der Zentralzivilisation von den sumerischen Städten aus auf den Weg machte, nahm sie ihre Gött*innen mit sich. Während sich die grundlegenden Parameter nicht änderten, ermöglichte der Wandel der Machtkräfte in der Krisenphase Babylons im siebzehnten Jahrhundert v. Chr. auch in religiöser Hinsicht eine Weggabelung. Krise und Niedergang bedeuten Zweifel an und Niedergang der bestehenden Ordnung. Undenkbar, dass sich dies nicht im Zweifel an den Gött*innen im Pantheon und im Niedergang des Glaubens widergespiegelt hätte.

b) Die Entstehung der abrahamitischen Religion

Wir können vermuten, dass die babylonischen Nimrods (Könige und höchstrangige Verwalter) in eine solche Krisenzeit geraten sind. Die wirkliche Geschichte liegt uns nicht vor. Es existieren nur überlieferte Geschichten einer mehrere Jahrtausende zurückliegenden Vergangenheit. Wir können aber auf der Grundlage der sinnvollen wissenschaftlichen Kriterien der Gegenwart Interpretationen entwickeln, die der Wahrheit nahekommen. Wenn wir uns vor Augen halten, dass Geschichtsschreibung eine Interpretationskunst ist, werden wir nicht daran zweifeln, dass die Stärke einer jeden Interpretation an ihrer Wahrheitsnähe zu messen ist.

Urfa ist die Gegend, aus der Abrahams Auswanderung (Hidschra bzw. Exodus) stattfand. Die geschichtlich-gesellschaftliche Interpretation Urfas kann uns der Wirklichkeit der abrahamitischen Religion näherbringen. Wenn wir dazu noch die Ära, in der diese Auswanderung stattgefunden haben soll, im Lichte der Universalgeschichte interpretieren, können wir der Wahrheit noch einen Schritt näherkommen. Wir sollten nicht in die Liebe zur exakten Wirklichkeit verfallen. Denn eine solche Wirklichkeit existiert nicht.

Die große Urfa-Region scheint nach der quartären Eiszeit in Hinblick auf ihre Geobiologie für menschliche Gemeinschaften eine Art Paradies gewesen zu sein. Es herrschte ein Klima, das für natürliche Bewässerung sorgte. Wissenschaftlichen Arbeiten lässt sich entnehmen, dass sie mit ihrer außerordentlichen Flora und Fauna eine äußerst attraktive Region war. Nachdem die Menschheit nach Hunderttausenden von Jahren die Stufe der Symbolsprache erreicht hatte, war zu erwarten, dass ihr in diesem Raum ein Durchbruch gelingen würde. Zudem bildete die Region auf der großen Migrationsroute, die vom Ostafrikanischen Graben ausging, eine Art Zwischenstation, von der aus sich die Menschen weiter auf die Welt verteilten. Sie wies außerdem Bedingungen auf, die diejenigen, die sie kennengelernt haben, wertschätzen konnten. Man könnte sagen, dass diese Region der Menschheit damals ideale Aufenthalts-, Ernährungs-, Schutz- und Fortpflanzungsbedingungen bot.

Es kann auch als gesichert gelten, dass die Steinpfeiler, die durch die Ausgrabungen in Göbekli Tepe freigelegt wurden und nachgewiesenermaßen zu einem Tempel gehörten, mindestens zwölftausend Jahre alt sind. Es wäre nicht übertrieben, die Geschichte jenes Tempels sogar auf fünfzehntausend Jahre zu schätzen, denn ein solcher Tempel ließe sich ohne eine jahrtausendealte Kultur dahinter nicht erbauen. Diese wissenschaftliche Feststellung passt zur geobiologischen Interpretation. Es existiert seit über fünfzehntausend Jahren ein starkes Stammessystem. Denn der Tempel repräsentiert das Stammessystem. Jeder Stamm hat seinen kleinen kreisförmigen Tempel. Wahrscheinlich gibt es unter der Erde noch weitere ähnliche

Exemplare. Beispielsweise gibt es auch auf den Hügeln bei Harran ähnliche halbkreisförmige Tempelruinen. Die Technik, mit der sie Steinpfeiler hergestellt wurden, beherrschen heute nicht einmal Städter*innen, geschweige denn Bäuer*innen. Also führten die Menschen der damaligen Zeit ein hoch entwickeltes Leben. Dieser Tempel ist vierzigmal so groß wie der in Mekka (zum Zeitpunkt des islamischen Aufbruchs). Außerdem ist der Tempel in Mekka ein ziemlich einfacher Steinbau. Also erstrecken sich auch die Heiligkeit und die zentrale Rolle Urfas auf zumindest fünfzehntausend Jahre. Urfa war viel größer und älter nicht nur als Mekka, sondern auch im Vergleich zu Jerusalem (der Grundstein des ersten Tempels wurde am Ende des zehnten Jahrhunderts v. Chr. von Salomo, dem Sohn Davids, gelegt) und alle bekannten heiligen Orte der damaligen Welt. Meines Erachtens bildete die Region vor der Zeit Abrahams mindestens zehntausend Jahre lang ein Zentrum.

In jener Zeit war Urfa seit zehntausend Jahren ein Weltzentrum. Hier ist der Begriff »Zentrum« von großer Wichtigkeit. Vom Konzept der über fünftausend Jahre alten Zentralzivilisation wissen wir, dass das Zentrum/Peripherie-Verhältnis eine Kontinuität der Universalgeschichte ist. Ohne Zentrum kann auch keine Geschichte existieren. In der Zivilisationsgeschichte ereigneten sich zahlreiche Verschiebungen in den Zentrum/Peripherie-Verhältnissen. Kein Raum hatte jahrtausendelang eine zentrale Stellung inne. In der Hinsicht, dass es das erste Zentrum der Menschheit war und diese Stellung sehr lange innehatte, war Urfa ein beispielloser Ort. Eine weitere Besonderheit von Urfa ist, dass die dortigen Menschen autochthon sind. Es mag Menschen gegeben haben, die aus anderen Regionen kamen und dort siedelten, aber das Volk, das jene Tempel erbaut hat, blieb stets in der Region. Dass die Region zu den hauptsächlichen Siedlungsgebieten der Hurriter*innen, der ersten Stammesgesellschaft in der Geschichte, die einen Namen erlangt hat, zählte, und dass die Hauptstadt des hurritisch-stämmigen Mitanni-Reiches (Waššukanni/Serêkaniyê/Ceylanpınar) in dieser Region lag, ermöglicht es uns, die Identität des autochthonen Volkes zu verstehen. Zudem bildete es das Zentrum des Fruchtbaren Halbmondes. Es kann als gesichert gelten, dass die Kultur, die dem Fruchtbaren Halbmond entsprang, zur Ernährung aller und insbesondere der sumerischen und der ägyptischen Zivilisation wesentlich beitrug. Abrahams Zug nach Ägypten und sein Verhältnis zu Babylon sollten wir zu den Überlieferungen zählen, die diese Tatsache belegen. Es ist ebenfalls bekannt, dass auch die Hyksos (ab dem achtzehnten Jahrhundert v. Chr.), die in Ägypten eine

Dynastie errichteten, aus dieser Region stammten. Die Tempel decken eine weitere Wahrheit auf. Es lässt sich annehmen, dass die Geschenk- und Gastmahlkultur zu den wichtigsten Funktionen des Tempels zählte, was uns Hinweise auf die Entstehung des Handels gibt. Die Rolle der Tempel als erste Zentren des Tauschhandels ist bereits von den sumerischen Tempeln bekannt. In Anbetracht dessen, dass Abrahams Auszug einen händlerischen Aspekt besaß, nimmt diese Realität eine konkretere Gestalt an. Ich lege keinen großen Wert darauf, die Argumente nach Abraham aufzuzählen, da diese gut bekannt sind.

Das Urfa des siebzehnten Jahrhunderts v. Chr. befand sich in der Mitte der drei historischen Mächte jener Zeit: Niedermesopotamien unter der Kontrolle der Kräfte Sumers, Babylons und Aššurs, die Hethiter*innen, die in Zentralanatolien ihren Aufstieg erlebten, und Ägypten, wo die Pharaonen des prachtvollen Neuen Reiches an Stärke gewannen. Bereits damals wurde die Urfa-Region, neben ihrer Rolle als fruchtbarstes geobiologisches Zentrum, allmählich zum bedeutendsten geopolitischen Zentrum. Die Mitanni sollten später ihren Aufstieg erleben, indem sie diese geopolitische Lücke füllten. Wir befinden uns nun in der Anfangsphase einer Ära, die von denjenigen, die die Geschichte tiefergehend betrachten, als Glanzzeit der Beziehungen und der Diplomatie zwischen Zivilisationen bewertet wird. Während ein intensiver interkultureller Austausch stattfand, wurde geradezu stürmisch Handel getrieben. Es war eine Ära, in der Handel als Kultur traditionalisiert und institutionalisiert wurde. Zwischen den Höfen fand ein reger Brautaustausch statt. Religionen und Ideologien mischten und wandelten sich. Die Hethiter*innen bezeichneten ihr Land als »Land der tausend Gött*innen«. Auch das damals sehr benötigte »Pferdezucht- und -ausbildungszentrum« befand sich in dieser Gegend. Es ist die Heimat des in Epen vorkommenden berühmten Pferdetrainers Kikkuli. Das war der Höhepunkt des Stammessystems.

Urfa war nicht nur in Bezug auf die religiöse Heiligkeit wichtig, sondern auch hinter der Volkslieder-, Deyiş-, Saz-, Davul- und Zurnakunst steckte diese geschichtlich-kulturelle Front. Ebenso bildete diese Realität den Hintergrund des Aufbruchs Abrahams. Ob nur ein einzelner Abraham oder tausend Abrahams auswanderten, ist eigentlich nicht eindeutig geklärt. Es ist aber auch nicht so wichtig. Wichtig ist, dass damals eine starke derartige Tendenz existierte. Es herrschte ein sehr lebendiges Klima, in dem sich der Handel zu einem profitablen Gewerbe wandelte. Abraham war nur ein Individuum der sich institutionalisierenden Händler*innenklasse.

Das Wichtige war die Institutionalisierung des Handels zwischen den Zivilisationen. Der Handel mit Tieren blühte. Die Region war dafür sehr gut geeignet. Und so war Abraham ja mit seinen Tierherden in Bewegung. Es ist offensichtlich, dass er Tierhändler war. Dass Tausende solcher Händler*innen Handelsreisen nach Ägypten unternahmen, liegt in der Natur des Handels. Es existierte auch Sklav*innenhandel. Es ist bedeutsam, dass Josef in Ägypten als Sklave verkauft wurde. Es existierten auch Konkubinat und Frauenhandel. Im Hinblick darauf ist es wiederum aufschlussreich, dass Abraham seinerseits Hagar kaufte.

Zudem gehörte Abraham einem mächtigen Stamm an. Er war der Anführer seines Stammes. Es lässt sich an der prächtigen Tempelkultur eindeutig erkennen, dass jeder Stamm seine*n eigene*n Gött*in besaß. Es war auch unvermeidbar, dass Abrahams Stammesgott mit den Gött*innen Babylons, das die Region unter seiner Kontrolle zu halten versuchte, konkurrieren würde. Widerstreitende materielle Interessen spiegeln sich in der Konkurrenz der Gött*innenkulturen wider. Das Wort »Ur«, das im Namen Urfa steckt, kommt etymologisch gesehen mit großer Wahrscheinlichkeit vom sumerischen Nomen bzw. Adjektiv »Ur« (Hügel/hügelig). Urfa bedeutet demnach wahrscheinlich so etwas wie » Siedlung in hügeliger Landschaft«. Dies ist eine richtige Deutung. Abrahams ethnische Abstammung bildet einen weiteren Diskussionspunkt. Es ist nämlich nicht ganz eindeutig, ob diese hurritsch oder semitisch war. Die Region war wie heute auch damals ein Raum der Amalgamierung. Es scheint dort keine nicht-durchmischten Stämme und Kulturen zu geben. Die hebräische Sprache ist voller Beispiele, die etymologisch eine gewisse Durchmischung annehmen lassen.

Wir alle kennen die Geschichte Abrahams, so wie sie in die heiligen Schriften eingegangen ist, auswendig. Viele Elemente seiner Geschichte zählen zum Allgemeinwissen: Sein Konflikt mit Nimrod, seine Zerstörung der Götzenbilder, dass er ins Feuer geworfen werden sollte und durch ein Wunder gerettet wurde, dass er eine Hidschra unternahm und ins heutige Palästina/Israel zog, dass Hagar, die (wahrscheinlich aus einer lokalen, der arabischen nahen Kultur stammende) Konkubine, die er heiratete, nach der Geburt Ismaels zur Migration in die Gegend von Mekka gezwungen wurde, dass die adlige Sara Isaak gebar, dass Jakob einer der beiden Söhne Isaaks war, dass Jakobs Sohn Josef als Sklave an den ägyptischen Pharao verkauft wurde, dass er aber durch eine Liebesbeziehung und Intrigen am Hofe bis zum Wesir aufstieg usw.

Es ist klar, dass Abrahams Kultur weder die der sumerischen noch die der ägyptischen Zivilisation war, sondern die jahrtausendealte Stammeskultur von Urfa. Allerdings handelt es sich dabei um eine Kultur, die durch ein Zeitalter, in dem ein bedeutender Wandel stattfand, zu einer komplexeren Synthese verschmolzen war. Wenn wir Abrahams Geschichte interpretieren, können wir daraus einige bedeutungsvolle Schlüsse ziehen. Nimrod ist ja bekannt; es ist der Titel des Kolonialgouverneurs des babylonischen Staates. Der Ort, an dem die Götzenbilder versammelt sind, ist die Vertretung des babylonischen Pantheons in Urfa. Abrahams Vater stand zwar im Dienste des Nimrods, hatte aber Probleme damit und Widersprüche zu ihm. Schließlich war Abraham ein Stammesadliger der Region. Es war zu erwarten, dass er einen ihm eigenen Glauben vertrat. Abraham verfolgte die Interessen seines Vaters und folglich seines Stammes. Daraus folgten Konkurrenz und Kampf. Seine Zerstörung der Götzenbilder und der Versuch, ihn ins Feuer zu werfen, spiegeln diese Tatsache eindeutig wider. Also führte Abraham nicht nur den Interessenskampf seines eigenen Stammes an, sondern den aller ähnlichen Stämme. Er führte gegen den babylonischen Kolonialismus sozusagen einen patriotischen Kampf für das Lokale. Das babylonische Pantheon ist die Bedeutungsfront und das ideologische Hauptquartier dieses Krieges und will eine hegemoniale Rolle spielen. Abrahams ideologische Front dagegen besteht aus der immateriellen Stammeskultur, also Stammesreligionismus und -theismus. Da Abraham die Stämme in diesem Kampf anführte, sollte auch sein Stammesgott der Anführer der anderen Stammesgött*innen sein. So geschah es auch. Da es sich um einen Staat handelte, ging der babylonische Nimrod aus dem Krieg der beiden Bedeutungsfronten als der Stärkere beziehungsweise der Erfolgreichere hervor. Abraham war deshalb gezwungen, sich auf seine Wanderung zu begeben. Für ihn waren sowohl die darauf folgenden Jahre als auch die Wege voller Schwierigkeiten. Denn der Krieg, den er angefangen hatte, war ein ernsthafter. Er lehnte sich gegen die Zivilisationstradition auf. Die Zerstörung der Götzenbilder bedeutete die Ablehnung des offiziellen Zivilisationssystems (der damaligen offiziellen Moderne).

Zweifelsohne befanden sich Hunderte solcher Stämme und Personen im Kampf mit der offiziellen Zivilisation. Babylon und Aššur sind unter anderem für »Stammesmorde«, gewissermaßen die Völkermorde jener Zeit, bekannt. Also handelt es sich um eine Ära großer Unzufriedenheit und Konflikte. Der berühmte Hammurapi I. war der herausragende König jener Ära (1700–1600 v. Chr.). Es heißt, er habe die ersten rechtlichen Regeln eingeführt. In dieser Hinsicht ähnelt der Kampf Abrahams gewissermaßen auch den Befreiungskämpfen der Kolonien gegen die heutige kapitalistische Zivilisation. Während Tierhandel einen der Gründe für seine Hinwendung nach Ägypten darstellte, war der zweite wichtige Grund wahrscheinlich das Bedürfnis, Verbündete zu finden. Aus der Geschichte Josefs lässt sich jedenfalls dieser Schluss ziehen. Denn die Konkurrenz zwischen den Zivilisationen war in dieser Ära ziemlich weit fortgeschritten und hatte sich verschärft. Die Konkurrenz zwischen Hethiter*innen und Ägypten, Babylon und den Hurriter*innen (Hethiter*innen) sowie Babylon und Ägypten lässt sich in zahlreichen Dokumenten wiederfinden. Wie es scheint, ließ sich Abraham jenseits der Kontrolle dieser drei Zivilisationen in der Gegend des heutigen Jerusalem nieder, deren Klima dem von Urfa ähnlich war. Dort lebte er als Migrant. Mit Mühe und Not war es ihm gelungen, dort eine Grabstelle zu kaufen. Seine Beziehungen mit Urfa setzte er fort. Sein Enkel Jakob heiratete Rahel und Lea, die Töchter seines engen Verwandten Laban von dort.

In Bezug auf unser Thema ist der Wandel von Abrahams Religion von Bedeutung. Es lässt sich erkennen, dass Abraham zweifelte. Seine Zerstörung der Götzenbilder Nimrods belegen seine religiöse Skepsis. Auch wenn es sich um die Repräsentation der Gött*innen einer anderen Religion handelte, stellt die Götzenbilderzerstörung einen offensichtlichen Hinweis auf religiösen Skeptizismus dar. In der ideengeschichtlichen Tradition von damals hatten »Stimmen aus dem Verborgenen« eine wichtige Stellung inne. Sie sind die Inspiration und Ekstase, die durch konzentriertes Denken ausgelöst werden. Sie sind die Stimme der Inspiration. Es wird erzählt, dass Abraham eines Tages eine solche Stimme gehört habe. Er soll die Stimme beziehungsweise die Inspiration (Stimme aus dem Verborgenen), die ihn erreichte, folgenderweise interpretiert haben: »*Wa hewe!*« Diese könnten hurritische Worte sein, die so etwas bedeuten wie »Das ist Er!« oder kürzer »Er ist.« Es war der Gott der neuen Synthese, den Abraham erwartet und erhofft hatte. Auch Moses und Mohammed sollten Gott auf diese Weise erreichen. Also ist diese Tradition sehr alt. Die etymologische Forschung zu diesem »Das ist er!« geht weiter, aber meine persönliche Interpretation geht in diese Richtung. Man ist sich allerdings einig, dass diese Worte mit der Zeit zu »Jahweh« und später zu »Jude« geworden sind. Das ist die sehr kurze Zusammenfassung der Geschichte des berühmten abrahamitischen Gottes.

Ich habe bereits gesagt, dass das Wort »Hebräer«, welches von der Benennung durch die Ägypter*innen als *apiru* abgeleitet ist, »staubige Menschen aus der Wüste« bedeutet. Möglicherweise nannte Abraham den

Stamm, den er unter seiner eigenen Führung wiederaufgebaut hat, »Hebräer« und seine Religion Jehuda, das er als Bedeutung wiederaufgebaut hat (es sei daran erinnert, dass Jude (*yahudi*) ebenso wie Israel eigentlich Gottesnamen sind). Meines Erachtens ist es ziemlich sinnvoll, den historischen Ursprung der neuen Religion und ihr kurzes Abenteuer und ihre Entwicklung fürs Erste so zu analysieren. Wir haben es hier mit dem Religionismus eines wiederaufgebauten Stammes zu tun, der sich sehr einsam fühlt. Ein transformierter Stammesreligionismus und -theismus entsteht, wenn auch nicht durch Revolution, dann sicherlich durch eine ernsthafte Reform wie sie der Islam oder der Protestantismus durchführten. Die fanatische Verteidigung des wiederaufgebauten Stammes (Kanaan war eine Umgebung, in der semitische Stämme herrschten) und seines Gottes dürfte ihren Ursprung wahrscheinlich in den schwierigen materiellen Lebensbedingungen haben. Der Grund dafür, dass Jüd*innen dem Geld und Handel einen besonderen Wert beimessen und in diesem Gebiet weltweit zu Expert*innen geworden sind, lässt sich anhand der Ära, in der sie als Stamm zu handeln begannen, recht gut verstehen. Das Überleben des Stammes hing vom Handel, und somit vom Geld ab.

Dass Ismael geopfert werden sollte und man wegen einer Stimme aus dem Verborgenen davon abließ, bildete ein wichtiges ergänzendes Element der neuen Religion. Die Tradition vonOpfern ist uralt und war weitverbreitet. Auch die Opferung von Kindern gehörte dazu und bildete eine Tradition, die wahrscheinlich bis zu dieser Zeit verfolgt worden war. Abraham und sein göttlicher Sinn einigten sich darauf, dass die Zeit dieser Tradition nun vorbei sein sollte. Das machte einen wichtigen Teil der Reform aus. Ersetzt wurden Menschenopfer durch das uns heute noch bekannte Opferschlachten von Tieren. Die Geschichte von Ismael und Hagar lässt sich so interpretieren, dass auch die semitisch-arabischen Stämme der neuen Religion nicht viel Sympathie entgegenbrachten. Wir könnten dies als ein sehr frühgeborenes »proto-islamisches« Experiment interpretieren, das sich allerdings nicht verbreiten konnte. Bereits damals zeigte sich die Bedeutung von Mekka als Zentrum. Dort existierte ein anderes Stammespantheon. Der Paganismus (Stammesidolatrie und -gottesglaube) war immer noch sehr stark. Die Herausbildung des Titels Israel zur Zeit Jakobs war eine interessante Entwicklung. Das Suffix *»el«* wurde von den Kanaaniter*innen (den semitischen Stämmen in der Gegend des heutigen Libanon und Palästina) übernommen. Dieser Begriff semitischen Ursprungs bedeutet so etwas wie »Höhe« oder »erhaben«. In die Sprache des hebräischen Stammes ging er als

»Eloah[36]« ein. Im Islam verwandelte er sich in »Allah«. Man könnte ihn als gemeinsamen Gott der semitischen Stämme bezeichnen.

»Got« bei den indoeuropäischen Stämmen und »Gudea« in der kurdischen Sprache haben dieselbe Bedeutung, nämlich den gemeinsamen Vorfahren beziehungsweise Gott der Stämme. Die Hegemonie der Guti-Stämme und Gudeas im Jahre 2150 v. Chr. ist aus diesem Grund von Bedeutung. Gudea bedeutet »Gottkönig«, ein damals gängiger Königstitel. »Israel« bedeutet »derjenige, der mit Gott ringt«. Dieser Name lässt uns ein Stück weit an Stammeschauvinismus denken. Sie sahen sich selbst als so stark an, dass sie selbst mit dem Gott ringen, genauer gesagt mit ihm streiten könnten. Dies wirkt wie eine Fortsetzung von Abrahams Tradition der Götzenbilderzerstörung. Dass die Hebräer*innen im Laufe der Geschichte mehrmals mit dem Gott gerungen haben, lässt sich ihren unzähligen ideologischen Vorstößen entnehmen. Wir dürfen nicht vergessen, dass jede ihrer ideologischen Innovationen mit einem »Ringen mit dem Gott« gleichbedeutend ist. Auf die Bedeutungsmeisterschaft jüdischer Intellektueller (Begriffe, Theorien, Theologie) werde ich weiter unten eingehen.

Es gibt eine Migrationsgeschichte des Stammes nach Ägypten, die sich in der Zeit von 1600 bis 1300 v. Chr. ereignet haben soll. Die Geschichten von Josef und Moses waren Folgen dieser Migration. Es ist überliefert, dass der Stamm in Ägypten eine langjährige Erfahrung machte, unter sklavenähnlichen Bedingungen lebte, sich um die Aufrechterhaltung seiner Einheit bemühte, eine gewisse Herausbildung von Klassen erlebte; dass Moses wahrscheinlich eine der führenden Persönlichkeiten des Überbleibsels dieses Stammes war und mit dem ägyptischen Pharao einen ähnlichen Konflikt wie den von Abraham mit Nimrod hatte; dass dies in die Ära Echnatons, der eine monotheistische Religion ausgerufen hatte, fiel und der Exodus sich in der Regierungszeit des Pharaos Ramses II. (1279–1213 v. Chr.) ereignete. Der berühmte Auszug von Moses, sein Widerstand gegen die Naturbedingungen (die Sinai-Halbinsel weist harte Bedingungen auf) und seine Widersprüche und Kämpfe mit nicht freundlich gesinnten Stämmen in der Umgebung werden in der Tora thematisiert. Er erlebte das Leid von vierzig Jahren Widerstand und Migration. Am Berg Sinai wiederholte sich die Tradition der »Stimme aus dem Verborgenen«. Dort nahm Moses die Zehn Gebote (Offenbarung, göttliche Befehle) in Empfang.

36 Plural: *elohim.*

Das Wort »Hebräer*in« stammt wahrscheinlich aus dieser Zeit. Die alten Namen Gottes wurden durch den neuen Namen *adonai*[37] (Herr) ersetzt. Dieser Name spiegelt eine gewisse Herausbildung von Klassen wider. Es wurde viel stärker gegen Götzenglauben vorgegangen. Um die Truhe herum, in der die Zehn Gebote aufbewahrt wurden, (die Tradition der Heiligen Schriften) wurde ein neuer Kult geschaffen. In der Tora wird diesbezüglich eine Periodisierung vorgenommen. In dieser Terminologie heißen diese Perioden: Exodus, Priester, Richter, Könige, Propheten und Schriftgelehrte. Man sollte nicht vergessen, dass es von Abrahams Lebzeiten im siebzehnten Jahrhundert v. Chr. bis zum siebten Jahrhundert v. Chr. keine schriftlichen Dokumente gibt, in denen die jüdische Religion genannt wird. Es existierten lediglich mündlich überlieferte Traditionen. Ich glaube, die schriftliche Tradition begann zur Zeit des Propheten Jesaja und wurde danach weiterentwickelt. In der Epoche der babylonischen Gefangenschaft (597–539 v. Chr.) wurden zahlreiche Elemente des Zoroastrismus übernommen. Man ließ sich zunehmend auch vom griechischen Denken beeinflussen. Die heilige Schrift, die man das Alte Testament nennt, wurde kontinuierlich weiterentwickelt, sodass dicke Bände und Kommentare dazu entstanden. Es ist in dem Sinne wichtig, dass sie eine Sammlung bewahrter Traditionen darstellt. Später sollte sie großen religiösen, philosophischen und literarischen Einfluss erlangen und viele Künstler*innen inspirieren. Außerdem wurden zahlreiche Interpretationen entwickelt.

Während dies die kurze Geschichte des monotheistischen Konzeptes ist, wird sie in den abrahamitischen Religionen ganz anders erzählt. Offenbar wollte man sie als eine ideologische Identitätshegemonie entwickeln. Eine der grundsätzlichen Meinungen dazu ist, dass es sich dabei um ein »Projekt« der Genese eines jüdischen Königreiches handelte. Selbst Spinoza interpretiert es so. Die monotheistische Religion war in Ägypten ohnehin ausgerufen worden. Bei den Sumerer*innen hatte An, in Babylon Marduk und bei den Assyrer*innen Aššur schon vor langer Zeit den Titel des größten Gottes erlangt. Ich möchte besonders betonen, dass es sich dabei um Konzepte handelte, die die Könige und die Institution des Königtums, deren Einfluss und Autorität sich vergrößerte, widerspiegelten und symbolisierten. Jemanden in einen Götzen zu verwandeln und in seinem Namen einen Kult (Anbetung) zu entwickeln, war Teil der Legitimationsbemühungen. In allen Zivilisationen gibt es ähnliche Bemühungen um eine ideologische Hegemonie. Da es sich

37 Der Autor verwendet hier die türkische Übersetzung, *rab*.

dabei um ein sehr starkes Instrument der Legitimation handelt, versucht jede Zivilisation, diese Methode beziehungsweise Religion noch imposanter zu gestalten. Es ist erwartbar und verständlich, dass der Stamm beziehungsweise das Volk der Hebräer*innen unter dem Einfluss dieser historischen Traditionen ein Instrument der Legitimation seines eigenen kleinen Königreichs schuf. Dies war der Teil einer weitverbreiteten Tradition, der den Hebräer*innen zufiel.

Das Projekt eines eigenen Königreichs, das die Hebräer*innen durch ihre Ideologie und in ihren Träumen stets lebendig hielten, wurde zwischen 1020 und 950 v. Chr. konkret. Saul, David und Salomo waren drei wichtige Persönlichkeiten, die als Könige beziehungsweise als Propheten-Könige in die Geschichte eingegangen sind. Den Unterschied zu Ägypten und Sumer sehen wir sofort. Sie waren keine Gottkönige, sondern Propheten-Könige. Aus diesem Grund stellt die Interpretation der Tora als die Suche nach einem jüdischen Königreich eine nicht zu unterschätzende Ansicht dar. Selbstverständlich wäre es nicht richtig, die Tora ausschließlich als das Projekt eines Königreiches zu betrachten. Dennoch stellt es beim Studium der Heiligen Schriften einen wichtigen und nicht zu unterschätzenden methodischen Ansatz dar, den Zusammenhang zwischen dem einen Gott und dem nationalen, lokalen König sowie dem Staat eines jeden Volkes festzustellen. Wegen ihres leidvollen Lebens, der Schwierigkeiten, mit denen sie konfrontiert waren, sowie der Größe und Fülle der Zivilisationen und Stämme, mit denen sie kämpften, bemühten sich die Hebräer*innen jedoch, ihre Synthese detailreicher, heiliger und anders als andere zu gestalten. Ich muss nochmals betonen, dass dieser Stammesreligionismus von einer Stammeskultur beeinflusst ist, die mindestens zehntausend Jahre lang eine zentrale Rolle gespielt hat. Diese Kultur besaß einen großen Anteil daran, dass die Synthese der Hebräer*innen ihre Stärke behielt. Wenn die religiöse Tradition im Nahen Osten so stark ist, müssen wir stets den Anteil dieses Faktors darin suchen.

Bis das Christentum sich von ihr abspaltete, hatte die hebräische Religion keinen großen Einfluss. Sie beeinflusste andere Völker nur sehr wenig. Dass sie eine Stammesreligion ist, behindert ohnehin ihre Verbreitung. Zudem zementierte die Bezeichnung »auserwähltes Volk« diese Einzelheit weiter. Die eigentliche Bedeutung dieser Religion zeigte sich in der Genese des Christentums und des Islam und in ihrem Verhältnis zum Nationalismus in der kapitalistischen Moderne. Dieses Verhältnis erstreckt sich eher auf Konzepte, Theorie und Theologie. Ein weiteres wichtiges, sekundäres

Merkmal der hebräischen Religion stellt die Reformierung der ideologischen Elemente und theologischen Strukturen Ägyptens und Sumers, der beiden wichtigen Zweige der Zentralzivilisation, dar. Wenn es diese Reform nicht gegeben hätte, wären die Geschichte des Nahen Ostens und folglich die Universalgeschichte anders verlaufen. Das wichtige Detail ist folgendes: Ein grundsätzliches Prinzip der hebräischen Religion lautet, dass Menschen niemals Götter sein können. Menschen können lediglich Prophet*innen (Gesandte, Vertreter*innen Gottes) sein.

Dies war eine sehr wichtige Entwicklung. Die ägyptischen und sumerischen Könige hatten sich jahrtausendelang als Gottkönige legitimiert. Die abrahamitische Tradition war es, die dies grundsätzlich ablehnte. Die Gleichsetzung des Menschen mit Gott wurde in der griechischen Kultur durch die Philosophie, im Nahen Osten durch die abrahamitischen Religionen abgelehnt. Hinter dieser Haltung steckten zweifellos große wirtschaftliche, gesellschaftliche und politische Umbrüche. Der wirtschaftliche Ansatz, den Abraham verkörperte, war dem Liberalismus ziemlich ähnlich. Die Kollektivismen des Pharaos und des Nimrods beruhten auf Sklav*innenarbeit. Man hatte eine Maschinerie errichtet, die sich auf Sklav*innen stützte. Das nach wie vor gültige Konzept von Gott und seinen Knechten bzw. Mägden stammt aus diesem Zeitalter mechanisierter Sklaverei. Die abrahamitische Religion hat dieses tief verwurzelte Verhältnis zwar nicht abschaffen können, es aber deutlich abgemildert und reformiert. Ihren Einfluss verdankt sie dieser Rolle. Der Stamm der Hebräer*innen selbst leistete großen Widerstand dagegen, unter Nimrod (den babylonischen Königen) und Pharao (des ägyptischen Königreiches) auf diese Weise zum Arbeiten gezwungen zu werden. Die Stammeskultur hat die vollständige Versklavung nicht akzeptiert. Dem Phänomen, das wir als Klassenkampf bezeichnen, liegt der jahrtausendelange Widerstand der Stammeskultur gegen die Versklavung zugrunde. Es handelte sich dabei nicht nur um einen ethnischen Widerstand. Hier war eine Sache am Werk, der ich als eigenständiges Konzept eine große Bedeutung beimesse: Es geht nicht um Klassenkampf, sondern die Nicht-Klassenwerdung, die Ablehnung des Klasse-Seins ist wichtiger. Das ist es, was uns sowohl in der Geschichte begegnet als auch das Richtige darstellt.

Das ist ein Punkt, den weder Karl Marx noch die Marxist*innen begriffen haben. Sie betrachten die Herausbildung von Klassen als eine positive, fortschrittliche lineare geschichtliche Entwicklung. Dieser Ansatz lag sowohl ihren Fehlern als auch ihren Miterfolgen zugrunde und spielte eine äußerst negative Rolle. Der jahrtausendelange Widerstand von Stämmen, Aschirets und Völkern und sogar die Volksbefreiungskriege gegen die kapitalistische Moderne mit einigen ihrer Aspekte stellen gleichzeitig Widerstandskämpfe gegen die Herausbildung von Klassen dar. In den abrahamitischen Religionen sind diese Eigenschaften stark vertreten. Dass sie später irregeführt und in Zivilisationsreligionen verwandelt wurden, sollte als ein davon zu unterscheidendes Phänomen beurteilt werden. Der Widerstand gegen die Sklaverei ist in allen drei Religionen legitim und sie ermutigen sogar dazu, Widerstand zu leisten. Sie führten auch zu ernsthaften Wirtschaftsreformen. Angestrebt wurde dabei eine egalitärere Struktur. Almosen, Zakāt und religiöse Stiftungen (*vakıf*) sind wichtige Mittel. Sie zielen darauf ab, feste ökonomische Grenzen aufzuweichen. Auch wenn diese Religionen im politischen Bereich weder Demokratie noch Republik zum Ziel hatten, schwächten sie gottkönigliche Autorität ab. Das Konzept des »Königs als Schatten Gottes« wurde entwickelt. Das kommunale Leben erlangte einen Sinn und wurde praktiziert. Offensichtlich ereigneten sich in den Sphären der Wirtschaft, Gesellschaft und Politik zwar keine Revolutionen, so doch gewichtige Reformen. Doch gemessen an ihrer Zeit sollte man diese Schritte nicht unterschätzen. Ich habe diese Schritte im System der Zentralzivilisation bereits als die »sozialdemokratische« Haltung jener Zeit beurteilt. Sie waren der Sozialdemokratie ähnliche sozioökonomische Bewegungen. Den Teil davon, der sich in der immateriellen Kultur, in der Religion widerspiegelte, habe ich häufig behandelt. Trotzdem stellt die Eigenschaft des Menschen, Gesandte*r und Vertreter*in Gottes sein zu können, eine theologische Revolution dar, die große Auswirkungen auf die Universalgeschichte hatte. Im Teil über den Islam werde ich versuchen, auf diesen Aspekt weiter einzugehen.

Auch wenn ich den Zusammenhang zwischen der hebräischen beziehungsweise jüdischen Ideologie und dem Nationalismus, folglich dem National-Etatismus im Teil über die kapitalistische Moderne tiefergehend behandle, muss ich an dieser Stelle anmerken, dass dieses Verhältnis und seine Auswirkung von großer Bedeutung sind. Die schlimmsten Folgen davon erlebte im Völkermord an den Jüd*innen das jüdische Volk selbst.

c) Christlicher Widerstand und Klassenkampf

Der Aufbruch des Christentums ist von großer Bedeutung, da es die wichtigste der ersten ernsthaften sozialen Bewegungen war, die keine ethnische Basis hatten. Bei seiner Entstehung spielte weniger die Gründung einer neuen Zivilisation eine Rolle, vielmehr überwogen die Motive von Befreiung und Gleichheit. Das Christentum entwickelte sich als Reaktion auf die Herausbildung einer Unterklasse und anderer gesellschaftlicher Schichten, die im rund 3500 Jahre alten System der Zentralzivilisation im Nahen Osten erfolgt war und im Römischen Reich ihren Höhepunkt erreicht hatte. Zu Zeiten Abrahams und Moses' wies die religiöse Bewegung eher einen Stammes- oder Volkscharakter auf als einen Klassencharakter. Das Christentum stand einerseits über den Stammes- und Volkseigenschaften, stellte andererseits eine neue Sozialisationsreligion dar, der sich neben allen Armen und Arbeitslosen, die aus dem System verdrängt wurden, auch gefangen genommene Stämme und Sekten (diese entstanden neu, zum Beispiel die Essener*innen) sowie aus der Armee und den Sklav*innenfarmen Geflüchtete anschlossen. Es wurde weder ein Stamm noch ein Staat gegründet. Innerhalb eines jeden Stammes und Staates wurde eine kommunal-soziale Gemeinde gebildet. In dieser Hinsicht ist es bemerkenswert. Dass das Christentum weder eine Stammes- noch eine Zivilisationsbewegung war, führte einerseits zu seiner raschen Verbreitung, stellte andererseits stets ein Hindernis für seine Beteiligung an der Macht und Zivilisation dar. Auch heute erlebt es ein ähnliches Dilemma. Obwohl seine demokratisch-kommunale Seite stark ist, blieb seine Entwicklung in diese Richtung begrenzt. Diese anfangs starke Seite des Christentums geriet beim Übergangsprozess zur Zivilisation in den Hintergrund. Zudem erlebte es eine Evolution hin zum Volksstamm-Nationalismus.

Über die Anfänge des Christentums existieren lediglich Überlieferungen. Es wird sogar diskutiert, ob es wirklich einen Jesus gegeben hat. Genauso wie es zahlreiche Abrahams gab, gab es auch zahlreiche Jesus. Denn die Kreuzigung war eine Bestrafung, die Rom häufig verhängte. Die Erinnerungen an die Revolte der Spartakus-Bewegung waren noch frisch. Es ist überliefert, dass nach der Niederschlagung der Bewegung ungefähr fünftausend Menschen in den Straßen Roms gekreuzigt wurden. Ähnliches ereignete sich auch häufig in der Provinz Judäa. Im Evangelium (dem Neuen Testament) wird die Jesusgeschichte detailreich erzählt. Das Evangelium ist wie eine Art Jesus-Roman. Die Gattung Roman in der europäischen Kultur könnte vom Evangelium beeinflusst sein. Es wird erzählt, dass Jesus jüdischen Glaubens war, er sich gegen die Oberschicht der Priesterschaft auflehnte, zu einer anderen Tempelpraxis überging, in Jerusalem Einfluss erlangen wollte und selbst seinerzeit von der Sekte der Essener*innen und dem Propheten Johannes der Täufer beeinflusst war. Zu dieser Erzählung gehört auch, dass er sich gegen den römischen Statthalter und das kollaborierende

Königreich Juda positionierte. Die Geschichte der Zwölf Apostel spiegelt die Grenzen seines Einflusses wider. Es gab keinerlei Versuch eines Aufstands. Sie bildeten eine Art Propagandagruppe. Dies ähnelt Mohammeds Propagandaphase in Mekka. Auch wenn es einen andersartigen Diskurs pflegt, stellt das Evangelium eine Art Interpretation des Alten Testaments zugunsten der Armen dar. Als Jesus gekreuzigt wurde (34 n. Chr.), zerstreute sich die Gruppe um ihn schnell. Es wird erzählt, dass er durch den Verrat des Judas Iskariot, der der dreizehnte Apostel gewesen sein soll, gefasst werden konnte. Auch an diesem Beispiel sieht man, dass der jüdische Geheimdienst auf eine sehr lange Geschichte zurückblickt. Mit großer Wahrscheinlichkeit hatte Jesus Einfluss auf seine kleine Gemeinde. Allerdings war wie gesagt das Ausschlaggebende die Fruchtbarkeit der gesellschaftlichen Atmosphäre. Jesus spielte die Rolle des Katalysators jener Atmosphäre.

Die einzig einflussreiche Person nach ihm war der in Tarsus geborene Paulus, der berichtete, auf dem Weg nach Damaskus seine Berufung erhalten zu haben. Paulus war es eigentlich, der der Bewegung auf die Beine half. Im ersten Jahrhundert n. Chr. existierte noch kein offiziell anerkanntes verschriftlichtes Evangelium. Die Evangelien sollten erst im zweiten und dritten Jahrhundert zusammengestellt werden. Es existieren auch zahlreiche Exemplare, die nicht anerkannt wurden. Es gibt vier Evangelien, denen Anerkennung zuteilwurde. Während in allen die Themen einander ähnlich sind, unterscheiden sich die Schreibstile. Die Evangelien wurden nicht als unmittelbares Wort Gottes erstellt. Während von Ereignissen berichtet wird, werden stellenweise die Worte Gottes erwähnt. Man bediente sich dabei unter anderem des griechischen Gedankenguts jener Zeit. Die Theologie des Paulus beinhaltet einen Diskurs, der aus einer griechisch-hebräischen Mischung besteht. Das wichtigste Konzept »Vater, Sohn und der heilige Geist« trägt Spuren des dreifaltigen Gött*innenpantheons, welches bereits auf eine lange Geschichte zurückblickte. Zahlreiche Zivilisationen in der Geschichte hatten eine dreifaltige Gött*innenrepräsentation. Das römische Pantheon ist in dieser Hinsicht eindeutig. Die Religionsgeschichte spiegelt solche Ähnlichkeiten ziemlich oft wider. Die sehr umstrittene Frage, ob Jesus göttlicher oder menschlicher Natur war, hängt mit dieser Geschichte zusammen. Während das Judentum die Göttlichkeit des Menschen verbietet, setzen viele Zivilisationensreligionen die Rede vom Gottkönig in abgewandelter Weise fort. Offensichtlich wollte man im Christentum eine Synthese erzielen. Doch bekanntlich führte diese Unterscheidung zu großen konfessionellen Spaltungen und Streitigkeiten. Unter anderem spielten dabei soziale

Differenzierungen eine Rolle. Beispielsweise vertraten die Arianer*innen, die vom menschlichen Charakter Jesu ausgingen, die armen Schichten. Diejenigen, die sich in die römische Machtmaschinerie integrierten, hielten eher an der göttlichen Herkunft Jesu fest.

Bis zur Verschriftlichung der Evangelien gab es unter Christ*innen ein Eremit*innenleben auf den Bergen und in den Wüsten. Es hatten sich große Fastenbewegungen gebildet. Berühmte Heilige waren Produkte jener Zeit. Die Christ*innen unternahmen den zweiten Schritt, indem sie Klöster gründeten. Das vierte und fünfte Jahrhundert war die Gründungsphase der Klöster. Klöster entstanden über den gesamten Nahen Osten verteilt. Menschen, die die römisch-sassanidischen Kriege satt hatten, Angst hatten und aus der Armee geflüchtet waren, schlossen sich massenweise der Bewegung an. Das Christentum wurde ab dem vierten Jahrhundert sowohl die offizielle Religion des Oströmischen Reiches (Byzanz) als auch zahlreicher Völker einschließlich der Assyrer*innen, Armenier*innen und Griech*innen. Diese kleinen Völker waren die kulturell fortschrittlichsten ihrer Zeit und hatten die Unterdrückung und Ausbeutung durch Rom und das Sassanidenreich satt. Zu diesen Völkern sollte man auch die Kopt*innen (ein aus der Zeit ägyptischer Pharaonen stammendes Volk) rechnen. Die Bewegung wurde von den Kirchenvätern angeführt. Dass Konstantin der Große (die Person, die ab 312 in Byzantion, dem heutigen Istanbul, die Grundlagen für das Oströmische Reich legte) bekannt gab, dass er Christ geworden war, und die Einberufung des Ersten Konzils von Nicäa im Jahre 325 markierten den Beginn einer neuen Phase des Christentums.

Die zivilisatorischen und anti-zivilisatorischen Tendenzen führten zur Ausbildung zahlreicher Konfessionen. Es wurden die Assyrische (Nestorianische) und die Armenische (Gregorianische) Kirche gegründet. das waren die ersten Anzeichen der Zersplitterung der römisch-lateinischen Idee der Ökumene (Universalität). Das fünfte und sechste Jahrhundert wurden Zeugen der Ausbreitung der Bewegung in ganz Westeuropa. Im siebten bis zehnten Jahrhundert erfolgte dann die Ausbreitung auf Osteuropa. Ihr Erfolg in Europa ist darauf zurückzuführen, dass sie den Paganismus (die lokalen Stammesreligionen) zurückdrängte und eine geistig-kulturelle Revolution in die Wege leitete. Die Bewegung des westlichen Christentums säte die Keime der zukünftigen Entwicklungen, indem sie die immaterielle Kultur des Nahen Ostens, die in fünfzehntausend Jahren entstanden war, nach Europa trug. Jede soziale Bewegung in der Geschichte entsteht zunächst als Embryo in der immateriellen Kultur. Ohne dieses Werden, spontan, können materiell-kulturelle Entwicklungen nicht zustande kommen. Der Transfer immaterieller Kultur durch das Christentum bildet zwar nicht das gesamte Fundament Europas, aber seinen wichtigsten Teil. Dem muss man an nächster Stelle die Kulturübertragungen durch das Judentum und den Islam hinzufügen. Während im Islam Ende des zwölften Jahrhunderts philosophische Diskussionen an Bedeutung verloren, wurde zum gleichen Zeitpunkt in Europa durch die Diskussionen um die Begriffe »Realismus« und »Nominalismus« ein historischer philosophischer Aufbruch eingeleitet. Mit der protestantischen Bewegung und den Reformationsbewegungen kam es zu einer Ära der nationalen Kirchen. Diese Bewegungen, die mit der Renaissance zusammenkamen, bereiteten der europäischen Aufklärung den Weg und ermöglichten somit die ideologische Hegemonie Europas.

Die Entwicklung des östlichen Christentums nahm einen anderen Verlauf. Aramäisch, von dem es heißt, dass Jesus es gesprochen habe, war sozusagen die nationale Sprache der Assyrer*innen. Die Assyrer*innen lebten, seitdem sie ihre prachtvolle Zeit hinter sich gelassen hatten, unter persischer und sassanidischer Hegemonie. In dieser Hinsicht war es normal, dass sie nach einem Ausweg suchten. Militärisch waren sie allerdings zu schwach. Kulturell waren sie so etwas wie das Gedächtnis des Nahen Ostens. Aus diesem Grund spielten sie eine wichtige Rolle in der Entstehungsphase des Christentums. Sie nahmen das Christentum von Anbeginn an als nationale Religion an und leisteten einen wichtigen Beitrag zu ihm. Insbesondere nestorianische Priester trugen durch ihre Rolle beim Transfer der griechischen Kultur wesentlich zur Entwicklung der christlichen Theologie bei. Antiochia war bekannt als eines ihrer Zentren. Weitere historische Zentren waren Urfa und Nusaybin (im Tur Abdin). Es wird erzählt, dass Jesus von Abgar von Urhoy nach Urfa eingeladen worden sei. Auch chaldäische Priester gehörten wegen ihrer babylonischen Herkunft zu den bedeutenden Entwicklungskräften des Christentums. Nestorianische Priester verbreiteten das Christentum im vierten und fünften Jahrhundert vom Mittelmeer bis nach Indien. Historiker*innen behaupten, dass auch der Iran kurze Zeit später hätte christlich werden können, wäre nicht der Islam aufgetaucht. Auch wenn der Mithraismus und der Manichäismus in dieser Region einflussreich waren, besaß das Christentum eine dominante Stellung. Aus diesem Grund lässt sich die Entstehung des Christentums als eine Art Renaissance für Assyrer*innen und Chaldäer*innen betrachten. Trotz der großen internen konfessionellen Konflikte stellte das Christentum für Assyrer*innen eine vorzeitige Renaissance dar. Die nestorianischen Priester schienen somit die

Fundamente einer Zivilisation legen zu wollen. Einerseits hatten sie den Kampf zwischen Byzanz und den Sassaniden satt, andererseits wollten sie davon profitieren. Indem sie die Widersprüche zwischen den beiden ausnutzten, versuchten sie, an Stärke zu gewinnen. Es ist bekannt, dass sie auch den Propheten Mohammed in diese Richtung beeinflussten.

Das armenische Volk nahm ebenfalls eine ähnliche christliche Bewegung an wie die Assyrer*innen. Auch die Armenier*innen erlitten einerseits Schaden durch die Konkurrenz zwischen Byzanz und den Sassaniden und wollten sie andererseits für sich ausnutzen. Das Christentum bot eine gute ideologische Grundlage dafür. Anfang des vierten Jahrhunderts nahmen die Armenier*innen das Christentum offiziell an und versuchten bald, es durch die gregorianische Kirche zu nationalisieren. Der hohe Entwicklungsgrad ihrer historischen Kultur machte dies möglich. Mit dem Christentum erlebten sie einen frühen Nationalismus. Zumindest war dies die objektive Folge. Es entwickelte sich eine riesige armenische Kirchenbewegung. Auch die christlichen Kirchen, die sich zum Staat hin entwickelten, wollten diese Rolle zementieren. In allen Regionen, in denen Armenier*innen lebten, wurden prachtvolle Kirchen erbaut. Der Kirchenbau war eine Bewegung, die in der nahöstlichen Architektur einen wichtigen Platz einnahm. Die Assyrer*innen standen in dieser Hinsicht den Armenier*innen in nichts nach. In Bezug auf die Georgier*innen belassen wir es hier bei dem Hinweis, dass sie einen vergleichbaren Christianisierungsprozess durchmachten. Die Georgier*innen sind ein Volk, das sich durch seinen Glauben und seine Architektur auszeichnet.

Die Griech*innen waren eine Kultur und ein Volk, die sich für das Christentum bereits während dessen Entstehung intensiv interessierten. Indem sie von ihrem großen kulturellen Reichtum Gebrauch machten, gestalteten sie das Christentum schnell. Der Stoizismus und die Philosophien von Aristoteles und Platon boten Argumente, die das Christentum weiterentwickelten. Die Griech*innen schufen gewissermaßen eine Synthese aus nahöstlicher Theologie und griechischer Philosophie. Plotin gehörte (im dritten Jahrhundert) zu denen, die diese Bewegung anführten. Kyrill von Alexandria, Symeon Stylites und Athanasius der Große waren weitere bemerkenswerte Heilige. Ihre Widerstände gegen Rom war berühmt. Deswegen entwickelte sich auch die griechische Kirche mit einer nationalen Identität. Die Griech*innen waren durch das Christentum, das sie in ihrem Sinne gestalteten, in der Lage, eine eigene Renaissance zu verwirklichen. Die Stellung von Byzanz als Zentrum des Reiches prägte diese Initiative positiv wie negativ.

Infolge des Widerstands, den sie in denselben Jahrhunderten durch das Christentum gegen die römische und byzantinische Zivilisation zeigten, und der Renaissance, die sie entwickelten, sollten diese drei Völker des Nahen Ostens frühzeitig blühenden Frühlingsblumen ähneln; und diese ihre Entwicklung sollte von ähnlichen Gegenbewegungen, die mit dem Islam beschleunigt wurden, in eine Tragödie verwandelt werden. Dieser Umstand sollte in Bezug auf die Geschichte des Nahen Ostens einer wahren Tragödie gleichkommen und den Beginn der kulturellen Verödung darstellen.

Das Christentum, das mit seinem klassenübergreifenden Charakter, seiner Breite und seinem ideologischen Gehalt den Widerstand aufnahm, spielte bei der Transformation des Zentralzivilisationssystems eine große Rolle. Es hatte großen Anteil daran, dass die beiden großen hegemonialen Mächte der Region, Rom und die Sassaniden, ideologisch ausgehöhlt wurden und an die Schwelle des Zusammenbruchs gelangen. Das Christentum ist nicht völlig anti-zivilisatorisch, aber auch keine auf die Zivilisation fokussierende Bewegung. Wenn es sich auf die politische Organisierung der Armen konzentriert hätte, hätte es das Antlitz der Erde verändern können. Der Widerstand der Christ*innen hätte ein fortgeschritteneres politisches System nötig gemacht. Für das Christentum war es nicht positiv, sich in den Dienst der Zivilisationskräfte zu stellen. Dass es ihnen zu ähneln versuchte, führte dazu, dass das Christentum sich von seinem Wesen entfernte. Seine Verantwortung für die Entwicklung des Kapitalismus sollte nicht unterschätzt werden. Außerdem hatte es einen wichtigen Anteil daran, dass die negativsten Seiten der nahöstlichen Geschichte geschrieben wurden, da es die christlichen Völker nicht vor dem Islam schützen konnte. Seine ideologischen Muster waren genauso wie bei der Entwicklung gesellschaftlicher Phänomene auch bei ihrem Niedergang von wesentlicher Bedeutung. Der ideologische Zustand von Gesellschaften spielt für die Bestimmung ihrer Zukunft eine embryonale Rolle.

Der christliche Flügel der abrahamitischen Bewegung, der sich infolge der Zivilisationskrisen im Nahen Osten entwickelte, hat mit dem Islam – und ebenfalls mit dem Judentum – immer noch Probleme. Die demokratische Zivilisation ist in dieser Hinsicht für die Analyse und Lösung der Christ*innenfrage, ebenso wie bei der Jüd*innenfrage, nach wie vor unabdingbar.

Es ist wichtig, die Bewegungen des Manichäismus und Mithraismus, die im Zeitalter des Christentums einflussreich waren, zu kennen und ihre Rolle im Zivilisationssystem zu begreifen. Mani war eine bedeutende

Persönlichkeit, die an den Ufern des mittleren Tigris im Selbststudium eine Synthese aus Christentum, Zoroastrismus und Hellenismus schuf, um eine Antwort auf die Ausweglosigkeit Roms und der Sassaniden und einen Ausweg aus der Sackgasse des Krieges zu finden. Er lebte 216–276 n. Chr. und wurde von den reaktionärsten Elementen der sassanidischen Zivilisation ermordet. Hätte sein System sich behauptet, hätte es im Nahen Osten zu einer frühen Renaissance kommen können. Es handelt sich dabei auch nicht um eine Ideologie vollständig religiöser Art, sondern eine, die sich durch eine Mischung aus Philosophie und Kunst auszeichnete. Der Manichäismus hätte eine Alternative zum religiösen Dogmatismus bieten können. Die nahöstliche Kultur hätte das dringend gebraucht. Er hatte in einem Gebiet Anhänger*innen, das von Zentralasien (er wurde vom uigurischen Staat anerkannt) bis ins Innere Europas hineinreichte. Mit seinem dualistischen Charakter spielte der Manichäismus eine Rolle bei der Entwicklung des dialektischen Denkens. Wir könnten ihn als eine der früh verwelkten Kulturblumen betrachten.

Der Mithraismus ist gewissermaßen ein iranischer Mystizismus. Dass der Zoroastrismus als offizielle Ideologie verwendet wurde, verlieh dem Mithraismus seine Beliebtheit bei der Bevölkerung. Der Mithraismus trug zur moralischen Entwicklung der Gesellschaft bei, indem er seine Lehre der Stufen und Methoden der Wahrheitsfindung verbreitete. Er bildete einen der letzten Zufluchtsorte der iranischen Kultur gegen das Christentum. Genauso wie der Manichäismus unternahm auch der Mithraismus Versuche, um den Konflikt zwischen Rom und den Sassaniden zu beenden. Der Iran stellt seit jeher einen fruchtbaren Boden für außer-zivilisatorische Kulturen dar. In dieser Hinsicht ist das Beispiel der Mazdakit*innen erwähnenswert[38]. Der Islam bedeckte all diese Kulturen wie mit einem Schleier und errichtete sozusagen die Herrschaft der frühnationalstaatlichen Homogenität über diese kulturellen Reichtümer.

d) Zarathustras Widerstand: Moralischer Kampf gegen die Zivilisation

Unter den gegen das Zivilisationssystem gerichteten Ideologien kommt Zarathustra eine besondere Stellung und Bedeutung zu. Zarathustra ist das helle, glänzende Antlitz und die imposante Stimme des Zāgros-Gebirges. Er

38 Sozialrevolutionär-religiöse Bewegung im Sassanidenreich ab dem sechsten Jahrhundert n. Chr., die Güterteilung, vegetarische Ernährung und Pazifismus propagierte. Frauen spielten in ihr eine prominente Rolle.

wollte der hinterhältigen ideologischen Hegemonie des Zivilisationssystems den Widerstand der moralisch-politischen Gesellschaft entgegensetzen. Er war die Wahrheit gegen die Lüge. Obwohl der Zoroastrismus die grundlegende Kultur der iranischen Identität darstellte, konnte er sich entgegen dem Christentum und dem Islam nicht erneuern.

Die zoroastrische Bewegung, deren Ursprung sich in das elfte Jahrhundert v. Chr. zurückverfolgen lässt, war weniger eine originale Bewegung als eine Reform. Man kann sagen, dass sie die ältere Tradition der Ahura-Mazda-Kultur reformierte. Der Glaube an Ahura Mazda war der älteste Glaube der Arier*innen. Er war wahrscheinlich einer der gemeinsamen Gött*innen aller arischen Stämme. Der Zoroastrismus könnte aus dem Bedürfnis nach Reformen angesichts der assyrischen Angriffe, die im elften Jahrhundert v. Chr. begannen, entstanden sein. Gegen die ideologische Hegemonie Aššurs war ein ideologischer Aufbruch nötig. Dass diese Initiative einen moralischen Charakter entfaltete, hing mit der Frage der Rechtschaffenheit zusammen. Rechtschaffen zu leben, war einer der Grundsätze des Zoroastrismus. Unter diesen Umständen spüren ideologische Antworten die Notwendigkeit, ethisch zu sein. Der Zoroastrismus weist ein ihm eigenes ideologisches Geflecht auf. Er beruht auf grundlegenden Dualitäten wie hell/dunkel, gut/böse, richtig/falsch. Es ließe sich sagen, dass ihm mit diesem Aspekt ein früher dialektischer Aufbruch gelang. Er hat auch eine dialektische Sicht auf die Geschichte. Auf alle drei der Heiligen Schriften hatte er großen Einfluss. Dass die Jüd*innen, die in babylonischer Gefangenschaft (597–539 v. Chr.) lebten, von Kyros II. amnestiert und in ihre Heimat zurückgeschickt wurden, dürfte diesen Einfluss verstärkt haben. Es wird besonders betont, dass der Zoroastrismus auch den Buddhismus beeinflusst habe. Obwohl behauptet wird, dass Zarathustra im sechsten Jahrhundert v. Chr. gelebt habe, scheint er vielmehr ein gemeinsames Bild der Magi (Zāgros-Priester) zu sein. Er könnte einer der einflussreicheren Magi gewesen sein.

Auch wenn die Frage nach Zarathustras ethnischer Identität unwichtig ist, deuten alle Indizien darauf hin, dass er medischer Herkunft war. *mag* bedeutet im Kurdischen so viel wie »glühender Feuerklumpen im Ofen«. Wir wissen, dass die medischen Stämme die kalten Zāgros-Winter größtenteils um diese »Mag« verbrachten. Die tiefgründigsten Unterhaltungen und Predigten fanden um diese »Mag« herum statt. Aus diesem Grund wurden die Prediger Magi genannt. Es ist bekannt, dass im Zoroastrismus das Feuer als heilig angesehen wird. Denn diese Stämme wussten aus ihren Alltagserfahrungen, dass ohne Feuer kein Leben möglich war. Es wird allgemein angenommen, dass Zarathustra im heutigen Nordwest-Iran, also in Medien gelebt hat. Der Zoroastrismus hat das gesellschaftliche Leben betreffend klare Prinzipien. Er legt großen Wert auf stabile Partnerschaftsbeziehungen. Zwischen den Partner*innen herrscht statt einer verwurzelten Hierarchie vielmehr eine fast egalitäre und freiheitliche Bindung. Die Lüge gilt ihm als größte Unmoral. Es wird auf ein Gesellschaftsleben fern von Knechtschaftsbeziehungen Wert gelegt. Landwirtschaft und Tierzucht sind beliebte wirtschaftliche Aktivitäten. Tiere werden völlig ökologisch behandelt. Man verzichtet auf den Verzehr von Fleisch. Landwirtschaftliche Arbeiten sind gleichwertig mit Gottesdienst.

Es ist anzunehmen, dass der Zoroastrismus über die Meder*innen die griechische Kultur beeinflusst hat. Die Meder*innen nehmen in den *Historien* des Herodot den meisten Platz ein. Die Perser*innen hingegen werden als Volk kaum erwähnt. Man nimmt an, dass es die medische Persönlichkeit war, die die Griech*innen am meisten beeinflusst hat. Da die Persönlichkeit mit der Moral zu tun hat, ist der Einfluss des Zoroastrismus nachvollziehbar. Es ist nicht schwer zu erraten, wie Mut und Rechtschaffenheit mit dieser Kultur zusammenhingen. Es dürfte nicht schwerfallen, zu sehen, dass diese Kultur einen wichtigen Hintergrund für das Persisch-Medische Reich darstellte.

Die Begeisterung des Philosophen Nietzsche für Zarathustra ist wichtig und lehrreich. Nietzsche ist ein Philosoph, der nicht vorschnell urteilt. Jedes Thema, über das er ein Urteil spricht, hat die Qualität eines Aphorismus. Er bezeichnet sich selbst als Zarathustras Jünger. Es ist ein Verlust für die Menschheit, dass diese Kultur sich nicht erneuern konnte und heute nur noch ganz schwach durchscheint (vielleicht noch ein wenig bei den Zoroastrier*innen). Es lässt sich unschwer sagen, dass die iranische Monarchie diese Kultur innerlich ausgehöhlt hat. Man könnte meinen, dass es bei dieser Haltung eine Rolle spielte, dass die wahren Besitzer*innen dieser Kultur die Meder*innen waren. Das Christentum und der Islam hatten ebenfalls ihren Anteil daran, dass diese Kultur eingekesselt wurde. Dass diese beiden Religionen, in denen homogenisierende und religiös-dogmatische Aspekte überwiegen, sich so verhalten würden, war zu erwarten. Der Zoroastrismus war ihnen ein ernstes ideologisches Hindernis. Folglich wurde er (insbesondere vom Islam) mit sehr harten Maßnahmen unterdrückt. Den größten Schaden erlitt er vermutlich während der islamischen Eroberungen. Die Dokumente, die von ihm übrig geblieben sind, sind nicht mehr als ein paar Krümel, die die Realität des Zoroastrismus nicht besonders gut widerspiegeln. Berühmte Kommunalist*innen wie Mazdak, [seine Partnerin] Churram und Babak Chorramdin, die große Auf- und Widerstände an den Tag legten, dürften aufgrund der räumlichen und charakterlichen Elemente die letzten Vertreter*innen des Zoroastrismus gewesen sein. Alle drei wurden durch ihren Widerstand gegen den degenerierten iranisch-sassanidischen Monarchismus und die abbasidischen Sultane, die ein Leben voller Ausschweifungen führten, zu Symbolen des Held*innentums. Wie bereits erwähnt, war ihr Einfluss auf den Mithraismus und den Manichäismus ebenfalls wichtig.

Auf moralischer Grundlage anti-zivilisatorisch zu sein und im gesellschaftlichen Leben Charakterstärke zu zeigen (Nietzsches Übermensch[39] zu sein), bilden unabdingbare grundsätzliche Werte der demokratischen Zivilisation. Die zoroastrische Tradition gehört zu denjenigen Hauptadern der nahöstlichen Kultur, die die demokratische Zivilisation zu wahren und zu nähren hat.

Eine der grundsätzlichen Fragen zum Zoroastrismus ist die nach seiner Beziehung zu den abrahamitischen Religionen. Inwiefern kann der Zoroastrismus an sich als eine Prophetieschule gelten? Inwiefern kann er der Reihe abrahamitischer Propheten hinzugefügt werden? Die Antwort auf diese Fragen ist, dass Zarathustra innerhalb der abrahamitischen Religionen größtenteils absorbiert worden ist. Er hatte einen eindeutigen und umfangreichen Einfluss auf die Gestaltung der Tora, folglich der Evangelien und des Korans. Historiker*innen halten fest, dass Jüd*innen während des babylonischen Exils vom zoroastrischen Denken, das damals ideologisch hegemonial war, sehr beeinflusst wurden. In den Bibelexemplaren, die nach diesem Zeitpunkt zusammengestellt wurden, lassen sich diese Einflüsse ohnehin eindeutig feststellen. Zudem haben Jüd*innen lange Zeit im persisch-sassanidischen Herrschaftsbereich gelebt und dort viele wichtige Ämter übernommen. Sie betätigten sich auch als Händler*innen. Auch innerhalb der Kurd*innen stellten sie eine beachtliche Population. Außerdem leben in Israel jüdische Kurd*innen nach wie vor als eine nennenswerte Minderheit. Also besteht eine langfristige gegenseitige Beeinflussung.

Wenn man fragt, wieso Zarathustra kaum Spuren hinterlassen hat, müssen wir uns diesen Aspekt immer vor Augen führen. Der Zoroastrismus ist nicht verschwunden, sondern es wäre richtiger, zu sagen, dass er von allen drei abrahamitischen Religionen absorbiert wurde und auf diese Weise

39 Im Original deutsch.

weiterlebt. Zudem haben die Editor*innen der Heiligen Schriften – einschließlich Moses und Mohammed – alle Prophet*innen vor Abraham, von Adam über Noah bis hin zu Idris, der abrahamitischen Religion einverleibt. Sogar Alexander den Großen haben sie unter dem Namen Dhū l-Qarnain jener Liste hinzugefügt. Es gibt zahlreiche solche Beispiele. Wenn man auf diese Weise begreift, wie die Heiligen Schriften zusammengestellt wurden, kann man ohne Weiteres behaupten, dass Zarathustra als abrahamitischer Prophet weiterexistiert.

e) Der islamische Widerstand und Angriff: Der Kampf der Mittelschicht (Händler*innen) im feudalen Zeitalter

Die Untersuchung und Erforschung der Realität, die unter der Bezeichnung Islam verwirklicht wird, ist zumindest genauso wichtig wie die Untersuchung dessen, was unter dem Namen Kapitalismus betrieben wird. Nicht nur in Bezug auf die Geschichte des Nahen Ostens sind solche Studien notwendig, sondern auch, um die Universalgeschichte richtig interpretieren und schreiben zu können. So wie gemäß der Dialektik die Entstehung der »Kapitalismus« genannten Welt von Phänomenen und ihrer Moderne ohne das islamische Mittelalter nicht möglich gewesen wäre, lässt sich heute ohne die richtige Analyse der beiden Phänomene und Zeitalter kein nachhaltiges und sinnvolles Gesellschaftsleben errichten.

Dass der Islam gegenwärtig nichts von seiner Bedeutung verloren hat, rührt von diesem seinen dialektischen Wesen her. Der Islam ist eine Kette von Phänomenen, deren Name häufig ausgesprochen, deren Wesen aber nicht begriffen wird. Er wurde noch nie definiert. Vielleicht stellt er eine Gruppe von Phänomenen dar, die wegen ihrer Komplexität und Verworrenheit nicht zu definieren ist. Es wird sogar überhaupt nicht diskutiert, welche Realität er inwiefern widerspiegelt. Um seinetwillen wird gefastet, gebetet, Zakāt gezahlt, Tauhīd ausgesprochen und Krieg geführt; doch er selbst wurde in ein völliges Rätsel verwandelt. Die Frage, die man stellen muss, ist, warum der Islam dann so sehr auf der Tagesordnung gehalten wird. Welches Problem hat er im Nahen Osten gelöst? Ist er ein fiktionales System, das Probleme löst oder erzeugt? Was ist seine materiellen Grundlage? Ist er Gemeinde oder Staat? Was sind seine wirtschaftliche, soziale und politische Entsprechung und jeweilige Bedeutung? Wozu dient das Eroberungskonzept des Islam? Man kann noch mehr solcher Fragen stellen und man sollte es durchaus auch tun. Denn die Gruppe von Phänomenen, die wir die heutige islamische Welt nennen, ist so unfähig, dass sie sich selbst nicht zu definieren und analysieren vermag. Ihre Fortsetzung funktioniert durch Selbstmorde oder funktioniert gar nicht, was zu einem gesellschaftlichen Verfall führt.

Genauso wie die immaterielle Kultur dieses Phänomens ähnelt auch seine materielle Kultur einer Gruppe von äußerst hohlen, verfallenden und sich zersetzenden Materialien ohne klare Grenzen und Inhalt. Das Richtige wäre, diesen Namen gar nicht zu verwenden oder, sollte dies nicht möglich sein, ihn in Richtung eines Systems mit klaren Grenzen, Problemen und Lösungswegen zu bewegen. Die westliche Zivilisation setzt, sehr wohl wissend, was sie tut, ihre globale Offensive fort. Auch wenn sie wegen der Probleme, die ihren Weg kreuzen, und des Gefüges des Systems Krisen durchläuft, ist sie in Bezug auf die geistige und materielle Kultur gut genug ausgestattet, sie zu überwinden. Es ist eine Tatsache, dass dem Westen die Gruppe der islamischen Phänomene im Nahen Osten Schwierigkeiten bereitet. Ich spreche hier nicht nur von den Schwierigkeiten, die die USA erleben. Auch die europäische Zivilisation ist gegenüber dem islamischen Nahen Osten, den sie seit zwei Jahrhunderten die »orientalische Frage« nennt, Schwierigkeiten und Krisen ausgesetzt. Den größten Schaden trägt aber die islamisch genannte Welt davon, da sie sich mit Zerstörung und Ausweglosigkeit konfrontiert sieht. Die Unhaltbarkeit dieser Situation ist dermaßen offensichtlich geworden, dass sie der ganzen Welt ins Auge sticht. Die Lösung besteht neben einer Analyse der Mentalität des Phänomens, dem wir gegenüberstehen, zweifellos auch darin, Antworten zu seiner Restrukturierung zu entwickeln.

Im Islam bilden die Namen Mohammed und Allah ein sehr wichtiges, unzertrennliches Paar. Für die Völker des Nahen Ostens hat bisher kein anderes Wortpaar eine so lebenswichtige Bedeutung erlangt. Um dieser beiden Namen willen wurden fürchterliche Kriege organisiert, doch genauso vereinten sich auch Menschen um ihretwillen in Liebe. Es ist nicht einfach, ein anderes Wortpaar zu finden, das diese Gegensätzlichkeit in sich trüge. Die grundsätzliche Frage, die zu stellen ist, ist folgende: Warum ist dem so? Wenn wir dieses Dilemma durchleben und weiterleben lassen, begreifen wir wirklich, was wir da tun? Ich bin mir sicher, dass die Antwort auf diese Fragen negativ ausfällt. Wäre sie nicht negativ, so wären Geschichte und Gegenwart im Nahen Osten nicht so erbarmungslos und würden nicht als eine sich verlängernde Reihe von unlösbaren Knoten erlebt. Ich will hier ein Bedeutungsschema entwickeln. Diejenigen, die sich für das Thema interessieren, können sich dieses Schemas bedienen.

Mohammed ist zweifellos ein Phänomen, das sich im Rahmen der abrahamitischen Religionen verorten lässt. Sein Leben und seine Worte liegen aber nicht so im Dunkeln wie die von Abraham, Jesus und anderen Prophet*innen (Gesandten, Bot*innen Gottes). Über ihn gibt es konkretere Informationen. Zumindest lassen sich die Faktizität seines Lebens und die Ereignisse in seinem Leben größtenteils konkret verfolgen. Allerdings sollten wir uns nicht vormachen, das werde unser Thema eindeutig erhellen. Es könnte es sogar noch komplizierter machen. Das Konkrete ist nicht immer so konkret, wie man denkt. Mohammed ist ein unkonkretes Konkretes. Unser Ansatz sollte beinhalten, den Widerspruch, det in diesem Begriff liegt, immer im Kopf zu haben. Dem Schein nach beziehungsweise im Konkreten wurde Mohammed als Kind von Abdallāh und Amina bint Wahb geboren und gehörte einer armen Familie des Haschimit*innen-Klans des Stammes der Quraisch an, der zu den führenden Patrizier*innen von Mekka gehörte und überwiegend Handel trieb. Es ist überliefert, dass er in jungen Jahren einige Wunder vollbracht haben soll. Solche Erzählungen reichen in der nahöstlichen Kultur bis Sargon zurück und werden jeder bedeutenden Persönlichkeit nachgesagt. Vielleicht war dem auch so! Er stellte sich in den Dienst von Chadīdscha bint Chuwailid, einer damals einflussreichen Händlerin, und unternahm mehrere Handelsreisen zwischen Mekka und Damaskus. Bei einer dieser Reisen erwarb er in der berühmten römischen Stadt Bosra beim nestorianischen Mönch Sergius Bahīrā umfangreiches Wissen. (Bosra habe ich mit meinen eigenen Augen gesehen und besuchte die Ruinen mehrmals. Ich sah dort auch das Kloster von Sergius Bahīrā. Es war voller Schmutz.) In jener Ära hatten die nestorianischen Priester großen Einfluss. Die Nestorianer*innen waren die wichtigste Gruppe in Bezug auf ideologische Entwicklungen.

Damaskus war zu jener Zeit eine wichtige Handels- und Kulturstadt. Es war eine lehrreiche Stadt, deren physische und biologische Struktur sie zu einem potenziellen Paradies am Eingang zur Wüste machte. Mekka war ebenfalls eine bedeutende Handelsstadt, eine Stadt, die durch den Handel geschaffen worden war. Sie stellte für die Region zwischen Damaskus und dem Roten Meer darüber hinaus eine Metropole dar. In der Stadt herrschten eine Kultur der religiösen Vielfalt und des Paganismus. Mandäer*innen und Hanif*innen propagierten monotheistische Religionen. Langer Rede kurzer Sinn, die Stadt war bis zum Überlaufen voll mit Waren, Kulturen, Religionen und Gött*innen. Mohammeds Armut und seine Beziehung mit Chadīdscha bint Chuwailid, die in eine Ehe mündete, waren wichtig. Es handelte sich dabei um einen Klassenaufstieg durch Heirat. Dadurch erlangte Mohammed eine mittlere bürgerliche Stellung. Das sollte nicht ohne Folgen bleiben. Sie hatten mehrere Kinder. Je älter er wurde und je weiter er sich entwickelte, desto mehr vergrößerten sich die Widersprüche zwischen ihm und den anderen Zweigen des Stammes der Quraisch. Andere Zweige der Quraisch bildeten eine Art Stammesaristokratie. Sie erlaubten Mohammed nicht, weiter aufzusteigen, und stellten ihm tagtäglich neue Hindernisse in den Weg. Es handelte sich um einen ernsthaften Klassenkampf, der innerhalb eines Stammes geführt wurde.

Es ist also wichtig, festzuhalten, dass Mohammeds erste Handlungen einen so starken Klassencharakter aufwiesen, dass sie innerhalb eines Stammes stattfinden konnten. Mohammed war ein Klassenkämpfer – Kämpfer welcher Klasse? Es ist sehr eindeutig: der mittleren Händler*innenklasse, in die er sich integriert hatte. Das Paar Mohammed und Chadīdscha verfolgte das Ziel, die (in Mekka) im Entstehen begriffene Händler*innenklasse anzuführen. Welche Kraft stand ihnen gegenüber? Die traditionelle Stammesaristokratie, die ebenfalls von Handelsrenten lebte. Doch ihre eigentliche Rolle stand im Zusammenhang mit der politischen Macht. Das Verwaltungssystem Mekkas bestand wahrscheinlich aus einer Aschiret-Konföderation, die den Embryo des in der Entstehung begriffenen Staates bildete. Der sklavenhalterische Charakter der aristokratischen Regierung spiegelte sich deutlich im weitverbreiteten Sklavereisystem, der noch tiefer verwurzelten Versklavung der Frauen und darin wider, dass Mädchen dermaßen wertlos waren, dass sie bei lebendigem Leibe begraben wurden. Die Existenz der drei bedeutendsten Götzenbildern, nämlich denen der Göttinnen al-Lāt, al-ʿUzzā und Manāt, im Pantheon von Mekka zeigt, dass sich auch ein mekkanischer Zweig der göttlichen Dreieinigkeit im traditionellen Zivilisationssystem herausgebildet hatte. Dieser Umstand spiegelte den traditionell hierarchischen und sumerischen Charakter der Regierung wider. Dass die Aristokratie den Paganismus zur offiziellen Religion erhoben hatte, erklärt ziemlich klar, warum Mohammed ein frenetischer Götzengegner (Anti-Paganist) war.

Ich muss mit Nachdruck betonen, dass Klassen- und andere soziale Kämpfe in allen Phasen der Geschichte vorwiegend in der Welt der Begriffe und vor allem zwischen offiziellen und inoffiziellen Ideologien ausgefochten werden. Materielle soziale Wirklichkeiten entwickeln sich weiter, indem sie sich in der immateriellen Kultur ausdrücken. Von Sumer bis zur griechischen Zivilisation hat man mythologische, religiöse und philosophische

Kriege als Ausdrucksformen der Auseinandersetzungen in der materiellen Kultur eingesetzt. Das musste man tun. Eine andere Form des Kampfes kann es nicht geben. Materielle Struktur kann nicht gegen materielle Struktur kämpfen. Denn sie ist eine leb- und ausdruckslose Anhäufung von Material. Die Kämpfe um sie sind erst durch lebendige Menschen und ihre Worte und Handlungen möglich. Es ist wichtig, dass man in diesem Verhältnis zwischen den beiden richtig feststellt, welche Phänomene der materiellen Kultur von der immateriellen Kultur und ihren Bedeutungsbildern durch was für einen Mechanismus (Konstruktion) widergespiegelt, ja sogar erschaffen werden.

Also muss der wissenschaftliche Ausdruck des Kampfes in Mekka wie folgt entwickelt werden: Zwischen der traditionell streng paganistischen oberen Aristokratie und der neuen Mittelschicht der Händler*innen fand ein ebenso strenger Konflikt, Kampf oder Krieg statt, der ideologisch und zunehmend tätlich ausgetragen wurde. Den Verlauf der Ereignisse aufzulisten, ist nicht die Aufgabe dieser Zeilen. Das Ausschlaggebende ist das Wesen der darunterliegenden Wirklichkeit. Ich habe überhaupt keinen Zweifel daran, dass dies das Wesen hinter dem Kampf, den nackten Körper der Wirklichkeit bildete. In der mekkanischen Zeit wurde ein ideologischer Kampf geführt. Zu seiner Zeit führte auch Abraham in Urfa einen ähnlichen Kampf. Dieser Kampf führte zu seiner Auswanderung, einer Hidschra. Auch bei Abraham handelte es sich um einen Aufbruch der Händler*innenklasse. Die erste Phase des Kampfes, den Moses in der Pharaonenstadt führte, war ebenfalls ideologisch, also begrifflich, semantisch. Die Folge ist wieder ein Exodus, also eine Hidschra gewesen – der Stamm, der sich früher mit Tierzucht und -handel beschäftigt hatte, brach in vergrößerter Form auf. Der Aufbruch Jesu war anders. Zumindest in den ersten drei Jahren stellten die Widerstände den Kampf, den universalen Aufbruch aller vom System ausgeschlossenen und abgeschotteten Gesellschaftsgruppen dar, um eine neue soziale Gemeinschaft zu werden. Mohammeds Aufbruch dagegen war ganz klar einer im Sinne der Mittelschicht der Händler*innen.

In der medinensischen Zeit wurde eine dementsprechende soziale und politische Gemeindeordnung verfasst. Dieser neue Vertrag stellte einen neuen Staatsentwurf dar. Rund zehn Jahre politischer und militärischer Aktionen waren ausreichend dafür, dass aus einer kleinen Stadt ein großer Staat entstand. Der Rest bestand aus Fragen und Kriegen der Ausbreitung in Zeit und Raum, die rasch und breit erfolgen sollte. Ein wichtiger Punkt, den es hier zu verstehen gilt, ist, dass man dies mit ähnlichen Beispielen in der Geschichte vergleichen kann. Im Nahen Osten wurden zahlreiche Staaten gegründet, die auf Handel beruhten – allen voran der assyrische. Zudem war das Handelsmonopol als Block an der Gründung eines jeden Staates mit Sicherheit beteiligt. Ohne Handelsmonopol kein Staat. Man sollte niemals vergessen, dass ein schwerwiegender Teil des Staates aus dem Handelsmonopol besteht.

Wie aus der Gemeindeordnung von Medina ersichtlich wird, zeichnete Mohammed sich dadurch aus, dass es ihm gelang, in einer Region, die von der starken Hand der Zivilisation noch nicht ganz erfasst worden war, die arabischen Stämme, unter denen es brodelte, erstmals zu Partner*innen eines Vertrages zu machen. Was Mohammed einzigartig machte, war, dass er aus dem arabischen Stammeswesen einen Staat schuf. Staat zu sein, bedeutet rasche Monopolisierung in drei Bereichen: Landwirtschaft, Handwerk/Industrie und Handel. Diese drei Monopole hatten Mehrprodukt und Mehrwert der Gesellschaft im Nahen Osten schon mehr als dreitausendfünfhundert Jahre lang geraubt und geplündert, bevor Istanbul gegründet wurde. Dies verschaffte ihnen enorm große materielle Möglichkeiten. Es bedeutete, dass sie sehr schnell ein riesiges Kapital erlangten. Diesen Stämmen, die im immer mehr desertifizierten Arabien jahrtausendelang an der Hungergrenze gelebt hatten, reichte schon die Witterung dieser Monopole aus, um einen »wahnsinnigen Krieg« auszulösen. Mohammeds großes Geschick lag darin, dass er sehen, spüren und verstehen konnte, wie die drei großen Zivilisationen, die die Stämme umgaben, also das Sassanidenreich, Byzanz und Abessinien[40] die arabischen Stämme seit Jahrtausenden aus allen Himmelsrichtungen bedrängt hatten. Eine noch wichtigere Seite seines Geschicks war, dass er diese materielle Wirklichkeit mit einem *hervorragenden religiösen Diskurs* in eine geistige Wirklichkeit, den *Islam*, verwandelte und die Stämme unter diesem Namen genauso geschickt in *Aktion* treten, also *in den Krieg ziehen ließ*. Der islamische Krieg bedeutete, dass die Stämme, die durch die Darbietung der immateriellen Witterung des Monopols berauscht waren, ihre Energie auf die Bühne der Geschichte brachten und in die Gebiete der Zentralzivilisation fließen ließen – mit Gebrüll, Schwert, Glauben und Kriegsbeute!

Ich benutze diese Begriffe nicht, um das Kriegertum der arabischen Stämme herabzusetzen. An dieser Stelle halte ich eine sehr ernsthafte Unterscheidung für notwendig. Die Armen der Stämme glaubten tatsächlich

---

40 Gemeint ist das Königreich von Aksum mit Zentrum im heutigen Äthiopien, das sich damals bis auf die arabische Halbinsel erstreckte.

an die neue Ideologie, die im Namen des Islam geschaffen wurde – man hatte sie an diese Ideologie glauben lassen. Sie glaubten sehr daran, dass sie einen heiligen Krieg führten. Sie hatten keinen Funken Zweifel daran, um Allahs willen zu kämpfen. Das gleiche kann man aber nicht von der gesamten Stammesaristokratie und insbesondere der Führungsebene behaupten. Ein Großteil von ihnen hatte bereits zu Lebzeiten Mohammeds die Monopole gewittert und wusste, dass der Teil über Allah bloßes Gerede beziehungsweise gezielte Propaganda war. Sie sollten ohnehin den neuen Staat binnen kurzer Zeit (nach ungefähr zwanzig Jahren, wenn wir die Ära der vier Kalifen dazu zählen) in Form der Dynastie der Umayyaden usurpieren.

An dieser Stelle müssen wir kurz innehalten. Worum handelt es sich bei Mohammeds Allah? Ist es ein Konzept oder eine Realität? Die europäische Zivilisation wurde zur weltweit hegemonialen Kraft, indem sie diese Frage zu Ende diskutierte und beantwortete. Deswegen bleibt denjenigen, die sich mit dem Islam beschäftigen, anscheinend kein anderer Ausweg, als die Kraft aufzubringen, diese Frage zu Ende zu diskutieren und zu beantworten. Ein anderer Ausweg wäre einzig die vollständige Ablehnung des Islam. Da dies nicht besonders wahrscheinlich ist, kann man nicht umhin, eine Antwort auf diese Frage zu entwickeln.

Der Name Allah geht auf die Wurzel »El« zurück, die in der semitischen Etymologie eine lange Geschichte aufweist. Wie bereits erwähnt, ist sie gleichbedeutend mit dem allgemeinen, abstrakten Gott der semitischen Stämme und entspricht dem Konzept der »Erhabenheit«. Es wird vermutet, dass der Name von den semitischen kanaanitischen Gruppen vermittelt über den Stamm der Hebräer*innen übernommen wurde. *Eloah* in der Tora wurde später zu *adonai* (Herr), im Christentum zu Vater, Sohn und Heiligem Geist und schließlich mit Mohammed zu Allah. Die begriffliche Herkunft dieses Wortes ist eindeutig. Ich werde nicht auf die Theologie eingehen, da ich das bereits kurz getan habe. Ich kann dem Folgendes hinzufügen: Mohammed und der Allah-Begriff tragen alle materiellen und immateriellen Elemente der Gesellschaftskultur als Identitätssymbol in sich. Er erklärte auch, was Gesellschaft bedeutet. Selbst Mohammed meinte die neu entstehende beziehungsweise zu strukturierende »Gesellschaft von Medina«, also die »islamische Gesellschaft«, wenn er von der ganzen Gesellschaft sprach. Das Wort Allah wurde gleichbedeutend mit dem Geist, der Energie aller materiellen und immateriellen Elemente jener Gesellschaft verwendet. Die entstehende Gesellschaft war die Gesellschaft Allahs. Derartige Ausdrücke werden ohnehin häufig verwendet. Es gibt keinen einzigen Partikel, der von

Allah nicht umfasst wird. Mohammed erweitert dieses Konzept noch, indem er es in der Erschaffung von allem, was war, ist und sein wird, aktiv werden lässt. Es handelt sich dabei um eine Entfaltung, die gänzlich Hegels Metaphysik ähnelt. Der Gott der Hebräer*innen war beschränkter. Der Demiurg bei den Griech*innen spielte nur die Rolle eines Architekten des Existierenden. Er war kein Schöpfer. Auch die Diskussion über Schöpfertum wird falsch geführt. Das Schöpfertum bei Mohammed ist kein Schöpfertum im vulgären Sinne.

Die Gött*innen im sumerischen Pantheon spiegelten offensichtlich die hohen Verantwortlichen des damals neuen Staates wider. Die Ordnung war einfach und effektiv. Für das Niveau der immateriellen Kultur jener Ära war eine solche Ordnung ausreichend glaubwürdig und legitimierend. Allerdings hätte der geistigen Kultur und der gesellschaftlichen Mentalität in der Ära Mohammeds eine grobe Gött*innenordnung für eine solche Legitimation nicht gereicht. Schließlich hat sich Mohammed nicht darauf beschränkt, wie Abraham die Götzenbilder in der Kaaba, die jener Ordnung ähnlich waren, zu zerstören, sondern er eliminierte sie gänzlich und erklärte Götzenverehrung zur größten Sünde. Darauf stand im Diesseits die Todesstrafe, im Jenseits ewiger Aufenthalt in der Hölle. Der neue Gott, Allah, hatte eine der größten geistigen Revolutionen vollbracht, indem er das Pantheon, das seit den Sumerer*innen und Ägypter*innen existierte, gänzlich aufgelöst und verboten hatte. Es handelte sich vor allem um eine »göttliche Revolution«. Was hat die Gesellschaft dadurch gewonnen, was hat sie verloren? Das ist eine andere Frage, die zu diskutieren meines Erachtens sehr wichtig ist. Eine Diskussion auf der Basis eines Vergleichs des Zusammenhangs zwischen Polytheismus, vielfältiger Gesellschaft und Demokratie mit dem Zusammenhang zwischen monotheistischer Gesellschaft monarchischer Diktatur könnte wichtige Ergebnisse zutage fördern.

Trotzdem erscheint es mir realistischer, eine Ähnlichkeit von Mohammeds Allah-Begriff mit Platons Ideenleere und Aristoteles' Begriff der Entelechie[41] festzustellen. Wenn wir uns das heutige Niveau des wissenschaftlichen Denkens vor Augen führen, entspricht es eher der Realität, sich Allah entsprechend der »Antimaterie« im Universum oder der Energie, die ja einen viel verständlicheren Begriff darstellt, vorzustellen. Dieser Teil ist die Bezeichnung des Allahs, die dem außermenschlichen Universum entspricht.

41 Dieser Begriff aus der Metaphysik des Aristoteles bezeichnet einen Zustand, in dem ein Potenzial vollständig realisiert wird.

Auch aus Mohammeds Sicht entspricht das Wort Allah sicherlich dem Gesamtausdruck der gesellschaftlichen Identität. Davon ausgehend möchte ich auf Folgendes kommen: Das Handeln in Allahs Namen ist kein zweckloser Begriff oder Propaganda, sondern der Ausdruck einer Praxis mit wirklich umfangreicher Bedeutung. Vor allem, wenn es um die gesellschaftliche Natur geht, ist die Aktion in Allahs Namen gleichbedeutend mit sozialem Kampf. Ich habe überhaupt keinen Zweifel daran, dass Mohammed den Begriff in diesem Sinne verwendete. Noch wichtiger, ich glaube auch nicht, dass sein Hauptziel die Eroberung der Profitmonopole (Landwirtschaft, Industrie und Handel) war. Sein sozialer Kampf war ein typisches Mittelschichts-Sozialdemokratentum oder ein Kampf für die »demokratische Republik«, die – wie ich es zu nennen versuche – auch die »demokratische Gesellschaft« beinhaltet.

Es existieren überhaupt keine Hinweise darauf, dass Mohammed ein neues Königreich errichten wollte. Auch weist nichts darauf hin, dass er eine Dynastie errichten wollte. Wenn er es gewollt hätte, hätte er die Kraft dazu gehabt. Auch die Einrichtung des Kalifats hätte er bereits von Anbeginn an verhindern können. Interpretieren wir einmal seine Haltung in der ersten Moschee Medinas: Dort wurde ausschließlich die soziale Frage diskutiert. Das ist ganz eindeutig. Alle in der Gemeinde standen auf – oder blieben sogar sitzen – und äußerten ihre Meinung zu grundsätzlichen sozialen Themen und verlangten Rechenschaft. Die Zusammensetzung und die Modalitäten der Treffen waren jedenfalls demokratisch. Frauen und Sklav*innen, Menschen aus allen Völkern und ethnischen Gruppen durften an den Treffen teilnehmen und das Wort ergreifen. Bilāl ibn Rabāh al-Habaschī war beispielsweise ein Schwarzer afrikanischer Sklave. Salmān al-Fārisī war ein Sahābī persischer Herkunft. Frauen verrichteten sogar gemeinsam mit Männern das Gebet. Es ist eindeutig, dass es anfangs, bei der Entstehung, keinen Geschlechts- oder Volkschauvinismus gab. Es existierten auch keine Klassen- oder Stammesprivilegien. Es ist eine unumstrittene Tatsache, dass der Islam in seiner Anfangsphase demokratisch-partizipativ war. Außerdem wurden in den ersten Moscheeversammlungen das Führungspersonal und die Kommandanten gewählt. Es wurden zahlreiche Beschlüsse gefasst, um Ungerechtigkeiten zu beseitigen.

Das Thema Kriegsbeute ließe sich folgendermaßen interpretieren: Ohne Weiteres lässt sich behaupten, dass die Vergesellschaftung der Monopole einen demokratischen und gerechten Schritt darstellte, solange sie sich nicht in individuelle Plünderung und Missbrauch verwandelte. Allein diese beiden

Themen zeigen schon klar, dass der Islam zum Zeitpunkt seiner Entstehung offen für Demokratie und soziale Gerechtigkeit war. Hätte es diesen demokratisch-partizipativen Charakter nicht gegeben, wären unmöglich so viele Stämme, Arme und Elemente aus der Mittelschicht so schnell in Aktion getreten. Mohammeds Organisierung beruhte nicht auf Gewalt, sondern wurde im Namen der Liebe zu Allah entwickelt. Das gleiche gilt für seinen Krieg. Offenbar fand eine umfangreiche ideologische, soziale, wirtschaftliche und politische Revolutionstatt. Ich messe auch der Art und Weise, wie Mohammed diese Revolution durchführte, großen Wert bei. Er setzte Maßstäbe für wahrhaft revolutionäre Politik: der Revolution ein stabiles ideologisches Gefüge verleihen, dieses auf allen gesellschaftlichen Ebenen mit der gleichen Stabilität verbreiten und sie mit einem Glauben und einem Bewusstsein durchführen, die die Ausmaße einer leidenschaftlichen Liebe annehmen. Das ist im Wesentlichen die Beschreibung von Mohammeds Realität, so wie ich sie verstehe. Alles andere ist nichts als leere Worte. Auch die Rituale Gebet und Dhikr haben ohne diesen Wesenskern keine Bedeutung, die über leere Worte (und Bewegungen) hinausgehen würde.

Es gibt manche Aspekte, die kritikwürdig sind und bei deren Durchführung auch Mohammed zögerte. Der erste davon ist, dass er nach der Grabenschlacht alle jüdischen Männer (des Stammes Banū Quraiza) wegen Kollaboration mit den Mekkaner*innen töten ließ. Jüd*innen interpretieren diese Sache als ersten Versuch eines »Genozids«. Es handelte sich dabei aber nicht um alle Jüd*innen, sondern um erwachsene jüdische Männer. Außerdem ging es um Kollaboration mit der Gegenseite in einem überlebenswichtigen Krieg. Meines Erachtens waren diese Tötungen ein Exzess des Islam, der später sehr ausgenutzt werden sollte. Der zweite Aspekt ist, dass Mohammed über das Ziel hinausschoss, indem er das Sultanatsregime, das später in der islamischen Welt wüten sollte, installierte, als er seine zunächst zögerliche Haltung gegenüber den Gött*innen al-Lāt, al-ʿUzzā und *Manāt* aufgab und durch eine radikale Verleugnung und Verbot ersetzte. Ein flexiblerer Gottesbegriff hätte zu einer pluralistischen Entwicklung der islamischen Welt – wenn auch nicht so sehr wie im Christentum – beitragen können. Man könnte weitere ähnliche Kritiken vorbringen. Im Bewusstsein, dass der Islam eine der größten Kritikbewegungen ist, ist es wichtig, diese Waffe, wenn auch sehr verspätet, so schnell wie möglich auf grundsätzliche Probleme zu richten.

Da unser Thema sich nicht so gut dafür eignet, werde ich Allahs neunundneunzig Namen nicht kommentieren. Allerdings muss man zunächst anmerken, dass allein jene neunundneunzig Namen an sich ein ausgezeichnetes »Programm zur gesellschaftlichen Transformation« darstellen. Ich muss unterstreichen, dass ich überhaupt keinen Zweifel daran habe, dass Allah und seine neunundneunzig Attribute nicht nur ein langfristiges Maximalprogramm darstellen, sondern jedenfalls auch ein kurzfristiges soziales Programm zur Befriedigung alltäglicher Bedürfnisse beinhalten. Ich habe gar keinen Zweifel daran, dass dies auch bei Mohammed eine solche Bedeutung hatte. Eine sehr bittere und bedauernswerte Sache ist, dass es nach dieser historischen Persönlichkeit elenden und liederlichen Personen, die von niederträchigsten Verräter*innen bis hin zu allerlei Munāfiqūn[42] und Heuchler*innen reichten, gelang, ihren Betrug unter dem Namen des Islamismus bis heute fortzusetzen. Das ist eben das tragische Phänomen, dessen Rätsel man unbedingt lösen muss.

Versuchen wir, die islamischen Phänomene und Momente, die im Folgenden wichtig sein werden, aufzulisten und zu deuten:

1 – Die Ära der vier Kalifen brachte die Zusammenstellung des Korans und der Hadithe und die Fortsetzung der extrem schnellen Eroberungsbewegungen mit sich. In jener Zeit gab es keine ernsthafte Spaltung im Islam. Die alte Aristokratie Mekkas hatte noch nicht die Kraft, die Konterrevolution einzuleiten. Es wurde darüber diskutiert, warum Ali zunächst nicht Kalif geworden war. Diese Diskussion sollte immer heftiger geführt werden. Aber noch existierten keine Anzeichen eines Sultanats. Es war eine Phase, die verhältnismäßig republikanisch und demokratisch war. Bis 650 n. Chr. wurden die Byzantiner*innen hinter den Taurus vertrieben, die sassanidische Dynastie ging nieder, ihr Reich wurde zerschlagen. In der Zeit von 650 bis 660 entflammte die Konkurrenz zwischen Ali, Muʿāwiya I. und Uthmān. Uthmān und Ali wurden ermordet. Die Quraisch-Aristokratie rächte sich nicht nur in der Person Muʿāwiyas I. am revolutionären Islam, sondern baute gleichzeitig auch schnell das neue Sultanatsregime mit seinem Zentrum in Damaskus auf. Es war nahezu so, als hätte das Sassanidenreich weiterexistiert, aber seine Dynastie und seine aktive Führung ausgetauscht. Die neue Bürokratie setzte sich ohnehin aus der alten iranischen Bürokratie zusammen. Der Islam wurde dem Schein und dem Namen nach beibehalten, aber im Wesentlichen im großen Stil verraten. Die restlichen Mitglieder von Mohammeds Familie wurden 680 n. Chr. in der Person al-Husain ibn ʿAlīs beim tragischen Karbala-Massaker ermordet: Sie alle wurden,

42 Der Begriff bezeichnet Menschen, die nur vorgeben, Muslim*innen zu sein. Dies gilt im Islam als schlimmer, als ungläubig, *kāfir*, zu sein.

ohne Frauen und Kinder zu verschonen, getötet, und so wurde eine bittere Rachebewegung abgeschlossen. Was danach übrig blieb, war meines Erachtens nicht mehr der Islam, sondern der *Gegen-Islam*.

Solange man den Gegen-Islam nicht richtig beurteilt, wird keine sinnvolle Interpretation irgendeiner der sozialen Bewegungen, die im Laufe der Geschichte im Namen des Islam auftraten und erlebt wurden, möglich sein. Im Namen des Islam wurden zahlreiche Traditionen und Sekten gegründet. Es wurden sogar im Namen von Ahl al-bait – der Familie des Propheten – das Alevitentum und die Schia geschaffen. Doch all das sollte den vorherrschenden Gegen-Islam nicht verdrängen können. Der Gegen-Islam stellt im Wesentlichen eine Bewegung des Anschlusses an das traditionelle System der Zentralzivilisation im Nahen Osten dar; der Islam, der revolutionär, demokratisch, nicht gänzlich staatlich, also eine Art soziale Republik gewesen war, wurde auf der Grundlage des Verrats an diesen islamischen Grundwerten als ein neues Moment in eines der Phänomene der dreitausendfünfhundertjährigen traditionellen Zivilisation verwandelt. Die Abbasiden sollten als eine der bedeutendsten Stationen dieser Art des Gegen-Islam fungieren. Wenn auch nicht so sehr wie die Umayyaden-Dynastie, verwandelten sie den Gegen-Islam in die größte Hegemonialmacht des Nahen Ostens. Diese Dynastie, die ungefähr von 750 bis 1250 existierte, war gewissermaßen das neue Babylon. Bagdad wurde 760 als neues Babylon und Hauptstadt errichtet. Es gab eine philosophische und islamisch-theologische Bewegung, die in dieser Zeit ihren Anfang nahm, aber nicht zu Ende geführt werden konnte. Es wurde über die freie Vernunft diskutiert. Al-Kindī, al-Fārābī, ar-Rāzī, Dschābir ibn Hayyān, ibn Sīnā (Avicenna) und ibn Ruschd (Averroes) waren bedeutende Personen. Was philosophische Diskussionen betrifft, waren sie in ihrer Zeit (ungefähr 800–1200) Europa weit voraus – und auch im Hinblick auf wissenschaftliche Fortschritte.

Sowohl in der Geschichte der nahöstlichen hegemonialen Zivilisation als auch in der Hinsicht, dass der Islam den jüngsten Namen dieser Hegemonie darstellt, war das Ende des zwölften Jahrhunderts ein kritischer Wendepunkt. Das Schicksal des Nahen Ostens und des Islam hing davon ab, ob dieser Wendepunkt erfolgreich überwunden würde. Die Zeit in der Islamgeschichte vor diesem Wendepunkt kann als der arabische Islam bezeichnet werden. Der arabische Islam repräsentiert nicht den revolutionären, sondern den Gegen-Islam. Ihm gelangen die Organisierung der Stammesaristokratie als Zivilisationskraft und der Aufbau einer regionalen Hegemonie. Der andere Name dieses Islam ist der »sunnitische Islam«.

Die etymologische Bedeutung des sunnitischen Islam ist der traditionelle, rechts-aristokratische Islam. Er erinnert daran, wie das Christentum dreihundert Jahre nach seiner Entstehung als offizielle Ideologie des Oströmischen Reiches (Byzanz) etabliert wurde. Der Unterschied lag darin, dass dieser Prozess im Islam schneller verwirklicht wurde. Er erfolgte nicht innerhalb von dreihundert, sondern von dreißig Jahren.

Die Integration in die Zivilisation ließ sich natürlich nicht ohne eine radikale Spaltung verwirklichen. Genauso wie im Christentum wurde dieser Prozess auch im Islam weitverbreitet erlebt. Die Armen der Stämme sahen, dass sie immer mehr verraten wurden, und nahmen gegen die Stammesaristokratie als Verkörperung der Macht einen sehr tiefgreifenden Bürgerkrieg auf. Das erste Beispiel war die Bewegung der Charidschit*innen. Sie bildete die erste große Fraktion, die als Reaktion auf den Konflikt zwischen Muʿāwiya I. und Ali in Aktion trat. Die Fraktion bestand ausschließlich aus Beduin*innen. Sie waren sehr wütend darüber, dass sie ihren Anteil am Versprochenen nicht erhalten hatten. Obwohl sie es waren, die den Krieg geführt hatten, hatte sich diejenige Schicht, die eine aristokratische Dynastie anstrebte, seine Früchte angeeignet. Die Charidschit*innen führten sehr blutige Aktionen durch. Ali fiel diesem Prozess zum Opfer. Die Charidschit*innen hatten eigentlich Attentate auf alle drei Personen geplant, die einen Krieg um die Macht führten (Ali, Muʿāwiya I. und Amr ibn al-ʿĀs). Zwei von ihnen entkamen durch Zufall. Das Antizivilisatorische an der Bewegung der Charidschit*innen ist sehr bemerkenswert. Da sie sehr verleumdet wurden, wurden sie nicht objektiv beurteilt. Eindeutig repräsentierten sie die ärmste arbeitende Schicht der Stämme. Sie planten und führten jene Aktionen als Reaktion auf den Verlust der primitiven Demokratie und des Partizipativismus in der Entstehungsphase des Islam und auf das Überhandnehmen der Macht- und Staatswerdung durch. Als bemerkenswertes Zeichen der Auseinandersetzung zwischen Demokratie und Macht im Rahmen des Islam kommt den Charidschit*innen historisch eine große Bedeutung zu.

Wie so oft in der Geschichte führte das Fehlen einer ideologischen und organisatorischen Führung dazu, dass sie degenerierten und zwischen den Rädern der Kräfte der Macht zerrieben wurden. Mohammeds Familie, die Ahl al-bait genannt wird, konnte nach der Katastrophe in Karbala nie wieder zur alten Stärke finden. Die Bewegung der Zwölf Imame sowie die Bewegungen der Ismailit*innen und der Fatimid*innen, die alle im Namen von Ahl al-bait agierten, konnten den sunnitischen Islam nicht entmachten.

Diese Tendenz, die vorwiegend im Iran, in Anatolien und Nordafrika stärker zu werden versuchte, gründete zwar einige kurzlebige Staaten, war aber weit davon entfernt, den revolutionären Islam zu vertreten. Ihrem iranischen Arm gelang es Anfang des sechzehnten Jahrhunderts unter der Bezeichnung Schia zu einer Kraft der offiziellen Zivilisation zu werden. Genauso wie der fatimidische Staat (in Nordafrika) war auch dieser Staat eine Rechtsabweichung innerhalb von Ahl al-bait. Die Armen nahmen die Richtung der Aliden bzw. Aleviten an, und die Qarmat*innen, Almoraviden (al-Murābiṭūn) und die Anhänger*innen von Hasan-i Sabbāh, die ähnliche Kräfte bildeten, stellten sich als radikalere Widerstandskämpfer*innen nach wie vor gegen die Machthaber*innen.

2 – Die historische Rolle des umayyadischen und des abbasidischen Reiches bestand im Wesentlichen darin, dass sie die Stammesaristokratie Arabiens zu Mächten erhoben, was in verschiedene Staaten mündete. Die innere Energie des auf einer jahrtausendealten Tradition beruhenden Stammessystems hatten sie auf diesem Wege absorbiert. Die restlichen Araber*innen erlangten in Form von Beduin*innen als einer historischen Kategorie wieder eine Bedeutung. Man könnte sie als die sesshaften und halbsesshaften sozialen Teile der Armen der Stämme, die den Islam angenommen haben, definieren – genauso wie es bei den Turkmen*innen unter den Türk*innen und den Kurmandsch unter den Kurd*innen der Fall war, die die gleiche Spaltung erlebten, nachdem sie den Islam angenommen hatten. Diese Spaltung war eine sehr wichtige soziale Differenzierung und die ernsthafteste Klassenbewegung in der Geschichte des Nahen Ostens. Die entsprechenden Gruppen sollten in der Regel eine Opposition gegen die Stammesaristokratie bilden, die zu einer Macht wurde, und den revolutionären Islam als ideologischen Schleier in Form von verschiedenen Sekten und Konfessionen, allen voran des Alevitentums, zu leben versuchen.

Dem arabischen Sunnitentum als Gegen-Islam gelang es, die Araber*innen aus zersplitterten Stämmen in ein Volk (*kavm-i necib*[43], das edle Volk) zu verwandeln. Das brachte auch stets einen hegemonialen und chauvinistischen Stammeschauvinismus mit sich, eine Art proto-faschistische Form des Islamismus. Gegenwärtig bestätigen die radikalen Kräfte des rechten Islamismus (der moderne salafistische Islam) diese Tatsache. Auch im Christentum und Judentum gab es stets solche Entwicklungen. Als sich der arabische Islam des politischen Machtmonopols der Zivilisation

43 Diese Bezeichnung wurde im osmanischen Türkisch verwendet.

bemächtigte, hatte er verschiedene historische Optionen. Die erste davon war eine militärische Eroberungspolitik. Diese Eroberungspolitik stützte sich darauf, gesellschaftliche Reichtümer als Beute anzusehen und sie sich gewaltsam anzueignen. Zu jener Zeit gab es in der nahöstlichen Gesellschaft reichlich Beute. Christ*innen, Jüd*innen und andere Gruppen, die als Ungläubige betrachtet wurden, ließ man in zunehmendem Ausmaß Land- und Kopfsteuern (*charadsch* und *dschizya*) zahlen; und in Kriegszeiten machte man in Form von Plünderungen Kriegsbeute (*ghanīma*), eignete sich also gesellschaftliche Reichtümer gewaltsam an. Die muslimische Bevölkerung musste den Zehnten (*aşar*) zahlen, es wurde also ein zehnprozentiger Anteil des Mehrprodukts oder eines ähnlichen Jahreseinkommens abgeführt. Wenn auch Samir Amin dies in Form der »tributären Produktionsweise« als eine systemische Kategorie präsentieren will, ist dies keine sinnvolle Bezeichnung. Es handelte sich dabei vielmehr um eine allgemeine Praxis der Zivilisation.

Der Handelsmonopolismus bildete die zweite Option. Beim Thema Handel können wir von einem großen Schub sprechen. Ein Großteil der traditionellen Patrizier*innen hatte mit dem Handel ohnehin bereits Bekanntschaft gemacht (selbst in Mekka basierte die Aristokratie auf dem Handel). Die geobiologischen Gegebenheiten Arabiens eigneten sich nicht besonders für Agrarmonopolismus. Auch Viehzucht konnte wegen des Wüstencharakters nur begrenzt betrieben werden. Die Profitmöglichkeiten durch den Fernhandel hatten den Handel zu einem wichtigen Profitmonopol gemacht. Damaskus, Aleppo, Basra, Kairo, Ta'if, Mekka, Kairouan, Samarkand, Buchara, Ghazni, Herat und natürlich die Hauptstadt Bagdad erlebten ihren Aufstieg als neue bedeutende Handelszentren. Lange vor der vergleichbaren Entwicklung in Europa fand eine fortgeschrittene urbane und Handelsrevolution statt.

Die Zeit vom achten bis zwölften Jahrhundert war gleichzeitig die Ära der *urbanen und Handels-Revolution des Islam*. Der Profit im Agrar- und Industriemonopolismus war nicht ausreichend reorganisiert worden und daher begrenzt geblieben. In Landwirtschaft und Industrie kam es zu keinem vergleichbaren revolutionären Schritt. Dieses Thema bildete den kritischsten Punkt für den Islam. Warum wurden in der Landwirtschaft und der Industrie keine effizienten Initiativen ergriffen? Eigentlich hatte der Nahe Osten in beiden Bereichen reichlich Erfahrung und Potential. Alleine Nil, Tigris, Euphrat und die Flüsse des Punjab boten das Wasser und den fruchtbaren Boden, die für eine Agrarrevolution notwendig waren. Die sumerische und die ägyptische Zivilisation hatten auf den ersten

Agrarrevolutionen basiert. Außerdem war auch die jahrtausendealte neolithische Agrarrevolution noch in Kraft, also: Es existierte eine sehr stabile dörflich-agrarische Gesellschaft. Auch Handwerk und Industrie hatten im Zusammenhang mit der Geschichte der Städte bereits einen sehr alten Hintergrund aufzuweisen (rund viertausendfünfhundert Jahre). Die notwendige philosophische und wissenschaftliche Grundlage war ebenfalls erlangt worden, vor allem durch die unvollendete Renaissance-Revolution während der Ära der Abbasiden. Wenn man gewollt hätte, hätte man bequem eine Agrar- und Industrierevolution verwirklichen können, die der Europas weit voraus gewesen wäre.

Den Hauptgrund dafür, dass jene Revolution nicht durchgeführt werden konnte, in der Akkumulationsweise des Profits zu suchen, wäre meines Erachtens die richtigste Interpretation. Das System konnte mittels Handel und (Kriegs-)Beute auch ohne Revolution (in der Landwirtschaft und Industrie) enorme Profite akkumulieren. Aus Macht und Krieg resultierende Beute (Tribut) wurden als attraktiver und einträglicher angesehen. Beinahe alle Siedlungsgebiete der Welt außer China konnten zum Gegenstand von Beute und Handel gemacht werden. »Welteroberertum« machte dies möglich. Armeen und Kriege waren zu höchst einträglichen Profitmonopolen, -organisationen und -aktionen geworden. Dagegen fanden die Monopole in England und Holland als Avantgarde-Kräfte der Agrar- und Industrierevolution in Europa den Ausweg aus ihrer (durch Spanien, Frankreich und den Papst) ziemlich bedrängten Lage darin, in Landwirtschaft und Industrie einen Fortschritt nach dem anderen zu erzielen. Anderenfalls wären sie möglicherweise von den Kräften, die sie bedrängten, sogar gebrochen und kolonialisiert worden. Das nahöstliche Machtmonopol hatte kein solches Problem. Seine Hegemonie besaß überall das gleiche Gewicht. Es existierten zudem keine speziellen Kräfte, die den Aufbau eines Profitmonopols speziell gegen diese Hegemonie zum Ziel hatten. Auch wenn die christlichen Völker eine solche Revolution beabsichtigt hätten (die Armenier*innen, Assyrer*innen und Griech*innen waren die Kandidat*innen dafür), war eine Umsetzung wegen Byzanz, der Kraft, die den damaligen Status quo repräsentierte, eine Sache der Unmöglichkeit. Ohnehin stand ihnen der Islam im Weg. Deswegen waren die Armee und die Kriegskunst als Machtmonopol nach wie vor ausreichend und konnten nachhaltig ihre Rollen als bedeutendste Instrumente der Profiterzielung spielen. Ein Sieg reichte aus, um die Gesellschaft eines Landes zum Beutefeld zu machen, und die Ressourcen für die Kriegsführung wurden immer größer und größer.

Es konnte sich also keine Agrar- und Industrierevolution entfalten, da sie im Vergleich zum politischen und militärischen Monopol keinen größeren Profit bieten konnte. Dass sich keine Agrar- und Industrierevolution entfaltete, führte dazu, dass sich auch die wissenschaftliche und folglich die dahinter steckende philosophische und künstlerische Revolution nicht entfalteten. Die islamische Renaissance, Reformation und Aufklärung konnten meines Erachtens aus diesem Grund nicht vollständig entwickelt und verwirklicht werden. Dies erlaubte, sozusagen im Verrat an der eigenen vierhundertjährigen Geschichte, eine Verschiebung der Hegemonie nach Europa. Dies hing unter anderem eng damit zusammen, dass der Islam Christ*innen und Jüd*innen nach Europa gezwungen und dort konzentriert hatte. Während der (sunnitische) Islam dadurch den letzten und höchsten Schritt der nahöstlichen Zentralzivilisation vollzog, wurde er gleichzeitig zum Namen der Identität der Summe der militärischen, politischen, wirtschaftlichen und ideologischen Kräfte (des offiziellen sunnitischen Islam), die die Ursache für seinen Untergang verkörperten.

Die islamische Zivilisation und demokratische Opposition beruhten ab dem zwölften Jahrhundert nicht mehr auf dem arabischen Volk, sondern nahmen eine Vielvölkererscheinung an. Es handelte sich dabei um den Übergang in eine Ära, in der eher die türkische Stammesaristokratie eine dominante Rolle spielte. In diesem wichtigen Prozess, der bis heute nachwirkt, kam es zu klassenmäßigen und ethnischen Verwerfungen. Bereits in der Ära der Umayyaden hatte sich der Stammeschauvinismus der Quraisch unter dem Namen *kavm-i necib* (»edles Volk«) in einen arabischen (Volks-)Chauvinismus verwandelt. Der größte Verrat nach dem Klassenverrat des (vorwiegend sunnitischen) Gegen-Islam (an den Armen des Stammes und den Beduin*innen) ereignete sich auf der Grundlage dieses Volkschauvinismus. Dieses Erbe verfestigte sich später und vertiefte die Widersprüche zwischen Klassen und Völkern.

Nach der arabischen Aristokratie besaß die türkische Stammesaristokratie das größte Gewicht im Gegen-Islam. Im Gegensatz zu einer weitverbreiteten Annahme stellte die seldschukische Ära (1040–1308) keineswegs eine Zeit der vollständigen Herrschaft der türkischen Aristokratie dar. Es ist allgemein bekannt, dass sich zahlreiche Gruppen und Personen aus den Turkstämmen bereits vor der Westwanderung der Hunn*innen von ihren Stämmen loslösten und dem byzantinischen und den arabischen Staaten jener Zeit als

Söldner*innen dienten. Dies ist bei den Türk*innen eine geläufige Tradition. So fingen sie ab dem neunten Jahrhundert an, sich auch in den Dienst der Abbasiden zu stellen. Das Sultanat der Seldschuken war eine etwas fortgeschrittenere Form dieses Prozesses. Die abbasidischen Sultane machten es sich, ihren Interessen entsprechend, zu einem strategischen Grundsatz, die Seldschuken im Iran und in Anatolien einzusetzen. Das Zentrum des Sultanats löste sich lange, sogar bis zur Endphase der Dynastie, nicht von der Kontrolle Bagdads. Selbst wenn es praktisch zu kurzfristigen Brüchen kam, gehörten sie in ideologischer, politischer und kultureller Hinsicht zusammen und bildeten ein Kontinuum.

3 – Die Herkunft der seldschukischen Türk*innen stellt in Bezug auf ihre Aristokratie ein interessantes Thema dar, dem es nachzugehen gilt. Es ist sehr wahrscheinlich, dass Seldschuk Beg selbst Ende des zehnten Jahrhunderts in Beziehung mit dem nordwestlich des Kaspischen Meeres gelegenen jüdisch-türkischen Staat der Chasar*innen stand, sogar in seinem Dienst stand. Diese Tatsache lässt sich an den Namen seiner vier Söhne (Mikhail, Israil, Musa und Yusuf) erkennen. Allerdings hatte er begriffen, dass man Muslim zu sein oder als solcher zu erscheinen hatte, um in der islamischen Welt Einfluss zu gewinnen, die ihre Hoheit bis an die Grenzen Chinas errichtet hatte. Die Beziehung zwischen der türkischen Aristokratie, die sich im Nahen Osten ausbreitete, und den jüdischen Eliten ist eine historische sowie aktuelle Frage, die heute noch nichts an ihrer Bedeutung eingebüßt hat und die es genauestens zu erforschen gilt. Solange besonders die militärischen, wirtschaftlichen und politischen Folgen davon nicht ans Tageslicht kommen, wird es schwer sein, historische und gegenwärtige Tatsachen ordentlich zu begreifen und zu bestätigen.

Bis zur Errichtung des Sultanats der Rum-Seldschuken in Anatolien gelang es den Begs der türkischen Stämme, in Form verschiedener Dynastien über etablierte lokale Mächte zu herrschen. Diese Herrschaft setzte sich in Form der Tuluniden und Ichschididen in Ägypten, verschiedener Atabegtümer im Irak und in Syrien sowie der Sultanate der Seldschuken in Anatolien und im Iran fort. Diese Ausbreitung der Begs der türkischen Stämme im Nahen Osten hatte zwei große historische Folgen: Erstens erlangten die Türk*innen dadurch die Stellung, nach den Araber*innen das zweite herrschende Volk zu sein. Ihre Hauptstrategie beruhte stets auf der Macht und dem Staat. Die natürliche Folge dieser Tendenz war aber das Aufgehen ihrer Oberschicht in der arabischen und der persischen Kultur. Sie traten nicht besonders offen für das Türkentum ein. Das Türkentum blieb verschleiert und objektiv.

Dieser Eigenschaft des arabischen und türkischen Sultanatregimes fielen historisch Armenier*innen, Assyrer*innen und Griech*innen (und teilweise Kurd*innen) zum Opfer. Wie bereits erwähnt, hatten sich Armenier*innen, Assyrer*innen und Griech*innen (Hellen*innen) als frühchristliche Völker neu strukturiert. Das Christentum war für alle drei Völker eine Art Proto-Nationalismus, genauer gesagt: Es war der Nationalismus jener Zeit. Es wäre realistischer, diesen nicht als Nations–, sondern als Volksstamm–Nationalismus zu bezeichnen. Das Christentum war auf dieser Grundlage angenommen worden. In dieser Tatsache lag auch der Unterschied zum (ökumenisch-universalen) römischen Katholizismus. Anfangs führte dies dazu, dass die entsprechenden Völker sich schnell aufrappelten und sozusagen eine frühe Nationenbildung erlebten. Das Christentum fungierte dabei als eine Art Nationalismus.

Nach der Reformation sollten alle europäischen Völker, vor allem die nordeuropäischen, einen ähnlichen Prozess erleben. Das Ostchristentum hatte diesen Prozess früher begonnen. Mit der darauf folgenden Verwandlung auch des Islam in Proto-Nationalismus (Gegen-Islam, Macht- und Herrschaftsislam) sollten die historischen Völker von einem Albtraum heimgesucht werden. Da in den vorigen Bänden die Rolle der jüdischen Volksideologie dabei umfassend analysiert wurde, werden wir dieses Thema hier nicht wiederholen. Doch bereits lange vor der nationaletatistischen Phase entfalteten die stammeschauvinistischen Elemente im Kern jener Ideologie im Mittelalter wie bereits im Altertum eine breite Wirkung. In der Zeit der arabischen und türkischen Sultane und Emirate, die die hegemoniale Kraft in ihren Händen hielten, begann die Geschichte schließlich, sich gegen die Armenier*innen, Assyrer*innen und Hellen*innen zu wenden. Die Geschichte verlief teilweise auch zuungunsten der Kurd*innen und Perser*innen. Bis heute wurden im Nahen Osten die christlichen Völker und ihre Kulturen durch all die Methoden, die ausprobiert wurden, fast gänzlich liquidiert. Die Liquidierung dieser fortschrittlichsten Kulturen des Altertums und Mittelalters (physisch und als materielle und immaterielle Kulturen) war der größte Verrat der nahöstlichen Zivilisation an den Völkern. Diese fluchbeladene historische Tragödie spielt eine entscheidende Rolle dabei, dass der Nahe Osten eine kulturelle Desertifikation erlebte, sich gegenwärtig in einer Krise befindet und in den Selbstmord getrieben wird. Den Kurd*innen widerfuhr keine ebensolche physische Liquidierung wie den christlichen Völkern, aber in kultureller Hinsicht mussten sie einen noch schlimmeren Verrat erleben. Die Kurd*innen stecken heute noch bis zum Hals in diesem Verrat. Ich verwende hier nicht das Wort »Identität«, denn sie wurden bisher nicht anerkannt. Es ist völlig offensichtlich, dass die Frage, wie die Kurd*innen sich selbst als eine freie Identität konstruieren werden, die grundlegendste Frage des Nahen Ostens im einundzwanzigsten Jahrhundert sein wird.

Das tragische Ende, das die Christ*innen insbesondere in Anatolien erwartete, war in zeitlicher und formaler Hinsicht nahezu identisch mit dem, was den Muslim*innen und Jüd*innen in Spanien widerfuhr. Zahlreiche historische Daten zeigen, dass die anatolischen Christ*innen – als Vergeltung für die Liquidation der Muslim*innen und Jüd*innen durch das christliche Königreich Spanien und das hinter ihm stehende katholische Europa – von den osmanischen Sultanen sowie den jüdischen Bankiers und Händler*innen, die mit ihnen kollaborierten, liquidiert wurden. Auf der Grundlage ähnlicher Bündnisse und Vorgänge wurde später – als Vergeltung für die Liquidation der muslimischen Balkantürk*innen und Jüd*innen – die Liquidation der in Anatolien übrig gebliebenen Christ*innen fast abgeschlossen. Dieser letzte Prozess unterschied sich von den anderen dadurch, dass er nicht von Sultanen und Königreichen, sondern durch die Initiative einer halbwüchsigen bürgerlichen Klasse und Elite verwirklicht wurde.

Die zweite große historische Folge war diejenige, die sich auf der Klassenebene abspielte. Ein ähnlicher Prozess wie der Klassenbruch zwischen den arabischen Adligen und den Beduin*innen ereignete sich zwischen den Begs und der armen Basis der türkischen Stämme. Während die Begs eher die türkische Identität annahmen, definierten sich die Stämme, die unten standen, als Turkmen*innen. Das Turkmenentum bezeichnet das von dem sunnitischen Islam und der Macht ausgeschlossene Stammestürkentum. Die Turkmen*innen, die sich eher in ländliche Berggebiete zurückzogen und mit Viehzucht beschäftigten, sollten nach und nach zu sesshaften Bäuer*innen werden. Sie waren es, die das wahre Türkentum sprachlich und kulturell am Leben hielten. Die Begtum-Türk*innen dagegen sollten in der arabischen und persischen Sprache und Kultur dermaßen aufgehen, dass sie sich beinahe mit den arabischen und persischen Adligen gleichsetzten. Die Distanzierung von und die Skepsis gegenüber Turkmen*innen und die häufigen Auseinandersetzungen mit ihnen fungierten als einer der bedeutendsten Klassenkämpfe der Geschichte. Genauso wie bei den Araber*innen kam es auch hier offensichtlich zu einem heftigen Klassenkampf. Man versuchte bis Anfang des zwanzigsten Jahrhunderts ohne Unterbrechung, den von türkischen Begs und Sultanen angeführten Islam zu vertreten.

Das spiegelte sich bis nach Mitteleuropa hinein wider. Ab dem siebzehnten Jahrhundert kam es aufgrund der beginnenden europäischen Moderne zu einer Rückwärtsentwicklung. Dieser Rückzug bis nach Zentralanatolien wurde in den 1920er Jahren unter der Führung Mustafa Kemals aufgehalten, und schließlich wurde die Republik Türkei gegründet. Die Republik wurde aufgrund der Versöhnung der türkischen Machtelite mit den europäischen Nationalstaaten im Rahmen der europäischen Moderne und der Akzeptanz der europäischen Hegemonie ins Leben gerufen.

Nach dem arabischen und dem türkischen Islam wurde die drittwichtigste aristokratische Machtelite von denjenigen gebildet, die iranisch-persischer Herkunft waren. Die iranisch-persische Opposition, die sich mit der Idee und dem Glauben an die Ahl-al-bait- und Zwölf-Imame-Tradition gegen die arabische und türkische sunnitische Islamtradition herausbildete, befand sich seit den Umayyaden stets in Bewegung. Sie schreckte nicht davor zurück, gegen die umayyadische und abbasidische Herrschaft, in deren Bürokratie sie einflussreich war, häufig innere und äußere Aufstände zu organisieren. Nach mehreren regionalen Erfahrungen mit eigener Macht erklärte man 1501 die Schia offiziell zu einer Konfession und versuchte, die alte iranische Reichsordnung zu erneuern. Dieses Reich, das unter der Führung der turkmenischstämmigen Aseris und der schiitischen Perser*innen stand, kämpfte häufig gegen die osmanisch-türkischen Sultane. Diese Kämpfe, mit denen man die Wiedererlangung der aus den Händen gleitenden Hegemonie im Nahen Osten beabsichtigte, zermürbten beide Mächte und führten zur Stärkung der europäischen Hegemonie (sechzehntes bis neunzehntes Jahrhundert). Obwohl sich die Schia-Machthaber den sunnitischen Machthabern entgegenstellten, sollte man sie dennoch als eine weitere Form des Gegen-Islam definieren. Der einzige Unterschied zwischen ihnen bestand darin, dass die Schia-Machthaber sich stärker auf die Ahl-al-bait- und die alevitische Tradition bezogen und sie ausnutzten. Solange das Alevitentum nicht als der Macht entgegenstehend, anti-zivilisatorisch und als demokratische Zivilisation vertreten wird, wird jede Machtstruktur, die in seinem Namen ins Leben gerufen wird, nichts als eine weitere Form des Gegen-Islam sein.

4 – In der Phase des Herrschaftsislam ist die Rolle der Kurd*innen als der vierten Volkskraft nicht besonders ausgeprägt. Man weiß, dass sie an den Höfen einflussreich waren. Es ist allgemein bekannt, dass an umayyadischen, abbasidischen, seldschukischen, osmanischen und iranischen Höfen zahlreiche kurdische Fürstentümer (Mir- und Begtümer) repräsentiert wurden. Sie spielten einerseits eine persönliche Rolle, fungierten andererseits als Begs. Die Dynastie der Ayyubiden errichtete mit Saladin an ihrer Spitze zwischen 1168 und 1250 ein Reich, dessen Zentrum in Damaskus lag. Obwohl Saladin kurdischstämmig war, konnte er genauso wie türkische Dynastien nicht umhin, die Rolle eines adligen Arabers zu spielen. Die Dynastie der Marwaniden errichtete eine Herrschaft, deren Zentrum in Mayyafariqin (dem heutigem Silvan) lag (990–ca. 1090). Diese Struktur wurde später von türkischen Dynastien liquidiert. Es entstanden noch mehrere ähnliche kurdische Begtümer. Die aus Bitlis stammende Familie von Scherefḫan konnte sich bis in die 1560er Jahre halten[44]. Da die kurdischen Begtümer eher der sunnitischen Tradition anhingen, hatten sie sich bereits unter der Führung von Idris-i Bitlisî mit den osmanischen Sultanen gegen die schiitische Herrschaft der Safawiden im Iran verbündet. Die Lage der kurdischen Begtümer, die im osmanischen Herrschaftssystem äußerst große Autonomie genossen, verschlechterte sich ab dem neunzehnten Jahrhundert. Mit dem Bedirxan-Beg-Aufstand spielten sie ihren letzten Trumpf aus und wurden besiegt (1835–1860).

Nach den Begs versuchten die kurdischen Scheichtümer durch eine andere Art der Kollaboration mit der Macht (1826–1926) an Einfluss zu gewinnen; doch auch sie ereilte das gleiche Schicksal. Als Nachfolger beider Richtungen konnten Barzani und Talabani, sich auf die Beziehungen stützend, die die Stammesaristokratie im zwanzigsten Jahrhundert auf der Grundlage des religiösen und ethnischen Nationalismus mit den kapitalistisch-hegemonialen Kräften eingegangen war, innerhalb des heutigen Iraks eine regionale Machtpositionen erlangen.

Die Kurd*innen, die als Produkt der Verarmung kurdischer Stämme entstanden und das Pendant zu den Armen arabischer und türkischer Stämme darstellen, werden Kurmandsch genannt. Genauer gesagt, man könnte sie so definieren. Als Kurmandsch bezeichnet man – über die Stammesverarmung hinaus – die Kurd*innen, die zu Dorfbevölkerung oder zu Nomad*innen geworden sind, da ihre Stammesbeziehungen sich aufgelöst haben. Sie bilden die Unterschicht. Sie konnten objektiv Kurd*innen bleiben. Die erdrückende Mehrheit der Oberschicht, die aus kollaborierenden Kurd*innen besteht, versucht ohnehin, sich zu halten, indem sie überwiegend in Beziehung mit den Machteliten der jeweiligen Nation und teilweise mit den Hegemonialkräften USA und Europa die gesellschaftlich zersplitterten

44 Gemeint ist vermutlich, dass sie bis dahin eine relative Autonomie bewahren konnten.

und sozusagen einem kulturellen Genozid ausgesetzten werktätigen Kurd*innen ausschließt. Diese Tatsache drückt dem Klassen- und dem nationalen Befreiungskampf als Bestandteilen des kurdischen Phänomens ihren Stempel auf.

5 – Das islamische Zivilisationssystem fand sich nach dem zwölften Jahrhundert einem Sturm von Angriffen der Mongol*innen ausgesetzt. Genauso wie die Türk*innen griffen auch die Mongol*innen als Nichtmuslime den Islam an und unterwarfen alle Länder bis auf Ägypten auf verheerende Weise. Sie nahmen mit der gleichen Geschwindigkeit den Islam an und wurden zur neuen Hegemonialmacht des Systems. Man könnte das dreizehnte und das vierzehnte Jahrhundert als die Jahrhunderte der mongolischen Dynastie bezeichnen. Historiker*innen vertreten die Position, die islamischen al-Andalus-Kräfte und die mongolischen Kräfte seien stark genug gewesen, dass sie, wenn sie es gewollt hätten, nach dem zwölften Jahrhundert die europäische Zivilisation hätten liquidieren können, bevor diese sich entwickeln konnte. Viel mehr als Wollen oder Nicht-Wollen ist der wahre Grund dafür, dass eine solche Entwicklung nicht begonnen hat, dass das damalige Europa (1000–1500) einfallenden Besatzungsmächten keinen großen Profit zu bieten hatte. Das größte Glück Europas war, dass es keinen Reichtum bot, der dem der chinesischen und nahöstlichen Zivilisation vergleichbar gewesen wäre. Es war also weder Karl Martell noch eine ernsthafte und starke Verteidigung gegen die mongolische Besatzung, die den Islam aufhielten. Es bleibt eine offene Frage, ob die Mongol*innen für den Islam eine zerstörerische Kraft oder frisches Blut darstellten.

Die Dynastie der Timuriden könnte man als Folgekraft der Mongol*innen betrachten. Die Mongol*innen drückten dem fünfzehnten Jahrhundert ihren Stempel auf. Den Überbleibseln der beiden Dynastien gelang die Gründung des Mogulreichs, welches in Indien bis Mitte des achtzehnten Jahrhunderts als Hegemonialmacht weiterexistierte. Der islamische Staat al-Andalus (Spanien, 711–1492) – eine der letzten umayyadischen Dynastien – schaffte es, von Westen ins Innere Europas einzudringen. Er konnte sich aber gegenüber der aufsteigenden europäischen Zivilisation seiner Liquidation nicht entziehen, ebenso, wie sich später die Osmanen zurückziehen mussten. Was auf der iberischen Halbinsel dem Islam widerfuhr, ähnelte der Tragödie der Christ*innen in Anatolien.

Die islamische Zivilisation als Ganze verlor vom zwölften Jahrhundert bis zum Anfang des neunzehnten Jahrhunderts alle ihre positiven Werte, vor allem im kommerziellen und kulturellen Bereich, an Europa und verwandelte sich als Zivilisation in eine leere Hülle. Was in fünftausend Jahren angehäuft wurde, wurde innerhalb von fünfhundert Jahren weitergereicht. Diese räumliche und kräftemäßige Veränderung der fünftausend Jahre alten hegemonialen Zentralzivilisation war die größte Transformation der Geschichte. Die Welt erlebt heute noch die Nachbeben dieser großen Transformation.

f) Die historische Rolle des Aufbruchs der abrahamitischen Religionen

Historisch spielte der Aufbruch der abrahamitischen Religionen eine genauso bedeutende Rolle wie die der anti-zivilisatorischen Widerstände von Stämmen und Völkern. Obwohl ursprünglich von Stämmen ausgehend, fallen diese Religionen im Wesentlichen unter die Klassenbewegungen. Die Widerstände und Angriffe der Stämme und Völker, die von den Zivilisationskräften als »barbarisch« betrachtet wurden, könnten als Widerstände und Kräfte interpretiert werden, deren Angriffe eher von außen erfolgten und deren demokratische Anteile überwogen. Im Gegensatz dazu tragen die Aufbrüche von Religionen, insbesondere der abrahamitischen Religionen, zwar die Züge von Stämmen und Völkern, stellen aber dennoch von innen heraus erfolgende Bewegungen dar, deren Klassencharakter überwiegt. Beide Bewegungen erinnern an die nationalen Bewegungen von außen und Klassenbewegungen von innen heraus gegen die kapitalistische Moderne.

Die abrahamitischen Religionen, die gegen das über 5000 Jahre alte Zentralzivilisationssystem, das als bedeutendster Prozess der Universalgeschichte zu beurteilen ist, stets Widerstand leisteten und bei jeder Gelegenheit zum Gegenangriff übergingen, besitzen eine komplexe Klassenzusammensetzung. Sie bewegen sich in einem breiten Spektrum, das vom ärmsten Proletariat bis hin zur Aristokratie reicht. Im Kern richtet sich ihr Einwand dagegen, dass sich das System der Zentralzivilisation seit seinen sumerischen und ägyptischen Ursprüngen als »göttlichen Aufbruch« darstellt. Die Religionen, die als abrahamitisches ideologisches System konstruiert wurden, begegneten der Göttlichkeit dieses Systems der Gottkönige stets mit Skepsis und machten zur grundsätzlichen Idee ihres Aufbruchs, dass sie keine Götter beziehungsweise nicht göttlich sein könnten. Der reinste Ausdruck dieser Aufbrüche lautet: »Menschen können weder Götter noch göttlich sein.« Menschen könnten höchstens Gesandte Gottes (Prophet*innen) und seine Knechte und Mägde sein. Die Behauptung, mehr als das zu sein, ist größte Sünde und sei verflucht. Auf dieser Grundlage herrschten jahrtausendelang eine ideologische Auseinandersetzung und ein Krieg um die Hegemonie. Die ganze Geschichtsschreibung und -interpretation trägt die Spuren dieser Idee, dieser Auseinandersetzung und dieses Krieges.

Während wir das System der Zentralzivilisation beurteilen und über diesbezügliche Angelegenheiten lesen und schreiben, müssen wir dieser Tatsache große Aufmerksamkeit schenken, sie unserer Vernunft (Rationalität) einverleiben und sie niemals vergessen. Im Mittelpunkt des abrahamitischen Aufbruchs (die Synthesen des Zoroastrismus und Manichäismus zähle ich auch dazu) standen die Bemühungen des jüdischen Stammes und seines Stammesdenkens um die Konstruktion Gottes in der Religion. Man versuchte dabei, der mythologischen und ideologischen Hegemonie der Zentralzivilisation mit einem rationaleren Gottes- und Religionsverständnis entgegenzutreten. Alle Prophet*innen von Abraham bis Mohammed spielten eine historische Rolle in diesem Krieg um Bedeutungen. Die materielle Entsprechung zur religiös-immateriellen Kultur, die sie vertraten, waren eher die Mittelklasse und die Händler*innen als bedeutendste Schicht dieser Klasse. Während die Stammesaristokratie die oberste Stufe der Klassenrepräsentation bildete, bestand ihre niedrigste Repräsentation aus den Armen der Stämme und allen Proletarier*innen und anderen umherirrenden Gruppen, die aus dem System ausgeschlossen worden waren. Das jüdische Volk, das eine zentrale Stellung innehatte, versuchte während seiner ganzen Geschichte, seine führende Stellung in den Bereichen der ideologischen und materiellen Kultur aufrechtzuerhalten. Es bemühte sich sorgfältig darum, mithilfe der Tora und des Alten Testaments seine ideologische Führungsrolle als Hauptstrom zu erhalten. Es versuchte mithilfe des akkumulierten Bedeutungsreichtums, den es sowohl von Zivilisationssystemen als auch von antizivilisatorischen Kräften übernahm, sich selbst stets anzureichern und den eigenen Umfang zu vergrößern, und schaffte es so, im Kampf um Bedeutungen bis heute hegemonial zu bleiben. Auch im Rahmen der materiellen Kultur, im Bereich des Geldes und des Handels erlangte es einen sehr großen Erfahrungsschatz und sehr große Stärke und wusste auch in diesem Bereich die gleiche Hegemonie zu errichten.

Es wäre falsch und unzureichend, das gesamte Judentum über einen Kamm zu scheren. Während die zentralen jüdischen Kräfte im Allgemeinen in enger Beziehung zur und gleichzeitig im Widerspruch mit den Zivilisationssystemen lebten, beteiligten sich die oppositionellen demokratischen und sozialistisch-kommunistischen Kräfte im Judentum stets sowohl an der Suche nach einer neuen antizivilisatorischen demokratischen und sozialistischen Zivilisation als auch an ihren Strukturen. Diese in der jüdischen Geschichte stets vorhandene Tendenz sollte nicht unterschätzt werden. Jüd*innen spielten in allen radikaldemokratischen, sozialistischen, anarchistischen, feministischen, ökologischen und anderen oppositionellen Bewegungen, die sich außerhalb des Systems positionierten, eine wichtige Rolle. So sehr das jüdische Zentrum und die jüdische Rechte auf Geld und Handel bedacht waren und auf der Seite der staatlichen Zivilisation standen, so sehr standen jüdische werktätige und linke Kreise auf der Seite kommunaler, demokratischer und freier Ideologien und Strukturen.

Das Christentum vertritt vorwiegend die ärmsten Teile dieses Systems (des Systems der abrahamitischen Religionen), alle Arten von Sklav*innen und Armen der Stämme sowie andere Gruppen, die von den Zivilisationssystemen isoliert wurden. Auch wenn es sich im Prozess der Machtwerdung in zwei Hauptgruppen spaltete, stellt es nach wie vor eines der einflussreichen Elemente der immateriellen Kultur auf der Welt dar. Die Aufspaltung dieser Kultur spielt eine wichtige Rolle bei demokratischen und sozialistischen Entwicklungen. Der christliche Demokratismus und Sozialismus muss auf der Grundlage dieser Aufspaltung betrachtet werden.

Die dritte große abrahamitische Version, bei der zunächst Mohammed ein Aufbruch gelang und die kurze Zeit später die Gestalt des Gegen-Islam annahm, vertrat eher die aristokratischen und die reichen Händler*innenkreise, genauer gesagt wurde sie in die materielle und geistige Hegemonie dieser Kreise verwandelt. Sie führte einen erfolgreichen Hegemonialkrieg sowohl gegen die klassischen Kräfte der Zentralzivilisation (Byzanz, das Sassanidenreich, sogar das Kaiserreich China) als auch gegen die anderen beiden bedeutenden Versionen der abrahamitischen Religionen, das Judentum und das Christentum. Da sie ab dem zwölften Jahrhundert den Handelskapitalismus nicht auf eine Agrar- und industrielle Revolution ausweiten konnte, konnte sie am Ende des fünfhundertjährigen Prozesses nicht verhindern, ihre Hegemonie an die europäische kapitalistische Moderne zu verlieren. Den Islam sollte man sich nicht als ein einheitliches ideologisches und materiell-kulturelles System vorstellen. Im Vergleich zum Judentum und Christentum erlebte er mehr Spaltungen und er konnte niemals die Qualität eines vereinten Systems erlangen. Der Allah, bei dem man Zuflucht suchte, reichte nicht für die Einheit. Obwohl die sunnitische Tradition das System der Zentralzivilisation weitgehend unter ihre Hegemonie stellen konnte, wiesen die demokratischen, kommunalen und freiheitsorientierten Oppositionsbewegungen dagegen ebenfalls Kontinuität auf. Diese Bewegungen zeigten niemals absoluten Gehorsam. Auch wenn sie nicht zu systematischen Bewegungen der demokratischen Zivilisation werden konnten, bildeten sie eine der Hauptadern des höchst weisen, demokratischen, kommunalen und freiheitsliebenden Erbes des Nahen Ostens und der ganzen Welt.

Der Bewegung der abrahamitischen Religionen insgesamt gelang es, die von der sumerischen und ägyptischen Zivilisation bis zur kapitalistischen Moderne (Zivilisation) bestehende ideologische Hegemonie des sklavenhalterischen Systems zu brechen, zu zerschlagen und (mit Reformen und Revolutionen) zu transformieren. Obwohl die abrahamitischen Religionen die monopolistischen Elemente in der materiellen Kultur (ökonomisches Monopol und Monopol als Macht-Staat) mäßigten, gelang es ihnen nicht in gleichem Maße, sie ausreichend zu reformieren oder zu revolutionieren. Sie versöhnten sich eher vermittels der rechten Kreise mit dem System und zielten darauf ab, es unter ihre eigene Hegemonie zu stellen. Im Gegensatz dazu verfolgten die linken oppositionellen Kreise als antizivilisatorische, radikale religiöse Konfessionen und laizistische, säkulare Klassen- und kommunale Volksbewegungen stets egalitäre, freiheitliche und demokratische Utopien, Projekte und Programme und kämpften für deren Verwirklichung.

Die zentrale jüdische ideologische und materiell-kulturelle Hegemonie führte gegen den Gegen-Islam und die anti-reformatorische katholische Universalität (Zivilisationssysteme) Europas den sich neu entwickelnden kapitalistischen Monopolismus (kommerziell, landwirtschaftlich, finanziell und industriell) und seine ideologischen Interessen (die Prozesse der Renaissance, Reformation und Aufklärung) an. Dazu leistete sie auch einen ernsten materiellen und geistigen Beitrag. So spielte sie eine große Rolle beim Sieg der europäischen kapitalistischen Moderne. Der Hauptgrund für all das war, dass Jüd*innen von den beiden Zivilisationen tödlich bedrängt wurden. Man versuchte sowohl im Nahen Osten als auch in Europa, das Judentum in Ghettos unter Kontrolle zu halten und zu überwachen. Zudem wurden Jüd*innen häufig Pogromen (Massaker- und Plünderungsbewegungen) ausgesetzt. Die Aristokratien und Agrar- und Handelsbourgeoisien Hollands und Großbritanniens, die am westlichen Ende Europas gegenüber den hegemonialen Ideen der Königreiche Spanien und Frankreich in Bedrängnis gerieten, entwickelten ein historisches Bündnis mit dem materiellen und immateriellen jüdischen Kapital, dem sie ab dem sechzehnten Jahrhundert ihre Tore öffneten. Dieses Bündnis brach sowohl die hegemonialen Ideen

Spaniens und Frankreichs (sechzehntes bis achtzehntes Jahrhundert) als auch die Hegemonie des Islam im Nahen Osten (neunzehntes und zwanzigstes Jahrhundert) und zuletzt die hegemonialen Ideen und Praktiken Hitler-Deutschlands und Sowjetrusslands und errichtete eine eigene Welthegemonie, die es heute noch fortsetzt. Im Gegensatz zu Werner Sombart und Konsorten behaupte ich nicht, dass der Kapitalismus von Jüd*innen erfunden wurde; doch ohne den ideologischen und materiellen Beitrag des Judentums wäre der Sieg der kapitalistischen Moderne kaum vorstellbar gewesen.

Es ist die historische Idee der kapitalistischen Moderne, die Krisen und Probleme zu lösen, mit denen das über fünftausend Jahre alte System der Zentralzivilisation (der Gesamtausdruck von Agrar-, Handels-, Handwerksmonopolen sowie von ideologischen, Macht- und staatlichen Monopolen jeglicher Art) konfrontiert war. Im folgenden Kapitel soll untersucht werden, ob diese historische Idee eine Lösung bietet oder eine noch größere Krise verursacht hat.

Vierter Teil

Die europäische Moderne und neue Hegemonialmächte im System der Zentralzivilisation

Die Transformation der Zentralzivilisation in Europa zu verstehen, spielt eine Schlüsselrolle für das Verständnis der sich im Nahen Osten konzentrierenden globalen Krise. Solange wir den mittelalterlichen Nahen Osten nicht verstehen, können wir auch nicht begreifen, wie die Zivilisation sich nach Europa verlagerte, transformierte und wie dort neue Hegemonialmächte entstanden. Ebenso können wir den heutigen Nahen Osten nicht besonders gut verstehen, ohne das europäische Abenteuer der Zivilisation zu begreifen. Zwischen beiden besteht ein enges dialektisches Verhältnis.

In den vorigen Teilen habe ich versucht, zu erklären, wie und warum das System der Zentralzivilisation, dessen Zentrum im Nahen Osten lag, sich nach Europa verlagert hat. Die grundsätzliche Frage bezüglich dieser Verlagerung der Zentralzivilisation, nach Europa ist, wie und warum die industrielle Revolution begonnen hat. Da diese Frage in früheren Bänden meines Manifests vielseitig diskutiert und teil auch schon beantwortet wurde, werde ich hier nun versuchen, nichts zu wiederholen, solange es nicht wirklich notwendig wird, um aus einigen anderen Blickwinkeln Antworten zu entwickeln.

Um nicht denselben Fehler wie Karl Marx zu machen, müssen wir zunächst die historische und soziologische Bedeutung des Wesens der industriellen Revolution und des industriellen Kapitalismus begreifen. Karl Marx war sich sicher, dass er den Kapitalismus als rein ökonomisches Phänomen untersuchen musste. Genauso wie die neuen Wissenschaften, allen voran Physik und Chemie, auf Tatsachen basieren mussten, kam es ihm so vor, als sei eine Analyse der Gesellschaft als einer solchen Tatsache aus ökonomischer Perspektive die wissenschaftlichste Herangehensweise. Ebenso sehr wie traditionelle religiöse und philosophische Ansätze waren zu seiner Zeit die philosophischen Strömungen des deutschen Idealismus, die französischen sozialistischen Ansätze und die englischen Schulen der politischen Ökonomie unzureichend. Es ist wohlbekannt, dass er mit Friedrich Engels durch die Schule, die sie »Wissenschaftlichen Sozialismus« nannten, einen Ausweg suchte. Zweifellos ist nicht zu leugnen, dass sie eine »Mentalitätsrevolution« einleiteten. Sie waren auch emotional gegen den Kapitalismus, der gerade seinen Sieg verkündete. Zudem schreckten sie – wie immer bei historischen Aufbrüchen – nicht davor zurück, Stärke zu zeigen und organisiert gegen den Kapitalismus Stellung zu beziehen.

Eines der wichtigsten Ergebnisse der heutigen Wissenschaft ist, dass die Wahrheit (die verstandene Wirklichkeit) geschichtlichen und gesellschaftlichen Charakter besitzt. Die Geschichtlichkeit und Gesellschaftlichkeit, die vom Allgemeinen und Besonderen nicht losgelöst sind, sind Ausdruck der Intensivierung und des Erfolgs der Bemühungen im Abenteuer des Verstehens der Wirklichkeit (das Abenteuer der allgemeinen Vernunft bei Hegel ist bemerkenswert). Aus diesem Grund ist es wichtig, die Stellung von Karl Marx und seiner Schule in diesem Abenteuer zutreffend darzustellen.

Es ist sinnvoller, sich den Wissenschaftlichen Sozialismus nicht als eine Strömung vorzustellen, die dem Kapitalismus unterlag, sondern vielmehr als eine unzulängliche Schule. Denn trotz allem hat der Wissenschaftliche Sozialismus Erfolge aufzuweisen. Notwendig ist eine Erklärung der Fehler und Unzulänglichkeiten in seinen Idealen in Bezug auf das, was ihm nicht gelungen ist. In meinem Manifest gibt es bereits entsprechende Erklärungen von mir.[45] Anstatt diese zu wiederholen, ist es richtiger, diese Haltung, wenn nötig, mit einem neuen und ganzheitlicheren kritischen Ansatz fortzusetzen. Das ist es auch, was ich hier versuchen werde.

Vor allem erscheint es mir erhellender, die industrielle Revolution nicht als eine wirtschaftliche, sondern vielmehr als eine ideologische und politische Revolution zu denken. Mehr noch; solange wir sie darüber hinaus nicht als eine Revolution begreifen, deren militärische Seite von großer Bedeutung war, können wir weder den zivilisatorischen Durchbruch Europas noch den diesem zugrunde liegenden Kapitalismus kompetent verstehen. Ich muss das, was als Letztes gesagt werden sollte, als Erstes sagen: Die Kräfte der Zentralzivilisation lassen sich dadurch charakterisieren, dass der europäische Kapitalismus mit der industriellen Revolution die größte ideologische, politische und militärische Mobilisierung der Geschichte verwirklichte und diese globalisierte. Dies ist die historische Definition der europäischen Zivilisation.

Solange man die industrielle Revolution in ihrer geschichtlichen und gesellschaftlichen Totalität nicht als ein Mittel ideologischer, politischer und militärischer Hegemonie begreift, lässt sich unser Zeitalter nicht richtig verstehen. Um diese Wirklichkeit zu erfassen, genügt eine kurze Darstellung der Bilanz der Kriege, die sie innerhalb der und zwischen den Gesellschaften verursachte und gegen die Umwelt eröffnete. Es ist eine nicht zu verleugnende und offensichtliche Tatsache, dass kein geschichtliches und gesellschaftliches Abenteuer eine Opferbilanz aufweist wie der auf der Grundlage der industriellen Revolution geführte Krieg und – noch schlimmer – dass die Umweltzerstörung die Gesellschaft zum ersten Mal an

45 Beispielsweise im Abschnitt »Das Erbe des Realsozialismus« in Abdullah Öcalan, *Soziologie der Freiheit. Manifest der demokratischen Zivilisation, Band III* (Münster: Unrast, 2020), S. 367–374.

den Rand ihres Weiterbestehens gebracht hat. Dies ist eine Wahrheit, derer die Menschheit sich sehr bewusst geworden ist. Trotz der gesellschaftlichen Verblendungsdiskurse und -handlungen, die die industrielle Revolution mithilfe außerordentlicher ideologischer Apparate und Machtmöglichkeiten in die Wege leitete, existiert im alltäglichen Leben die Wahrheit selbst als globale Krise sowie in Form der Diskurse und Aktionen gegen diese Krise weiter.

A Die historische und gesellschaftliche Bedeutung der europäischen Revolution

Die ideologische Hegemonie, der wir (in Form der Mythologie, Religion, Philosophie und Wissenschaft) in Gesellschaften begegnen, die historische Transformation erlebt haben, sehen wir auch in der europäischen Phase der Zivilisation. Wir sehen die materielle Transformation der Zivilisation nicht so, wie sie ist, sondern so, wie sie geistig (kulturell-ideologisch im engeren Sinne) widergespiegelt wird. Diese Tatsache, die in allen bedeutenden Zeitaltern widergespiegelt wurde, gilt auch für das europäische Zeitalter. Nicht nur in Bezug auf unser Denkvermögen, sondern auch in Bezug auf unsere Lebenskraft gilt diese Tatsache viel mehr, als man glaubt. Zeitalter haben eine solche ihnen eigene Gültigkeit. Zeitalter sind nicht unüberwindlich, aber ohne einen wirklichen dialektischen Fortschritt können wir dieser Wirklichkeit nicht entkommen. Selbst wenn wir uns einbilden, sehr gegen sie zu sein, bleibt es dabei.

Wenn wir uns die Wahrheiten, die im Namen der europäischen Mythologie oder Wissenschaft ausgesprochen werden, aus dieser Perspektive anschauen, lässt sich die europäische Phase der Zivilisation richtiger analysieren. Dem Aufbruch in der Industrie lag historisch als entscheidender Faktor die sich mit der Zeit intensivierende Vertreibung des Christentums und teilweise des Judentums aus dem Nahen Osten angesichts des ideologisch-praktischen Angriffs des Islam zugrunde. Unmittelbar vor dem Islam waren sowohl das Christentum als auch das Judentum dabei, sich als hegemoniale Ideologien der poströmischen Ära zu entwickeln. Ihr Einflussbereich erstreckte sich von China bis hin zur Iberischen Halbinsel. Der Aufstieg der Städte, dem wir in Europa ab dem zehnten Jahrhundert begegnen, fand auch im Nahen Osten statt. Auch profitierend von der früheren hellenischen Kultur, entfaltete sich dort der nächste Schritt der mittelalterlichen Zivilisation. Insbesondere beim griechischen, armenischen und assyrischen Volk ereignete sich ein eindeutiger zivilisatorischer Aufstieg. Eine Vor-Renaissance stand auf der Tagesordnung. Auch der Manichäismus erlebte seine stärkste Phase. Die Götzenanbetung hatte bereits angefangen, sich aufzulösen. Angesichts dieser Entwicklungen nahm das Oströmische Reich erst durch die Annahme des Christentums als offizielle Ideologie seinen Platz in der Geschichte ein, während das Weströmische Reich zugrunde ging. Diese ideologischen Entwicklungen hatten einen bedeutenden Anteil am Aufstieg des Oströmischen Reichs (Byzanz).

Als Folge der Glaubens- und Stammeskrise auf der Arabischen Halbinsel kam es zu dem Aufbruch, der als islamische Revolution bezeichnet wird. Er begann als eine radikalere Konfession der abrahamitischen Religion. Grundlage dieses Aufbruchs waren einerseits die jahrtausendelangen Stammeswanderungen, andererseits das Zusammenkommen der neuen ideologischen Gestaltung mit diesen Wanderungen. Der Islam bildete die Vorstufe zu den Aufbrüchen der Oghus*innen und Mongol*innen. Ihr Kontakt mit der Zivilisation bot den arabischen Stämmen die Gelegenheit, zu einer neuen hegemonialen Kraft zu werden. Die alte hegemoniale Macht des Iran brach rasch zusammen, Byzanz konnte nicht anders, als sich schnell zurückzuziehen. Der Islam war bereits ab Mitte des siebten Jahrhunderts die neue hegemoniale Kraft der nahöstlichen Zivilisation. Der sich beschleunigende Untergang von Byzanz brachte das Christentum und teilweise das Judentum vermehrt nach Europa. Je weiter der Islam im Nahen Osten aufstieg, desto weiter stieg auch das Christentum in Europa auf. Während das nahöstliche Christentum an Kraft verlor, machte es sich das europäische Christentum zu einer Existenzfrage, an Kraft zu gewinnen.

Die Kreuzzüge zwischen dem elften und dem vierzehnten Jahrhundert reichten nicht aus, um die Lage umzukehren. Dies hing hauptsächlich mit der hegemonialen Struktur der Zentralzivilisation im Nahen Osten zusammen. Der Nahe Osten hielt nicht nur seine Führungsposition in Produktion, Handel und Geldwesen aufrecht, sondern blieb auch in Sachen Wissenschaft, Kunst und politisch-militärisch nach wie vor die hegemoniale Kraft. Die wichtigste Folge der Kreuzzüge war, dass man begriff, dass Europa mit dem Zivilisationsniveau, das es in dieser Zeit entwickelte und erlebte, nicht mit dem Osten und dem Islam mithalten konnte. Diese Tatsache zwang die europäischen Zivilisationskräfte dazu, Fortschritte zu erzielen. Während die Lektionen, die man auf der Iberischen Halbinsel von der islamischen al-Andalus-Zivilisation gelernt hatte, noch frisch waren, stellten die osmanisch-islamischen Kräfte, die sich von Anatolien über den Balkan bis nach Mitteleuropa hinein ausbreiteten, im sechzehnten Jahrhundert einen regelrechten Albtraum für Europa dar. Der Aufstieg des Kapitalismus als System im sechzehnten Jahrhundert hing eng mit dieser Tatsache zusammen.

Die europäischen Mächte verstanden aus der Erfahrung von Jahrhunderten, dass sie ihre Existenzfrage nicht würden lösen können, ohne die islamische Zivilisation sowohl auf dem Gebiet der materiellen als auch der immateriellen Kultur zu übertreffen. Als effektivste Lösung erschien es ihnen, den Kapitalismus als System zu entwickeln. Zweifellos spreche ich nicht davon, eine Geschichte des Kapitalismus zu schreiben. Dies würde bekanntlich viele Bände voller Erklärungen erfordern und ist auch schon ausreichend behandelt worden. Betont und offengelegt werden müssen vielmehr die grundlegenden strategischen Zusammenhänge. Die Geschichte der Zivilisation lässt sich ohne Strategie nicht verstehen. Weder eine Aneinanderreihung von Ereignissen noch umfassende Analysen können ausreichen, um die Geschichte der Zivilisation zu begreifen. Solange die strategischen Faktoren in den wesentlichen Elementen der Zivilisation (Produktion, Handel, Politik, Militär, Ideologie) nicht aufgedeckt werden, lassen sich die Entwicklungs- und Transformationsprozesse nicht hinreichend verstehen. In jeder Phase der Zivilisation kommt es zu Strategien, die die innere und äußere Konkurrenz und Hegemonie über die wesentlichen Elemente betreffen, welche die Zivilisation repräsentieren. Das Ergebnis wird im Kampf zwischen diesen Strategien entschieden. Die Kapitalismus-Offensive in der europäischen Zivilisation verwirklichte sich als eine Option im Kampf der strategischen Kräfte nach innen und außen.

Die Option des Kapitalismus können wir weder als durch Hegels »Gang der Vernunft« bedingt noch als zwangsläufige Folge gemäß der aufklärerischen Fortschrittsideologie von Karl Marx betrachten. Wie ich in den betreffenden Kapiteln aufzuzeigen versucht habe, ist Kapitalismus ein System, dessen Existenz seit den Sumerer*innen bekannt ist. Kapitalismus ist ein gesellschaftsverderbendes Element, das im Gedächtnis der Gesellschaften als ein unheilvolles und unmoralisches Phänomen, das nicht erlebt werden sollte, lebendig ist und gegen das sie mit ihrem ganzen Willen ankämpfen. Man begegnete ihm von Zeit zu Zeit, wenn er an die gesellschaftliche Oberfläche gelangte, mit harten Antworten, und er versuchte stets, seine Existenz in den Untiefen hinterhältig und heimlich fortzusetzen. Keine andere Ausbeutungsmethode, kein anderes Ausbeutungsmittel hat ein Wesen, das Gesellschaften so sehr verdirbt, zerlegt, stets in Krisen und Chaos hält wie der Kapitalismus. Obwohl sie selbst auch unterdrückerisch und ausbeuterisch sind, sahen es alle anderen Zivilisationskräfte als notwendig an, den Kapitalismus wegen seines Wesens um der Kontinuität der Gesellschaft willen in Schach zu halten und an den Rand zu drängen. Kapitalismus wurde stets von Gesellschaften verflucht und fand seine Bedeutung keineswegs als eine fortgeschrittene Stufe der Zivilisation, sondern vielmehr als Krebsgeschwür in der moralischen und politischen Gesellschaft. Die Realität der Krise, Zerstörung und Massaker in und um die gegenwärtige Gesellschaft beweist die Unfehlbarkeit der moralischen Herangehensweise, die das Gewissen der gesellschaftlichen Wirklichkeit bildet.

Der Kapitalismus bietet den Kräften, die von ihm meisterhaft Gebrauch machen, reichlich Siege. Dies aber tut er, indem er Gesellschaften stets in Krise hält, ihre moralische und politische Haltung ihrer Funktion beraubt, sie beständig Kriegen und Bürgerkriegen aussetzt und sie Zerstörung und Massaker erleben lässt. Schließlich sammeln sich Macht und Reichtum in den Händen Weniger, die siegreich sind, und im Gegenzug lassen diese eine zerstörte Gesellschaft und eine nicht überlebensfähige Umwelt zurück.

Wir wollen nun den Sieg des so zu definierenden Kapitalismus in der europäischen Zivilisation kurz unter einigen Überschriften konkretisieren.

a) Der Hegemonialkrieg der Stadt Venedig

Die Hauptfrage, die zu stellen ist, ist, warum das aufsteigende Venedig es nicht geschafft hat, ein zweites Rom zu werden. Was das antike Rom geschafft hat, hätte auch Venedig schaffen können. Venedig war nicht unfähiger als Rom. Seine Tugenden waren so viele, dass sie denen Roms in nichts nachstanden. Es stand in allen Hauptkategorien der Zivilisation, vor allem in Handel, Produktion, Geld, Macht, Wissenschaft und Kunst, an der Spitze seiner Zeit. Es war ihm gelungen, in den gesamten Osten einzudringen, in einen großen Bereich, der sich von China bis in den Nahen Osten, von der Ostsee und den Ausläufern Sibiriens im Norden bis hin zur Sahara im Süden erstreckte. Venedig hielt das Mittelmeer mindestens genauso sehr in der Hand wie seinerzeit Rom. Es schien auf all diesen Gebieten sein Handelsmonopol errichtet zu haben. Die Reichtümer flossen mindestens genauso sehr nach Venedig wie zuvor nach Rom. Es war das neue Zentrum der Finanzmittel, des Geldes, der Schuldscheine und des Bankwesens. Wenn Venedig es für profitabel hielt, war es in der Lage, die hochwertigsten Industrieprodukte jener Zeit produzieren. Es hatte Byzanz und die islamischen Imperien nahezu ausgehöhlt und keinen Wert übrig gelassen, den es sich nicht angeeignet hätte. Es wäre nicht übertrieben, Venedig als die Hegemonialmacht des vierzehnten und fünfzehnten Jahrhunderts zu betrachten. In dieser Hinsicht lässt es sich als die wesentliche Macht interpretieren, die die östlichen Zivilisationswerte nach Europa brachte.

Eine europäische Zivilisation ohne Venedig wäre unvorstellbar. So wie eine Antike ohne Rom unvorstellbar wäre, wäre auch ein Mittelalter ohne Venedig unvorstellbar. Es wäre nicht nur richtig, Venedig als die Kraft zu beschreiben, die den Kapitalismus vermittels der Gebärmutter des Mittelalters gebar, sondern auch die Feststellung seiner historischen Rolle. Venedig hat nicht nur das Baby Kapitalismus geboren, sondern auch noch mit dem Samen in ihm alle mittelalterlichen urbanen Strukturen befruchtet und dadurch Europa auf den Kapitalismus vorbereitet. Venedig war es, das Europa mit dem Kapitalismus schwängerte; und trotzdem konnte es nicht zu einem zweiten Rom werden, denn Rom war der Sitz des Papsttums. Die Beziehungen zwischen dem Papst und Venedig waren immer problematisch und von Kriegen gekennzeichnet.

Es dürfte kein Zufall sein, dass in den Jahrhunderten Venedigs auch das römisch-katholische Christentum einen entsprechenden Aufstieg erlebte. Alle Züge des römischen Katholizismus gegenüber Venedig lassen sich durch die Existenz des Kapitalismus erklären. Im Allgemeinen beäugte wie alle anderen großen Religionen auch das katholische Christentum den Kapitalismus mit Skepsis und schreckte nicht davor zurück, den größten Religionskrieg gegen ihn aufzunehmen. Was sich in Europa in den Konfessionskriegen, der Inquisition und den Phänomenen, die als Revolutionen bezeichnet werden, widerspiegelt, war vorwiegend ein Gesicht jenes Krieges. Vor allem der Krieg des Katholizismus gegen den Protestantismus hing eng mit seinem Krieg gegen den Kapitalismus zusammen. Zweifellos schuf die Christianisierung Europas objektiv die Infrastruktur für die kapitalistische Entwicklung. Doch diese Existenz ist an sich nicht mit dem Kapitalismus gleichbedeutend. Der Islam schuf mehr Infrastrukturelemente für den Kapitalismus, es ist ihm aber gleichzeitig gelungen, ihn nicht zuzulassen.

Der zweite wichtige Grund dafür, dass Venedig nicht zu einem zweiten Rom werden konnte, war, dass es – im Zusammenhang mit dem ersten – keine Herrschaft über die Städte auf der italienischen Halbinsel errichten und Italien nicht als einen Nationalstaat organisieren konnte. Venedig war in ideologischer Hinsicht nicht offen für einen Nationalstaat. Venedig war in der Geschichte vielleicht der stärkste und letzte Vertreter einer sehr strengen Stadtstaatlichkeit. Diese Tatsache erklärt auch ausreichend, warum der Kapitalismus damals nicht über sein Säuglingsalter hinauswachsen konnte. Venedig war Ausdruck der historischen Stärke der Bourgeoisie, die bis Ende des 18. Jahrhunderts sowohl gegen die Vatikan-Ökumene (Universalität) als auch gegen den italienisch-europäischen Nationaletatismus Widerstand leistete.

Man sollte sehr genau wissen, dass die Stadtdemokratie ebenso wie die Stadtstaatlichkeit zu den stärksten Repräsentationsformen der Geschichte gehört. Die Geschichte war auch Zeugin der direkten Demokratie. Die alten und neuen Imperialsysteme sowie das nationalstaatliche System der kapitalistischen Moderne beruhen auf der Ablehnung der Stadtstaatlichkeit und der Stadtdemokratie. Die Erfahrung der Stadt Venedig besitzt das Privileg, diese Tatsache bestens zu beweisen. Das zeigt sich auch daran, dass Venedig einerseits gegen die Reiche des Vatikans und der Habsburgischen Dynastie und andererseits gegen den frühen Nationaletatismus und das Westfälische System (1648) Widerstand geleistet hat. Sich bei der gegenwärtigen Kritik der Stadt und beim Nachdenken über ihr Wiederauferstehen die Erfahrung Venedigs zu vergegenwärtigen, wäre sehr lehrreich. Doch auch andere europäische, vor allem italienische Städte, bieten, wenn auch nicht so sehr wie Venedig, sowohl als Staaten als auch als Demokratien lehrreiche Lektionen.

b) Das Zeitalter des Übergangs vom Stadtstaat zum Nationalstaat: die Amsterdam-Holland-Erfahrung

Das Hauptproblem Europas im sechzehnten Jahrhundert bestand in den Bemühungen des Kapitalismus, der sich klassischen Imperialsystemen gegenüber Überlegenheit verschaffen wollte, darin, eine beständige Kraft der offiziellen Zivilisation zu werden. Die strategische Hauptkraft der Zeit waren die Imperialkräfte, die auf der Habsburgischen Dynastie beruhten. Nachdem sie die muslimisch-jüdische al-Andalus-Zivilisation (711–1492), die sich seit ihrer dortigen Ansiedlung mit ihnen im Krieg befand, von der Iberischen Halbinsel vertrieben und die Übriggebliebenen zum Auswandern gezwungen hatten, machten sich diese Kräfte mit Unterstützung des Vatikans daran, eine Hegemonie über ganz Europa zu errichten. Allerdings gingen europaweit zahlreiche Stadtstaaten, Fürstentümer und Königreiche in den Widerstand. Das Königreich England, die Königreiche in Deutschland sowie zahlreiche italienische Städte, vor allem aber das Königreich Frankreich leisteten heftigen Widerstand. Der Protestantismus tauchte auf und rief gegen den katholischen Ökumenismus, den ideologischen Hegemon, das Zeitalter der nationalen Kirchen aus. In Europa herrschte ideologisch und politisch ein großes Chaos. Die Konfessionen färbten auf die Hegemonialkriege ab. Andererseits hatte die Renaissance, die in italienischen Städten, allen voran in Venedig, vonstattenging, sich schnell in ganz Europa ausgebreitet. Die

Renaissance war im Wesentlichen ein Produkt des aufsteigenden Stadtstaates und der Demokratie.

Die Renaissance war anders als der mittelalterliche Scholastizismus vorwiegend säkular-laizistisch. Deswegen ist es verständlich, dass die Wissenschaftler*innen, die die Avantgarde der Renaissance bildeten, in vielen Städten und Fürstentümern Schirmherr*innen fanden. Die sich im sechzehnten Jahrhundert entfaltende Renaissance spielte bei der Spaltung zwischen der vorwiegend religiösen Philosophie und Kunst auf der einen Seite und der sich vorwiegend laizistisch entwickelnden auf der anderen eine entscheidende Rolle. Auch die Entstehung des Protestantismus als Reform in der Religion hing mit der Renaissance eng zusammen. Es wäre ein großer Fehler, die Europäische Revolution im sechzehnten Jahrhundert auf den Kapitalismus zurückzuführen. Die Revolution jener Zeit ähnelte den urbanen Revolutionen, die die Sumerer*innen in der neolithischen Gesellschaft in Mesopotamien und die Hellen*innen gegen »barbarische« Gruppen durchgeführt haben. Es handelte sich dabei um eine große Kulturrevolution. Aufgrund ihres Gehalts wies sie von Anbeginn an universale Eigenschaften auf. Dem Kapitalismus gelang es lediglich, sich im großen Chaos jenes Jahrhunderts als Alternative anzubieten.

Im Westen Europas ereignete sich ein für die ganze Menschheit apokalyptischer Prozess. In diesem apokalyptischen Prozess verloren die Zivilisationen ihre Kontrollfähigkeit größtenteils. Es entstand ein Kontrollvakuum. Dem Kapitalismus gelang sein größter Durchbruch als Produkt jenes Vakuums. Dieser Aufbruch ähnelte der Entfesselung eines anthropomorphen Monsters, das seit Jahrtausenden von Kräften der Zivilisation – sei es mit, sei es ohne staatliche Herrschaft – im Käfig gehalten worden war, und der Errichtung seiner grausamen Hegemonie über die ganze Menschheit. Der Mensch könnte einen nicht nach Hegemonie strebenden Kapitalismus dulden, die Gesellschaft könnte ihn aushalten, die Umwelt könnte ihn überleben. Wenn aber der Kapitalismus zur hegemonialen Kraft emporsteigt, bedeutet dies eine große Bedrohung für alle Gesellschafts-, Umwelt- und alten Zivilisationssysteme. Der wesentliche Aspekt, den es hier zu verstehen gilt, ist, dass aus der Zivilisationskrise im sechzehnten Jahrhundert der Kapitalismus nicht als Kraft der Lösung, sondern als repressive Hegemonialkraft hervorgegangen ist.

Man sollte die Renaissance-, Reformations- und Aufklärungsrevolutionen dieser Jahrhunderte und den Kapitalismus als separate Aufbrüche betrachten. Der größte Verrat der eurozentrischen Sozialwissenschaften ist, dass diese historischen Prozesse dem Kapitalismus zugerechnet werden. Dass alle Wissenschaftler*innen, die sich mit der Gesellschaft beschäftigten, einschließlich Karl Marx, die kapitalistische Hegemonie nicht richtig beschreiben und ihre Rolle nicht richtig feststellen konnten, öffnete allen möglichen Katastrophen Tür und Tor.

Die Rolle Amsterdams und der Grafschaft Holland in dieser großen Tragödie war eine zweischneidige. Amsterdam entwickelte sich Anfang des sechzehnten Jahrhunderts wie die anderen westeuropäischen Städte an der Atlantikküste durch Fischerei, Handel und Landwirtschaft. Von der Pracht Venedigs war es weit entfernt. Amsterdam hatte den Vorteil, dass es das Sammelbecken zahlreicher Menschen war, die vor den Despotismen und der Bigotterie Kontinentaleuropas geflüchtet waren. Die neuen Vertreter*innen der freien Vernunft, vor allem Spinoza, Descartes und Erasmus, waren Stammgäste in der Stadt. Auch in Kunst und Wissenschaft macht Amsterdam mit meisterhaften Genies Bekanntschaft. Eine solche Überlegenheit des Denkens und Wahrnehmens hatte selbstverständlich auch eine Auswirkung auf die Produktion und die politischen Entwicklungen. So begann Amsterdam, eine Vorreiterrolle im Seehandel und der Fischerei zu spielen. Es konnte mit entsprechenden Städten in den Königreichen Spanien und Portugal, seinen größten Konkurrenten, ohne Probleme mithalten. Noch wichtiger ist, dass es gelang, in der landwirtschaftlichen Reorganisierungsphase des eigenen Hinterlands zur maximalen Produktivität überzugehen. Diese Überlegenheit in der Produktion und im Handel fand in kurzer Zeit auch in der Manufaktur ihr Gegenstück.

Die Grafschaft Holland führte ihren Überlebenskampf, indem sie gemeinsam mit kleineren niederländischen Provinzen, die in der gleichen Region ähnliche Entwicklungen verzeichneten, eine stark demokratische politische Struktur schuf. Gegner*innen waren dabei die Habsburgische Dynastie und das Haus Valois, die Europa unter sich aufgeteilt hatten und universale Imperien anstrebten. Dagegen leisteten das Königreich England, die Grafschaft Holland und die deutschen Fürstentümer einen heftigen Widerstand. Preußisch-Deutschland stellte eine weitere Kraft jenes Widerstands. Es wurde versucht, das Heilige Römische Reich Deutscher Nation dieses Mal auf der Grundlage des Sieges des Königreichs Spanien gegen den Islam und das Judentum wieder zu gründen. Der katholische Ökumenismus ließ diese Gründung notwendig erscheinen. Andererseits bemühte sich der in Österreich (Wien) zentrierte Zweig der Habsburger darum, im Osten die islamische Hegemonie der Osmanen aufzuhalten und in den Gegenangriff überzugehen. In der Region, die später Frankreich heißen sollte, bildete das Haus Valois einen weiteren konkurrierenden Arm des katholischen Ökumenismus. Das Zeitalter der Wiederentdeckung und Kolonialisierung der Welt und Amerikas hatte begonnen. Man hatte Afrika und Indien erreicht und erste Brückenköpfe waren errichtet worden.

Wie man eindeutig sehen kann, handelte es sich für Amsterdam und die Grafschaft Holland um einen Überlebenskampf. Sowohl der spanische als auch der österreichische Zweig der Habsburgischen Dynastie mobilisierten all ihre Kräfte, um diese Region zu schlucken. Der Krieg um die strategische Überlegenheit in Europa befand sich in seiner kritischsten Phase. In allen kritischen Phasen der Geschichte ereigneten sich solche strategischen Kriege. Aus der Sicht der Verlierer*innen wurde nicht nur ein Krieg verloren, sondern ein Zeitalter, was Jahrhunderte lang nachwirken sollte. Noch schlimmer war, dass die gesellschaftliche Existenz von der Liquidation bedroht war. Das Schicksal der neuen gesellschaftlichen Existenzen, die solchen Gefahren entgegenblickten, vor allem das Schicksal Hollands, stand auf dem Spiel. Wir reden hier von einem Überlebensprozess, in dem man alles oder nichts, Freiheit oder Tod ausrief.

Dass Amsterdam und die Grafschaft Holland sich so ins Zeug legten, hing eng mit dieser strategischen Situation zusammen. Das Können sowohl im ideologischen, politischen und militärischen als auch im kommerziellen, industriellen und finanziellen Bereich kann nur durch den Überlebens- und Freiheitswillen möglich werden. Man hatte jenes Können und jene Willensstärke gezeigt. Danach geschah die Ereignisreihe, die wir als holländisches Wunder bezeichnen könnten. Amsterdam und Holland, die ab Mitte des sechzehnten Jahrhunderts ihre Stärke und Unbesiegbarkeit bewiesen hatten, erreichten im siebzehnten Jahrhundert das Niveau einer weltweiten Hegemonialmacht wie Uruk/Sumer, Athen/Griechenland usw.

Das Gegenstück zu dieser positiven Seite der Entwicklung Amsterdams war der ihr innewohnende heimtückische Kapitalismus. Jeder große Aufbruch in der Geschichte hat einen heimtückischen und verräterischen Zwilling. Ich spreche hier nicht von der Hell-Dunkel-Dualität wie im Zoroastrismus, es ist aber unmöglich, im Aufbruch von Amsterdam/Holland nicht die Dunkelheit des Kapitalismus zu sehen, die an jene erinnert. In dieser Analyse von mir kann ich den Fehler, den selbst Marx begangen hat, nicht akzeptieren; ich sage also nicht, dass der Kapitalismus den Sieg davongetragen habe. Ich lehne diesen größten Fehler, diese größte Unachtsamkeit ab, die im Namen der Wissenschaft begangen wurde. Der Kapitalismus hatte keinen Anteil am Sieg. Dagegen ist sein Anteil am Missbrauch des Sieges primär. Stets wollen irgendwelche Menschen, irgendwelche Kräfte diejenigen, die die größten Kriege führen, missbrauchen. Dass die Kapitalist*innen in Holland und Amsterdam in den schwierigsten Augenblicken des Krieges auftauchten und durch das edelste Blut der Menschen (im Sinne des Denkens und Willens) Profit anstrebten und dieses Ziel auch erreichten, verleiht ihnen historisch keine Bedeutung als Sieger*innen, sondern höchstens als Missbrauchende des Sieges. Wenn die holländische Revolution tiefgehend untersucht und ihre Geschichte im Namen der Werktätigen und aller freiheitsliebenden Menschen neu geschrieben wird, wird diese Tatsache sicherlich anerkannt werden. Der Kapitalismus, der während der venezianischen Hegemonie noch ein Baby gewesen war, spielte während der Hegemonie Amsterdams/Hollands die Rolle eines rauen jungen Mannes. Wie seinerzeit Alexander schlug er überall zu, wohin auch immer er ging, und ließ sein Gegenüber fallen.

Die Neuerungen in der Produktion und Machttechnik, die er hervorrief, spielten eine wesentliche Rolle beim hegemonialen Aufstieg Hollands. Heimmanufakturen machten in Holland unabhängigen Einheiten Platz. In der Landwirtschaft wurden ähnliche Erneuerungen gemacht. Es wurde eine umfassende Boden- und Agrarreform durchgeführt. Für den Handel und die Fischerei wurden die besten Schiffbautechniken angewandt. All diese Faktoren ermöglichten im Vergleich zu anderen Wirtschaftsregionen in Europa und auf der ganzen Welt eine kostengünstigere Produktion.

Die Staatsorganisation, die sich als Machttechnik auf städtische und fürstliche Elemente stützte, erlebte einen Wandel hin zum Nationalstaat. Diese politische Struktur stellte eine Neuerung dar. Die Staatsorganisation nationalstaatlichen Typs bekam ihren ersten Entwurf. Dabei war es wichtig, dass sie sich weder den Amsterdamer Stadtstaat noch das traditionelle Modell der Grafschaft Holland zur Grundlage nahm. Die Machtorganisation wurde im Einklang mit der wirtschaftlichen Effizienz verwirklicht. Die Reformen in der militärischen Organisation spielten dabei ebenfalls eine wichtige Rolle. Sowohl in Hinblick auf die militärische Technologie als auch was die Organisierung betraf, wurden die ersten Strukturen der Moderne geschaffen. Auch in der Marine wurden ähnliche Fortschritte erzielt. Diese Entwicklungen führten dazu, dass Holland trotz seiner kleinen Größe weltweit zur Hegemonialmacht wurde. In dieser Hinsicht war die Holländische Revolution Vorbotin der Englischen, US-Amerikanischen und Französischen Revolution, die später erfolgen sollten.

Der Aufstieg des Kapitalismus zur Hegemonie in der Revolution war blutig. Obwohl es die Volkskräfte waren, die die Revolution organisierten und den revolutionären Kampf führten, wurde die Führung der Revolution von Kapitalist*innen, einer winzigen, aber straff organisierten Minderheit, usurpiert. Diese sollten als zwei getrennte Aspekte gedacht werden. Es waren mitnichten die kapitalistischen Elemente, die die Revolution organisiert und durchgeführt und dadurch die holländische Einheit und Unabhängigkeit ermöglicht haben. Ein Phänomen, dem wir im Laufe der Geschichte oft begegnen, ereignete sich auch bei dieser Transformation. Als die alten Zivilisationskräfte besiegt wurden, hielten sie es entsprechend ihrer Interessen für besser, die Macht an oppositionelle Machthaber*innen abzutreten, anstatt sie gegenüber der Gesellschaft gänzlich zu verlieren. Zwischen den alten und neuen Machthaber*innen gab es schon immer rege Beziehungen und Interessensbünde. Die neue Machtklasse, die Bourgeoisie, war im Schoß der alten geboren. Sie war der evolutionierte Zustand der alten herrschenden Klasse.

Die Bedeutung des holländischen Modells lag nicht in seiner Größe, sondern rührte aus seiner Stellung als herrschendes Modell, das die Zukunft in sich trug. Mit sich selbst ließ es auch die europäische Zivilisation einen Sprung nach vorne machen und führte dazu, dass diese Zivilisation weltweit an Einfluss gewann. Die moderne Welt schuldet diesem Aufbruch Hollands sehr viel. Die Achse Venedig-Amsterdam hatte zwischen dem vierzehnten und dem achtzehnten Jahrhundert die Priorität, die europäische Zivilisation zu transformieren und sie zur Weltherrschaft zu führen. Während sich das islamische Osmanische Reich, die letzte Hegemonialmacht der nahöstlichen Zentralzivilisation, aus der Mitte Europas zurückzog, wurde es aus allen Richtungen von den neuen europäischen Hegemonialmächten umzingelt, die sich ihrer religiösen Hülle entledigt hatten und deren säkulare Seite nun überwog.

Die große Transformation in der Zivilisationsdialektik von Europa und dem Nahen Osten, die sich sowohl durch die Verschiebung der Hegemonie nach Europa als auch durch ihren qualitativen Wandel ereignete, war von so großer Bedeutung, dass sie das gesamte Zeitalter bestimmte. Hollands hegemoniale Überlegenheit in der Zeit von 1650 bis 1750 spielte eine wesentliche Rolle bei dieser Verschiebung und Transformation. Während Venedig die Zentralzivilisation im zwölften bis sechzehnten Jahrhundert aus dem Nahen Osten gestohlen und über Italien nach Europa gebracht hatte, setzte Amsterdam/Holland sie in kurzer Zeit an der Atlantikküste einer Transformation aus und wurde dadurch zum ersten Welteroberer der eurozentrischen Hegemonie. Das System der Zentralzivilisation sollte sich nach seinem fünftausendjährigen Abenteuer im Nahen Osten an der Atlantikküste in ein neues Weltsystem verwandeln, dessen Zentrum sich in Europa befindet.

c) Die London-Großbritannien-Erfahrung und das Reich, in dem die Sonne nie unterging

Die Holländische/Amsterdamer Revolution fand sich bereits in ihren ersten Phasen von den gleichen strategischen Feind*innen umzingelt wie London/Großbritannien. Aus diesem Grund mussten beide auch eine strategische Beziehung eingehen. Die Monarchien Spanien und Frankreich waren für beide gleichermaßen zu einer Existenzbedrohung geworden. Beide waren sie damit konfrontiert, gemeinsam geschluckt zu werden. Der einzige Weg für ihre Existenz und Befreiung lag darin, dass sie neue hegemoniale Machtzentren in Europa werden mussten. Sie spürten diese Tatsache bis ins Mark und machten sie zum Hauptgegenstand ihrer Überlegungen. Dieselbe Tatsache galt auch für die Gegenseite. Wenn es ihr nicht gelingen sollte, hegemoniale Macht zu werden, würden sowohl die katholische ideologische Hegemonie als auch ihr Ideal, zu einem zweiten Rom zu werden, Geschichte. Die Kontinuität und Intensivierung der Konkurrenz und der Kriege zwischen den beiden hegemonialen Polen hatte ihren Ursprung in derselben Existenzfrage. Schließlich sollte die Erschaffung eines Status durch das nationalstaatliche Gleichgewicht des Westfälischen Friedens (1648) den Krieg zwischen ihnen beschränken und die Friedensphasen verlängern.

London, das auf dem Vormarsch war, war nahezu Amsterdams Zwilling. Dass die beiden die gleichen strategischen Probleme hatten, zwang sie dazu, ähnliche Lösungen zu entwickeln. Dass Großbritannien eine Insel war, vereinfachte vieles. London war nicht als ein Stadtstaat entstanden. In dieser Hinsicht war es weit von Venedigs Pracht entfernt. Es war als Zentrum eines Königreiches gegründet worden. Allerdings hatte es bereits ab 1215 unter den Bestimmungen der Magna Charta eine partielle Autonomie inne und war dadurch von Anbeginn an die Wiege eines eigenständigen politischen Modells. Dieser Tatsache ist hinzuzufügen, dass Großbritannien seit der Ära seines ersten Königs Artus (fünftes Jahrhundert) die Wiege einer Aristokratie war, die ein gleich starkes Gegengewicht bildete. Außerdem hatte die Insel die Besonderheit, der letzte Unterschlupf vom Kontinent vertriebener Exilant*innen zu sein. Es war außerdem häufig zu Besetzungen gekommen.

Seit der ersten Besetzung im Namen der Zivilisation durch Caesar hatte die Insel für den Appetit der vom Kontinent kommenden Eroberer immer einen Leckerbissen dargestellt.

Londons Aufstieg hing mit diesen Realitäten eng zusammen. Es stellte im Inneren eine partielle Autonomie gegenüber ebenbürtigen aristokratischen Kräften und im Äußeren eine Verteidigung gegenüber allen Besatzer*innen sowie einen letzten Unterschlupf für Exilant*innen dar. Auf der Grundlage dieser strategischen Tatsachen gestaltete es sein Schicksal. Während es als Stadt aufstieg, hielt es sich seine strategische Position stets vor Augen. Selbst heute noch hat es die gleiche Position inne. Man darf nicht vergessen, dass schon seit der ersten urukischen Stadt strategische Sorgen bei der Bestimmung des Schicksals einer Stadt immer eine wesentliche Rolle gespielt haben. Dass eine Stadt ohne Wehrmauern und ohne Akropolis unvorstellbar wäre, ist ein Ausdruck dieser Tatsache. Was für die Stadt mindestens genauso notwendig wie die Strategie ist, sind ihr landwirtschaftliches Hinterland, das sie ernähren soll, ihr Handel, ihr Handwerk und ihre Produktion. Diese Faktoren können aber ohne Staat oder demokratische Verwaltung nicht entwickelt und aufrechterhalten werden. London schien dazu verdammt zu sein, all diese strategischen Produktions-, Handels-, Handwerks-, Industrie- und Finanzfaktoren ineinander verwoben zu erleben.

Die Insel versuchte bis Ende des fünfzehnten Jahrhunderts, die Widerstandsphase gegen vom Kontinent ausgehende Besatzungen und Eroberungswünsche abzuschließen. Indem sie Mitte des sechzehnten Jahrhunderts die letzte normannische Besatzung beendete, erlangte sie eine stärkere Persönlichkeit. Britanniertum war nun eine unabhängige Identität. Die Ära Elisabeths I. ab Ende der 1550er Jahre spielte für jene Identität eine besondere Rolle. Auch die Stadtidentität Londons wurde durch die Insel-Identität Britanniens gestärkt und die Stadt erreichte so die Schwelle zu einer historischen Rolle.

Das Hauptproblem Großbritanniens im sechzehnten Jahrhundert war es, die Umzingelung durch Spanien und Portugal auf dem Atlantik und das Königreich Frankreich in Kontinentaleuropa zu durchbrechen und dadurch auf das Festland und in die Weltmeere vorzustoßen. Es erlebte ähnliche Probleme wie das Holland unter Amsterdamer Führung. Wenn ihm dieser Durchbruch nicht gelungen wäre, wäre seine politische Existenz beendet gewesen. Zudem hing sein Erfolg davon ab, dass es im Hegemonialkrieg gewann und die Führungsrolle erringen konnte. Während die Verschiebung der Zentralzivilisation nach Europa abgeschlossen war, wurde zwischen verschiedenen europäischen Mächten ein heftiger Hegemonialkrieg geführt. Zivilisationssysteme sind Hegemonialsysteme.

Großbritannien (England) bedurfte für Erfolg im Hegemonialkrieg der Entwicklung dreier unabdingbarer grundsätzlicher Mittel. Diese waren der Kapitalismus, der Nationalstaat und die Industrialisierung. Die Insel hätte am ehesten in landwirtschaftlicher Hinsicht autark sein können. Doch wie effizient auch immer die Landwirtschaft gestaltet worden wäre, sie hätte für die Fortsetzung des Krieges, in den sich die Insel begeben hatte, nicht ausreichen können. Alle inneren und äußeren Voraussetzungen bedingten einen außerordentlichen Systemwechsel. Die Geschichte ist voller Beispiele, die beweisen, dass Kräfte in Bedrängnis stets Sprünge nach vorne gemacht, also neue Techniken, geistige, politische, militärische und Wirtschafts-Systeme entwickelt haben. In Europa im Allgemeinen, im insularen England im Besonderen ereignete sich eine derartige Entwicklung. Die Bedeutung des sechzehnten Jahrhunderts hängt mit dieser Tatsache zusammen.

Das Londoner Großbritannien des sechzehnten Jahrhunderts war zweifellos weder Erfinder*in noch die einzige Kraft, die Kapitalismus, Nationalstaats und Industrialisierung auf- und ausbaute. Diese Entwicklung in drei Richtungen fand in allen Städten Westeuropas, vor allem in den italienischen Städten statt. Der Systemwechsel war kontinentalen und globalen Ausmaßes. Die eigentümliche Rolle Londons war, zunehmend als Anführer und Katalysator zu fungieren. London war das Gehirn und der Katalysator des neuen Systems.

Grundsätzlich muss die Frage gestellt werden, welche Faktoren dabei eine entscheidende Rolle gespielt haben.

1. Die Systemwerdung des Kapitalismus ist weit davon entfernt, zur Gänze analysiert worden zu sein. Über dieses Thema wird immer noch diskutiert. In verschiedenen Teilen dieses Manifests habe ich die notwendigen Erklärungen dazu erörtert. Es wurden dabei die grundsätzlichen Kritikpunkte dargelegt. Kurz, die radikalste Kritik war diejenige, die sich gegen Karl Marx' Analysen im Kapital richtete, die große Fehler und Unzulänglichkeiten beinhalten. Dass er den Kapitalismus als das fortgeschrittenste und sogar als ein fortschrittliches Wirtschaftssystem ansah, bildete den Ausgangspunkt seiner Fehler. Die noch weiter reichende Verallgemeinerung der wirtschaftlichen Form als Gesellschaftsform war mit einer Verallgemeinerung des Fehlers gleichbedeutend. Dieser Fehler wurde unter dem Namen des »dialektischen Materialismus« methodisiert und auf die Geschichte ausgedehnt. Das

Ergebnis war keine Richtigstellung des Hegelschen Idealismus, sondern seine Karikatur.

Man sollte gut begreifen, dass Hegel immer noch nicht verstanden wurde. Auch wenn die europäische Zivilisation Hegel den Weg geebnet hat, ist sie gleichzeitig seine Gefangene. Nach Hegel stieg die Philosophie von ihrem Höhepunkt ab. Das Gegenteil zu Hegel bildete Nietzsche. Er stellte den Höhepunkt der Kritik an der kapitalistischen Moderne dar. Er ist nach wie vor nicht übertroffen worden. Seine Einzigartigkeit bestand darin, dass er prophetenhaft die Unvereinbarkeit des Kapitalismus mit dem Leben ausrief. Die Größe Fernand Braudels bestand darin, dass er die Stärke zeigte, den Kapitalismus nicht als Wirtschaft, sondern als Monopol zu definieren. Der Kapitalismus als Monopol ist weder eine Produktionsweise noch eine gesellschaftliche oder historische Stufe. Das Narrativ, das man die englische politische Ökonomie nennt, ist im Grunde genommen ein Mittel zur Legitimierung des Kapitalismus. Die Darstellung des Kapitalismus als »das fortgeschrittenste Wirtschaftssystem«, obwohl er gar keine Wirtschaft ist, ist die größte Irreführung der Geschichte im Namen der Wissenschaft. Indem man den wucherischen und schlagkräftigen Charakter des Monopols ökonomisierte, versuchte man, diese Irreführung und Legitimation zu erzeugen. Trotz ihres ganzen kritischen Ansatzes konnten Karl Marx und seine Nachfolger*innen nicht umhin, sich – unter anderem mit dem Dazutun des Positivismus – von diesen Bemühungen instrumentalisieren zu lassen.

Den Kapitalismus als eine Religion wie den Islam oder das Christentum oder als ideologisch-praktisches Monopol zu analysieren, wird uns zweifellos bemerkenswertere Wahrheiten offenbaren. Der Kapitalismus stellt die maximale Monopolisierung in der Zivilisationsgeschichte dar. Wenn wir uns stets vor Augen halten, dass das erste Monopol in der Menschheitsgeschichte mit dem »starken und listigen Mann« seinen Anfang genommen hat, werden wir besser verstehen, dass der Kapitalismus der am besten organisierte institutionelle Ausdruck dieser geschichtlichen »unsichtbaren Hand« ist. Unter dem Begriff »institutionelles Monopol« könnte man ihn heute auch als die Kraft verstehen, die Macht über alle Gesellschaftsbereiche ausübt. Daher sollte er nicht mit Fortschritt oder gesellschaftlichen Basis- und Überbaustrukturen im Sinne eines eigenen Seins in Verbindung gebracht werden. Der Kapitalismus ließe sich auch als das fortgeschrittenste Unterdrückungs- und Mehrwertsystem, das sich am meisten legitimiert hat, definieren. Diese Definition gibt uns die Möglichkeit, besser zu verstehen, wie sich das Monopol im Allgemeinen und das kapitalistische Monopol im

Besonderen in wirtschaftlichen, gesellschaftlichen, politischen, militärischen und ideologischen Kategorien platzieren und so legitimieren lassen, als seien sie diese Kategorien selbst. Beispielsweise ist das militärische Monopol mit der Armee gleichbedeutend und bildet in allen Zivilisationen die Hauptkraft der Hegemonieerrichtung. Die Hegemonie wiederum ist der gesellschaftlich verbreitete und kollektive Ausdruck des »starken und listigen Mannes«.

Wenn wir uns nun im Lichte dieser Definition den Kapitalismus anschauen, der in Europa im Allgemeinen, im Londoner Großbritannien im Besonderen aufstieg, werden wir seine Bedeutung besser verstehen. Den hegemonialen Monopolen, die die Insel aus allen Himmelsrichtungen umzingelten, konnte man nur mit einem noch stärkeren hegemonialen Monopol entgegentreten. Die Monopole aus Spanien und Frankreich waren traditionell. Sie hatten die Erscheinung einer Religion und eines Königreichs. Aus diesem Grund wäre die Insel wahrscheinlich besiegt worden, wenn sie sich dem als Monopol in Form einer ähnlichen Religion und eines ähnlichen Königreichs entgegengestellt hätte. Die anderen waren ihr in jeglicher Hinsicht überlegen. Der einzige Ausweg, der übrig geblieben war, war der Aufbau eines neuen Monopols und das war es auch, was sich ereignete. Aus diesem Grund wurde auf der Insel im sechzehnten Jahrhundert von der Ideologie über die Produktion und die Politik bis hin zum Militär in allen materiellen und geistigen Kulturbereichen der Gesellschaft ein neuer Monopolismus konstruiert. Der englische Kapitalismus ist der Name dieser allgemeinen Konstruktion. Dass er auf dem ganzen fortgeschrittenen technischen und geistigen Erbe der Menschheit gegründet wurde, war weder ein Fortschritt noch eine neue Gesellschaftsform, sondern lediglich die Erreichung der stärksten Formation im Monopolismus. Wenn man die getroffenen Änderungen in diesem Rahmen betrachtet, wird ersichtlich, dass das letztliche Ziel, sei es durch Revolution, sei es durch Reform, die monopolistische Institutionalisierung war. Dass diese als Stadt den Namen London und als Land den Namen Großbritannien trug, diente lediglich sprachlich der Erleichterung der Erzählung. Während dieser monopolistische Hegemonialkrieg bis in die 1780er Jahre hinein vom strategischen Bündnis zwischen Amsterdam und London geführt wurde, gelang es England, nach der Französischen Revolution (1789) und den Napoleonischen Kriegen, der einzige Hegemon zu bleiben.

Unter dem englischen Kapitalismus wurden auch die neuen Regeln und Institutionalisierungen in den Bereichen der Landwirtschaft, des Handels, der Finanz und der Industrie als eine lange Geschichte erzählt. Eine eigenartige religiöse Reform, abhängig gemachte Wissenschaftsinstitutionen und das Kunst- und Bildungssystem wurden ebenfalls institutionalisiert. Langer Rede kurzer Sinn, als wesentlichster Bestandteil der Moderne drückte England der neuen Lebensweise ihren Stempel auf.

2. Die zweite wichtige Institutionalisierung, die sich beim hegemonialen Aufstieg Londons/Großbritanniens verwoben mit dem kapitalistischen Monopol entfaltete, war die Organisierung der sozialen Hierarchie und der alten Staatsstruktur als Nationalstaat. Die nationalstaatliche Organisation ist im Bereich der Macht das Pendant zum über der Wirtschaft errichteten kapitalistischen Monopol. Sie sind eng miteinander verwoben. Das wirtschaftliche Monopol lässt sich ohne das Machtmonopol nicht vorstellen, geschweige denn errichten. Der größte Irrtum der Sozialwissenschaftler*innen, zu denen unter anderem Karl Marx zählt, war, dass sie sich einbildeten, die Ökonomie sei als eigenständiger Bereich kapitalistisch umgestaltet worden. Die gesamte Zivilisationsgeschichte beweist aber, dass Monopole über dem Bereich der Wirtschaft erst dann Mehrwert generieren können, wenn sie mit ideologischen und Macht-Monopolen verwoben sind. Das Machtmonopol sollte ohnehin als der intensivierte und institutionalisierte Ausdruck des wirtschaftlichen Monopols interpretiert werden.

Es ist ein traditionelles Narrativ, den institutionalisierten offiziellen Ausdruck der Macht als Staat zu bezeichnen. Dieses traditionelle Machtmonopol, ineinander verwoben mit dem Kapitalismus, sah es als notwendig an, sich selbst in der nationalstaatlichen Form zu organisieren. Eine der wesentlichsten Eigenschaften des strategischen Bündnisses zwischen Amsterdam/Holland und London/England war, dass diese den Staat als Nationalstaat auf die gesamte Gesellschaft ausgedehnt haben. Der traditionelle Staat war bis dahin eine Struktur, die über der Gesellschaft stand und darauf bedacht war, zwischen sich und der Gesellschaft eine Grenze zu ziehen. Diese Form schränkte seine Stärke ein. Beim nationalstaatlichen Modell aber legitimierte sich der Staat dank seiner ideologischen und wirtschaftlichen Hegemonie, da er die ganze Gesellschaft als Nation umfasste, und erreichte dadurch maximale Stärke.

Immanuel Wallersteins Feststellung in seiner umfangreichen Forschung zur Welt-System-Analyse, dass der entscheidende Faktor bei der endgültigen Überlegenheit der englischen Hegemonie die neue Organisierungsweise des Staates gewesen sei, ist eine realistische Herangehensweise. Allerdings ist es eine große Unzulänglichkeit, dass er – genauso wie Karl Marx – die Nationalstaatsanalyse selbst auf begrifflicher Ebene nicht anging, während er sein Werk mit kapitalistischer Analyse überhäufte, und dies führte dazu, dass seinen großen Werken der Erfolg, den sie verdienen, nur in beschränktem Ausmaß zuteil wurde. Der Nationalstaat schuldet der Nationalisierung aller traditionellen Staatsformen und der Religion sehr viel – und umgekehrt. Während die Nationalisierung der traditionellen Kultur, insbesondere der Religion, den Nationaletatismus hervorbrachte, suchte sich der Nationalstaat den Nationalismus als neue Religion aus. Folglich macht die Gleichung »Kapitalismus = Nation = Staat = Nationalismus« den Kern des neuen Prozesses aus, in den man eingetreten ist; und an seinem Ende steht der Faschismus.

Der Nationalstaat drückt die maximale Monopolisierung der Macht im Zeitalter kapitalistischer Monopole aus. Er selbst ist das Monopol der Monopole. Vor allem in seiner ersten Phase war er die erhabenste und umfassendste Macht. Mit Hegels Worten war er der »Gott auf Erden«. Er war der im gesellschaftlichen Zusammenhang konkretisierte Gottesbegriff.

Das zweite grundsätzliche Mittel, das in Londons/Großbritanniens Hegemonie zumindest genauso wirksam wie die kapitalistischen Monopole war, war der Nationalstaat als Monopol der Monopole. Das Britische Weltreich, in dem die Sonne nie unterging, wurde mithilfe dieses Mittels erreicht. Offensichtlich kann man zwischen dem wirtschaftlichen Monopol und dem nationalstaatlichen Monopol, die dabei eine Rolle spielten, keine klaren Grenzen ziehen. Die beiden Monopole sind so sehr miteinander verwoben, dass das eine häufig den Platz des anderen einnimmt. Den Staat nicht als einen politischen Überbau zu betrachten, ist aber ebenso wichtig, wie den Staat im Allgemeinen und den Nationalstaat im Besonderen nicht mit dem Kapitalismus gleichzusetzen. Das Verhältnis zwischen den beiden ist sehr eng und intensiv, aber sie sind nicht identisch oder der eine ist nicht einfach die Widerspiegelung des anderen. Als zwei unterschiedliche, wesentliche Dinge erleben sie die Entwicklungen der historischen Gesellschaft.

Die einzigartige Position, die London und Amsterdam in der Wirklichkeit der historischen Gesellschaft innehatten, war, der Stadtstaatlichkeit ein Ende setzten und die Wiege eines landes- und nationsweiten Etatismus zu sein. Ihre strategische Lage spielte dabei eine entscheidende Rolle. Nicht als Wiege des Nationaletatismus zu fungieren, hätte für sie bedeutet, dass sie besetzt und zu einfachen Städten eines von außen kommenden Reiches degradiert worden wären. Ihr Unterschied zu Venedig hing mit dieser Einzigartigkeit zusammen. Venedig investierte nicht in den italienischen Nationaletatismus, bewahrte aber seine Identität als Stadt. Folglich tragen

London und Amsterdam in diesem Sinne den Stempel der Verleugnung der Stadtidentität. Diesen Stempel kann man am besten in den Rotlicht-Vierteln Londons und Amsterdams spüren. Auch bei den Sumerer*innen – in Nippur und in Babylon – begegnet man einer ähnlichen Entwicklung (*musukkatim* – das erste Bordell). Jede Identität, die sich selbst leugnet, wird sich unvermeidlicherweise prostituieren und faschisieren.

London und der britische Nationalstaat wurden zur effektivsten Waffe des Kapitalismus. Während der Nationalstaat im Inneren auf der Grundlage der Operationen, alle gesellschaftlichen Gewebe durch die staatsbürgerliche Identität zu homogenisieren, Ameisen-Individuen schafft und die Proletarier*innen in neue Sklav*innen verwandelt, verbürgerlicht er die hierarchischen Elemente. Das Individuum, der Individualismus, individuelle Rechte und Freiheiten dienen als Begriffe zur Verschleierung und Legitimierung dieser geschichtlichen Operation. Dagegen tauchten die Identitätskämpfe der Strukturen in den gesellschaftlichen Geweben – vor allem als Arbeiter*innen, Handwerker*innen, Bäuer*innen, Intellektuelle, Religionsgemeinschaften, Frauen und Ethnien – auf. Solange wir das höchst widersprüchliche, verschleierte und legitimatorische Dilemma, mit dem die Bourgeoisie die Begriffe Individuum und Staatsbürger*in auflädt, nicht analysiert haben, können wir die wahre Bedeutung der Operationen des Nationalstaats, die auf eine homogene Gesellschaft abzielen, nicht kennen.

Die Operation des Nationalstaats, die im Inneren auf die Errichtung einer homogenen Gesellschaft abzielt, offenbart ihr wahres Wesen im faschistischen Staatsmodell. Das Verhältnis zwischen den beiden Weltkriegen und diesem Modell ist äußerst bemerkenswert. Der Nationalstaat versucht, sich zum einzig herrschenden Prinzip zu machen, indem er das für das Allgemeine unabdingbare Besondere (im Sinne der philosophischen Grundbegriffe das Allgemeine/das Besondere), also die Differenz und die Vielfalt, die das Leben selbst sind, verleugnet. Hitlers Parole »ein Volk, ein Reich, ein Führer« bringt diesen Umstand am besten auf den Punkt. Eine solche Uniformisierung ähnelt dem Umstand, dass Krebszellen sich im Körper alle anderen Gewebezellen vernichtend ausschließlich als Krebszellen vermehren. Die Zellen haben eine anormale Vermehrung erlebt. Was sich ereignet, ist allerdings der unnatürliche, äußerst schmerzhafte Tod des Lebewesens.

Wenn der Homogenisierungstendenz, die dem Nationalstaat zugrunde liegt und die in der Form eines Social Engineerings auftritt, nicht durch die Demokratie und das Recht Grenzen gesetzt werden, kommt es, wie man in Faschisierungsphasen sieht, zu Soziozіden und allerlei Genoziden. Die Gefahr, die im Nationalstaat viel eher als der Genozid eintrifft, ist der Soziozid, der eine Minimierung gesellschaftlicher Gewebe und Differenzen bedeutetet. Mit der Stärke, die auf dieser Grundlage in den Händen einer kleinen Machtelite konzentriert wird, wird eine institutionelle Diktatur ermöglicht. Angesichts der maximalen Zentralisierung und Stärkung des Staates kommt es zur Zurückdrängung der Demokratie in ihre minimalen Grenzen und der Schwächung der Gesellschaft. Die neu entwickelte »Sozialwissenschaft« spielt dabei eine große Rolle. Die Rolle, die die politische Ökonomie bei der Legitimation des Kapitalismus spielt, spielt für den Nationalstaat die Staats- und Rechtsphilosophie (bzw. -theorie). Hegels Philosophie ist eine Art Bibel des Nationalstaats. Die wichtigste Sache, die man zugunsten des Nationalstaats sagen kann, ist, dass er in seiner Entstehungsphase die überflüssigen Traditionalist*innen, die im gesellschaftlichen Gewebe sozusagen die Rolle einer Hornhaut spielten, ausgesondert hat. Extreme Zerstückelung wiederum ist Ausdruck einer chaotischen Gesellschaft. Da man langfristig nicht im Chaos leben kann, bot der Nationalstaat als das kleinere Übel einen Ausweg, eine Alternative, indem er diesem Zustand ein Ende setzt.

London und der britische Nationalstaat handelten eher pragmatisch, als sie mithilfe dieses neuen Apparats den staatlichen Kräften, die sich gegen sie richteten, eine Niederlage zufügten. Dem englischen Pragmatismus liegt diese Tatsache zugrunde. Der englische Nationalstaat ist mitten im Leben entstanden. Die Umzingelung und die Existenzfrage, mit denen er konfrontiert war, ermöglichten es diesem Apparat, sich selbst in der Praxis zu perfektionieren. Er hat dabei weder praxisfernen theoretischen Klügeleien noch gänzlich blinden Praktiken einen hohen Wert beigemessen. Er hat sich gemäß seinem Bedürfnis vernationalstaatlicht. Noch wichtiger, er hat niemals die Demokratie und das Recht vernachlässigt, die er für den Fall bereithielt. Die Demokratie- und Rechtstradition in der englischen Gesellschaft widersetzte sich stets der extremen Vergrößerung des Nationalstaates. Das Recht und die Demokratie wurden dem Nationalstaat nicht geopfert. Dies ist der zweite wichtige Grund dafür, dass England gegenüber anderen hegemonialen Staaten stark ist und bleibt. Langer Rede kurzer Sinn: England ist sich des Monsters namens Leviathan (Nationalstaat) bewusst und ihm gegenüber wachsam.

Die Hegemonie Londons/Großbritanniens zerschlug mit dem Dazutun und sogar dem Erbe Amsterdams/Hollands die Hegemon*innen nicht nur europa-, sondern weltweit (Papsttum, die französische Monarchie, Spanien und die österreichischen Habsburger) oder setzte sie außer Gefecht, indem sie ihren Zerfall herbeiführte. Sie wusste sich so zu verhalten, wie es sich für einen Hegemon gebührt. Sie handelte nicht entsprechend der Linie »alles oder nichts«, sondern den Traditionen des Römischen Reiches und der islamischen Reiche ähnlich. Sie zwang das neunzehnte Jahrhundert weltweit unter das Joch eines Reiches, das auf einer kleinen Insel mit einer winzigen Bevölkerung aufgestiegen war.

3. Der dritte wichtige Faktor bei der Hegemonie Londons/Großbritanniens war die Rolle der industriellen Revolution. Ohne die industrielle Revolution wäre die englische Hegemonie schwer vorstellbar, wenn auch nicht gänzlich unvorstellbar. Wenn man an die industrielle Revolution denkt, ist es von großer Wichtigkeit, zwei Fehler zu vermeiden, die absichtlich geschaffen, genauer gesagt: vom Kapitalismus als Religion sowohl legitimiert als auch verschleiert werden. Der erste davon ist die Gleichsetzung der industriellen Revolution mit dem Kapitalismus und dem Nationalstaat. Sowohl der Kapitalismus als auch der Nationalstaat haben zweifellos die Industrialisierung religionisiert. Der Industrialismus drückt diese Tatsache aus. Allerdings stellt die Industrie ein so wichtiges geschichtlich-gesellschaftliches Phänomen dar, dass man sie nicht auf den Industrialismus reduzieren darf. Die industrielle Realität reicht vom Stein in der Hand des primitiven Menschen bis hin zur von der menschlichen Gesellschaft geschaffenen Atombombe. Langer Rede kurzer Sinn, die Industrie ist eine Kategorie, die so alt ist wie die Gesellschaftsgeschichte und so lange weiter existieren wird wie die Gesellschaft. Ohne sie wären weder die Geschichte noch die Gesellschaft denkbar.

Das Phänomen, das sich auf die europäische Zivilisationsphase im Allgemeinen, den konkreten Fall England im Besonderen konzentriert und sich in Form revolutionärer Explosionen zeigt, ohne seit Ende des achtzehnten Jahrhunderts bis heute seine Geschwindigkeit einzubüßen, ist etwas anderes als Industrie. Es Industrielle Revolution zu nennen, erklärt den Umstand nicht ganz. In der Geschichte der Gesellschaften begegnet man keinen Revolutionen, die sich so lange und schockartig fortsetzen. Was den Fortschritt in der Industrie davon abhielt, ein revolutionäres oder evolutionäres Phänomen zu sein, ist, dass er der Hegemonie des Kapitalismus und des nationalstaatlichen Monopols unterworfen wurde. Die Atomwaffe steht bei den Erfindungen, die die moralische und politische Gesellschaft niemals erlauben würde, wohl an erster Stelle. Die Kernkraft ist zwar ein Produkt der Atomindustrie, der Kapitalismus und der Nationalstaat sind es aber, die daraus eine Waffe machen. Den Unterschied zwischen den beiden Gesellschaften führt dieser Umstand herbei.

Die Industrialisierung und die industrielle Revolution sind möglich und notwendig. Was aber in den letzten beiden Jahrhunderten in Form von zunehmenden Schocks im Namen der Industrie gemacht wurde, ist dem Industrialismus geschuldet. Es nimmt also eine ideologische Dimension an. Das auf dem Kapitalismus und dem Nationaletatismus beruhende Hegemoniestreben spielt dabei eine entscheidende Rolle. Während dieser Hegemonialismus und der Industrialismus sich in einer Kettenreaktion gegenseitig stärken, verwandeln sie sich in ein Instrument, das die Zerstörung von Gesellschaft und Umwelt betreibt. Der zweite wichtige Aspekt ist daher, dass der Industrialismus viel mehr ideologische Tendenz als Technik ist. Und es sind der Kapitalismus und der Nationalstaat, die aus der Industrie eine Ideologie machen.

Industrialisierung bedeutet für den Kapitalismus Profitmaximierung. Die Industrialisierung war im neunzehnten Jahrhundert sicherlich ein höchst relevantes Phänomen. Die entwickeltste Industrialisierung war mit dem höchsten Profit gleichbedeutend. Dass dies die Züge einer Religion, einer Ideologie, d. h. des Industrialismus, annahm, ist darauf zurückzuführen, dass es zur verwirklichenden Kraft des provozierenden Maximalprofits wurde. Für den Nationalstaat war die Industrialisierung mit einer starken Armee und Macht gleichbedeutend. Deswegen war historisch der Moment des natürlichen Bündnisses zwischen den Kapitalist*innen und dem Nationalstaat gekommen. Das neunzehnte Jahrhundert stellt das Zeitalter des maximalen Bündnisses des Kapitalismus und des Nationalstaats auf der Grundlage der Industrialisierung und ihrer ineinander verwobenen Monopolisierungen dar. Dieses Bündnis und diese Monopolisierung machten den Kern des prächtigen neunzehnten Jahrhunderts Großbritanniens als des Reiches, in dem die Sonne nie unterging, aus.

Also waren das Bündnis und die Monopolisierung auf der Grundlage des Kapitalismus, des Nationalstaats und des Industrialismus das Geheimnis, das hinter der Stärke Englands steckte. Das Land entwickelte zunächst eine Überlebensstrategie gegen die hegemonialen Strategien, die es bedrängten, und verwandelte diese später gezwungenermaßen in eine weltweite hegemoniale Überlegenheit. Im Wesentlichen ist es diese hegemoniale Realität, die sich im System der Zentralzivilisation fortsetzt und die Welt leitet und kontrolliert, folglich ausbeutet und beutelt.

Was für England gilt, gilt zweifelsohne auch für Europa. Wegen seiner Position als führende Kraft und Originalität der Moderne, die es auf die Grundlage des Trios Kapitalismus, Nationalstaat und Industrialismus stellte, wurde England in den Fokus der Analyse genommen. Marx und Engels verhielten sich richtig, als sie England zum Hauptgegenstand ihrer Kapitalismusanalyse machten. Sie wussten, dass eine Analyse Englands mit der Europas und sogar der zukünftigen Welt gleichbedeutend war. Dieser Dreifuß der Moderne lässt sich nicht einem einzigen Land, schon gar nicht einem einzigen Kontinent zurechnen. In allen Teilen dieses Manifests wird diese Tatsache ausreichend erklärt. Ohne die Rolle und Spezifität von Städten, Regionen, Ländern und sogar Kontinenten darzulegen, kann allerdings die historische Gesellschaft nicht analysiert werden. Europa und die Städte, Regionen und Nationen, die es repräsentieren, sind Realitäten. Ihre Zivilisierung und ihr Aufstieg zur Hegemonialmacht in der Zentralzivilisation sind ebenfalls eine Realität. Während die erste Hälfte der letzten tausend Jahre der Geschichte Europas daraus bestand, dass es die hegemonialen Machtfaktoren östlich von sich, im Nahen Osten, aufsog, wurden die letzten fünfhundert Jahre Zeugen der Eroberung der hegemonialen Überlegenheit.

Das Thema hier sind weder die europäischen Nationen und Länder noch ihr vereintes Zivilisationssystem oder ihre Moderne. Das sind vielleicht die Bereiche, über die in der Weltgeschichte am meisten geschrieben wurde. Was ich schreibe, kann Grundschulwissen sein. Das ist nicht meine Absicht. Das, was für mich, für mein Leben, wichtig, ja sogar entscheidend ist, ist zu klären, in welchem Verhältnis diese Geschichte, diese Moderne zu mir, zu meiner Gesellschaft, folglich zu meiner Region, zu meiner Welt steht. Dies nicht zu schaffen, bedeutet, sich nicht zu befreien, also den Sinn des Lebens nicht zu erlangen. Die Hauptaufgabe dieses Manifests ist es, die Lage, in die man hineingezwungen wurde, verständlich zu machen und die Auswege daraus unbedingt richtig festzustellen. Anderenfalls wird man nichts getan haben, außer zwischen vier Wänden seinen Kopf gegen die Wand zu schlagen. Im Gegensatz zur weit verbreiteten Annahme bieten die Innen- und Außenflächen der Wand, die von der Moderne bereitgestellt wurde, nicht die Lösung der Freiheitsfrage. Mir ist es viel wichtiger, sich nicht von diesen betrügerischen Tricks der Moderne täuschen zu lassen. Während ich diese Zeilen verfasse, geht es mir auch darum, mutig zu fragen und, wenn möglich, die Antworten darauf zu entwickeln, warum und wie große Freiheitskämpfer*innen dieser Moderne, um deren Definition ich hier bemüht bin, zum Opfer gefallen sind.

B Die Lösungsfähigkeit der europäischen Moderne

Die Stärke eines Systems von Zivilisationen wird an den tiefgreifenden Antworten gemessen, die es auf soziale Fragen findet. Das Neolithikum versuchte durch die Agrarrevolution, eine Lösung für die Probleme der Menschheit unter Hunderttausende Jahre währenden Wildnisbedingungen zu finden. Nomadische Jäger*innen- und Sammler*innenklans suchten eine Lösung, indem sie diese Bedingungen durch die agrarisch-dörfliche Revolution ein bisschen abmilderten und ihre Fähigkeiten zur Gesellschaftswerdung weiterentwickelten. Dies war zweifellos ein sehr bedeutungsvoller Schritt für die Menschheit. Mit einer jahrtausendealten Lebensweise hat diese Ära im kollektiven Gedächtnis und Gewissen tiefe Spuren hinterlassen. Die menschliche Gesellschaft ist sozusagen eine Realität, die auch von dieser Ära geschaffen wurde. Selbst die Gesellschaft von heute beruht auf jener Gesellschaft. Die Frage, was von der heutigen Gesellschaft übrig bliebe, zöge man ihr jene Gesellschaft unter den Füßen weg, gibt uns sehr zu denken. Wir dürfen niemals vergessen, dass uns Werte wie Heiligkeit, Göttlichkeit, Wunder, Himmel, von denen wir heute noch träumen, vom bezaubernden Wesen jener Gesellschaft geblieben sind.

Zahlreiche geschichtliche Indizien zeigen, dass die primäre Frage für jene Gesellschaft Sicherheit war. Der durch Landwirtschaft erzeugte Reichtum machte Siedlungen anfällig für Angriffe von außen. Die Angriffe kamen nicht nur von wilden Tieren, sondern auch von anderen Gemeinschaften und von starken und listigen Männern, die sich hervortaten. Die urbane Revolution konnte auf das Sicherheitsbedürfnis angemessen reagieren. Die Burg, die Wehrmauern und die Verwaltung der Stadt bedeuteten zunehmende Sicherheit. Dass die Stadt innerhalb der gesellschaftlichen Entwicklung den Anfang der Geschichte markiert, zeigt ihre Wichtigkeit. Obwohl sie die Angriffe durch Barbar*innen von außen verringerte, stellten aber die Phänomene der Klassen und des Staates, die sie im Inneren schuf, den Kern der gesellschaftlichen Frage dar. Die Stadt rief, anstatt die gesellschaftlichen Fragen zu lösen, vielmehr neue Probleme hervor.

Die Herausbildung von Klassen und die Staatsverwaltung, die auf dem Mehrprodukt basieren, machten die Gesellschaft mit dem Phänomen des

Monopols bekannt. Der starke und listige Mann erneuerte sich als kollektives Monopol. Die Sicherheit der Gesellschaft wurde mit den Elementen, die aus ihrem Schoß stammten, zu einem zunehmend größeren Problem. Der Staat, der sich als Instrument der Sicherheit präsentierte, wurde selbst zum Hauptinstrument der Unsicherheit. Die Zivilisationsgeschichte ist in gewisser Weise die Geschichte des Staates als Instrument der Sicherheit, der sich in sein Gegenteil verwandelte. Das wahre dialektische Verhältnis spiegelt sich im Gegensatzpaar Sicherheit/Unsicherheit und in der Institutionalisierung von Politik, Macht und Staat wider. Die Geschichte als Stadt-, Staats- und Zivilisationsprozess ist gleichzeitig mit der Geschichte tagtäglich größer werdender gesellschaftlicher Probleme und Kämpfe gleichbedeutend. Es sind zwei Seiten einer Medaille: Wenn man auf die eine Seite Stadt, Staat und Zivilisation schreibt, wird auf die andere Demokratie, Gleichheit und Freiheit geschrieben.

Diese Geschichte, die im Nahen Osten, im Fruchtbaren Halbmond, der vom Taurus- und Zāgros-Gebirge umgeben ist, zehntausend Jahre lang gelebt wurde und deren letzte fünftausend Jahre wir als Zivilisation bezeichnen können, bildet den Hauptfluss der Menschheit. Auch wenn andere Zivilisationen existiert haben, konnten sie nicht umhin, in diesen Hautfluss zu münden. Die fünftausendjährige Geschichte der Zentralzivilisation im Nahen Osten ist das Narrativ der Vertiefung und Ausbreitung der Hegemonie aufgrund der Suche nach Lösungen für gesellschaftliche Probleme, die größer und vielfältiger wurden. Diese Erzählung war stets mit der Mythologie, Religion, Philosophie, Kunst und Wissenschaft verwoben. Oben wurde versucht, diese Erzählung darzustellen.

Die Hegemonialkräfte, deren letzter Vertreter Islam genannt wird, haben niemals daran gedacht, dass die Zentralzivilisation sich vom Nahen Osten weg verschieben könnte. Das Verständnis eines unabänderlichen Schicksals war eine Glaubenssache. Wie groß auch immer ihre Probleme werden würden, würde die Lösung, wie auch in den Jahrtausenden davor, dort gesucht werden. Der Nahe Osten war ein heiliger Ort, dem Gött*innen, Gotteshäuser, Prophet*innen, Weise, zahlreiche edle Stämme und Völker, jegliche Mythologie, Religion, Philosophie, Kunst und Wissenschaft Leben eingehaucht hatten und in dem sie zum Leben gekommen waren. Er war der Ort, an dem auch die Zeit Heiligkeit erlangt hatte. Zudem war er das Mutterland der materiellen Kultur, der Produktion, des Handels, des Geldes und der Marktwirtschaft. Als Anfang der 1000er Jahre n. Chr. Küstenstädte auf der italienischen Halbinsel die Bühne der Geschichte betraten, war

Europa immer noch weit von der Zivilisation entfernt. Seine Eroberung durch das Christentum, das zur nahöstlichen Kultur gehörte, war noch nicht abgeschlossen. Die urbanen Revolutionen machten ihre ersten Schritte, während europäische Städte von östlichen Hegemonen als nicht der Besetzung würdig erachtet wurden. Sie waren so arm, dass die Besatzungskosten sich nicht gelohnt hätten.

Die Expeditionen der italienischen Städte in den Nahen Osten ab Anfang der 1000er Jahre machten ein regelrechtes Abenteuer aus. Noch vor den Entdeckungsfahrten über den Atlantik waren sie sozusagen Entdeckungsfahrten auf das nahöstliche Festland. Sie konnten zwar den Nahen Osten nicht erobern, brachten aber vor allem Begriffe, Regeln, Theorien und institutionelle Ausdrücke nach Europa, die lebenswichtig waren. Es handelte sich um einen Handel mit Wissen. Darauf folgte der materielle Warenhandel. Dieser Transfer verlor bis in die 1250er Jahre nicht an Geschwindigkeit. Die Kreuzzüge stellten nur die militärische Seite dieses Transfers dar. Die Geschichte Europas ab dieser Zeit ist besser bekannt. Ich habe versucht, sie zu skizzieren. Diese Zeit war gleichzeitig Zeugin davon, dass die nahöstlichen Gesellschaften in einen Teufelskreis gerieten.

Eine grundsätzliche Frage, die man stellen sollte, ist, warum der Nahe Osten sich trotz seiner Überlegenheit in jeglicher Hinsicht im Stillstand befand, während an den Küsten und im Inneren Europas in den Bereichen der Produktion, des Handels, des Handwerks und der Monetarisierung Revolutionen stattfanden. Warum erstickte der Nahe Osten die Philosophie, während Europa von der Religion in die Philosophie aufstieg? Es ließe sich hauptsächlich dadurch begründen, dass die Hegemonialkräfte das maximale Ausmaß der gewaltsamen Aneignung des Mehrwerts erlangt hatten. Also konnten die nahöstlichen Gesellschaften mit ihren alten Technologien und Ideen ausreichend Mehrwert für die Hegemonialkräfte abwerfen. Der Nahe Osten stellte eine Gesellschaft dar, die sich selbst genügte. Für die europäische Gesellschaft galt aber das Gegenteil. Dass die Philosophie sich nicht von der Religion separierte, kann dadurch erklärt werden, dass die Machttechnik als ausreichend erachtet wurde. Wenn die Religion ihnen ausreichend Legitimität verschafft, bedürfen Sultane nicht so sehr der philosophischen Legitimation. Wenn die Machtmechanismen seit Jahrtausenden durch Heiligsprechungen der Religion Bedeutung erlangt haben, bringt es keinem*r Hegemon*in, keinem*r Despot*in etwas, die Bevölkerung durch die Philosophie durcheinanderzubringen. Es gilt, auch diese Seite der nahöstlichen Glaubensideologie gut zu verstehen.

Die Glaubensideologie ist als Mittel zur Machtlegitimation sehr wirksam. Aus diesem Grund war es für die bestehenden Machtmonopole ein nicht in Kauf zu nehmendes, gefährliches Unternehmen, die Abspaltung der Philosophie zu erlauben, der Philosophie Raum zu lassen. Als Karl Marx die Philosophie im Namen der Wissenschaft entthronte und Imam al-Ghazzālī sie auf ähnliche Weise im Namen der Religion verurteilte, waren sie so sehr Interpreten ihres eigenen Denkens und Glaubens, dass sie nicht begreifen konnten, dass sie dabei den Kräften dienten, die sie zu bekämpfen glaubten. Die europäische Gesellschaft öffnete ihre Tore sowohl für die materielle als auch für die immaterielle Kulturrevolution. Sie wusste einerseits von außen zu übernehmen, was dafür notwendig war, und es gelang ihr andererseits, es in sich so zu bearbeiten, dass neue Synthesen entstanden.

Ich versuche, die Verschiebung der fünftausendjährigen nahöstlichen Zentralzivilisation in Raum und Führung zu beschreiben. Das Bedürfnis ist manchmal die größte revolutionäre Kraft. Die Sachen, derer Europa bedurfte, waren mit einer solchen revolutionären Rolle aufgeladen. Eine revolutionäre Rolle zu übernehmen, bedeutet, die grundsätzlichen gesellschaftlichen Probleme zu lösen. Analysieren wir nun, welche grundsätzlichen Probleme die zum Weltsystem gewordene europäische Zivilisationsphase (die Lebensweise, die offiziell kapitalistische Moderne genannt wird) in den letzten ca. fünfhundert Jahren mit ihrem Dreifuß zu lösen versucht hat.

a) Der Kapitalismus

Der Kapitalismus selbst, das erste Standbein des Dreifußes der Moderne, stellt die Seele und das Gehirn des Systems dar. Dieses Monster, das man während der gesamten Zivilisationsgeschichte im Zaum zu halten versucht hatte, wurde zum Gehirn und Herzen des System, zu seiner Kraft des Verstandes und der Gefühle. Ich habe versucht, zu beweisen, dass dies den Bankrott der Zivilisationssysteme bedeutet, die viel mehr eine Problemquelle als eine Lösung darstellen. Zivilisationsstrukturen sind im Wesentlichen eine Gesellschaft, die sich hinter Stadtmauern zurückgezogen hat. Die Zivilisation ließe sich auch als die Gesamtheit der gesellschaftlichen Strukturen bezeichnen, die hinter Stadtmauern wiederaufgebaut wurden. Die Unzulänglichkeit physischer Wehrmauern und die zunehmende Herausbildung von Klassen zwangen die Zivilverwaltung dazu, die Hierarchie als Staat zu organisieren und zu institutionalisieren. Ich werde an dieser Stelle diese Entwicklungen, die in den entsprechenden Kapiteln analysiert wurden, nicht wiederholen. Die Probleme der Gesellschaft vergrößerten sich mit dem Staat in

Bezug auf ihren Gehalt sowie ihre Verbreitung, anstatt gelöst zu werden. Je mehr sich der Staat vergrößerte, desto mehr nahm die Entwicklung und Vergrößerung der gesellschaftlichen Probleme zu. Dies bedeutete konkret mehr Ausbeutung und Unterdrückung.

Obwohl Kriege auch vor der kapitalistischen Phase der Zivilisation zu großen Katastrophen für die menschliche Gesellschaft und die Umwelt geführt haben, kann in Bezug auf jene Zeit nicht von der Nicht-Nachhaltigkeit von Gesellschaften die Rede sein. Unterdrückung und Ausbeutung umfassten nur einen verhältnismäßig kleinen Teil der menschlichen Gemeinschaften. Selbst die bekanntesten Pharaonen und Nimrods hatten keine wirksamere und autoritärere Macht inne als heute der*die Gouverneur*in eines Bundesstaats. Heute hat selbst ein schwedischer Ministerpräsident, der als besonders demokratisch gilt, zehnmal mehr Macht und Autorität als Süleyman der Prächtige. Die Summe jeglicher Ausbeutung in der gesamten Zivilisationsgeschichte vor der kapitalistischen Phase (die Summe der Mehrwerte) ist nicht einmal mehr als der jährliche Gewinn des globalen Kapitals von heute. Den Schrecken der Unterdrückung und Ausbeutung sollten wir mithilfe dieser Tatsache wahrzunehmen versuchen.

Die Vernunft, die der Kapitalismus dem Menschen überstülpte, ist der Schrecken selbst. Was wurde durch die Kriege in den letzten fünfhundert Jahren, durch die Kriegstechnologie, -vernunft und -strategie verwirklicht? Indem man davon spricht, dass in den letzten fünfhundert Jahren ein Mehrfaches an Menschen, verglichen mit den Kriegen in der gesamten Zivilisationsgeschichte, umgebracht wurde, gibt man nur einen Bruchteil der Wahrheit zu. Noch viel katastrophaler sind die Antworten auf die folgenden Fragen: Wie viele Völker, Kulturen, Stämme, Klassen, Gruppen und materielle Werte wurden in diesen Kriegen vernichtet? Wie wurde die erdrückende Mehrheit der Menschheit bis auf eine Handvoll Oligarch*innen als moderne Sklav*innen rekonstruiert? Wie wollte man den riesigen Ozean der Menschheit in den Panzer von ein paar Hundert offiziellen Nationen einsperren? Wie wurde der Mensch in den Wolf des Menschen verwandelt? Wie wurde die Gesellschaft gänzlich ehefrauisiert? Wie hat die Herrschaft, die sich von der Gesellschaft auf die Natur erstreckte, eine nicht nachhaltige Ökologie erzeugt? Es ließen sich weitere ähnliche Grundsatzprobleme und -fragen aufzählen.

Der Kapitalismus ist ein System, das noch nicht ausanalysiert worden ist. Trotz all ihrer anspruchsvollen Analyseversuche kann man nicht behaupten, dass Marx und Marxist*innen in dieser Hinsicht erfolgreich waren. Alle

Indikatoren zeigen, dass ihre Kapitalismuskritik nicht über die kleinbürgerliche Logik hinausging. Die kleinbürgerliche Kritik hatte keine Folgen, die über die Gewerkschaftsbürokratie und den Staatskapitalismus hinausgingen. Man sollte sich dessen bewusst sein, dass die herrschende Logik unseres Zeitalters dem kapitalistischen System entsprechend gestaltet wurde. Die bestehende Wissenschafts- und akademische Welt stellen den Raum dar, in dem diese Logik produziert wurde. Die wissenschaftlichen Akademien von heute sind komplexere Produktionsstätten für Mythologien als die sumerischen Zikkurats, die in die kapitalistische Macht integriert wurden. Die Mythologien, die in diesen Räumlichkeiten unter dem Namen der Wissenschaft produziert wurden, haben den gesellschaftlichen Widerstand viel stärker gebrochen als die blanken Machtinstrumente der Herrschenden. Es handelt sich dabei um Irreführungen und Verschleierungen, die weit über die mittelalterlichen Betrügereien hinausgehen.

Die Mission der gesellschaftlichen Kunst, die die Gefühle des Menschen erhebt, verschönert und ihnen Friedfertigkeit verleiht, wurde ganz in ihr Gegenteil verkehrt. Der Ehrgeiz, der keinen anderen Gewinn außer dem Profit kennt, mündete darin, die zielgerichtete Ausnutzung der Gefühle von Schönheit, Erhabenheit und Friedfertigkeit als die Kunst selbst zu präsentieren. Alle Menschen wurden sozusagen in Rennpferde verwandelt, die auf Rennbahnen um den in Aussicht gestellten Preis konkurrieren. Es handelt sich dabei um eine Lebensweise, die kein Lebewesen akzeptieren kann. Die Krankheit Krebs hat ihren Ursprung in dieser Lebensweise. Man darf nicht vergessen, dass Krebs eine typische Krankheit der kapitalistischen Moderne darstellt. Sie ist eine Krankheit gesellschaftlichen Ursprungs, die völlig mit dem System zusammenhängt. Nichts kann den Kapitalismus besser erklären als die Krankheit Krebs. Krebs ist die sichere Folge der Widerspiegelung des Geistes des Systems im menschlichen Körper. Vielleicht lassen sichauch in früheren Systemen und bei anderen Lebewesen Fälle von Krebserkrankungen beobachten, aber nur sehr selten. Im Ursprung dieser Fälle lässt sich ebenfalls der Schatten eines über dem Leben konzipierten Monopols erblicken. Es scheint allerdings im Kapitalismus kein einziges menschliches Gewebe oder Organ mehr zu geben, für das nicht ein spezieller Krebs existieren würde. Es stellt eine nicht zu verleugnende Tatsache dar, dass der Krebs, der in allen Organen des menschlichen Körpers sichtbar wird, das wahre Wesen des kapitalistischen Zivilisationssystems preisgibt.

Die europäischen Hegemonialmächte konnten durch den Kapitalismus die Probleme, die von den alten Hegemon*innen (Kirche, Königreiche,

Fürstentümer) erzeugt worden waren, nicht lösen. Mit dem Projekt der »homogenen Gesellschaft« schufen sie Gleichheit, indem sie diesen die Füße und Hände abschnitten. Die homogene Gesellschaft ist die fortgeschrittenste Sklav*innengesellschaft. Keine andere Klassengesellschaft hatte eine so große Fähigkeit wie der Kapitalismus, Sklaverei zu produzieren. Die Sklavereien des Altertums und des Mittelalters waren im Gegensatz zum allgemeinen Glauben nicht schlimmer als die unter kapitalistischen Bedingungen. Der wichtigste Indikator dafür ist, dass das Phänomen »des*der arbeitslosen Sklav*in« damals nicht existierte. »Der*die arbeitslose Sklav*in« ist die erbarmungsloseste Sklavereiform, die die Geschichte jemals erlebt hat. Es hat niemals eine Form von Sklaverei gegeben, die den Menschen so sehr in Bedürftigkeit gestürzt, ihn so sehr in ein Nichts verwandelt hat wie die Verbannung in die Arbeitslosigkeit. Die Geschichte des Kapitalismus ist, im Gegensatz zur geläufigen Darstellung, nicht nur eine Geschichte des Arbeiter*innen-Werdens und der Proletarisierung der Bäuer*innen und Kleinhändler*innen, sondern in viel größerem Ausmaß eine Geschichte des Arbeitsloswerdens und der Lumpenproletarisierung. Kann man sich ein größeres Problem, ja eine größere Katastrophe für eine Gesellschaft vorstellen?

Nicht nur liberale Ideolog*innen, sondern auch Sozialwissenschaftler*innen jeglicher Couleur, Sozialist*innen und Marxist*innen konnten wegen des Stempels der Kleinbourgeoisie, den sie tragen, nicht die Stärke und die Fähigkeit zeigen, den Kapitalismus zu definieren, über ihn hinauszugehen und auf der Grundlage der Verteidigung der Gesellschaft zu kämpfen. Ihre diesbezüglichen Bemühungen lassen sich nicht leugnen; es ist aber eine offensichtliche Tatsache, dass ihr Horizont beschränkt, ihr Blick schief und irreführend und ihr Kampfeswille äußerst unzureichend waren. Solange die vom Kapitalismus zerstörte Gesellschaft nicht mit einem Ansatz, der sie in ihrer Totalität mit ihrer Historizität und mit all ihren Bereichen behandelt, in einer Selbstverteidigungshaltung verteidigt wird, kann es keinen Ausweg geben.

Wir müssten sehr genau wissen, dass der Aufstieg des Kapitalismus wegen der Zentralzivilisation, auf der er beruht, geschah und dass er seit dem Tag, an dem er seinen Käfig zerschlug (das Verhältnis zwischen der Aufklärung und dem Entfesseln des Kapitalismus ist es wert, untersucht zu werden: die schlimmste Freiheit ist wohl diese Freiheit des Entfesselns), global ist und das globale System transformiert hat. Alle sind erstaunt über die gegenwärtige »Krise des Finanzkapitalismus«. Es wird errechnet, dass alleine die Mehrwerte, die Produkte, die man sich, ohne zu arbeiten, während dieser

Krise angeeignet hat, indem man mit Finanzmitteln spielte, größer als die Ausbeutung in der gesamten Zivilisationsgeschichte sind. Keine andere Krise oder kein anderes Phänomen kann den Kapitalismus so gut erklären wie die gegenwärtige Krise, kann klarer darstellen, dass der Kapitalismus weder Markt noch Wirtschaft ist. Ein wichtiger Aspekt dieses Manifests ist, dass sie die historische Grundlage dieses Phänomens darstellt, die problematische Struktur der Zivilisation zur Schau stellt und offenlegt, dass der Kapitalismus der verallgemeinerte Zustand dieser Struktur ist. Die globale Finanzkrise, in der man sich nach wie vor befindet und die die ergreifendste Phase der strukturellen Krise des Kapitalismus ausmacht, bestätigt diese Interpretation der Geschichte auf bemerkenswerte Art und Weise.

Wie soll man dem Chaos, das durch die globale Finanzkrise erzeugt wurde, entkommen, während sie sich von den Hauptzentren (USA/EU) ausgehend in der ganzen Welt ausbreitet? Welche Reaktionen wird das kapitalistische Weltsystem erzeugen, wenn es sich mit dieser globalen Krise im Bereich der nahöstlichen Zentralzivilisation, die es ersetzt hat, erneut und mit sehr erschütternden Auswirkungen widerspiegelt? Was ist der politische Islam? Kann der Macht-Islam wirklich als Islam gelten? Wie antikapitalistisch sind die Reislamisierung und der radikale Islam? Inwiefern sind wir mit einem Faschismus konfrontiert, der die Maske des Islam trägt? Um auf diese Fragen gekonnt antworten zu können, muss man die Lösungskapazität der anderen beiden Standbeine der kapitalistischen Moderne und die Probleme, zu denen sie führen, betrachten.

b) Der Nationalstaat

Das zweite wichtige Standbein der europäischen Moderne bildet der konstruierte Nationalstaat. Mindestens ebenso sehr wie der Kapitalismus selbst ist der Nationalstaat Ausdruck des Systems, das die gesellschaftlichen Probleme maximiert, anstatt eine Lösung für sie zu finden. Der Kapitalismus ist im Gegensatz zum allgemeinen Glauben der systemische Zustand nicht des wirtschaftlichen Fortschritts, sondern der Leugnung der Wirtschaft; und der Nationalstaat ist, ebenfalls im Gegensatz zur sehr häufigen Darstellung, nicht die Grundform von Demokratie, Freiheit und Menschenrechten, sondern das System der Leugnung derselben. Da Sozialist*innen jeglicher Couleur und die Marxist*innen zu beidem zumindest genauso fleißig wie die bürgerlichen Liberalen entsprechende Theorien, Programme und Organisationen geschaffen haben, sind sie in großem Maße für die Verdrehung der gesellschaftlichen Wirklichkeit verantwortlich zu machen.

Zweifellos ist die Gleichung »zentralisierter Nationalstaat = Kapitalismus« nicht richtig. Allerdings sollte man sehr gut begreifen, dass die Gesellschaft sich nicht für die kapitalistische Ausbeutung öffnen ließe, ohne unter eine in nationalstaatlicher Weise re-institutionalisierte Diktatur gestellt zu werden.

Den Kern des Verhältnisses zwischen Nationalstaat und Kapitalismus bildet die Tatsache, dass es die gesamte sozioökonomische Struktur in ihrer Tiefe sowie Breite der Ausbeutung öffnete. Allerdings ist es der Nationalstaat als Form maximaler Machtbildung, der die kapitalistische Ausbeutung ermöglicht. Karl Marx' größte Sünde war, dass er versuchte, den Kapitalismus als ein fortschrittlicheres System als alle anderen Wirtschaftsformen zu analysieren, ohne den in dieser Weise rekonstruierten Staat analysiert zu haben. Noch schlimmer ist, dass er den anti-wirtschaftlichen Charakter des Kapitalismus nicht feststellen konnte.

So wie die altertümlichen und mittelalterlichen Mythologien und religiösen Ideologien despotische und ausbeuterische Systeme legitimierten, wurde auch der Nationalstaat durch geistige Konzepte, die um ihn herum intensiv entwickelt wurden, legitimiert. Der Nationalstaat stellt immer noch ein Rätsel dar. Der Nationalstaat, der stets heiliggesprochen und als eine Erfindung präsentiert wurde, der sich alle widmen sollten, stellt den wahren Gott der Moderne dar. Ich kann einfach sagen, dass dem Staat im Allgemeinen, vor allem aber dem Nationalstaat, die Religion und der Gottesbegriff zugrunde liegen. Genauer gesagt, Menschen, die Macht und materielle Interessen haben, versuchten, die mythologischen und religiösen Narrative, die ersten analytischen Geistesregungen der menschlichen Spezies, in Form des Staates zu konkretisieren. Durch die Identität des Gottes und des Staates wurden bemerkenswerte Entwicklungen ermöglicht.

In der jüdischen Ideologie tragen Herr und Gott denselben Namen: Rab. Indem Rab aufhört, persönlich zu sein, und sich institutionalisiert, erlangt er als Staat Bedeutung. Hegel übersetzte diesen Prozess in die Sprache der Philosophie. Er selbst verwendete für den Nationalstaat den Ausdruck »Gang Gottes in der Welt[46]«. Karl Marx folgerte aus dieser Erzählung heraus, dass religiöse Ideologien fiktive Phänomene (ausgedachte Erfindungen) seien. Aus diesem Grund wurden sie für nicht der Beschäftigung wert gehalten oder man maß ihnen nur einen sehr geringen Wert bei. Diese Herangehensweise spielte eine große Rolle bei Marx' Gleiten in einen groben Materialismus. Die Positivist*innen bildeten sich ohnehin ein, dass ihnen

46 G. W. F. Hegel, *Grundlinien der Philosophie des Rechts*, § 258, Zusatz.

durch die Verurteilung der Metaphysik der Übergang in ein neues Zeitalter gelungen sei: der Übergang von der Metaphysik ins wissenschaftliche Zeitalter. In einer besonders schlechten Anwendung der Soziologie ließen sie sich zu einer extremen Erzählung hinreißen, die die Gesellschaft in einen Haufen von Gegenständen verwandelt, in ein Material. Als Karl Marx und Friedrich Engels den deutschen Nationalstaat zur nützlichsten Form für das Proletariat erklärten, waren sie so tief im Klassennationalismus versunken, dass sie sich nicht bewusst waren, welch heftigen Schlag sie dem Klassenkampf versetzten. Als der Nationalstaatskapitalismus im Namen des Realsozialismus die Gesellschaft verschlang, blieb der Bankrott des Traums vom Kommunismus übrig.

Genauso sehr, vielleicht sogar mehr als einer Kapitalismusanalyse, bedarf es einer Analyse des Nationalstaats. Die Teilung der Welt durch feste Grenzen und moderne nationale Rituale (Gottesdienste), bürokratische Monstrosität als eiserner Käfig für die Gesellschaft, stehende Armeen, das Arbeitslosenheer, der Nationalismus als moderne Religion, der zu einem zügellosen Monster gewordene Sexismus, die extreme akademische Verbohrtheit, die die Geister tausendmal mehr verdunkelt als die mittelalterliche fanatische Frömmigkeit; all das bildet den Nationalstaat als Gott mit tausendundeinem Gesicht.

Die Konkretisierung einiger dieser Begriffe wird erhellen, ob der Nationalstaat ein Problem oder eine Lösung darstellt.

1 – Nationalstaat, Grenzen und Heimat

Die menschliche Gesellschaft kannte in ihrer langen Geschichte zuvor keine Grenzen wie die des Nationalstaates. Solche Grenzen widersprechen der kulturellen Natur des Menschen. Um bestimmte Gebiete werden Grenzen gezogen. Die Ansiedlung von menschlichen Gemeinschaften in Gebieten, die Integration des Räumlichen in die materielle und immaterielle Kultur erzeugen das Heimatkonzept. Langfristige Siedlungen haben eine große Auswirkung auf die Entstehung von Identitäten als Stämme und Völker. In diesem Sinne wird das Heimatkonzept für Gesellschaften unabdingbar. Es ist problemlösend. Es handelt sich nicht um starre Grenzen, denn gemeinsame Sprache und Kultur und gemeinsamer wirtschaftlicher Markt entwickeln ein flexibles Grenzverständnis. Das Problem beginnt damit, dass der Nationalstaat, eng verwoben mit dem Kapitalismus, die in der Heimat ansässige Gesellschaft unter seine Hegemonie stellt. Während ein homogenes Sprach- und Kulturverständnis aufgezwungen werden, verwandeln sich die

Heimat und die Grenzen mit der Erhöhung des Niveaus der gesellschaftlichen Sklaverei in umfangreiche Orte des Arrests. Doch für Staaten werden keine solchen starren Grenzen gezogen. Die Starre der Grenzen vertritt die Stärke der Ketten der Sklaverei, die dem menschlichen Gehirn und dem menschlichen Willen angelegt wurden, und drückt die Transformation des kleinen Kerkers hin zum großen Kerker als ganzem Land aus. Solch starre Grenzen sind ohnehin mit der Verwandlung der Menschen in Eigentum, mit ihrer Nutzung nach Lust und Laune, ihrem zur-Ware-Werden und ihrer Verwandlung in eine Armee gleichbedeutend, sodass kein Unterschied mehr zu einem verallgemeinerten Ort des Arrests oder einem Gefängnis besteht. Ohne nationalstaatliche Grenzen entwickelt zu haben, können Individuen nicht der Gesellschaft entrissen und proletarisiert werden. Diese Realitäten werden erst durch die religiöse Aufladung der »Grenzen des heiligen Heimatlandes« und die damit einhergehende Legitimation ermöglicht. Allerdings widersprechen Staatsgrenzen nicht nur der geografischen Wirklichkeit, sondern auch der Vielfalt und der Mobilität der menschlichen Gesellschaft.

Das Leben selbst erlangt durch eine stetige Vervielfältigung eine Bedeutung. Hinzu kommt, dass politische Grenzen trotz ihrer Heiligsprechung zu den gesellschaftlichen Erfindungen gehören, die sich am schnellsten verändern. Es wäre vor nur hundert Jahren unmöglich gewesen, sich die Staatsgrenzen von heute vorzustellen. Den Bürger*innen eine derartig fiktiv bestimmte Geografie anzuvertrauen, als wäre sie ein ewig heiliges Wesen, ist mit der Konstruktion des größten Problems gleichbedeutend. Schließlich beweisen der Tod von Hunderten Millionen Menschen und die Zerstörung materieller und geistiger Kulturwerte in den Kriegen, die in den letzten fünfhundert Jahren um Staatsgrenzen geführt wurden, die Größe der Probleme, die dadurch erzeugt werden.

2 – Die homogene nationale Gesellschaft des Nationalstaats

Wieso einförmige Bürger*innen? Wieso sollten wir die gesellschaftliche Natur, die einen sehr komplexen und vielfältigen kulturellen Reichtum bildet, in Bürger*innen verwandeln, die klingen wie hohle Blechdosen? Offensichtlich ist die Bürgerschaft der Moderne ein Ausdruck des Übergangs von der privaten zur staatlichen Sklaverei. Der Kapitalismus kann den Profit ohne eine moderne Sklav*innenarmee dieses Typs nicht verwirklichen. Trotz aller Erfahrungen der Sakralisierung steckt hinter der Bürgerschaft die Wirklichkeit der Konstruktion der modernen Sklaverei, die den Profit produziert. Die homogene nationale Gesellschaft ist das Werk eines Social-Engineering-Projektes, dessen Umsetzung man sich in keinem Pharaonen-Regime der Geschichte hätte vorstellen können. Es handelt sich dabei um die künstlichste Gesellschaftsform. Selbst Glaubensgemeinschaften von Prophet*innen waren nicht so einförmig. Das Social Engineering selbst bedeutet nichts, als äußerst erbarmunglos Gott zu spielen. Es hat seinen Ursprung in dem Gott, den Platon »Demiurg« (Baumeister-Gott) nannte. Die nationalstaatliche Gesellschaft ist trotz ihres ganzen Positivismus eine ganz oberflächliche und hohle metaphysische Fiktion. Solche Gesellschaften existieren nicht. Selbst wenn sie geschaffen würden, wären sie dazu verurteilt, jeden Moment zu degenerieren. Die nationalstaatliche Gesellschaft, die im Faschismus den Höhepunkt ihrer Reife erreicht, befindet sich im Zustand der kriegführenden Gesellschaft und stellt die zweitgrößte Problemgesellschaft dar. Die kriegführende Gesellschaft ist die Gesellschaft, welche die brutalsten Probleme, Genozide und Soziozide produziert.

3 – Die Zentren zur Produktion der Bürgerinnnen des Nationalstaats

Dabei handelt es sich hauptsächlich um Schulen, Kasernen, Moscheen und offizielle Rituale. Die Befriedigung der grenzenlosen Gier des Kapitalismus, vor allem des Finanzkapitals, nach Profit- und Kapitalvermehrung, wird erst durch die tagtägliche Gleichförmigmachung und zielgerichtete Konstruktion aller Bürger*innen in Schulen, Kasernen, Moscheen und offiziellen Ritualen möglich. Solange wir den Zusammenhang zwischen der Errichtung des Nationalstaats durch Bildung einerseits sowie dem Profit und dem Kapital andererseits nicht begreifen, wird es nicht möglich sein, die moderne Gesellschaft zu analysieren. Offensichtlich haben Gesellschaften, die durch Bildung und Institutionen, die so viele Probleme erzeugen, konstruiert werden, keine andere Möglichkeit, als mit Problemen zu ringen. Das Ringen an sich ist Ausdruck des Bankrotts des Geistes. Es handelt sich dabei um den Positivismus als Götzendienst am objektiven Gegenstand, der gegenüber der Bedeutungstiefe in der gesellschaftlichen Natur blind ist. Die nationalstaatliche Bildung für Bürger*innen bedeutet nichts als den vulgärst-objektiven Götzendienst, den die Geschichte jemals gesehen hat. Durch diese Bildung wurden der Genozid des Faschismus produziert und die Umwelt zerstört. Die nationalstaatliche Bildung ist der dritte große Faktor, der die Problematik der nationalen Gesellschaft maximiert.

4 – Die nationalstaatliche Bürokratie

Die europäische Moderne zeichnet sich gegenüber allen anderen Gesellschaftsstrukturen dadurch aus, dass sie die Bürokratie maximal vergrößert. Die Bürokratie stellt einen äußerst künstlichen Faktor dar, der die gesellschaftliche Natur verkommen lässt. Die Bürokratie, die sich wie ein Tumor auf dem Rücken der Gesellschaft vergrößert, ist für den Nationalstaat unabdingbar. Sei es im Realsozialismus, sei es in Regimes, die liberal genannt werden: Die Bürokratie fungiert als grundsätzliches Mittel, das das System laufen lässt und Profit erzeugt. Sie bildet das Rückgrat der nationalstaatlichen Gesellschaft und den Käfig, in dem die natürliche Gesellschaft eingesperrt wird. Der Kapitalismus zähmt die Gesellschaft durch diesen Käfig und begibt sich an die Produktion von Kapital und Profit. Folglich können die Probleme der modernen Gesellschaft ohne die Analyse des Verhältnisses zwischen der Bürokratie, dem Nationalstaat und dem Kapitalismus nicht einmal festgestellt, geschweige denn gelöst werden. Die bürokratischen Apparate, die vorgeblich als Problemlösung in gesellschaftliche Bereiche montiert wurden, bilden vielmehr die vierte große Problemquelle in der modernen Gesellschaft.

5 – Nationalstaat und Sexismus

Die von der traditionellen Hierarchie errichtete Männerherrschaft über die Frau wurde im Laufe der Zivilisationsgeschichte immer weiterentwickelt. Die in Form des Nationalstaats maximierte Macht verdankt ihre Stärke größtenteils dem Sexismus, den sie verbreitet und intensiviert. Der Sexismus ist kein normales biologisches Verhalten, sondern eine Ideologie, die zumindest genauso viel Macht und Nationalstaat erzeugt wie der Nationalismus. Das weibliche Geschlecht stellt für den Patriarchen ein Objekt, einen Gegenstand dar, an dem er jegliche seiner Begierden verwirklichen kann. Die Worte in den heiligen Schriften »Eure Frauen sind ein Saatfeld für euch: darum bestellt euer Saatfeld wie ihr wollt.[47]« und die Worte der Moderne »die Frau ist wie ein Saiteninstrument, ihr könnt sie so spielen, wie es euch beliebt« drücken dies aus. Zudem spiegelt das Sprichwort »der Frau darf auf dem Rücken der Stock, im Bauch das Fohlen nicht fehlen« den faschistischen Charakter der Herrschaft wider.

Der gesellschaftliche Sexismus ist ein mindestens genauso gefährliches gesellschaftliches Monster wie der Kapitalismus. Leider legt das erbarmungslose

---

47 Koran 2-223 in der Übersetzung von Rudi Paret.

und listige Patriarchat eine rücksichtslose Haltung an den Tag, wenn es darum geht, diese Tatsache über dieses Phänomen zu verbergen. Obwohl der Sexismus ebenso sehr wie der Kapitalismus der Untersuchung bedarf, ist dies der Gesellschaftsbereich, der am wenigsten erhellt wird. Alle Macht- und Staatsideologien haben ihren Ursprung in sexistischen Haltungen und Verhaltensweisen. Die Sklaverei der Frau ist der tiefste und am meisten verschleierte gesellschaftliche Bereich, über dem Sklaverei, Unterdrückung und Ausbeutung jeglicher Art errichtet wird. Sie stellt das gesellschaftliche Objekt dar, an dem alle Macht- und Staatsformen ausprobiert werden und in dem sie ihren Ursprung haben.

Der Kapitalismus und der Nationalstaat, die sich dieser Eigenschaften der Sklaverei der Frau zutiefst bewusst sind, legen großen Wert darauf, von der Frau als dem am weitesten entwickelten Kapital- und Machtmittel Gebrauch zu machen. Man sollte sehr genau wissen, dass keine Form der Sklaverei ohne die Sklaverei der Frau die Chance hätte, sich zu entfalten und zu überleben. Der Kapitalismus und der Nationalstaat drücken den am meisten institutionalisierten herrschenden Mann aus. Noch klarer gesagt: Der Kapitalismus und der Nationalstaat sind der despotische und ausbeuterische männliche Monopolismus. Diesen Monopolismus zu zerschlagen, ist vielleicht schwieriger, als ein Atom zu spalten.

In der Moderne bestimmt die Demografie (Bevölkerungswissenschaft) als Zweig des gesellschaftlichen Sexismus unter anderem durch die Anwendung statistischer Methoden die idealen Ausmaße der weiblichen Fruchtbarkeit für Armee, das Arbeitslosenheer und die standardisierte nationale Gesellschaft. Die Ideologie des Malthusianismus ist ein Ausdruck davon. Die menschliche Bevölkerung, die die Gesellschaft und die Ökologie bedroht, ist im Kern kein biologisches Problem, sondern eine Folge des Missbrauchs mittels der sexistischen Ideologie durch Kapitalismus und Nationalstaat. Die sexistische Ideologie und die sexistischen Praktiken des Kapitalismus und des Nationalstaats einschließlich der modernen Familienideologie stellen für die Gesellschaft und die Umwelt vielleicht die größte Problemquelle dar. Aus diesem Grund sollte der gesellschaftliche Sexismus im nationalstaatlichen Zusammenhang als fünfte große Problemquelle verstanden werden.

6 – Nationalstaat und Nationalismus

Wenn der Nationalstaat der »Gang Gottes in der Welt« ist, ist der Nationalismus die (weltlich-laizistische) Religion dieses Gottes in der Welt. Ohne eine theologische und allgemein soziologische Analyse dieser beiden

Begriffe wird die Definition der kapitalistischen Moderne sehr unzulänglich bleiben. Man sollte sich sehr bewusst sein, dass bei allen Widerspiegelungen der auf Hierarchie und Staat zurückgehenden Religiositäten in der kapitalistischen Moderne theos (Gott) und die Theologie (Gotteswissenschaft) durch den Nationalstaat und den Nationalismus ersetzt worden sind. Die Analyse der Ersetzung des einen Begriffs durch den anderen wird das wahre Gesicht des Modernismus enthüllen. Nationalstaat und Nationalismus haben trotz all ihrer positiven Erscheinungen (Phänomene) den gröbsten und hohlsten metaphysischen Charakter. Es handelt sich um Begriffe, mit denen die Realisierung des kapitalistischen Profits und des Kapitals mystifiziert werden. Nationalstaat und Nationalismus sind die von diesen Begriffen widergespiegelte Ballung phänomenhafter Beziehungen, die tausendundeinen Widerspruch enthalten und voller Despotie und Ausbeutung stecken. Dass sie eine so große Anziehungskraft haben und einen hegemonialen Charakter aufweisen, hängt mit den Profit-, Kapital- und Machtverhältnissen zusammen, die sie in ihrer Brust verstecken.

Ich muss nochmals betonen, dass der Nationalismus das einzige religiöse Argument der Moderne ist, der Nationalstaat aber der Gott ist, dem der Nationalismus dient und gehorcht. Es wäre äußerst lehrreich, den Nationalismus als Religion der Religionen, den Nationalstaat als Gott der Gött*innen zu interpretieren. Kein mit dem gesellschaftlichen Leben zusammenhängender Begriff und kein Phänomen, das von einem solchen repräsentiert wird, haben die Fähigkeit, die Gesellschaft derart negativ zu beeinflussen und gleichzeitig die Wahrheit zu verschleiern und zu verdrehen wie diese beiden Begriffe und der Beziehungsknoten, den sie widerspiegeln. Der Nationalismus und der Nationalstaat als zwei positivistische Phänomene und Begriffe repräsentieren die Fähigkeit, das »gesellschaftliche Wahrheitsregime« maximal zu verdrehen und zu verschleiern. Die wichtigste Aufgabe der Sozialwissenschaften in Bezug auf die Revolution ist die Eliminierung der Fähigkeit zur Verdrehung und Verschleierung der gesellschaftlichen Wahrheit.

Nationalstaat und Nationalismus, die gegenwärtig außer mit der Ausbeutung durch das Kapital auch mit Sicherheitsapparaten ausgestattet sind, haben die Gesellschaftswissenschaft gefangen genommen und benutzen sie ihren Vorstellungen entsprechend. Auch der Marxismus stellt in dieser Hinsicht keine Ausnahme dar. Es gibt keine Wissenschaft, Ideologie oder Kunst, die der Nationalstaat nicht unter seinen Befehl stellen und benutzen würde. Die wahre Aufklärung kann nur durch die Analyse und Überwindung dieser beiden positivistischen Phänomene und ihrer Wahrnehmung erfolgen.

Daher ist es von großer Wichtigkeit, den Nationalstaat und den Nationalismus als Quelle gesellschaftlicher Probleme als sechstes großes gesellschaftliches Problemknäuel zu beurteilen. Obwohl sie sich als Lösungskraft aller gesellschaftlicher Probleme und als Anziehungszentrum präsentieren, ist dies das historische Urteil der gesellschaftlichen Wahrheit.

7 – Nationalstaat, Macht und Faschismus

Der Nationalstaat ist nicht einfach irgendeine Machtform. Er besitzt eine Bedeutung, die über das Dasein als fortgeschrittenste Form staatlicher Macht hinausgeht. Er ist eine staatliche Formation, in deren Schlepptau sich der Faschismus entwickelt hat. Die Hegemonie des kapitalistischen Monopolismus in der Wirtschaft wird erst durch die Ausbreitung und Organisierung der staatlichen Macht auf der Ebene der Gesellschaft ermöglicht. Der Nationalstaat wird durch diese Bedeutung definiert. Der Faschismus ist die Stufe, die diese Staatsform erreicht, wenn sie sich im Inneren mit unterdrückten und ausgebeuteten gesellschaftlichen Gruppen, im Äußeren mit den Mächten, mit denen sie konkurriert, im Kriegszustand befindet. Der Unterschied zwischen Nationalstaat und Faschismus ähnelt dem Unterschied zwischen Friedenszeiten und Kriegszeiten. In beiden Fällen werden unterschiedliche politische Strukturen liquidiert. Die Macht wird wie die Gesellschaft homogenisiert. Die homogenisierte Gesellschaft wird als homogenisierte Macht konsolidiert. Der faschistische Staat drückt dann die maximale Einheit der homogenen Gesellschaft und des Staates aus. »Eine Sprache, ein Vaterland, eine Kultur, eine Fahne, eine Nation« lautet sein Hauptmotto. Offensichtlich bietet er keine Lösung für eine ziemlich komplexe und vielfältige Wirklichkeit wie die gesellschaftliche Natur, sondern erzeugt Probleme von enormem Ausmaß. Er ist der Prozess, den man gesellschaftliche Krebsbildung nennt. Er wird entweder die ganze Gesellschaft schlucken oder als gesellschaftlicher Tumor herausgeschnitten und weggeworfen werden.

Das Leben aller unterschiedlichen Kulturen, Ethnien, Sprachen, politischen Strukturen, Ideen und Glaubensrichtungen, die sich im Laufe der Geschichte angehäuft haben, wird bedroht. Je mehr ihr Widerstand und das Zusammenleben mit ihren Unterschiedlichkeiten sich entfalten, desto offener tritt das faschistische Antlitz des Nationalstaats zutage. Selbst wenn sie sich sozialistisch geben, können Staaten, Bewegungen oder Parteien, die sich der gesellschaftlichen Vielfalt und Differenz in dieser Weise widersetzen, nicht umhin, sich zu faschisieren. Der Nationalstaat wird entweder von solchen Bewegungen und Parteien aufgebaut oder er baut solche Bewegungen und Parteien auf. Auch wenn der bürgerliche Liberalismus mit antifaschistischen und antikommunistischen Parolen für ein liberales Staatsverständnis (einen minimalen Staat) eintritt, legt er eine völlig betrügerische Haltung an den Tag. Der Liberalismus selbst ist sowohl Mutter als auch Vater des Nationalstaats. Der Nationalstaat stellt sowohl in seiner Entstehungs- als auch in seiner Reifephase die ideale Staatsform für den Liberalismus dar. Folglich wird genauso wie die Wirklichkeit des Kapitalismus, die den Faschismus erzeugt, auch seine Wirklichkeit, die den Staatssozialismus (Realsozialismus) erzeugt, eins mit dem Nationalstaat.

Dass in den nationalen Kriegen, welche die letzten fünfhundert Jahre, vor allem aber das letzte Jahrhundert weltweit mit sich gebracht haben, mehr Blut vergossen, mehr Massaker und Genozide durchgeführt wurden als jemals zuvor in der Geschichte der Zivilisation, zeigt auf offensichtliche und bemerkenswerte Weise, dass der Nationalstaat und der Faschismus für die Gesellschaft keine Lösung darstellen, sondern die riesige und unglaublich grausame siebte Problemquelle bilden.

8 – Der Nationalstaat und die moralische und politische (demokratische) Gesellschaft

Der Nationalstaat legt großen Wert darauf, sich als Rechtsstaat zu präsentieren. Er präsentiert sich sogar als die erste gänzliche Verwirklichung des Rechts. Dieser Wirklichkeit von ihm liegt die Verleugnung der moralischen und politischen Gesellschaft zugrunde. Das Recht ist eine gesellschaftliche Kategorie, der die Staatsklassen im Allgemeinen, die Bourgeoisie im Besonderen anstelle der Moral und Politik die Vorherrschaft einzuräumen versuchen. Die tiefgreifende Wirklichkeit, die der extremen Verfechtung des Rechts durch die europäische Zivilisation zugrunde liegt, ist die Verleugnung der moralischen und politischen Gesellschaft. Man sagt, der Nationalstaat stelle (theoretisch) den idealen Rahmen für das Recht dar. Es ist verständlich, dass der Nationalstaat, der auf der Verleugnung der moralischen und politischen Gesellschaft basiert, den idealen Rahmen für das bürgerliche Recht bildet. Allerdings bildet im Gegensatz zu weit verbreiteten Behauptungen weder der Nationalstaat noch das Recht den Rahmen der demokratischen Gesellschaft. Das Gegenteil davon ist der Fall. In dem Ausmaß, wie der Nationalstaat und das Recht, ineinander verwoben, sich intensivieren und in alle Bereiche der Gesellschaft eindringen, wird die moralische und politische Gesellschaft überwunden. Die demokratische Gesellschaft verwandelt sich in eine Gesellschaft des Spektakels. Neben den Regeln des Nationalstaats und des Rechts, die durch feines Sieben und präzises Zusammenfügen geschaffen wurden und in letzter Instanz eine Gesamtheit der gefilterten Ausdrücke der Interessen des kapitalistischen Monopolismus darstellen (die Welt der Verfassung, der Gesetze und Satzungen), ist kein Platz für die Moral und die Politik. Die Demokratie wird zu einem Spiel, das innerhalb dieses Regelwerks gespielt wird. Sie verliert ihren schöpferischen, konstruktiven Charakter. Dabei sollte die Politik das kreative Lösungsfeld gesellschaftlicher Probleme sein. Die Regel der Politik ist es, in Richtung des Besseren, Richtigeren und Schöneren für die Gesellschaft kreativ tätig zu sein und zu schaffen, die höchste Kunst zu sein, die diese Kreativität zeigt. Dies ist eine Kunst, die sich nur vollbringen lässt, wenn gesellschaftliche Moral und Demokratie existent sind. Aus diesem Grund ist in einem Feld, das vom bürgerlichen Recht erstickt (und dessen Rahmen vom Nationalstaat gebildet) wird, weder für das Moralische und das Politische noch für demokratische Umsetzung und gesellschaftlichen Aufbau Platz. Die eurozentrischen Sozialwissenschaften in letzter Instanz als einen mythologischen Ausdruck dieser Verdrehung der Wirklichkeit zu verurteilen, würde der Wahrheit mehr dienen und uns mit den gesellschaftlichen Wahrheiten viel mehr bekannt machen.

Es ist also eine schwer zu leugnende Wahrheit, dass der Nationalstaat und das Recht, die als Hauptmittel zur Lösung der im Laufe der Zivilisationsgeschichte immer tiefgreifender werdenden sozialen Frage (den gesellschaftlichen Problemen liegt die Welt der Unterdrückung und Ausbeutung zugrunde) aufgezwungen werden, in dem Maße, wie sie die Moral, die Politik und die demokratische Gesellschaft verleugnen, zum achten großen Problemknoten werden.

9 – Nationalstaat, Zivilgesellschaft und Umwelt

Während sich der Kapitalismus seit den 1970er Jahren in einer sich in einer immer tieferen Krise befindet, verschärft sich als Teil dieses Krisenprozesses auch die strukturelle Krise des Nationalstaates. Dies ist eine Zeit, in der sich der Gott des Nationalstaats nackt zeigt und sein Schleier sich auflöst. Um einen großen Zusammenbruch zu verhindern, wurde das Auftreten der Zivilgesellschaften unabdingbar. Die Zivilgesellschaft ließe sich als die Gesellschaft beschreiben, die sowohl außerhalb der staatlichen als auch der familiären Gesellschaft steht. Sie erlangt ihre Bedeutung dadurch, dass sie in Zeiten, in denen der Nationalstaat seine belagernde Eigenschaft verliert, dagegen aber der Gesellschaft noch keine vollständige Befreiung und Demokratisierung gelungen ist, als Übergangsorganisation fungiert. Die Zivilgesellschaft wird von beiden Seiten in die Zange genommen. Sie wird mit der Frage konfrontiert, sich entweder aufseiten des Nationalstaats oder der demokratischen freien Gesellschaft zu positionieren. Andernfalls kann sie nicht umhin, ihre Funktion zu verlieren. Sie besitzt eine sehr begrenzte Lösungskapazität. Die idealsten der zivilgesellschaftlichen Strukturen bewegen sich im feministischen oder ökologischen Rahmen. Auch alte linke und anarchistische Gruppen und Gewerkschaften und politische Strukturen, die keinen verlängerten Arm des Nationalstaats bilden, gehören in diese Kategorie.

Der Nationalstaat übt auf die Zivilgesellschaft, der er wegen seiner Abnutzungserscheinungen gezwungenermaßen Platz einräumt, stets Druck aus, um ihre Lösungsfähigkeit zu minimieren. Der Nationalstaat, der nicht nur innerhalb der Gesellschaft, sondern auch über der sozialen Ökologie die am weitesten entwickelte Herrschaftsform der Macht darstellt, ist in dem Maße, wie er die zivile und demokratische Gesellschaft behindert, offenbar die neunte große Problemquelle.

10 – Nationalstaat, Wissenschaft, Kunst und Wahrheit

Der Positivismus legt großen Wert darauf, den Nationalstaat als konkretisierten Zustand von Wissenschaft und Kunst darzustellen. Indem die kapitalistische Moderne sich mit diesem Gesicht zeigt, bringt sie die größte Lüge in Umlauf. Sie besteht auf der Behauptung, der Nationalstaat sei äußerst faktenbasiert, objektiv und wissenschaftlich. Er verdankt seine ganze Stärke dieser Propaganda und baut eine enorm große akademische Welt auf. In dieser Ära der Moderne wurde eine Mythologie und Propaganda gestaltet und auf dem Markt angeboten, wie sie von keinem Gott und keiner Religion (der Legitimation für den König) in der Geschichte zuvor verwirklicht wurde. Da alle moralischen und politischen Poren der Gesellschaft zerstört wurden, genauso wie die Brennpunkte der Sinnfindung, scheint es weder ein Gehirn noch ein Herz zu geben, die sich von diesen zeitgenössischen Mythen und dieser Propaganda nicht betrügen ließen.

Von der Krise ab den 1970er Jahren blieben auch die Wissenschaften und Künste, deren Rahmen vom Positivismus gesteckt wurde, nicht unbehelligt. Sie sind nun mit einer Situation konfrontiert, in der ihre Maske, sie würden die Wahrheit ausdrücken, fällt. Dies ist eine Entwicklung, die mit dem Bröckeln des nationalstaatlichen Dogmatismus eng zusammenhängt. Es findet eine zweite Aufklärung in den dunklen Punkten der ersten statt. Indem der Nationalstaat die gesellschaftliche Natur zerstückelt, zerstört er nicht nur die faktische Wirklichkeit, sondern auch ihre Wahrnehmbarkeit. Wenn der Fakt vernichtet wird, muss auch seine Wahrnehmung einen Schaden erleiden.

Eine der Wahrheiten der gesellschaftlichen Wissenschaft, die offensichtlich geworden sind, ist die Historizität der Gesellschaft. Der Nationalstaat präsentiert statt der gesellschaftlichen Geschichte eine mythische Konstruktion der bürgerlichen Machtelite als Geschichte. Er ist sich nicht einmal bewusst, dass er sich von der Wahrheit noch viel weiter entfernt hat als die mythologische und religiöse Geschichte, die er so oft kritisiert. Während die europäische Sozialwissenschaft zur offiziellen Ideologie wird, verwandelt sie sich in den reaktionärsten mythologischen Ausdruck. Trotz ihres ganzen wissenschaftlichen Anspruchs ist sie völlig metaphysisch, und noch nicht einmal eine gute Metaphysik. Der Kunst widerfährt nichts anderes als der Wissenschaft. Sie beide sind zu Sektoren des Kapitals geworden, die in den Kapitalismus integriert sind. Wissenschaft und Kunst, die zur Ware werden, verlieren ihren Wahrheitswert. Die Liquidierung und der Bedeutungsverlust der Philosophie als Wahrheitswissenschaft führen zu Katastrophen, die bis hin zu materiellen und physischen Genoziden reichen, die der Gesellschaft widerfahren. Eine Gesellschaft ohne Philosophie ist eine Gesellschaft, die ihre Verbindung zur Wahrheit verloren hat; und dies bedeutet, dass die Gesellschaft zu einer Ansammlung von Objekten wird. Die Objekt-Gesellschaft stellt eine Masse, ein Material dar, das all seine Verteidigungsfähigkeit verloren hat und für jegliche Ausbeutung offen geworden ist. Eine größere Katastrophe als der Verlust der Selbstverteidigung einer Gesellschaft ist unvorstellbar. Indem der Nationalstaat die Gesellschaft ihrer Selbstverteidigung beraubt, schafft er den zehnten großen Faktor der sozialen Frage.

Als Amsterdam/Holland und London/Großbritannien den Nationalstaat als strategisches Mittel entwickelten, wussten sie, was sie taten. Es gab Menschen, die wussten, welch gefährliches Monster sie schufen. Um den Schaden zu begrenzen, ergriffen sie, wenn auch unzureichende, sowohl rechtliche als auch demokratische Maßnahmen, um das Individuum und die Gesellschaft zu schützen. Sie taten dies im Inneren. Auf die restliche Welt (wozu auch Kontinentaleuropa gehörte), streuten sie Bosheiten aus der

Büchse der Pandora. So gelang es ihnen, die alte Gesellschaft und das neue Europa zu teilen und unter ihre Hegemonie zu stellen.

Die dummen deutschen Ideologen und die positivistischen französischen Szientisten, die sich für besonders vernünftig hielten, sprachen diese männliche Pandora heilig und stellten ihn, als sei er ein wahrer Gott, und eine wahre Religion, ins moderne Pantheon. Jede Machtelite, die unter den Einfluss der kapitalistischen Moderne geriet, konstruierte ihre Götzenbilder diesen neuen Modellen entsprechend und stellte sie an die Stelle der alten. Die nahöstlichen Eliten, die die ältesten Besitzer*innen der Gött*innen- und Religionsbegriffe waren, wussten besser als alle anderen, dass sie nicht überleben könnten, ohne bei diesem neuen hegemonialen Gott und seiner Religion Zuflucht zu suchen.

c) Die industrielle Revolution

Die industrielle Revolution bildet das dritte Standbein der europäischen Moderne. Die industrielle Revolution nimmt in der Zivilisationsgeschichte einen besonderen Platz ein. Sie hatte mit Sicherheit genauso große Auswirkungen wie die Agrar- und urbane Revolution. Die Industrie hat zweifelsohne eine genauso alte Geschichte wie die Menschheit. Sie machte viele revolutionäre Transformationen durch. Allerdings waren die Transformationen, die ab Ende des achtzehnten Jahrhunderts in Europa, insbesondere in England, in der Industrie stattfanden, große Revolutionen. Ich habe bereits unterstrichen, dass es sehr wichtig ist, die industrielle Revolution nicht mit dem Kapitalismus und der Wirtschaft gleichzusetzen. Die Industrie stellt ein gesellschaftliches Phänomen dar, das noch nicht ordentlich kritisiert wurde. Vor der industriellen Revolution nahmen die Landwirtschaft, das Dorf und die Stadt von alleine niemals für die Gesellschaft bedrohliche Dimensionen an. Im Gegenteil, sie trugen wesentlich zur gesellschaftlichen Entwicklung im Bereich der materiellen und geistigen Kultur bei. Sie stellten eine der wesentlichen Kräfte des Aufbaus des Gesellschaftsleben dar. Die Phänomene, die sich in Europa während der industriellen Revolution ereigneten, sind von ganz anderer Art, und ihre Auswirkungen auf das Gesellschaftsleben sind nach wie vor weit davon entfernt, wissenschaftlich analysiert worden zu sein. Eine der Hauptaufgaben der Sozialwissenschaft wird wohl die Analyse der Auswirkungen der industriellen Revolution auf das Gesellschaftsleben sein.

Nicht nur die Wissenschaft, sondern auch die Philosophie muss sich mit der Industrie auseinandersetzen. Die Philosophie hat die Industrie unbedingt auf ihre Tagesordnung zu setzen. Es stellt eine noch viel größere Unzulänglichkeit dar, dass die Wirtschaftswissenschaften die Industrie als etwas rein Wirtschaftliches behandeln. Die Folgen der Behandlung der Industrie als eines Elements von Entwicklung und der Steigerung der Produktivität zeigen sich in Form von Genoziden und Nichtnachhaltigkeit der Umwelt.

Der Faschismus wäre ohne Industrie unvorstellbar. Industrien wie die Produktion von Atomwaffen und genmanipulierten Lebewesen, deren Wahrscheinlichkeit, die Gesellschaft zu zerstören, hoch ist, sind bereits heute zu großen Gefahrenquellen geworden. Zweifellos rede ich hier von einer Industrialisierung, die unter der Kontrolle des Kapitalismus und des Ökonomismus steht. Es ist ausreichend bekannt, dass die Kontrolle dieser beiden Tendenzen über die Industrie sowohl im wörtlichen als auch im metaphorischen Sinne zu menschlichem und gesellschaftlichem Krebs führt.

Ein weiterer wichtiger Beweis dafür, dass die Industrialisierung zum Zwecke des Profits unhaltbar geworden ist, sind die Arbeitslosigkeit, die Auflösung der Agrar- und Dorfgesellschaft und die Entökologisierung der Umwelt. Die Thronbesteigung des kapitalistischen Weltsystems hängt zweifellos mit der Industrie eng zusammen. Es ist bekannt, dass Englands hegemonialer Aufstieg dank des Kapitalismus geschah. Angesichts der überlegenen Produktivität des Industriekapitalismus konnten andere Produktionsweisen, folglich andere Gesellschaftsformen schwer bestehen. Doch selbst damals ging es bereits nicht um eine Produktion für die Grundbedürfnisse des Menschen, sondern für hegemoniale Überlegenheit.

Die grundsätzliche Frage ist, ob die Industrie für die Grundbedürfnisse der Menschen oder für hegemoniale Überlegenheit produzieren sollte. In der industriellen Revolution hätte man im Namen der moralischen und politischen Gesellschaft niemals eine Industrialisierung zulassen dürfen, die nicht für die Grundbedürfnisse der Menschenproduziert. Als die industrielle Revolution als drittes großes transformatives Moment in der Menschheitsgeschichte einsetzte, hätte man die Nutzung der Industrie jenseits der Produktion für die Grundbedürfnisse unbedingt verhindern sollen. Das hätte die Hauptaufgabe der Moral, des Rechts, der Religion, der Philosophie, der Wissenschaft und der Politik sein sollen. Diese Herangehensweise ist der Menschheit nicht fremd. Die Welt der Begriffe, die während der Agrarrevolution verherrlicht wurden, drückt diese Wahrheit aus. Die sumerische und ägyptische Mythologie, Wissenschaft, Weisheit, Kunst und das Legen der Grundlagen der großen Religionen stellen einen weiteren starken Beweis für diese

Wahrheit dar. Die Französische Revolution und die darauf folgenden ähnlichen Ereignisse, als die industrielle Revolution voranschritt, sind fern davon, den historischen Beispielen zu entsprechen. Der Widerstand der Kirche, die philosophischen und wissenschaftlichen Revolutionen und die künstlerischen Schulen haben nicht nur versäumt, den Aufstieg des Kapitalismus und des Nationalstaats auf der Basis der Industrie zu stoppen, sondern ihnen wurde sogar das Unglück zuteil, miteinander zu wetteifern, wer sich als erstes unter ihren Befehl stellt. Der Untergang der moralischen und politischen Gesellschaft spielte dabei zweifellos eine wichtige Rolle.

Wir sollten uns bewusst sein, dass Europa bei der Verschiebung des Zentralzivilisationssystems aus dem Nahen Osten dem Primat des moralischen Elements keine besondere Bedeutung einräumte. Im Gegenteil, es verfolgte das Ziel einer unmoralischen Übernahme. Friedrich Nietzsche verfasste voller Groll Also sprach Zarathustra, denn er hatte diesen tiefgehenden Verrat genauestens festgestellt. Nietzsche war deswegen so wütend, dass er sozusagen lauthals rief: »Kotzt alles heraus, was ihr unter dem Namen der Moderne heruntergeschluckt habt!« Mit diesen Worten meinte er natürlich, dass man das, was die kapitalistische Moderne ins Gehirn und Herz des Menschen gestopft hatte, auskotzen sollte. Die Rolle dieser Tendenz bei seinem Abgleiten in den Wahnsinn darf nicht unterschätzt werden. Doch so wie eine Blume noch keinen Frühling macht, reicht auch ein Philosoph nicht aus, um zu verhindern, dass die Kotze der Moderne die Gehirne und Herzen verstopft. Mit den Worten »Es gibt kein richtiges Leben im Falschen« wollte Adorno dieselbe Wahrheit aussprechen. Er war sich dessen bewusst, dass es jeglicher moralischen Heiligkeit widersprach, dass das moderne Leben nach dem Genozid an den Jüd*innen genauso weiterlief wie davor. Die Parole »Sozialismus oder Barbarei«[48], die angesichts des Wahnsinns des Kapitalismus und des Nationalstaats gerufen wird, scheint ebenfalls das Bewusstsein dieser Wahrheit zu beinhalten. Diese Bewusstwerdungen sind wichtig, reichen aber längst nicht aus.

Die auf das Ökonomische beschränkte Betrachtung der industriellen Revolution bleibt nicht nur unvollständig, sondern führt gleichzeitig zu sehr irreführenden Entwicklungen. Die »politische Ökonomie« genannte Disziplin stellt ein typisches Beispiel für die Verdrehung und Verschleierung der gesellschaftlichen Wahrheit mithilfe des Ökonomismus dar. Es ist

48 »Friedrich Engels sagte einmal: die bürgerliche Gesellschaft steht vor einem Dilemma: entweder Übergang zum Sozialismus oder Rückfall in die Barbarei.« in: Rosa Luxemburg, *Die Krise der Sozialdemokratie (Junius-Broschüre)* (Zürich: 1916).

kein Zufall, dass sie von englischen Ökonom*innen angeführt wurde und während der industriellen Revolution ihre stärkste Phase erlebte. Die Hauptaufgabe der englischen politischen Ökonomie war die Legitimation der Monstrosität des Kapitalismus im Namen der Sozialwissenschaft. Dass selbst Karl Marx und Friedrich Engels sich für diese Bemühungen instrumentalisieren ließen, zeigt, wie einfluss- und erfolgreich diese waren. Die englische politische Ökonomie spielte eine wichtige Rolle bei der Überwindung der Sichtweise der moralischen und politischen Gesellschaft. Der größte Verrat an der Wissenschaft im Namen der Wissenschaft wurde auf dieser Grundlage begangen. Die französische positivistische Wissenschaftsschule stellte die zweite große Komplizin bei diesem Verrat dar. Was die englische politische Ökonomie im Bereich der Wirtschaft tat, verwirklichte die französische positivistische Schule im Bereich der Totalität des sozialen Feldes. Dass die positivistische Schule die Moral, Religion und Philosophie zu einer Metaphysik, die der Vergangenheit angehört, und sich selbst zur säkularen Religion der Neuzeit (Moderne) deklarierte, erklärt diese Realität ziemlich gut. Die Gleichzeitigkeit des positivistischen Aufbruchs und der industriellen Revolution war kein Zufall, und dieser Umstand macht das Thema noch erhellender.

Die industrielle Revolution schreitet voran, ohne an Geschwindigkeit zu verlieren. Keine Revolution in der Geschichte war von so langer Dauer. Mit jedem Tag gewinnt sie weiter an Schwung. Sie kennt keine Hindernisse. In einem Prozess, in dem die beiden grenzenlosen Machtballungen, denen sie dient, ineinander verwoben sind, kann man ohnehin keine andere Entwicklung erwarten. In einer Zeit also, in der der Kapitalismus und der Nationalstaat krebsartig wuchern, kann man von ihnen nicht erwarten, dass sie den Industrialismus aufhalten, dem sie ihre Existenz verdanken. Dies sind die Daseinsgründe des Industrialismus. Solange man die Industrie nicht vom Industrialismus befreit, kann man die Gesellschaft nicht vom Monopolismus des Kapitalismus und des Nationalstaats befreien. Im Gegenteil, solange der Industrialismus den Daseinsgrund des Kapitalismus und des Nationalstaats darstellt, bleibt es unumgänglich, dass er seine Entwicklung immer weiter beschleunigt und dies bis zum tödlichen Niedergang des Dreifußes fortsetzt. Eine weitergehende Untersuchung der Rolle des Industrialismus bezüglich der sozialen Frage, des Genozids und der Umweltzerstörung ist enorm wichtig.

1 – Industrialismus und die Zerstörung der Agrar-/Dorfgesellschaft

Die Industrie lässt sich allgemein so definieren, dass der Mensch, anstatt unmittelbar mit der Hand, sich mittels Werkzeugen an der gesellschaftlichen Aktivität beteiligt. Die Anfänge reichen bis zur Entstehung der menschlichen Spezies zurück. Es ist bekannt, dass Steinwerkzeuge die erste Industrie darstellten. Die Industrie der Jäger*innen- und Sammler*innengesellschaften stützte sich im Wesentlichen auf Steinwerkzeuge. Mit der agarisch-dörflichen Revolution erlebte auch die Industrie eine große Revolution. Weberei, die Handmühle und Töpferei waren Werke jener Ära. Später erzielte man 6000–4000 v. Chr. insbesondere im Fruchtbaren Halbmond im Taurus-Zāgros-Bogen, der Geburtsstätte des Systems der Zentralzivilisation, große wissenschaftliche und industrielle Fortschritte. Es entwickelten sich Industrien rund um Werkzeuge wie den Pflug, das Rad, die Spitzhacke und den Kessel, die als Hebel der Geschichte fungierten. Der nächste Schritt in diesem Prozess war die urbane Revolution. In dieser Revolution, die sich im vierten Jahrtausend v. Chr. entfaltete, spielten industriell gefertigte Werkzeuge eine wichtige Rolle. Auch in Wissenschaften und Künsten kam es in diesem Prozess mit der Schrift und den Zahlzeichen zu sprunghaften Fortschritten. An all das erinnere ich aus folgendem Grund: Die Industrien, die geschaffen wurden, standen noch nicht unter dem Befehl des kapitalistischen und staatlichen Monopolismus. Sie erfüllten ihre Funktion unter der Aufsicht sowohl der Dorf- als auch der urbanen Gesellschaft. Die moralische und politische Haltung war absolut entscheidend.

Im System der Zentralzivilisation, welches sich ab dem dritten Jahrtausend v. Chr. entfaltete, begann sich diese Kontrolle, mit der Zeit abzuschwächen. Ab jener Zeit wurde die alte hierarchische Verwaltung durch die staatliche Verwaltung ersetzt, die aus dem Trio Priester/Regent/Militär bestand. Als die Industrie begann, sich vor allem in den Städten zu entwickeln, geriet sie unter die Kontrolle dieser staatlichen Verwaltung, die aufgebaut wurde. Die sowohl in der Wirtschaft als auch in militärischen Aktivitäten zunehmende Bedeutung der Industrie brachte die staatliche Kontrolle und dadurch die Ausbeutung der Gesellschaft im Allgemeinen sowie der dörflich-agrarischen Gesellschaft im Besonderen mit sich. Bis zur Phase der europäischen Zivilisation war die Geschichte in gewissem Sinne die Geschichte der Unterdrückung und Ausbeutung der Gesellschaft, die dem staatlichen Monopol durch seine Kontrolle über die Industrie gelang. Die Kontrolle und folglich die Ausbeutung der Industrie durch den Kapitalismus war in jener Phase verschwindend gering. Der Kapitalismus verfolgte vielmehr das Ziel der Akkumulation durch Handel und Zinsen. Trotz der staatlichen Kontrolle über sie hatte die Industrie nicht die notwendige Stärke inne, um die Kontrolle durch die moralische und politische Gesellschaft zu überwinden. Im Grunde genommen diente sie der Befriedigung von Grundbedürfnissen. Selbst die militärische Industrie ging nur wenig über diesen Rahmen hinaus. Aus diesem Grund können wir ohne Weiteres behaupten, dass die Industrie nicht als Problemquelle, sondern als Mittel zur Lösung Bedeutung erlangte.

Die europäische Zivilisationsphase sicherte ihre Hegemonie, indem sie dieses einerseits äußerst empfindliche und lebenswichtige, andererseits strategische Gleichgewicht zwischen der Gesellschaft und der Industrie zerstörte. Es war eben jener Moment der Überwindung des Gleichgewichts, wo man im Namen der Moral, Religion, Wissenschaft, Philosophie und Kunst hätte aufstehen und auf die Barrikaden gehen müssen. Der Kapitalismus, der ab dem sechzehnten Jahrhundert begann, die Kontrolle der Finanzen, des Handels und der Manufaktur zu erlangen und dadurch zu einem Weltsystem zu werden, erlangte zum ersten Mal diese Stellung. Die Kapitalist*innen, die Besitzer*innen eines Reichtums, welcher seit Jahrtausenden in den geheimen Tunneln der Gesellschaft auf unmoralische Weise durch Wucherei angehäuft worden war, erlangten in jenem Jahrhundert eine Gelegenheit. Historiker*innen weisen darauf hin, dass für die Entstehung dieser Gelegenheit von außen die Besetzungen und Invasionen (insbesondere des osmanischen Islam), im Inneren die internen Konflikte der feudalen Ordnung, die Spaltung der Kirche und die Konfessionskriege die Hauptursachen bildeten. Das ist teilweise richtig. Der Kapitalismus entstand nicht von alleine. Er tauchte im schwächsten Moment der gesellschaftlichen Kontrollkräfte auf. Da ich diesen Prozess in entsprechenden Teilen dieses Manifests bereits umrissen habe, beschränke ich mich hier auf diese Anmerkung.

Obwohl der Handels-, Finanz- (Geld-) und Manufakturkapitalismus das Gleichgewicht zuungunsten der dörflich-agrarischen Gesellschaft zerstörte, hatte sich die Schere zwischen den beiden noch nicht besonders weit geöffnet. Aus diesem Grund bestand die moralische und politische Gesellschaft weiter. Während Religion, Wissenschaft, Philosophie und Künste noch nicht ganz unter die Kontrolle des Kapitalismus geraten waren, befanden sie sich meistens im Widerstand gegen ihn.

Wir sollten die industrielle Revolution nicht als Werk des Kapitalismus betrachten. Außerdem war der Kapitalismus bereits lange vor der industriellen

Revolution in den Bereichen des Handels und der Finanzen zu einem Weltsystem geworden. Die Reihenfolge dieser Entwicklungen wird meistens verwechselt. Ich habe wirklich noch an einen weiteren Aspekt zu erinnern, nämlich dass Geld und Handel an sich noch kein Kapital bedeuten. Das Geld als Mittel einfachen Austauschs und der Handel, der mit nicht-monopolistischen Preisen betrieben wird, sind Teil der Wirtschaft und spielen eine lebenswichtige Rolle in der Gesellschaft. Einfacher Warenverkehr und Märkte, in denen sich keine Monopolpreise herausbilden, sind für die Wirtschaft notwendig und dienen dazu, das Gesellschaftsleben weiterzuentwickeln. Wenn das Geld in den Händen der Kapitalist*innen zum Mittel des Zinses wird und es auf den Märkten durch den Handel zu Monopolpreisen (durch billiges Einkaufen und teures Verkaufen) kommt, fängt das System an, zu einem kapitalistischen zu werden. Der Sieg dieses Systems im sechzehnten Jahrhundert, der aus den besagten Gründen erfolgte, stieß das Tor zur Hölle auf.

Das siebzehnte und das achtzehnte Jahrhundert gingen in die Menschheitsgeschichte als das Zeitalter der Hegemonie des Handelskapitalismus ein. Die industrielle Revolution im neunzehnten Jahrhundert stellte im Wesentlichen einen Sieg des Merkantilismus dar. Die Erfindung und schnelle Weiterentwicklung zahlreicher Werkzeuge, die die Fähigkeit besitzen, anstelle der menschlichen Hand automatisch zu arbeiten (vor allem Dampfschiffe und -züge sowie mit Benzin betriebene Automobile), bildeten den Kern dieser Revolution. Dies hat nichts mit dem Kapitalismus zu tun. Die Entfaltung dieser technologischen Revolution wurde eigentlich vom seit Jahrtausenden durch menschliche Praxis geschaffenen Reichtum ermöglicht. Die technologische Revolution in dieser Phase zeichnete sich dadurch aus, dass sie zu einer raschen Expansion der Produktions-, Transport-, folglich der Handels- und Geldbewegungen führte, die in der Geschichte ihresgleichen sucht. Indem der Handels- und der Finanzkapitalismus ihr Kapital in die Industrie investierten, erlangten sie schnell maximalen Profit. Profitmaximierung bildet das Gesetz des Kapitalismus. Sie ist gleichbedeutend mit der maximalen Bildung von Kapital; und dies zwingt die Industrie ins Extrem. Die Folge sind Produktionskrisen. Die Lösung, die für die Überwindung dieser Krisen gefunden wurde, war wiederum extreme Industrialisierung. Der Industriewahn setzt sich heute noch diesem Gesetz entsprechend fort.

Dass die Industrie sich in den Industrialismus verwandelt hat, hängt damit zusammen, dass sie unter die Kontrolle des Kapitalismus geraten ist.

Der erste große Druck, den der Industrialismus auf die Gesellschaft ausübte, entstand dadurch, dass die Produktion nicht auf die Befriedigung von Grundbedürfnissen, sondern auf Produkte fokussiert wurde, die maximalen Profit einbrachten. Die vielfältigen und historisch beispiellosen Probleme, die auf der Gesellschaft lasten, lassen sich darauf zurückführen. Zu diesen Problemen gehört vor allem, dass im neunzehnten Jahrhundert das Gleichgewicht zwischen der ländlich-dörflichen Gesellschaft und der urbanen Gesellschaft rasch zerstört wurde. Der Zusammenhang zwischen der wachsenden Verstädterung und den gesellschaftlichen Maßstäben ging verloren. Es begann ein Prozess, der bis zu den sogenannten Megastädten reicht und in seinem Kern mit der Verleugnung der Stadt gleichbedeutend ist. Ein Ort, der in Hinblick auf die Bevölkerungsgröße, die er beinhaltet, Hunderttausende übersteigt, von Millionen ganz zu schweigen, verliert seine Verbindung zur gesellschaftlichen Realität. Dieser Prozess, den wir Verstädterung ohne Städte[49] beziehungsweise die Negation der Stadt nennen könnten, bildet die größte Basis für gesellschaftliche Probleme. Die Stadt als Raum der maximalen Ausbeutung nicht nur der Klasse, sondern auch der Umwelt, ist sowohl buchstäblich als auch metaphorisch Ausdruck der gesellschaftlichen Krebserkrankung.

Die ungeheuerlichen Ausmaße, die Städte in den letzten beiden Jahrhunderten angenommen haben, haben unzählige zerstörerische Auswirkungen. Doch es wäre eine richtige Feststellung, der Zerstörung der zehntausend Jahre alten agrarisch-dörflichen Gesellschaft darunter den ersten Platz einzuräumen. Dieser Prozess, der Anfang des neunzehnten Jahrhunderts begann, scheint Anfang der 2000er Jahre abgeschlossen zu sein. Es handelt sich nicht nur im physischen Sinne um eine Zerstörung, sondern auch um die der zehntausend Jahre alten materiellen und geistigen Kultur, die das Gebäude der Menschheit aufgebaut hat. Die Folgen dieser Zerstörung kommen erst jetzt ans Tageslicht. Es ist solch ein Schlag, dass die Zukunftsfähigkeit der menschlichen Gesellschaft bereits jetzt fraglich geworden ist. Selbst wenn nur Treibhausgase mit dieser Geschwindigkeit zunehmen, kann man nicht mehr einschätzen, wie lange die Gesellschaft und ihre Umwelt noch weiterbestehen können. Die Wissenschaft zeichnet bereits

49 Dieses paradoxe Begriffspaar bezieht sich auf Murray Bookchins Buch *Urbanization without Cities: The Rise and Decline of Citizenship* (deutscher Titel: *Die Agonie der Stadt. Städte ohne Bürger oder Aufstieg und Niedergang des freien Bürgers*), das Öcalan Anfang der 2000er Jahre allen Kommunalpolitiker*innen in Nordkurdistan empfahl. Gemeint ist das Fehlen einer wirklichen städtischen Gemeinschaft mit politisch aktiven Bürger*innen, welche in seinen Augen historisch die Stadt ausgemacht hat.

heute Weltuntergangsszenarien für die Zeit in hundert Jahren. Die eigentliche Bedrohung hängt mit der inneren Struktur der Gesellschaft und mit ihr selbst zusammen. Die Klassenstruktur, die nationalstaatliche Vernunft, die wirtschaftslose Wirtschaft, die Entphilosophisierung, der Bankrott von Moral und Politik und die strukturelle Krise des globalen Kapitalismus drücken mehr aus als nur den Untergang des aktuellen Systems. Mit ihm erlebt auch das fünftausendjährige System der hegemonialen Zivilisation einen chaotischen Zustand.

2 – Industrialismus und die Negation der Stadt

Wir sind bereits auf den anormalen Charakter der städtischen Gesellschaft eingegangen, die zeitgleich mit der Zerstörung der dörflich-agrarischen Gesellschaft aufgebaut wurde. Wenn man auf die Geschichte der Stadt zurückblickt, sieht man, dass die Stadt bis Anfang des neunzehnten Jahrhunderts im Großen und Ganzen noch keinen Zustand erreicht hat, der die Gesellschaft aus dem Gleichgewicht bringen würde. Während sich das Gleichgewicht mit der Dorfgesellschaft häufig zugunsten der einen oder der anderen änderte, wird gleichzeitig auch ersichtlich, dass sie der Gesellschaft in einer akzeptablen und produktiven Arbeitsteilung gemeinsam Nachhaltigkeit verliehen. Das Problem begann mit dem Inkrafttreten des Gesetzes der Profitmaximierung.

Ich kann nicht umhin, die große Unzulänglichkeit und den großen Fehler von Karl Marx häufig zu erwähnen. Ich muss über zahlreiche ähnliche Philosoph*innen, Gläubige, Künstler*innen und Wissenschaftler*innen ebenfalls mein Urteil sprechen. Die Dörfer haben sich nicht geleert, sondern sie wurden zerstört. Die freie Arbeit (Arbeiter*innen) entstand nicht einfach, sondern es wurde unter dem Deckmantel des herrenlosen und freien Willens die niederträchtigste Form der Sklaverei (nicht satt machender Lohn und das Arbeitslosenheer) aufgebaut. Anstelle der Pharaonen und Nimrods, deren Zahl im Altertum ein paar Hundert nicht überstieg, wurden unter dem Namen der Mittelschicht und der Bürokratie Millionen und Abermillionen von Pharaonen und Nimrods geschaffen. Anstelle des maskierten einen Gottes und der maskierten Gottkönige trat man ins Zeitalter von Tausenden unmaskierter Gött*innen und König*innen ein. Es handelt sich darum, dass die materielle und immaterielle Kultur, die genauso alt wie die Menschheitsgeschichte war, dem Gesetz der Profitmaximierung geopfert wurde. Man könnte fragen, was denn der Industrialismus, die Selbstverleugnung der Stadt und diese Zerstörungen miteinander zu tun haben. Unsere Analyse der Moderne klärt den Zusammenhang ausreichend auf.

Die Megastadt bedeutet Hunderte Städte, die ineinander verschränkt sind. Die Negation versteckt sich in dieser Realität. Damit die Stadt einen Sinn haben kann, muss sie einzigartig sein. Das heißt Städte dürfen keine Kopien von anderen sein. Sonst würde ihre Persönlichkeit rein gar nichts bedeuten. Also hat das, was die ländliche Gesellschaft zerstört hat, auch die eigene Gesellschaft zerstört. Die zahlenmäßige Überlegenheit bedeutet gar nichts. Deshalb besteht der Widerspruch nicht nur zwischen der Bourgeoisie und den Arbeiter*innen. Er besteht vor allem zwischen der angegriffenen Gesellschaft, der auch die Arbeiter*innen angehören, und den monopolistischen Institutionen. In der Sowjetunion siegte der Industrialismus durch den Staatskapitalismus. Dass aber auch der Realsozialismus selbst wie ein Kartenhaus zusammenstürzte, beweist einmal mehr, dass der Industrialismus Kapitalismus ist.

Es ist bereits jetzt offenkundig geworden, dass unser Planet nicht ausreicht, um die bestehenden industrialistischen Städte zu sättigen. Nicht nur um die gesellschaftlichen Probleme zu lösen, sondern auch um die Gesellschaft selbst und die Umwelt zu retten, bedarf es einer totalen Selbstverteidigung gegen den Industrialismus, den dahinter stehenden Kapitalismus und den Nationalstaat.

3 – Industrialismus und Nationalstaat

Obwohl ich es bereits häufig erwähnt habe, muss ich nochmals betonen, dass das Verhältnis zwischen dem Industrialismus und dem Nationalstaat existenziell ist. Das neunzehnte Jahrhundert war die Zeit, in der beide Phänomene ihren Höhepunkt erreichten. Der Nationalstaat setzt so sehr den Industrialismus voraus wie der Industrialismus den Nationalstaat. Der Nationalstaat lässt alle gesellschaftlichen Probleme, die ich unter zehn Überschriften dargestellt habe, auch für die industrialistische Gesellschaft gelten. Dass der Marxismus den Industrialismus und den Nationalstaat nicht nur nicht als ineinander verwobene Phänomene analysiert, sondern sie aus seinem Fortschrittsdenken heraus auch noch als etwas Positives betrachtet, erklärt den Untergang des sowjetischen Sozialismus bereits einhundertfünfzig Jahre, bevor er stattfand. Da die akademische Welt im Saatbeet der Stadt und ihres Industrialismus gewachsen, ja bereits entstanden ist, fehlt auch ihr die Fähigkeit, eine solche Wahrheit zu begreifen. Sie kann nicht einmal von einer Welt träumen, in der der Nationalstaat und die Industriereligion keine Geltung haben. Die Vertreter*innen der Ökologiebewegung haben trotz ihrer Klassenherkunft, auf die ich ja oben einging, begonnen, die Wahrheit, wenn auch beschränkt, zu sehen. Es wäre realistischer, den Nationalstaat und den Industrialismus als einen ineinander verwobenen gemeinsamen ideologischen, wirtschaftlichen und militärischen Angriffskomplex zu beurteilen. Es ist offensichtlich, dass angesichts dieser Wirklichkeit Trade-Unionismus und Parteipolitik im engeren Sinne sinnlos werden. Was man braucht, ist, wie oben bereits erklärt, die Selbstverteidigung der Gesellschaft und der Umwelt.

4 – Industrialismus und Faschismus

Der Faschismus als Kriegsregime des Nationalstaates ist ein Produkt der Umstände des Industrialismus. In der Geschichte des Kapitalismus, im industriellen Zeitalter, wo maximaler Profit erzielt wird, ist die Eskalation des Bürgerkrieges unumgänglich. Maximalprofit und maximales Kapital können ohne einen Krieg gegen die Gesellschaft nicht verwirklicht werden. Der Nationalstaat des industriellen Zeitalters muss sich, aufgrund des Gesetzes der Profitmaximierung, als ein Bürgerkriegsregime organisieren. Dass die Macht im Nationalstaat alle Poren der Gesellschaft durchdringt, stellt den am meisten verallgemeinerten Zustand des Bürgerkrieges dar, was ja auch die Definition des Faschismus ist. Zugleich hängt es mit dem Wesen des Bürgerkrieges zusammen, dass der extreme Nationalismus sich in der Ideologie des Faschismus ausdrückt.

Dass der Krieg sich im Zeitalter des Industrialismus globalisiert, wurde durch die beiden Weltkriege bewiesen. Der Krieg nach innen wird durch den Krieg nach Außen ergänzt. Dass die intensivsten Bürgerkriege und Kriege der Geschichte sich in den letzten beiden Jahrhunderten, also im Zeitalter des Industrialismus, ereigneten und der Nationalismus als offizielle Religion fungiert, lässt sich durch das Verhältnis zwischen dem Faschismus und dem Industriekapital erklären. Der Genozid ist eine Folge der Totalisierung der Kriege dieser Zeit (ihrer Umfassung der ganzen Gesellschaft). Die grundsätzliche soziale Frage des Zeitalters des Industrialismus angesichts des nationalstaatlichen Faschismus als Kriegsform ist die Entwicklung der Selbstverteidigungsfront der unterdrückten Klassen, Völker und Nationen.

5 – Industrialismus, Frau und Familie

Im Zeitalter des Industriekapitalismus stellen die Frau und die Familie nach der agrarisch-dörflichen Gesellschaft die zweite Institution dar, die sich auflöst. Der Zustand der Familie und der Frau ist ein weiteres wichtiges Thema, das von der westlichen Soziologie verschleiert wird. Diese Soziologie nimmt davon Abstand, zu erklären, warum und wie die Familie zerstört wird. Diese Wirklichkeit ließe sich in Verbindung damit erklären, dass im Altertum Sklav*innen kein Recht auf Familie hatten. Angesichts der zunehmenden Arbeitslosigkeit und Armut hören in der Zivilisationsgesellschaft die materiellen Voraussetzungen der traditionellen Institution der Familie größtenteils auf, zu existieren. Die Familie verliert ihre gesellschaftliche Bedeutung. Während das Individuum aus der Gesellschaft herausgerissen wird, wird es zum Schicksal der Frau, sich dem Mann, der ihr ihrer Natur widersprechende Bedingungen aufzwingt, zu ergeben und auf die Straße geworfen zu werden. Die Sklaverei der Frau wurde in dieser Ära nicht überwunden; die Frau hat, im Gegensatz, entgegen der häufigen Propaganda, keine Freiheit erlangt. Die Sklaverei der Frau im Kapitalismus ist eine tief reichende Marktsklaverei, bei der jede einzige ihrer Zellen zur Ware gemacht wird. Eine der wichtigsten Krisen im Zeitalter des Industrialismus ist die der Familie und der Frau. Nicht nur die Häufigkeit von Scheidungen und die Zunahme der Zahl der Straßenkinder, sondern auch die unbegrenzte Macht- und Ausbeutungspolitik des gesellschaftlichen Sexismus spiegeln die Tiefe dieser Krise und dieses Verfalls wider. Die Familien- und Frauenfrage der Gesellschaft und ihre Lösung bedürfen als die grundlegendsten Elemente des freien Lebens großer Anstrengungen auf theoretischer sowie praktischer Ebene.

6 – Industrialismus und Ökologie

Die Ökologie spielte eine lebenswichtige Rolle dabei, dass die Nicht-Nachhaltigkeit des Industrialismus offen zutage trat. Die Verteter*innen der Ökologie waren es, die die Fehler und Mängel des Wissenschaftlichen Sozialismus und der Sozialwissenschaften bei der Analyse des industriellen Kapitalismus offenlegten. Die wichtigste Konsequenz daraus, dass die Wissenschaft, die die Nicht-Nachhaltigkeit des Kapitalismus am besten erklärte, aus dem ökologischen Bereich kam, ist, dass der Kapitalismus ein System darstellt, das sich nicht mit dem Leben vereinbaren lässt. Wenn ein System die Umwelt, also den unabdingbaren Lebensraum, ihrer Nachhaltigkeit beraubt, gibt es offensichtlich keinen Grund, keine Ausrede, um dieses System zu rechtfertigen. Wenn der Industrialismus sich mit der bestehenden Geschwindigkeit fortsetzt, wird ihm nicht nur unsere Erde, sondern auch das ganze Sonnensystem nicht ausreichen. Im Zeitalter des industriellen Kapitalismus wurde das System nicht nur im buchstäblichen Sinne zur Barbarei, sondern zum wahren Todesengel für das Leben. Es gibt keinen einzigen gesellschaftlichen Wert, der nicht industrialisiert worden wäre. Die Industrialisierung der »drei S«, der Kunst, des Sports und des Sex[50] zeigt, dass die Gesellschaft moralisch und gewissensmäßig am Ende ist. Dass sich der in allen Bereichen der Gesellschaft – verstanden als materielle und immaterielle Kultur – stattfindenden Industrialisierung, Vernationalstaatlichung und Kapitalisierung die Ökologie massiv entgegenstellt, ist ein Aufruf nicht nur zur freien demokratischen Gesellschaft, sondern zum Leben an sich.

7 – Industrialismus, Wissenschaft und Medien

Während die Ökologie dem Industrialismus die Maske heruntergerissen hat, hielten sich die anderen Wissenschaften bisher von seiner Analyse fern. der dafür entscheidende Grund liegt darin, dass die Wissenschaft ins System integriert worden ist. Entsprechend dem bekannten Sprichwort, der Hund beißt nicht die Hand, die ihn füttert, wollen auch die Wissenschaft und die akademische Welt nicht ihre Herr*innen beißen. Auch wenn sie sie hin und wieder anbellen, verfallen sie sofort wieder in Schweigen und setzen ihren Dienst fort, sobald ihnen ein Stück Fleisch zugeworfen wird. Ich behaupte: Genauso, wie die sumerischen Priester mithilfe der Mythologie ein System der Tyrannei und Ausbeutung legitimierten, handelt es sich beim Szientismus um eine Legitimation des kapitalistischen Systems. Während die Wissenschaft und akademische Welt die angeblichen theoretischen Begründungen für die Legitimation vorbereiten, sind es im Wesentlichen die Medien, welche dafür Propaganda betreiben. Es ist nachvollziehbar, warum ein System, dessen Unvereinbarkeit mit der Gesellschaft und dem Leben offensichtlich geworden ist, die modernen Medien hervorgebracht hat. Nicht nur die Medien, sondern die ganze Welt der Show und des Spektakels, die Kunst-, Sport- und Sexindustrien bombardieren, sich mit irregeführten wissenschaftlichen Thesen vereinend, das Gehirn und Herz der ganzen Menschheit. Ohne dieses Bombardement, nur durch nackte Gewaltapparate, ließe sich das System nicht fortsetzen.

Die kapitalistische Hegemonie bezieht ihre eigentliche Kraft aus ihrer ideologischen Hegemonie. Die an die Macht und den Nationalstaat angebundenen Wissenschaften und industrialisierten Medien sind die wesentlichen Waffen dieser Hegemonie. Die Befreiung der Gesellschaft erfordert vor allem in diesen beiden Bereichen eine Revolution.

---

50 Im Türkischen werden diese als die »drei S« – *sanat, spor, seks* – bezeichnet, in Anlehnung an die »drei F«, mit denen der faschistische Diktator Salazar in Portugal das Volk ruhig stellte: *Fado, Fátima e Futebol*, also Musik, Religion und Sport.

C Die Krise der kapitalistischen Moderne und mögliche Auswege

Die Grundthese meines Manifests ist, dass das europäische Zivilisationssystem eine auf der Basis des Kapitalismus transformierte Fortsetzung der traditionellen Hegemonialsysteme darstellt. Die letzten fünfhundert Jahre des fünftausendjährigen Systems der Zentralzivilisation, welches seinen Ursprung in Mesopotamien hat, wurden von einigen führenden Kräften aus Europa auf der Grundlage einer Befreiungs- und Angriffsstrategie in ein neues Weltsystem verwandelt. Die Grundeigenschaften, die für alle Zivilisationssysteme gelten, gelten auch für die europäische Moderne. Die erste davon ist Konkurrenz und Hegemonie, die zweite Zentrum und Peripherie, die dritte Zeiten konjunktureller und struktureller Krisen. Die hegemonialen und demokratisch-egalitaristischen Kräfte, die jedes Zivilisationssystem beinhaltet, existieren ebenso in der europäischen Moderne. Während der Grundwiderspruch zwischen diesen beiden Kräften besteht, haben Nebenwidersprüche während der ganzen Geschichte existiert. Aus dem Kampf zwischen ihnen gingen meist die hegemonialen Kräfte siegreich hervor.

Der Kapitalismus wurde zum ersten Mal in der europäischen Zivilisation (Moderne) zu einem Weltsystem. Diese Stärke erlangte die europäische Zivilisation, indem sie Handels-, Finanz- und Industriemonopole errichtete, die nationalstaatliche Weise organisierte und den Industrialismus verstetigte. Sie wurde hauptsächlich zur Zentralzivilisation, indem sie den Nahen Osten ersetzte, und in zweiter Linie dadurch, dass sie China, Indien, Amerika und Afrika kolonialisierte und von sich abhängig machte. Der Dreifuß, auf den sich die europäische Moderne stützt, hat weitgehend seine Fähigkeit verloren, die Probleme, deren existenzieller Grund er selbst ist, zu lösen.

Der Kapitalismus, der die eigentliche Stütze der Moderne bildet, ist selbst zu einer Krisenursache geworden. Da er auf dem Gesetz der Profitmaximierung basiert und funktioniert, indem er die Grundbedürfnisse der Gesellschaft und der Umwelt ignoriert und ihre Ökologie nicht beachtet, kann er sich niemals vor Krisen retten. Überproduktion und Knappheit werden stets gleichzeitig und miteinander verschränkt bestehen. Die Macht, die sich in der Moderne als Nationalstaat neu gestaltet, steigert ihre maximale

Selbstvermehrung zuungunsten der Gesellschaft bis hin zum Faschismus und verwandelt das System in ein sich verstetigendes Regime des Krieges nach innen und außen.

Der stetige Krisenzustand kann nur durch den Kriegszustand fortgesetzt werden. Die industrielle Revolution, die im Herzen der europäischen Moderne entfaltet wurde, vertieft und intensiviert die Krise immer weiter, indem sie nur die ersten beiden Füße des Dreifußes nährt. Das System, das wie drei apokalyptische Reiter funktioniert, führte bei seiner Entstehung zu dem von Hobbes ausgesprochenen Urteil: »Der Mensch ist des Menschen Wolf.« In seinem Verfallsprozess dagegen hörte er auf, der Wolf eines anderen zu sein, und wurde zu einem Wolf, der keinen anderen Ausweg hat, als seine eigenen Welpen zu fressen. Nur so lässt sich das Aufzehren der moralischen und politischen Gesellschaft und der Umwelt interpretieren. Die gegenwärtige Krise des Finanzkapitals stellt die strukturelle Krise der Moderne in ihrer deutlichsten Form das. Dass sie ihren Ursprung in den USA hatte, sich rasch globalisierte und vor allem in Europa ausbreitete, beweist, dass die Moderne ihre Entwicklung zum Weltsystem abgeschlossen hat.

Was sich im Weltsystem ereignet, ist nicht nur eine Finanzkrise; es drückt mehr aus als nur eine strukturelle Krise des Kapitalismus. Es handelt sich dabei um eine fünftausendjährige Zivilisationskrise. Ihre Widerspiegelung im Finanzbereich zeigt, wie eine virtuelle Welt entstanden ist, die sich von gesellschaftlichen Realitäten losgelöst und ihre Bedeutung verloren hat. In keiner anderen Phase der Geschichte wurde ein virtuelles Raubsystem von dieser Größe (schätzungsweise 600 Billionen Dollar) errichtet. Diese Realität kann nur innerhalb der historischen und gegenwärtigen Größe des Zivilisationssystems entstehen. Was der Gegenwart eigen ist, ist die dreischichtige Struktur der Krise. Die Krisen der fünftausendjährigen Zentralzivilisation und der fünfhundertjährigen kapitalistischen Zivilisation werden, in der konjunkturellen Finanzkrise konkretisiert, als ineinander verwoben und strukturell erlebt.

a) Die Vereinigten Staaten von Amerika

Die USA als Hegemonialmacht des Systems werden die Fähigkeit an den Tag legen, sich zu restaurieren und so aus der strukturellen Krise herauszukommen. Dies wird aber niemals dazu führen, dass die USA wieder die hegemoniale Stärke erlangen, die sie im zwanzigsten Jahrhundert besaßen. Die USA werden ihre Hegemonie fortzusetzen versuchen, indem sie sie in zunehmendem Maße mit mehreren Mächten, vor allem der Europäischen Union und Japan, teilen. Die US-Hegemonie kann nicht einfach Nachfolgerin des Britischen Weltreichs und Englands strategische Verbündete bleiben, sondern muss gleichzeitig dessen demokratische Tradition fortführen. Die Stärke der USA ist nicht nur auf hegemoniale Elemente, sondern auch auf die Stärke zahlreicher unterschiedlicher Gruppen mit demokratischen Traditionen zurückzuführen. Wir können annehmen, dass die USA deswegen hegemonial sind, weil sie erfolgreich den materiellen und immateriellen kulturellen Reichtum des Systems der Zentralzivilisation repräsentieren. Aus diesem Grund besitzen sie viele Möglichkeiten, sich zu restaurieren. Anhand der bestehenden Positionierung der Mächte erscheint es unwahrscheinlich, dass die USA aus der Krise mit einer neuen Struktur hervorgehen. In der Restaurationsphase werden sie das Hauptaugenmerk auf die Verteidigung ihrer Hegemonie legen. Sie besitzen nicht die Fähigkeit, einen totalen Angriff zu betreiben, der über Positionsangriffe hinausginge.

b) Die Europäische Union

Die Mitgliedsstaaten der Europäischen Union als Ausführende der kapitalistischen Transformation im System der Zentralzivilisation werden ihr Gewicht beibehalten. Sie werden strategische Verbündete der USA bleiben. Allerdings sind es die EU-Mitgliedsstaaten, die die eigentliche Restauration, sogar Reform durchführen müssen. Die Kräfte, die den Kapitalismus, den Nationaletatismus und den Industrialismus am meisten reformieren werden, werden in diesen Ländern auftauchen, denn diese Ländergruppe hat die fünfhundertjährige Geschichte der Moderne intensiv erlebt. Eine Krankheit muss dort behandelt werden, wo sie aufgetreten ist. Die USA selbst hatten ihren Ursprung darin, dass an allen drei Standbeinen Reformbedarf bestand, und sie waren das Produkt dieses Reformprozesses. In der konkreten Europäischen Union werden der Kapitalismus, der Nationalstaat und der Industrialismus zugunsten des Sozialismus, der Demokratie und des Umweltschutzes reformiert werden, wenn auch in begrenztem Maße. Die bereits erfolgenden Schritte werden mit der Zeit schneller werden. Die EU als die Macht, die in der Kommunikationswelt am meisten weiß und hört, weiß sehr gut, dass sie ihre Moderne ohne diese Reformen nicht wie bisher fortsetzen könnte. Ohnehin hat sie in den letzten fünfhundert Jahren äußerst lehrreiche Erfahrungen mit der Moderne gesammelt. Es ist also ziemlich wahrscheinlich, dass die USA durch Restauration und die EU durch Reform aus der Systemkrise gemeinsam heraustreten werden. Es ist auch nicht realistisch, von der EU einen Aufbruch hin zu einem neuen

System zu erwarten. Sie könnte in Bezug auf das neue System bei der neuen Wissenschaft und beim philosophischen Aufbruch die Rolle eines unverzichtbaren, lehrreichen Zentrums spielen. Allerdings wird sie in Bezug auf mögliche Kräfte und Bewegungen des neuen Systems nur eine begrenzte, keine dominante Rolle spielen.

c) Japan

Japan, der primäre Verbündete der US-Hegemonie in Ostasien, stellt diejenige Macht dar, die von der strukturellen Krise am härtesten betroffen ist. Es ist diejenige Macht, die die größten Schwierigkeiten in Hinblick auf Restauration und Reform hat, und besitzt äußerst konservative Eigenschaften. In jedem Fall wird Japan ein Verbündeter der USA bleiben. Südkorea wird weiterhin die Rolle eines kleinen Japans behalten.

d) China

China, eines der ältesten Zivilisationszentren Ostasiens, macht eine sehr spezifische Erfahrung, bei der es den Kapitalismus, den Nationalstaat und den Industrialismus als eine liberal-realsozialistische Synthese erlebt. Es ist nicht zu erwarten, dass es eine sich von der eurozentrischen Moderne deutlich unterscheidende Gestalt annehmen wird. Im Gegenteil, es wird sich darum bemühen, sich in der reaktionärsten deutschen (preußischen) Art der europäischen Moderne zu vervollkommnen. Anders als oft behauptet ist nicht zu erwarten, dass China als ein neues hegemoniales Machtzentrum den Platz der USA einnehmen wird. Es steht zu erwarten, dass es mit der Zeit immer mehr eine als »Liberalisierung« bezeichnete begrenzte kapitalistische Reform durchlaufen wird. Es wird den Nationaletatismus und den Industrialismus weiterhin in starrer Weise ausleben, da es sonst den kapitalistischen Fortschritt nicht aufrechterhalten könnte. Eine demokratisch-sozialistische Transformation könnte auf die Tagesordnung kommen. Diese Möglichkeit ließe sich im Falle der Vertiefung der strukturellen Krise des Kapitalismus vorstellen. Vietnam und Nordkorea können wir als eine Art Mini-China betrachten.

e) Indien, Russland, Brasilien

Es ist eher unwahrscheinlich, dass Länder wie Indien, Russland und Brasilien, die sich in das hegemoniale System nicht gänzlich integriert, es aber auch nicht geschafft haben, ein unabhängiges hegemoniales Zentrum zu bilden, langfristig über ihre gegenwärtige Stellung hinauskommen werden.

Eigentlich erleben sie die kapitalistische Moderne. Am wahrscheinlichsten ist es, dass sie wie China versuchen werden, sich zu vervollkommnen. Ihnen fehlt die Fähigkeit, ein spezifisches, neues System zu schaffen. Russland, das dies mit dem Realsozialismus versucht hatte, kam siebzig Jahre später an einem Punkt an, der nicht über die kapitalistische Moderne hinausgeht. In Indien könnten demokratische Traditionen eher in den Vordergrund treten. Brasiliens Schicksal könnte vom demokratischen Aufbruch in Südamerika abhängen.

f) Lateinamerika

Es ist möglich, dass in Lateinamerika während der strukturellen Krise spezifische demokratische Aufbrüche gelingen. Allerdings könnte das Bestehen starker oligarchischer Strukturen in den dortigen Ländern ein ernsthaftes Hindernis für Entwicklungen in diese Richtung darstellen, sie sogar in die entgegengesetzte Richtung drehen. Außerdem ist die theoretische und praktische Basis des demokratischen Aufbruchs nicht besonders weit entwickelt. Obwohl diese Länder diejenige Gruppe bilden, die der Hegemonie der USA den größten Widerstand entgegensetzen könnte, scheint es unwahrscheinlich, dass sie ein originelles demokratisch-sozialistisches System in die Wege leiten werden. Eine Verallgemeinerung des Modells Kuba könnte einen Krieg gegen die USA voraussetzen, wobei Kuba alleine kaum die notwendige Stärke dazu aufbringen wird. Die Schwäche Südamerikas ist auf die kleinbürgerlichen Schwächen in der Führungsebene der demokratischen Kräfte zurückzuführen. Trotz alledem stellt Südamerika in Bezug auf die Suche nach einem demokratisch-sozialistischen System ein lebendiges Labor mit den kühnsten Kräften dar.

g) Afrika

Afrika besitzt nach wie vor nur in begrenztem Maße die Stärke, um für sich selbst zu sprechen. Es macht einen Prozess des Austritts aus dem klassischen Kolonialismus und Stammeswesen durch. Es scheint, dass Afrikas Schicksal und seine Entwicklung stets vom Schicksal der Welt abhängen wird, welcher Gott oder welche populäre Kraft dieses auch immer bestimmt. Es ist nicht zu erwarten, dass Afrika im gleichen Maße wie Südamerika die Erfahrung als soziales Labor machen wird. Es wäre angebrachter, es wie eine Hoffnung spendende Mutter zu betrachten.

h) Der Nahe Osten

Den Nahen Osten nicht als eine Ländergruppe, sondern als ein uraltes Kulturgebiet zu beurteilen, könnte zu sinnvolleren Ergebnissen führen. Schließlich stellt er die originelle und repräsentative Kraft, genauer gesagt die Basis, der östlichen Kultur dar. Viertausendfünfhundert Jahre lang war er die Hegemonialmacht der Zentralzivilisation. Zehntausend Jahre lang beherbergte er die neolithische Ära. Auch wenn er von einer Zivilisation, die Europa von ihm übernommen hatte, abhängig geworden ist, ist nicht zu erwarten, dass solch eine Geschichte so schnell versiegt. Die europäische Moderne setzt den Nahen Osten seit zwei Jahrhunderten unter Druck. Europa ist es gelungen, seine eigene Moderne der ganzen Welt aufzuzwingen. Wie man es auch gegenwärtig sehr lebendig erlebt, kann man nicht behaupten, dass Europa dies auch im Nahen Osten vollständig gelungen wäre. Europas Schwierigkeiten gegenüber dem Nahen Osten sind nicht auf die Existenz starker widerständiger Staaten zurückzuführen. Wenn es solche Kräfte gäbe, wäre es einfacher. Was Widerstand leistet und nicht besiegt wird, ist vielmehr die schwieriger zu sehende Kulturtradition. Auch wenn diejenigen, die sich als die heutigen Vertreter*innen der nahöstlichen Kultur ausgeben, es sich wünschen, lehnt diese Kultur es ab, sich der europäischen Kultur so zu ergeben, wie es in anderen Teilen der Welt geschieht. Diese Ablehnung erfolgt nicht aus der Stärke der Repräsentation, sondern vielmehr aus der der Tradition. Allerdings findet diese Tradition weder im radikalen Islam noch im Realsozialismus ihren Ausdruck. Zudem sind der Kapitalismus, der Nationalstaat und der Industrialismus der Moderne nicht fähig, sich in die Tradition zu integrieren und mit ihr eins zu werden. Wir erleben einen typischen chaotischen Zustand.

In der Geschichte kam es zum ersten Mal durch Alexander den Großen zu einer Ost-West-Synthese. Man könnte sagen, dass dies eine fünfhundertjährige Tradition erfolgreich repräsentierte. Die hellenistische Tradition als eine erfolgreiche Kultur hatte Einfluss auf alle Zivilisationen, die nach ihr kamen. Sie hinterließ große Spuren in der jüdischen, christlichen, islamischen und indischen Kultur und bildete den Nährboden der westlichen Moderne.

In der Zeit der Kreuzzüge (ca. 1100–1400) war nicht zu erwarten, dass der Westen in Form von Europa (der Angriff Alexanders beruhte im Wesentlichen auf der griechischen Stadtkultur und der balkanischen Stammeskultur) und in Form der Kräfte eines Zeitalters aufstrebender Königreiche und Fürstentümer mit seinen Angriffen auf den Nahen Osten den gleichen Erfolg erzielen würde. Denn die Welt, die dahinter stand, war in ihrer materiellen und immateriellen Kultur dem Nahen Osten in jeglicher Hinsicht unterlegen. Sie hätten lediglich diese für sie selbst besonders notwendigen kulturellen Werte übernehmen können, was ihnen auch gelang. So verhalfen sie ihrer eigenen Zivilisation zum Aufstieg, indem sie sie mit dieser übernommenen Kultur durchwirkten.

Der Angriff der letzten zweihundert Jahre (dieser Angriff wurde von Napoleon gestartet, von Großbritannien weiterentwickelt und wird von den USA fortgeführt) dauert noch an. Heute findet er vor allem in Form von kalten und heißen Kriegen statt, die von Afghanistan bis Marokko, von Kaukasien bis Zentralafrika reichen. Was wir erleben, ist der schwächste Zustand des Systems, genauer gesagt: Der traditionelle Nahe Osten bildet das schwächste Glied der westlichen Moderne. In den letzten beiden Jahrhunderten versuchte man, den Dreifuß zu etablieren, seine Rolle reichte aber schließlich nicht über eine Vertiefung des Chaos hinaus.

Die Kollaborateur*innen der Moderne, die sich einen islamischen Anschein geben, seien es radikale, seien es gemäßigte, stellen in diesem chaotischen Zustand das i-Tüpfelchen dar. Sie haben weder als Islam noch in irgendeiner anderen Art und Weise die Fähigkeit, ein System zu bilden. Obwohl in der Region nichts als Anarchie und Chaos herrscht, kann nicht wirklich von erfolgreichen Aufbrüchen die Rede sein. Was man sagen kann, ist, dass es im chaotischen Zustand ständig brodelt. Jedes Brodeln hat den Wert, neue Legierungen und Bindungen zu erzeugen. Eine der Möglichkeiten, die durch dieses Brodeln zustande kommen könnten, wäre vielleicht eine originelle Ost-West-Synthese. Weder kann der Osten einer seiner alten Zivilisationsarten neues Leben einhauchen, noch kann der Westen seine eigene Moderne einseitig injizieren. Die Originalität der Synthese wird durch ihre Fähigkeit, eine Lösung für die sozialen Probleme darzustellen, bestimmt werden.

Am unwahrscheinlichsten ist es, dass einer der beiden Parteien ein Aufbruch gelingt, indem sie die andere verleugnet. Es hat sich zur Genüge herausgestellt, dass durch den Orientalismus der westlichen Wissenschaften keine neuen Aufbrüche zu erzielen sind. Die Wissenschaft der gesellschaftlichen Natur des Ostens wartet dagegen nur auf ihre Pionier*innen. Der ersehnte Aufbruch könnte durch die Produktion, Organisierung, Aktivierung und Vergesellschaftung dieser Wissenschaft verwirklicht werden. Der nächste Teil wird sich mit dieser Möglichkeit des Aufbruchs auseinandersetzen.

Fünfter Teil

Die Krise der nahöstlichen Gesellschaft und die demokratische Zivilisation als Lösung

A Das Leben im Nahen Osten richtig definieren

Die grundsätzliche Aufgabe der Sozialwissenschaften ist es, das Leben richtig zu definieren. Von den sumerischen und ägyptischen Priester*innen bis hin zu den positivistischen Sozialwissenschaftler*innen Europas haben alle diejenigen, die behaupten, Wissenschaft zu betreiben, nicht die gesellschaftliche Bedeutung des Lebens definiert; anstatt diese grundsätzliche Aufgabe zu übernehmen, entwickelten sie äußerst irreführende und das Bewusstsein verschleiernde mythologische Ausdrücke. Solange das Leben nicht im sozialen Zusammenhang definiert wird, kann allerdings von Sozialwissenschaft keine Rede sein. Was nicht definiert ist, kann auch nicht Gegenstand von Wissenschaft sein. Zweifellos hängt dieser Umstand mit der schrägen Wahrheitskonstruktion in den Zivilisationssystemen zusammen. Seit den Anfängen der Zivilisationssysteme wurde die Wahrheit über das soziale Leben nicht nur nicht erklärt, sondern sie wurde in unheimlich schräge und falsche Konstruktionsformen wie Mythologie, Religionismus, Philosophismus und Szientismus hineingedrängt und erhielt durch diese eine Erzählung. Zudem wurden diese Erzählungen durch Künste aufpoliert. Indem die materielle und die immaterielle Kultur der Zivilisation in ein dialektisches Verhältnis gesetzt wurden, wurde den Untertan*innen die bekannte Geschichte bzw. die Geschichte, deren Kenntnis erlaubt ist, und eine den Interessen, Glauben und Wünschen der nackten und maskierten Gött*innen entsprechende Lebensweise eingetrichtert. Diese Art und Weise der Konstruktion und Eintrichterung des hegemonialen Lebens konnte fortbestehen, obwohl unzählige Weisheiten, Bewegungen und Gemeinschaften sie zurückwiesen und ihr Widerstand entgegensetzten.

In verschiedenen Teilen dieses Manifests, insbesondere in den Teilen über Freiheit, bemühte ich mich um eine Definition des Lebens im Allgemeinen und des sozialen Lebens des Menschen im Besonderen. Im Lichte dieser Erinnerung spüre ich das Bedürfnis, nochmals eine kurze Definition des Lebens zu vorzunehmen. Vor allem die aktuellen Attentate, Massaker und Genozide, denen das Leben im Nahen Osten zum Opfer fällt, zwingen mich dazu, das Leben tiefergehender, verständlicher und fortgeschrittener zu definieren.

Meines Erachtens besteht der größte Schaden, den der Kapitalismus angerichtet hat, darin, dass er eine Definition des Lebens nahezu unmöglich macht, genauer gesagt den größten Verrat an den Beziehungen des Lebens zu seiner Gesellschaft und Umwelt begangen hat. Das Zivilisationssystem hinter ihm ist selbstverständlich genauso sehr verantwortlich dafür wie der Kapitalismus selbst. Es wird behauptet, wir würden in einem Zeitalter leben, in dem die Wissenschaft und die Kommunikation eine noch nie da gewesene Stärke erlangt haben. Es erscheint aber ziemlich seltsam, dass die Wissenschaft trotz dieses außerordentlichen Fortschritts immer noch nicht das Leben und seinen gesellschaftlichen Zusammenhang definiert. Dann muss man fragen: Wissenschaft von was und für wen? Wenn man diese Fragen beantwortet, wird man verstehen, warum Sozialwissenschaftler*innen keine Antwort auf die grundsätzlichste Frage haben, die Frage »Was ist Leben und welcher Zusammenhang besteht zwischen ihm und der Gesellschaft?«. Diese Frage mag sehr einfach erscheinen. Doch sie ist so bedeutungsvoll wie das Leben des Lebewesens, welches wir Mensch nennen. Was für einen Wert kann der Mensch haben, wenn er auch das nicht versteht! In diesem Fall können wir davon sprechen, dass der Mensch sich in ein Geschöpf verwandelt, dessen Leben vielleicht einen geringeren Wert besitzt als das eines Tieres, sogar einer Pflanze. Eine Menschheit, die ihre Bedeutung, ihre Wahrheit nicht kennt, kann entweder nicht existieren oder höchstens das niederträchtigste und barbarischste Leben führen.

a) Das Leben[51]

Vielleicht kann das Leben gar nicht definiert, sondern vielmehr nur relativ gefühlt und teilweise verstanden werden. Selbst wenn die Evolution wahr sein sollte, ist die Erklärung des Lebens und der Entwicklung der Arten durch die darwinistische Interpretation der Evolution weit davon entfernt, die Wahrheit kundzutun. Auch die Beobachtung, dass das Lebens sich von einem Wesen, das vor drei Milliarden Jahren im Ozean nicht einmal eine Zelle darstellte, kettenartig hin zum Menschen der Gegenwart entwickelt hat, leistet nur einen begrenzten Beitrag zur Frage nach der Bedeutung des Lebens. Die Wissenschaft sucht die Geheimnisse des Lebens nun in der Entstehung der subatomaren Teilchen. Offensichtlich kann man auch mit dieser Methode nicht über eine begrenzte Erklärung des Lebens

51 Die folgenden Abschnitte sind offenbar stark von der Hegel-Lektüre des Autors beeinflusst, die er in den 2000er Jahren wieder aufnahm. Leider sind zentrale hegelsche Begriffe wie *Einzelheit*, *Besonderheit* und *Allgemeinheit* von den verschiedenen Übersetzern der türkischen Verlage nicht nur verschieden, sondern sogar in einander widersprechender Weise übersetzt worden. Da nicht klar ist, auf welche Übersetzung der Autor sich bezieht, fällt die Rückübersetzung ins Deutsche besonders schwer.

hinausgelangen. Das Leben hat natürlich mit diesen Erzählungen zu tun, aber sie lösen das Problem nicht zur Gänze. Auch ein Vergleich des Lebens mit dem Tod ist nicht ausreichend für seine Bedeutung. »Das Leben ist die Zeit vor dem Tod« stellt also keine befriedigende Erklärung dar. Richtiger wäre es, zu sagen, dass das Leben erst durch den Tod möglich wird. Ich weiß, dass es kein Leben ohne Tod geben kann. Wir sind aber auch weit davon entfernt, die Bedeutung des Todes zu kennen. Der Tod ist genauso undefinierbar wie das Leben. Er stellt vielleicht ein relatives Ergebnis unseres Lebens dar, vielleicht eine Möglichkeit, eine Verwirklichungsweise des Lebens. Wie ich später ausführlich definieren werde, stellt die Todesangst ein soziales Verhältnis dar. Vielleicht ist der Tod etwas, das aus dieser Angst besteht.

Ich finde die Dichotomie Idealismus/Materialismus weder konsistent noch erhellend. Diese Dichotomie zivilisatorischen Charakters besitzt in Hinblick auf die Erklärung des Lebens keinen Wert. In Bezug auf die Interpretation, die ich zu entwickeln versuche, hat diese Dichotomie wenig mit der Wahrheit zu tun. In ähnlicher Weise sind die Begriffe »lebendig« und »tot« ebenfalls fern davon, erklärend zu sein.

Wahrheit 1: Abgesehen vom Menschen, der das Leben begreifen will, kann jedes Lebewesen nur seine eigenen Augenblicke erleben. Ein Lamm, das von einem Wolf erjagt wird, teilt vielleicht das gleiche allgemeine Schicksal mit einer Galaxie, die von einem schwarzen Loch geschluckt wird. Selbst dies stellt ein Geheimnis dar, das uns dabei hilft, das Leben zu begreifen.

Wahrheit 2: Dass ein Lebewesen für sein Junges alles zu opfern bereit ist und dass subatomare Teilchen mit einer unglaublichen Geschwindigkeit dialektische Gebilde schaffen, funktioniert nach derselben allgemeinen Regel.

Wahrheit 3: In der menschlichen Gesellschaft hat diese allgemeine Regel den Zustand der Selbsthinterfragung erreicht: »Wer bin ich?« Dies ist die Frage, durch welche die universale Regel zum ersten Mal sich selbst zur Sprache zu bringen versucht.

Wahrheit 4: Das ganze universale Leben, lebendig oder tot, existiert vielleicht, um Zugang zur Frage »Wer bin ich?« zu verschaffen.

Wahrheit 5: Die Antwort auf die Frage »Wer bin ich?« könnte das Endziel des Universums darstellen.

Wahrheit 6: Das Endziel könnte sein, zur folgenden Antwort zu gelangen: »Ich bin ich, ich bin das All, ich bin Zeit und Raum!«, die weder ein Davor noch ein Danach, weder Nähe noch Ferne kennen.

Wahrheit 7: Die absoluten Weisheiten Fana'fillah[52], Nirwana[53] und Ana'l-haqq[54] könnten den grundsätzlichen Zweck des gesellschaftlichen Lebens des Menschen erklärt haben beziehungsweise sein Verhältnis zum gesellschaftlichen Leben zum Ausdruck bringen.

Mit diesen sieben Wahrheiten habe ich nicht das Leben definiert. Ich untersuche sein Beziehungsumfeld beziehungsweise will es untersuchen. Das Leben lässt sich nicht verstehen, während man es lebt. Zwischen der Bedeutung und dem Leben besteht ein solcher Widerspruch. Wer verliebt und mit der geliebten Person zusammen ist, ist gleichzeitig an dem Ort, wo die Bedeutung endet. Absolutes Verstehen ist durch absolute Einsamkeit, also durch das Ohne-Geliebte-Sein möglich. Das Sprichwort, man verliere entweder die geliebte Person oder den Kopf, versucht, diese Wahrheit nicht in physischer, sondern in metaphysischer Hinsicht auszudrücken. Absolute Einsamkeit auszuhalten ist möglich, indem man dem Verständnis des Absoluten nahe ist. Absolute Einsamkeit kann nur dann wahr werden, wenn sie zur Bedeutungskraft wird, also wenn sie aufhört, ein materielles Kräfteverhältnis zu sein. Die Dualität Sein/Nichtsein ähnelt der Dualität Bedeutung/Materie. Beide Dualitäten stellen Abstraktionen dar, die man in Wirklichkeit nicht erlebt. Das Leben ist mit großer Wahrscheinlichkeit die unbegrenzte Fähigkeit dieser Dualitäten, sich neu zu anzuordnen. Auch wenn die Intervalle dieser Anordnungen als Chaosmomente wie der Tod wirken, scheinen sie doch für die Verwirklichung des Lebens unabdingbar zu sein.

In dieser kurzen Analyse habe ich – wenn auch nur in begrenztem Maße – zu erklären versucht, warum das Leben undefinierbar ist. Die absolute Definition des Lebens bedarf der absoluten Einsamkeit, des Nichts, der Materielosigkeit, und da dies eine Abstraktion bleibt, können sowohl das Leben als auch der Zugang zu seiner Bedeutung nur widerspruchsvoll und relativ verwirklicht werden.

b) Das gesellschaftliche Leben

Obwohl der Begriff des gesellschaftlichen Lebens ein sehr einfacher ist, muss er als Grundbegriff aller Wissenschaften erklärt werden. Obwohl dieser Begriff sehr häufig verwendet wird, ist er im Gegensatz zur weit

52 Der Ausdruck *fanāʾ fillāh* bezeichnet im Sufismus die Auflösung in Gott, die höchste Stufe der mystischen Erkenntnis.

53 Im Buddhismus ist *nirvāṇa* der Austritt aus dem Kreislauf des Werdens und Vergehens.

54 Wörtlich bedeutet *anāʾ l-ḥaqq* »Ich bin die (göttliche) Wahrheit«. Von Mansūr al-Hallādsch im zehnten Jahrhundert geprägter, sufistischer Ausdruck für das Einssein mit Gott.

verbreiteten Annahme einer, dessen Bedeutung nicht bekannt ist. Wenn wir seine Bedeutung kennen würden, würden wir unser soziales Leben, das unter hegemonialen Systemen in kleinste Stücke zerrissen wird, ohne Wenn und Aber verteidigen. Im sozialen Leben herrscht nicht Weisheit vor, sondern Ignoranz. Am Gegenpol zum hegemonialen Leben ist Ignoranz ohnehin der Normalzustand. Ohne über das gesellschaftliche Leben einen Schleier der Ignoranz zu werfen, können sich hegemoniale Systeme nicht halten.

Ich werde versuchen, das soziale Leben zu definieren, ohne den relativen Charakter des Lebens aus dem Blick zu verlieren. Zuallererst muss man feststellen, dass es keine monotonen, unbegrenzten sozialen Leben gibt, die einander überall ähnlich sind. Relatives Leben ist gleichbedeutend mit einzigartigem, besonderem Leben. Die Einzelheit[55] lehnt, wie es bekannt ist beziehungsweise bekannt sein sollte, die Allgemeinheit nicht ab. Es gibt weder die reine Einzelheit noch die reine Allgemeinheit. Die Dualität zwischen Einzelheit und Allgemeinheit ist genauso gültig wie die Dualität Bedeutung/Materie. Ohne das Einzelne kann sich die Allgemeinheit nicht verwirklichen; und jedes Einzelne kann nicht überleben, ohne allgemein zu sein. Damit es verständlicher wird, kann ich ein Beispiel geben: Hunderte von verschiedenen Rosen stellen jeweils Einzelne dar. Alle diese Rosen haben aber Gemeinsamkeiten, die ihre Benennung als Rosen erfordert. Diese Gemeinsamkeiten drückt das Allgemeine aus. In allen Diversitäten des Alls ist diese Regel am Werk.

Da ich mich in den entsprechenden Teilen meiner Verteidigung um eine Darstellung des sozialen Lebens in seiner Historizität und Diversität bemüht habe, werde ich von Wiederholungen absehen und mich damit begnügen, daran zu erinnern.

Die Erzählung über den Homo Sapiens (den denkenden Menschen), von dem man annimmt, dass er in Ostafrika gelebt habe, dessen Geschichte ungefähr zweihunderttausend Jahre zurückreicht, von dem man außerdem allgemein annimmt, dass er von einer Mutter geboren worden sei[56] und vor fünfzigtausend Jahren mit der Symbolsprache Bekanntschaft gemacht habe, vor zwanzigtausend Jahren mit dem Ende der jüngsten Eiszeit an den Ausläufern des Taurus-Zāgros-Gebirges die voragrarische Gesellschaft hin-

55 *Einzelheit* bedeutet hier nicht Detail, sondern das Einzelne, das Einzeln-Sein im hegelschen Sinne.

56 Möglicherweise bezieht sich der Autor hier auf die sogenannte »mitochondriale Eva«, die früheste gemeinsame Vorfahrin in direkter mütterlicher Linie aller heute auf der Erde lebenden Menschen. Sie hat vor ungefähr 175 000 Jahren gelebt. Trotz des Namens war sie zu ihrer Zeit weder die erste noch die einzige Frau.

ter sich gelassen habe und vor fünfzehntausend Jahren in eine Ordnung von Stammeslandwirtschaft, Jäger- und Sammlertum eingetreten sei, besitzt einen bedeutenden Wahrheitsgehalt. Zu dieser Lebensweise, die sich als agrarisch-dörfliche Gesellschaft entfaltete, kam die fünftausendjährige Ära der Zentralzivilisation hinzu. Ich habe bereits versucht, die Entwicklung der Dualität der agrarisch-dörflichen Gesellschaft und der Stadt-/Handels-/Industriegesellschaft und der bis heute wirksamen hegemonialen Lebenskultur in groben Zügen beziehungsweise in Form von Ären und Zyklen darzustellen. Die europäische Phase dieser hegemonialen Kultur in den letzten fünfhundert Jahren habe ich im vorigen Kapitel dargestellt. Diese Kultur trägt mit ihrer Entstehung und Reifung und sogar mit ihren strukturellen Krisen eindeutig den Stempel der nahöstlichen Gesellschaft. Das sind die Kultur und die Gesellschaft, deren Bedeutung ich darzustellen versuche. Auch wenn sie zahlreiche Einzelheiten besitzen und die europäische Moderne eine ihrer wichtigsten Einzelheiten darstellt, ist eine Abstraktion und Kategorisierung im Sinne der Einzelheit der Einzelheiten in Bezug auf Ort und Zeit stets möglich.

Der gesellschaftliche Zustand als eine Einzelheit bestimmt das Leben der menschlichen Spezies. Der Unterschied, die Einzelheit, zwischen dem menschlichen Leben in Afrika und dem im Nahen Osten wird durch diesen gesellschaftlichen Zustand bestimmt. »Rasse« oder andere physische Eigenschaften sind nicht entscheidend. Wenn das menschliche Individuum ohne Gesellschaft nicht sofort stürbe, könnte es auf sich gestellt nicht zum weisen Menschen, sondern eher zu einer Spezies werden, die den Tieren ähnelt, die mit Zeichensprache kommunizieren. Der Mensch ohne Gesellschaft ist der Anti-Mensch. Als Mensch aus der Gesellschaft hinausgeworfen zu werden, dauerhaft ohne Gesellschaft zu sein, ist die schwerste Strafe, die man erhalten kann. Der Mensch schöpft seine ganze Stärke aus der Gesellschaft. Das Niveau der am weitesten entwickelten Wissenschaften und Weisen hängt mit der Gesellschaft zusammen. Die Betrachtung des gesellschaftlichen Lebens als einfache Quantitäten und Phänomene ist der größte Verrat des Positivismus am Menschen. Das Niveau der menschlichen Gesellschaft zu erreichen, kann nur als universaler Sprung nach vorn eine Bedeutung erlangen.

Zählen wir die charakteristischen Grundeigenschaften des gesellschaftlichen Lebens als einem universalen Sprung nach vorn auf:

1 – Vor allem müssen wir auf die Gesellschaft als Geschichte fokussieren. Durch die schmerzhaften Bemühungen der menschlichen Gemeinschaften während Millionen von Jahren an schwierigen Orten, die großer Kämpfe bedurften, wurden höher entwickelte einzelne Gemeinschaften geschaffen. Manche Orte und Zeiträume waren entscheidend für Sprünge im gesellschaftlichen Fortschritt.

2 – Die Gesellschaft als Geschichte bedarf eines gewissen Intelligenzniveaus. Das Intelligenzniveau der menschlichen Spezies bestimmte ihre Gesellschaftlichkeit. Die Gesellschaftlichkeit zwang wiederum dieses Intelligenzniveau dazu, als eine Mentalität zu funktionieren und sich als solche zu entwickeln. Die gesellschaftliche Natur stellt eine flexible Struktur mit fortgeschrittenem Mentalitätsniveau dar.

3 – Die Sprache ist nicht nur ein Mittel, sondern gleichzeitig ein strukturierendes Element der gesellschaftlichen Mentalität. Die Sprache zählt zu den Grundeigenschaften, die einer Gesellschaft zur Existenz verhelfen. Als Mittel der kollektiven Intelligenz entwickelt sie die Flexibilität der gesellschaftlichen Natur mit großer Geschwindigkeit.

4 – Die Agrarrevolution stellt die tiefgreifendste Revolution in der materiellen und immateriellen Kultur der Gesellschaft dar. Die menschliche Gesellschaft entstand im Wesentlichen um die Landwirtschaft herum. Eine Gesellschaft ohne Landwirtschaft ist unvorstellbar. Die Landwirtschaft bietet nicht nur eine Lösung für die Ernährungsfrage, sondern führt gleichzeitig zu tiefgreifenden Transformationen und Entwicklungen der materiellen und immateriellen Kulturmittel, insbesondere der Intelligenz, Sprache, Bevölkerung, Verwaltung, Verteidigung, Siedlung, Religion, Technik, Bekleidung und ethnischen Struktur.

5 – Da die Frau die intensivsten Anstrengungen unternimmt, um die gesellschaftliche Kontinuität zu gewährleisten, spielt sie, was die Gesellschaftlichkeit betrifft, eine dominantere Rolle als der Mann. Die Geburt, Erziehung und Verteidigung von Kindern bringt eine matriale Entwicklung der Gesellschaftlichkeit mit sich. Die Gesellschaft trägt vorwiegend die Identität der Mutter-Frau. Die Existenz des femininen Elements im Ursprung der Sprache und der Religion bestätigt diese Tatsache. In der agrarisch-dörflichen Gesellschaft behält die Identität und Stimme der Frau ihr Gewicht bei.

6 – Die gesellschaftliche Natur ist in ihrem Kern moralisch und politisch. Die Moral bestimmt die Ordnung der Regeln der Gesellschaft, die Politik dagegen ihre Verwaltung. Während die Moral für die Ordnung und die Dauerhaftigkeit der Gesellschaft sorgt, ermöglicht die Politik ihre kreative Entwicklung. Eine Gesellschaft ohne Moral und Politik ist unvorstellbar.

Die Erosion auf der moralischen und politischen Ebene geht mit jeglicher Art von Sklaverei und Ungleichheit einher.

c) Die gesellschaftliche Hierarchie und der Staat

Die Aneignung der gesellschaftlichen Autorität, die um die Frau herum organisch errichtet worden war, durch Männer, die mithilfe der Traditionen der Jägergesellschaft durch List und Gewalt viel an Stärke gewonnen hatten, bildet das Fundament der hierarchischen Ordnung. Die hierarchische Ordnung bringt das Eindringen von Tyrannei und List ins gesellschaftliche Leben mit sich. Die Hierarchie wird im Wesentlichen von dem Priester, der die Listigkeit repräsentiert, dem Soldaten, der die Tyrannei innehat, und dem alten Mann, der gesellschaftliche Erfahrung besitzt, vertreten. So begann die erste große Kampfphase zwischen ihnen und der Mutter-Frau. In der Protozivilisationsphase ging die Autorität größtenteils auf die männliche Hierarchie über. Der Staat fing damit an, dass in der urbanen Gesellschaft eine hierarchische Verwaltung institutionalisiert wurde. Durch die Entwicklung der hierarchischen und etatistischen Kreise wurde in den Gesellschaften die moralische und politische Ordnung korrumpiert. Die anti-gesellschaftlichen Entwicklungen beschleunigten sich. Diese ließen sich wie folgt aufzählen:

1 – Die Stadtgesellschaft: Während durch die Kooperation der Stadtgesellschaft mit der Agrargesellschaft auf Basis des Handels und des Handwerks eine gemischte gesellschaftliche Entwicklung einsetzte, beschleunigten sich die Institutionalisierung der hierarchischen und etatistischen Kreise ganz oben und die anti-gesellschaftlichen Entwicklungen mit der Geburt der Stadt. Diese Anti-Gesellschaftlichkeit liegt den gesellschaftlichen Widersprüchen und Problemen zugrunde.

2 – Die Klassengesellschaft: Die Intensivierung und Ausbreitung der Institutionalisierung der Hierarchie und des Staates verursachte eine Spaltung der Gesellschaft. Der Klassencharakter ist das entfremdende Element der gesellschaftlichen Natur. Gegen die Gesellschaft wird auf allen Ebenen ein ideologischer und organisatorischer Angriff gestartet. Die Hierarchie und der Staat ersetzten die natürliche Gesellschaft durch die künstliche Klassengesellschaft mit ihrer hoch entwickelten Lüge und Tyrannei. Sie etablierten in mythologischen, religiösen, philosophischen und wissenschaftlichen Traditionen Verdrehungen und Verschleierungen zuungunsten der moralischen und politischen Gesellschaft.

3 – Die ausbeuterische Gesellschaft: Die Hierarchie und die Institution des Staates werden im Grunde genommen auf der Basis der akkumulierten Werte der Gesellschaften gegründet. Das teilweise verspürte Bedürfnis nach Verwaltung wird mit den Verteidigungs- und Schutzbedürfnissen integriert und im Gegenzug der gesellschaftliche Werteraub verwirklicht, der zunehmend ungerechter wird. Dabei funktionieren Gewalt und ideologische Apparate gleichzeitig. Ausbeuterische Gesellschaften lassen sich nach den Formen und den Bereichen, in denen die Ausbeutung erfolgt, in die Bereiche Handel, Industrie und Finanzen aufteilen.

4 – Die kriegerische Gesellschaft: Es handelt sich dabei um Gesellschaftsformen, in denen der gesellschaftliche Werteraub nicht durch Überzeugen, sondern durch Gewalt erfolgt. Der Krieg stellt die extremste und brutalste Form der Entfremdung im gesellschaftlichen Leben dar; er fügt der gesellschaftlichen Natur tiefe Wunden zu und verkrüppelt sie. In diesem Fall entwickeln sich Schutzreflexe der Gesellschaften, welche gegen den entfremdenden Krieg die Form eines Selbstverteidigungskriegs annehmen, der das gesellschaftliche Sein schützt.

d) Gesellschaftliche Identitäten

Die gesellschaftlichen Einzelnen weisen eine reiche Zusammensetzung auf. Die Einzelheiten bilden in sich zahlreiche Kategorien von Einzelnen der Einzelnen. Die Gesellschaften zu betrachten, als besäßen sie eine einzige Identität, hat seinen Ursprung in den hierarchischen und staatlichen Ordnungen, die entfremdende Elemente darstellen. Das geschlossene, starre Identitätskonzept wird von diesen Ordnungen erzwungen. Der Nationalstaat stellt die fortgeschrittenste Form dieser Ordnung dar. Identitäten sind gesellschaftliche Formen, die den Entwicklungseigenschaften der Gesellschaft entsprechen. Sie sind offen für Synthesen mit anderen Identitäten. Es kann keine Gesellschaft ohne Identität geben. Die Identität ist ebenso existenziell wie die Moral und die Politik. Die wesentlichen gesellschaftlichen Identitäten, die sich auf multiple Bereiche beziehen, sind folgende:

1 – Stammes- und Aschiretidentitäten: Die erste Entwicklungsidentität von Gesellschaften hat die Form von Stämmen. Der Klan lässt sich schwer als Identität bezeichnen, denn der Klan steht noch am Anfang der Differenzierung. Allerdings lässt sich der Klan als eine Proto-Identität und insofern als die Stammzelle, die Familie aller Identitäten betrachten. Stämme und Aschirets als Stammesverbände sind die beständigsten Identitäten des gesellschaftlichen Lebens. Trotz der anti-gesellschaftlichen Kräfte ist es unumgänglich, dass die schwächelnden Stämme und Aschirets sich als eine Art Zivilgesellschaft ihrer Zeit gestalten. Denn Gesellschaften können, so wie sie nicht ohne Klan und Familie existieren können, auch nicht ohne Stamm und Aschiret existieren.

2 – Volksstammesidentitäten: Diese entwickeln sich im Laufe der Geschichte als eine höher entwickelte Form der Aschirets, die derselben sprachlichen und kulturellen Herkunft sind. Meistens machen sie sich einen gemeinsamen Raum zur Heimat, zum Vaterland. Die Heimat, das Vaterland, ist ein Begriff, der am richtigsten als Kultur eine Bedeutung erlangen sollte. Nicht jede Gesellschaft erreicht unbedingt das Niveau eines Volksstammes (kavim). Innerhalb der Volksstämme können zahlreiche verschiedene Klans, Stämme, Aschirets und sogar Volksstämme zusammenleben. Das Konzept der homogenen Identität wird durch den nationalstaatlichen Faschismus aufgezwungen.

3 – Nationale Identität: Die Identität, die in dem Fall zustande kommt, dass die Volksstammesidentität als eine stetige und stabile Verwaltung existiert, lässt sich als nationale Identität bezeichnen. Für die Nation entscheidend ist, dass sie sich mit ihrem eigenen Willen selbst verwalten kann. Die Verwaltung kann sich demokratisch oder etatistisch entwickeln. Völker oder die Summe von Stämmen, die unter der Verwaltung anderer Nationen, genauer gesagt von Nationen mit etatistischer Verwaltung, stehen, nennt man nicht Nationen, sondern Sklav*innen. In ausbeuterischen Gesellschaften, in denen man im Namen einer einzelnen Nation Homogenität herstellen will, wird anderen Nationen und sogar untergeordneten Einheiten nicht die Gelegenheit gegeben, ein Leben in Freiheit und Gleichheit zu führen. Demokratische Systeme unterscheiden sich dadurch von anti-gesellschaftlichen Systemen, dass sie multiple Identitäten zulassen.

e) Das gesellschaftlich Sakrale

Der Begriff des Sakralen ist die gesellschaftsorientierte Definition des Bezaubernden, des Wunderbaren und des Außerordentlichen. Das Sakrale ist die Gesellschaft selbst. Dem begegnet die Gesellschaft aber nicht mit wissenschaftlichem Bewusstsein, sondern mit den als religiös und mythologisch bezeichneten Bewusstseinsformen. Dabei definiert die Gesellschaft eigentlich sich selbst. Ein Vergleich zwischen einer Definition aufgrund des religiösen und mythologischen und einer aufgrund des wissenschaftlichen Bewusstseins könnte aufschlussreich sein. Wir sollten nicht vergessen, dass Mythologie, Religion und Philosophie den Ursprung der Wissenschaft

darstellen. Die geistige Tätigkeit der Gesellschaft – sei sie sakral, sei sie positivistisch – zielt stets darauf ab, sich selbst zu definieren. Einige wichtige Arten des Sakralen sind folgende:
1 – **Göttlichkeiten:** In den drei großen monotheistischen Religionen bildet die Göttlichkeit das Pendant des Allgemeinen im objektiven Idealismus – des absoluten Geistes bei Hegel, des Kommunismus bei Marx und des Nationalstaates in Nationalismen.

Die Bedeutung der Göttlichkeit in der Sozialwissenschaft hängt mit der gesellschaftlichen Identität zusammen. Sie könnte dem entsprechen, wie sich das Gesellschaftliche in höchster Abstraktion begrifflich fasst. Jenseits der Gesellschaft besitzt die Größe Gottes keine Bedeutung. Der Gott kann nur durch die Gesellschaft existieren. Es spielt dabei keine Rolle, ob er in der gesellschaftlichen Vorstellung dem ganzen Universum entspricht oder in der Gesellschaft als Glaube gepflegt wird. In der Philosophie wird dies durch den objektiven und subjektiven Idealismus repräsentiert. In der Wissenschaft bleibt er dagegen Objekt und Subjekt. Mit dieser Methode wird es möglich, alles vom Gott als Objekt und Bedeutung abzuleiten. Wenn wir es wissenschaftlich ausdrücken sollten: Das Bedeutungsniveau des Menschen verhält sich proportional zu seiner Gesellschaftlichkeit. Die Bedeutungskraft des Menschen wird durch seinen gesellschaftlichen Entwicklungsgrad bestimmt. Die Bedeutsamkeit des jenseits der Gesellschaft existierenden Individuums, das vom kapitalistischen Liberalismus aufgezwungen wird, ist eine glatte mythologische Lüge. Das Individuum kann abgeschnitten von der Gesellschaft nur soviel Bedeutsamkeit und entwickelte Mentalität aufweisen wie das Mitglied einer Affenhorde.
2 – **Prophetie:** Prophetie bildet das zweite Glied der Kette des gesellschaftlich Sakralen. Man versucht sie durch Attribute wie das Empfangen von Botschaften aus dem Jenseits oder das Bot*in-Gottes-Sein zu definieren. Sie gehört derselben Kategorie wie die Klasse der höheren Priester*innen an. Während die Philosoph*innen das Pendant in der Philosophie bilden, stellen die Akademiker*innen ihr Pendant in der Wissenschaft dar. Auch die höchstrangingen Intellektuellen gehören derselben Kategorie an. Sie alle haben gemeinsam, dass sie sich in einer Stellung befinden, von der aus sie die gesellschaftliche Bedeutsamkeit auf höchstem Niveau erklären.

Die Gesellschaft misst diesen Bedeutungsstellungen eine so große Wichtigkeit bei, da sie im Wesentlichen die Existenz der Gesellschaft selbst zum Ausdruck bringen. Sie stellen den Spiegel, das Gewissen der Gesellschaft dar. In ihrer Person sakralisiert die Gesellschaft eigentlich sich

selbst. Die Sakralisierung selbst könnte auch als Wertzunahme, (Selbst-) Erhöhung, Bedeutungsgewinn, (Selbst-)Verschönerung definiert werden.
3 – **Weisheit und Poetentum:** Weisheit und Poetentum sind das Glied, welches in der Sakralisierungskette an dritter Stelle kommt. Weise und Poet*innen erfüllen die gleiche Funktion. Sie sind Träger*innen von Werten, Bedeutungen und Worten der Gesellschaft. Sie verleihen der moralischen und poetischen Haltung einen Ausdruck. Sie vertreten in Wort und Kunst, was gesellschaftlich wertvoll ist. Sie haben das Privileg, die gesellschaftliche Bedeutsamkeit am intensivsten zu erleben und auszudrücken.
4 – **Reliquien und Fetische:** Die Gegenstände, die zum Überleben, der Aufrechterhaltung und dem Fortschreiten der Gesellschaft am meisten beitragen, werden sakralisiert. Die Übertragung der Sakralität auf Gegenstände rührt daher, dass diese ein lebenswichtiges Bedürfnis der Gesellschaft befriedigen. Je wertvoller ein Gegenstand ist, je mehr er zum Fetisch gemacht wurde, desto heiliger ist er – wie z. B. Weizen, Oliven, das Schaf, die Kuh, das Pferd usw.

f) Die gesellschaftliche Wahrheit und ihr Verlust

Die gesellschaftlichen Naturen sind geistig hoch entwickelte, flexible Naturen. Sie sind mit Bedeutung aufgeladen. Im Allgemeinen wohnt Lebewesen eine größere Bedeutung inne als lebloser Materie. Wenn man sich vom einfachsten Elementarteilchen hin zu den komplexesten Verbindungen bewegt, wird man Zeug*in einer Zunahme von Bedeutung. Diese Zunahme an Bedeutung hat mit der Freiheit zu tun. In der Dualität von Energie und Materie obliegt der Seite, die man als festgewordene Materiepartikel bezeichnet, stets die Verhinderung der Bedeutung – wie einer Mauer. Die Mauer schützt das, was hinter ihr ist, sperrt es aber gleichzeitig ein. Diese Dualität existiert in jedem Phänomen im Universum. Während die Mauer manchmal gänzlich als Verteidigung fungiert, wird sie manchmal zu einem Gefängnis. Die materielle Seite weist stets eine solche Eigenschaft auf. Der gesellschaftlichen Natur (dem Universum, der Materie) wohnt ein höchst entwickelter Bedeutungsreichtum inne. Gesellschaftliche Geflechte, Organe, Strukturen und Systeme werden in ihrem Kern durch die Bedeutung bestimmt. Diejenigen Gesellschaften, die ihre Bedeutung am besten sprachlich ausdrücken, in Worte fassen und ihr eine Struktur verleihen, werden als am weitesten entwickelt definiert. Sie sind die Gesellschaften mit dem höchsten Niveau von Befreiung. Freie Gesellschaften sind Gesellschaften, die sich selbst eine Bedeutung verleihen, sich selbst sprachlich ausdrücken, sich selbst sprechen lassen und sich ihren Bedürfnissen entsprechend vielseitig strukturieren. Dagegen stellen Gesellschaften, denen die Freiheit fehlt, Gesellschaften dar, die ihre Sprache nicht entwickeln, nicht offen sprechen und sich selbst nicht vielseitig entwickeln konnten.

Die Beurteilung der gesellschaftlichen Bedeutung und der Entwicklung der gesellschaftlichen Wahrheit im Rahmen dieser Definition bildet den Kern der Sozialwissenschaft. Die Wahrheit ist eigentlich die ins menschliche Bewusstsein gelangte Form der gesellschaftlichen Bedeutsamkeit, die sich durch die Zeitalter hindurch entwickelt hat. Die Tätigkeit, sich selbst auf mythologischem, religiösem, philosophischem, künstlerischem und wissenschaftlichem Wege einen Ausdruck zu verleihen, können wir als das Erforschen und das Ausdrücken der Wahrheit bezeichnen. Gesellschaften stellen nicht nur Wahrheitsgeflechte dar, sondern auch das Vermögen, die Wahrheit kundzutun. Die Wahrheit nicht kundtun zu können, ist Ausdruck schwerster Sklaverei-, Assimilations- und Genozidbedingungen, was wiederum Ausdruck davon ist, dass man von der Existenz losgerissen und in einen Zustand geraten ist, in dem man aufhört, Wirklichkeit zu sein. Die wahrheitslose Gesellschaft und sogar das wahrheitslose Individuum stellen Existenzen dar, welche ihrer Bedeutung beraubt, in der Wahrheit anderer Subjekte aufgelöst worden sind und ihre Identität verloren haben, genauer gesagt: Sie haben sich in bedeutungslos gewordene Existenzen verwandelt. In diesem Fall besteht ein enges Verhältnis zwischen der Bedeutung und der Wahrheit. Die Bedeutung ist in gewisser Weise das Potenzial der Wahrheit. Indem dieses Potenzial in Worte gefasst, frei ausgesprochen und strukturiert wird, wird der Zustand der Wahrheit erreicht.

Stets von der »Wahrheit in mir« zu sprechen, ist gleichbedeutend damit, stets vom »sprachlosen Kind in mir« zu sprechen – was wiederum Ausdruck des schlimmsten gesellschaftlichen Zustands, nämlich des Verfallens in den Individualismus ist. Solange gesellschaftliche Bedeutsamkeiten sich nicht (durch mythologische, religiöse, philosophische, künstlerische oder wissenschaftliche Methoden) in Wahrheiten verwandeln, solange sie nicht diese Stufe und diesen Aktivitätsgrad erreicht haben (d. h. vom Potenzial zur Entelechie geworden sind), können sie nicht lebendig werden. Sich nicht von der Kindheit befreien zu können, bedeutet, nicht über Äsopische Sprache[57] hinausgelangen zu können, was Ausdruck davon ist, den Wahrheitszustand nicht erreichen zu können. Unterdrückten gesell-

57 Verklausulierte Sprache, die sich in Andeutungen ergeht. Nach dem Fabeldichter Aesop.

schaftlichen Wirklichkeiten wird häufig dieses Schicksal zuteil. Wenn wir gesellschaftliche Wirklichkeiten in Hinblick auf die Wahrheit unter die Lupe nehmen, sehen wir, dass wir erst dadurch, dass diese Wirklichkeiten (gesellschaftliche Naturen und Strukturen) durch irgendeine (mythologische, religiöse, künstlerische oder wissenschaftliche) Wahrheitsmethode ausgedrückt, aktiviert, reorganisiert und strukturiert werden, von der bedeutungsvollen Gesellschaft ausgehend die wahrheitsvolle Gesellschaft erreichen können. Wenn wir gesellschaftliche Zeitalter in Hinblick auf die Wahrheit betrachten, können wir Folgendes sagen:

1. Das Zeitalter der gesellschaftlichen Klans: In dieser Ära werden Wahrheiten in Klangemeinschaften in sehr begrenztem Ausmaß, in einer kaum entwickelten Sprache und manchmal durch Erzählungen, meistens aber durch Körpersprache ausgedrückt.

2. Das Zeitalter der agrarisch-dörflichen Gesellschaft: Da bezüglich des Wohnens, der Ernährung, Bekleidung, Fortpflanzung und Selbstverteidigung eine komplexere Strukturierung erlebt wird, handelt es sich um gesellschaftliche Wirklichkeiten, deren Bedeutungskapazität sich wesentlich vergrößert hat. Eine der Bedeutungskapazität entsprechende Bedeutungsära beginnt, sich zu entfalten. Eine mythologische, religiöse und künstlerische Wahrheitsära, die sich vor allem um die Mutter-Frau entwickelt (die Ära der kleinen Statuen dicker Mütter-Frauen), tritt mit all ihrer Sakralität auf die Bühne. Die Sprachen entwickeln sich. So wird ein Zeitalter eingeleitet, das eine hohe mythologische, religiöse und künstlerische Ausdruckskraft sowie hohe Originalität besitzt. Es handelt sich dabei um die prächtigste Ära der Urgeschichte, in welcher die Gesellschaft sich zum ersten Mal mit mythologischen, religiösen und künstlerischen Methoden in Form von heiligen Wahrheiten erklärte. Die Menschheit bedient sich heute noch am Erbe dieser Zeit. Die Grundlagen der beiden anderen Wahrheitsformen, nämlich der philosophischen Weisheit und der medizinischen Wissenschaft, wurden in dieser Ära geschaffen. Die Weisheit und Medizin von Frauen fanden als wirksame Wahrheiten dieser Ära einen wichtigen Platz im Leben. Die Vorherrschaft weiblicher Göttinnen in dieser Ära rührte von ihrer Stärke auf all diesen fünf wichtigen Wahrheitsfeldern her. Diese Stärke erlangten Frauen zweifellos durch ihre dominante Rolle in der Entwicklung der Land- und Hauswirtschaft.

3. Das Zeitalter der städtischen und zivilisierten Gesellschaft: Die durch die Verstädterung zunehmende Vergesellschaftung entwickelte gemäß der Dialektik ihr eigenes Gegenteil. Der dialektische Widerspruch führte in dieser Ära zur Herausbildung gesellschaftlicher Klassen und erzeugte den Staat. Die Entstehung gesellschaftlicher Klassen und des Staates als gesellschaftlicher Irrweg führten zu einer tief reichenden Spaltung in Bezug auf die gesellschaftliche Wahrheit. Da Spaltungen auf der Basis gewaltvoller Widersprüche zustande kamen, kam es gleichzeitig zu einer Ära der gewaltvollen Unterdrückung von Wahrheiten. Dieser Umstand drückte sich konkret als Krieg der Wahrheiten aus.

Es wurde zum Kern der Geschichte erklärt, dass Wahrheiten die Bedeutung von Klassen und Staaten tragen. Wie und mit welcher Methode auch immer die Geschichte ausgedrückt wird, wurde sie so konstruiert und geschrieben, dass sie den Stempel von Klassen und Staaten trug. Die Spaltung der gesellschaftlichen Wirklichkeit, folglich der gesellschaftlichen Wahrheit, bildet die Grundlage jeglicher Entfremdung. Entfremdung bedeutet, dass die Wahrheit im Zusammenhang mit der Irreleitung der gesellschaftlichen Bedeutung daran gehindert wird, die Wirklichkeit auszudrücken. Sie stellt sogar die Übertragung der Wirklichkeit in umgekehrter Form auf Ausdrucksformen dar. Die tiefgreifende Entfremdung des gesellschaftlichen Individuums ist die größte Bosheit in der Geschichte. Die gesellschaftliche Entfremdung könnte auch als ein historischer Verrat interpretiert werden. Die Entfremdung findet auf allen Ebenen statt. Sie umfasst alle materiellen und geistigen Kulturbereiche der Gesellschaft. Wenn die entfremdete Arbeit mit der entfremdeten Mentalität zusammengeführt wird, kann sich das System der hegemonialen Zivilisation erhalten. Aus diesem Grund ließe sich das Zeitalter der Zivilisation als ein Phänomen beschreiben, das nur durch die tiefgreifende Spaltung und Entfremdung der gesellschaftlichen Bereiche möglich wurde.

Die Gesellschaftlichkeit der Zivilisation stellt eine Wirklichkeit dar, die gespalten ist und stetige Auseinandersetzungen ermöglicht. Sie existiert als eine weitreichende Suche nach Wahrheit und ein tiefer Konflikt zwischen Wahrheiten. Die tyrannischen Kräfte, die das Ausbeutungs- und Gewaltmonopol in ihren Händen halten, konstruieren in dem Ausmaß, wie sie die gesellschaftliche Wahrheit unterdrücken und verdrehen, Gesellschaften, die aus unterdrückten und ausgebeuteten Gruppen, Individuen und Völkern bestehen. Diese Kreise, die ihre Bedeutung, folglich ihre Wahrheit verloren haben, werden als Massen, als Herden gelenkt. Die besagten Kreise eignen sich erst dann dazu, wie Herden umhergetrieben zu werden, wenn sie ihre Wahrheit verloren haben. Die Zivilisationsgeschichte ist in diesem engeren Sinne die Geschichte der Fortsetzung dieses

Getriebenwerdens, indem es sowohl als Bedeutung als auch als Wahrheit konstruiert wird.

g) Die gesellschaftliche Wahrheit und Formen der Entfremdung

Wenn die gesellschaftliche Wirklichkeit in sich und außerhalb ihrer selbst keinen Raum für Unterdrückung und Ausbeutung lässt, dann können wir von einer freien Verwirklichung der Bedeutung und Wahrheit sprechen. In diesem Fall sind die Bedeutung und die Wahrheit frei. Die Freiheit wird dadurch möglich, dass man Bedeutung und Wahrheit besitzt. Wer nicht frei ist, hat keine Identität, folglich auch keine Bedeutung und Wahrheit.

Die Formen der Wahrheit unter Bedingungen, in denen Bedrohungen (Nahrungsknappheit, wilde Tiere, klimatische Schwierigkeiten, Pandemien) und Arten von Überfluss (an Essen, Obst, Jagdtieren, günstigem Klima, sicheren und gesunden Räumen) vorherrschen, und die Formen der Wahrheit in Gesellschaften, die durch gesellschaftliche Unterdrückung und Ausbeutung dominiert werden, sind unterschiedlich. In groben Zügen können wir diese Formen wie folgt aufzählen:

1. Unter Bedingungen, unter denen sich noch keine gesellschaftliche Herrschaft (Hierarchie und Staat) entwickelt hat, stellen Mythologie, Religion und Künste die grundsätzlichen Formen der Wahrheit dar. Philosophie und Wissenschaft haben einen geringen Anteil daran, wie die Wahrheit ausgedrückt wird. Die ausschlaggebende Ausdrucksform ist die Mythologie. Die Mythologie besteht bekanntlich aus Erzählungen wie Sagen, Legenden, Märchen und Geschichten. In Mythologien steckt jedenfalls eine Wahrheit. Genauer gesagt, Mythologie stellt eine Ausdrucksweise der Wahrheit dar. Auch Religion stellt, wenn sie nicht mit Zivilisation getränkt ist, eine Form dar, deren Glaubensaspekt ausschlaggebend ist und die einer wertvollen Wahrheit zusätzlich Gewissheit verleiht. Als Religion werden Mythologien bezeichnet, an deren Gewissheit geglaubt wird. Im Glauben und in Urteilen der Religion besteht ein Gleichwerden, eine Identifizierung mit der Wahrheit. Weisheit (Philosophie) und Wissenschaft sind stark von Mythologie und Religion geprägt. Zwischen der Kunst als einer Wahrheitsform und der religiösen und mythologischen Mentalität besteht ein enges Verhältnis. Als Musik und Zeichnung versucht sie, der Bedeutung Ausdruck zu verleihen. Die Bedeutung zu untersuchen, mit der Musik, Bild und Skulptur aufgeladen sind, ist eine wichtige Wahrheitsarbeit. Das Wichtige sind nicht die Musik, das Bild oder die Skulptur selbst, sondern ihr Wert als die Bedeutung und Wahrheit, die sie repräsentieren.

Für die Sprache der Mythologie und Religion ist ihre Poesie wesentlich. Der Sprache selbst wohnte seit ihrer Entstehung lange Zeit eine poetische Erzählung inne. Aus diesem Grund besteht ein enges Verhältnis zwischen dem Gedicht und der Wahrheit. Das Gedicht stellt die Sprache und die Wahrheit der alten freien Gesellschaft dar, die keine Herrschaft kannte. Die ersten Dichter*innen waren schon vor Weisen und Prophet*innen diejenigen, die die Wahrheit erklärten. Die Poesie und poetische Ausdrucksstärke der Sprache einer Gesellschaft zeugen davon, wie frei und bedeutungsvoll ihre gesellschaftliche Wirklichkeit ist.

2. Da die zivilisierte Gesellschaft als ein System mit Klassen und Staaten sowohl in ihrem Inneren als auch im Äußeren der Herrschaft ausgesetzt und gespalten ist, zerbröckelt sie auch als Bedeutung und Wahrheit. Da der mythologischen und religiösen Erzählung Herrschaft beigemischt wird, entfremdet sich die Wahrheit. Die Entfremdung ist dem Wesen, dem Dasein der zivilisierten Gesellschaft immanent; sie stützt sich nicht nur auf den Diskurs. Wenn Herrschaftsorganisationen die Bedeutungen, die sie beinhalten, als Wahrheit präsentieren, erleben Paradigmen des Gesellschaftslebens einen radikalen Wandel. Es kommt in der Gesellschaft zu widersprüchlichen Lebensweisen und Paradigmenformen, die diese leiten. Die Entfremdung wird erlebt, indem die Wahrheit ausgehöhlt, abgeschliffen, geschmolzen wird. Der Wert der Entfremdung als Wahrheit verringert sich ständig als Folge der Bemühungen, Akzeptanz für Verdrehungen, Unterdrückung und Verschleierung zu erzielen. Wenn die entfremdete Gesellschaft keine Wahrheit mehr hat, für die sie kämpfen könnte, verwandelt sie sich in einen Haufen bedeutungsloser Strukturen. Diese Strukturen bilden für die Gesellschaft nur eine Last, sozusagen eine gesellschaftliche Krankheit. Es werden ihr pathologische Namen wie Konservatismus, Bigotterie und Faschismus gegeben. Die Entfremdung als gesellschaftliche Wirklichkeit im Krankheitszustand ist nun bedeutungslos. Der Bedeutungsverlust spiegelt den gefährlichsten gesellschaftlichen Zustand wider.

Die Spaltungen und Widersprüche, die die Wahrheit in ihrer gesellschaftlichen Natur erlebt, lassen sich in allen Zivilisationsformen beobachten. Je mehr Mythologie und Religion an Wert verlieren, desto mehr werden Göttinnen und Götter, die festlich angebetet werden, durch wertlose Götzen abgelöst. Vom Zeitalter prächtiger, heiliger, belohnender Göttinnen geht man ins Zeitalter bestrafender, ihre Gläubigen zu Untertan*innen machender Götter über. Eigentlich drückt sich die gesellschaftliche Transformation (von der kommunalen Gesellschaft hin zur Klassengesellschaft) auf diese

Weise in der Wahrheit aus. In der sumerischen Gesellschaft lässt sich diese Transformation sehr lebendig beobachten. Außerdem bricht ein Krieg zwischen den Gött*innen aus. Während die dionysische Tradition die Wahrheit der traditionellen landwirtschaftlich-kommunalen Gesellschaft darstellt, stellt die Zeus'sche Tradition die Wahrheit der unterdrückerischen Kreise dieser Gesellschaft dar, nachdem sie erstmals gespalten und transformiert wurde. Selbst diese Auseinandersetzung zwischen den beiden Traditionen findet ihre ursprüngliche Bedeutung in der sumerischen Gesellschaft. Diese beiden Traditionen werden in den Künsten jener Ära in bemerkenswerter Weise widergespiegelt. Das Zeitalter der Gött*innen hört bis hin zu Maria, der Mutter Jesu, nicht auf, sich widerzuspiegeln. Dass der Kapitalismus die »Hexen«, die letzten Vertreterinnen des Zeitalters der Göttinnen, verbrannte, als er zum herrschenden System wurde, ist äußerst vielsagend und lehrreich.

Im Zeitalter der Zivilisation gewinnen Philosophie und Wissenschaft als Ausdrucksformen an Wichtigkeit. Dabei spielen die Wahrheitssuche und der Wahrheitskampf eine grundsätzliche Rolle. Die Gottkönige, die sich durch mythologische und religiöse Erzählungen nicht mehr so gut verschleiern können, werden durch Systeme ersetzt, die sich durch die Metaphysik zu verschleiern versuchen. Die Metaphysik als objektiver Idealismus wird als die Subjektivität der herrschenden Zivilisationssysteme entwickelt, da die monotheistischen Religionen nicht ausreichen. An die Stelle des Gottes werden Ideen als Wahrheit gesetzt. Der Idealismus als ein zum Staat werdender Gott wird zunehmend präsentiert, als sei er eher die Wahrheit. Aus diesem Grund besteht ein enges Verhältnis zwischen dem Idealismus und der Entfremdung. Man versucht, gesellschaftlichen Wahrheiten nicht durch Gött*innen, sondern durch Ideen Ausdruck zu verleihen. Die Aushöhlung, Auflösung und Verdrehung der gesellschaftlichen Wahrheit erlebt mit dem Idealismus einen bedeutenden Fortschritt.

Unzählige Staaten, die sich als hegemoniale Macht- und Ausbeutungssysteme als zivilisiert ausgeben, setzen immer mehr auf übertriebene, ausgeschmückte und imposante künstlerische Formationen, um die sich zunehmend verengende gesellschaftliche Bedeutung zu verschleiern. Beispielsweise maßen die römische und die griechische Zivilisation einer solchen Darstellung in den Bereichen der Architektur, Bildhauerei, Musik und Mosaik eine große Bedeutung bei. Je übertriebener sich das System darstellt, desto mehr versucht es, die gesellschaftliche Bedeutung (die Wirklichkeit der Ausgebeuteten und Unterdrückten) zu verschleiern und zu verdrehen.

Wissenschaft, Philosophie und Kunst werden genauso wie im mythologischen und religiösen Zeitalter an die Macht gebunden; man versucht, sie zu verstaatlichen. Folglich kommt es zu einer der gesellschaftlichen Spaltung entsprechenden Auseinandersetzung in Wissenschaft und Philosophie. In dem Maße, wie Wissenschaft und Philosophie dem Bedeutungsverlust Widerstand leisten, vergrößert sich ihr Vermögen, die Wahrheit auszudrücken. Je mehr sie sich in den Dienst der Besitzer*innen der Macht und des Staates stellen, desto mehr werden sie zu Dogmen, verlieren ihre Verbindung mit der Wahrheit und fungieren als Diskursmittel der Entfremdung. Wenn die Wissenschaft und Philosophie, die sich gegen mythologische und religiöse Erzählungen, die ihre Verbindung mit der Wahrheit verloren hatten, als Ausdruck der Wahrheit entfalteten, ihre Rolle wechseln und nicht mehr den Interessen der Gesellschaft, sondern denen der Unterdrückungs- und Ausbeutungsmonopole dienen, treten sie in einen Prozess, in dem sie genauso wie die alten mythologischen und religiösen Entfremdungen zu Dogmen werden und ihre Verbindung mit der Wahrheit verlieren. Auch in den Künsten ereignen sich ähnliche Prozesse. Künste, die ihre Verbindung mit der Wahrheit verlieren, geraten in einen übertriebenen Zustand, werden minimal und entfernen sich davon, die gesellschaftliche Wirklichkeit auszudrücken.

Die gesellschaftlichen Probleme, die im Zeitalter der Zivilisation durch die Herrschaft verursacht werden, drängen alle Ausdrucksformen der Wahrheit dazu, sich selbst zu hinterfragen und Lösungen zu finden. So wie die Wahrheitsprobleme gesellschaftlichen Ursprungs sind, befinden sich auch ihre Lösungen im Bereich der gesellschaftlichen Wissenschaft. Die Wissenschaft, die ihre Verbindung mit der Gesellschaftlichkeit verliert, entfremdet sich zwangsläufig und verliert folglich ihre Verbindung mit der Wahrheit. Gesellschaften, die mit allen Methoden ihrer Wahrheit gekonnt umgehen können, sind egalitäre, freie und demokratische (moralische und politische) Gesellschaften, die sich von ihren Problematiken und und der Entfremdung befreit haben.

h) Wahrheit und Entfremdung in der kapitalistischen Moderne

Die kapitalistische Moderne wird nicht nur durch die maximale Anhäufung des Profits/Kapitals, sondern auch durch das damit zusammenhängende System definiert, das sich von der Wahrheit entfernt. So, wie ihre Entstehung als System sehr blutige Wahrheitskriege voraussetzte, brachte ihre Fortsetzung die größten Kriege der Geschichte mit sich. Die Kriege des Systems sind nicht nur Macht- und Ausbeutungs-, sondern gleichzeitig auch hart geführte Wahrheitskriege. Die kapitalistische Moderne, die die am weitesten entwickelte globale Fortsetzung der Zivilisationssysteme bildet, verwirklicht sich in dem Maße, wie sie gesellschaftliche Bedeutsamkeit und Wahrheit unterdrückt, verdreht und verschleiert. In dem Maße, wie sich Profit und Macht im System maximieren, minimiert sich das Feld der Wahrheit des gesellschaftlichen Lebens, und der Bedeutungsverlust wird viel größer. Das Gesellschaftsleben fällt nicht nur der Macht- und Profitgier zum Opfer, sondern erlebt gleichzeitig in allen Ausdrucksformen der Wahrheit eine schwere Entfremdung. Die Gesellschaft ist sowohl als Bedeutung als auch als Wahrheit einem Liquidationsprozess ausgesetzt. Alle Wirklichkeiten der Gesellschaft wurden durch die Wirklichkeiten der Macht und des Kapitals ersetzt.

Als der Kapitalismus, das erste Standbein der Moderne, die Gelegenheit erhielt, zu einem System zu werden, machte er sich daran, die grundsätzlichen prähistorischen und späteren Gesellschaftlichkeiten zu liquidieren. Zunächst ließ er unter dem Motto der »Hexenjagd« die Stärke der weiblichen Gesellschaftlichkeit, die um ihr Weiterbestehen kämpfte, in Flammen aufgehen. Die Hexenjagd lässt sich nicht unabhängig vom Kapital denken. Für den Aufbau seiner Hegemonie über Frauen, der am tiefsten reichenden Sklaverei, waren diese Verbrennungsszenen äußerst nützlich. Dass die Frauen gegenwärtig im verfluchtesten Zustand im Dienst des Systems stehen, hängt eng mit diesen Verbrennungen in der Aufbruchsphase der kapitalistischen Hegemonie zusammen. Die grauenhaften Erinnerungen an ihre Verbrennungen haben die Frauen in Europa uneingeschränkt in den Dienst der Männer gestellt.

Das System hat nach den Frauen auch die agrarisch-dörfliche Gesellschaftlichkeit grausam zerstört. Da das Weiterbestehen ihrer kommunal-demokratischen Seite ein Hindernis für die Maximierung von Macht und Profit bildete, war es unausweichlich, dass die agrarisch-dörfliche Gesellschaftlichkeit zur Zielscheibe wurde. In dem Maße, in dem diese Gesellschaftlichkeiten, die die Basis der Bedeutung und der Wahrheit des Zehntausende Jahre alten Widerstands der Menschen und ihrer Freuden und Leiden bildeten, liquidiert wurden, vergrößerte sich die Chance des Systems, einen Aufbruch zu erzielen. Die Praktiken, die sich in Europa ab dem sechzehnten Jahrhundert entwickelten, bestätigen diese Tatsache. In diesem Rahmen sollten wir auch den Krieg beurteilen, den das System gegen die Kirche führte, die vor der Moderne, die gesellschaftliche Wahrheit ausdrückte – wenn auch in begrenztem Maße. Der christliche Universalismus, der zweifellos in sich Ausdruck einer illusionären Gesellschaftlichkeit war, stellte trotz seines Anteils am alten Macht- und Ausbeutungsmonopol eine der wichtigsten Verteidigungsstellungen der Gesellschaft dar. Dem Kapitalismus wäre kein Aufbruch gelungen, ohne diese Stellung zu neutralisieren. Die großen Religionskriege waren Ausdruck dieser Wahrheit.

Indem der Kapitalismus die »Proletarisierung« genannte, wohl dressierte Sklaverei legitimierte, versetzte er der gesellschaftlichen Wahrheit noch einen tödlichen Schlag. Einer der größten Irrtümer von Karl Marx war, dass er die Proletarier*innen, die ein verloren gegangenes Element der Wahrheit darstellten, für die Hauptsubjekte hielt. Die Proletarier*innen sind fortgeschrittene Sklav*innen. Solange sie in diesem Zustand verharren, können sie niemals Subjekte im Besitz der Wahrheit sein. Der Kapitalismus kann die Proletarier*innen nicht arbeiten lassen, solange er nicht alle menschlichen gesellschaftlichen Eigenschaften in ihnen getötet hat. Die Sklav*innen der Antike haben einen größeren menschlichen gesellschaftlichen Kern als die Proletarier*innen, die modernen Sklav*innen. Da sie aber auch Sklav*innen sind, können sie die Würde der Wahrheit nur dadurch erhalten, dass sie die Freiheit erlangen. Es ist nicht möglich, sowohl Sklav*in zu bleiben als auch die Würde der Wahrheit innezuhaben. Dies ist eine große Wahrheitsverdrehung des Marxismus. Dem Scheitern des Realsozialismus liegt diese Wahrheitsverdrehung zugrunde.

Die Bourgeoisie, die der Kapitalismus als eine gesellschaftliche Klasse aufsteigen ließ, ist selbst die soziale Katastrophe, an der die Wahrheit zerschellt. Ein Gottkönig steht der Wahrheit viel näher als die Bourgeoise.

Wo die gesellschaftliche Natur und die Wahrheit, die sich auf deren gesellschaftliche Bedeutsamkeit stützt und sie ausdrückt, in zwei Teile zerfallen ist, da stellt die Bourgeoisie den kranken, pathologischen Teil dar. Die Moderne paralysiert in dieser Klasse die ganze gesellschaftliche Wahrheit und verwandelt die sich entfremdende Macht und das Kapital in ein Monster.

Der Nationalstaat, das zweite Standbein der Moderne, ließe sich auch als eine historisch beispiellose Kraft bezeichnen, die die Wahrheit abschleift. Keine andere gesellschaftliche Pathologie hat die Gesellschaftlichkeit im Namen des Social Engineering (Demiurg, der Architekten-Gott) so sehr homogenisiert und von ihrer Lebendigkeit weggerissen wie der Nationalstaat. Wo die Moderne unter dem Vorwand des Progressivismus (der modernen Version des göttlichen Glaubens an den jüngsten Tag) die heiligsten Differenzen im gesellschaftlichen Leben abschleift und zermahlt und uniforme Strukturen schafft (obwohl ja Leben Unterschiedlichkeit bedeutet), ist das der Faschismus selbst. Der Faschismus ist die gesellschaftliche Pathologie, die da auftaucht, wo die gesellschaftliche Wahrheit aufhört; er kann ohne nationalstaatliche Macht und den Monopolismus des Kapitals niemals entstehen. Die Konzepte der Grenze, des Vaterlands, der Nation, der Fahne, der Hymne und der Staatsbürgerschaft, die der Nationalstaat zu sakralisieren versucht, hängen mit einem Verrat an einer wahren gesellschaftlichen Sakralität zusammen. Die Konstruktion des uniformen Vaterlands, der uniformen Nation und der uniformen Staatsbürger*innen ist nur möglich, indem man die Menschlichkeit, die durch alle Zeitalter hindurch gelebt wurde, wie ein Schlachter zerstückelt. Es geht dabei nicht nur um eine Distanzierung von der gesellschaftlichen Wahrheit und Entfremdung, sondern um das Aufzehren der Gesellschaft an sich. Angesichts der religionistischen, nationalistischen, sexistischen und »szientistischen« Machtvermehrung, die dem Nationalstaat innewohnt, wurden und werden alle gesellschaftlichen Wahrheiten bis in ihre winzigsten Bestandteile vergewaltigt, besetzt und verleugnet. Dass einige Philosoph*innen, allen voran Nietzsche, Foucault und Adorno, um der Wahrheit willen Krach schlagen und ihre Worte darüber, dass die Moderne ein kastriertes und seiner Gesellschaftlichkeit beraubtes Individuum bedeutet, erklären diese Tatsache.

Dass der Industrialismus, der das dritte Standbein der Moderne bildet, gleichbedeutend ist mit der Zerstörung des ökologischen Lebens, ist mittlerweile eine allseits bekannte Wahrheit. Es ist nicht nur die Zerstörung der ökologischen Umwelt, sondern gleichzeitig die Beseitigung der Tatsache, dass die Gesellschaftlichkeit erst mit ihr existieren kann. Eine Gesellschaft, die ihre Umwelt tagtäglich verliert, ist eine Gesellschaft, die ihr Leben Stück für Stück verliert und es an das Monster verfüttert. Der Industrialismus ist Komplize des Kapitalismus und des Nationalstaates dabei, die menschliche Gesellschaftlichkeit, die durch einen Millionen Jahre währenden Widerstand aufgebaut wurde, in einer Zeitspanne, die verglichen mit dieser langen Zeit einem Moment gleicht, zu liquidieren. Die Dreistigkeit, einen Krebstumor namens »industrielle Gesellschaft« als fortschrittlichste Gesellschaft zu präsentieren, erklärt ziemlich gut, was für einen pathologischen Fall der Industrialismus darstellt. Kein Krieg hat so viele Morde hervorgerufen, so viele Tode verursacht, die Gesellschaftlichkeit so verletzt und so zur Krankheit verdammt wie die gesellschaftlichen Morde, die (mit der Unterstützung des Kapitalismus und des Nationalstaats) im Namen der industriellen Gesellschaft begangen wurden.

Die Prophet*innen, die den Begriffen der Apokalypse und des jüngsten Gerichts eine so große Bedeutung beigemessen haben, müssen damit wohl die Endzeit gemeint haben, in der dieses dreibeinige Monster namens Moderne die Bedeutung und Wahrheit der menschlichen Gesellschaftlichkeit vernichtet!

Der Versuch der Darstellung des begrifflichen und theoretischen Rahmens für eine Neudefinition des gesellschaftlichen Lebens im Nahen Osten in groben Zügen dient eigentlich der Entwicklung einer Antwort auf die Frage »Was ist gesellschaftliches Leben?« Der Mensch hat ein seltsames Verständnis seines eigenen Lebens; er bildet sich wohl ein, es werde von Ewigkeit zu Ewigkeit auf einer Linie beziehungsweise in einem Kreislauf gelebt. Dies ist ein weitreichender Irrtum. Dass der Mensch, trotz seiner Chance, das bedeutungsvollste Leben zu führen, die Spezies mit den größten Irrtümern ist, ist nicht nur ein Trick der Natur, sondern wahrscheinlich einer, der sich vielmehr in der Gesellschaft zeigt, die voller Herrschaft steckt. Kein anderes Lebewesen hat in dieser Hinsicht so große Irrtümer wie der Mensch. Dies ist für mich eine Volte, die ich sehr seltsam, aber auch interessant finde.

Das gesellschaftliche Leben richtig zu definieren und diesem Bewusstsein entsprechend zu leben, ist genauso wichtig wie das Leben selbst. Vielleicht existiert das Leben, um richtig definiert zu werden. Ich muss sofort betonen, dass das Leben allgemein und insbesondere das Menschenleben das Ergebnis einer eigentümlichen Architektur und Konstruktion sind. Den Inhalt dieser Konstruktion festzustellen, ist die Hauptaufgabe der Sozialwissenschaft. Damit der Aspekt, den ich feststellen will, besser verstanden wird, kann ich das Beispiel eines Schmetterlings mit einer Lebensdauer von drei Monaten geben. Seine innere Struktur und die Ökologie seiner Umwelt haben die dreimonatige Lebensdauer des Schmetterlings festgesetzt. Wenn er nicht einem Unfall zum Opfer fällt, wird der Schmetterling drei Monate leben. Für ihn beschränkt sich die Ewigkeit (die Frage von »von Ewigkeit zu Ewigkeit«) auf diese drei Monate. Er hat aber niemals im Sinn, dies zu problematisieren. Er kann auch keinen derartigen Wunsch haben; und sollte er ihn dennoch spüren, macht er keine große Sache daraus. Ein Beispiel im Beispiel: Gilgamesch, ich gebe Gilgamesch als negatives Beispiel[58]. Ich werde es erklären. Die gesamte Natur und das gesamte Universum leben der »Schmetterlingsregel« entsprechend. Nur beim Menschen gerät das Leben in Widerspruch mit dieser Regel; und es wird unglaublich problematisch.

58 Als sein Freund Enkidu stirbt, verfällt Gilgamesch in tiefe Trauer und beschließt, das Geheimnis der Unsterblichkeit zu suchen. Letztlich bleiben jedoch alle seine Bemühungen erfolglos.

Die menschliche Spezies unternimmt viele verrückte Bemühungen, die von einer Suche nach »von Ewigkeit zu Ewigkeit« für seine Lebensdauer bis hin zur Vorstellung eines himmlischen Paradieses und einer unterirdischen Hölle reichen. Sie schafft sich Verrücktheiten an, die von einer Selbstdarstellung als Gottkönig*innen bis hin zur Selbsterniedrigung in der Sklaverei reichen. Auch regellose Haltungen, die von einem Leben voller sexueller Perversität bis dahin reichen, sich geschlechtlich neutral zu definieren, lassen sich ausschließlich bei Menschen beobachten. Diese Haltung, die von geplanten Genoziden bis hin zur Suche nach einem Elixier für ewiges Leben reicht, setzt sich in Form von Krankheiten fort, die sich bei keinem anderen Lebewesen beobachten lassen. Für den Menschen, um diese grenzenlosen Verrücktheiten zu verstehen und zu verhindern, bedarf es der Definition des Lebens. Eine richtige Definition kann der erste Schritt für ein richtiges Leben sein.

Um das Thema etwas zu erhellen, habe ich mich in der langen Einleitung zu diesem Teil darum bemüht, einen begrifflichen und theoretischen Rahmen zu entwickeln. Es ist zweifellos die Aufgabe einer Sozialwissenschaft mit Idealen, diesen Rahmen weiter zu entwickeln und mit Leben zu füllen. Zu den vorrangigen Aufgaben gehört daher die Neudefinition und Rekonstruktion (Reorganisierung) der Sozialwissenschaft, die für den Versuch, die strukturelle Krise der kapitalistischen Moderne und mögliche Auswege zu analysieren, unverzichtbar ist.

Für das Menschenleben ist seine Gesellschaftlichkeit unabdingbar. Der erste Grund dafür, dass ich so sehr auf diesem Thema beharre, ist folgender: Bisher hat die Sozialwissenschaft keinen Definitionsversuch unternommen; und selbst wenn es Versuche gab, konnte dabei keine bedeutungsvolle Wissenschaftlichkeit mit Wahrheitswert erzeugt und nicht für ihren organisatorischen Aufbau und ihre Vergesellschaftung gesorgt werden. Der zweite und wichtigere Grund ist, dass der Liberalismus der kapitalistischen Moderne das Individuum und den Individualismus auf anti-gesellschaftlicher Grundlage extrem übertrieben konstruiert und in ein Monster verwandelt. Der Individualismus in seiner jetzigen Form kann nicht nur nicht fortgesetzt, sondern auch nicht ausgelebt werden. Mittlerweile können weder die Gesellschaft noch unser Planet das individualistische Leben aushalten, das bei keinem anderen Lebewesen zu beobachten und für jegliche Perversität offen ist. Dieser Individualismus ist derart pervers geworden, dass er nicht genug davon bekommt, vierundzwanzig Stunden am Tag Menschen zu töten, sich mit Sex, Sport und Kunst zu beschäftigen, Profit zu erzielen und zu foltern. Es ist ganz offensichtlich, dass der Individualismus in Krankheiten wie Krebs oder AIDS mündet, die sich ja auch mit hoher Geschwindigkeit ausbreiten. Die »Tage der Apokalypse«, die Prophet*innen schon vor langer Zeit angekündigt haben, beschreiben diese Ära voll von Individualismus.

Also ist es für einen Aufbruch unabdingbar, die erste Aufgabe, d. h. den Aufbau einer Sozialwissenschaft mit einer Definition des gesellschaftlichen Lebens, mit der zweiten Aufgabe, also dem Aufhalten des individualistischen Lebens und des dahinter steckenden Systems, zu verbinden.

Die Gesellschaftlichkeit beruht zweifelsohne auf der Organisiertheit und Konstruktion des individuellen Lebens. Eine vom Individuum losgelöste Gesellschaft kann es nicht geben. Das Verhältnis zwischen dem Individuum und der Gesellschaft können wir mit dem zwischen den Elementen Wasserstoff und Uran vergleichen. Das Wasserstoffatom alleine genommen weist eine einfache Struktur auf. Auch wenn es bei einigen seiner Varianten Energie- und Teilchenstrahlung gibt, ist diese sehr begrenzt. Beim Uran dagegen strahlen zahlreiche Verbindungen, die aus Synthesen der gleichen Atome bestehen, stets Energie und Teilchen. So ist auch die Atombombe durch diese Eigenschaft des Urans möglich. Auch in der Gesellschaft sind viele Individuen synthetisiert. Doch die Energie und die Teilchen, die sie abstrahlen, (alte und neue Gruppen) nehmen Dimensionen an, die sich nicht mit dem individualistischen Menschen (dem Atom, das keine andere Funktion innehat, als selbst zu leben) vergleichen lassen.

Wenn das Individuum seine Gesellschaftlichkeit verliert, kann es zwar physisch weiterleben, ist aber entweder ein mieser Verräter oder ein Herumtreiber. In beiden Fällen ist es todgeweiht.

Es ist wichtig, die nahöstliche Gesellschaftlichkeit als eine universale Struktur zu interpretieren. Als herumziehende Jäger*innen und Pflanzensammler*innen mithilfe der Erfahrungen, die sie in ihrem langen Leben am Fuße der Taurus-Zāgros-Bergkette gesammelt hatten, den Übergang zur agrarisch-dörflichen Gesellschaftlichkeit verwirklichten, bauten sie eine Struktur des universalen Lebens auf, auch wenn sie sich dessen nicht bewusst waren. Diese Struktur selbst und das Zeitalter des darauf aufgebauten Systems der Zentralzivilisation habe ich in den entsprechenden Kapiteln zu analysieren versucht. Es wird hilfreich sein, sich an dieser Stelle zusätzlich auf die Bedeutung dieser Struktur zu fokussieren und ihren Wahrheitswert zu erklären.

Die neue Gesellschaftlichkeit, um deren Organisierung man am Fuße der Taurus-Zāgros-Bergkette seit dem beginnenden Ende der jüngsten Eiszeit vor zwanzigtausend Jahren bemüht war, befand sich im Übergang von einem Pflanzenreichtum zur Landwirtschaft und von domestizierbaren Tieren zur Tierzucht. Vor zehntausend Jahren mündete dieser Übergangsprozess in sesshaftes Dorfleben. Saat- und Tierzuchttätigkeiten brachten die Gesellschaftlichkeit von Bäuer*innen und Hirt*innen hervor. Es begann ein traumhaftes Leben. Alle Feste und Feierlichkeiten, deren Spuren heute noch zu finden sind, sind auf diese traumhafte Lebensfreude zurückzuführen. Es war der Übergang der Mangelgesellschaft zur Überflussgesellschaft. Ungefähr zehntausend Jahre lang wurde so gelebt, ohne andere Gesellschaftstypen zu kennen. Diese Lebensweise breitete sich in der ganzen Welt aus. Auch wenn es Meinungen gibt, die von mehreren Zentren ausgehen, wird die Position, dass dieses erste Zentrum des sich herauskristallisierenden neuen Lebens von entscheidender Wichtigkeit war, durch starke Beweise mehr gestützt.

Diese Gesellschaft, die sich um die Mutter-Frau herum entwickelte, ist auch deshalb wichtig, weil sie die erste Verwandtengesellschaft konstruierte. Die Verwandtschaft wurde durch die Nähe zur Mutter-Frau bestimmt. Vom primitiven Klan ausgehend erreichte man über diese Verwandtschaft die erste Stammesgesellschaft. Die Spuren des Stammes als einer Gesellschaftsform mit einer auf einer stabilen Grundlage beruhenden starken ursprünglichen Identität sind heute noch zu sehen. Die ersten Strahlen der ursprünglichen Sprache, Religion, Mythologie, Kunst, Weisheit und wissenschaftlichen Institutionen, deren Auswirkungen bis in die Gegenwart hineinreichen, leuchteten im Schoße jener Gesellschaft. Weberei, Töpferei, die Aussaat, die Handmühle und Werkzeuge zum Hausbau verdanken ihren ursprünglichen Aufbruch der Gesellschaft jener Ära. Auch die heilige Verbindung zur Natur und die Schaffung von kleinen Heimaten waren Produkte jener Gesellschaft. Man könnte meinen, neunzig Prozent der »Erstlinge«[59] im gesellschaftlichen Leben hätten ihren Ursprung in der Gesellschaft jener Ära.

Die Gesellschaftlichkeit, die Zehntausende Jahre lang alleine Bestand hatte, bildete die grundsätzlichen mentalen und seelischen Muster und die materiellen und immateriellen kulturellen Werte der Menschheit. Es mag sich dabei um eine einfache Gesellschaft (agrarisch-dörflich, bäuerlich-pastoral, Stämme, Mutter-Frau, mentale und seelische Muster, einige Produktionstechniken) gehandelt haben, aber der Grundstein eines tief verwurzelten Lebens für die Menschheit wurde erfolgreich gelegt. Alles, was

59 Der Begriff bezieht sich auf Samuel Noah Kramers Buch *Die Geschichte beginnt mit Sumer: 25 Erstlinge aus der schriftlich überlieferten Geschichte der Menschheit* (engl.: *firsts*), das der Autor bereits in *Gilgameschs Erben* ausführlich diskutiert.

sich später ereignete, entwickelte sich auf der Grundlage dieser Gesellschaft. Keine Entwicklung, die mit Menschen zu tun hat, kann im Gegensatz zu dieser Gesellschaft zustande gekommen sein. Ich behaupte nicht, dass es keinerlei andere Entwicklung geben kann. Doch selbst wenn es eine gibt, wird sie sich im Zusammenhang mit dieser Gesellschaft und als ein Zweig von ihr ereignen. Gesellschaften stellen geschichtliche Wesen dar. Sie können nicht außerhalb ihrer Geschichtlichkeit existieren. Die wissenschaftliche Methode der kapitalistischen Moderne, die die Geschichte beiseite lässt und nur auf Analyse beruht, ist verantwortlich für eine schräge Entwicklung aller Wissenschaften, vor allem aber der Sozialwissenschaft, mit niedrigem Wahrheitswert. Analyse und Objektivität als schlimmste Metaphysik bilden die Hauptmängel der eurozentrischen Wissenschaft.

Wenn Gesellschaften geschichtliche Wesen sind, dann ist ihre Bedeutung ebenfalls geschichtlich; und die Bedeutung ist der Kern des gesellschaftlichen Lebens. Sie ließe sich auch als Zweck, Seele und Geist des gesellschaftlichen Lebens definieren. Die Wahrheit dagegen bedeutet, dass der Bedeutsamkeit, die dieses historische Gesellschaftswesen darstellt, mythologisch, religiös, künstlerisch sowie als Weisheit und Wissenschaftlichkeit eine Sprache, ein Ausdruck und eine Form verliehen werden.

Auch wenn die menschliche Gesellschaft schwere Schäden erlitten hat, erlebt sie auch heute diese Bedeutsamkeit auf der Grundlage dieser selben Wahrheitsmethoden. Diese Lebensweise stellt einen weiteren Beweis für die Historizität der Gesellschaft dar. Zweifelsohne ist diese gesellschaftliche Lebensweise nicht gleich geblieben. Dialektischerweise trug sie stets eine Entwicklung in ihrem Herzen. Doch auch wenn sie einen Verschleiß, eine Liquidation durchgemacht und Schaden genommen hat, hat sie sich als Grundform bis heute erhalten.

Die erste große Spaltung in der Lebensweise dieser historischen Gesellschaft ereignete sich durch die Hierarchie. Die Hierarchie, wie wir sie definiert haben, machte ab dem sechsten Jahrtausend v. Chr. als ein Element von sich reden und breitete sich im Herzen der Gesellschaft aus. Die Hierarchie selbst bezeichnet die erste elitäre Gruppe. Man versuchte, die Hierarchie als das Trio Priester, Regent und Militär anstelle der Autorität der Mutter-Frau zu etablieren. Die erste große Entfremdung im Herzen des gesellschaftlichen Lebens begann mit dieser elitären Autorität. Die elitären Familien- und dynastischen Strukturen hatten ihren Ursprung ebenfalls in der Hierarchie. Während die Dynastie sich einerseits als Staat gestaltete, brachte sie andererseits als Familiarismus eine andere Bedeutsamkeit und

Form für das gesellschaftliche Leben mit sich. Es handelte sich dabei um eine tiefgreifende Transformation.

Mit der Entstehung von Stadt, Klasse und Staat ab ca. 3500 v. Chr. vertieften sich diese Spaltung und diese Transformation der Bedeutung und Form weiter. Die zivilisierte Gesellschaft spielte dabei eine dominante Rolle. Die Zivilisationsmonopole, die auf dem gesellschaftlichen Mehrprodukt gegründet wurden, (Staat, Sklav*innenhöfe, Handel, Wuchereimonopole) fügten dem Leben tiefe Wunden zu. Wenn entfremdende Elemente, die der Gesellschaft nicht bekannt sind, sich in deren Herzen ausbreiten, entstehen für die Unter- und Oberschicht, die als Bedeutung und Form immer mehr verfallen und ihre Integrität verlieren, spezifische Lebensweisen. Die Daseinsweise, die als die zivilisierte Lebensweise bezeichnet wird, drückt dies aus. Die Zivilisation, die in der nahöstlichen Gesellschaft im selben zentralen Raum (dem Fruchtbaren Halbmond) wuchs, hat ebenfalls eine zentrale Bedeutung. Sie ist universal. Auch wenn sie im Herzen des gesellschaftlichen Lebens die Entfremdung vertiefte, war sie historisch und räumlich nahöstlich. Das zivilisierte Leben, das sich im gesellschaftlichen Leben des Nahen Ostens als eine obere Schicht etablierte, drückt eine hegemoniale Zeit aus, die ungefähr fünftausend Jahre dauerte.

Die Hegemonie ist kein einfaches Element. Sie hat alle Poren, das ganze Gewebe und alle Organe des gesellschaftlichen Lebens durchdrungen. In dieser Lebensweise wurde die Frau als eine Identität ganz unten platziert. Über sie wurden die männlichen Sklaven gestellt. Man versuchte, die widerständigen nomadischen Stämme und Aschirets sowie die arbeitenden Bäuer*innen und Handwerker*innen, die Widerstand leisteten, als eine dritte Schicht zu organisieren, zu strukturieren. Allerdings hielten diese Kreise das widerständige Leben durch die gesamte Geschichte hindurch lebendig, indem sie auch die ersten beiden Schichten beeinflussten. Außerdem wollen Zivilisationsmonopole ihre Legitimität nicht nur durch Mittel nackter Gewalt, sondern vor allem durch den Einsatz von Ausdrucksmethoden der Wahrheit (mythologisch, religiös, Weisheit, Künste und Wissenschaften) als natürlich präsentieren und im gesellschaftlichen Leben verewigen. Alle alten Muster, Festtage und Feierlichkeiten, Anbetungsrituale und Feste haben sie unter ihrem eigenen Monopol uminterpretiert und sich angeeignet; sie drückten ihnen ihren eigenen Stempel auf. Allerdings existierten die alten gesellschaftlichen Lebensmuster im Wesentlichen weiter und blieben bedeutsam. Sie sprachen ihre eigene Wahrheit aus, auch wenn diese zerbröckelt war. Obwohl sich im Zeitalter der Zivilisation auch die indische und die chinesische Zivilisation sowie die südamerikanischen Zivilisationen in ihren Räumen entfalteten, blieb die Hauptrolle des nahöstlichen Systems der Zentralzivilisation bis zur europäischen Moderne erhalten.

Dieses System der Zentralzivilisation, dessen letzter Aufbruch unter dem Namen des Islam gelang, verlor seine Hegemonie, die es fünfhundert Jahre lang aufrechterhalten hatte, an die europäische kapitalistische Moderne. Was die nahöstliche Gesellschaft unter dem Namen des Islam erlebte, war im Wesentlichen ihre alte Geschichte. Während die Hierarchie, die Dynastien und die Reiche im islamischen Zeitalter unter den Namen Kalifat, Emirat und Sultanat weiterexistierten, versuchten widerständige demokratische Elemente, ihre Existenz, Bedeutung und Wahrheit in Form von diversen Konfessionen und Glaubensgemeinschaften (alevitische, schiitische, charidschitische, êzîdische, jüdische und christliche Völker und Kulturen) fortzusetzen. Trotz all dieser Schichtungen und Spaltungen ist es offensichtlich, dass das gesellschaftliche Leben im Nahen Osten eine universale Seite und eine Totalität aufwies. Die historische Gesellschaft existierte weiter, obschon ihre Bedeutung und ihre Wahrheit geschwächt und gespalten waren.

Die grundsätzliche Frage, die in diesem Fall zu stellen ist, ist, warum die kapitalistische Moderne in der nahöstlichen Gesellschaft keine Entwicklungschance fand. Die Antwort auf diese Frage liegt weder in den Hindernissen, die die Religion stellte, noch in der Rückständigkeit der Produktionsmittel oder dem Kapitalmangel. Es ist bekannt, dass der Nahe Osten Europa in all diesen Bereichen weit überlegen war. Es handelt sich hier um die Zeit vom zwölften bis zum fünfzehnten Jahrhundert. Europa machte die Bekanntschaft mit der Entstehung von Städten. Der Handel und das Geld entfalteten sich auf den neu eröffneten Märkten. Im Nahen Osten dagegen dauerten diese Prozesse bereits seit viertausend Jahren in Form von Zyklen an. Auch die nahöstliche Industrie übertraf die europäische weit. Zudem war der Nahe Osten im Besitz der Hegemonie der Zentralzivilisation. Diese Faktoren erklären eigentlich, warum sich in dieser Region der Übergang zum kapitalistischen System nicht ereignen konnte. Der Nahe Osten hatte Vertrauen in sein eigenes System. Die Mehrwertproduktion war für die hegemonialen Kräfte ausreichend. Es gab weder von außen noch von innen wichtige und tödliche gegnerische strategische Kräfte; und der Nahe Osten absorbierte Kräfte wie die Mongol*innen, die von außen kamen.

Die Meinung, die ich am Anfang des Kapitels zu diskutieren versuchte, nämlich dass beim Aufbruch Europas strategische Gründe eine grundsätzliche

Rolle gespielt haben, ist nach wie vor gültig. Der Kapitalismus ist ein strategisches Verteidigungs- und Angriffsregime; er ist ein Mittel, dessen sich nur Macht- und Kapitalmonopole bedienen, die in große Schwierigkeiten geraten sind und existenzielle Probleme haben. Die strategische Überlebensfrage, mit der Holland und England konfrontiert waren, zwang sie dazu, sich am Kapitalismus festzuklammern.

England, das einen Aufstieg zur Hegemonialmacht erlebte, unternahm bereits im sechzehnten Jahrhundert Nahost-Expeditionen. Ohnehin hatten italienische Städte, insbesondere Venedig, und Napoleon den Weg dazu geebnet. Zudem verfolgte jüdisches Kapital, das sich in der Region sehr gut auskannte, ein strategisches Interesse und wies den Weg.

Die Expertise des Interesses von Holland, England, den anderen führenden europäischen Ländern und den USA für die Region übernahm das jüdische Kapital. Das Gleiche galt in umgekehrter Richtung, denn die Expertise und die Wegweisung für das Wissen in Richtung Europa hatte dasselbe Kapital inne. Die Jüd*innen handelten in dieser Hinsicht seit ihrer Auswanderung aus Urfa und Ägypten (1600–1300 v. Chr.) als eine erfahrene Stammesgesellschaft von Händler*innen.

Ein weiterer Grund dafür, dass der Kapitalismus im Nahen Osten keine strategische Rolle spielen konnte, war, dass Christ*innen, Armenier*innen, Assyrer*innen, Hellen*innen und Jüd*innen, deren Entwicklung mit dem Aufstieg des Islam verhindert wurde, zum Auswandern gezwungen wurden. Dass diese Kreise, deren Reichtum für Kopf- und Landsteuern (*ḥaradsch*) herhalten musste und von Zeit zu Zeit geplündert wurde, nicht zu einer städtischen Bourgeoisie europäischen Typs werden konnten, hatte schwerwiegende Folgen für die Region. Die Kultur, die sie entwickelt hatten, erlitt einen schweren Schlag, weswegen nicht nur keine frühe Renaissance stattfand, sondern die Region verödet wurde. Der Islam ist weit davon entfernt, die nahöstliche Kultur alleine zu vertreten. Die Christ*innen und Jüd*innen als die kultiviertesten Völker waren nicht nur im Besitz des Gedächtnisses, sondern auch der materiellen Reichtümer der Region. Der Islam wurde teilweise auch auf diesen Werten gegründet. Er eignete sich die Werte an, konnte sie aber nicht weiterentwickeln. In Europa dagegen zählte die erstarkende christliche und jüdische Kultur zu den führenden Elementen, die das Fundament für die Entwicklung der europäischen Zivilisation legten. Wären sie im Nahen Osten dominant gewesen, hätte die europäische Zivilisation so gut wie keine Chance gehabt, als hegemoniale Macht zu entstehen. Es ist ziemlich lehrreich, sich diese Wirklichkeit im Osmanischen Reich anzuschauen.

Im Lichte dieser Darstellung lässt es sich besser nachvollziehen, warum Europa mit den Kreuzzügen zwischen dem elften und vierzehnten Jahrhundert keinen Erfolg erzielen konnte. Aus denselben Gründen ist nachvollziehbar, dass Europa erfolgreich war, als es sich mithilfe der Lektionen, die es aus den Kreuzzügen gezogen, und der Werte, die es übernommen hatte, im sechzehnten bis neunzehnten Jahrhundert mit seinen Aufbrüchen auf kapitalistischer Grundlage auf den Nahen Osten stürzte. In den diesbezüglichen Kapiteln wurde das Thema ausreichend analysiert. Was für den Nahen Osten wichtig ist, sind die Entwicklungen, die die europäische Moderne, die ab dem neunzehnten Jahrhundert zum Angriff überging, verursachte. Noch wichtiger sind die sich vertiefenden Krisen und Zusammenbrüche der Gesellschaftsstruktur.

Ich habe häufig betont, dass die Existenz der Zivilisation ihren Ursprung in Problemen hat. Die Feststellung, dass die Zivilisation strukturell aus Problemen in die Krise geraten ist, ist für die Analyse der Entwicklungen von großer Wichtigkeit. Zivilisationen als langfristige Strukturen wechseln Ort und Hegemonie, wenn sie in die Krise geraten. Wir können formulieren, dass die nahöstliche Zivilisation, die mit der islamischen Zivilisation in ihre letzte Phase trat, ab dem dreizehnten Jahrhundert in eine strukturelle Krise geriet, da ihr der Sprung zur kapitalistischen Moderne (aus vielseitigen inneren und äußeren Gründen) nicht gelang. Das Osmanische Reich bedeutete nichts als eine Vertiefung der strukturellen Krise. Seine Ausbreitung in den Jahrhunderten der Entstehung der kapitalistischen Strategie hätte wegen seiner krisenbehafteten Struktur nicht erfolgreich sein können. Schließlich hat die Offensive des Kapitalismus in der Region im neunzehnten Jahrhundert diese Bedeutung mehr als ausreichend offengelegt.

Das neunzehnte und das zwanzigste Jahrhundert bestehen für die nahöstliche Gesellschaft einzig in ihrer Eroberung durch die kapitalistische Strategie. Diese Ära, in der die kapitalistische Moderne sich mit ihren drei apokalyptischen Reitern (Kapitalismus, Nationalstaat, Industrialismus) auf die Region stürzte, war eine Ära der Vertiefung der Krise und des Niedergangs. Das jahrtausendealte geschichtlich-gesellschaftliche Leben wird, da sich die ihm entwachsene fünftausendjährige Zivilisationsstruktur auflöst, vollständig umzingelt. Das Bündnis zwischen den Überresten ihrer eigenen Zivilisation und der kapitalistischen Moderne hat im Nahen Osten die Krise des gesellschaftlichen Lebens immer weiter vertieft. Die tief reichende Geschichte und der lang andauernde Angriff der Strategie der kapitalistischen Moderne haben der Krise diese Qualität verliehen. Während der gesellschaftliche Kern als Sein gänzlich zertrümmert wird, erlebt er auch als Bedeutung und Wahrheit einen chaotischen Zustand.

B Hegemonialer Angriff der kapitalistischen Moderne und Krise des Nahen Ostens

Rufen wir uns drei charakteristische Eigenschaften der Zivilisationssysteme wieder in Erinnerung. Die sind das Bestehen von erstens Hegemonie und Wettbewerb, zweitens Zentrum und Peripherie sowie drittens Zyklen von Hochs und Tiefs. Diesen Charakteristika liegt der Kampf der Macht- und Wirtschaftsmonopole untereinander zugrunde. Diese Tendenzen, die zu Beginn und während der Reifezeit der Zivilisation einen langsameren Verlauf aufwiesen, spiegeln sich im Zeitalter der kapitalistischen Moderne sowohl in kurzen Intervallen, sehr intensiv und schnell als auch auf sehr blutige Art und Weise wider. Es fehlt infolge dieser sich auf das politische Leben auswirkenden Faktoren und Tendenzen niemals an Wettbewerb/Hegemonie, an unterentwickelten Kolonien gegenüber hoch entwickelten zentralen Metropolen und an Krisen und Zusammenbrüchen, die sich in kurzen sowie in langen Intervallen ereignen. Von Sargon, dem ersten Hegemon, der in die Geschichte einging, bis George W. Bush, dem jüngsten Hegemon, ereigneten sich diese Zyklen immer wieder.

Die kapitalistische Moderne hat die Existenz dieser Zyklen beim Aufbruch und Aufstieg der Hegemonie Großbritanniens/Englands auf bemerkenswerte Art und Weise ein weiteres Mal bewiesen. Es wäre falsch und unvollständig, die Hegemonie Englands nur als den Aufbruch der monopolistischen Elite eines Inselstaates zu beurteilen. Die englische Hegemonie agierte bereits in den ersten Schritten ihres Aufbruchs auf globaler Ebene und blieb bis heute stets global.

Bei der Beurteilung der Moderne muss eine Herangehensweise, die allen Fehlern zugrunde liegt, überwunden und jedenfalls korrigiert werden. Es handelt sich dabei um die Gewohnheit, auf der Grundlage der Länder, Nationalstaaten, Ereignisse und Einzelpersonen zu denken und Urteile zu fassen. Insbesondere solcherlei positivistische Herangehensweisen der nationalstaatlichen Ideologien spielen eine entscheidende Rolle bei der Verschleierung der Wirklichkeit der gesellschaftlichen Geschichte. Das Ziel dieser Ideologien ist es, den nationalstaatlichen Theismus und Religionismus als absolute Wahrheit zu präsentieren. Richtig ist dagegen die Herangehensweise, die gesellschaftliche Natur in der Totalität der konstruierten Wirklichkeiten, Bedeutungen und Wahrheiten zu kennen, ohne in den Fehler zu verfallen, Objektives und Subjektives gleichzusetzen. Diese Herangehensweise, die wir auch als lebensorientierte Betrachtung bezeichnen könnten, muss nicht nur auf alle Universalitäten, sondern auch auf Einzelheiten und Natürlichkeiten als grundsätzliche Methode angewandt werden.

Als dem Monopolismus Englands (wir könnten auch von einem Hegemonen, Weltsystem, kapitalistischen Kolonialisten, Imperialisten, Reich, einer Moderne oder Zivilisation sprechen) auf den drei Standbeinen – Kapitalismus, Nationalstaat, Industrialismus – der Aufbruch gelang, agierte er innerhalb derselben Tendenzen. Wettbewerb/Hegemonie, Zentrum/Peripherie und Krisen mit Hochs und Tiefs haben stets existiert. Es gelang ihm, seine Konkurrent*innen unter Kontrolle zu bringen, die Peripherie unter die Herrschaft seines Zentrums zu stellen und Krisenzyklen (kurz- und langfristige Konjunkturkrisen) zu überstehen. Ohne zwischen inneren und äußeren Bedingungen zu unterscheiden, setzte er diese Handlungsweise bei all seinen strategischen und taktischen Schachzügen ein. Unabhängig davon, ob wir dies Teile-und-herrsche-Politik des Imperialismus oder sein strategisches und taktisches Geschick nennen, geht es im Wesentlichen um dieselbe Herangehensweise. Die Logik, Struktur und Bedeutung der kapitalistischen Moderne funktioniert auf diese Weise. England schaffte es, sich der Entstehungslogik des Systems bedienend, das hegemoniale Verlangen seiner Konkurrent*innen in Europa, vor allem Frankreichs, Deutschlands und Spaniens, zu neutralisieren. Das Entscheidende dabei war zweifellos, dass England seine drei Waffen, d. h. den Kapitalismus, den Nationalstaat und die Industrielogik, auf bestens geeignete Weise funktionieren ließ. Es gab keine Wahrheit, derer es sich auf der Grundlage dieser Logik nicht bedient hat. Indem es diese Logik funktionieren ließ, versuchte es, Portugal gegen Spanien, die Französische Revolution gegen das Hegemonie anstrebende Königreich, sogar Karl Marx und die Marxist*innen, die sich bewusst gegen das System zu stellen versuchten, gegen das Deutsche Reich und das Kaisertum Österreich sowie alle Konfessionen des Christentums gegen die päpstliche Autorität auszuspielen, was ihm meistens auch gelang. England konnte seine globale Hegemonie errichten, indem es dieselben Strategien und Taktiken dem Geist und der Logik des Systems entsprechend auf globaler Ebene anwandte.

Als es in der zweiten Hälfte des neunzehnten Jahrhunderts in der ganzen Welt sein Reich errichtete, in dem die Sonne nie unterging, war das Entscheidende nicht die Größe des Landes, des Staates, der Nation oder gar der Klasse, von denen der Aufbruch ausging, sondern die Stärke des Systems im Sinne seiner Logik, Bedeutung und seines Wahrheitswerts gegenüber der Konkurrenz. Alexander der Große ist das erfolgreichste Beispiel dieser Art des Gebrauchs von Stärke. Das System hinter Alexander war die griechische Zivilisation. Beim Konkurrenzkampf der Systeme sind die logische Bedeutung und der Wahrheitswert ausschlaggebend, auf die sie sich stützen. Nicht jede logische Bedeutung vermag zu einer Wahrheit zu werden. Die Wahrheit ist das bedeutungsvolle Leben in Bewegung. Die Bedeutung kann in einer Einzelperson stark erlebt werden, kann aber zu einer gesellschaftlichen Wahrheit werden, wenn sie organisiert wird und sich in Bewegung setzt. In sozialen Kämpfen stehen stets solche organisierten Wahrheitszustände einander gegenüber. Diejenigen, die im Besitz eines bedeutungsvollen Lebenswerts sind, entscheiden den Kampf früher oder später für sich.

Die Logik also, die durch das Britische Weltreich vertreten wird, ist die Bedeutsamkeit des kapitalistischen Systems, seine totale geschichtliche Stärke, sein als ein System aufgebautes Dasein. Es ist nicht allein die Stärke des Staates und der Klasse auf einer kleinen Insel. Als das Britische Weltreich einen Subkontinent wie Indien mit einer Truppe aus zehntausend Menschen regierte, war das eigentlich Entscheidende offensichtlich die Wahrheit der Moderne.

a) Das Britische Weltreich

Das Britische Weltreich handelte bei seiner Expansion in den Nahen Osten nach denselben strategischen Motiven. Seine Haltung gegenüber der Region war durch die globalen Bedürfnisse des Systems bestimmt. Ihr strategischer Wert auf dem Weg zu den Kolonien im Fernen Osten, allen voran Indien, die heiligen Stätten und die wirtschaftlichen Quellen, die die Region anbot, waren die Motive für die Errichtung der Herrschaft. Die Einflussherrschaft, die sich ab dem neunzehnten Jahrhundert intensivierte, wurde Schritt für Schritt ausgebaut. Als England um die Herrschaft über die Region kämpfte, zielte es darauf ab, das Eindringen seines alten Konkurrenten Frankreich, der zwar schwächer geworden war, aber dennoch die Hegemonie anstrebte, sowie Deutschlands und Russlands, der neuen Kandidaten für Hegemonie, in die Region zu verhindern und unter seiner eigenen Führung die Werte der Moderne zu etablieren. Diese strategischen Ziele haben sich bis heute nicht geändert:

1. Genauso wie weltweit fasste England auch in der Region den Plan, zunächst die herrschenden Mächte von sich abhängig zu machen und in dem Fall, dass ihm dies nicht gelingen sollte, sie zu teilen. Es näherte sich den letzten beiden bestehenden Mächten der alten Zivilisation, also dem Osmanischen Reich und der Persischen Monarchie, auf dieser Grundlage. Es legte Wert darauf, diese beiden Regionalmächte, die es gegen die anderen Kandidaten für Hegemonie, Deutschland, Frankreich und Russland, unter seine Schutzherrschaft zu stellen versuchte, in Träger der Werte der Moderne zu verwandeln und somit eine dauerhafte Abhängigkeit zu errichten. Die anderen Kandidaten für Hegemonie, die nicht tatenlos zuschauten, bemühten sich um eigene Einflusssphären. Auch für sie galten ähnliche strategische Ziele. Die beiden Regionalmächte versuchten, ihre Lebensdauer zu verlängern, indem sie von diesem Kampf um Einfluss profitierten und eine Gleichgewichtspolitik betrieben. England, die erfahrenere Hegemonialmacht, begnügte sich nicht damit, nur die beiden Regionalmächte von sich abhängig zu machen, sondern plante durch die Politik der »kleinen Nationalstaaten«, die es in Europa schon seit langer Zeit einsetzte, auch die langfristige Zukunft.

Die Nationalstaatlichkeit ist, im Gegensatz zur allgemeinen Annahme, keine Schöpfung oder Erfindung der nationalistischen Kräfte. Im Gegenteil, sie ist ein perfektes Mittel der »Teile-und-herrsche«-Politik, das weltweit im Zuge des englischen Hegemonistrebens eingesetzt wurde. England traf alle Reiche Europas mit dieser Waffe, und zwar im Namen der (nationalen) Revolution. Man sollte nationale Befreiungsbewegungen auf jeden Fall einer Revision unterziehen. Man glaubt, diese Bewegungen seien ein Erfordernis des Sozialismus; dies ist aber eine falsche Annahme. Schöpfer und führender Anwender dieser Bewegungen ist England. Während England selbst sich als Reich ausbreitete, schwächte es die konkurrierenden Reiche, indem es sie in Mini-Nationalstaaten aufteilte. Zudem setzt die Machtstrategie der kapitalistischen Moderne Staaten dieses Typs voraus. Der Nationalstaat ist untrennbar mit der Moderne verbunden. England, das sich in dieser Hinsicht auf weitreichende Machterfahrungen stützte, legte immer Wert darauf, kleine Machteliten heranzuziehen. Oppositionelle Eliten waren für England genauso notwendig wie die an der Macht. Es schreckte nicht davor zurück, wenn nötig, auch diese zu instrumentalisieren. Während es Beziehungen mit den offiziellen Eliten der beiden Regionalreiche unterhielt, beschränkte es sich nicht nur darauf, ideologische und praktische Beziehungen zu Bewegungen aus verschiedenen Minderheiten, Aschirets und Konfessionen aufzubauen, die minimale, kleine Nationalstaaten anstrebten, und sie zu unterstützen. Vielmehr war es, wenn nötig, die bestimmende Kraft bei ihrem Aufbau.

Wenn wir die nationalen Bewegungen der Armenier*innen, Griech*innen, Assyrer*innen, Araber*innen, Kurd*innen, Türk*innen und Perser*innen aus dieser revidierten Perspektive betrachten, können wir die letzten beiden Jahrhunderte des Nahen Ostens auf eine realistischere Art und Weise begreifen. Was einer Revision unterzogen werden muss, ist der orientalistische Blick, der Orientalismus selbst, der all diesen Bewegungen unabhängig von ihrer Ideologie zugrunde liegt, egal ob sie links oder rechts, religionistisch oder laizistisch waren. Der Nahe Osten erlebte in den letzten beiden Jahrhunderten nicht nur im Sinne der hegemonialen Abhängigkeit hinsichtlich der Macht, sondern auch durch die Spaltung der Region in Mini-Nationalstaaten eine tief reichende Krise. Das Osmanische Reich wurde zum Einsturz gebracht, und an seiner Stelle wurden zahlreiche Mini-Nationalstaaten errichtet. Während die Araber*innen in zweiundzwanzig Mini-Staaten geteilt wurden, hielt man eine weitere Teilung durch Hunderte Stämme und Konfessionen stets auf der Tagesordnung. Während die Türk*innen, die die herrschende Elite des Reiches gebildet hatten, mit ihrem Mini-Nationalstaat in Anatolien beschäftigt waren, wurde die türkische und turkmenische Minderheit auf dem Balkan, in Kaukasien und im Nahen Osten ihrem Schicksal überlassen. Armenier*innen, anatolische Griech*innen, Suryoye[60] und Pontier*innen wurden mithilfe ethnischer Säuberungen vertrieben und haben dadurch ihre jahrtausendealte Raum- und Zeitkultur verloren. Die Stellung von Jüd*innen einerseits als Volk andererseits als Religionsgemeinschaft fungierte, wir könnten beinahe von einem Wiedererleben ihrer Geschichte sprechen, als eine weitere wichtige Chaosdynamik in der Region. Ihre Rückkehr in die Region in den letzten zweihundert Jahren als eine führende Aufbaukraft der kapitalistischen Moderne vertiefte den chaotischen Zustand.

Das Judentum ist nicht nur eine Chaosdynamik, die mit Palästina und Araber*innen zu tun hat, sondern es stellt eine vielseitige Kraft dar, die auch eine hoch entwickelte intellektuelle Seite aufweist. Außerdem hat man Jüd*innen als eine der Hauptkräfte des demokratischen Aufbaus in der

60 Suryoye ist eine zunehmend verwendete Eigenbezeichnung der christlichen Assyrer*innen, Aramäer*innen und Chaldäer*innen.

Region näher zu beleuchten. Wir dürfen nicht vergessen, dass Jüd*innen gleichzeitig zu den führenden Kräften zählen, die die Tradition der Prophetie und monotheistischen Religionen aufgebaut haben und deren Träger*innen sie sind. Die Kurd*innen, das älteste Volk der Region, wurden stets an der Schwelle zum kulturellen Genozid gehalten. Man erlaubte dem kurdischen Volk nicht, seine Stellung als Störenfried hinter sich zu lassen, sondern hielt es immer als Trumpf in der Teile-und-herrsche-Politik in der Hinterhand. Man versuchte, im Iran die Spannung aufrechtzuerhalten und das Land so zu regieren. Als sei dies nicht genug, wurde das Chaos dort durch die laizistischen und religionistischen Lebensstile, die in letzter Instanz beide gesteuerte Kollaborateur*innen darstellen, weiter vertieft.

Man beachte, dass wir bisher die Rolle der anderen Vertreter*innen der Moderne, vor allem der USA, Russlands und Deutschlands, in der Krise von Macht- und Stärkekrise nicht wirklich unter die Lupe genommen haben. Der Grund dafür ist neben der Absicht, die entscheidende Rolle der Moderne in den Vordergrund zu stellen, dass Ländernamen die Erzählung kaum stärker machen. Zudem versteht man heute besser, dass die zunehmenden Interventionen solcher Mächte, insbesondere der USA und Russlands, nach dem Zweiten Weltkrieg zu keinem anderen Ergebnis führten als zur Vertiefung der Machtkrise. Das Niveau, das die politischen Krisen in Afghanistan, dem Irak, dem Iran, Syrien/dem Libanon und Israel/Palästina, aber auch in anderen nahöstlichen Ländern erreicht haben, bestätigen unsere Betrachtungsweise in dieser Hinsicht.

Es ist klar, dass die Rolle der ganzen großen und kleinen Staaten, die in der Region aufgebaut wurden, sei es im Namen des Nationalismus, sei es im Namen des Religionismus, nicht über überholte Agenten und Statisten der kapitalistischen Moderne hinausgeht. Wenn man sich ihre kurze Geschichte anschaut, wird es uns nicht schwerfallen, zu begreifen, dass die nationalistischen und islamistischen Staaten Produkte des Imperialismus der letzten zweihundert Jahre sind. Da sie hegemoniale Produkte sind, wurde das wahre Gesicht dieser Staaten wegen des Terrors, den sie über das Gebilde der »Missgeburt Staatsbürger*in« entfachen, nicht erkannt.

Es gibt keinen anderen Bereich, in dem die Agenten- und Statistenrolle so verschleiert wird wie bei den Macht- und nationalstaatlichen Kräften im Nahen Osten. Die jahrtausendelange Erfahrung, die in Macht- und Staatsspielen gewonnen wurde, und die ideologische Hegemonie haben einen großen Anteil daran. Diejenigen, die die Tiefe der Macht- und Staatskrisen in Afghanistan, dem Irak und Israel/Palästina beobachten, mögen diesen Umstand seltsam finden. Allerdings zeigt und beweist diese Wirklichkeit gleichzeitig neben der Tiefe der Krise und der historischen Grundlage des chaotischen Zustandes auch, dass dies in gewisser Hinsicht mit dem Untergang der Zivilisation zu tun hat. Es lösen sich nicht nur zweihundertjährige Nationalstaaten auf, sondern auch die Tradition der fünftausendjährigen Zivilisationsmacht geht unter.

Die Macht- und Staatskrisen im Nahen Osten können nur begriffen werden, wenn sie auf der Basis der Zivilisation analysiert werden. Der Lack der kapitalistischen Moderne in den letzten zwei Jahrhunderten sollte nicht dazu führen, dass wir die Zivilisationskrise aus dem Blick verlieren. Zudem legt die Moderne selbst in ihren Praktiken im Nahen Osten ihre chaotischen Eigenschaften offen. Es gibt keine andere Erfahrung, die uns besser lehrt, dass der Kapitalismus ein Krisenregime ist, als seine Praktiken in der Region.

2. Die Moderne, wie sie sich unter englischer Hegemonie ausbreitete, erscheint auf der gesellschaftlichen Basis des Nahen Ostens noch chaotischer. Es ist bekannt, dass gesellschaftliche Dynamiken mit der Gründung der Zivilisationssysteme zu sehr problematischen Strukturen wurden. Wir erinnern uns an die Ären der Sumerer*innen, Akkader*innen und Assyrer*innen nicht nur mit Machtkrisen, sondern auch mit herzzerreißenden sozialen Krisen. Klagelieder über Ur, Nippur, Akkad, Babylon und Ninive lassen das durch die Krisen ausgelöste Jammergeschrei heute noch nachspüren. Worin unterscheidet sich denn der heutige Zustand Aleppos, Kirkuks oder Bagdads von dem in diesen Klageliedern?

Der Kapitalismus ist an sich kein unbekanntes Phänomen für die Gesellschaft der Region. Seit Jahrtausenden hatte er sich in Form von Händler*innen/Wucherer*innen vorgestellt. Seine engen Beziehungen zu Macht- und Agrarmonopolen erhielt er stets aufrecht. Er stellte die Schicht dar, die die Krisen am meisten missbrauchte. So, wie er von allen heiligen Religionen verflucht wurde, war er eine bekannte Institution, die kommunale Gesellschaftsordnungen moralisch verurteilten und von sich fernhielten. Was sich mit der kapitalistischen Moderne ereignete, ist, dass diese Schicht an die Oberfläche trat. Dass diese Schicht die Klassenlegitimität, die sie in Europa erlangt hatte, nun auch im Nahen Osten erlangte, brachte das soziale Gleichgewicht in Schwierigkeiten. Als England als Klassenvertreter der Bourgeoisie auf der Basis dieser Legitimität in die Region kam und seine Kollaborateur*innen schuf, konstruierte es dadurch eine sehr wichtige Schicht für die Hegemonialmacht. Diese Komprador*innenschicht bildete gemeinsam mit der Bürokratie den Träger der westlichen Moderne. Das System versuchte im Wesentlichen, sich mithilfe dieser beiden Schichten in der Region zu etablieren. Diese Schichten, die die größte Entfremdung in der nahöstlichen Gesellschaft erlebten, vertreten die soziale Dimension der Krise. Die entfremdenden Werte, die sie in die Kultur der Region hineingetragen haben, dienten ausschließlich zur Entwicklung der sozialen Krise und des Chaos.

Die Bourgeoisie, die in den letzten beiden Jahrhunderten im Saatbeet des Nationalstaats gewachsen ist, wirkt wie das Aufpfropfen eines der Struktur der historischen Gesellschaft der Region fremden Reises, sodass die Veredelung nicht funktioniert. Aus diesem Grund bleibt ihr nichts anderes übrig, als den Staatsapparat, der ihr zur Verfügung steht, und ihre Monopole über der Wirtschaft auf faschistoider Basis einzusetzen, genauer gesagt, als ein durch die Macht gefiltertes Kapitalmonopol im Faschismus Zuflucht zu suchen. Im Nahen Osten und anderen ähnlichen Regionen der Welt bilden diese Qualität des Kapitals und der Despotismus beim Aufbau des Nationalstaats den eigentlichen Kern des Faschismus. Faschismus, als die Machtform der Verschränkung des Kapitals und des Nationalstaats, wird so zur Hebamme zusätzlichen Kapitals, das durch die Macht abfällt.

Der Faschismus ist *per definitionem* ein Regime des kontinuierlichen Kampfes gegen die Gesellschaft. Er ließe sich eigentlich auch als ein Bürgerkriegsregime beschreiben. Die Ereignisse, die im Irak tagtäglich stattfinden, erhellen diese Beurteilung ziemlich gut. Ein Regime, das einen stetigen Krieg gegen die Gesellschaft führt, ist Ausdruck einer höchst gefährlichen Krise und eines chaotischen Zustands. Wenn eine Dimension der Krise in der nahöstlichen Gesellschaft auf diese Weise definiert wird, wird die Tiefe und die Intensität dieser Krise besser verstanden. Unabhängig davon, ob die Gesellschaft schweigsam und ruhig ist oder ob sie jeden Tag von Explosionen erschüttert wird, bleiben der chaotische Zustand und das krisenbehaftete Leben im Wesentlichen bestehen. Die Ruhe in der Gesellschaft drückt einen kalten, die Auseinandersetzungen dagegen drücken einen heißen Krieg in derselben Struktur aus.

Langer Rede kurzer Sinn, der Kapitalismus-, Kapital- und Bourgeoisieexport der Moderne haben die traditionelle Gesellschaftskrise und den chaotischen Zustand weiter vertieft. Es existiert zweifellos ein soziales Leben. Dieses Leben aber ähnelt dem Zappeln von Tieren, deren Köpfe abgeschlagen oder denen manche Organe herausgerissen wurden. Solche Analogien sollten bei der Definition der bestehenden physischen und kulturellen

Genozide und der gesellschaftlichen Traumata und Niedergänge, die sich tagtäglich ereignen, nicht als übertrieben gelten. Wenn man dadurch Empathie empfindet, sind sie äußerst lehrreich!

3. Beim Angriff der Moderne sollte auch der Industrialismus im gleichen Rahmen beurteilt werden. Die Industrien, die in der letzten Phase dieses Angriffs in die Region exportiert wurden, haben eine immer größere Rolle in der Gesellschafts- und Umweltkrise gespielt. Der Industrialismus, der an die Stelle der auf Grundbedürfnissen basierenden Wirtschaft trat, hat unter dem Namen des Fortschritts auch die Subsistenzwirtschaft zerstört. Um des Profits einer Handvoll Imperialist*innen und Kollaborateur*innen willen wurde am Wirtschaftsleben mit seiner jahrtausendealten inneren Balance innerhalb eines Menschenlebens ein wirtschaftlicher Genozid verübt. Neben der riesigen Arbeitslosenarmee stellen unter anderem leer gefegte Dörfer, Binnenmigration und Emigration, Inflation, Wirtschaftskrisen, Verstädterung ohne Städte und die mit hoher Geschwindigkeit niedergehende ökologische Umwelt Anzeichen dieses Genozids dar. Alleine wenn man sich die Rolle der Öl- und Waffenmonopole bei den Genoziden anschaut, versteht man die Realität besser. Außerdem führen die weltweiten Klimaveränderungen dazu, dass die fortschreitende Wüstenbildung der Region, die ohnehin größtenteils aus Wüsten besteht, katastrophale Dimensionen annimmt.

Es ist ebenfalls eine verständliche Tatsache, dass die kapitalistische Moderne, die sich in den letzten beiden Jahrhunderten im Nahen Osten ausbreitete und zu mehr Kriegen und Tod führte als alle Kriege, die in der Geschichte der Zivilisation geführt wurden, eine kontinuierlich gewordene strukturelle Krise und einen chaotischen Zustand verursacht.

b) Widersprüche

Auch wenn es in gewisser Weise eine Wiederholung darstellt, wird es sehr aufschlussreich sein, näher zu betrachten, wie sich die Angriffslogik der Moderne in den konkreten Ereignissen der Gegenwart widerspiegelt. Das Verhältnis zwischen der Geschichte und der Gegenwart wieder in den Blick zu nehmen, wird dies erleichtern. Selbstverständlich wäre es eine grobe Tautologie, zu sagen, Geschichte sei gleich Gegenwart. Es würde aber zu einer noch größeren Blindheit führen, nicht zu sehen, dass die Gegenwart größtenteils unter dem Einfluss der Vergangenheit, der Geschichte, zustande gekommen ist. Wir sehen dieses Verhältnis am bemerkenswertesten in den arabisch-jüdischen Beziehungen, es lässt sich aber auch in den türkisch-kurdischen, türkisch-armenischen, türkisch-griechischen und türkisch-jüdischen Beziehungen beobachten. Die aktuellen Entwicklungen in all diesen Dualitäten lassen sich nicht unabhängig von der Geschichte behandeln. Sich mit dem Verhältnis zwischen der Gesellschaft und der Geschichte in seiner Spezifität auseinanderzusetzen ist eine lebenswichtige Methodenfrage. Die Geschichte mit all ihren Beziehungen und Widersprüchen in der Rolle eines Elements zu sehen, das die Gesellschaftlichkeit konstruiert, sollte als ein grundsätzlicher Gegenstand der Logik verstanden werden. Kurz gesagt, das Heute, die Gegenwart, kann ohne die Geschichte nicht verstanden werden. Noch viel wichtiger ist es, dass, ohne das Neue der Gegenwart (auch wenn der Anteil der Geschichte neunundneunzig Prozent beträgt) zu sehen, eine richtige Beurteilung und Analyse des gegenwärtig Konkreten nicht möglich ist. Es ließe sich vielleicht viel darüber sagen, das Gesagte ginge allerdings nicht über hohle Phrasen hinaus.

Die Geschichte, die den Hintergrund des gegenwärtigen Gewichts der Moderne im Nahen Osten bildet, könnte man mit dem letzten Angriff der Achaier*innen auf Troja (1200 v. Chr.) beginnen lassen. Die Periode des Hellenismus, die mit Alexander begann (330 v. Chr.), ist ebenfalls eine wichtige Eroberungsphase. Die Kreuzzüge (1096–1389) stellen eine weniger weit zurückliegende Angriffsgeschichte dar. Dagegen wurden aus dem Osten umfangreiche Angriffe auf den Westen organisiert, und es gab vielgestaltige gegenseitige Einflüsse. Es wäre ein großer Fehler, die Rolle der ideologischen Hegemonie beim Angriff der kapitalistischen Moderne zu übersehen. Ohne den Orientalismus lässt sich die physische Vorherrschaft für sich alleine nicht verstehen. Der Hegemoniekampf der letzten beiden Jahrhunderte bildet die Wirklichkeit, die das Gegenwärtige am meisten bestimmt. Das Gegenwärtige ist, sich wie ein Mühlstein drehend, bemüht, immer Neues zu produzieren und zu konstruieren.

Wenn wir es aus dieser grundsätzlichen Perspektive betrachten, ist das erste, das wir über das Gegenwärtige sagen können, dass die traditionellen sowie die modernen herrschenden Kräfte im Allgemeinen für gesellschaftliche Probleme, im Besonderen als Ausweg aus der Krise und dem Chaos, keine Lösung bieten können. Kräfte, die selbst die Quelle von Krisen und Problemen bilden, können natürlich keine Lösungskraft sein. Sei es im Namen des Religionismus, sei es im Namen des Nationalismus, wenn man in der traditionellen Geschichte Zuflucht sucht, kann man keine Lösung sein. Denn die Geschichte dieser Kräfte ist auch eine der Ausweglosigkeit.

Welche alte prächtige Zivilisation kann wiederauferstehen? Selbst wenn der Islam und die Osmanen wiederbelebt werden könnten, würde diese Auferstehung unter engem Schutz und durch die Heilkunde der USA, durch ihre wundersame Kraft, erfolgen, sodass es sich um einen anderen Islam und ein anderes Osmanisches Reich handeln würde.

Auch die modernen Kräfte können keine Lösung bieten. Wie könnten sie auch die Lösung sein, während sie es waren, die ein äußerst problematisches System mit häufigen Krisen aufgebaut haben? Welche Lösung könnten sie für die Probleme und Krisen des Ostens bieten, deren Wurzeln Jahrhunderte zurückreichen und die durch die Moderne noch hoffnungsloser geworden sind, während sie keinen Ausweg aus der gegenwärtigen Finanzkrise mit ihrer globalen und strukturellen Dimension finden können? Dieses System, das eine Spekulation betreibt, die das Zehnfache der gegenwärtigen weltweiten Produktion ausmacht (rund sechshundert Billionen Dollar im Jahr), indem es nur mit virtuellen Papieren und Zahlen spielt, kann nicht der Lösung, sondern nur der Hölle den Weg ebnen.

Wir wollen nun die Aktualisierung und die konkreten Erscheinungen der ideologischen Macht und des staatlichen Monopolismus darstellen.

1. Der arabisch-jüdische Widerspruch

Dieser Widerspruch kann nicht gelöst werden, da er in der Geschichte vom Zivilisationssystem selbst, in der Gegenwart und jüngsten Geschichte von der Moderne selbst erzeugt wurde. Solange der Islam und das Judentum nicht aus dem Zusammenhang von Macht und Staat befreit werden, können sie nicht versöhnt werden. Solange sie darauf bestehen, Kräfte der Macht und des Staates zu sein, werden beide Kräfte ihre Existenz wie in der Geschichte auch heute darin finden, einander zu vernichten. Die Machtgeschichten werden so konstruiert. Die Moderne setzte diesen Prozess fort, indem sie ihn weiter intensivierte und verfestigte. Einige werden unter dem Dreifuß (Kapitalismus, Nationalstaat und Industrialismus) zerquetscht, und dies wird Lösung genannt. Die Lösung ist also in der Sprache der Moderne dadurch möglich, dass man unter dem glühend heißen Dreifuß zerquetscht wird. In der fünfhundertjährigen Geschichte der kapitalistischen Moderne gibt es unzählige solche Lösungen. Es ist unumgänglich, dass sich dieses Problem, das sich auf die Region seit hundert Jahren sehr negativ auswirkt und großes Leiden sowie große Verluste verursacht, bei der gegenwärtig vorherrschenden Herangehensweise fortsetzt und noch zersetzendere Auswirkungen haben wird.

Kein anderes Beispiel kann das wahre, blutige Gesicht der Lösungen der Zivilisation mit Macht und staatlicher Herrschaft besser demonstrieren als die arabisch-jüdische Frage. Noch schlimmer ist es, dass die Kräfte der kapitalistischen Moderne, bei deren Aufbau Jüd*innen eine große Rolle gespielt haben, einen Genozid an Jüd*innen verübt haben, der »Singularität und Einzigartigkeit« aufweist. Es gibt wirklich sehr wenig Beispiele, die so gut wie dieser Genozid, der im Vorhinein geplant wurde, zeigen können, was die Endlösung beziehungsweise die Ausweglosigkeit der Moderne ist.

2. Der türkisch-kurdisch-armenisch-assyrisch-griechisch-jüdische Widerspruch

Diese Widerspruchskategorie hat ihren Ursprung im Wesentlichen in der kapitalistischen Moderne. Auch wenn ihre Wurzeln bis in alte Zivilisationen zurückreichen, wurden Anatolien und Mesopotamien mit der Ausbreitung der drei apokalyptischen Reiter der Moderne – des Kapitalismus, des Nationalstaats und des Industrialismus – in der Region zum Schauplatz von unzähligen ethnischen und nationalen Säuberungen, die in der Geschichte der Region ihresgleichen suchen. Diese Völker und Kulturen, die in gewissem Sinne die Hauptaufbaukraft des Systems der Zentralzivilisation bilden, wurden in den letzten zweihundert Jahren der Moderne dazu gebracht, einander extrem anzufeinden, und wurden Opfer gegenseitiger Massaker. Während jahrtausendealte kulturelle Reichtümer liquidiert wurden, wurden einige Völker aus der Region vertrieben oder ausgelöscht. Die Verbliebenen wurden in Wüsten- beziehungsweise Bergstämme verwandelt. Die Widersprüche bestanden eigentlich nicht zwischen Türk*innen und anderen Völkern oder zwischen den Völkern generell. Die Aufbaukräfte der Widersprüche waren offensichtlich die hegemonialen nationalen Kräfte der Moderne, die sich durch die fünfhundertjährige Teile-und-herrsche-Politik bewiesen haben. Diese Kräfte schreckten nicht davor zurück, für ihre konjunkturellen Interessen in der Region diese Völker, deren Wurzeln tief in die Geschichte zurückreichen, einander vernichten zu lassen. Alle diese Völker, die gegeneinander zu kämpfen schienen, fielen der Macht und Ausbeutung des Monopolkapitalismus zum Opfer. Bitter ist es, dass diese Völker sich nicht wirklich dessen bewusst waren, wem sie mit ihren gegenseitigen Vernichtungen dienten. Alleine die Massaker, die im Rahmen dieses Widerspruchs stattfanden, beweisen hinreichend, dass die Moderne das blutigste Zivilisationssystem der Geschichte ist. Im ganzen Nahen Osten sind Orte, die lange Zeit »Gärten der Völker« waren, mittlerweile zu stillen »Friedhöfen der Völker« geworden. Sollte man im Namen des Gewissens der Völker und ihrer Kulturen ein paar Worte aussprechen und der Verantwortung als Intellektuelle*r wirklich gerecht werden, muss man zunächst die wahren Verantwortlichen für diesen Friedhof der Kulturen und Völker ans Tageslicht bringen und zur Rechenschaft ziehen.

3. Der schiitisch-sunnitische Widerspruch

Auch wenn sie ihren Ursprung in der Entstehungszeit der islamischen Zivilisation (des machtorientierten Islam) haben, hängen die gegenwärtigen Auseinandersetzungen zwischen diesen beiden Konfessionen mit der Moderne zusammen. Insbesondere der Konflikt zwischen dem Iran und dem Irak lässt sich nur in der nationalstaatlichen Form der Moderne und in Verbindung mit dem Imperialismus richtig erklären. Zudem lassen sich die Widersprüche und Konflikte zwischen dem Islam und dem Judentum, dem Islam und dem Christentum und sogar diejenigen zwischen dem Christentum und dem Judentum im Zusammenhang der Proto-Moderne einfach analysieren. Die Konfliktursachen und -formen der Religionen in der Zeit vor der kapitalistischen Moderne spiegelten sich in positivistischem Gewand eins zu eins in der Moderne wider. Vor allem die drei monotheistischen Religionen, die ihren Ursprung im Nahen Osten haben, sind als Proto-Nationalismen zu beurteilen. Diese Religionen unterscheiden sich von den Nationalismen der Moderne nur durch ihre theologischen Masken.

Zahlreiche Studien belegen, dass den positivistischen Narrativen der Moderne eigentlich religiöse Formen zugrunde liegen. Auch wenn es häufig behauptet wird, besteht kein wesentlicher Unterschied zwischen dem Säkularismus (der Weltlichkeit) und der Jenseitigkeit (dem Jenseits-Glauben, der Religiosität); es wurden nur ein paar formelle Unterschiede geschaffen, deren Bedeutung übertrieben wurde. Schließlich dienen sowohl die Religion der Macht und des Staates als auch die Narrative der Moderne, die zum nationalstaatlichen Diskurs geworden sind, denselben Monopolinteressen. Wie in der Geschichte sind auch heute die Konfessionskriege im Nahen Osten auf die Zivilisation und die Moderne zurückzuführen, und sie werden auf der Basis der gleichen Interessen fortgeführt, ohne an Geschwindigkeit zu verlieren. Die Strömungen des radikalen Islamismus, Judentums und Christentums haben sich mit allerlei Nationalismen im Dienste der drei apokalyptischen Reiter der Moderne vereint.

Die Händler*innen der Moderne und ihre blutigen Visagen, die seit Jahrtausenden an der reichen Kultur der nahöstlichen Völker nagen, stehen heute im Dienste der kapitalistischen Moderne und verbrauchen erbarmungslos und unüberlegt, Blut und Tränen verursachend die Überreste jenes Reichtums; so verwandeln sie die Region in eine Ruine, die Umwelt in eine Wüste und die Berge in eine Einöde.

4. Der Widerspruch zwischen den Mini-Nationalstaaten und allem

Es gibt einen berühmten Ausspruch: Das Schlimmste, was der Kapitalismus der Menschheit angetan hat, ist der Nationalstaat, den er aufgebaut hat. Dieses Urteil trifft im Fall der Völker und Nationen des Nahen Ostens völlig zu und wird in fast jedem Teil der Region tagtäglich durch Kriege bewiesen. Es gibt keinen Nationalstaat, der sich nicht mit anderen Nationalstaaten und im Inneren mit seinen eigenen Völkern im Krieg befindet. Es ist nicht Israel, sondern es sind vielmehr die Machtkalkulationen der zweiundzwanzig Mini-Nationalstaaten und ihre verrückten und unfassbaren Ausgaben, die die große arabische Nation und ihre Kultur verzehren. Während ihre Völker dahinvegetieren, schrecken diese Herrschenden nicht davor zurück, eine Pracht an den Tag zu legen, mit der sie Nimrods und Pharaonen in den Schatten stellen – darüberhinaus handelt es sich dabei um sinnlose Shows. Was ihnen diese Kraft verleiht, sind die Mini-Nationalstaaten, die den neuen säkularen Gott bilden. Die Loyalität dieser Herrschenden zu ihrem alten Gott ist heuchlerisch und scheinheilig. Der arabische National-Etatismus wurde auf der Grundlage der Kalkulationen des Britischen Weltreichs entwickelt, um den Weg nach Indien unter Kontrolle zu halten, die Ölquellen zu besitzen und das Osmanische Reich zu kontrollieren. Dass sich diese arabischen Staaten trotz dieser Tatsache als nationalistische ausgeben, ist eine Erfordernis der Machttechnik der Moderne. Die besagten Nationalstaaten sind Institutionen, die die Hauptagenten des kapitalistischen Welthegemonialismus darstellen. In den arabischen Mini-Nationalstaaten ist diese Tatsache sehr offensichtlich.

In der iranischen nationalstaatlichen Struktur sind die gleichen Tricks noch lehrreicher zu sehen. Die Iraner*innen haben ihr Geschick in der Machtkunst, das sie seit der persischen Zivilisation erlangt haben, in der modernen Ära auf Basis von Kollaboration weiterentwickelt. Man könnte meinen, dass sie es darin mit den Chines*innen aufnehmen könnten, die Täuschungen der Zivilisation und die der Moderne (den Schia-Nationalismus) ineinander verwoben zu gebrauchen. Während Chines*innen den wildesten Kapitalismus als Kommunismus aufpolieren, sind die iranischen Modernist*innen so dreist, dass sie sich nicht schämen, den Nationalstaat, der ein Produkt des Kapitalismus ist, unter dem Namen »Islamische Republik« als großen Spiritualismus zu präsentieren. Mit großer Wahrscheinlichkeit wird der Iran, der in seiner aktuellen, konkreten Form die Achillesferse des globalen Systems darstellt, zu einem zweiten Irak werden. Obwohl er genauso wie die anderen Nationalstaaten in der Region den Faschismus repräsentiert, verlängert er seine Lebenszeit, indem er die Schwächen des Hegemonialismus der USA und der EU ausnützt. Allerdings befindet sich der Iran genauso wie die anderen in den Fängen einer Krise, und das Potential, in einem chaotischen Zustand wie im Irak zu enden, ist reichlich vorhanden.

Die Nationalstaaten der Turkvölker sind zusätzlich zur Obhut der EU und der USA unter der Hegemonie Russlands entstanden. Sie waren Gegenstand von Konkurrenz. Obwohl sie sich als ausgesprochen nationalistisch verkaufen, könnten sie schwerlich ohne Hegemonie bestehen. Von der regionalen Krise sind sie stark betroffen und ihnen wohnt Chaospotential inne. Die Ereignisse auf der Afghanistan-Irak-Achse offenbaren das mögliche Schicksal der Nationalstaaten in der Region.

Die Wirklichkeit der Macht und des Staates im Nahen Osten führt häufig dazu, dass Krisen in Kriege münden, da sie vielmehr eine Problemquelle bildet, als Lösungen für gesellschaftliche Probleme zu entwickeln. Die Kriege vergrößern die Krise immer weiter und verbreiten die chaotischen Zustände.

c) Zerstörung der Gesellschaft

Gegenwärtig besteht die eigentliche Zerstörung durch das Industrialismus- und das Kapitalismus-Standbein der Moderne in der Auflösung und Vernichtung der traditionellen Landwirtschaft und der Dorfgesellschaft. Während das nationalstaatliche Standbein die Region gänzlich in einen Kerker verwandelt und in Blut und Tränen erstickt, bedienen sich der Industrialismus und der Kapitalismus der räuberischsten Plünderungsmethoden des Kollaborations-Monopolismus von oben. Sie schieben gesellschaftliche Werte beiseite, die Produkte eines jahrtausendealten Reichtums sind, da sie nicht profitabel seien, sondern sie aus und lassen sie dadurch verrotten. Der Untergang der agrarisch-dörflichen Gesellschaft ist keine einfache wirtschaftliche Frage. Es handelt sich dabei um die Zerstörung einer zehntausendjährigen gesellschaftlichen Kultur. Das Problem ist nicht, dass anstelle der Landwirtschaft die profitablere Industriewirtschaft an Bedeutung gewinnt, sondern das gesellschaftliche Sein selbst. In der heutigen strukturellen Krise wird die Gesellschaft in zahlreichen Bereichen, vor allem im Agrarsektor, absichtlich zur Arbeitslosigkeit verdammt; genmanipulierte Pflanzen werden vorangetrieben, und dadurch erleidet die Landwirtschaft einen harten Schlag. Solche Pflanzen zerstören nicht nur natürliche Pflanzen, sondern bereiten gleichzeitig den Boden für Krankheiten mit offenem Ausgang.

Der Industriekapitalismus stellt ein Monopol dar, das die Gesellschaft zumindest genauso sehr angreift wie der nationalstaatliche Monopolismus. Sein Verhältnis zur Wirtschaft wird falsch verstanden und absichtlich verdreht. Der Industrialismus hat im europäischen Hegemonialismus eine historische Rolle gespielt. Seine eigentliche Rolle in den peripheren Räumen der Welt ist die Errichtung jener Hegemonie – und dies sogar dadurch, dass er die einheimischen Industrien unter dem Motto produktiverer Produktionstechniken zerstört! Er ist nicht wirtschaftlich, sondern anti-wirtschaftlich. Die nahöstlichen Gesellschaften, die in der gesamten Geschichte reich geblieben sind, haben unter den Angriffen der Moderne in den letzten zweihundert Jahren ihre ärmste Zeit erlebt. Der Untergang der Landwirtschaft und der Agrargesellschaft ist nicht durch die wirtschaftliche Produktivität bedingt, sondern wird verwirklicht, um die Klassenunterdrückung im Namen der Bourgeoisie zu ermöglichen. Er ist ein politisches Ereignis, das mit der Macht zu tun hat.

Der Industrialismus mag den hegemonialen Metropolen maximalen Profit ermöglichen. Der Preis dafür ist allerdings die Verwüstung von ländlichen Gebieten und die Räumung von Dörfern – folglich die Vertiefung der gesellschaftlichen und wirtschaftlichen Krise. Der Industrialismus stellt eine ideologisch-politische Angriffstechnik dar, die im Nahen Osten vielleicht gefährlichere Folgen hat als die Kriege von Macht und Staat. Die Klimaveränderung ist die eigentlich verantwortliche Kraft für das Austrocknen von Seen, Feuchtbiotopen und Flüssen; und wenn ihre Schäden mit dieser Geschwindigkeit weitergehen, wird keine Welt zum Leben übrig bleiben. Die Bedrohung, die für die Gesellschaft und das Leben, die im Nahen Osten durch eine fünfzehntausendjährige Kulturakkumulation konstruiert wurden, vom Industrialismus ausgeht, ist genauso gefährlich wie Genozide, die sich im Zuge von Kriege ereignen. Ich muss nochmals betonen, dass der Industrialismus im Gegensatz zur allgemeinen Annahme das Hauptmittel des Angriffs auf die Wirtschaft und Gesellschaft ist. Auch für die wirkliche Industrie stellt er eine zerstörerische Kraft dar. Die industrielle Fortschrittspolitik, die mit der Gier des Kapitalismus nach maximalem Profit betrieben wird, bringt Ländern weder Wohlstand noch Reichtum, sondern

Zerstörung und Armut, treibt sie in Krisen, verwandelt sie sogar in Ruinen. Alleine wie die Schlafmohnindustrie in Afghanistan und die Ölindustrie im Irak diese Länder ruiniert haben, offenbart die Wahrheit. Ruiniert werden dabei nicht nur Länder, sondern auch die historische Gesellschaft und Kultur.

d) Mittelschicht, Bürokratie und Stadt

Die Rolle von Mittelschicht, Bürokratie und Stadt – gewebt im Webstuhl der Moderne – in der Ausweglosigkeit des Nahen Ostens angesichts der gesellschaftlichen Probleme muss besonders diskutiert werden. Das Trio Mittelschicht, Bürokratie und Stadt, das im Kontext von Kapitalismus, Nationalstaat und Industrialismus wiederaufgebaut wurde, ist sehr geschickt darin, sich als Anziehungs- und Lösungszentrum zu präsentieren. Obwohl sie Produkte der Verbreitung der kapitalistischen Moderne sind, legen sie großen Wert darauf, so zu tun, als wären sie unabhängigen und authentischen Ursprungs. Es stellt für sie eine Priorität dar, sich als hegemoniale Kraft über der traditionellen Gesellschaft zu positionieren. Obwohl ihr Verhältnis zur Moderne auf Kollaboration und Agententum beruht, schrecken sie vor keinem Wahnsinn zurück, um als Aufbaukräfte der Moderne zu gelten. Man könnte sie als soziale, institutionelle und räumliche Grundlage des institutionellen Faschismus definieren. Da sie der traditionellen Gesellschaft von außen aufgezwungen wurden, wirken sie wie ein erfolgloser Versuch einer Veredelung. Ihre Entfremdungsrealität ist tief verwurzelt. Dass sie sich so an der Moderne festhalten, als wäre es eine Überlebensfrage, ist auf ihre entfremdete Realität zurückzuführen. Da der kapitalistische Hegemonialismus keine unmittelbare Besatzung beziehungsweise keinen unmittelbareren Kolonialismus verwirklichen kann, nehmen sie die Stellung maskierter einheimischer Besatzungs- und Kolonialisierungskräfte ein. Sie führen die Aufgabe durch, die Gesellschaft von innen heraus zu besetzen und zu kolonialisieren. Es begegnet uns als eine Ironie, dass sie sich als die radikalsten Verfechter des Nationalismus, Etatismus und sogar der Gesellschaft verkaufen. Wenn ich mir darüber gründlichere Gedanken mache, sehe ich mich dazu gezwungen, diese Kreise (als eine aktualisierte Version der Fürstentümer des Königs im Mittelalter) als Filialen des kapitalistischen Zentrums zu beurteilen.

Langer Rede kurzer Sinn, da ihre Stellung im Stil einer Kopie der Moderne ist, gehören sie zu Hauptquellen nicht der Lösung, sondern des Problems. Die Ausweglosigkeit der Moderne spiegelt sich am offensichtlichsten in der Wurzellosigkeit der Mittelschicht, der Stagnation der Bürokratie, der Entstädterung der Stadt wider. Die strukturelle Krise des Systems lässt sich trotz all seiner Maskierungsversuche an diesen drei Phänomenen unverhüllt beobachten.

e) Krieg nach innen und außen

Der Philosoph Nietzsche ist eine der wenigen Persönlichkeiten, die die Bedeutung der Schäden der kapitalistischen Moderne an der Menschheit und Umwelt tiefgehend begriffen haben. Den Menschen, der durch den Filter der Moderne gegangen ist, versuchte er als gesellschaftlich sowie individuell kastriert, ehefrauisiert und dekadent zu beurteilen. Ich sehe diese Metaphern und diese Ansicht als nah an der Wahrheit. Indem er mit dem Kopf eines Pferdes in seinem Schoß weinte, wollte er erklären, dass die noch größeren Gräuel der Moderne sich gegen Tiere wenden. Er sah Wälder als einen Zufluchtsort, als einen Raum, in dem das Leben bewahrt wird, und besuchte sie häufig. Der Begriff des »Übermenschen«, dem er eine zentrale Stellung einräumte, wurde falsch beurteilt. Alle Formen der Sklaverei, die während der Zivilisation verwirklicht wurden, betrachtete er als gesellschaftlichen Verfall. Dies stellt einen sehr humanen Ansatz dar, der viel weiter als der von Karl Marx ist. Nietzsche schätzte sehr realistisch ein, dass Proletarisierung kein Sein darstellen kann, dessen man sich rühmen, auf dem man eine Politik aufbauen kann. Die Geschichte hat diese Ansicht bestätigt. Es ist eine ziemlich billige Propaganda, den Übermenschen als den Vorboten des faschistischen Ansatzes zu sehen. Richtiger ist es, ihn als einen Begriff zu interpretieren, der sich gegen jegliche Versklavung, Umweltzerstörung und Auslöschung der Persönlichkeit richtet.

Die aktuellen Entwicklungen haben das Verhältnis zwischen der globalen Krise, der finanziellen Dimension, der Arbeitslosigkeit und den größten Raubsystemen der Geschichte, die mit virtuellen Methoden begangen werden (eine jährliche Plünderung von sechshundert Billionen Dollar), enthüllt. Während die eurozentrische Moderne die maximale Globalisierung erlebt, wurde sie sich im gleichen Zyklus auch ihrer strukturellen Krise und Nicht-Nachhaltigkeit bewusst. Ein Gipfeltreffen nach dem anderen findet statt. Die Unzulänglichkeit der UN, des IWF, der Weltbank, der NATO, der EU und ihrer Kopien für das System wird immer klarer. Zahlreiche Indikatoren wie die Maßnahmenpakete, die von den Zentralbanken, der G7, G8 und G20 eins nach dem anderen angekündigt werden, die Bilanzen, die Arbeitslosigkeit, die Verschuldung, die Verringerung der

Produktionskapazitäten und die Ernährungsfrage usw. spiegeln den Zusammenhang zwischen dem Wirtschaftsmonopolismus im Bereich der gesellschaftlichen Herrschaft und der Krise wider.

Die Beispiele Afghanistan/Pakistan, Iran/Irak und Israel/Palästina enthüllen nicht nur im Nahen Osten, sondern in globalem Ausmaß die Ausweglosigkeit des Nationalstaats und seine Auswirkungen auf die Krise und den chaotischen Zustand mit den Zerstörungen, die er verursacht, dem Blut, das er vergießt, und den Tränen, die er vergießen lässt. Diese Beispiele beweisen, dass die Nationalstaaten nicht nur die brutalsten Regierungsapparate, sondern die Quelle der Ausweglosigkeit sind. Der Nationalstaat, der das kulturelle Gewebe der Region zerschlägt, symbolisiert die größte Katastrophe der Geschichte.

Während der Kapitalismus und der Industrialismus, die sogar für Europa selbst die Alarmglocken läuten lassen, nur durch Reformen fortgesetzt werden können, ist es unumgänglich, dass sie die geschichtlichen Probleme in der nahöstlichen Gesellschaft in grenzenlose Konflikte und Kriege überführen. Den Kapitalismus und den Industrialismus in der nahöstlichen Gesellschaft zu vertiefen, ist mit einer Intensivierung des Krieges gegen die Gesellschaft selbst und ihre Umwelt gleichbedeutend. Der gegenwärtige Zustand der Moderne, die in Form der drei Standbeine, wie auch immer sie verschleiert werden, einen Kriegsapparat darstellt, bestätigt dieses Urteil.

Die ideologische Hegemonie, der Orientalismus, verdreht die Tatsachen. Die letzten beiden Jahrhunderte des Nahen Ostens waren eine Zeit der Eroberung durch die westliche Moderne. Die Mini-Nationalstaaten, die Montageindustrien und die öffentlichen Wirtschaftsschwindeleien können die eigentliche Wahrheit nicht verheimlichen. Das Schicksal Saddam Husseins, der nur für einen Moment den Mut zeigte, der Eroberung keinen Gehorsam zu leisten, ließe sich nur mit dem des französischen Königs Ludwig XVI. vergleichen. So wie die Enthauptung des französischen Königs in Europa ein Feuer entfachte, bedeutet die Hinrichtung Saddams, des nationalstaatlichen Königs, dass der heiße Krieg, der ohnehin kein Ende findet, noch mehr entflammt, sich in der Region ausbreitet und Kontinuität erlangt.

Wenn wir das orientalistische Paradigma zerschlagen, sehen wir, dass das Ende des Kalten Krieges für den Nahen Osten gleichbedeutend mit dem Sprung des heißen Krieges auf eine höhere Stufe ist. Dass der Golfkrieg im Jahr 1991, ein Jahr nach dem Ende des Kalten Krieges, erfolgte, bestätigt diese Ansicht. In der *longue durée* betrachtet, hat für den Nahen Osten dieser Krieg der Moderne damit angefangen, dass Napoleon Anfang des neunzehnten Jahrhunderts seinen Fuß nach Ägypten setzte, und dadurch den Höhepunkt erreicht, dass Mini-Nationalstaaten gegründet, kapitalistische Agenturen geschaffen und geoökonomische Ressourcen, allen voran Erdöl, vom Industrialismus geplündert wurden. Dies ist die grobe lineare Darstellung der Moderne. Der Rest sind Details und kurze Geschichten mit reichlich Zyklen.

Ich habe Bedenken, für die Region die Begriffe Krise und Chaos allzu häufig zu verwenden. Wenn die erlebte Wirklichkeit heißer Krieg ist, dann wäre es irreführend, ihn auf Krise und Chaos zu reduzieren. Zweifellos sind die heutigen Kriege weder denen des Altertums oder des Mittelalters noch den Kriegsformen ähnlich, die uns die Moderne vor den beiden Weltkriegen bescherte. Insbesondere mit dem Ersten und dem Zweiten Weltkrieg wurden Kriege zu Massenkriegen und nach dem Zweiten Weltkrieg wurden sie zu gesellschaftlichen Kriegen. Das neue Wesen der Moderne setzt das Verständnis davon voraus, dass bei den Kriegen, die im Zuge des Gangs des dreibeinigen Monsters stattfinden, die Zeit vorbei ist, wo zwischen Innerem und Äußerem unterschieden wird und sie außerhalb der Gesellschaft geführt werden; in der neuen Ära der Moderne werden innere und äußere Kriege gemeinsam innerhalb der Gesellschaft geführt; das neue Wesen der Moderne erfordert dies. Es ist von großer Wichtigkeit, im Allgemeinen die Wirklichkeit des Kriegs, der sich in der ganzen nahöstlichen Gesellschaft ereignet, besonders aber die sehr offensichtlich gewordene Wirklichkeit der Palästina/Israel-, Afghanistan/Pakistan- und Iran/Irak-Kriege in diesem Rahmen zu analysieren. Unfassbare Ereignisse und Prozesse können durch Analysen in diesem Rahmen verständlicher gemacht werden.

Wie könnten die neuen Nahostkriege enden, die unter der Hegemonie der USA und der EU geführt werden? Werden sie sich noch weiter ausbreiten und intensivieren? Können die Hegemonialmächte die Region verlassen? Was sollte man erwarten, wenn sie es täten oder nicht täten? Offensichtlich lassen sich diese grundsätzlichen Fragen nicht klar und endgültig beantworten. Es ist aber sicher, dass wir mit einem neuen historischen Abschnitt konfrontiert sind. In diesem Manifest habe ich einen Analyseentwurf für die bisherige gesellschaftliche Natur, Zivilisation, Moderne und die als Naher Osten bezeichnete Geokultur angeboten. Der folgende Abschnitt wird sich auf die möglichen Lösungsmodelle für einen Ausweg aus der Krise und dem Krieg konzentrieren.

C Die demokratische Moderne als Lösung im Nahen Osten

Die größte Katastrophe für eine Gesellschaft ist es, die Kraft zu verlieren, über sich selbst nachzudenken und selbstständig zu handeln. Die Hierarchie und die Zivilisationskräfte, die das schon früh sehr genau wussten, räumten ihrer geistigen Herrschaft, die wir ideologische Hegemonie nennen könnten, Priorität ein. Bei der Aufrechterhaltung der Hegemonie kann die Gewalt alleine keine dauerhafte Rolle spielen. Wenn Gewalt darauf abzielt, Vorteile zulasten der Gesellschaft zu erlangen, dann bedarf es dafür des Mehrprodukts. Ohne Gesellschaften zu überzeugen, kann man von ihnen nicht erwarten, dass sie langfristig arbeiten und Mehrprodukt erzeugen. Die ideologische Hegemonie sorgt für diese Überzeugungsarbeit und öffnet die Gesellschaft für Akkumulationen, die von der Gewalthegemonie erwartet werden und vielleicht sogar darüber hinausgehen.

Der Orientalismus stellt den wissenschaftlichen Ausdruck der ideologischen Hegemonie dar, die die europäische Moderne für den Osten und den Nahen Osten entwickelt hat. Er funktioniert nach wie vor als eine äußerst wirksame geistige Hegemonie. Die Globalisierung der Moderne und die ideologische Globalisierung gehen ineinander über. Vielleicht hat dabei sogar die ideologische Hegemonie Priorität. Es gibt keine andere Eroberung, die so wichtig ist wie die des Geistes. Selbst während ich diese Zeilen verfasse, frage ich mich die ganze Zeit, inwieweit ich den Orientalismus überwunden habe. Ich weiß sehr gut, dass mich das dieser Mentalität entsprechende Denken nicht aus dem Teufelskreis der geistigen Sklaverei befreien, sondern mich qualvoll in diesem Teufelskreis herumirren lassen wird. Die Islamist*innen unter den traditionellen Anti-Modernist*innen behaupten seit dem neunzehnten Jahrhundert beharrlich, dass der Islam eine eigene Denkweise habe und dass sie vom Okzident unabhängig dächten. Der Islamismus stellt einen Diskurs voller Irrtümer dar. Sein Anti-Modernismus beruht zweifellos auf orientalistischen Thesen. Das gilt auch für die islamistischen Kräfte von Muslimbrüdern bis hin zu al-Qaida, die angeblich anti-modernistisch sind. Die linksradikalen Strömungen einschließlich der Anarchist*innen sind trotz all ihrer gegenteiligen Behauptungen im Allgemeinen nicht in der Lage, sich den Nahen Osten nicht orientalistisch vorzustellen. Der Realsozialismus war der extremste Modernismus. Der chinesische Modernismus ist der Sieg des Orientalismus. Auch dem indischen Traditionalismus geht es nicht anders.

Mir erscheint es interessant und verlockend, Anti-Orientalist*in zu sein. Ich probiere es in diesen Zeilen. Die Meinungsfreiheit drückt an sich nicht den Anti-Orientalismus aus. Den Orientalismus zu überwinden, ist nicht so einfach, wie man denkt. Es mag vielleicht anti-modernistisch sein, die Erzählung der kapitalistischen Moderne über ihre drei Standbeine abzulehnen, aber für sich alleine genommen ist es weder die Überwindung des Modernismus noch des Orientalismus. Viel wichtiger ist, wodurch man das Abgelehnte ersetzt. Der Islam oder irgendeine Tradition kann die Moderne ablehnen. Wenn es allerdings darum geht, eine Alternative zu bilden, merken diese Traditionen, dass sie keine andere Lösung haben, als sich zu ergeben. Sie ordnen sich in dem Wissen, dass offene oder subtile Unterwerfung ihren Interessen entspricht, der Moderne unter. Der Untergang des Realsozialismus ist darauf zurückzuführen, dass er nicht nur die Moderne nicht überwinden konnte, sondern im Gegenteil von der Moderne mit ihren drei Standbeinen extrem abhängig war (Staatskapitalismus statt Privatkapitalismus zu praktizieren, bedeutet keine Ablehnung des Kapitalismus). Es gibt selten ein Beispiel, das dieses Urteil auf so bemerkenswerte Weise bestätigt wie China. Dass weder der Marxismus noch der Religionismus im Nahen Osten ein beständiges System entwickeln konnten, rührt daher, dass sie den Orientalismus nicht überwinden konnten und sogar den Orientalismus am extremsten praktizierten.

Von der Überwindung der geistigen Hegemonie des Modernismus und des Orientalismus ganz zu schweigen – es wurde noch nicht einmal mit ihrer Analyse begonnen. Antonio Gramsci wagte einen Versuch, doch er kam nicht darüber hinaus. Obwohl aus der anarchistischen Denkschule mutige Kritiken kamen, unterscheiden sich ihre Vertreter*innen, was die Schaffung von Alternativen angeht, kaum von Realsozialist*innen. Auch wenn sie diese Hegemonie theoretisch überwanden, hatten sie kein ernsthaftes Problem damit, innerhalb der hegemonialen Strukturalität zu leben. Die iranischen Intellektuellen, die sich am meisten mit dem modernistischen Denken auseinandersetzten, konnten nicht über den Aufbau einer modernistischen Schia hinausgehen. Alle anderen Islamist*innen wiederholen ständig, dass alle Diskurse der Moderne vom Islam viel früher geführt worden seien. Der größte Erfolg aller ideologischen Strömungen und Machtbewegungen, die darauf bestehen, antiimperialistisch und antikapitalistisch zu sein, bestand darin, vom Liberalismus und Privatkapitalismus zur Sozialdemokratie, zum Realsozialismus und zum Befreiungsnationalismus aufzusteigen beziehungsweise die eigene Konfession zu ändern.

Die modernistische und die orientalistische Denkweise sind viel einflussreicher, als allgemein vermutet. Eine Kritik, die sich auf die kulturelle Ebene beschränkt, ist nicht mit einer Überwindung dieser Denkweise gleichbedeutend. Eine der Hegemonialkräfte des Systems zu besiegen, sogar eine antikapitalistische Revolution durchzuführen, beweist nicht, dass eine Kritik und Alternative des Systems verwirklicht wird. Die Oktoberrevolution war antikapitalistisch, aber nicht antimodernistisch. Ganz im Gegenteil, sie leistete einen großen Beitrag zur Globalisierung des Modernismus, indem sie zur extremsten Umsetzung seines Industrialismus und Nationaletatismus führte. Die Chinesische Revolution war in dieser Hinsicht noch typischer: Sie bildete sich ein, durch die Umsetzung der Formen der Moderne aus dem neunzehnten Jahrhundert die Revolution fortzuführen. Die Auswirkungen ähnlicher Irrtümer, die man bei der Französischen Revolution beging, sind heute noch spürbar.

Die Kritik der modernistischen und orientalistischen ideologischen Hegemonie bedarf der Fokussierung auf die grundsätzlichen Parameter. Wenn wir die drei Standbeine als grundsätzliche Parameter anerkennen, wird die Wichtigkeit dieses Themas besser verstanden. Der Konsistenz halber ist zu betonen, dass die radikalste Kritik auf dieser Grundlage entwickelt werden kann und die Alternativen ebenfalls auf dieser Grundlage zu schaffen sind. Der Kritik selbst müssen die Totalität und die strukturellen Dauern zugrunde liegen. Für die Enthüllung der Wahrheit reicht die Kritik an kurzfristigen Ereignissen und politischen Prozessen sowie persönlichen Rollen nicht aus. Solange hier der Kritik nicht die Totalität und der Begriff der »Dauer« zugrunde gelegt werden, werden die Ergebnisse von Unzulänglichkeiten und Fehlern wie Bruchstückhaftigkeit, fehlender Zeitbezug, folglich Bedeutungslosigkeit und der Unfähigkeit, die Wahrheit auszudrücken, verfälscht sein. Was auch immer wir kritisieren, wir haben die Totalität und die Zeitlichkeit unbedingt richtig festzustellen. Wenn es um die Moderne geht, gilt es, davon auszugehen, dass sie auf der Basis von zumindest drei Standbeinen eine Totalität ausmacht und von der Dauer her eine fünfhundertjährige, lange, strukturelle, systematische Zeit beinhaltet. Der grundsätzlichste Fehler der Systemgegner*innen, allen voran der Marxist*innen, ist, dass sie ein langfristiges System mit seinen drei Standbeinen innerhalb kurzer Zeitspannen, sogar manchmal in totaler Ignoranz der Dauer überhaupt, und innerhalb einer einzigen Dimension, beispielsweise nur in seiner kapitalistischen Dimension, kritisieren. Die Analysen, die in diesem Manifest schematisch entwickelt werden, zeigen jedoch, dass es für das Verständnis des Kapitalismus unbedingt seiner Kritik im Zusammenhang mit dem System der Zentralzivilisation, seinem langfristigen Aufstiegstrend und den anderen beiden Hauptdimensionen, dem Nationalstaat und dem Industrialismus, bedarf.

Ohne den Nahen Osten und sogar China und die amerikanischen Zivilisationen zu berücksichtigen, lässt sich der Kapitalismus, dem im sechzehnten Jahrhundert ein Aufbruch gelang, nicht verstehen. Das innere Potential Europas war für den Kapitalismus definitiv nicht ausreichend. Auch ohne den Aufbau des Nationalstaats ist die Gründung des kapitalistischen Systems nicht möglich. Ohne Macht und Staat ist gar kein Ausbeutungssystem möglich. Ohne die Entstehung nicht nur der Macht und des Staates, sondern eines Maximums an Macht und der nationalstaatlichen Form des Staates kann die Profit- und Kapitalakkumulation für den Kapitalismus nicht verwirklicht werden. Das System muss für seinen hegemonialen Sieg außerdem sein Monopol auf die industrielle Revolution errichten, und dies muss mit der Ideologisierung als Industrialismus (Nationalismus) einhergehen. Es ist offensichtlich, dass diese Phänomene in einer dichten Totalität untereinander und in einer longue durée zur Herrschaft der Moderne führen. Wenn wir sämtliche als kritisch geltenden Denkschulen betrachten, sehen wir, dass sie die Moderne nicht in der longue durée und in ihrer Totalität behandeln, ihre Kritik bruchstückhaft bleibt, sie meist keine Kenntnis vom Begriff der Dauer besitzen und ein Ergebnis zu erzielen versuchen, indem sie einige wenige Besonderheiten (beispielsweise Arbeit, Lohn, Profit, Kapital, Staat, Kolonialismus, Imperialismus, Einzelpersonen, Ereignisse) in den Fokus nehmen. Solange dies die Methode ist, wird das Ergebnis einer Beschreibung des Elefanten anhand seiner Haare ähneln.

Vor allem der Realsozialismus, mit dem wir aufgewachsen sind, führte zu der größten Enttäuschung, weil er ausschließlich das Kapitalismus-Standbein der Moderne kritisierte und dies zudem tat, ohne vom Begriff der Dauer richtig Gebrauch zu machen. Dieser Ansatz hat zweifellos eine soziale Basis. Wir sollten sehr genau wissen, dass es keine revolutionäre Politik, sondern Diktatur und sogar Faschismus hervorbringt, wenn man in seiner Umsetzung der anderen beiden Standbeine der Moderne, des Nationalstaats und des Industrialismus, sogar den Liberalismus weit übertrifft. Die

Erfahrungen in den realsozialistischen Ländern (und noch mehr in den befreiungsnationalistischen Staaten) sind in dieser Hinsicht sehr lehrreich. »Gute Vorsätze«, um Lenin zu zitieren, »retten nicht vor der Hölle, sondern pflastern sogar manchmal den Weg dorthin.«[61] Die Oktoberrevolution scheiterte nicht deshalb, weil sie in ihrem Antikapitalismus unzulänglich war; im Gegenteil war sie beim Antikapitalismus erfolgreich. Da es ihr aber nicht gelang, antimodernistisch, folglich anti-nationalstaatlich und anti-industrialistisch, zu sein und sie daher mit ihrem Antikapitalismus die anderen beiden Standbeine der Moderne nicht überwinden konnte, sie die strukturelle Dauer beiseite ließ und kurzfristig agierte, wurde sie besiegt. Die Praktiken, die wir erlebt haben, zeugen von der Richtigkeit dieser Kritik.

Die wesentliche Unzulänglichkeit der Revolutionen, ideologischen Strömungen und Bewegungen mit demokratischen und egalitären Zielen, die sie in den letzten fünfhundert Jahren daran hinderte, einen systematischen Erfolg zu erzielen und ein Weltsystem zu schaffen, das wir als demokratische Zivilisation bezeichnen könnten, ist, dass es ihnen an kritischen Praktiken fehlte, die eine Totalität innegehabt und den Begriff der Dauer beinhaltet hätten. Sie waren also dazu gezwungen, den Elefanten stets einseitig beschreibend zu definieren. So kann man den Elefanten weder nutzen noch loswerden. Während die Marxist*innen den Kapitalismus kritisieren und überwinden wollten, merkten sie nicht einmal, dass sie den nationalstaatlichen Zentralismus und den Industrialismus bis hin zum Faschismus weitertrieben. Die anti-modernistische Haltung der befreiungsnationalistischen Strömungen und Bewegungen ist noch viel verschwommener. Sobald sie zu Nationalstaaten werden und in einigen Industriezweigen Fortschritte erzielen, machen ihr Antiimperialismus und ihr Antikapitalismus einem extremen Modernismus Platz. Sie kennen sogar dabei keine Grenzen, modernistische Ideologien (Liberalismus, Nationalismus, Realsozialismus) in Religionen zu verwandeln. So erlangten der Nationaletatismus und der Industrialismus als weltliche Religionen Bedeutung und Strukturalität.

Während Anarchist*innen ihre Kritik von den drei Standbeinen ausgehend entwickelten, wollten sie als Alternative an eine demokratische Systematik nicht einmal denken und zogen das anarchistische Individuum der demokratischen Gesellschaft vor. Ihre Klassenposition lässt nicht zu,

61 »Mit guten Vorsätzen ist der Weg zur Hölle gepflastert, und in diesem Falle retten die guten Vorsätze noch nicht vor dem spontanen Sichtreibenlassen auf der ›Linie des geringsten Widerstands‹, der Linie des rein bürgerlichen Programms des Credo.« Wladimir Iljitsch Lenin, *Was tun?* (1902), Kapitel III d) *Was hat der Ökonomismus mit dem Terrorismus gemein?*

dass sie bemerken, wie diese Realität ihrem Scheitern zugrunde liegt. Der anti-gesellschaftliche Aspekt der städtischen Kleinbourgeoisie lässt sich nicht anders erklären. Sozialdemokrat*innen machen nicht einmal einen einzigen Schritt, der über die Verbesserung der Moderne durch Reformen hinausginge. Ökologieaktivist*innen sind so oberflächlich, dass sie nicht merken, dass sie ihre ganzen Umweltargumente der Moderne entnehmen. Während sie sich gegen den Industrialismus auflehnen, vergessen sie den Kapitalismus und den Nationalstaat. Während Feminist*innen das Patriarchat sehen, weigern sie sich, die Zerstörung der Frau durch die Moderne genauso scharf zu kritisieren. Sogar in ihrer Kritik wirken sie gewissermaßen hilflos, was das Hervorbringen der alternativen Frau und Gesellschaft als Strömung, Bewegung und System betrifft. Der Antimodernismus radikal religionistischer und kulturalistischer Bewegungen ist als Strömung und Bewegung noch schwächer. Sie verfolgen ein maximales Kompromisslertum.

Ich will sagen, dass die Unfähigkeit, eine ganzheitliche und strukturelle Kritik der kapitalistischen Moderne zu entwickeln und ein alternatives System zu schaffen, wohl einen entscheidenden Anteil daran hat, wenn in der gegenwärtigen globalen Finanzkrise des Kapitalismus jährlich eine virtuelle Spekulation im Wert von sechshundert Billionen Dollar stattfindet. Alle Strömungen, Bewegungen und Revolutionen, denen es nicht gelingt, den Zusammenhang zwischen dem Kapitalismus und der Moderne herzustellen, werden nicht verhindern können, dass sie in der kapitalistischen Moderne aufgehen. Alle ideologischen Strömungen, politischen Bewegungen und Revolutionen jeglicher Couleur, denen es nicht gelingt, den Antikapitalismus bis zum Antimodernismus zu treiben, können nicht verhindern, von der Moderne erobert zu werden.

Antikapitalismus ist noch kein Antimodernismus; gleichzeitig kann man, ohne antimodernistisch zu sein, nicht konsequent antikapitalistisch sein. Der Hauptirrtum ökologischer, feministischer, kulturalistischer und radikal religionistischer Strömungen und Bewegungen ist, dass sie sich einbilden, erfolgreich sein zu können, ohne die Gesamtstruktur der Moderne im Visier zu haben.

Ich stelle nicht alles in Abrede. Obwohl die fünfhundertjährige Kritik an der Moderne bruchstückhaft und unsystematisch war, konnte sie im letzten halben Jahrhundert ein postmodernes Denken hervorbringen, wenn auch ein schwaches. Obwohl der Postmodernismus weit davon entfernt ist, für die Kritik der Moderne auszureichen, um deren Analyse ich bemüht bin, stellt er in der Hinsicht eine wichtige Entwicklung dar, dass er die Krise und den chaotischen Zustand widerspiegelt, denen das System anheimgefallen ist.

In der postmodernen Ära wird es einfacher beziehungsweise überhaupt möglich, den Zusammenhang zwischen der Moderne und dem Faschismus, Genozid, Totalitarismus, Autoritarismus, Sexismus, Nationalismus, Industrialismus, dem Klimawandel und jeglicher Umweltzerstörung, der Maximierung der Macht, der Ehefrauisierung und Kommodifizierung der Gesellschaft, dem Analytischerwerden der Vernunft, der Entleerung der Seele, der Aushöhlung der Individuen, der Aufwiegelung zum Kampf aller gegen alle, der Auflösung der Gesellschaft, der Vernichtung der Landwirtschaft, der Ersetzung der maskierten Gottkönige durch nackte und unmaskierte Individuen-Gött*innen, der Entzauberung des Lebens, dem Verlust der Vornehmheit und Schönheit der Frau, ihrer maximalen Prostituierung, der Ersetzung der Moral durch die Herrschaft der Vergewaltigungs-Kultur, der Ersetzung der mit dem Leben gleichbedeutenden Diversität durch die mit dem Tod gleichbedeutende Homogenität, dem Ende der Politik und ihrer Ersetzung durch die Macht und Tausenden solchen negativen Dingen zu analysieren. Die Postmoderne allein ist noch keine Revolution. Sie macht aber die starren religiösen Schablonen der Moderne brüchiger und entschärft die Situation. Offenbar wird die Revolution der Antimoderne, indem sie eine Differenz in der Totalität, eine Regionalität in der Universalität und eine momentane Herangehensweise innerhalb der langen Dauer an den Tag legt, die Selbstverteidigung und die Bedeutungsgebung und Verwahrheitlichung der Selbstheiten unterschiedlicher Strukturen um sozialistische, demokratische und ökologische Ziele herum auf der Basis von Antikapitalismus, Anti-Nationaletatismus und Anti-Industrialismus sein.

Wir sollten den Orientalismus nicht im engen Sinne als das Denken europäischer Denker*innen über die nahöstlichen Zivilisationen und Gesellschaften betrachten. Im weiteren Sinne bedeutet Orientalismus, sich der ideologischen Hegemonie der Moderne zu verpflichten und dem eigenen Denken ihre wissenschaftliche Struktur zugrunde zu legen, anstatt das wissenschaftliche Denken über die eigene gesellschaftliche Natur zu entwickeln und für eine eigene Aufklärung zu sorgen. Die Eroberungen der kapitalistischen Moderne in den letzten beiden Jahrhunderten ereigneten sich nicht nur im Bereich der materiellen Kultur, sondern fanden viel stärker im Bereich der immateriellen Kultur statt. Die ideologischen Strömungen, politischen Bewegungen und Revolutionen, die in Erscheinung traten, sind jeweils blasse Kopien derjenigen, die in Europa entstanden. Aus diesem

Grund blieben ihre Auswirkungen auf die Gesellschaft oberflächlich. Die Gesellschaft, die zwischen der Tradition und der Moderne eingeklemmt wurde, befindet sich als Ergebnis der Spannungen und ihrer Unfähigkeit, sich zu erneuern, in einem kontinuierlichen Krisenzustand.

Anti-orientalistisch zu sein, wird erst dadurch möglich, anti-modernistisch zu sein. Man könnte den radikalen politischen Islamismus im Kontext des Orientalismus und als orientale Form des Modernismus interpretieren. Er besitzt im Sinne der Erzeugung einer Alternative definitiv keinen Wert. Er geht nicht darüber hinaus, als Reaktion auf den laizistischen Nationalismus das Argument des religionistischen Nationalismus einzusetzen. Die arabische, die türkische und die iranische Revolution sind typisch orientalistische Revolutionen. Diese Revolutionen machten sich zum primären Ziel, moderne Nationalstaaten zu gründen, wobei sie vom religionistischen und vom Abstammungs-Nationalismus jeweils getrennt oder ineinander verwoben Gebrauch machten. Sie bildeten sich ein, sie würden ihre Mission abschließen, wenn sie dies in den Staatskapitalismus und Industrialismus integrierten. Es ist ihr Schicksal, Europa mit ein paar Jahrhunderten Abstand hinterherzuhinken; und es stellt für sie eine fixe Idee dar, in jeglicher Hinsicht die europäischen Werte zu erreichen.

Die richtige Interpretation des Verhältnisses zwischen der nahöstlichen Gesellschaft und der kapitalistischen Moderne ist für einen alternativen Aufbruch von entscheidender Bedeutung. Zuallererst sollte man begreifen, dass die kapitalistische Moderne zu einem lokalen Phänomen geworden ist. Sie ist kein äußeres, sondern ein inneres Phänomen. Allerdings unterscheidet sich die hiesige von der in Europa. Sie bildet das schwächste Glied des globalen Kapitalismus. Entsprechend sollten wir zwei grundsätzliche Fehler vermeiden. Der erste wäre, die kapitalistische Moderne als eine säkulare Religion zu akzeptieren, die Moderne anzubeten, als wäre eine andere Welt nicht möglich. Der zweite wäre, gänzlich gegen die Moderne zu sein und sie abzulehnen, wie es der salafistische Pseudo-Islam tut. Beide Haltungen dienen im Endeffekt einer weitergehenden lokalen Anpassung der kapitalistischen Moderne.

Im Band Soziologie der Freiheit habe ich versucht, mit dem demokratischen Modernismus eine Alternative zum Anti-Modernismus zu bieten. Anstatt die dortigen Thesen an dieser Stelle eins zu eins zu wiederholen, werde ich versuchen, sie regional anzupassen. Systemkritiken haben den Zweck, eine Deutung des zu Überwindenden und des neu Aufzubauenden vorzunehmen. Ich halte es für die richtige Methode zum besseren Verständnis der

Alternative des demokratischen Modernismus, nochmals die Moderne zu definieren und sie auf der Grundlage ihrer drei Standbeine zu diskutieren.

Wir können die Moderne als das jeweils gegenwärtige Zeitalter betrachten. Eine jede strukturierte Zivilisation ist bis zu ihrer Überwindung die Moderne ihrer Zeit. Beispielsweise bilden die sumerischen Strukturen, die über zweitausend Jahre existierten, die sumerische Moderne, d. h. das sumerische Zeitalter (4000–2000 v. Chr.). Die griechisch-römische Moderne erstreckte sich von 500 v. Chr. bis 500 n. Chr. Die osmanisch-islamische Moderne (1300–1918) hatte zu ihrer Zeit in ihrer Region großen Einfluss. Wenn das einer Moderne eigene Zeitalter überwunden ist, ist es angemessen, sie als Zivilisation zu bezeichnen. Zivilisation bezeichnet die vorangegangenen Modernen. Wir hatten Zivilisationen als monopolistische Systeme zur Unterdrückung und zur Aneignung des Mehrprodukts definiert, die auf der Verschränkung des Staates, der Klassen und der Stadt basieren. Ich bin der Ansicht, dass dies eine befriedigende Definition ist. Unterschiede in materieller und geistiger Kultur beschreiben Zivilisationen, definieren sie aber nicht. Zivilisationen ließen sich zudem als langfristige und ganzheitliche Strukturen oder Kulturen bezeichnen. Es wäre auch nicht falsch, all das im breiteren Sinne Definition zu nennen.

Die Unterscheidung zwischen Zentral- und Nicht-Zentralzivilisationen ist ebenfalls aufschlussreich. Der Begriff »Zentralzivilisation« bezeichnet den Hauptfluss der Zivilisation, »Zentrum« ihre ständig bestehenden, eine Totalität bildenden Strukturen. Wir könnten es auch Weltsystem nennen. Neben dem Zentrum kann es zahlreiche andere Zivilisationen geben. China, Indien und Amerika wurden zu Zivilisationen, allerdings nicht zu Zentren. Die nahöstlichen Zivilisationen bilden eine zentrale Kette. Zwischen 3500 v. Chr. und 1500 n. Chr. existierte eine ungefähr fünftausendjährige kettenartige Zentralzivilisation. Den darin aufeinanderfolgenden Zivilisationen wurden verschiedene Namen gegeben. Es handelte sich dabei mehrheitlich um die Namen von Dynastien und Religionen. Sumer, Ägypten, Rom, byzantinisch-christlich, arabisch-islamisch, türkisch-islamisch sind einige, die uns als erste einfallen. So sehr sich ihre Namen und Inhalte voneinander unterschieden, wohnte ihnen eine ihrer Definition entsprechende innere Totalität und Struktur inne. Sie waren hegemonial. Sie besaßen zentrale und periphere Bereiche. Sie erlebten vorübergehende Krisen und chaotische Zustände. Allerdings weisen sie als verkettete Machtstrukturen, die kein Vakuum zulassen, eine Kontinuität auf.

Die kapitalistische Moderne ist ein Weltsystem, in dem wir immer noch leben. Als eine hegemoniale Zentralzivilisation, die aus dem Nahen Osten nach Europa verlagert wurde, existiert sie seit ungefähr fünfhundert Jahren (seit dem sechzehnten Jahrhundert).

Den Begriff der demokratischen Zivilisation haben wir gewählt, um die Welt zu definieren, die die innerstädtischen emanzipatorischen Arbeiter*innen und die ländlichen kommunalen Kräfte gegen die Zivilisation als einem Städte-, Klassen- und Staatensystem schaffen – ebenjene Kräfte, die sich im stetigen Widerstand gegen die sklavenbasierte Klassenbildung im Inneren und die Unterdrückung, Plünderung und Versklavung der Stammes- und Volksstammesidentitäten von außen befinden. Offensichtlich ist es ein unverzichtbares historisches Recht und eine entsprechende Aufgabe, die zahlreichen egalitären, freien und demokratischen Strukturen im Laufe der Zivilisationsgeschichte, die eine gewisse Totalität aufweisen und einander immer ein Erbe hinterlassen, als demokratische Zivilisation zu bezeichnen.

Wenn wir den Begriff der demokratischen Zivilisation dem aktuellen konkreten Zustand anpassen, ließe er sich, die Gegnerschaft zur kapitalistischen Moderne beinhaltend, als demokratische Moderne festhalten. Es gilt, nicht den Begriff selbst als Namen, sondern seinen Gehalt vor Augen zu haben. Selbst wenn der Name verändert wird, besteht der Gehalt weiter. In den vorangegangenen Büchern bin ich ausführlicher auf die offiziellen Zivilisationen eingegangen, die in klassischen Erzählungen erwähnt werden, und habe den Phänomenen der demokratischen Zivilisationen weniger Platz eingeräumt. Der Grund dafür sind die Neuheit dieser Sichtweise der Geschichte und die noch unzureichende Auseinandersetzung mit dem zur Verfügung stehenden Material. Ich werde in diesem Kapitel versuchen, die nahöstliche Gesellschaft in Hinblick auf ihre Aktualität zu beurteilen und Lösungsansätze für ihre Probleme genauer zu definieren. Die demokratische Moderne wird stets ausgehend vom Aufbruch, der Entwicklung, der strukturellen Krise und der Überwindung der kapitalistischen Moderne als ihre Alternative, *ihre dialektische Antithese*, Gegenstand der Analyse sein. Wir werden die historischen Fehler des Marxismus vermeiden. Vor allem werden wir nicht in die Falle tappen, den Grundwiderspruch an Phänomenen wie der Bourgeoisie und der Arbeiter*innenklasse festzumachen, deren Gehalt sich immer wieder ändert. Während wir versuchen, die dialektische Logik zum ersten Mal seit Hegel erfolgreich auf die gesellschaftliche Natur des Nahen Ostens anzuwenden, werden wir sehen, dass diese Erfahrung erfolgreichere Ergebnisse produziert. Die Aufgabe, die »Dialektik vom Kopf auf die Füße zu stellen«[62], die Marx zwar benannt, aber nicht geschafft hat, werden wir sinnvoller angehen.

a) Die wirtschaftliche Gesellschaft gegen den Kapitalismus

Karl Marx lebte zu einer Zeit und an einem Ort, die von intensiven Diskussionen über die deutsche Einheit und den deutschen Nationalstaat sowie von ideologisch-politischen Strömungen, die dieses Ziel verfolgten, geprägt waren. Man versuchte damals, Phänomene eher im ideologischen, politischen und rechtlichen Rahmen zu deuten. Karl Marx machte es sich zum primären Ziel, auf diese Atmosphäre durch die Vorranstellung der Ökonomie Einfluss zu nehmen. In seiner Erzählung versuchte er, die Ökonomie als die entscheidende Kategorie zu untermauern. Er ist der Hauptverantwortliche dafür, dass aus dem Kapitalismus eine Wissenschaft gemacht wurde. Im Zusammenhang damit erklärte er die Kapitalbesitzer*innen als Bourgeoisie, die Lohnarbeiter*innen als Proletariat und die Gesellschaft als kapitalistische Gesellschaft, in der das kapitalistische Zur-Ware-Werden vorherrscht, zu Eckpfeilern jener Wissenschaft. Er bildete sich ein, dadurch drei Fliegen mit einer Klappe geschlagen zu haben. Felsenfest glaubte er daran, ihm sei die Synthese zum »Wissenschaftlichen Sozialismus« gelungen, indem er der englischen politischen Ökonomie die Ökonomie, der französischen Gesellschaftswissenschaft den Positivismus und der deutschen Philosophie den Begriff der Dialektik entnahm und alle drei zusammenfügte. In jener Zeit kam es in allen Wissenschaften zu Revolutionen. Marx war sich sicher, dass er gemeinsam mit Friedrich Engels die wissenschaftliche Revolution der Gesellschaft durchgeführt habe. Die beiden gelten als die Darwins der Gesellschaftswissenschaft.

Das marxistische Denken wurde als der wichtigste Zweig der europäischen Sozialwissenschaft geboren. Wenn man das Ganze aus der Perspektive des hegemonialen Systems betrachtet, ist es nicht schwer zu verstehen, dass diese Wissenschaft auf den neu aufsteigenden Kapitalmonopolismus,

62 Marx: »Die Mystifikation, welche die Dialektik in Hegels Händen erleidet, verhindert in keiner Weise, daß er ihre allgemeinen Bewegungsformen zuerst in umfassender und bewußter Weise dargestellt hat. Sie steht bei ihm auf dem Kopf. Man muß sie umstülpen, um den rationellen Kern in der mystischen Hülle zu entdecken.« *Das Kapital*, Nachwort zur 2. Auflage (1873), MEW 23, S. 27.
Engels: »Damit aber wurde die Begriffsdialektik selbst nur der bewußte Reflex der dialektischen Bewegung der wirklichen Welt, und damit wurde die Hegelsche Dialektik auf den Kopf, oder vielmehr vom Kopf, auf dem sie stand, wieder auf die Füße gestellt.« *Ludwig Feuerbach und der Ausgang der klassischen deutschen Philosophie*, in: MEW 21, S. 293.

der dem System seinen Stempel aufdrückte, zurückzuführen ist und der Verwissenschaftlichung und damit der Legitimation des Kapitals zumindest einen genauso großen, wenn nicht einen noch größeren Beitrag als die Gewalt der Macht geleistet hat. Marx und Engels mögen das Kapital so negativ darstellen, wie sie wollen; sie unternahmen den notwendigen Schritt für die Legitimität des Kapitalismus, indem sie ihn als eine Wissenschaft präsentierten. Sehr bitter ist es, dass sie trotz ihrer ganzen gegenteiligen Bemühungen nicht verhindern konnten, hauptsächlich verantwortlich für diesen historischen Schritt zu sein, indem sie das Kapital zum Kapitalismus, die Kapital- und Profitmonopolist*innen zur Bourgeoisie und die wirtschaftliche Gesellschaft zur kapitalistischen Gesellschaft erklärten. Wir dürfen niemals vergessen, dass guter Wille in der Geschichte meistens für ein ihm entgegengesetztes Ergebnis ausgenutzt wurde.

Es ist bekannt, dass Karl Marx und Friedrich Engels sich bei diesem Unterfangen ganz besonders der dialektischen Philosophie bedient haben, die Hegel zu ihrem Höhepunkt geführt hatte. Ich bin der Ansicht, dass sie den Hauptfehler bei der Adaption der dialektischen Philosophie gemacht haben. Diesen begingen sie, als sie aus der Triade These/Antithese/Synthese heraus einige Triaden, vor allem Kapital/Lohnarbeit/Profit und Bourgeoisie/Arbeiter*innenklasse/kapitalistische Gesellschaft entwickelten. Ich glaube nicht, dass Marxist*innen (und viele andere, die sich dieser Methode bedienen) die dialektische Entität These/Antithese bei Hegel ganz begreifen. Die Entität These/Antithese, die Grundfrage der Philosophie, die nach wie vor nichts an ihrer Bedeutung verloren hat und noch auf ihre Weiterentwicklung wartet, drückt die Bedeutung und folglich die Wahrheit des ineinander Verwobenseins des Allgemeinen und des Besonderen aus. Sie will im Wesentlichen Folgendes erklären: Im Wesen jedes Seins ist auch noch sein Gegenteil vorhanden. Seiende Wesen können nicht ohne ihr Gegenteil existieren. Das Fehlen eines Gegenteils ist völliges Nichts. Völliges Nichts ist Nicht-Sein. Da es Nicht-Sein nicht gibt, kann es auch kein völliges Nichts geben. Also kann ein Sein nicht ohne sein Gegenteil sein, so wie es ohne Anziehung keine Abstoßung gibt. Das Problem liegt vielmehr darin, den Charakter des Widerspruchs richtig zu begreifen. Erfolgreiche*r Dialektiker*in ist, wer den Widerspruch richtig festlegt.

Folgendes müssen wir besonders betonen: Aus einem Sein heraus können Tausende Antithesen entstehen. Die wichtigste Aufgabe, die sich dabei für eine*n Dialektiker*in ergibt, ist, richtig festzustellen, welche dieser multiplen Antithesen *direkt*, in erster Linie, auf die andere wirkt und sie bildet.

Marx und Engels als Dialektiker begingen einen so groben Fehler, dass sie nicht einmal merkten, dass sie Hegel den Kopf abrissen, als sie ihn vom Kopf auf die Füße stellen wollten. Trotz des ganzen Diskurses gegen ihn in den letzten zweihundert Jahren muss ich herausstellen, dass die hegelsche Dialektik nach wie vor einen Höhepunkt der Erzählung darstellt. Die Triaden von Marx und Engels haben sicherlich etwas Dialektisches. Sie sind aber weit davon entfernt, eine Erzählung auszumachen, die den Wert einer richtigen dialektischen Triade hätte.

Der wichtigste Fehler in der Gehalts- und Wesensbestimmung in Bezug auf unser Thema wurde beim Gegensatz zwischen der Bourgeoisie und dem Proletariat gemacht. Zweifellos gibt es einen Gegensatz zwischen der Bourgeoisie und dem Proletariat. Allerdings entstand und funktioniert dieser Gegensatz nicht so, wie Marx und Engels es sich vorgestellt haben. Der Widerspruch, der Gegensatz, den der Kapitalismus in der Wahrheit und Entität der Gesellschaft erzeugt hat, ist nicht der Widerspruch zwischen den Kapitalist*innen und dem Proletariat. Selbst wenn es einen solchen Widerspruch gäbe, wäre er nicht der Hauptwiderspruch. Noch wichtiger, der Kapitalismus für sich allein besitzt im Gegensatz zur allgemeinen Annahme nicht das Potential, die gesellschaftliche Wahrheit zu einer kapitalistischen zu machen. Der*die Kapitalist*in alleine hat nicht diese Kraft. Zudem ist die Gesellschaft kein Sein, das durch Adjektive wie kapitalistisch, islamisch, christlich usw. seine Qualität ändert. Als ein Sein, als eine Zweite Natur bleibt die Gesellschaft bestehen. Dass manche Eigenschaften in bestimmten historischen Epochen als »Einzelne« wirken, beweist nicht, dass die entsprechende Gesellschaft gänzlich durch das jeweilige Einzelne zur einzelnen wird, genauso wie eine schwarze Tulpe alleine keine Gesellschaft von Tulpen ausmacht.

Der Kapitalismus als ein Faktor formt aus der gesellschaftlichen Entität nicht nur Proletarier*innen. Er zieht aus dem gesellschaftlichen Sein den proletarischen Typ heraus. Doch sogar bei diesem Herausziehen befindet er sich meistens in einem Bündnis mit den Proletarier*innen gegen die Gesellschaft, aus der er sie herauszieht. Dies ist das Ereignis, das Phänomen, das Marxist*innen das temporäre Bündnis zwischen dem Proletariat und der Bourgeoisie gegen die feudale Gesellschaft nennen. Allerdings liegt ihrem Fehler eben diese Erzählung zugrunde. Eigentlich stellt der Kapitalismus im Gegenzug zu einem Zugeständnis, welches man Lohn nennt, aus der Gesellschaft heraus einen Agenten namens Proletariat zusammen. Es kommt dabei nicht zu einem Bündnis, sondern zu einem Verrat an der alten Gesellschaft. Hinzu kommt, dass die Gesellschaft, die Natur mit der wunderbarsten flexiblen Intelligenz des ganzen Universums, ausgenutzt, ja auf die Weise missbraucht wird, wie ein Herr eine Frau missbraucht. Indem man sich auch des jahrtausendealten Erbes der Herren (Gebieter, Könige, Despoten) bedient, werden die Werte der ganzen Gesellschaft im Namen des Profits in systematischer und stetiger Weise existentiell erodiert. Nicht nur der Wert als Profit, sondern alle materiellen und geistigen Werte der Gesellschaft werden missbraucht. In diesem Fall ist der Kapitalismus das *monopolistische Gefüge* selbst, das sich der Gesellschaft entgegenstellt und sie am meisten und am systematischsten ausbeutet. In diesem Sinne bezieht er sich auf die Gesellschaft und ist in der Gesellschaft wirksam. Indem er das herrschende System gründet, die alten Händler*innen, Geld- und Machtbesitzer*innen unter seiner eigenen Führung absorbiert, die Arbeiter*innen und Handwerker*innen sich unterordnet und mit den Intellektuellen eine ideologische Hegemonie errichtet, löst er diese Wirkung aus und begeht den Missbrauch. Wenn wir der Entität der Gesellschaft einen wissenschaftlichen Ausdruck verleihen wollen, haben wir zu verstehen, dass das Gefüge namens »kapitalistische Gesellschaft« sich mit diesem Wesen und in diesen Formen entwickelt. Im Namen der Gesellschaft *Szientismus* zu betreiben, ohne diese charakteristische Struktur des Prozesses zu sehen, ohne diese Qualität seiner Funktionsweise zu begreifen, geht nicht über groben *Positivismus* hinaus.

Grobe positivistische Objektivierungen zu unternehmen, ohne die Funktionsweise des Kapitalismus in der Gesellschaft richtig festzustellen, wäre ein Fehler im Namen der Wissenschaft gegen die Wissenschaft, im Namen der Gesellschaftswissenschaft gegen die Gesellschaft. Wenn es um die Gesellschaft geht, hat man sich wohl mehr Gedanken darüber zu machen, um einzuschätzen, wie schlimm die Ergebnisse sein könnten. Aus einer kurzen Analyse zu diesem Thema ergibt sich eindeutig, dass der Widerspruch in Hinblick auf den Kapitalismus nicht der zwischen den Kapitalist*innen und den Proletarier*innen ist, der auf einer ziemlich untergeordneten Ebene zustande kommt, sondern dass er zwischen dem Kapitalismus und der Gesellschaft (einschließlich des genannten Widerspruchs), den Kapitalist*innen und den Verteidiger*innen der Gesellschaft[63] entsteht. Als Rosa Luxemburg, eine der intelligenten Marxist*innen, Karl Marx durch ihre Behauptung, eine rein kapitalistische Gesellschaft könne niemals

63 Der Autor verwendet *toplumcu*, was gleichzeitig ein weniger gebräuchlicher Begriff für Sozialist*innen ist.

verwirklicht werden[64], an einem grundsätzlichen Punkt kritisierte, wollte sie eigentlich diesen Prozess im gesellschaftlichen Gefüge erklären. Wenn wir unbedingt vom wissenschaftlichen Sozialismus (man sollte vielmehr sagen: der Gesellschaftswissenschaft) reden wollen, müssen wir wissen, dass unsere Hauptaufgabe darin besteht, die Notwendigkeit einer radikalen wissenschaftlichen Reform und Revolution zu begreifen.

Im engeren Sinne können wir von einem Widerspruch zwischen dem Kapitalismus und der wirtschaftlichen Gesellschaft sprechen. Wenn man vorsichtig vorgeht, kann dies zu einigen wichtigen und richtigen Ergebnissen führen, ohne große Fehler zu verursachen. In früheren Abschnitten[65] habe ich mit Nachdruck betont, dass Fernand Braudel die Wirtschaft mit dem Markt gleichsetzt und konstatiert, dass das Kapital auf diesem Markt den Profit verwirkliche, indem es die Preisunterschiede bei großen Entfernungen ausnutze, dass der Kapitalismus folglich eine marktfeindliche Stellung einnehme. Ich habe unterstrichen, dass diese Erzählung nicht ausreichend ist, dass der Kapitalismus im Wesentlichen nicht nur Anti-Markt ist (wenn der Markt mit der Wirtschaft gleichgesetzt wird), sondern dass diese Erzählung durch die Beurteilung, dass er Anti-Wirtschaft ist, vervollständigt werden sollte. Die Anti-Gesellschaftlichkeit der Hegemonie des kapitalistischen Systems ließe sich durch die kolonialen und imperialistischen Kriege, zu denen sie unbestreitbarerweise führt, den nationalstaatlichen Faschismus, den sie erzeugt, die Umweltzerstörung, die sie auf der Basis des Industrialismus verursacht, ihre stets krisenhafte Struktur und ihre Vertiefung der Gräben zwischen den gesellschaftlichen Polen definieren. Es ist eindeutig, dass das Anti-Gesellschaftliche äußerst anti-wirtschaftlich ist; denn der Kapitalismus setzt im Bereich der wirtschaftlichen Gesellschaft das Gesetz des Maximalprofits um. Die Anti-Wirtschaftlichkeit des Kapitalismus als System wurde in allen Bereichen durch all die Erfahrungen in seiner ganzen

64 Wir haben gesehen, daß Marx konsequent und bewußt als die theoretische Voraussetzung seiner Analyse in allen drei Bänden des „Kapitals" die allgemeine und ausschließliche Herrschaft der kapitalistischen Produktionsweise annimmt. Unter diesen Bedingungen gibt es freilich, wie im Schema, keine anderen Gesellschaftsklassen als Kapitalisten und Arbeiter - alle ›dritten Personen‹ der kapitalistischen Gesellschaft: Beamte, liberale Berufe, Geistliche usw., sind als Konsumenten jenen beiden Klassen und vorzugsweise der Kapitalistenklasse zuzuzählen. Diese Voraussetzung ist theoretischer Notbehelf – in Wirklichkeit gab und gibt es nirgends eine sich selbst genügende kapitalistische Gesellschaft mit ausschließlicher Herrschaft der kapitalistischen Produktion.« Rosa Luxemburg, *Die Akkumulation des Kapitals* in *Gesammelte Werke* (Berlin 1923), S. 270.
»Wir sehen jedoch, daß der Kapitalismus auch in seiner vollen Reife in jeder Beziehung auf die gleichzeitige Existenz nichtkapitalistischer Schichten und Gesellschaften angewiesen ist.« Rosa Luxemburg, *Die Akkumulation des Kapitals* in *Gesammelte Werke* (Berlin 1923), S. 286.

65 Siehe besonders Band II.

Geschichte bestätigt. Wenn der Kapitalismus als historisches Gefüge nicht anhand der Proletarier*innen, die in Form eines Nebenwiderspruchs seine* Sklav*innen darstellen, sondern anhand der Gesellschaft als materieller und geistiger kultureller Reichtum und der wirtschaftlichen Gesellschaft gedeutet wird, kann nicht nur das Kapital, sondern auch die Geschichte des Kapitalismus richtig geschrieben werden.

Die Sache, die die ideologischen und politischen Bewegungen, die aus Sklav*innen, einschließlich der Proletarier*innen, einen Freiheitsstoff weben, nicht verstehen können, ist, dass die Macht- und Ausbeutungsmonopole die Sklav*innen als ihren Anhang, ihre Verlängerung zu einer Entität, zu einem Wesen machen. Während sie die Sklav*innen als Entität schaffen, weben sie sie als ihr eigenes gesellschaftliches Gewebe. Sie fügen sie in ihr monopolistisches Gewebe nicht als ein Element ein, das es aushöhlen würde. In der Geschichte gibt es keine versklavte Klasse, die in diesem Sinne gewonnen hat. Selbst wenn Spartakus gesiegt hätte, hätte er nicht mehr gekonnt, als in Rom eine neue Sklavenhalterdynastie zu errichten. Selbst ein sehr ambitionierter Antikapitalist wie Lenin war dazu gezwungen, zu seinen Lebzeiten durch die NEP (neue Wirtschaftspolitik) den Kapitalismus zu implementieren. Eine Tatsache, die in der gegenwärtigen Krise bestätigt wurde, ist, dass die Gruppen, die zusammen als die Arbeiter*innenklasse bezeichnet werden, nicht davor zurückschrecken, sich freiwillig (unter anderem mit Lohnsenkungen) um das Überleben der kapitalistischen Industrie (und anderer Kapitalismusformen) zu bemühen. Die Verliererinnen sind dabei, neben der wirtschaftlichen Gesellschaft, alle gesellschaftlichen Werte. Die kapitalistische Individualisierung bestätigt diese Tatsache noch mehr. In allen gesellschaftlichen Bereichen, die sich auf anti-gesellschaftlicher Basis in bloße Anhäufungen von Individuen verwandeln, ereignet sich – mit der Ausnahme einer Handvoll oligarchischer monopolistischer Gruppen an der Spitze – ein Zustand, in dem die Gesellschaft aufhört, eine Gesellschaft zu sein. Der erdrückenden Mehrheit wurde als Arbeitslosenheer sogar die Möglichkeit verwehrt, sich selbst als Lohnsklav*innen zu verkaufen; und die Lohnsklav*innen kommen nicht um relative Lohnsenkungen herum. Das ist der Anblick, der sich bietet.

Die Rolle, die eng auf Klasse beschränkte Bewegungen bei dieser Entwicklung spielten, ist nicht zu leugnen. Der Realsozialismus und der Trade-Unionismus haben bewährte Praktiken an den Tag gelegt. Langer Rede kurzer Sinn, es wird uns zu richtigeren Ergebnissen führen, unsere Analyse von Sklav*innen zu überarbeiten und sie nicht als ein Element des

Hauptwiderspruchs, sondern in der Rolle eines untergeordneten Elements des allgemeinen gesellschaftlichen Widerspruchs zu sehen. Die Sklav*innen-Dialektik neu zu interpretieren, stellt die grundsätzlichste gesellschaftsorientierte Aufgabe dar, die auf ihre Erledigung wartet. Die gesellschaftliche Dialektik besitzt für die gesellschaftliche Wahrheit den Stellenwert einer Hauptwissenschaft. Während ihre richtige Anwendung nichts an ihrer Wichtigkeit eingebüßt hat, bedarf es dazu zunächst kompetenter Analysen.

Wie im Allgemeinen, nimmt die Destruktivität des Kapitalismus auch in seiner Besonderheit in der nahöstlichen Gesellschaft extreme Dimensionen an. Er drang als anti-gesellschaftliches und anti-wirtschaftliches Eroberungssystem in Form des Kolonialismus der Hauptzentren, der Großstädte der Länder in die Region ein. Da die Hegemonialzivilisation sich seit den Kreuzzügen aus dem Nahen Osten verschoben hat, muss sie viel genauer geplant funktionieren und sich selbst konstruieren. Sie verfolgt das Ziel extremer Monopolprofite. Sie hat nicht die Grundbedürfnisse der Gesellschaft, sondern Ressourcen und Methoden im Blick, die den Profit maximieren. Es ist zweifelsohne lehrreicher, nicht von den nationalen und nicht-nationalen Formen des Kapitalismus, sondern vom seinem Nationalismus zu sprechen. Man sollte tiefgehend begreifen, dass das nationaler Kapitalismus genannte Phänomen im Wesentlichen die intensivste kollektive Fremdheit darstellt. Der Kapitalismus selbst als Gefüge ist Entfremdung. Mit der Ideologie des Nationalismus versucht er, sich selbst als nationale Gesellschaft zu präsentieren. Der Begriff des Nationalismus ist ein ideologisches Mittel, das erfunden wurde, um im Allgemeinen den Monopolismus, im Besonderen das kapitalistische Monopol zu verschleiern und hegemonial zu machen.

Dem Nahen Osten sind all die monopolistischen Mächte und Ausbeutungsmonopole nicht fremd, da er fünftausend Jahre lang den Ort der Zentralzivilisation bildete. Auch Kapitalmonopole gehören dazu. Allerdings fanden sie keine Gelegenheit, eine führende Rolle einzunehmen, da die Voraussetzungen dafür noch nicht geschaffen waren. Es ist nicht wirklich sinnvoll, sich den europäischen Kapitalismus als etwas Neues für den Nahen Osten vorzustellen. Das Neue daran war, dass er die Region als führendes Eroberungssystem betrat. Während sich die ersten einhundertfünfzig Jahre dieses Eindringens, das insgesamt seit ungefähr zweihundert Jahren andauert, auf der Basis des Handels- und Finanzkapitalismus ereigneten, beschleunigte sich in seiner letzten Phase die Industrie. Er hat über die Region im Vergleich zu westlichen Gesellschaften eine oberflächlichere

Herrschaft. Seine Hegemonie setzt er im Bündnis mit traditionellen Macht- und Ausbeutungsmonopolen fort. Was im Nahen Osten herrscht, ist das Hegemonialsystem, dessen Zentrum sich in Europa und den USA befindet. Die lange Zivilisationsgeschichte des Nahen Ostens und das starke Dasein der alten Gesellschaft (Stämme, Aschirets und konfessionelle Gemeinschaften) führen dazu, dass der Hegemonialismus mit seinem Zentrum im Westen auf einem schwachen Fundament beruht. Dass der Nahe Osten das schwächste Glied in der Kette bildet, ist auf diese Tatsache zurückzuführen.

Unsere Bestimmung des Antikapitalismus als wirtschaftliche Gesellschaft hat wichtige Konsequenzen.

1 – Der Widerspruch besteht nicht zwischen dem Kapitalismus und dem Sozialismus, sondern sollte auf der Grundlage des Widerspruchs zwischen der wirtschaftlichen Gesellschaft und dem Kapitalismus begriffen werden. Die wirtschaftliche Gesellschaft beruht auf allen wirtschaftlichen Kräften in der Gesellschaft, auf die das monopolistische Bündnis negative Auswirkungen hat. Während die sozialistische Wirtschaft auf wirtschaftlichen Kräften der modernen Bedingungen beruht, umfasst die wirtschaftliche Gesellschaft auch die traditionellen wirtschaftlichen Kräfte, noch wichtiger: Auch die nicht zum Markt gewordene, natürliche und nicht warenförmige, zum Großteil auf dem Gebrauchswert basierende Wirtschaft ist Teil davon. Vor allem die weitverbreitete Frauen- und Kinderarbeit produziert meistens Gebrauchswerte. Es stellt einen sehr begrenzten Ansatz dar, dass die Realsozialist*innen die Wirtschaft auf die Warenproduktion für den Kapitalismus reduzieren. Ihr größter Irrtum ist es, die Wirtschaft als eine Aktivität zu präsentieren, deren Hauptakteur der Kapitalismus ist. Man könnte dem Kapitalismus keinen größeren Dienst erweisen. Der Kapitalismus mag der Hauptakteur sein, was die Zerstörung der Wirtschaft betrifft, aber beim Aufbau kann er es nicht sein.

2 – Wir haben bereits gesagt, dass der Widerspruch zwischen der Bourgeoisie und dem Proletariat als gesellschaftlichen Existenzen keinen Haupt-, sondern einen Nebenwiderspruch darstellt. Der soziale Widerspruch besteht zwischen den Monopolist*innen und der ganzen restlichen Gesellschaft. Diese Unterscheidung ist wichtig, um die Natur des gesellschaftlichen Kampfes für Gleichheit, Freiheit und Demokratie zu begreifen. Die Künstlichkeit des Kampfes zwischen der Bourgeoisie und dem Proletariat trat in der einhundertfünfzigjährigen Erfahrung des Realsozialismus offen hervor. Diener*innen (versklavte Klassen) können niemals die

ideologisch-praktische Kraft erlangen, die es ihnen erlauben würde, ihre Herr*innen zu überwinden. Als Sein besitzen sie nicht diese Fähigkeit. Sie können sie erst dadurch erlangen, dass sie das Dienersein ablehnen, wobei sie dann nicht mehr als Diener*innen zu betrachten sind. Um die sozialen Kämpfe in der modernen Ära richtig zu begreifen, ist es lebenswichtig, zwischen den monopolistischen Gefügen und dem Rest richtig zu unterscheiden, sich auf dieser Grundlage aufzustellen, Widerstand zu leisten und gesellschaftlichen Aufbau anzugehen.

3 – Auf der Grundlage der beiden obigen Unterscheidungen kann man der gegen die »kapitalistische Gesellschaft« aufzubauenden Gesellschaft verschiedene Namen geben. Das Ausschlaggebende dabei ist nicht der Name, sondern der Gehalt. So, wie man diese neue Gesellschaft die »demokratisch-sozialistische« nennen könnte, könnte auch die »demokratische Gesellschaft« ein guter Name sein. Wir könnten sie sogar im Sinne des Antikapitalismus die »wirtschaftliche Gesellschaft« nennen. Das Wichtige ist ein wirtschaftlicher und gesellschaftlicher Aufbau, der nicht unter der Herrschaft des Monopolismus steht. Es mag teilweise richtig sein, die wirtschaftliche Tätigkeit als eine mit dem Markt zusammenhängende Warenwirtschaft zu definieren. Es gibt allerdings eine riesige Wirtschaft von Gebrauchswerten, die nicht Teil der Warenkategorie sind. Was man unter gesellschaftlicher Wirtschaft verstehen sollte, ist eben dieser Teil. Die Reduzierung der Wirtschaft auf Profit einbringende Tätigkeiten durch die kapitalistische politische Ökonomie (deren wahre Qualität wir besser verstehen können, indem wir uns anschauen, wer sie entworfen hat) stellt eine mythische Lüge dar, die die wahre Qualität der Wirtschaft verdreht. Unterscheidungen zwischen der kapitalistischen, der nationalen, der staatlichen, der Handels-, Finanz- und Industrie-, der urbanen oder ländlichen und der globalen Wirtschaft sind nicht wirklich in der Lage, die Wirklichkeit widerzuspiegeln. Auch die Unterscheidung zwischen Privat- und Kollektivwirtschaft ist künstlich. Die Wirtschaft als Markt und Gebrauchswert zu definieren ist viel realitätsnäher. Während in vorgeschichtlichen Zeiten die Wirtschaft für den Gebrauchswert das Maß aller Dinge darstellte, gewann die Wirtschaft für den Austausch auf dem Markt eher in der historischen Zeit an Verbreitung. Das Zur-Ware-Machen der erdrückenden Mehrheit der gesellschaftlichen Werte durch die kapitalistische Moderne dient dem Missbrauch und dem Profit und stellt ein krebsartiges Phänomen dar. Die Zerschlagung der Gesellschaft und ihr Übergang in einen chaotischen und krisenhaften Zustand ist die Folge dieser

Wirklichkeit. Die menschliche Spezies kannte Hunderttausende Jahre lang nur eine Wirtschaft, die auf dem Gebrauchswert basierte.

Die nahöstliche Gesellschaft hatte das Glück, für beide wirtschaftlichen Werte in vorgeschichtlichen und geschichtlichen Zeiten eine Vorreiterrolle zu spielen. Sie weiß, was Wirtschaft bedeutet. Was zu verstehen ihr schwer fällt, sind die Katastrophen im Namen der Wirtschaft, die wahren wirtschaftlichen Genozide, die ihr der Vampir namens Kapitalismus eingebrockt hat. Der Kapitalismus existiert vorrangig nicht als wirtschaftliche Notwendigkeit, sondern als Plage, als Krebserreger für die Wirtschaft. Diese Tatsache lässt sich besser verstehen, wenn wir bloß seine Aktivitäten in profitorientierten Bereichen wie Erdöl, Gas, Wasser und Automobile analysieren, welche die Umwelt zerstören und die Gesellschaft in Kriege stürzen. Dass er mehr als die Hälfte der Gesellschaft in arbeits- und berufslose, umherziehende und familienlose Massen verwandelt, lässt uns wiederum die Dimensionen der Katastrophe besser nachvollziehen.

Also muss man vor allem anti-monopolistisch sein, um antikapitalistisch sein zu können. Dies wiederum bringt die demokratische, sozialistische (es wäre richtiger, diesen Begriff als Eintreten für die Gemeinschaft zu verstehen), egalitäre und freie Gesellschaftlichkeit mit sich. Es geht hier nicht um eine Neu-Erfindung der Gesellschaft anhand dieser Adjektive. Gesellschaften als Gemeinschaften (Familie, Stamm, Konfession, Aschiret, Nation) existieren seit Jahrtausenden. Notwendig ist es, die Verteidigung dieser Gemeinschaften unter den Bedingungen der kapitalistischen Moderne an die der demokratischen Moderne anzupassen und, falls nötig, wiederaufzubauen, und die Gesellschaft anti-monopolistischer, antikapitalistischer und demokratisch-sozialistischer Gemeinschaften in die Alternative der demokratischen Moderne miteinzubeziehen. Wir heben es nochmals hervor: Das Wichtige ist nicht die Namensvielfalt, sondern das wesenhafte Sein der Gesellschaft. Dies klar herauszustellen, ist die primäre Voraussetzung des Programms der demokratischen Moderne. Dieser Ansatz ist den nahöstlichen Gesellschaften nicht fremd. Es handelt sich hier darum, dass man ihnen die gesellschaftliche Natur, die sie seit Jahrtausenden leben, in einer wissenschaftlichen Ausdrucksweise präsentiert, und dass sie sich selbst im Spiegel der Wissenschaft betrachten und mit dem Willen des freien Lebens antreiben.

Die Stammes- und Aschiretgemeinschaften dürfen wir niemals unterschätzen. Solange Gesellschaften existieren, wird es immer solche Formen geben. Selbst heute lassen sich Nichtregierungsorganisationen als moderne

Aschirets und Stämme interpretieren. Die traditionellen Konfessionen nach heutigen Maßstäben als wissenschaftliche Akademien und Institute zu sehen, ist möglich und sinnvoll. Nationen können wir nicht nur als Nationalstaaten, sondern auch als multilinguale, -ethnische, -religiöse demokratische Gesellschaften mit zahlreichen Heimaten sehen und konstruieren. Es ist im Allgemeinen der Monopolismus, im Besonderen der kapitalistische Monopolismus und die kapitalistische Moderne, die diese traditionellen Gemeinschaftsformen im Herzen des Nahen Ostens in einen blutigen Kampf und in die Ausweglosigkeit treiben. Die demokratische Moderne betrachtet diese Gemeinschaften nicht als rückständige und zu vernichtende alte Formen, sondern im Gegenteil als grundsätzliche gesellschaftliche Werte, die es zu demokratisieren gilt und deren Existenz man nutzen sollte, und integriert sie als solche.

Das Volk der Beduin*innen aus der arabischen Nation (kavmiyet), das Volk der Turkmen*innen aus der türkischen Nation und das Volk der Kurmandsch aus der kurdischen Nation, die durch die zunehmende Verengung der Aschiretstrukturen in den nahöstlichen Gesellschaften entstanden und deren Aschiret- und Stammesqualitäten immer mehr verblassen, bilden den wesentlichen Mörtel der Demokratisierung und der demokratischen Gesellschaft. Die demokratische Ideologie und politische Bewegung hat als Erstes diese Gruppen zu organisieren. Diese Gruppen gehören zu den Hauptkräften der demokratischen Moderne. Am Geburtsort der monotheistischen Religionen ist es wiederum eine unverzichtbare geschichtlich-gesellschaftliche Aufgabe, alle Konfessionen, vor allem aber die zu Minderheiten gemachten Ezid*innen, Alevit*innen, Suryoye, Armenier*innen, Hellen*innen und Jüd*innen als Kulturschätze der Region zu betrachten, jeweils als Institute oder Akademien zu konstruieren, ihren Mitgliedern unter allen Umständen die Bedingungen eines gleichen, freien und demokratischen Lebens zu bieten und sie im Rahmen der demokratischen Moderne zu würdigen.

Es stellt eine (über den Nationalstaat hinausweisende) historisch-gesellschaftliche Aufgabe dar, die großen nationalen Gesellschaften der Region, also die Araber*innen, Türk*innen, Kurd*innen und Perser*innen, von der Krankheit des Nationalismus fernzuhalten, aus der Falle des Nationalstaats zu befreien zu versuchen und sie im Rahmen der demokratischen Moderne als eine große Nation der Nationen (die moderne demokratische Erneuerung der Umma), die genauso sehr spezifische Besonderheiten wie auch Universalität aufweisen würde, aufzubauen. Den Islam und seine

Umma im Rahmen der demokratischen Moderne einer richtigen Reform zu unterziehen, vom Missbrauch der blutigen Eroberungs- und Machtideologie (des Herrschaftsislam) zu befreien und als eine über den Nationalstaat hinausweisende, demokratische, egalitäre und freie Umma zu erneuern, gehört zu den heiligsten geschichtlich-gesellschaftlichen Aufgaben.

Also sind die auf den demokratischen, freiheitlichen und egalitären Werten beruhende demokratische Moderne und ihre historische Stütze, der Ansatz bzw. das Paradigma der demokratischen Zivilisation, gegen die kapitalistische Moderne und deren Stütze, die traditionelle Zivilisationsideologie, nicht nur möglich, sondern die lebenswichtige Wahrheit der Freiheit des gesellschaftlichen Seins. Die Wahrheit ist der Ausdruck der Befreiung des gesellschaftlichen Seins. Für ihre Konkretisierung bedarf es der Hinwendung zur wissenschaftlichen Konstruktion in der Wahrheit (dem richtigen Ausdruck) der Sozialwissenschaften. Wie schon immer in der Geschichte kann auch in der Gegenwart keine Bewegung oder Ideologie erfolgreich sein, ohne sich in ihrer eigenen Wahrheit zu organisieren und in der Unabdingbarkeit des freien Lebens voranzuschreiten. Die heiligste Aufgabe ist es, die Geschichte der nahöstlichen Gesellschaft, die so alt ist wie die Menschheit, mit all ihrem Reichtum mit den gesellschaftlichen Werten der demokratischen Moderne zu verschmelzen; sich dem Hegemoniestreben der kapitalistischen Moderne, die ihre Mentalität und ihren Willen in jede einzelne Pore der Gesellschaft einsickern lässt, entgegenzustellen; Selbstverteidigung zu leisten und den Wiederaufbau anzugehen.

b) Die ökologisch-wirtschaftliche Gesellschaft gegen den Industrialismus

Die Beherrschung der Wirtschaft durch die Industrie, mit der die kapitalistische Moderne die industrielle Revolution auflud, ereignet sich nicht nur als wirtschaftlicher Hegemonialismus, sondern hat auch große Auswirkungen auf den ideologischen und den Macht-Monopolismus. Mit anderen Worten: Sich mit der Analyse des Industrialismus in engerem Sinne als technologische Logik zu begnügen, führt zu grundsätzlichen Fehlern wie der Reduzierung des Kapitalismus auf die Wirtschaft. Die Funktion, die der Kapitalismus der Industrie verlieh, war, den Kollaps der wirtschaftlichen Gesellschaft im Allgemeinen und der agrarisch-dörflichen Gesellschaft im Besonderen herbeizuführen. Der Industrialismus trat dabei als ideologisches Monopol und als Macht-Monopol in Aktion. Während die wirtschaftliche Gesellschaft sich auflöste, begann das kapitalistische Gesetz des Maximalprofits zu funktionieren. Dies entwickelte sich verwoben mit dem nationalstaatlichen Monopolismus. Solange die Analyse des Kapitalismus nicht anhand der drei Standbeine der Moderne vollzogen wird, ist es unumgänglich, dass in der praktischen Politik im Namen der Sozialwissenschaft grundsätzliche Fehler gemacht werden und dass es zu Unzulänglichkeiten kommt.

Die Folgen der Auflösung und des Niedergangs, die die Unterwerfung der menschlichen Gesellschaft und ihrer Wirtschaft unter die Hegemonie des Industrialismus entsprechend dem Gesetz des Maximalprofits mit sich brachte, sind während der letzten zweihundert Jahre ausreichend ans Tageslicht gekommen. Alleine die Zerstörung, zu der die globale Erwärmung führt, ist eine Folge, die, wie die Wissenschaft feststellen konnte, mit jedem Jahr die Apokalypse näher bringt. Die Augen der durch den industrialistischen Chauvinismus verblendeten Mentalität sehen die unverzichtbare ökologische Struktur der Gesellschaft und ihres wirtschaftlichen Gefüges nicht. Sie können die Bedeutung jener Struktur nicht begreifen. Den Industrialismus auf alle gesellschaftlichen Gefüge (man könnte auch sagen: auf alle gesellschaftlichen Bereiche und Institutionen) und auf das Wirtschaftsleben auszudehnen, um die Kontinuität des Gesetzes des Maximalprofits zu gewährleisten, ist noch gefährlicher als die Gewalt der Macht.

Der Industrialismus bedeutet im Wesentlichen, dass die theoretischen und praktischen Prinzipien und Regeln der Physik, Chemie und Biologie auf die Gesellschaft und insbesondere auf ihre wirtschaftliche Struktur angewandt werden. Dies wiederum bringt die Verleugnung der gesellschaftlichen Natur, die ganz anders funktioniert, mit sich. Die gesellschaftliche Natur kann ein System, das stets hinter dem Maximalprofit her ist, langfristig nicht tragen. Vor allem die langfristige Anwendung der Regeln der als Objekt betrachteten Natur führt dazu, dass die Gesellschaft aufhört, eine Gesellschaft zu sein. Der kapitalistische Individualismus bestätigt diese Tatsache. Die gesellschaftliche Natur funktioniert nach ihren eigenen Regeln, nämlich moralisch und politisch. Der industrialistische Ansatz muss diese moralische und politische Funktionsweise früher oder später liquidieren. Er ist für die Arbeitslosigkeit, Krise und Einkommenskluft in der Wirtschaft verantwortlich.

Die Hauptfaktoren, die zur Entstehung der Ökologie führten, haben ihren Ursprung in dieser Wirklichkeit des Industrialismus, die kurz definiert wurde. Die Gesellschaft des industriellen Zeitalters kann nicht weiterleben, ohne in allen Bereiche eine ökologische Theorie und Praxis zu entwickeln. So wie demokratische Verfassungen die Einschränkung des Leviathans (des Nationalstaatsmonsters) zum Ziel haben, ist es die Ökologie, die das

Industrialismusmonster einschränken wird. Man sollte sehr genau wissen, dass vor dem industriellen Zeitalter das Leben aller Lebewesen einschließlich der menschlichen Spezies in ihrem intuitiven Bewusstsein (der schärfsten emotionalen Intelligenz) ökologisch war. Das Lebewesen, das nicht ökologisch ist, kommt nicht umhin, liquidiert zu werden. Zweifellos hat jedes Lebewesen seine eigene ökologische Intelligenz. Den Industrialismus könnte man auch als das Zeitalter interpretieren, das sich gegen das ökologische Leben erhebt; und der Aufstand gegen die Ökologie ist der Marsch hin zum Weltuntergang. Der jüngste Tag, den Religionen vor langer Zeit angekündigt haben, hat im Wesentlichen damit zu tun, dass Gesellschaften aufhören, ökologisch zu sein.

Die nahöstliche Gesellschaft hat darin, sich dem ökologischen Leben anzupassen, eine Führungsrolle inne. Die Geschichten von Adam und Eva und von Noah künden von ökologischen Katastrophen. In der Prophet*innenkultur spielt das ökologische Leben eine dominante Rolle. Dass Prophet*innen ein Leben, das aufgehört hat, ökologisch zu sein, als jüngsten Tag, Pharaonentum, Nimrodtum und Verfluchtheit bezeichnen, ist eine grundsätzliche gesellschaftliche Regel, die heute noch Gültigkeit haben sollte. Ohne diese Regeln gerät die Nachhaltigkeit von Gesellschaften in Gefahr. Es hängt mit der geistigen Kultur und moralischen Verfasstheit des Nahen Ostens zusammen, dass die industrielle Technik dort zwar seit Jahrtausenden in der wirtschaftlichen Gesellschaft angewandt, aber nicht bis zum Industrialismus weitergetrieben wurde. Der Aufstand gegen die Natur wurde für identisch mit dem Aufstand gegen Gott gehalten. In der westlichen Kultur stellt der Aufstand gegen die Natur und ihre Beherrschung das Initialprinzip ihrer Philosophie (der Descartes'schen Philosophie) dar. Das Grundprinzip der östlichen Gesellschaft ist dagegen Harmonie mit der Natur. Die Auflehnung gegen die Natur und das Festhalten an der Beherrschung der Natur machen den Kern des Aufstiegs der kapitalistischen Moderne aus. Wir befinden uns nun in einer Phase, in der das gesellschaftliche Leben in allen Bereichen die Grenzen der Nicht-Nachhaltigkeit erreicht hat.

Aus diesen Gründen ist die gesellschaftliche Tradition des Nahen Ostens sensibel für die Ökologie und harmoniert mit ihr. Die Aufgabe, die es zu bewältigen gilt, ist, den Eroberungs-, Zerstörungs- und Besatzungsansätzen des Kapitalismus und des Industrialismus den Wiederaufbau der ökologischen Gesellschaft entgegenzusetzen. Die Hauptwaffe der demokratischen Moderne ist, dass sie auf einer Wirtschaft und Gesellschaft mit ökologischem

Kern basiert. Die historische Rolle des Industrialismus im Nahen Osten ist die Auflösung und Liquidation der traditionellen Agrargesellschaft. Die agrarisch-dörfliche Gesellschaft und Wirtschaft, die noch bis vor fünfzig Jahren den Hauptteil von Wirtschaft und Gesellschaft ausmachten, wurden bis heute mit einer hohen Geschwindigkeit aufgelöst und in den Untergang getrieben. Dass diese Gesellschaft aufgelöst, in den Untergang getrieben und liquidiert wird, rührt vom Hass gegen sie her. Ohne Auflösung der agrarisch-dörflichen Gesellschaft können die globalen kapitalistischen Erfolge, die in anderen Regionen der Welt erzielt wurden, nicht wiederholt werden und geraten, wie bereits heute, in Gefahr (die Angst vor der islamischen Gesellschaft, Islamophobie).

Der hauptsächliche Grund für die Kriege des Imperialismus, das Hegemoniestreben der kapitalistischen Moderne, im Nahen Osten ist der Industrialismus. Kriege um Wasser und Öl sind typisch. Wasserkriege werden in der Zukunft noch intensiver geführt werden. Die kapitalistische Transformation der Bodennutzung ist ein weiteres wesentliches Schlachtfeld, das sich ausdehnen wird. Dass Bäuer*innen vom Boden fortgerissen werden, sollte man als Krieg betrachten. Das Ziel der Eroberungen der kapitalistischen Moderne in den letzten zweihundert Jahren ist, das Ende der Lebenskultur herbeizuführen, deren Hauptteil die Agrargesellschaft darstellt und die seit fünfzehntausend Jahren den Hauptfluss der Menschheit bildet. Die Praxis des kulturellen Genozids ist in dieser Realität zu suchen. Die Gesellschaft zu verteidigen, bedeutet, diese große Lebenskultur von dem Genozid der Moderne zu befreien, zu demokratisieren und zu bewahren. Wenn wir die Geschichte der Zivilisation als Geschichte der Kriege des Monopolismus interpretieren, können wir besser verstehen, wie wichtig es ist, dass Stämme und Religionsgemeinschaften als die bedeutendsten Kräfte der demokratischen Zivilisation weiterbestehen. Wenn die Zivilisationsgeschichte mithilfe einer solchen Dialektik gedeutet wird, kann eine bessere Analyse der gegenwärtigen Kriege durchgeführt werden. Man wird sehen, dass das, was Stammes- und Konfessionskriege genannt wird, wenn auch in verdrehter Form, gleichbedeutend mit der Verteidigung der Gesellschaft selbst und ihrer Identität ist. Die Konsequenz, die wir aus dieser komplizierten Darstellung ziehen sollten, ist, zu verstehen, dass der Industrialismus, der als das beliebteste Mittel der Befreiung präsentiert wird, der wahre Leviathan ist.

Die beiden ökologischen Grundelemente, die einem einfallen, wenn von den nah- und mittelöstlichen Gesellschaften und Zivilisationen die

Rede ist, sind die Taurus-Zāgros-Bergkette und die Flusssysteme von Nil, Euphrat und Tigris und dem Punjab. Die Gesellschaft, die von diesen beiden Systemen genährt wird, erlebt die tragischste Phase ihres Bestehens. Nationalismus, Religionismus und Realkommunismus präsentierten sich der Gesellschaft stets als Rettung. Im Ergebnis kam man aber vom Regen in die Traufe. Wenn die Analyse falsch ist, ist es unumgänglich, dass am Ende ein solches Ergebnis herauskommt. Diese monopolistischen Ideologien, die einem Verständnis der kapitalistischen Moderne als Ganzes und als »strukturelle Dauer« nicht einmal nahekommen, werfen sich dem Industrialismus zu Füßen, als hätten sie sich bei ihrem gemeinsamen Gott zusammengefunden. Dass es kein richtiges im falsch konzipierten Leben gibt, können wir am besten am chaotischen Zustand der Umma dieses neuen säkularen Gottes sehen. Es besteht kein Zweifel daran, dass dieser Gott viel erbarmungsloser ist als die Götter vergangener Zeitalter. Das Ende einer Lebenskultur, die seit über fünfzehntausend Jahren die Menschheit angeführt hat, ließe sich als Apokalypse bezeichnen. Während die demokratische Moderne die kapitalistische Moderne überwindet, als deren Antithese sie sich entwickelt, hat sie diese historische Perspektive einzunehmen. Sie hat die Verantwortung, sich den gesamten wissenschaftlichen Ausdruck und die Organisationsstruktur ihres freien, gleichen und demokratischen Selbstaufbaus als die Gegenwart jener Geschichte anzueignen.

Der Aufbau der Europäischen Union ist das Ergebnis der Lektionen daraus, dass sich in dem genau dreihundertjährigen Erstarrungsprozess des Westfälischen Systems, das 1648 als Lösung für den chaotischen Zustand nach den schrecklichen Konfessionskriegen (als Keim einer Balance zwischen Nationalstaaten) errichtet worden war, mehr Kriege und Zerstörungen ereignet haben als in der gesamten Menschheitsgeschichte zuvor. Genauso wie das Westfälische System sich als Antithese der Konfessionskriege entwickelt hat, entwickelt auch das EU-System als Antithese des Westfälischen Nationalstaatensystems, dessen Starrheit es nicht durch eine Revolution, sondern durch Reformen zu verändern versucht. Der Selbstwiederaufbau durch Reformen als Gemeinschaft von demokratischen Nationalstaaten mit einer Menschenrechtsjustiz erfolgte im Namen der Befreiung vom nationalstaatlichen Faschismus, der im Zweiten Weltkrieg seinen Höhepunkt erreicht und in den Genozid geführt hatte. Da die Europäische Union ihren Aufbruch aber von einer falschen Basis ausgehend einleitete, kann sie keine Vertiefung ihres Zieles erreichen und bringt nicht einmal eine sehr lose Konföderation zustande. Der Grund dafür ist, dass sie aus einer völlig industrialistischen Mentalität wie der der Montanunion, der »Europäischen Gemeinschaft für Kohle und Stahl«, hervorging. Um eine solche Union herum kann im Rahmen der Ziele der Menschenrechte und des demokratischen Nationalstaats keine freie und egalitäre Gesellschaft aufgebaut werden. Wichtig ist jedoch, dass die kapitalistische Moderne in ihrer Heimat das Bedürfnis spürt, sich zu reformieren. Dass die EU nach der Erfahrung, mit ihrer alten, starren hegemonialen Struktur keine Führungsrolle im Weltsystem übernehmen zu können, in einen Reformprozess eintrat, ist trotzdem eine Entwicklung, die entscheidende Auswirkungen auf das System haben wird. Dass keine andere Macht der Moderne außer der Europäischen Union aus ihrem Wesen heraus das Bedürfnis spürt oder die Fähigkeit zeigt, sich einer Reform zu unterziehen, rührt von der starren Formation der Hegemonie her. Solange die anderen Mächte der Moderne an den Hauptstandbeinen des Systems festhalten, wird ihnen nichts übrigbleiben, als der EU zu folgen.

Folglich scheint es nicht realistisch zu sein, von der kapitalistischen Moderne, die sich seit zweihundert Jahren im Nahen Osten zu etablieren versucht, selbst eine reformistische Transformation zu erwarten. Nur in Zusammenarbeit mit der Europäischen Union kann die Möglichkeit zur Reform bestehen, wobei sich in diesem Fall der krisenhafte und chaotische Zustand der Region immer weiter vertiefen würde. Die aktuelle Wirklichkeit bestätigt dieses Urteil. Aus diesem Grund ist es für Reformen unabdingbar, über das EU-System hinauszugehen. Weder der geschichtliche Fluss noch die aktuellen gesellschaftlichen Bedingungen des Nahen Ostens ließen Reformen im Stil der EU zu. Die Suche nach neuen Wegen rührt von dieser Tatsache her. Wir haben es mehrmals betont: Die Suchbewegungen nach dem radikalen Islam, der islamischen Republik und Gemeinschaft wollen weder in theoretischer noch in praktischer Hinsicht die kapitalistische Moderne überwinden. Ihr Maximalprogramm ist eine kapitalistische Moderne mit islamischem Anstrich. Sie verfolgen also das Ziel, entweder die neuen Altvorderen[66] oder die Protestant*innen – »Calvinist*innen«[67] – des Islam zu werden und den Staat und die Gesellschaft auf dieser Grundlage zu erobern. Sie wollen das, was die Laizist*innen mit ihrer säkularen Religion,

66 Als »Altvordere« (*salaf*) werden die ersten Generationen von Muslimen bezeichnet. Von dem Wort leitet sich auch der Begriff »Salafismus« ab.

67 Dies bezieht sich auf Diskussionen in den 2000er-Jahren, als bestimmte Strömungen des politischen Islam in der Türkei als »islamische Calvinisten« bezeichnet wurden.

dem Nationalismus, nicht geschafft haben, unter einer islamischen Maske vollenden. Ihr Wesen ist das gleiche: die kapitalistische Moderne.

Für den Realsozialismus als linken Flügel des Laizismus existiert die Frage der Gegnerschaft zur Moderne ohnehin nicht. Alles, was er schaffen will, ist die Ersetzung des liberalen Kapitalismus durch den Staatskapitalismus. Das Ergebnis davon war der Aufbau einer noch brutaleren und destruktiveren Moderne als der des liberalen Kapitalismus.

Also steht die Entwicklung der demokratischen Moderne im Nahen Osten als Antithese zur kapitalistischen Moderne an vorderster Stelle unter den praktikablen Möglichkeiten zur Überwindung der sich tagtäglich vertiefenden Krise und des chaotischen Zustands. Historische und gesellschaftliche Bedingungen vergrößern die Chance, diese Möglichkeit zu verwirklichen. Die Hauptparole, die hinsichtlich der erlebten konkreten Bedingungen festgelegt werden könnte, ist: »Stetige Krise und Chaos oder demokratische Moderne«. Eine wichtige aus der EU-Erfahrung zu ziehende Lektion ist, dass man einen auf Reformen basierenden Aufbruch einzuleiten hat, der seine Wurzeln in der wirtschaftlichen Gesellschaft hat. Auf dem Weg, den man von hier aus zurücklegt, können andere gesellschaftliche und politische Konstruktionen ermöglicht werden. Wenn wir uns vor Augen halten, dass Kohle und Stahl die hauptsächlichen Werkstoffe sind, auf denen der Industrialismus basiert, können wir den Widerspruch zwischen der Europäischen Union und der ökologischen Gesellschaft besser verstehen. Dies ist die strukturelle Ursache, die die EU daran hindert, die ökologische Gesellschaft zu erreichen. Gemeinschaften, die auf Kohle und Stahl aufgebaut werden, sind anti-ökologisch. Es reicht also nicht aus, im System eine Reform durchzuführen – natürlich, wenn das Ziel die ökologische Gesellschaft ist!

Wenn wir, gestützt auf die historischen und gesellschaftlichen Bedingungen der Region, heute einen konkreten Schritt machen, kann die demokratische Moderne im Nahen Osten eine Entfaltungschance haben. Kopien von außen können selbstverständlich nicht Fuß fassen. Dieses Urteil wird dadurch bestätigt, dass die Kopien der Moderne in den letzten beiden Jahrhunderten Schwierigkeiten hatten, in der Region Fuß zu fassen. Der Nahe Osten, die ökologische Atmosphäre, in der die neolithische Gesellschaft und die Zivilisation, die ihre Antithese darstellt, entstanden sind, bildet auch den Raum der demokratischen Zivilisation und ihrer Moderne. Die in den Tälern von Nil, Tigris, Euphrat und dem Punjab entstandenen Räume der fünftausendjährigen Zentralzivilisation sind heute regionale Krisenzentren.

Die Nationalstaaten, die in den letzten beiden Jahrhunderten als konservativste Standbeine der kapitalistischen Moderne aufgebaut wurden, sind die Hauptfaktoren dieser Krise. Da diese Staaten unfähig sind, dem Beispiel der EU zu folgen und Reformen durchzuführen, vergrößern sich die Krise und der chaotische Graben mit gewaltigen Brüchen. Dem Bündnis der USA und der EU als Hegemonie des Systems fällt es trotz seiner Offensive schwer, einen Ausweg zu finden, und der Wiederaufbau des Nationalstaats gelingt ihnen nicht. Dieser Umstand vertieft und verstetigt die globale Krise, was wiederum Rückwirkungen hat und das Chaos vergrößert. Folglich verstetigt sich die strukturelle Krise des Systems am meisten in der Heimat der Zentralzivilisation und rächt sich geradezu.

Es ist nicht zu leugnen, dass heute ein eigentümlicher Dritter Weltkrieg stattfindet. Dieser Krieg ist von Umfang und Dauer her schwerwiegender und länger als die ersten beiden. Weder besteht in der Region für das System Selbsterneuerungspotential, noch entsteht es. Was sich entwickelt, sind Verfall und Auflösung. Unter diesen Bedingungen stellt es die wahrscheinlichste Möglichkeit für einen Ausweg dar, dass die demokratische Moderne, die auf allen kulturellen Reichtümern beruht, die von der Entwicklung der sumerischen Zivilisation als Antithese des Neolithikums bis zur heutigen kapitalistischen Moderne unterdrückt wurden, sich zunächst zu einer These entwickelt, um danach als Antithese ihre Offensive gegen das System zu starten.

Im zentralen Strom der Geschichte hat sich der These-Antithese-Synthese-Zyklus ein weiteres Mal in Bewegung zu setzen. Wenn wir es konkretisieren wollen: Es braucht zunächst dringend einen ganzheitlichen Aufbruch auf der Grundlage der Kultur, die sich vor allem die Täler des Euphrat und des Tigris geteilt und in der Geschichte stets als eine Totalität gelebt hat. Heute stellt es eine unbestreitbare Tatsache dar, dass die künstlichen Grenzen der Syrien, Irak und Türkei genannten Länder von der englischen und französischen Hegemonie, den Siegermächten des Ersten Weltkriegs, geerbt wurden und dass eine solche Zerstückelung der historisch-gesellschaftlichen Kultur durch die geostrategische Teile-und-herrsche-Politik bedingt war. Ohne die Künstlichkeit dieser Grenzen tiefgehend und mit all ihren Folgen zu begreifen, können wir im historischen Fruchtbaren Halbmond keine sinnvollen kulturellen Gemeinschaften aufbauen. Die größte Dummheit ist es, an die Heiligkeit dieser Grenzen (der unheiligsten, Unheil bringenden Zeichnungen der Fremdhegemonie) zu glauben, keinen ganzheitlichen kulturellen Aufbruch zu beabsichtigen und nicht an einen solchen Aufbruch zu denken. Was wir mit kultureller Totalität meinen, ist die um Gleichheit, Freiheit und demokratische Werte herum geflochtene materielle und immaterielle Kultur. Eine solche Kultur muss mit einer nicht-nationalistischen Nationalität, einer nicht-religionistischen Religiosität, einer nicht-sexistischen Gesellschaftlichkeit und einer nicht-positivistischen wissenschaftlichen Mentalität interpretiert und aufgebaut werden.

Als ersten Schritt in diesem Sinne könnte der Aufbau einer »Landwirtschafts-/Wasser-/Energie-Kommune Euphrat und Tigris« eine angemessene Antwort auf die ganzheitliche Entwicklung sowohl der Historizität als auch der Gesellschaftlichkeit sein. Wir wissen, dass die historische Gesellschaft Wunder vollbringt und zur Wiege aller Heiligkeiten wird, wenn diese Gemeinschaft hergestellt ist. Diese Kommune wird offensichtlich eine ausreichende Grundlage für die Entwicklung der ökologisch-wirtschaftlichen Gesellschaft bilden und ein großes Potenzial besitzen. Nach diesem wirtschaftlich-kommunalen Modell ließen sich in allen gesellschaftlichen Bereichen ähnliche Kommunen entwickeln. Auch das in Israel angewandte Kibbuz-Modell schuldet seine Stärke seiner Qualität als Kommune. Das Wirtschaftsleben war in der ganzen Geschichte vorwiegend kommunaler Art. Obwohl der liberale Kapitalismus ihm unter dem Namen des »privaten Unternehmertums« den Stempel des Individualismus aufdrückt, findet die Produktion dennoch vorwiegend auf der Basis kommunaler Einheiten, insbesondere in Fabriken statt. Der Unterschied liegt im individualistischen Profitsystem. Wenn die Profitlogik überwunden oder zumindest auf ein Minimum reduziert wird, bleibt eine kommunale Ordnung übrig. Das kommunale System hat universale strukturelle Eigenschaften, die nicht nur im wirtschaftlichen Bereich, sondern in allen gesellschaftlichen Bereichen Gültigkeit besitzen. Die Hauptaufgabe der Kommunen ist es, moralisch und politisch zu sein und den durch die Zivilisation und die kapitalistische Moderne aufgezwungenen Ausschluss von diesen Werten durch die demokratische Moderne überwinden zu können.

Das Euphrat-Tigris-Becken bietet durchaus das Wasser, die Energie und das Ackerland, welche lebensnotwendige Güter darstellen und für landwirtschaftliche Produkte benötigt werden. Ohne damit in ausreichendem Maße versorgt zu sein, kann sich die ökologische und wirtschaftliche Gesellschaftlichkeit des Nahen Ostens nicht entfalten. Allerdings können diese strukturellen Materialien alleine die Gesellschaft nicht strukturieren, solange keine ausreichende Ansammlung von geistiger Bedeutung stattfindet. Folglich kann dann die Gesellschaft nicht anders, als – wie die realsozialistischen Gesellschaften – der kapitalistischen Moderne zu dienen und sich in ihr aufzulösen. Für die Anhäufung des geistigen Bedeutungsreichtums kann die akademische Organisierung des Reichtums, der sowohl in der Geschichte als auch auf der Seite der demokratischen Waagschale der Moderne angesammelt worden ist, ein stabiler Anfang sein. Wir dürfen nicht vergessen, dass die sumerischen Zikkurats, die Häuser der Weisheit in Nippur, Babylon, Nusaybin, Urfa und Bagdad, als erste Akademien der Geschichte gleichzeitig ein Ausdruck davon sind, dass Zivilisationen ohne sie nicht auskommen. Die demokratische Moderne kann sich ohne Akademien nicht entfalten. Die neue Wissenschafts- und Bedeutungswelt, die sich als Alternative zur krisenbehafteten akademischen Welt der kapitalistischen Moderne organisieren muss, ist unabdingbar für die ökologische und wirtschaftliche Gesellschaft. Die Befreiung der Wissenschaft von ihrer Nutzung als ideologisches Monopol und Machtapparat wird nur dadurch möglich, dass die (auf Unterschiede achtend) egalitäre, freie und demokratische Gesellschaft aufgebaut und all dies ineinander verwoben gelebt wird. Eine jede Öko-Gemeinschaft kann nur dann sinnvoll sein, wenn sie als ein Bewusstsein und eine Organisierung aufgebaut wurde, welche die kapitalistische Moderne überwunden haben. Ohne die Entstehung des Bewusstseins, der Organisation und des Willens zum Handeln können keine Öko-Gemeinschaften und keine wirtschaftliche Gesellschaft entstehen. Der Ansatz, dass Wissenschaft und Bewusstsein einerseits und die Gesellschaft andererseits voneinander getrennt sind, ist eine zivilisatorische Verdrehung, die mit der Versklavung der Gesellschaft zusammenhängt.

Die freie und demokratische Gesellschaft kann nur mit dem für sie notwendigen Bedeutungsbewusstsein gelebt werden. Jede wirtschaftliche Einheit kann mit ihrem ökologischen Bewusstsein leben. Wirtschaftliche Einheiten und Leben, die sich nicht auf das ökologische Bewusstsein stützen, können nicht verhindern, von der kapitalistischen Moderne absorbiert zu werden und in ihr zu leben. Wir sollten uns ökologisch-wirtschaftliche Einheiten nicht als einfache, technologielose Einheiten vorstellen. Wenn nötig, kann in ökologisch-wirtschaftlichen Einheiten und Gemeinschaften auch von den kompliziertesten und fortgeschrittensten Technologien Gebrauch gemacht werden. Ökologisch-wirtschaftliche Einheiten sind sogar die idealen Technologieeinheiten. Sie sind die nützlichsten gesellschaftlichen Nutzungsbereiche für die Technologie. In der nahöstlichen Gesellschaft wird die technologische Revolution am meisten für die ökologisch-wirtschaftliche Gesellschaft benötigt. In diesem Sinne ist die technologische

Revolution anti-industrialistisch. Während die Technologie im Dienste des Industrialismus zu Sklaverei und Zerstörung führt, führt die Technologie im Dienste der wirtschaftlichen und ökologischen Gesellschaft zu einem freieren und demokratischeren Leben. Kurz gesagt: Die Bedingungen der demokratischen Moderne sorgen für das sinnvollste Gleichgewicht zwischen der Technologie und der Ökologie. Der ideologische Kampf darum ist für den Kampf zwischen den verschiedenen Modernen unverzichtbar. Ohne diesen Kampf erfolgreich zu führen, wird die Überlebenschance und Nachhaltigkeit der demokratischen Moderne entgegen der kapitalistischen Moderne stets eine kleine Möglichkeit, Hoffnung und Utopie bleiben.

Es ist das ökologische und wirtschaftliche Gesellschaftsleben, das seit dem Neolithikum in allen Zivilisationsepochen im Nahen Osten die Gesellschaft und die materielle und immaterielle Kultur nährt. Die kapitalistische Moderne hat mit ihren drei apokalyptischen Reitern – Kapitalismus, Industrialismus und National-Etatismus – diese gesellschaftliche Kultur mit Füßen getreten, erdolcht und zerstückelt. Die Hauptaufgabe, die dagegen erledigt werden muss, ist der Kampf für den Aufbau auf den drei Standbeinen der demokratischen Moderne, nämlich dem demokratisch-sozialistischen, dem ökologisch-wirtschaftlichen und dem moralisch-politischen.

c) Die moralisch-politische Gesellschaft gegen den National-Etatismus

Die kapitalistische Moderne hat die nahöstlichen Gesellschaften durch den Nationalstaat nicht nur fest an sich gekettet, sondern sie auch noch mit kleinen Nationalstaaten bombardiert, die Dutzende Male zerstörerischer als die Atombombe sind, die auf Hiroshima abgeworfen wurde. Man könnte sagen, dass die gemeinsamen kulturellen Werte, die in Tausenden Jahren entstanden waren, durch das Nationalstaatsbombardement der letzten beiden Jahrhunderte zertrümmert wurden. Das erzeugte eine so große Auflösung und Zerstückelung, dass sie von keiner physischen Waffe stammen könnte. Die nahöstlichen Gesellschaften wurden weder als Zivilisationssysteme mit staatlicher Herrschaft noch als kommunale Systeme, die von Gegner*innen der ersteren gelebt wurden, in irgendeiner Epoche ihrer Geschichte so sehr ihrer Identität und Ganzheitlichkeit beraubt, zerstückelt und einander und ihrer eigenen Existenz entfremdet wie unter der Hegemonie der kapitalistischen Moderne. Das Britische Weltreich hat seine Hegemonie verstetigt, indem es dieses wirksamste System (die wahre Atombombe) nicht nur im Nahen Osten, sondern überall auf der Welt einsetzte.

Eine der tragischsten Praktiken wurde gegen den französischen König Ludwig XVI. angewandt. Ich bitte das nicht falsch zu verstehen: Ich halte die Französische Revolution nicht für eine Verschwörung des Britischen Weltreichs. Doch es ist nicht zu leugnen, dass Großbritannien in jener Zeit jeden Trick ausprobierte, um die hegemonialen Bestrebungen des Königreichs Frankreich zu durchkreuzen, und dass diese Tricks bei der Enthauptung des Königs eine Rolle gespielt haben. Neben zahlreichen verfügbaren Informationen stellt es den wichtigsten Beweis dieser Rolle Großbritanniens dar, dass 1792 mit der Ausrufung der Republik und der anschließenden Enthauptung des Königs unter der Terrorherrschaft der Jakobiner*innen die offizielle Geschichte des Nationalstaats eingeleitet wurde. Mit der 1792 offiziell ausgerufenen Nationalstaatlichkeit wurden alle hegemonialen Bestrebungen Frankreichs objektiv zunichtegemacht. Der Terror nützte Großbritannien. Napoleons Aufbruch und Kriege haben nicht nur Europa niedergewalzt, sondern gleichzeitig alle Mächte, die sich gegen die britische Hegemonie hätten erheben können, außer Gefecht gesetzt. Auch Napoleon selbst fiel diesen nationalstaatlichen Kriegen zum Opfer. Heute existiert in Frankreich die Fünfte Republik. Die Mittelschicht, die den Stempel Großbritanniens und Hollands trug, und Frankreichs bürokratischer National-Etatismus hatten jedoch einen entscheidenden Anteil daran, dass es mit jeder dieser Republiken an Kraft verlor und hinter Großbritannien zurückblieb. Die gleiche Realität gilt auch für Spanien, Österreich-Ungarn, das Russische Zarenreich, das Osmanische Reich, sogar für die Kaiserreiche China, Indien und Japan.

Das Seltsame ist, dass die gleichen Spiele im letzten Viertel des zwanzigsten Jahrhunderts und zu Beginn des einundzwanzigsten Jahrhunderts in der ganzen Welt und vor allem im Nahen Osten nochmals und in einer noch tragischeren Gestalt gegen den Nationalstaat eingesetzt wurden, da Nationalstaaten angefangen hatten, für die (von den USA und England angeführte) globale Hegemonie der kapitalistischen Moderne ein Hindernis zu bilden. Das tragische Ende Saddam Husseins, des quasi im irakischen Nationalstaat wiederauferstandenen Ludwig XVI., wurde zu einer perfekten Inszenierung des gleichen Stücks.

Ohne die historisch-gesellschaftliche Rolle des National-Etatismus in der nahöstlichen Kultur tiefgehend analysiert und begriffen zu haben, können wir kein gesellschaftliches Problem lösen. Die nationalstaatlichen Praktiken der letzten beiden Jahrhunderte nur als Teile-und-herrsche-Verschwörungen des Britischen Weltreichs, der Hegemonialmacht der kapitalistischen

Moderne, zu betrachten, wäre eine extreme Vereinfachung der Ereignisse und Phänomene. Wir sollten darauf bedacht sein, diesen Fehler nicht zu machen. Zweifellos ist der Nationalstaat eine Staatsform, die sich für Verschwörungen sehr gut eignet. Noch wichtiger ist es allerdings, seinen Wert als Wahrheit gründlich festzustellen. Trotz der ganzen positivistischen Propaganda ist der Gehalt des Nationalstaats voller äußerst geheimnisvoller und metaphysischer Elemente. Seine Rolle in der Geschichte konnte bisher nicht erhellt werden. Seine Auswirkungen auf die Gesellschaft sind noch dunkler. Trotz all seiner anti-theologischen Ansprüche ist er die Staatsform mit den meisten theokratischen Merkmalen.

Es ist von großer Wichtigkeit, die Erscheinung des Nationalstaats im Nahen Osten aus verschiedenen Perspektiven zu erhellen. Je weiter sie erhellt wird, desto genauer werden moralische und politische Aufgaben bestimmt.

1. Der Nationalstaat stellt trotz seiner ganzen Behauptungen, wissenschaftlich zu sein, als gesellschaftliche Wahrheit eine äußerst schwache und negative Entität dar. Seine eigentliche Rolle ist, im Namen der Homogenisierung die sehr vielfältigen Mentalitätscodes der gesellschaftlichen Natur zu vereinheitlichen. Die Devise »Eine Sprache, eine Geschichte, eine Fahne, eine Nation, eine Politik, ein Leben und eine Ideologie« geht mit der Homogenisierung der gesellschaftlichen Natur Hand in Hand. Die komplexen und vielfältigen gesellschaftlichen Strukturen werden vereinfacht, vereinheitlicht und durch eine Schwarz-Weiß-Dichotomie ersetzt. Die konservativste, chauvinistischste, rückwärtsgewandteste und faschistischste Weltanschauung entwickelt sich auf der Grundlage dieser dichotomen Struktur. Diese uniformisierenden Praktiken der nationalstaatlichen Macht rühren von der Profitmaximierungstendenz des Kapitalismus her. Solange sehr unterschiedliche Lebensgruppen in der Gesellschaft ihre Freiheit und Würde bewahren, kann die Tendenz des Maximalprofits nicht aufrechterhalten werden. Doch mit der Auflösung der ganzen auf verschiedenen Interessen basierten Lebensbereiche unter der uniformen nationalen Herrschaft bewegt sich die Gesellschaft auf eine Polarisierung mit zwei Klassen (Bourgeoisie und Proletariat) zu. Der kapitalistische Profitprozess verallgemeinert und entwickelt sich mit einer solchen Aufspaltung in Klassen. Materielle und immaterielle Kulturreichtümer, die sich im Laufe der Geschichte angehäuft haben, werden dieser Homogenisierung zu nur zwei Klassen geopfert. Sie werden wirklich in Opfer verwandelt. Alle verschiedenen Sprachen, Meinungen, Glaubensrichtungen, moralischen und

politischen Mentalitäten und Strukturen werden in diese Verwandlung einbezogen. Dabei werden zwei Methoden angewandt: physischer und kultureller Genozid sowie Assimilation. Wenn Assimilation nicht zum gewünschten Ergebnis führt, sind physische und kulturelle Genozide an der Reihe. Diese Methoden werden meistens ineinander verschränkt angewandt. Der Prozess, der uniformisierende, schwache und negative Wahrheitsbildung genannt wird, funktioniert auf diese Weise.

Das ist die tatsächliche Wahrheit über die Gesellschaft mit zwei Klassen, die der Marxismus irrtümlicherweise als positiv zu präsentieren bemüht ist. Die Klasse, die das Proletariat genannt wird, hat einen sehr schwachen und negativen Wahrheitswert. Im Allgemeinen hat das versklavte Individuum eine so geschwächte gesellschaftliche Wahrheit, dass sie nahezu inexistent ist. Da das versklavte Individuum von der Klasse der Herr*innen absorbiert und in ihr Anhängsel verwandelt worden ist, wird die Wahrheit, deren Träger*in es in Freiheit gewesen war, der Schicht der Herr*innen übertragen. Dass der Marxismus dies nicht begreifen kann, stellt eine große Unzulänglichkeit dar. Der Punkt, an dem Marx ein schlechter Schüler Hegels war, begegnet uns am deutlichsten in Bezug auf diese Frage der Wahrheit. Hegel hatte die Fähigkeit, die Wahrheit auf einem viel höheren Niveau als Marx zu bestimmen. Seine Werke dienen im Wesentlichen zur Erklärung der Wahrheit. Dass Marx die Sklav*innen zum wahrheitstragenden Element erklärte, machte auch den Rest seiner Lehre, der wichtige Tatsachen beinhaltet, nutzlos. Der Kapitalismus akkumuliert nicht nur auf der Grundlage des Profits materielles Vermögen, sondern eignet sich damit auch die gesellschaftliche Wahrheit (die geistige Stärke der Gesellschaft) gewaltsam an, filtert sie seinen Interessen entsprechend und lässt sie in den Besitz der Klasse der Herr*innen übergehen. Er macht sich auch in Bezug auf die Wahrheit enorm viel stärker. Das »Nationalstaat« genannte Ereignis und Phänomen ist im Wesentlichen der Transformations- und Übertragungsprozess der Wahrheit.

Also besitzen im Sinne der Wahrheit nicht zwei, sondern nur eine Klasse Gültigkeit. Die physische Existenz der Arbeiter*innenklasse, sogar ihre beschränkte Organisierung in Parteien und Gewerkschaften können keinen starken, über Lohnkrümel hinausgehenden gesellschaftlichen Wahrheitswert erlangen, solange sie nicht als Teil der Gesamtheit der gesellschaftlichen demokratischen Organisierung betrachtet werden. Die Geschichte des Realsozialismus ist auch in Hinblick auf Wahrheitsgewinn und -verlust äußerst aufschlussreich. Vor allem werden, je mehr der Nationalstaat homogenisiert wird, im Namen der monopolistisch-oligarchischen Klasse desto einheitlichere Wahrheiten festgelegt. Dass diese Festlegungen einen spekulativen und fiktiven Gehalt haben, bedeutet nicht, dass sie keine Wahrheiten sind. Man sollte genau wissen, dass auch die Metaphysik eine Art der Wahrheitsfestlegung ist. Mythologien wohnt ebenfalls ein Wahrheitswert inne. Dass man in der Natur keine Entsprechung zu ihnen finden kann, beweist nicht, dass sie keinen Wahrheitswert haben. Man sollte nicht vergessen, dass die Wahrheit immer im Zusammenhang mit der Entstehung der menschlichen Mentalität steht. Solange unter der Mentalität des Menschen nicht die fortgeschrittenste bekannte Form der Wahrheit verstanden wird, können keine ernsthaften wissenschaftlichen, künstlerischen oder philosophischen Werke vollbracht werden. Dass die Mentalität des Menschen gesellschaftlich bedingt ist, setzt zweifelsohne ein Verhältnis zwischen der Wahrheit und der Gesellschaft voraus. In keiner anderen Staats- oder Gesellschaftsform wurde die Wahrheit so sehr mit der Herrschaft verbunden, so schwach und negativ gemacht wie im Nationalstaat.

2. Die theokratischen und theologischen Elemente des Nationalstaats verdienen eine nähere Betrachtung. Hegel fällte mit seiner Definition des Nationalstaats als Gott auf Erden kein rein symbolisches Urteil. Er interpretierte den Nationalstaat als eine Verwirklichung von Ideen, die im Laufe aller Zeitalter im Namen Gottes angehäuft wurden. Um dies zu verstehen, genügt es, die Summe der Ideen zu analysieren, die zur Französischen Revolution geführt haben. Positivist*innen merkten nicht, wie theistisch sie mit ihrer Aussage waren, die Souveränität sei mit dem Nationalstaat dem Gott entrissen und der Nation übertragen worden; denn sie hatten keine Ahnung davon, was die Souveränität selbst ist, oder es widersprach ihren Interessen, sie richtig zu erklären. Die Souveränität selbst als Summe aller hierarchischer und staatlichen Mächte der Geschichte ist nichts als die monopolistische Herrschaft über die Gesellschaft im Namen Gottes (des Herrn) und die Ausbeutung des Mehrprodukts und der Mehrwerte auf dieser Grundlage. Dass die von Gott ausgehende Souveränität ihren Ursprung in Menschen hat, die sich zu Herren (rabb) gemacht haben, ist eine so offensichtliche Tatsache, dass sie keiner Analyse bedarf. Unter diesen Umständen zu behaupten, mit der Französischen Revolution habe die Souveränität aufgehört, von Gott auszugehen, und gehe nun von der Nation aus, ist der größte Betrug im Namen der Sozialwissenschaft. Der Erfinder dieses Betrugs ist der Positivismus.

Während die Souveränität und die Herrschaft des Altertums und Mittelalters von Gott ausgehen, nährt sich die nationalstaatliche Souveränität der kapitalistischen Moderne um ein Vielfaches mehr von derselben Quelle. An dieser Stelle sollte der Zusammenhang zwischen den Begriffen Nation und Nationalität und der Göttlichkeit betont werden. Bekanntlich sind im Islam Nation/Glaubensgemeinschaft [*millet*] und Religion gleichbedeutend. Gott und Nation [*millet*] sind identisch. Dass aus der Glaubensgemeinschaft [*millet*] Nation [*ulus*] geworden ist, ändert nichts am Ergebnis. Es wurde ein wenig mit der Sprache gespielt, nichts weiter. Sei es in den heiligen Schriften, sei es in den Lehren des kapitalistischen Liberalismus: Nation/Glaubensgemeinschaft [*millet*] oder Nation [*ulus*] ist ein Ausdruck für die Gemeinschaft oder Gesellschaft, die den Befehl Gottes (des Herrn, des *rabb*, des Herrschenden, des Gebieters) umsetzt. Die Kapitalist*innen haben mit den Begriffen säkular und laizistisch weder die Religion, den Gott noch die Herrschenden hinter sich gelassen oder sie negiert. Mit dem Nationalismus [*milliyetçilik* und *ulusçuluk*] oder dem Namen einer neuen religiösen Konfession haben sie vielmehr eine ihren Interessen angepasste Religiosität entwickelt. Der Nationalismus, der an der Schwelle zum Faschismus steht, zeichnet sich sogar dadurch aus, dass er die fanatischste Religion aller Zeiten ist. Das Ausschlaggebende ist nicht, ob die Religion in ihren alten Formen wie dem Christentum, Islam, Buddhismus oder Judentum auftritt. Jede Meinung und jeder Glaube, die oder der die Gesellschaft wie eine Gottesverehrung in ihren oder seinen Fängen hält, lässt sich durchaus als Religion bezeichnen. Ob diese Religion eine Gottheit hat oder nicht, ist in dieser Hinsicht nicht entscheidend. Ihr wahrer Kern ist ihre Fähigkeit, die Gesellschaftsmitglieder an eine auf dem Niveau der Heiligkeit und sehr intensiv erlebte Gefühls-, Glaubens- und Gedankenwelt, an gottesdienstartige Zeremonien und Handlungsformen zu binden. Offensichtlich wurden im Rahmen des Nationalstaats die Nation und der Nationalismus in extremer Weise diesen Definitionen entsprechend entwickelt. Folglich stellen sie Begriffe und Lehren dar, die so offensichtlich religiösen Charakters sind, dass es keiner Diskussion darüber bedarf.

Hinsichtlich der Theologie der Nation und des Nationalismus darf nicht außer Acht gelassen werden, dass sie die Maske der positivistischen Wissenschaftlichkeit aufsetzen und sich so präsentieren, als seien sie weder Religion noch Metaphysik. Sie schrecken nicht einmal davor zurück, im Namen des »Szientismus« eine religiöse Abstraktion zu unternehmen, um es zu einer Regel zu erklären, gegen Religion und Metaphysik zu sein.

Die Wahrheitsideologie des Nationalstaats und der Religionismus sind eng miteinander verbunden. Ihr gemeinsames Ziel ist es, verschiedene, vielfältige Lebensformen der gesellschaftlichen Wirklichkeit aufzulösen, zu liquidieren, zu verschleiern, ihrer Geschichte zu berauben und auf dieser Grundlage reichhaltige Wahrheitsausdrücke zu schwächen und ihr eigenes Hegemonialsystem als einzig legitime Wahrheit zu präsentieren.

3. Die Folgen der national-etatistischen Mentalität und ihrer Strukturen, die dem kulturellen Leben des Nahen Ostens aufgezwungen werden, stellen ein Thema dar, das bisher noch nicht aus der Perspektive der historischen Dauer einer ganzheitlichen Analyse unterzogen wurde. Die Besitzer*innen dieser Mentalität und Strukturen wissen selber noch wenig darüber, was sie tun. Es handelt sich um Macht und materielle Interessen, die sich auf einen engen Raum und eine kurze Dauer beschränken. Diejenigen, die den Nationalstaat als Ideologie und Struktur anwenden, handeln eigentlich nach dem Motto »Man muss von der Hegemonie der kapitalistischen Moderne nehmen, was man kriegen kann.« Ihr gesamter strategischer und taktischer Ansatz beschränkt sich auf diese Sichtweise. Das Hegemonialsystem erlaubt keine andersartige Entwicklung. Da sie keine Ahnung von der Wahrheit und der Theologie haben, deren Kern wir hier darzustellen versucht haben, können sie nicht anders, als einerseits als radikalste nationale Dogmatiker*innen, andererseits stets als Skeptiker*innen zu leben. Wenn wir es weiter konkretisieren wollen: Mehr als zwanzig kleine Nationalstaaten, die den arabischen Stämmen und religiösen Ordnungen, die zu den ältesten gesellschaftlichen Realitäten des Nahen Ostens gehören, aufgezwungen wurden, spalten nicht nur das gemeinsame Leben, sondern impfen gleichzeitig in ihr existentielles Wesen eine Entfremdung ohnegleichen ein. Die neue arabische Identität, die zum Vorschein kommt, ist der viel kritisierten früheren und der mittelalterlichen Identität nicht überlegen. Die Araber*innen, die auf der Grundlage der Nationalstaaten gespalten sind, sind die schwächsten, am meisten verdrehten und von historisch-gesellschaftlichen Wahrheiten losgerissenen Araber*innen. Wie radikal auch immer der National-Etatismus ist, den sie betreiben, werden sie im Gegensatz zu ihrem Irrglauben nicht stärker, sondern schwächer. Außerdem führt der Arabismus nicht dazu, dass sie stärker werden, sondern dass sie schwächer werden und sich den Wahrheiten entfremden.

Nationalismus ist nie ein Faktor für das Erstarken, da er sich nicht von der Wahrheit nährt. Dieser Umstand wurde in der bemerkenswertesten Art und

Weise in der Praxis Hitlers erlebt. Die Grenzen, denen aus nationalstaatlicher Perspektive Heiligkeit zugeschrieben wird, sind völlig erfunden und wurden von den Interessen der globalen Hegemonie bestimmt. Die Landes- und Nationsbegriffe, die sie beinhalten, gehen als Symbole der neuen Theologie nicht über die gleichen Interessen hinaus; und wenn sie darüber hinausgehen, können sie kaum dem Zorn des hegemonialen Gottes entkommen. Alle Grenzen, Vaterländer, Nationen, Mittelschichten und Bürokratien, die man seit zweihundert Jahren in der Region zu konstruieren versucht, sind eigentlich durch die Göttlichkeit des Nationalstaats verkümmert. Sie halten die Wirklichkeit, in der sie leben, für die ewige; wobei jede Person, deren Geist der Wahrheit einigermaßen offen ist, weiß, dass all diese Wirklichkeiten fantastische Erfindungen sind, die der Legitimation der hegemonialen Interessen der letzten beiden Jahrhunderte dienen. Die Konstruktion der türkischen und iranischen Nationalstaaten ist Produkt derselben hegemonialen Interessen. Obwohl sie den Stempel der Eroberung durch die kapitalistische Moderne tragen, versuchen sie, ihre Legitimationskrisen durch die religionistische und die nationalistische Ideologie zu überwinden. In all diesen versucht man, dem Nationalstaat mit einem ideologischen Panzer zu überziehen, indem man den laizistischen und den religiösen Nationalismus ineinander verschränkt. Dabei sind die historischen Kulturen, Ethnien, Religionen und Konfessionen, denen die Stellung einer Minderheit zugewiesen wird, angesichts des Nationalstaats mit der Existenzfrage konfrontiert.

Die Ganzheit der nahöstlichen Kultur steht in einem radikalen Widerspruch zur nationalstaatlichen Spaltungspolitik der kapitalistischen Moderne. Die Moderne spielt die Rolle eines eisernen Käfigs, der den Realitäten des gemeinsamen Lebens aufgezwungen wird.

Die Analyse- und Lösungsfähigkeit der demokratischen Moderne ist dem Nationalstaat gegenüber viel eindeutiger. Die gesellschaftlichen Realitäten, die in den Schlaf versetzt wurden und die die alten und neuen Hegemonialmächte zusammen mit ihrer Geschichte stets vergessen zu machen versuchten, können mit dem Ansatz der demokratischen Moderne innerhalb ihrer eigenen Historizität die Wahrheit ihres Wesens ausdrücken. Die Analyse der Hegemonialmächte findet ihre Antwort in der Geschichte und Wahrheit ihrer Gegner*innen. Die gesellschaftlichen Realitäten sind weder ohne Geschichte noch ohne Wahrheit. Dem nationalstaatlichen Hegemonialismus, der der gesellschaftlichen Kultur des Nahen Ostens mit ihrer historischen Totalität aufgezwungen wird, stellt die demokratische Moderne die moralische und politische Gesellschaft als Antithese entgegen.

a – Der Nationalstaat verwirklicht sich als Negation der moralischen und politischen Gesellschaft. Die Moral ersetzt er durch die Zwangsregeln, die nationales Recht genannt werden. Die Zwangsregeln in Form des Rechts erleben im Nationalstaat ihre höchste Entwicklung. Anstelle der politischen Gesellschaft errichtet er die Herrschaft einer starren bürokratischen Verwaltung. Die Verleugnung der politischen Gesellschaft zeigt sich konkret darin, dass das demokratische System nicht funktioniert. Auch wenn von Parlament und Wahlen die Rede ist, gilt die ungeschriebene Verfassung der Verwaltungsstruktur der bürokratischen Oligarchie. Die nationalstaatliche Macht, die sich bis in die Kapillaren der Gesellschaft ausbreitet, gibt sich im rechtlichen Gewand als öffentliche Verwaltung aus. Wahlen und Parlament haben kaum eine Bedeutung, abgesehen davon, dieser Verwaltung einen Anstrich von Legitimität zu verleihen. Die Gesellschaft, das Volk und die Nation werden mit dem Nationalstaat identisch gemacht. Gegenüber dieser hegemonialen Wirklichkeit, welche die kapitalistische Moderne in eine universale verwandelt hat, gibt es keine andere Lösungsmöglichkeit, als für die moralische und politische Gesellschaft einzutreten.

Gesellschaftliche Naturen sind ihrem Wesen nach moralisch und politisch. Ohne Moral und Politik lassen sich weder Gesellschaft noch Individuum vorstellen. Die Gesellschaft kann dazu gezwungen werden, unmoralisch und unpolitisch zu sein. Die moralische und politische Fähigkeit kann behindert und so sehr geschwächt werden, dass sie ihre Funktion nicht mehr erfüllen kann, doch sie kann nicht vernichtet werden. Ihre Vernichtung ist nur dadurch möglich, dass die Gesellschaft aufhört, eine Gesellschaft zu sein. Moral und Politik sind starke Mittel der gesellschaftlichen Wahrheit. Während das Fehlen von Moral und Politik zu Wahrheitslosigkeit führt, sind in Bereichen, in denen starkes moralisches und politisches Handeln gegeben ist, die Formen, in denen die Wahrheit sich ausdrückt, stark und transparent. Moral und Politik als Überbau zu präsentieren, stellt einen der wichtigsten Irrtümer der Marxist*innen dar. Es gibt keine gesellschaftliche Einheit und kein gesellschaftliches Individuum, die nicht moralisch und politisch wären. Jede gesellschaftliche Einheit und jedes gesellschaftliche Individuum ist sowohl moralisch als auch politisch. Die Demokratie verhält sich proportional zur moralischen und politischen Gesellschaft. Demokratie ist die Funktionsweise der moralischen und politischen Gesellschaft. Gesellschaftliche Wahrheiten drücken sich in maximaler Weise als demokratische Gesellschaft aus. Die Ausdrücke von Wahrheiten in Form von Wissenschaft, Philosophie und Kunst erreicht in der demokratischen

Gesellschaft ihren besten Zustand. Diese Feststellungen erklären, warum die Wahrheit in der moralischen und politischen Gesellschaft ihren maximalen Ausdruck erlangt.

Die Widerstandselemente, die in der nahöstlichen Gesellschaft immer noch stark sind, beweisen, dass das moralische und politische Element nicht so schwach ist, wie man glaubt. Moral- und politiklose Einheiten und Individuen können keinen Widerstand leisten. Sie sind nur an Gehorsam gewöhnt worden. Der Widerstand, das Nomadentum und Leben in Slums in Dimensionen von Familien, Stämmen, Aschirets, Konfessionen und Nationen sind nicht nur die Ablehnung des Nationalstaats, sondern ebenso sehr ein Ruf zur demokratischen Gesellschaft. Entwicklungen in diesen Dimensionen im Nahen Osten sind im Gegensatz dazu, was der Orientalismus uns glauben machen will, nicht Rückständigkeit, Mittelalterlichkeit oder Chaos, sondern bilden den potentiellen Reichtum der demokratischen Moderne. Den Reichtum gesellschaftlicher Phänomene zu brechen, führt zur Schwächung der Bedeutung und Wahrheit. Je mehr der kulturelle Reichtum homogenisiert wird, desto mehr fehlen ihm seine Bedeutung und sein Ausdruck als Wahrheit. Die homogene Bürger*innen erzeugende Verwaltung des Nationalstaats ist ein Individualismus, der in Bezug auf die Bedeutung sein Potential verloren hat, dessen Geist über ein paar auswendig gelernte Dogmen hinaus nicht funktioniert, der offizielle Zeremonien als eine neue Gottesdienstform wahrnimmt und in Bezug auf die Bedeutung ausgehöhlt ist.

Die moralischen und politischen Werte, die mit der demokratischen Gesellschaft ihre Funktionsweise erlangen, erzeugen im Gegenzug aus einem Potential mit Bedeutungsreichtum Wahrheit. Eine Gesellschaft wiederum, die sich kontinuierlich von der Wahrheit nährt, lebt im idealen Gleichgewicht zwischen dem Individuum und der Gemeinschaft.

b – Entgegen der positivistischen Theologie des Nationalstaats basiert die moralische und politische Gesellschaft auf der Philosophie im Sinne der Wissenschaft und Weisheit. Der Laizismus und der Säkularismus unterscheiden sich wenig von religiösen Dogmen. Indem man sich als Nationalstaat verkleidet, wird man den Religionismus nicht los, sondern verändert nur seine Form. Die nationalstaatlichen Dogmen, die der positivistische Szientismus mit großer Geschwindigkeit erzeugt, sind strenger als die religiösen Dogmen des Mittelalters. Die Realität des Krieges und der Ausbeutung, zu der sie führen, beweisen diese Sache eindeutig. Wir sollten sehr genau wissen, dass die Theologie eigentlich als ideologisches

Legitimationsmittel der staatlichen Klassengesellschaft, einschließlich der kapitalistischen Moderne, konstruiert worden ist. Sie entwickelt sich als Gegensatz (Antithese) zu den Elementen der Wissenschaft und Weisheit in der moralischen und politischen Gesellschaft. Während die moralischen und politischen Werte zur Wissenschaft und Weisheit führen, nähren die Wissenschaft und Weisheit kontinuierlich die moralische und politische Gesellschaft. Der gesellschaftliche Ausdruck, der sich von außen als Theo[s] (Gott) und Logik[68] (Vernunft) aufzwingt, ist der Gottkönigs-Staat. Dass man dies nicht offen und eindeutig aussprechen kann, liegt daran, dass die westliche Soziologie sich von derselben Substanz aus Klassen und Staat nährt. Mit dem Positivismus hebt sie die Theologie auf ihre gefährlichste Stufe. Wer könnte leugnen, dass die Verweltlichung Gottes tausendmal mehr Ausbeutung, Blut und Tränen schafft als seine Himmlischkeit! Vor allem, während die Erfahrung des nationalstaatlichen Gottes in den letzten beiden Jahrhunderten vor unseren Augen steht. Was waren denn die Eigenschaften jenes Gottes? Grenzen, Nationen, Fahnen, Märsche, die Mittelschicht, Bürokratien und monolithische Bürger*innen. Was hat der nationalstaatliche Gott mit diesen Eigenschaften getan? Er verwirklichte Kriege und Ausbeutung, die in der Geschichte beispiellos sind. Als Demiurg (Architekten-Gott) errichtete er in der Welt die nationalstaatliche Ordnung. Dadurch hat er bewiesen, dass er der Gott mit dem am weitesten fortgeschrittenen Götzendienst ist.

Die moralische und politische Gesellschaft braucht zum Überleben keine solchen Göttlichkeiten. Die Weisheit ist ihr wertvoller als die Theologie. Die Weisheit entspringt nicht der Theologie, sondern der Wissenschaftlichkeit. Sie ist eine Art Soziologie. Trotz der ganzen theologischen Zwänge haben die Adern der Weisheit in der nahöstlichen Gesellschaft stets existiert. Unter Weisheit sollte man die Totalität von Philosophie und Soziologie in ihrem mit dem Leben verschränkten Zustand verstehen. Während die Weisheit bis Sokrates die Hauptform bildete, haben die danach entwickelten Schulen diese Tradition degeneriert. Es entstand eine Diskrepanz zwischen der Lehre und dem Leben. Dies wiederum war ein schwerer Schlag gegen die moralische und politische Gesellschaft. Die Weisheit wurde als Philosophie in den Dienst des Staates gestellt. Während in der Tradition der Prophetie die Weisheit stets vorherrschend war, brachte ihre zunehmende Öffnung zur Theologie eine Degeneration mit sich. Je mehr Gesandte, Prediger*innen

68 Im Original deutsch.

und Priester*innen sich auf den Irrweg der Theologie begaben, desto mehr brachen sie mit der Weisheit und entfernen sich von der moralischen und politischen Gesellschaft. In der nahöstlichen Kultur findet ein intensiver Kampf zwischen den Elementen dieser Dichotomie statt. Dieser Kampf spiegelt im Wesentlichen die Spannung zwischen der staatlichen Zivilisation und der Welt der demokratischen Zivilisation wider.

Die eigentliche Aufgabe der Weisheit ist es, gegen die königlichen und despotischen Zwänge, die dem Gottesbegriff eingeschrieben wurden, die durch den Sufismus deutlicher gewordene gesellschaftliche Identität zu vertreten. Auf diese Weise wird die moralische und politische Gesellschaft verteidigt. Das Wunder und die Weisheit werden in der Gesellschaft gesucht. Es ist wichtig, die nahöstliche Geschichte in dieser Weise zu interpretieren, denn ihre Aktualisierung wird die demokratische Moderne verständlicher machen.

c – Die moralische und politische Gesellschaft verleugnet nicht die nationale Gesellschaft. Gesellschaften ändern, durch ihre Natur bedingt, immer wieder ihre Form. Die Formenvielfalt ist der Reichtum des Lebens. Was abgelehnt wird, ist die Geschlossenheit und Starrheit gesellschaftlicher Formen. Der Konservatismus ist eigentlich das Beharren auf der Geschlossenheit und Starrheit von Formen. Die Freiheit hängt dagegen mit Offenheit und Flexibilität zusammen. Je offener und flexibler die gesellschaftlichen Identitäten sind, desto vielfältiger werden sie und leben folglich freier. Das nationalstaatliche Identitätsverständnis ist uniform, geschlossen und starr. Der Faschismus hat seinen Ursprung in diesem Identitätsverständnis. Eine solche Wahrnehmung gesellschaftlicher Identitäten wird als Dauerkriegszustand innerhalb und außerhalb der nationalen Gesellschaft erlebt. Wenn die offene und flexible Natur gesellschaftlicher Identitäten mit aufgezwungenen künstlichen, geschlossenen und starren Identitäten konfrontiert wird, werden Kriege aller Art unumgänglich. Kriege, seien es religiöse, seien es nationale – in beiden Fällen ist die Geschlossenheit und Starrheit die Haupteigenschaft von Identitäten –, sind Ausdruck dieser Auseinandersetzung um Identitäten. Dass im Nahen Osten in den letzten beiden Jahrhunderten intensive Kriege zwischen religiösen und nationalen Identitäten stattfanden, hängt mit dem Identitätsverständnis zusammen, welches die kapitalistische Moderne ihm aufzwingen will. Die nationalstaatlichen Identitäten, die diese durch ihren Filter hindurchgehen lässt, sind im Wesentlichen Erweiterungen und Agentinnen der zentralen Identität. Die zentrale Identität fungiert stets als eine Art Hauptquartier. Sie widmet ihren

Kolonien und abhängigen Agenturen ein großes Interesse und organisiert sie, wenn nötig, um.

Die nationalstaatlichen Identitäten der letzten beiden Jahrhunderte sind wie weltweit auch im heutigen Nahen Osten abgenutzt und mittlerweile zu einem Hindernis für den Kapitalismus geworden, der die Globalisierung ausbauen will. Der strukturellen Krise liegt der konservative Widerstand des Nationalstaats zugrunde. Dies ist der Hauptwiderspruch, den das System intern erlebt. Es kann aber keine Lösung finden. Während einerseits die Widersprüche zwischen der Nationalstaatlichkeit und dem globalen Kapitalismus von Afghanistan bis Marokko, von Kaukasien bis zum Indischen Ozean größer werden, führen sie andererseits häufig zu Kriegen. Der Kapitalismus weiß ziemlich gut, dass er den Nationalstaat nicht gänzlich liquidieren kann, dem er zu einem guten Teil seine Ausbreitung verdankt; und wenn er ihn Reformen zu unterziehen versucht, stößt er jedes Mal auf Widerstand. Kreise, die mit dem Nationalstaat extrem an Stärke gewonnen haben, leisten gegen einen rationaleren Kapitalismus Widerstand, und die Folge davon sind Krisen und Kriege. Während das letzte »Greater-Middle-East-Projekt« der USA von dieser Tatsache herrührte, können wir auch sein Scheitern mithilfe dieser Tatsache verstehen. Die Stagnation in der Region ist tiefer reichend als die Krise während des Ersten und des Zweiten Weltkriegs. Da dem so ist, kann sie in keiner Weise aufgehoben werden. Der Begriff der strukturellen Krise schuldet seine Bedeutung dieser Eigenschaft der Wirklichkeit.

Also kann der Nahe Osten für kein Problem, egal ob es die ganzheitliche Entwicklung der historisch-gesellschaftlichen Kultur oder die inneren Widersprüche der kapitalistischen Moderne betrifft, eine sinnvolle Lösung finden, solange die geschlossene und starre nationalstaatliche Identität nicht überwunden ist. Alle Bemühungen um den Wiederaufbau des Nationalstaats im Irak und in Afghanistan sind umsonst. Obwohl dem durch den Zweiten Weltkrieg ruinierten Europa eine begrenzte Hilfe der USA (Marshallplan) für den Wiederaufbau reichte, kann in einem kleinen Raum wie dem Irak der Wiederaufbau trotz eines Mehrfachen an Hilfe nicht erfolgen. Die Ereignisse im Irak spiegeln eigentlich die Realitäten der gesamten Region wider; und dies kündigt den Bankrott und die Krise der kapitalistischen Moderne auf all ihren drei Standbeinen an. Schließlich erzeugt sie mit all ihren Nationalstaaten im Nahen Osten, ihrem Industrialismus und Kapitalismus nur Krisen und Kriege.

Wir sollten aber nochmals betonen, dass diese Krisen und Kriege, die sich jetzt ereignen, nicht nur strukturelle Krisen und Kriege der zweihundertjährigen kapitalistischen Moderne, sondern gleichzeitig auch der fünftausendjährigen Zivilisation mit Klassen und staatlicher Herrschaft sind. Potenzielle Lösungsansätze müssen von dieser Tatsache ausgehen.

d) Die demokratische Moderne gegen die kapitalistische Moderne im Nahen Osten

In der geistigen Welt des Nahen Ostens wurden intensive Diskussionen über die Moderne geführt. Diejenigen, die in diesen Diskussionen die Meinung vertraten, dass man die technische und wissenschaftliche Grundlage annehmen, die anderen Elemente aber ausschließen oder die Moderne gänzlich annehmen solle, waren weit von einem wissenschaftlichen Verständnis davon entfernt, womit sie es zu tun hatten. Hinzu kommt, dass die Entscheidung nicht von ihnen abhing. Als sie von der Moderne als Hegemonie umzingelt waren, hatten sie keine Wahl, als sich mit ihr zu arrangieren. Ohne zwischen linken und rechten Ideen zu unterscheiden, kann man behaupten, dass man noch immer weder eine Idee noch eine geistige Welt erreicht hat, die über den Orientalismus hinausgehen würden. Es gibt sehr wenige Ideen, die von der kapitalistischen Moderne weder absorbiert noch dazu gebracht wurden, sich mit ihr zu arrangieren. Was in Bezug auf Ideen nicht gelingt, gelingt selbstverständlich auch im Leben nicht. Da Analysen über Systemgegnerschaft in vorangegangenen Kapiteln bereits gemacht wurden, werden wir sie nur wiederholen, wenn es notwendig wird.

Mithilfe des Paradigmas der demokratischen Moderne lassen sich die strukturelle Krise und die Konflikte analysieren und Lösungsmöglichkeiten präsentieren. Die historische Totalität und die Vertiefung der nationalstaatlichen Ausweglosigkeit erhöhen die Wahrscheinlichkeit immer mehr, dass solche Möglichkeiten verwirklicht werden.

1. Der tiefgreifende Widerspruch zwischen der Geokultur des Nahen Ostens und der nationalstaatlichen Spaltungspolitik verstärkt die Tendenzen zu Ganzheitlichkeit und Integration. Noch nie in ihrer Geschichte erlebte die Region eine solche Zersplitterung wie in der Ära der Nationalstaaten. Selbst die Zersplitterungen blieben aber auf der Ebene der Macht und hatten keinen großen Einfluss auf das kulturelle Leben. Dass trotz ethnischer und religiöser Differenzen jahrtausendelang ein Zusammenleben möglich war, hat mit der Totalität der Geokultur zu tun. Sogar die hegemonialen

Aufstiege, die mit der Macht zu tun hatten, entwickelten sich in der ganzen Region. Vom akkadischen König Sargon, dem ersten Hegemonen, der in die Geschichte einging, bis hin zum osmanischen Hegemonialismus überwog die Ganzheitlichkeit auch in Bezug auf die Macht. Jede aufsteigende Macht wurde schnell zu einer regionalen. Sowohl auf Klassen und Staat beruhende als auch demokratische Zivilisationen, die über die ethnische, religiöse und konfessionelle Dimension nicht hinausgingen, lebten als regionale Kulturen und hinterließen in der ganzen Region Spuren. Eine geschlossene zivilisierte Identität wie in Japan, China, Indien und sogar in Großbritannien hat es in der nahöstlichen Geokultur nie gegeben. Obwohl ähnliche Geokulturen auch in Afrika und in Südamerika existierten, erreichten sie im Gegensatz zum Nahen Osten nicht das Niveau einer hochentwickelten Zentralzivilisation. Die Elemente der kapitalistischen Moderne erleben einen Widerspruch und einen Konflikt mit den beiden historischen geokulturellen Tendenzen der Region. Es hängt mit diesen tief reichenden Widersprüchen zusammen, dass der Nahe Osten und seine Probleme zwar viel diskutiert, aber in keiner Weise gelöst werden können.

Die wirtschaftliche, ökologische, moralische und politische Gesellschaft als Hauptelement der demokratischen Moderne beruht auf der Geokultur der Region. Sie zwingt kein spaltendes Element auf. Im Gegenteil, sie bildet die Alternative zu bestehenden Spaltungselementen.

Die demokratische Moderne ist in ihrem Nationsverständnis flexibel. Die nicht auf Sprache, Ethnizität, Religion oder Staat beruhende nationale Aufbauperspektive bringt in ihrem Rahmen multilingual, multiethnisch, -religiös, -konfessionell und -politisch gestaltete Elemente zusammen und spielt eine ungemein problemlösende Rolle. Gegenüber auf Staat, Sprache, Religion, Konfession oder Ethnizität beruhenden Nationsverständnissen bietet das ganzheitliche Nationsverständnis der demokratischen Moderne mit seinen multiplen Elementen eine starke Basis für Frieden und Geschwisterlichkeit im Nahen Osten. Wir könnten sogar behaupten, dass eine aus den drei monotheistischen Religionen, aus allen möglichen verschiedenen Sprachen, Ethnien und politischen Organisationen bestehende große Regionalnation, also die nahöstliche Nation, geschaffen werden könnte. So wie es eine amerikanische Nation (USA) und eine europäische Nation (EU) gibt, kann man auch einer nahöstlichen Nation zur Existenz verhelfen. Deren kulturelle Basis ist geeigneter und stärker als in jenen beiden Blöcken. Man kann für Mehrheits- und Minderheitsprobleme, die Probleme der Zersplitterung der großen Nationen (der arabischen, der türkischen, der kurdischen und der persischen) und der Isolation der kleinen Nationen (der armenischen und der jüdischen, der Suryoye und kaukasischen Völker) innerhalb eines solch großen, offenen und flexiblen Nationsverständnisses nahezu ideale Lösungen finden.

Das Paradigma der demokratischen Nation besitzt offenbar die Qualität und Kapazität, die von den homogenisierenden, konfliktreichen, nationalistischen, sexistischen, religionistischen und positivistischen Mentalitäten des Nationalstaats und den Macht- und Ausbeutungsmonopolen verursachten tief reichenden Ausweglosigkeiten und Konflikte aus der Welt zu schaffen.

Das wirtschaftliche und ökologische Element der demokratischen Moderne begnügt sich nicht mit der Beseitigung der Schlechtigkeiten, die nicht nur zu Krisen in der vom Kapitalismus und Industrialismus aufgezwungenen Ökonomie führen, sondern auch auf der Grundlage des Nationalstaats spalten und dadurch einen wichtigen Faktor für die enorm niedrige Produktivität darstellen. Stattdessen bietet dieses Element gleichzeitig auch die Totalität, derer die wirtschaftliche und ökologische Gesellschaft bedarf, und den Rahmen, der maximale Produktivität erlaubt und der Umwelt am wenigsten schadet. Wirtschaftliche und ökologische kommunale Gemeinschaften jeglicher Art, die um Landwirtschafts-, Wasser- und Energiekommunen herum zu entwickeln sind, machen eine Ordnung möglich, die auf Solidarität beruht. Eine solche Ordnung wird von der wirtschaftlichen und ökologischen Gesellschaft gebraucht, und auch die historische Kultur drängt auf sie; sie beugt der Arbeitslosigkeit vor, betrachtet die Arbeit als Befreiung und führt zu Produktivität.

Die moralischen und politischen Gesellschaftselemente der demokratischen Moderne überwinden die den Rechts- und Machtfetischismus erzeugende nationalstaatliche Hegemonie und führen zur Entwicklung der demokratischen Gesellschaft. Anstelle des Machtmonopolismus mit seinen geschlossenen und starren Identitäten, der die Geopolitik der Region spaltet und unfruchtbar macht, ermöglichen sie mit ihrem offenen, flexiblen und demokratischen Politikverständnis in der Region, sogar in der ganzen Welt die dringend gebrauchte Einigkeit und Geschwisterlichkeit in all ihrer Vielfalt. Auf der Grundlage der Einheit der historisch-gesellschaftlichen Kultur verwirklichen sie die demokratische Gesellschaft.

2. Auf der Basis dieser grundsätzlichen Analysen können wir in Bezug auf die Einheit demokratischer Nationen konkrete Vorschläge machen.

Es ist bekannt, dass nationalstaatliche Bündnisse wie der Bagdadpakt (später CENTO) und die RCD (Regionale Zusammenarbeit für Entwicklung) wegen ihrer Beschaffenheit keine Lösung darstellten und nicht von langer Dauer waren. Dass Organisationen wie die Liga der Arabischen Staaten und die Organisation für Islamische Zusammenarbeit, die man immer noch am Leben zu halten versucht, kein bedeutendes Problem der Region lösen konnten und unwirksam blieben, ist wegen ihrer nationalstaatlichen Verfasstheit ebenfalls verständlich. Zudem ist jeder Nationalstaat in der Region von einem kapitalistisch-hegemonialen Zentrum abhängig. Ihnen fehlt die Fähigkeit, sich der Kontrolle des Zentrums zu entziehen, von dem sie abhängig sind. Mit dieser Tatsache hängt zusammen, dass sie weder Lösungen finden noch wirksam sein können, obwohl sie eine Tagung nach der anderen, einen Gipfel nach dem anderen durchführen.

Die Lösungskraft der demokratischen Moderne in Bezug auf die politische Einheit hängt mit den Problemlösungsfähigkeiten der Elemente zusammen, auf denen sie beruht. Es gibt kein Element, das für ihre politische Einheit ein Hindernis darstellen könnte. Im Gegenteil, alle wirtschaftlichen, ökologischen, moralischen und politischen Elemente können im Rahmen der politischen Einheit die demokratische Gesellschaft aufbauen, die sie sich am meisten wünschen. Den hegemonialen Interventionen der kapitalistischen Moderne von außen können die gesellschaftlichen Kräfte der ganzen Region, die eine politische Einheit bilden, einfach und erfolgreich entgegentreten und ihre Probleme lösen.

Folglich können wir die »Demokratische Kommune des Nahen Ostens« als die politische Organisation der Kommune der Kommunen in allen Bereichen vorschlagen. Die Probleme im Irak, in Israel/Palästina und Afghanistan, die in der Klemme der nationalstaatlichen Mentalität stecken, können selbstverständlich nicht mit der Mentalität gelöst werden, die die Ursache der Probleme darstellt. Die Schäden, die die Herangehensweisen der problematischen Mentalitäten an die politisch-gesellschaftlichen Probleme in der ganzen Region in den letzten zweihundert Jahren verursacht haben, sind lehrreich genug. Es ist zur Genüge klar geworden, dass sowohl Laizist*innen als auch Religionist*innen keine Lösungen entwickeln, sondern die Ausweglosigkeit vertiefen.

Die Geokultur des Nahen Ostens muss in seiner Geopolitik widergespiegelt werden. Es ist eindeutig, dass der am besten geeignete Rahmen dafür der kommunale und konföderative wäre (ich spreche nicht von einem Konföderalismus von Staaten oder von einer staatlichen Föderation). Denn wie viele verschiedene Gemeinschaften oder Kommunen es auch gibt, im Rahmen der Hauptkommune oder -konföderation ist Platz für sie. Angesichts dieser Herangehensweise lässt es sich einfach verstehen, wie fehlerhaft und ausschließend der Nationalstaat ist. Es ist wichtig, dass man zu laufen weiß, ohne über die Hindernisse des Nationalstaats zu stolpern, der angeblich so sehr auf die Unabhängigkeit bedacht ist, eigentlich aber mit tausendundeinem Band an die kapitalistisch-hegemonialen Zentren gebunden ist. Ohne den politischen Strukturen, ökologischen und wirtschaftlichen Kommunen und demokratisch-zivilen Gemeinschaften, die in allen Teilen der Region zu entwickeln sind, geschlossene und starre Identitäten zu geben und ohne mit der eigenen Unabhängigkeit zu prahlen, ist es auf dem philosophischen Grundprinzip des Allgemeinen/des Besonderen basierend möglich und notwendig, vom Einfachen hin zum Komplexen sehr breite Netzwerke und Strukturen zu gründen.

Eines der möglichen Zentren der politischen Einheit kann im Zusammenhang mit der »Landwirtschafts-, Wasser- und Energiekommune Euphrat und Tigris« aufgebaut werden, ohne die heutige Republik Türkei, die Arabische Republik Syrien (Großsyrien; einschließlich Libanon, Jordanien, Israel/Palästina) und die Bundesrepublik Irak abzuschaffen, sondern indem diese Staaten mit der Zeit durch Reformen transformiert werden. Auch wenn die bestehenden Republiken anfangs ihren nationalstaatlichen Charakter bewahren werden, können sie sich im Laufe des Prozesses in flexible und offene Identitäten verwandeln und Schritte in Richtung einer demokratischen Gemeinschaft unternehmen. Die politische Organisation, die so entstehen wird, muss gegenüber einer fortgeschritteneren Demokratie als derjenigen der USA und der EU offen sein. Da kommunale demokratische Elemente überwiegen werden, wird dies der Fall sein. Alle Identitäten, die das Mosaik der Region bilden, können Teil dieser Organisationen sein. Zunächst können diese Identitäten als Komponenten der demokratischen Nation aufgebaut werden. Ein solcher Aufbau kann das Risiko eines Konflikts minimieren, der vom geschlossenen, starren, monolingualen, monoethnischen Nationalismus ausgeht, den Nationalstaaten beinhalten. Er kann die jahrtausendealte Realität des Zusammenlebens erneuern.

Wenn die Völker der Region mit uralten Kulturen – also die Araber*innen, Kurd*innen, Armenier*innen, Jüd*innen, Suryoye (Assyrer*innen und Chaldäer*innen), Türk*innen, Turkmen*innen, Kaukasienstämmige und einige persische Ethnien (Aschirets und Stämme) – als demokratische Nationalidentitäten aufgebaut werden, werden sie ihrer historisch-kulturellen

Ähnlichkeit gerecht. Zudem werden sie sich so aus der Teile-und-herrsche-Sackgasse und von den Konflikten und Kriegen befreien, die die kapitalistische Moderne mithilfe der Nationalstaaten schürt. Da sie darauf achten werden, offene und flexible Identitäten zu besitzen, werden sie untereinander jeweils eine sehr reichhaltige und fruchtbare Einheit und folglich eine Geschwisterlichkeit entwickeln. Wie an vielen Beispielen in der Geschichte gesehen, gilt der gleiche Ansatz auch für religiöse Identitäten. Da sie auf einem weit überwiegend gemeinsamen theologischen Glauben beruhen, kann ihre Einheit noch einfacher entwickelt werden. Das Judentum, das Christentum und der Islam als abrahamitische Religionen mit all ihren Konfessionen und Orden werden sich, wie es häufig der Fall war, einander mit einem offenen und flexiblen religiösen Identitätsverständnis annähern und zu fruchtbaren Synthesen führen können. In der zu erzeugenden politischen Einheit stellen Multilingualität und Identitätssymbole im Kontext des gemeinsamen Vaterlands und der gemeinsamen Nation kein Problem dar. Da die Zugehörigkeit zu einer Stadt, einer Gegend und einer Region als ihren historisch-kulturellen Eigenschaften entsprechende Identitäten als demokratische Komponenten konstruiert werden, werden sie ihre Bedeutung als ideale Synergieräume für bestehende Differenzen erlangen. Die moralische und politische Qualität all dieser Identitäten wird wesentlich sein. Das Recht wird im Dienste der Moral und Politik stehen und sie nicht ersetzen.

Da der »Demokratische Konföderalismus«, der als Gravitationszentrum der Region zu entwickeln ist (möglich sind auch Bezeichnungen wie Föderation, demokratische Union oder ähnliche), auf ökologischen und wirtschaftlichen Kommunen basieren wird (denn Land, Wasser und Energie können anders nicht produktiv gemacht werden), wird er die idealste historische Antwort auf die strukturelle Krise, die chaotischen Zustände, Konflikte und Kriege darstellen, die durch die drei apokalyptischen Reiter der kapitalistischen Moderne – die kapitalistische Profitlogik, den Industrialismus und den Nationaletatismus – verursacht werden.

Die geokulturelle und geopolitische Lage Kurdistans (dass es sich zwischen Araber*innen, Türk*innen und Perser*innen befindet und den Berührungspunkt aller Kulturen bildet) machen eine politische Einheit geradezu obligatorisch. In der Ära der kapitalistischen Moderne hat man Kurdistan in Hinblick auf die hegemoniale Indien- und Nahostpolitik Großbritanniens stets in der Position eines ausweglosen Landes gehalten und dadurch versucht, es zu einem Werkzeug für regionale Kontrolle zu machen. So wurde es auf ein Werkzeug reduziert, das sich besonders gut dazu eignet, die arabischen, türkischen und persischen Machtautoritäten unter Kontrolle zu bringen. Heute möchte man die gleiche Rolle fortsetzen, indem man gemeinsam mit den USA in einem Nordirak genannten, kleinen Teil Kurdistans einen verspäteten Mini-Nationalstaat (wie Griechenland oder Armenien) aufbaut.

Die Geschichte hat die Kurdistan- bzw. die kurdische Frage nahezu in eine zweite jüdische Frage verwandelt. Zumindest ereignet sich gegenwärtig ein solcher Prozess. Zweifellos spielt dabei die Politik der kapitalistischen Moderne, in der Region ungleiche Nationalstaaten zu kreieren, eine entscheidende Rolle. Die arabischen, türkischen und persischen Nationaletatismen drängen auf die Auslöschung Kurdistans und die Opferung der Kurd*innen. Einem solchen dreifachen Vernichtungsklammergriff kann man nicht mit einer minimalen kurdischen Nationalstaatlichkeit entgegentreten. Selbst wenn man es tut, mündet das, wie wir es gerade intensiv erleben, in Massaker und Genozide. Aus diesem historischen Dilemma müssen wir die historische Lektion ziehen, dass man durch nicht-nationalstaatliche demokratische politische Strukturen und durch ökologische und wirtschaftliche Kommunen alle Völker der Region, allen voran die Nachbarnationen, an der Lösung der demokratischen Moderne beteiligen sollte.

Wer die Ohren spitzt, um der Geschichte zuzuhören, wird merken, dass es stets ganzheitliche politische Strukturen sind, die in den Tälern von Euphrat und Tigris, im Fruchtbaren Halbmond das fünfzehntausendjährige Neolithikum, die fünftausendjährige Zentralzivilisation und die Kultur der Moderne der letzten beiden Jahrhunderte wachrufen. Die zentralen politischen Autoritäten – Sumer, Akkad, Babylon, Guti, Aššur, Hurriter*innen, Mittani, Urartu, hethitisches Reich, Medien, Persisches Reich, Hellen*innen, Sassaniden, Byzanz, Umayyaden, Abbasiden, Seldschuken, Mongolisches Reich und Osmanisches Reich – und die als ihre Gegner*innen stets existenten, unter den gleichen oder anderen Namen entstandenen demokratischen Autoritäten waren immer ganzheitliche politische Strukturen. Die matriarchale Autorität des Neolithikums war ohnehin das Musterbeispiel für egalitäre, natürliche moralisch-politische Strukturen, die weder Diskriminierung noch Sklaverei kennen. Die Provokationen der eurozentrischen, zerstückelten und konfliktbehafteten Nationalstaaten der letzten beiden Jahrhunderte sind ein kleines Detail in diesem langen historischen Prozess. Mit der demokratischen Moderne, die auf dem Erbe der demokratischen Zivilisation zu entwickeln ist, wird es möglich, dass die Geschichte im Flussbett ihres

Hauptstroms wieder ihrer geokulturellen und geopolitischen Wirklichkeit entsprechend zu fließen beginnt.

Der erste gemeinsame Schritt, der gegen die vom umfangreichen historischen Erbe angehäuften Probleme und die gegenwärtigen Krisen, Konflikte, Massaker und Genozide zu konkretisieren ist, könnte die Idee oder das Projekt der »Demokratischen Konföderation von Euphrat und Tigris« sein. Eine solche Idee kann den konfliktreichen und assimilatorischen Prozess zwischen den Mehrheitsnationen, also den Araber*innen, Türk*innen, Kurd*innen und Perser*innen, und den Minderheitsnationen und -kulturen ins Gegenteil umkehren und mit solidarischen, kommunalen demokratischen politischen Strukturen zu Frieden und Partnerschaft führen, die über Nationalstaaten hinausgehen. Das Projekt der Demokratischen Konföderation von Euphrat und Tigris wird der bedeutendste erste Schritt in Richtung des Laufs dieser Geschichte sein. Ich habe überhaupt keinen Zweifel daran, dass die Kommunen der ökologischen, wirtschaftlichen und demokratischen Gesellschaft, die auf der Basis dieses Projektes Schritt für Schritt und vielseitig aufgebaut werden sollen, für das »Zeitalter des Demokratischen Nahen Ostens«, das seiner Geschichte und Kultur gerecht wird, einen Beginn darstellen werden, der Gold wert ist. Das Zeitalter des Demokratischen Nahen Ostens wird sowohl die Auferstehung der alten Geschichte als auch der Aufschrei und die Freude des freien Lebens der neuen Geschichte sein.

Wenn wir uns die Wirklichkeit des Nahen Ostens im Rahmen dieses Hauptprojektes anschauen, können wir über einige Projekte zweiten Grades reden. Genauso wie es im Neolithikum und im Zeitalter der Zivilisation stets der Fall war, könnte am westlichen Rand des Fruchtbaren Halbmonds, der sich auf Ägypten und Nordafrika erstreckt, das Projekt der Nordafrikanischen Demokratischen Konföderation mit ihrem Zentrum in Ägypten und Libyen (bzw. im Nil-Tal) entwickelt werden. Am östlichen Rand des Fruchtbaren Halbmonds gewinnt das »Projekt der Demokratischen Konföderation von Afghanistan, Ostiran und Pakistan« (diese Nationalstaatsnamen sind der historischen Geokultur und Geopolitik allerdings nicht angemessen) mit ihrem Zentrum im Punjab an Dringlichkeit. Ein zweites bedeutendes Projekt am östlichen Rand der Nahöstlichen Demokratischen Moderne wird die Zentralasiatische Demokratische Konföderation in den Syrdarja- und Amudarja-Tälern mit ihrem Zentrum im heutigen Usbekistan sein. Als ein weiteres sinnvolles Projekt könnte man an eine Südarabische Demokratische Konföderation denken, die aufgrund der immer noch sehr starken und lebendig erlebten Stammes- und Konfessionsgemeinschaften in Südarabien zu entwickeln wäre.

Man kann sich als eine Utopie ein großes »Projekt der Nahöstlichen Demokratischen Moderne« vorstellen, das aus all diesen Projekten bestehen würde. Dieses Projekt ist zweifelsohne realistischer als das »Greater-Middle-East-Projekt«, das von der US-Hegemonie entworfen wurde. Sein historischer Hintergrund und seine kulturelle Grundlage sind es, die es realistisch machen. Wenn man sich die Hauptfließrichtung des Neolithikums und des Zeitalters der Zivilisation anschaut, wird man zugeben, dass eine solche Geschichte und eine solche gemeinsame kulturelle Basis vorhanden sind. In der nahöstlichen Kultur sind Gemeinschaften wie die Europäische Union mehr als nur eine Utopie oder ein Projekt; sie sind in allen Bereichen Schritt für Schritt aufzubauende, allgemein/besondere Lebenswirklichkeiten, die die Krisen und Konflikte, die Zersplittertheit und Entfremdung zu einer Suche zwingen.

Zweifellos sind diese Projekte einstweilen Utopien. Sie sind aber Utopien mit einer starken historischen und gesellschaftlichen Basis. Wir dürfen nicht vergessen, dass ohne große Utopien keine großen Lebenspraktiken verwirklicht werden können. Die nahöstliche Kultur hat der Menschheit die Utopie des Himmels und der Hölle geschenkt und sucht wie im Gilgamesch-Epos, dem ersten verschriftlichten Epos, seit Jahrtausenden stets das Kraut der Unsterblichkeit. Ich verstehe, dass die Gilgamesch-Generation, die mit der Machtkrankheit das Leben verloren hat, das gemeinsam mit der freien Frau zu leben ist, jenes Leben nicht nur in Form der Unsterblichkeit, sondern auch im wirklichen Lebensprozess nicht finden können wird. Man kann etwas nur dort finden, wo es verloren gegangen ist. Der große Lebensvulkan der menschlichen Spezies explodierte an den Füßen des Taurus-Zāgros-Bogens, in den Tälern von Euphrat und Tigris. Das verzaubernde Leben hat hier begonnen; als *Jin û Jiyan* (Frau und Leben) verwirklichte es sich in Kurdistan. Im Laufe der Jahrtausende wurde das Leben, konkret als *Jin û Jiyan*, unter den Mächten der Hierarchie und des Staates an denselben Orten verloren.

Es ist nachgewiesen worden, dass alle Epen Kopien des Gilgamesch-Epos sind. Himmel und Hölle beziehen sich immer auf diese gelebten und verlorenen Leben. Die Machtkrankheit tötet das Leben tatsächlich. Im klaren Wissen darum dürfen wir nicht vergessen, dass das Projekt des Zeitalters des Demokratischen Nahen Ostens gleichzeitig das Projekt der Wirklichkeit an dem Ort ist, an welchem das Leben durch die Machtkrankheit verloren ging und wo das Leben der freien Frau, die keine Macht darstellt, verbunden mit der ökologischen und wirtschaftlichen Gesellschaft entdeckt wurde. Jedes Projekt ist gleichzeitig eine Zukunftsutopie. Die demokratische Gesellschaft und die demokratische Moderne bilden die in der Zukunft verwirklichte Utopie der Gleichheit und Freiheit in Vielfalt.

Für diejenigen, die eine große Utopie des freien Lebens haben, gibt es die Bedingung einer Lebensweise, deren Beispiele in der Region reichlich vorhanden sind, nämlich: Du wirst für die Wahrheit leben, die die Gesellschaftlichkeit ermöglicht. Du wirst leben, indem du die Wahrheit herausfindest. Indem du die Wahrheit verbreitest, wirst du die moralische und politische Gesellschaft aufbauen. Dafür wirst du den richtigen Kampf gegen innere und äußere Hindernisse führen, die dir auf deinem Weg begegnen. Das ist es, was die Akademie der Weisheit im Nahen Osten immer sagt. Das ist es, was der Lebenswille, der sich mit diesem Ausspruch befreit, immer tut!

D Einige aktuelle Probleme in der nahöstlichen Gesellschaft und mögliche Lösungswege

Es bedarf der häufigen Erwähnung des Zusammenhangs zwischen dem Jetzt beziehungsweise der Aktualität und der Geschichte. So wie die von der Geschichte losgerissene Analyse des aktuell Konkreten, des erlebten Jetzt für Irrtümer anfällig ist, so anfällig sind auch die nicht zum Jetzt werdenden historischen Analysen für Fehler. Der Jetzt-Zustand der Wirklichkeit wird ohne Geschichte sehr unzulänglich begriffen. Die Zeit ist stets die Konstruktionsdimension der Wirklichkeit. Selbst wenn es eine zeitlose Wirklichkeit geben sollte, lässt sie sich nicht denken. Dies ist vielleicht das Geheimnis, das wir *das Absolute* nennen. Die Konstruktionskraft und -fähigkeit der Zeit besitzt in der gesellschaftlichen Wirklichkeit den Stellenwert eines Grundprinzips. Den Zustand des gesellschaftlichen Lebens als zeitlich begrenzte Dauer zu begreifen, ist das Hauptproblem, mit dem sich die Soziologie beschäftigen muss. Es ist der größte Fehler, vielleicht sogar die Bosheit der analytischen Philosophie, Analysen durchzuführen, als sei eine geschichtslose Sozialwissenschaft möglich. Dagegen kann die das Jetzt nicht begreifende und alle Entwicklungen auf historische Besonderheiten reduzierende, extrem deterministische Denkweise der »Historismus« genannten Methode die Möglichkeit des Neuen und der freien Entwicklung, die das Jetzt bietet, nicht begreifen. Der menschliche Wille kann nur ins Jetzt intervenieren. Folglich kann er nur so viel in die Geschichte intervenieren, wie er Jetzt ist. Ohne den Wert des Jetzt als eines außerordentlich kreativen Moments zu begreifen, können wir überhaupt keinen authentischen gesellschaftlichen Aufbau verwirklichen. Der prinzipielle Ausdruck des Lebens mit der gesellschaftlichen Wahrheit kann weder sein, als Willenlose unter dem Befehl der Geschichte zu stehen, noch als Verantwortungslose des Jetzt losgelöst von der Geschichte zu sein. Zu sagen, man solle in die Zukunft blicken, ist genauso falsch und verantwortungslos, wie zu sagen, dass man die Vergangenheit nicht beachten solle.

Die gesellschaftliche Natur des Nahen Ostens erlebt auch einen Widerspruch insofern, dass ihr Jetzt schwach, ihre Geschichte aber sehr bedeutend ist. Das Jetzt der Region ist nahezu als eine Falle vor ihrer großen Geschichte konzipiert worden. All ihre historischen Werte werden in diese

Falle gelockt und neutralisiert. Um der großen Geschichte der Region diese Hindernisse aus dem Weg zu räumen, wird man diesen Zustand einer konzipierten Falle überwinden müssen. Eine weitere Bedeutung des Jetzt ist die Fähigkeit zur Problemlösung. Alle Probleme, die die Geschichte angehäuft hat, werden vor dem Jetzt aufgestapelt. Das Jetzt dagegen sucht sich aus diesem Haufen von Problemen die lösbaren heraus und verwandelt sie in ein problemloses Leben; gleichzeitig leitet es die Probleme, die es nicht lösen kann, an ein späteres Jetzt weiter.

Die Lösung der Probleme hängt eng mit ihren richtigen Definitionen zusammen. Der Unterschied zwischen dem Sein, das den Gegenstand des Problems bildet, und dem Sein, das gelöst ist, ist das, was das Jetzt als Positives konstruiert; es ist der Zustand, der bei der Verwandlung des als problematisch Erlebten ins Gelöste erlebt wird. Ein Großteil meines Manifests befasste sich mit der richtigen Definition der im Nahen Osten entstandenen gesellschaftlichen Natur. Meines Erachtens erhellen theoretische Untersuchungen und Analysen vergangener Erfahrungen gesellschaftliche Probleme und ihre möglichen Lösungswege sehr. Es wird aufschlussreich sein und zu diesbezüglichen Bemühungen beitragen, einige Probleme, die erhellt worden sind, und ihre möglichen Lösungswege in ihrem jetzigen Zustand detailreich zu präsentieren und meinen Band über den Nahen Osten durch ein kurzes Fazit zu ergänzen.

a) Probleme von Mehrheits- und Minderheitsnationen und mögliche Lösungswege

Man kann von vier Mehrheitsnationen im Nahen Osten sprechen. Diese sind die arabische, die türkische, die kurdische und die persische Nation. Dass ich anstatt von großen Nationen von Mehrheitsnationen spreche, bezieht sich auf die Demografie. Ansonsten ist es nicht ethisch und richtig, zwischen großen und kleinen Nationen zu unterscheiden. Auch der Begriff der Minderheitsnation bezieht sich auf die Demografie. Es ist eine Voraussetzung der gesellschaftlichen Wahrheit und der Ethik, dass in der Minderheit zu sein nicht als Mangel oder Kleinheit gelten darf.

Ich muss meine methodisch unterschiedliche Behandlung von nationalen Fragen besonders betonen. Dass das nationale Phänomen immer mehr in den Vordergrund gestellt wird, hängt eng mit der Entwicklung der kapitalistischen Moderne zusammen. Das nationale Phänomen ist ein strategisches, das bei der Entstehung der Ideologie-, Macht- und Kapitalmonopole in den Vordergrund gestellt werden muss. Seine übertriebene Darstellung ist durch diese Strategie bedingt. Man sollte von zwei grundsätzlichen unzulänglichen und falschen Ansätzen bei der Analyse des nationalen Phänomens sprechen. Der erste ist der positivistische Ansatz, der auf der klaren Subjekt-Objekt-Trennung in Descartes' Philosophie beruht. Die Eigenschaft des Positivismus, sich an Phänomenen zu orientieren, ist allgemein bekannt. Sein grundsätzlicher Fehler ist es, das Phänomen der Nation so zu sehen, als wäre es – wie die Phänomene der Physik, Chemie und Biologie – von ganz objektiver Qualität. Dieser Ansatz vernachlässigt mit Sicherheit die Subjektivität und Flexibilität der gesellschaftlichen Natur. Dass die Herangehensweise an nationale Fragen bis hin zu Genoziden reicht, hängt sehr eng mit diesem scharfen, starren und geschlossenen Identitätsverständnis zusammen. Die Objektifizierung sowohl der Natur als auch der Gesellschaft stellt die wichtigste ideologische Entwicklungsstufe des Kapitalismus dar.

Es ist sehr wichtig, zu begreifen, dass die erste große Revolution der kapitalistischen Moderne die auf dieser Subjekt-Objekt-Trennung basierende philosophisch-ideologische Revolution war. Das Nationale wurde nicht ohne Grund zu einem der Begriffe, die die ideologische Revolution der Moderne am meisten betonte. Dieser Begriff bildet das Grundprinzip der kapitalistischen Theologie. Das Nationale und der Nationalstaat, der später noch weiterentwickelt wurde, sollten zum wichtigsten göttlichen Begriff und sogar zum Gott auf Erden selbst werden. Das Nationale und der Nationalstaat werden sicherlich als größter Gott in der Akropolis der positivistischen Theologie ihren Platz einnehmen. Die anderen Götter der Moderne werden ihren Platz entsprechend ihrer Wichtigkeit und ihrem Beitrag zum System einnehmen. Nachdem die positivistische Theologie mit ihrem angeblichen Szientismus das Nationale und das Phänomen des Nationalstaats übertrieben und das Phänomen der religiösen Umma durch sie ersetzt hatte, traten nun die nationalen Probleme und Konflikte an die Stelle der religiösen und konfessionellen. Dabei führten sie sogar zu einem Prozess, der in noch blutigere Kriege und Genozide mündete. Wir sollten sehr genau wissen, dass der Positivismus die heilige Ideologie des Kapitalismus ist.

Der zweite falsche Ansatz wird im Namen von »Subjektivismus« und »extremer Bedeutsamkeit« an den Tag gelegt. Dieses Verständnis versucht, zahlreiche Phänomene, die im Zeitalter der Moderne aufgetaucht sind, insbesondere nationale Phänomene, als imaginäre, fantastische Erfindungen zu präsentieren. Es interpretiert sie als Erfindung von Tradition. Selbstverständlich eignen sich gesellschaftliche Phänomene wegen ihres Charakters als Zweite Natur dazu, konstruiert zu werden, erfundene

Phänomene zu sein. Doch von dieser Eignung ausgehend den Existenz-Wert gesellschaftlicher Phänomene für zweifelhaft zu erklären und sie auf bloße Gedankenspiele zu reduzieren, führt zu genauso heiklen und falschen Ergebnissen wie der obige Objektivitätsansatz. Denn diesmal werden Phänomene, anstatt sie als sichere, starre und objektive Werte zu betrachten, auf imaginäre, flüchtige Begriffe reduziert, von deren Existenz nicht wirklich die Rede sein kann. Mit dieser zweiten großen Abweichung der Wahrheit von der Wirklichkeit kann man keine wissenschaftlichen Ergebnisse erzielen. Der Subjektivismus ist die neue Form, die die Ideologie der Moderne, die ihr Selbstvertrauen verloren hat, in der späten Postmoderne angenommen hat. Sie ist der postmoderne Ausdruck des Objektivismus. Gesellschaftliche Probleme als imaginäre anzusehen und mit irgendwelchen ziellosen Therapiesitzungen (mit psychologischen Methoden) zu lösen zu versuchen, zeigt schließlich den Grad, den dieser Ansatz erreicht hat, wobei das Leben selbst sein Scheitern tagtäglich beweist.

Ohne die Systematik des Zeitalters der kapitalistischen Moderne bezüglich Phänomenen und Strukturen tiefgehend zu begreifen, ist es sehr schwierig, die gesellschaftlichen Probleme, die von ihr verursacht werden, zu begreifen und zu lösen. Das kritische Problem der Systematik ist das Verhältnis zwischen Phänomen und Wahrnehmung. Die Ansätze der Gleichheit und Unterschiedlichkeit des Phänomens und der Wahrnehmung sind sehr problematisch. Das ist ein Problem, das mit dem Wesen des Systems zu tun hat. Das System baut seine gesamte Philosophie auf der Gleichheit und Unterschiedlichkeit von Phänomen und Wahrnehmung auf, und es ist unmöglich, da wieder herauszukommen. Die Philosophie des Systems mit all ihren Schulen ist ausweglos.

Meine Position ist es, die Lösung außerhalb von Gleichheit und Unterschiedlichkeit zu suchen. Die Wahrnehmung und das Phänomen hängen mit dem Dualismus zusammen, der dem Universum zugrunde liegt. Universale Dualismen wie Materie/Energie, Struktur/Funktion und Teilchen/Welle finden ihre Entsprechung im Verhältnis von Phänomen und Wahrnehmung. Meines Erachtens drückt das die Form aus, welche dieser Dualismus zwischen Körper des Menschen und seiner Seele, zwischen dem Universum und dessen Geist annimmt. Das vollständige Begreifen des Universums durch den Geist kann zum Begriff des absoluten Wissens führen. Die Lehren von Fana'fillah, Nirwana, Ana'l-haqq und dem»absoluten Wissen« (Hegel) tragen diese Idee in sich; und das scheint ein fast unmögliches Ergebnis zu sein. Wenn sich die Wahrnehmung und das Phänomen völlig voneinander unterscheiden, drückt das aus, dass die Verbindung zwischen Geist und Wirklichkeit gerissen und aus der Wahrheit herausgefallen ist. Das gilt für gewöhnliche Menschen, deren Denken nur gering entwickelt ist. Es handelt sich dabei um eine Mentalität, deren Wahrheitsanteil sehr klein, deren Strukturalität und Wert für den Aufbau niedrig sind.

Im Fall des absoluten Wissens verschwindet die Dichotomie von Wahrnehmung und Phänomen, was das Verschwinden des Werdens bedeutet. Das totale Auseinanderbrechen der Wahrnehmung und des Phänomens drückt dagegen totale Entfremdung aus. Philosophisches Wissen besteht aus der Substanz und der Logik des Existenzwissens zwischen diesen beiden Polen. Zwischen den beiden Polen nicht hin und her geschleudert zu werden, noch wichtiger: nach der Wahrheit zu suchen, ohne in Extreme zu verfallen, drückt Weisheit und philosophische Haltung aus, was auch das richtige Verhalten ist.

Wenn wir uns wieder der nationalen Frage zuwenden, begreifen wir durch diese kurze philosophische Analyse den Zusammenhang zwischen dieser Frage und dem hegemonialen Charakter der Mentalität der kapitalistischen Moderne besser. Die Nation wurde nicht aus dem Nichts heraus als etwas Imaginäres erfunden. Es lässt sich aber auch nicht leugnen, dass sie als Produkt einer großen Übertreibung einem künstlichen Stoff ähnelt, welcher der gesellschaftlichen Natur übergezogen wird. Die nationale Gesellschaft, durch die die religiöse Umma ersetzt wurde, kann unter der Bedingung, dass man sich weder dem einen noch dem anderen Pol allzu sehr nähert, zum Gegenstand der Sozialwissenschaft gemacht werden. Um den Begriff der nationalen Gesellschaft im sozialwissenschaftlichen Rahmen zu halten, bedarf es der Überwindung der kapitalistischen Moderne. Solange die kapitalistische Moderne nicht überwunden ist, bedeutet die nationale Gesellschaft nichts weiter als einen Schirm für die Unterdrückungs- und Ausbeutungsmonopole.

Um die problematische Struktur dieses Begriffs zu überwinden, wurde im Paradigma der demokratischen Moderne der Gegenbegriff der demokratischen Nation entwickelt. Eine von den beiden extremen Verständnissen bereinigte und vor dem Missbrauch der kapitalistischen Moderne gerettete nationale Gesellschaft ist nur als demokratische Nation möglich. Die gesellschaftlichen Konstruktionen im Rahmen der Elemente der demokratischen Moderne beruhen nicht auf nationalen Kriterien. Im Gegensatz zu dem, was im nationalstaatlichen Kapitalismus betont wird, wird dem nationalen Interesse keine dominante Rolle gegeben; vielmehr wird der moralische und politische Charakter der Gesellschaft betont. Der für den Wiederaufbau am besten geeignete Begriff ist nicht Nationalstaat, sondern demokratische Kommunalität.

So sehr im Nahen Osten in der nationalen Frage die extreme Betonung des Nationalen negativ ist, so vergrößert auch die Außerachtlassung der nationalen Dimension der Gesellschaftlichkeit das Problem. Welche nationale Frage auch immer behandelt wird; solange man methodisch gegenüber diesen beiden Fehlern gewappnet ist, stellt es einen weiteren wichtigen Aspekt der Methode dar, zwei positive Haltungen in den Vordergrund zu stellen. Diese sind keine ideologischen, sondern wissenschaftliche Ansätze; keiner mit dem Ziel einer nationalstaatlichen Macht, sondern die Ansätze der demokratischen Nation und der demokratischen Kommunalität. Der Gehalt der beiden Ansätze ist, dass sie Hauptelemente der demokratischen Moderne darstellen.

Die Tendenz zum Nationalismus und Nationalstaat, die in den letzten zweihundert Jahren in den nahöstlichen Gesellschaften geweckt wurde, führt entgegen gängiger Behauptungen nicht zur Lösung der nationalen Fragen, sondern dazu, dass die Probleme sich wie ein Schneeball vergrößern und schließlich alle gesellschaftlichen Gefüge umfassen. Anstatt eines positiven Wettbewerbs erzwingt das Kapital den nationalstaatlichen Krieg. Der Kriegszustand in den inneren Strukturen der Gesellschaften und in ihren externen Verbindungen ist der wahre Grund für Probleme, Krisen und chaotische Zustände. Wenn man die Erfahrungen unter die Lupe nimmt, die in allen nationalen Fragen der Region gemacht wurden, ist es nicht schwer, diese Tatsache festzustellen.

Der demokratische Nationsbegriff der demokratischen Moderne, der nicht das Machtmonopol (den Nationalstaat) zum Ziel hat, und ihre Theorie der gesellschaftsorientierten Kommunalität, die eine Alternative zum Kapitalismus bildet, bieten das ideale Modell. Es wird dazu führen, dass die Region aufhört, das Feld von blutigen Kriegen, Massakern und Genoziden sowie von kontinuierlichen Krisen und Chaos zu sein.

1. Die Hauptfaktoren, die die arabische nationale Frage erschweren, sind die über zwanzig Nationalstaaten, die die arabische Gesellschaftlichkeit stets zersplittern, ihren eigenen Werten entfremden, mit Kriegen aufbrauchen und ihre materiellen Werte schlucken. Diese Nationalstaaten, unter denen nicht einmal eine Könföderation ins Leben gerufen werden kann, sind selbst die Erzeuger der arabischen nationalen Frage. Der religionistische, auf Abstammung oder Stamm basierende Nationalismus und der patriarchale gesellschaftliche Sexismus, die mit den arabischen Nationalstaaten verbunden sind, verdunkeln und ersticken den gesamten gesellschaftlichen Bereich. Sie verdammen die Gesellschaft in diesen Staaten zu einem ungemeinen Konservatismus und zur Sklaverei. Sie erlauben den Araber*innen weder für innere noch für äußere Probleme eine Chance auf eine Lösung.

Ein umfassendes Lösungsmodell für die Probleme der Araber*innen sollte auf der Grundlage der demokratischen Nation und der gesellschaftsorientierten Kommunalität gesucht werden. Die Stärke des Konkurrenten Israel rührt nicht allein von seiner Beziehung zur globalen Hegemonie her. Vielmehr spielen auch die Institutionen der Demokratie und Kommunalität im Inneren dabei eine wichtige Rolle. Die arabische nationale Gesellschaft, die die letzten hundert Jahre mit radikalem Nationalismus und Islamismus verbracht hat, kann einen sicheren und langfristigen Ausweg, einen Lösungs- und Rettungsweg finden beziehungsweise zeichnen, indem sie den kommunalen Sozialismus, den sie aus ihrer Geschichte und Stammesordnung kennt, mit dem demokratischen Nationsverständnis vereint.

2. Die Türk*innen und Turkmen*innen bilden eine weitere, wichtige Mehrheitsnation im Nahen Osten. Zwar leben sie im Vergleich zu den Araber*innen über einen größeren Raum verstreut, aber sie teilen mit ihnen ein ähnliches Verständnis von Macht und Ideologie. Sie sind sehr streng national-etatistisch und erleben einen tief verwurzelten, auf Religion und Abstammung basierenden Nationalismus. Genauso wie die Heiligkeit Gottes und des Staats werden auch der religionistische und der auf Abstammung basierende Nationalismus ineinander verwoben erlebt. Es bestehen wichtige soziologische Unterschiede zwischen den Kategorien »türkisch« und »turkmenisch«. Die Turkmen*innen haben gegenüber der türkischen Aristokratie und den Besitzer*innen der Macht und des Staates eine ähnliche Stellung inne wie die Beduin*innen gegenüber der arabischen Aristokratie. Die Turkmen*innen sind diejenigen Gruppen, in deren Interessen Demokratie und Kommunalität liegen.

Die türkische nationale Frage ist ebenfalls beträchtlichen Umfangs. Von den uigurischen Türk*innen in China zu den Türk*innen unter russischer Hegemonie[69], die im Besitz von zahlreichen Autonomiegebieten und Staaten sind, von den Türk*innen in der Republik Türkei in Anatolien bis hin zu den Türk*innen auf dem Balkan, in Kaukasien, dem Nahen Osten und so-

69 Im Deutschen wird zumeist von Turkvölkern oder turksprachigen Ethnien gesprochen, wenn Menschen außerhalb der Türkei gemeint sind. Im Türkischen wird diese Unterscheidung nicht gemacht, sie werden alle als Türk*innen bezeichnet.

gar in Europa, sie alle erleben nationale Probleme. Wir haben bereits gesagt, dass die Probleme ähnliche Ursachen haben. Die national-etatistische Machtkrankheit, extrem religionistischer und auf Abstammung basierender Nationalismus sowie der patriarchale gesellschaftliche Sexismus verdunkeln auch die türkischen Gemeinschaften und machen sie konservativ. Die Gesellschaft, die Demokratie und die kommunalen Tendenzen scheinen innerhalb extrem etatistischer und hegemonialer ideologischer Monopole aufgelöst worden zu sein. Selbst die Familie ist auf eine Zelle des Staates und nicht der Gesellschaft reduziert worden. Jede Institution und jedes Individuum ahmt den Staat nach. Diese Tendenzen führen zu einem harten Machtkrieg unter den türkischen und turkmenischen Gemeinschaften. Mit der Eroberungspolitik kommt es auch zwischen ihnen und anderen Gesellschaften zu Machtkämpfen.

Wegen der starren zentralistischen Machtstrukturen und der festgefahrenen offiziellen Ideologie wurde in der türkischen nationalen Frage demokratischen und kommunalen Tendenzen keine Entwicklungs- und Lösungschance gegeben. Die Botschaft an die Gesellschaft ist, dass ein Leben ohne Staat für sie unmöglich sei. Zwischen den Initiativen der Gesellschaft und der Individuen einerseits und dem Staat andererseits wurde kein Gleichgewicht geschaffen, sodass erstere stets in der Rolle von Kindern und loyalen Sklav*innen des Staates blieben.

Heute bildet die Theorie der demokratischen Moderne den geeignetsten Rahmen für die türkischen nationalen Gemeinschaften. Das Projekt der gesellschaftsbasierten »Demokratischen Türkischen Konföderation« ist die ideale Idee, die einerseits die innere Einheit, andererseits ein Zusammenleben in Frieden und Eintracht mit den Nachbar*innen ermöglicht. Grenzen haben ihre alte Bedeutung für gesellschaftlichen Zusammenhalt verloren. Die Kommunikationsmöglichkeiten erlauben trotz verschiedener räumlicher Grenzen die gegenseitige Integration zwischen Individuen und Gemeinschaften in der ganzen Welt. Eine »Demokratische Konföderation der türkischen nationalen Gemeinschaften« könnte einen großen Beitrag zum Weltfrieden und dem System der demokratischen Moderne leisten.

3. Die kurdische nationale Gesellschaft hat ihren Ursprung in einem reichen Potenzial, das sich gerade erst entwickelt. Sie ist das größte Volk der Welt ohne Nationalstaat. Im Laufe der Geschichte, im Neolithikum und in den Zeitaltern der Zivilisation, konzentrierte sie sich in einem strategischen Gebiet. Die Kurd*innen haben dank ihres auf die Berge fokussierten Verteidigungskonzepts und ihrer Ernährungskultur, die auf Landwirtschaft und Tierzucht setzt, bis heute als ein authentisches Volk weiterbestehen können. So wie die Jüd*innen bis heute weiterbestehen konnten, indem sie überall in der Welt an die Spitze der Gesellschaften vordrangen, erreichten die Kurd*innen die Gegenwart, indem sie sich nicht vom Fleck rührten, es nicht auf die Spitze irgendeiner Gesellschaft absahen und die Geduld zeigten, unten zu bleiben. Zwischen den Jüd*innen und Kurd*innen besteht hier ein geradezu paradoxer Kontrast.

Die kurdische nationale Frage rührt von einem sehr seltenen Faktor her, nämlich davon, abgehalten zu werden, eine Nation zu sein. Die Mächte, die im Laufe der Geschichte über die Kurd*innen herrschten, und ihre Handlanger*innen im Inneren ließen nichts unversucht, um zu verhindern, dass die Kurd*innen sich von einem Objekt in ein Subjekt verwandelten. Staat zu sein hat zur nationalen Entwicklung im positiven oder im negativen Sinne vielleicht etwas beigetragen. Den Kurd*innen allerdings wurde ein solches Privileg sehr selten zuteil. Aus diesem Grund haben sie das Privileg, ein Volk zu sein, das die Klassen- und staatliche Zivilisation kaum erlebt und nicht verinnerlicht hat. In Hinblick auf die Chance der demokratischen Moderne ist dies ein sehr wichtiges Privileg. Noch wichtiger ist die Tatsache, dass die Kurd*innen im Zentrum des Nahen Ostens ansässig sind. Die nationalstaatliche Herrschaft, die im Zeitalter der kapitalistischen Moderne von außen aufgezwungen wurde, versuchte die Kurd*innen, wo sie es vermochte, durch kulturelle Genozide und von Zeit zu Zeit durch physische Massaker aufzulösen und zu absorbieren. In der Ära der islamischen Zivilisation versuchte man, diese Politik mithilfe der Religion zu legitimieren. Die Kurd*innen besitzen nicht wirklich die Möglichkeit, durch die Stärke von Macht und Staat zu einer nationalen Gesellschaft zu werden. Was die Elemente der kapitalistischen Moderne in diese Richtung anbieten könnten, ist sehr begrenzt. Die politische Struktur, die sich heute in Irakisch-Kurdistan gebildet hat, kann man nicht im wirklichen Sinne als Nationalstaat bezeichnen. Die Bezeichnung Halb-Nationalstaat wäre ihr angemessener.

Das geografische Gebiet Kurdistan war insbesondere in der jüngsten Vergangenheit auch die Heimat anderer Völker, vor allem des armenischen und der Suryoye, auch wenn sie Minderheiten bildeten. Zahlreiche Gemeinden von Araber*innen, Iraner*innen und Türk*innen sind ebenfalls dort ansässig. Kurdistan beherbergt eine große Vielfalt an Religionen und Konfessionen. Es existieren nach wie vor starke Spuren der Aschiret- und Stammeskulturen. Die urbane Kultur hat sich weniger entwickelt. All diese

Eigenschaften geben in Kurdistan demokratischen politischen Strukturen eine große Chance. Kurdistan ist ideal für kommunale Gemeinschaften in den Bereichen Landwirtschaft, Wasser und Energie; gleichzeitig stellen diese eine Notwendigkeit dar. Für die Entwicklung der moralischen und politischen Gesellschaft herrschen ebenfalls sehr günstige Bedingungen. Zudem handelt es sich um das Land, in dem die Kultur der Mutter-Göttin zuerst am stärksten gelebt wurde. Es bildet gleichzeitig die Hauptbasis der Kultur der Mutter-Göttin, die sich unter den Namen Star, Ištar und Inanna im gesamten Nahen Osten und in der ganzen Welt ausbreiten konnte. Trotz sämtlicher Bemühungen, sie zu erledigen, hat die Frau immer noch das Potenzial, das mutigste, widerständigste und würdevollste Leben zu führen. Trotz aller Bemühungen konnte sich die Ideologie der sexistischen Gesellschaft nicht so sehr wie in den benachbarten Gesellschaften institutionalisieren. Beim Aufbau der demokratischen Gesellschaft, deren Hauptkriterium die Freiheit der Frau und ihre Gleichheit (in Unterschiedlichkeit) ist, wohnt diesen ineinander verwobenen reichen kulturellen Eigenschaften ein enormes Potenzial inne. Aus diesem Grund bietet Kurdistan die günstigsten Bedingungen dafür, unter dem Paradigma der demokratischen Moderne eine demokratische Nation und eine ökologisch-wirtschaftliche Gesellschaft zu bilden. Das Projekt der »Demokratischen Konföderation Kurdistans« kann bereits heute ins Leben gerufen werden. Die nationalstaatlichen Praktiken, die mit der kapitalistischen Hegemonie verbunden sind, haben wie gestern und heute auch morgen keine Entwicklungschance, da sie für die Gesellschaft negativ sind. Nur durch demokratische Transformation könnten sie eine begrenzte Chance haben.

Es ist von historischer Wichtigkeit, Kurdistan mithilfe demokratischer politischer Strukturen, die auf all den oben aufgezählten Eigenschaften beruhen, als eine aus wirtschaftlichen und ökologischen Kommunen bestehende demokratische Konföderation zu entwickeln. Der Aufbau der auf multiplen nationalen Identitäten basierenden demokratischen Nation stellt eine ideale Lösung gegenüber der Sackgasse des Nationalstaats dar; es könnte ein Lösungsmodell für alle nationalen und minderheitsbezogenen Fragen des Nahen Ostens darstellen. Die benachbarten Nationen für dieses Modell zu gewinnen, wird das Schicksal des Nahen Ostens verändern und der demokratischen Moderne eine größere Chance geben, eine Alternative zu sein.

Die Geschichte hat Kurdistan und die Kurd*innen in solch eine Position gebracht, dass sie gezwungen sind, eine Schicksalsgemeinschaft zwischen ihrer eigenen Freiheit, Gleichheit und demokratischen Verfasstheit und der

Freiheit, Gleichheit und demokratischen Verfasstheit der anderen Völker in der Region herzustellen.

4. Die Probleme in der persischen beziehungsweise iranischen Gesellschaft haben ihren Ursprung in den historischen Zivilisationen und in den Bestrebungen der kapitalistischen Moderne in den letzten beiden Jahrhunderten. Im Iran existiert eine Zivilisationstradition, die von allen drei Ableitungen der sumerischen Priesterideologie beeinflusst wurde. Obwohl die Tradition von Zarathustra und Mithra die originale Identität bildete, wurde sie durch die islamische Version neutralisiert. Der Manichäismus, der als eine Synthese aus Judentum, Christentum und der griechischen philosophischen Schule entstand, konnte gegenüber der offiziellen Zivilisationsideologie nicht wirksam werden. Genauer gesagt konnte er nicht darüber hinausgehen, die rebellische Tradition zu nähren. Der Iran verwandelte die islamische Tradition in die Schia-Konfession, aus der er in der jüngsten Ära eine Zivilisationsidelogie machte. Auch heute versucht er, sich zu modernisieren, indem er die Elemente der kapitalistischen Moderne durch den Filter der Schia (als der modernistischen Form des chinesischen Konfuzianismus) laufen lässt.

Die iranische Gesellschaft ist aufgrund ihrer multi-identitären Eigenschaften in ethnischer sowie religiöser Hinsicht im Besitz einer reichen Kultur. Der Iran beherbergt alle nationalen und religiösen Identitäten des Nahen Ostens. Er hat Schwierigkeiten, diese vielfältigen Identitäten alleine durch die Hegemonie der religionistischen und auf Abstammung basierenden Ideologien zusammenzuhalten. Er betreibt eine sehr feine Form des religionistischen und auf Abstammung basierenden Nationalismus. Obwohl er die kapitalistische Moderne praktiziert, schreckt er andererseits nicht davor zurück, antimodernistische Propaganda zu betreiben, wenn es ihm gelegen kommt. Er hat sich meisterhaft darauf spezialisiert, revolutionäre und demokratische Entwicklungen in der traditionellen Zivilisationskultur aufzulösen. Es handelt sich dabei auch um die meisterhafte Umsetzung eines despotischen Regimes. Staat und Gesellschaft des Iran gehören zu den widersprüchlichsten und spannungsgeladensten des Nahen Ostens. Obwohl die Erdölressourcen zu einer gewissen Minderung der Spannungen führen, ist die Existenz des iranischen National-Etatismus besonders dazu geeignet, auseinanderzufallen. Dabei spielen die Dissonanzen zwischen ihm und dem Hegemoniestreben von USA und EU, den Hauptakteurinnen der kapitalistischen Moderne, eine recht große Rolle.

Wenn die Theorie der demokratischen Moderne erfolgreich auf die gesellschaftlichen Probleme im Iran angewandt wird, kann sie bedeutende Folgen haben, die zu Lösungen führen. Trotz all seiner zentralistischen Bemühungen lebt sozusagen unterschwellig auch ein föderaler Iran. Wenn die Elemente der demokratischen Zivilisation und die föderalistischen Elemente (Aserbaidschaner*innen, Kurd*innen, Araber*innen, Belutsch*innen, Turkmen*innen) zusammenkommen, kann das Projekt der »Demokratischen Konföderation Irans« Bedeutung erlangen und ohne Weiteres zu einem Anziehungszentrum werden. Im Rahmen dieses Projektes werden auch die Frauenbefreiungsbewegung und die kommunalen Traditionen eine wichtige Rolle spielen. Der Iran kann seine strahlende Zukunft und seine historische Rolle im Nahen Osten nur dadurch zurückerlangen, dass ihm eine Integration mit den Elementen der demokratischen Moderne (der demokratischen, wirtschaftlichen und ökologischen Gesellschaft) und ein Aufbruch gelingen. Das Potenzial der iranischen nationalen Gesellschaft ist dafür stark genug, und die Wirklichkeit der iranischen demokratischen Nation erfordert es.

5. Die armenische nationale Frage gehört zu den größten Tragödien, die das Eindringen der kapitalistischen Moderne in den Nahen Osten ausgelöst hat. Die Armenier*innen gehören zu den uralten Völkern der Region. Sie teilen einen Großteil ihres Siedlungsgebiets mit den Kurd*innen. Während die Kurd*innen ein Volk sind, das von der Landwirtschaft und Tierzucht lebt, stellen die Armenier*innen ein Volk dar, das sozusagen im gleichen Ausmaß die Wirtschaft durch Handwerk in den Städten nährt und sich davon ernährt. Sie repräsentieren gleichzeitig eine Kultur, deren künstlerische Seite stark ausgeprägt ist. Obwohl sie ähnlich wie die Kurd*innen Widerstand geleistet haben, besaßen sie abgesehen von temporären und lokalen Fällen keine wirklich permanenten staatlichen Institutionen. Die Armenier*innen zählen zu den ersten christlichen Völkern, was für ihre Identität und ihren Glauben an eine Erlösung eine wichtige Rolle spielt. Ähnlich wie die Jüd*innen waren auch sie im Umfeld des Palasts einflussreich, vor allem in ihrer Identität als Handwerker*innen.

Dass sich die Armenier*innen beim Eindringen der kapitalistischen Moderne in den Nahen Osten instrumentalisieren ließen, war ein strategischer Fehler. Die Not, in die sie als von Muslim*innen umzingeltes christliches Volk gerieten, verwandelte sich infolge des Aufflammens des nationalstaatlichen Nationalismus auf beiden Seiten in eine Tragödie. Dabei spielten die armenischen Notabeln, die sich früh verbürgerlicht hatten, eine wichtige Rolle. Ihr Nationalismus europäischer Art und ihre hegemoniale Kollaboration sind die inneren Gründe der Katastrophe, die den Armenier*innen widerfahren ist. Die Armenier*innen, die einen enormen Beitrag zur nahöstlichen Kultur, die sich über fünftausend Jahre zurückverfolgen lässt, geleistet haben, fielen einer großen Katastrophe zum Opfer, die sich infolge der Verschwörungen der Moderne vom neunzehnten bis ins erste Viertel des zwanzigsten Jahrhunderts ereignete. Sie stellen nach den Jüd*innen das bedeutendste Diasporavolk dar, das sich auf die ganze Welt verteilt hat. Die Gründung eines kleinen Armeniens westlich von Aserbaidschan bedeutet nicht, dass die armenische nationale Frage gelöst wäre. Dieses Gebilde kann die Folgen der Tragödie, die den Armenier*innen widerfahren ist, nicht wiedergutmachen. Die Armenier*innen werden sich immer nach ihrer verlorenen Heimat sehnen.

Folglich hat die armenische Frage heute die Bedeutung erlangt, die verlorene Heimat wiederzufinden. Allerdings leben dort, wo sie diese Heimat suchen, auch andere Völker. Genauso wie es ein unverzeihliches Verbrechen ist, den einen die Heimat wegzunehmen und sie den anderen zu geben, ist das Gegenteil davon ein genauso großes Verbrechen. Die Scheußlichkeit des Nationalstaats begegnet uns in der armenischen Frage ein weiteres Mal. Das Grenzverständnis des Nationalstaats und seine Bemühungen um eine homogene Nation sind die wahren Gründe für diese Scheußlichkeit; und das System dahinter ist die kapitalistische Moderne. Die Mentalität und die Lebensweise, die eine Mischung aus dem Christentum und der Moderne sind, können die Armenier*innen nur aufreiben. Wie niederträchtig und faschistisch eingestellt auch ihre Feind*innen sind, es ist eine lebenswichtige Aufgabe für die Armenier*innen, nicht nur diejenigen Ursachen des Genozids herauszufinden, die auf sie selbst zurückzuführen sind, sondern auch neue Auswege zu suchen. Multinationale, demokratische und kommunale konföderalistische Strukturen bieten vielleicht am meisten den Armenier*innen und ähnlichen Völkern nahezu ideale Lösungsmöglichkeiten. Wenn sie sich auf die Elemente der demokratischen Moderne fokussieren und sich selbst als »Armenische Demokratische Nation« erneuern, werden die Armenier*innen einerseits ihre historische Rolle in der nahöstlichen Kultur wiedererlangen, andererseits den richtigen Weg für ihre Befreiung gefunden haben.

6. Die assyrische nationale Frage erzählt die traurige Geschichte eines nahöstlichen Zivilisationsriesen. Der Verlust der Assyrer*innen als eines sich mit dem mesopotamischen Gott Aššur identifizierenden Volkes, dem ein genauso schreckliches Schicksal zuteil wurde wie die Tragödie, die den Armenier*innen widerfahren ist, sollte als ein großer Verlust für die nahöstliche Kultur betrachtet werden. Man könnte sagen, dass die größte Feindin der Assyrer*innen die assyrische Zivilisation selbst war, genauso wie die sumerische, die akkadische und die babylonische Zivilisation die Feindinnen der Sumerer*innen, Babylonier*innen und Akkader*innen waren. Warum? Weil eine Kultur, die die Zivilisation durch gewaltsame monopolistische Aneignungen vergrößert hat, beziehungsweise das Volk jener Kultur sich mit dem Verschwinden des besagten Zivilisationsmonopols in einem Vakuum wiederfindet, in dem es mehreren Gefahren gegenüber eine offene Flanke besitzt. Wenn diese Völker das Vakuum nicht selbst sofort ausfüllen können, wird sich die Macht, die es ausfüllt, wahrscheinlich an den Überresten der Kultur und seines Volks dafür rächen. Die Assyrer*innen fielen einer solchen Entwicklung zum Opfer. Sie waren einerseits das Gedächtnis der nahöstlichen Kultur, vor allem der sumerischen, akkadischen, babylonischen, hethitischen, phönizischen, mittanischen, urartäischen, medischen, persischen, hellenischen, sassanidischen, byzantinischen und islamischen Kultur, andererseits nährten sie sich von ihr am besten und wurden von ihr genährt. Sie waren eines der ersten Völker, die das Christentum schufen. Sie waren das Element, das in der nahöstlichen Zivilisation das Handelsmonopol erschaffen hat. Dass sie mit der nahöstlichen Zivilisation auf diese Weise verschränkt waren, verband ihr Schicksal mit ihr. Mit ihrem Aufstieg stiegen auch sie auf, mit ihrem Untergang gingen auch sie unter.

Die Kollaboration der Assyrer*innen mit der kapitalistischen Moderne ging, wie auch bei den Armenier*innen, nach hinten los. Die Isolation, die sie wegen des Christentums erlebten, vertiefte sich mit der Moderne und bereitete ihnen ein trauriges Ende. Der wichtigste selbst verschuldete Grund für diese große Katastrophe war, dass einfache taktische Berechnungen der kapitalistischen, nach Hegemonie strebenden Kräfte, sich vom Christentum nährend, schon früh national-etatistische Ideen und Aktionen auf die Tagesordnung setzten. Die Assyrer*innen sind wie auch die Armenier*innen eines der uralten Völker Kurdistans. Bei den Katastrophen dieser beiden Völker spielten nicht nur die faschistisch-genozidalen Praktiken des Nationalismus des türkischen Komitees für Einheit und Fortschritt, sondern auch kollaborierende Kurd*innen eine große Rolle.

Die assyrische nationale Frage, die ihren Ursprung in der Zivilisation hatte, entwickelte sich mit den Ideologien des Christentums und der Moderne. Genauso wie die Armenier*innen brauchen auch die Assyrer*innen für die

Lösung eine radikale Transformation. Es könnte den neuen Weg eines existenzialistischen Aufbruchs und eines freien Lebens darstellen, dass sie ihre Begehren und Wünsche in Bezug auf die Mentalität und die materiellen Möglichkeiten der klassischen Zivilisation und der kapitalistischen Moderne aufgeben, sich auf die Elemente der demokratischen Zivilisation und Moderne (die demokratische, wirtschaftliche und ökologische Gesellschaft) fokussieren und sich selbst als »Assyrische Demokratische Nation« rekonstruieren. Wenn es ihnen gelingt, das große historische Gedächtnis, das sie in der nahöstlichen Kultur besitzen, als Kultur der demokratischen Moderne zu erneuern, kann das dazu führen, dass sie einerseits ihre historische Rolle zurückerlangen, andererseits sich wirklich befreien.

7. Die jüdische Frage ist nicht nur eine nahöstliche gesellschaftliche, sondern gleichzeitig eine globale Frage. Die Jüd*innen durch die Geschichte hindurch zu beobachten, bedeutet in gewissem Sinne, die Abenteuer des problematisch gewordenen Zustands der nahöstlichen Kultur zu beobachten. Warum wurden die Jüd*innen zu einem Problem, wie und wohin haben sie sich verstreut, was haben sie geschaffen, mit welchen Konsequenzen waren sie konfrontiert? Die Gründe und Antworten dieser Fragen sind identisch damit, über die Zivilisationen zu Gericht zu sitzen. Ich muss mich an dieser Stelle damit begnügen, ein paar ergänzende Urteile in Bezug auf die Jüd*innen und die jüdische Frage auszusprechen, auf die ich in den vorangegangenen Bänden dieses Manifests umfassend eingegangen bin.

Die Institution der Prophetie, die zur nahöstlichen Kultur einen großen Beitrag geleistet hat, ist größtenteils eine jüdische Entwicklung. Zweifellos haben sich die Jüd*innen dabei auch der Stammeskulturen der Region als Teil eines Ganzen mit den uralten Kulturen Sumers und Ägyptens bedient. Es zeugt von einem großen Talent, dass die Jüd*innen diese Kulturquellen sozusagen reformierten und vertraten, indem sie sie in ihre eigene Stammeskultur verwandelten. Das Judentum ist im Wesentlichen ein Ausdruck jenes Talents. Sie erlangten weltweiten Einfluss, indem sie es einmal in Geld, ein andermal in eine Atomwaffe verwandelten.

Beim Ursprung der jüdischen Frage spielt dieses Talent, das sie bewiesen, eine wichtige Rolle. Dass die Verehrung eines Stammesgottes in der Geschichte und Gegenwart sich im Zeitalter der kapitalistischen Moderne als Nationalismus und Nationalstaat, als säkulare Göttlichkeiten, präsentiert, hängt eng mit dem Judaismus zusammen. Die Jüd*innen fielen genauso wie die Assyrer*innen den Traditionen von Zivilisation und Moderne, die sie selbst geschaffen hatten, zum Opfer. Der in der Heiligen Schrift erwähnte

Leviathan (ein Ungeheuer) ist ihre eigene Erfindung als eine Metapher für den Staat. Dass der Leviathan in der kapitalistischen Moderne die Gestalt des Nationalstaats annahm, zunächst durch die Person Napoleons, später Hitlers, vertreten wurde, hängt eng mit der jüdischen Göttlichkeitskultur (theologischen Kultur) zusammen. Es ist allgemein bekannt, dass der Völkermord an den Jüd*innen von einer der Formen, die dieses Monster der Moderne annahm, begangen wurde. Zudem sind den Jüd*innen auch im Altertum und Mittelalter nicht selten ähnliche Dinge zugefügt worden. Die Loyalität zur Wahrheit, die uns diese Kultur gelehrt hat, erfordert die Feststellung, dass das Ungeheuer, das sie mit ihren eigenen Händen geschaffen hatten, zu großen Katastrophen für die Jüd*innen führte.

Exodus, also »Auszug« oder »Aufbruch«, ist der Name des ersten Teils der Heiligen Schrift. Er ist wichtig für die Jüd*innen. Diese Wichtigkeit besteht auch heute noch. Sie bedürfen zumindest genauso wichtiger Aufbrüche wie dem aus Ägypten und bereits vorher aus Ur (bzw. Urfa). Im ehemals Kanaan genannten Land müssen sie einen Ausweg aus den bald dreitausendjährigen Widersprüchen und Konflikten der Vergangenheit und Gegenwart mit den Palästinenser*innen und der arabischen Welt hinter diesen finden[70]. Mein bescheidener Vorschlag als Urfaer für sie ist, dass sie den Aufbruch und den Ausweg in den Elementen der demokratischen Moderne suchen sollten, die ich in meinem Manifest zu entwickeln bemüht bin (der heutige jüdische Nationalstaat Israel war direkt daran beteiligt, dass ich festgenommen, verhaftet und verurteilt wurde, was dazu führte, dass ich dieses Manifest als Verteidigung verfasse). Zweifellos haben Intellektuelle jüdischer Abstammung hoch entwickelte Ansichten dieser Art. Allerdings lässt sich die Sache nicht alleine dadurch lösen, dass man Ansichten hat. Die Jüd*innen brauchen ein erneutes prinzipiengeleitetes Zusammenkommen mit der demokratischen Kultur des Nahen Ostens. In einer nationalstaatlich geprägten Geopolitik des Nahen Ostens muss sich Israel als Nationalstaat stets im Krieg befinden. Feuer lässt sich nicht mit Feuer löschen. Auch wenn es Israel Vertrauen gibt, die Hegemonialmacht der kapitalistischen Moderne hinter sich zu wissen, reicht auch das für eine an die Wurzel gehende Lösung nicht aus. Kein System, das die kapitalistische Moderne nicht überwindet, kann für bleibende Sicherheit sorgen.

Ohne Lösung der jüdischen Frage im Allgemeinen und der Israelfrage im Besonderen können Gesellschaften weder im Nahen Osten noch weltweit

70 Im Türkischen werden die Philister*innen der Antike (bekannte Persönlichkeit: Goliat) meist als »antike Palästinenser*innen« bezeichnet.

ihre Probleme lösen. Kein anderer Fall lehrt so deutlich, dass alle Ansätze mit nationalstaatlicher Perspektive Probleme nicht lösen, sondern vergrößern, wie das Beispiel von Israel und Palästina. Im israelisch-palästinensischen Krieg wurden enorme Mengen von Geld ausgegeben und enorm viel Blut wurde vergossen. Von alledem hat man einen Haufen Probleme geerbt, die nicht einfach zu lösen sind. Im Fall von Israel und Palästina haben wir es mit dem Bankrott der kapitalistischen Moderne und seines nationalstaatlichen Paradigmas zu tun.

Die Jüd*innen gehören zu den wesentlichen Existenzen der nahöstlichen Kultur. Ihre Verleugnung und der Genozid an ihnen ist ein Verlust für alle. Dass es sich mit den Leviathanen, die sogar den Jüd*innen selbst einen Genozid angetan haben, nicht in Frieden und Sicherheit leben lässt, ist zur Genüge klar geworden. Genauso wie die Armenier*innen und Assyrer*innen könnten auch die Jüd*innen sich selbst als eine demokratische Nation rekonstruieren und ohne Weiteres in der »Demokratischen Konföderation des Nahen Ostens« ihren Platz einnehmen. In dieser Hinsicht könnte gedanklich das Projekt der »Levantinischen Demokratischen Konföderation« ein guter Anfang sein. Starre und geschlossene nationale und religiöse Identitätsverständnisse könnten sich im Rahmen dieses Projektes in offene und flexible Identitäten verwandeln. Selbst Israel könnte zu einer akzeptableren, offeneren demokratischen Nation werden. Zweifellos braucht es dazu auch eine ähnliche Transformation der Nachbar*innen Israels.

Die intensiven Spannungen, Konflikte und Kriege im Nahen Osten erfordern eine Transformation der Moderne. Ohne eine solche können die verschärften nationalen und gesellschaftlichen Probleme nicht überwunden werden. Alleine der arabisch-israelische Widerspruch genügt, um die Notwendigkeit einer Transformation der Moderne zu unterstreichen. Was passieren muss, wenn das herrschende System die grundsätzlichen Probleme nicht lösen kann, ist die Auflösung des Systems selbst. Die demokratische Moderne bietet eine Alternative zu dieser Auflösung.

8. Die Liquidation der hellenischen Kultur im Nahen Osten, insbesondere in Anatolien, ist ein großer Verlust. Diese Liquidation hinterließ traumatische Probleme. Die Liquidationen, die der türkische und der griechische Nationalstaat im ersten Viertel des zwanzigsten Jahrhunderts begingen, hinterließen so schmerzhafte Spuren wie Genozide. Es steht keinem Staat zu, Völker aus ihren jahrtausendealten Kulturräumen so herauszureißen. Dies ist nahezu beispiellos in der Geschichte. Es gibt kaum Beispiele, die das unmenschliche Gesicht des Nationalstaats in so bemerkenswerter Weise zeigen.

Dabei war dem Hellenismus von ungefähr 300 v. Chr. bis 300 n. Chr. die imposanteste Kultursynthese des Nahen Ostens gelungen.

Der sich durch den Islam beschleunigende Liquidationsprozess der hellenischen, jüdischen, assyrischen und armenischen Kulturen spielte eine große Rolle beim Untergang der nahöstlichen Zivilisation. Die islamische Kultur war nie so stark, dass sie die Lücke, die diese Kulturen hinterlassen haben, hätte füllen können. Die kapitalistische Moderne begegnete Anfang des neunzehnten Jahrhunderts bei ihrem Eindringen in den Nahen Osten nahezu einer Wüstenlandschaft. Es handelte sich dabei um eine durch die kulturelle Erosion erzeugte Verwüstung. Kultur bedeutet Widerstand; wenn die Kultur nicht stark ist, kann auch der Widerstand nicht stark sein. Die Eroberung der Region war überhaupt nicht schwer. Die Rolle der kulturellen Liquidationen für den Zusammenbruch und den gegenwärtigen Zustand sollte nicht unterschätzt werden. Die Projekte des Nationalstaats für eine homogene Nation sind die Hauptverantwortlichen für die kulturellen Massaker. Selbst im Zeitalter der religiösen Gemeinschaften (*umma*)[71] hat man niemals das Ziel einer derartigen Homogenität verfolgt.

9. Genauso haben die kaukasischstämmigen ethnischen Gruppen nicht unerhebliche Probleme. Immer wieder sind sie im Laufe der Geschichte in den Nahen Osten eingewandert und trugen zum kulturellen Reichtum der Region bei. Ihr Beitrag zur kulturellen Gesamtheit und zum kulturellen Reichtum ist nicht zu unterschätzen. Das Auftauchen der Moderne ließ diese Minderheitenkulturen beinahe verschwinden.

Abschließend möchte ich noch einmal festhalten, dass die fundamentalen gesellschaftlichen Probleme im Nahen Osten tief in der staatlichen Klassenzivilisation verwurzelt sind und in der kapitalistischen Moderne bis hin zu Genoziden reichen. Sie haben sich im Zuge der globalen strukturellen Krise weiter verschärft. Die regionalen Niederlassungen der herrschenden Moderne sind sich nicht einmal im Klaren darüber, was sie repräsentieren, geschweige denn in der Lage, die Probleme zu definieren und zu analysieren. Die religionistischen und auf Abstammung/Ethnie basierenden Nationalismen, derer man sich meistens bedient, schüren weiterhin die Probleme, anstatt sie zu lösen.

Die nahöstliche Kultur ist gleichzeitig eine Lebensweise, die von großen historischen Revolutionen geschaffen wurde. Nationalstaaten, die

71 *umma* steht im Plural, insofern sind außer dem Islam auch alle anderen religiösen Gemeinschaften wie z. B. Christentum und Judentum gemeint.

Genozidapparate sind, töten in dem Maße, wie sie die gesellschaftliche Wahrheit töten, auch das Leben. Die Elemente der demokratischen Moderne, die ich zu definieren versucht habe, stellen die theoretischen und praktischen Kräfte dar, welche die Genozide stoppen und das Leben verteidigen können. Nachdem auf der Basis der demokratischen, wirtschaftlichen und ökologischen Gesellschaft der Übergang zum »Zeitalter der demokratischen Nationen« erfolgt ist, kann in einer erneuerten nahöstlichen Kultur das Leben seinen früheren Zauber wiedergewinnen.

b) Das Problem der sozialen Klassen und der Bürokratie

Unter den gesellschaftlichen Wirklichkeiten, die von der positivistischen Ideologie verschleiert und übertrieben werden, nehmen die Klassen und die Bürokratie einen wichtigen Platz ein. Dem Phänomen der Klassen, welches von linken Positivist*innen sehr übertrieben wird, konnte man nicht ausreichend Bedeutung verleihen. Den Klassen wurde eine größere Rolle zugeschrieben als der Gesellschaft. Die Gesellschaft wurde sozusagen auf die Klassen reduziert. Es wurde ein Verständnis der Gesellschaft als Summe von Klassen entwickelt. Das Gegenteil davon ist richtig. Klassenphänomene sollten als ein Zustand der Fettleibigkeit des gesellschaftlichen Körpers betrachtet werden. Von Zeit zu Zeit nehmen sie ab oder zu. Die Reduzierung von Gesellschaften auf ihre Klassen führt zu einer regelrechten Blindheit und reibt die gesellschaftliche Wahrheit auf. Klassenideologien erlangten im Zeitalter der Zivilisation eine monopolistische Qualität und machten es sich zur Regel und Logik, die gesellschaftliche Wahrheit zu verdrehen. Der Beruf der Weisheit, der Philosophie, ist im Wesentlichen die Kunst, nach der verlorenen gesellschaftlichen Wahrheit zu suchen.

Es ist sehr wichtig, die Herausbildung von Klassen im Laufe der Geschichte nicht als ein normales Phänomen, sondern als eine Verirrung zu bewerten. Die Ideologie der kapitalistischen Moderne und ihre Sozialwissenschaft beruhen im Wesentlichen auf dem Phänomen der Klassen. Sie entwerfen sich in Form von herrschenden und beherrschten Klassen. Dass sie die Wahrheit nicht aussprechen können und immer nur kritisierend und dogmatisch bleiben, rührt von dieser Eigenschaft her. Die gleiche Eigenschaft lässt sich im gesamten Zeitalter der Klassenzivilisationen finden. Auf der Existenz von (herrschenden und beherrschten) Klassen basierende ideologische und wissenschaftliche Lehren verzerren in beiden Fällen weitgehend die Wahrheit. Die niemals fehlende Suche nach der Wahrheit und Richtigkeit ist auf die Mentalitäten und das Leben zurückzuführen, die auf der Basis der Existenz von Klassen entworfen werden. Die Diskussionen und Konflikte um die Wahrheit entspringen derselben Realität. Aus diesem Grund erscheint die soziale Frage im Wesentlichen als ein Klassenphänomen. Wenn Klassen über dem Wirtschaftsleben errichtet werden, konkretisieren sie sich als ein Monopol über der Wirtschaft. Die Klassen können sich ohnehin nicht entfalten, ohne dass die Wirtschaft sich sehr weit entwickelt hat. Je mehr Mehrprodukt und Mehrwert entstehen, desto mehr entfaltet sich die materielle Grundlage der Existenz von Klassen. Harte Klassenwidersprüche und -konflikte kommen auf der Basis dieser Überschüsse zustande. Dem Phänomen, das wir gesellschaftliche Spannung und gesellschaftlichen Konflikt nennen, liegt diese Tatsache zugrunde.

Außerdem entstehen immer als Lumpenproletariat oder deklassierte Elemente bezeichnete umherstreifende Schichten, die nicht Teil der Produktion sind. Diese Schichten, die mit der kapitalistischen Moderne in ein Arbeitslosenheer verwandelt werden, sind der Fluch des Systems. So wird ein Phänomen, das nicht einmal in der Tierwelt anzutreffen ist, aus menschlicher Hand der menschlichen Gesellschaft geschenkt. Für das Funktionieren des Systems braucht es jedenfalls ein Arbeitslosenheer. Sonst kann das Gesetz des Maximalprofits nicht funktionieren. Die Vergrößerung des Kapitals kann ohne eine Vergrößerung des Arbeitslosenheers nicht stattfinden. Weitere Folgen dieses Phänomens sind Bevölkerungswachstum und Migrationsbewegungen. Stetiges Bevölkerungswachstum nährt nicht nur die Arbeitslosigkeit, sondern ebnet gleichzeitig so schweren ökologischen Katastrophen den Weg, dass sie die Nahrungsgrundlage unseres Planeten zerstören und für die Umwelt unerträglich sind.

Einer der größten Fehler aller Ideologien der kapitalistischen Moderne einschließlich des Marxismus ist, dass sie die Herausbildung von Klassen für eine Zwangsläufigkeit des Fortschritts halten. Die grundsätzliche Schwäche beziehungsweise der grundsätzliche Fehler ihrer Systeme liegt in diesem Urteil. Dies wiederum führt unweigerlich zur Rechtfertigung von Unterdrückung und Ausbeutung. Ein Phänomen, das man als zwangsläufig ansieht, wird man unweigerlich für gerechtfertigt halten. Dieses Urteil spielt als Wahrheit eine grundsätzliche Rolle beim Werteverlust.

Das Phänomen der Bürokratie ist der staatlich-institutionelle Ausdruck des Phänomens der Klassen. Die Bürokratie stellt den Repressions- und Kontrollapparat der herrschenden Klasse über die Gesellschaft und die beherrschte Klasse dar. Sie gewinnt aber im Laufe des Prozesses eine große Stärke und erreicht dadurch eine autonome Stellung. Sie wird selbst zu einer Klasse und der Quelle, der die Existenz von Klassen entspringt. Indem sie sich ständig aufspaltet, nährt sie die Herausbildung oberer und unterer Klassen. In diesem Rahmen erzeugt sie stets eine Dichotomie. Andererseits zeichnet sie sich dadurch aus, dass sie sich stets als über der Gesellschaft stehend betrachtet. Der Klassenmonopolismus etabliert sich vorwiegend durch die Bürokratie. Die Bürokratie, die sich im Laufe der Geschichte kontinuierlich weiterentwickelt hat, verwandelte sich im Zeitalter der kapitalistischen Moderne sozusagen in ein Monster, das die Gesellschaft schluckt. Die Perversität der Klassen lässt zusammen mit der Vergrößerung der Bürokratie in dieser Zeit das gesellschaftliche Phänomen seinen schwächsten Zustand erleben. Die Gesellschaft scheint nahezu auf Klassen und Bürokratie reduziert worden zu sein. In dieser Ära der maximalen Ausbeutung und Unterdrückung ereignen sich intensive Widersprüche und Konflikte. Während größer werdende Widersprüche und Konflikte noch mehr Bürokratie erzeugen, verwandelt sich die soziale Frage in evolutionäre Entwicklungen und stellenweise in revolutionäre Explosionen.

Das Dasein als beherrschte Klasse ist als Wahrheit wertlos. Sklav*innen stellen diejenigen menschlichen Individuen dar, bei denen die Spur der Wahrheit ausgelöscht ist. Aus diesem Grund können ideologische und politische Bewegungen, die auf Sklav*innen basieren, nicht fruchtbar sein. Bewegungen unterdrückter Klassen können nur dann Bedeutung erlangen, wenn sie Teil einer Wahrheitssuche und -erlangung gegen die Ausbeutung und Unterdrückung der ganzen Gesellschaft sind. Klassenpolitik in engerem Sinne ist nicht nur als Wahrheit wertlos, sondern bietet dazu noch als Bewegung keine großen Erfolgschancen. Die historische Wirklichkeit ist diesbezüglich voller lehrreicher Beispiele.

Diese Überlegungen zu Klassen und Bürokratie gelten auch in Bezug auf die gesellschaftliche Geschichte des Nahen Ostens. Klassen und die Bürokratie legitimieren sich anhand von vier ideologischen Formen: Religionismus, Nationalismus, Sexismus und positivistischer Szientismus. Es besteht ein enges Verhältnis zwischen ideologischen Formationen und der Existenz von Klassen. Aus diesem Grund bieten sie nicht viel Wahrheit. Die Entwicklung der demokratischen Gesellschaft stellt die geeignetste Alternative zur Existenz von Klassen dar. Während der Ansatz »Klasse gegen Klasse« stets wieder Klassen erzeugt, führt der demokratische Kampf gegen ihre Existenz zur egalitären und freien Gesellschaft, indem er die Klassen innerhalb der Gesellschaft reduziert und auflöst. Folglich entzieht er durch die wirtschaftliche und ökologische Gesellschaft den Kapitalmonopolen den

Überschuss, der die materielle Grundlage der Klassen bildet, und erlaubt dadurch der Gesellschaft, wieder zu Stärke zu finden. Indem er durch die Elemente der demokratischen Moderne den akkumulierten Mehrwert, den im Zeitalter der Zivilisation und der Moderne der sozialen Frage zugrunde liegenden Faktor, auflöst, leitet er die Lösung der sozialen Frage ein. Somit wird bewiesen, dass der demokratische Kampf gleichzeitig konsequenter Klassenkampf ist.

c) Das Problem von Hierarchie, Macht und Staat und die Revolution

Dass Revolutionen meistens das Gegenteil ihres Ziels erreichen, hat damit zu tun, dass sie das Problem von Hierarchie, Macht und Staat nicht richtig lösen können. Die Geschichte ist voller Trümmer von Revolutionen, die in dieser Hinsicht das Gegenteil ihres Ziels erreicht haben. Von der Islamischen Revolution, die für sich Göttlichkeit beanspruchte, über die Französische Revolution, die sich für die Revolution der Aufklärung des achtzehnten Jahrhunderts hielt, bis hin zur Russisch-Bolschewistischen Revolution gibt es Dutzende Beispiele, die nicht verhindern konnten, in kürzester Zeit mit ihren eigenen Zielen in Widerspruch zu geraten. Der hauptsächliche Grund für dieses Phänomen ist, dass der Sieg über einen Staat beziehungsweise über eine hierarchische Macht innerhalb der »kurzen Dauer« nicht dem Sieg über die Zivilisation und die Moderne gleichkommt, welche eine Institution und Kultur der »Langen Dauer« (longue durée) darstellen. Die Zivilisation und die Moderne, die den Staaten des jeweiligen Zeitalters ihren Charakter verliehen haben, werden sogar stärker aus der Revolution hervorgehen, wenn der besiegte Staat innerhalb des bestehenden Zivilisationssystems oder der bestehenden Moderne zu einem Hindernis geworden war. Mit einem Sieg über den Staat hat man bei weitem noch nicht die Macht und die Moderne besiegt. Dies ist die grundsätzliche Tatsache, die dem in den meisten Fällen erfolgenden weiteren Erstarken der Macht zugrunde liegt.

Hierarchien und Mächte als ineinander verwobene Phänomene überdauern Jahrtausende. Staaten dagegen sind Produkte kürzerer Zeitspannen, und Revolutionen sind nur einen Augenblick umfassende Ereignisse. Dieser Umstand bedeutet nicht, dass Revolutionen keine wichtige Rolle spielen würden. Allerdings besteht immer die große Wahrscheinlichkeit, dass Revolutionen von Zivilisationen und staatlichen Strukturen von langer bzw. mittlerer Dauer absorbiert werden. Beispielsweise wurde die Oktoberrevolution von keinem Staat, sondern von der kapitalistischen

Moderne besiegt, die ein strukturelles System von langer Dauer darstellt. Dass die Oktoberrevolution nur gegen den Kapitalismus der Moderne kämpfte und dies durch seine reaktionärste und konservativste Form, den Staatskapitalismus, tat, hatte entscheidenden Anteil daran. Die Elemente des Industrialismus und des Nationalstaats hingegen versuchte sie maximal zu entwickeln. Dass sie, ohne die Moderne zu analysieren, einer solchen Obsession anheimfiel, ließ die Revolution schließlich das Gegenteil ihrer Ziele erreichen. Das zwanzigste Jahrhundert ist voller Trümmer von Revolutionen dieser Art. Der Kampf gegen die Kultur von Hierarchie, Macht und Staat setzt die richtige Interpretation der Geschichte (der Geschichte der demokratischen Elemente) und den Einsatz der eigenen richtig definierten Gegenelemente voraus. Revolutionen können nur dann erfolgreich sein, wenn sie sich, ohne in Widerspruch mit ihren Zielen zu geraten, auf dieser Grundlage ins langfristige System der demokratischen Moderne integrieren.

Wenn wir in diesem Rahmen eine revolutionäre Interpretation der drei monotheistischen Religionen des Nahen Ostens unternehmen, können wir besser verstehen, warum sie mit ihren hehren Idealen in Widerspruch geraten sind. Es bildet den Hauptgrund für das Scheitern dieser religiösen Revolutionen, dass sie der Macht und Hierarchie nacheiferten und sofort zu Staaten wurden. In diesem Rahmen können wir verstehen, warum diese drei monotheistischen Religionen sozusagen einem Gesetz der Konterrevolution gemäß hin zu den Zielen derer abglitten, die sie zu bekriegen glaubten. Im Zeitalter der Moderne wird dieses Spiel viel offener gespielt. All die nationalen Revolutionen, die durch ihre Institutionalisierung im Nationalstaat in Widerspruch mit ihren eigenen Zielen geraten, kommen nicht umhin, dass man sich immer mehr mit Schmerzen und Wut an sie erinnert.

Die Zivilisationen, die in den nahöstlichen Gesellschaften von längster Dauer und größter Intensität waren, stellen den Höhepunkt der Kultur von Hierarchie, Macht und Staat dar. Dass die Macht eine Krankheit ist, war bereits zu Zeiten von Gilgamesch bekannt. Die Weisen haben schon immer von der Machtkrankheit gesprochen und beschrieben sie als eine verführerische Hure. Daran, dass der Nahe Osten die Wiege einer Kultur von sehr langer Dauer war, in der die Hierarchie entstand und die die Brutstätte und die Quelle der Macht- und Staatsstrukturen bildete, können wir besser verstehen, warum die demokratische Kultur dort immer unterlegen war. In einer Gesellschaft, in der jedes Familienoberhaupt sich für einen kleinen Kaiser hält, sind die begrenzten Möglichkeiten von Revolutionen ebenfalls nachvollziehbar. Dass die Moderne gänzlich für eine Revolution gehalten wird, erlaubt uns, die Dimensionen der gegenwärtigen gesellschaftlichen Probleme besser zu verstehen. Wenn man das Eroberungssystem, das die Quelle der Probleme bildet, als Hauptlösung für Probleme einsetzt, werden daraus selbstverständlich noch schwerwiegendere gesellschaftliche Probleme folgen.

Im letzten Jahrhundert betrachtete man den Besitz eines Nationalstaats fast als größtes Zusammenkommen mit dem eigenen Gott. Selbst die alten Götter wurden in den Dienst des neuen Nationalstaatsgottes gestellt. Da die nahöstlichen Nationalstaaten heute noch sowohl gegeneinander als auch gegen ihre eigenen Bevölkerungen als Kriegsapparate funktionalisiert werden, sind sie sich nicht einmal dessen bewusst, dass die Hegemonie des Systems ihnen diese Rolle zuteilwerden lässt. Die Zentralisierung der Macht und die extreme Nationalisierung des Staates werden sozusagen als eine Aufgabe angesehen, die man der Revolution gibt. Eine dermaßen widerspruchsgeladene Revolution kann sehr leicht einen Schlag gegen die Gleichheit und Freiheit darstellen, ganz zu schweigen davon, dass sie keine Erfolgschancen hat. Revolutionen können nur dann der Demokratie und einer egalitären und freien Gesellschaft dienen, wenn sie anti-zentralistisch und gegen die Macht gerichtet sind. Die demokratische Kultur kann im Nahen Osten in dem Maße, wie sie die nationalstaatliche Kultur überwindet, Entwicklungschancen haben. In dem Maße, wie wir die Macht- und Staatsstrukturen, die im Wesentlichen ein konzentrierter Ausdruck des Kapitals und anderer Ausbeutungsmonopole sind, durch die demokratische Gesellschaft, die ein konzentrierter Ausdruck der wirtschaftlichen und ökologischen Gesellschaft ist, überwinden, befinden wir uns auf dem Weg zur wahren Lösung der gesellschaftlichen Probleme. Demokratische Nationen und die demokratische Moderne als ihr systematischer Ausdruck präsentieren das Zeitalter, in dem die Probleme, die auf Hierarchie, Macht und Staat zurückzuführen sind, überwunden werden.

Damit Revolutionen sinnvoll sein können und nicht in paradoxe Widersprüche zu ihren eigenen Zielen geraten, dürfen sie im Anschluss nicht der Machtkrankheit und den Etatismusspielen anheimfallen. Revolutionen, die sofort zur Macht und zum Staat werden, gelten nicht nur als beendet, sondern verraten gleichzeitig die Ideale der Gleichheit, Freiheit und Demokratie. Die Geschichte der Revolutionen stellt in diesem Sinne auch eine tragische Geschichte des Verrats dar. Die Französische, die Russische und die Islamische Revolution sind in dieser Hinsicht voller wichtiger Lektionen. Aus diesem Grund ist es von großer Wichtigkeit, Revolutionen nicht an die Bedingungen von Macht- und Staat zu knüpfen, sondern sie mit langfristigen Werten der moralischen und politischen Gesellschaft zu verbinden. Die Fundamente der moralischen und politischen Gesellschaft können nur durch demokratische Politik gelegt werden. Solange wir nicht Gesellschaften mithilfe demokratischer Politik auf die Beine gestellt, in jeder Gemeinschaft demokratische Organisationen gegründet und demokratische Führungspersonen ausgebildet sowie langfristige Erfahrungen mit der demokratischen Lebensweise gesammelt haben, können wir keine moralischen und politischen Gesellschaften, keine demokratischen Gesellschaften – den konkreten Ausdruck moralischer und politischer Gesellschaften – und folglich auch keine demokratischen Nationen aufbauen. Den Prozess der demokratischen Moderne als ein neues Zeitalter von langer Dauer bestehend aus den nationalen Einigkeiten demokratischer Gesellschaften gedanklich zu entwerfen und zu theoretisieren, sollte für das Alltagsleben genauso unabdingbar sein wie Brot, Wasser und Luft.

Ein anderes Problem, das mit Hierarchie, Macht und Staat zusammenhängt, hat mit dem Wesen dieser Institutionen zu tun. Die Gleichheits-, Freiheits- und Demokratiesuche, die man auf diese Institutionen gestützt aufnimmt, stellt das größte Paradox von Ideologien, die einen solchen Anspruch formulieren, allen voran des *Marxismus*, dar. Der Versuch, das Ziel zu erreichen, indem man sich auf diese Phänomene stützt, die ihre Existenz der Verleugnung von Gleichheit, Freiheit und demokratischer Identität schulden, ist das größte Paradox der Geschichte. Es ist ironisch: Das Gegengift zu diesen Phänomenen, die die Mittel darstellen, mit deren Hilfe die Existenz von Klassen institutionalisiert wird, ist die Schwächung der über der wirtschaftlichen und ökologischen Gesellschaft errichteten Kapitalmonopole und der Autorität der Hierarchie und Macht über die demokratische Gesellschaft sowie die Beschränkung des Staates durch das Recht. Demokratische Politik spielt auch dabei eine unerlässliche Rolle. Mit einem anderen Mittel als demokratischer Politik können wir keine (in ihrer Vielfältigkeit) egalitäre und freie Gesellschaft erreichen. Je mehr Macht, desto mehr Klassen. Je mehr Demokratie dagegen, desto weniger Klassen. Ohne der nahöstlichen Kultur ein sehr umfangreiches demokratisches politisches Mittel aufzudrängen, ohne die Gesellschaft mit diesem Mittel ständig aufzuwecken, auf die Beine zu bringen und in Aktion zu versetzen, können wir die demokratische Gesellschaft nicht erreichen. Ohne aber die demokratische Gesellschaft zu erreichen, können wir weder das Ziel der

Gleichheit und Freiheit verwirklichen noch ins Zeitalter der demokratischen Zivilisation eintreten.

d) Probleme von Stadt, Mittelklasse und Zusammenbruch der agrarisch-dörflichen Gesellschaft im Nahen Osten und ihre Lösung

Die eigentliche Zerstörung durch die kapitalistische Moderne zeigt sich im Untergang der Stadt, dem krebsartigen Wachstum der Mittelklasse und der Liquidation der agrarisch-dörflichen Gesellschaft. Die Verbindung der Bevölkerungsexplosion, die im Namen der Stadt die Zerstörung der Stadt herbeiführte, mit der enormen Aufblähung der Mittelklasse durch die sich mit dem neunzehnten Jahrhundert beschleunigende industrielle Revolution ging mit der Auflösung der agrarisch-dörflichen Gesellschaft einher. Die agrarisch-dörfliche Gesellschaft bot Bedingungen, die im Wesentlichen für eine begrenzte urbane Bevölkerung und eine die Umwelt nicht gefährdende Struktur geeignet waren. Alle Städte des Altertums und Mittelalters waren funktionale Städte, die mit der Agrargesellschaft harmonierten. Das Gleichgewicht zwischen Stadt und Land konnte jahrtausendelang weiterbestehen, ohne die Umwelt zu zerstören. Die Probleme nahmen keine Dimensionen an, die für die Stadt oder die Agrargesellschaft bedrohlich gewesen wären. Vor dem Industrialismus spielte die Stadt bei der Gesellschaftswerdung eine wichtige Rolle. Vom Stadtstaat Uruk (3500 v. Chr.) bis hin zur venezianischen Stadtregierung (1000–1800) wurde man Zeug*in von zahlreichen Stadtgesellschaften mit einer imposanten Vergangenheit. Die Rolle von Städten bei der Entwicklung der Wissenschaft, Kunst, Philosophie und Industrie ist unumstritten. Auch war der Stadtstaat kein richtiger Staat, sondern eine Halb-Demokratie.

Geschichte wurde in gewissem Sinne als Erzählung über die um die Stadt entstandene Zivilisation vorgetragen. In der Zeit vor dem Industrialismus wurde das Gleichgewicht zwischen dem urbanen und dem agrarisch-dörflichen Leben immer beachtet. Selbst wenn es zu einem Widerspruch zwischen beiden kam, spitzte sich dieser nicht in dem Maße zu, dass er die gesellschaftliche Einigkeit gefährdet hätte. Diese Widersprüche nahmen niemals Dimensionen an, die zum Untergang der agrarisch-dörflichen Gesellschaft geführt hätten. Die Basis der Beziehungen zwischen urbaner und agrarisch-dörflicher Gesellschaft bestand in ihrer gegenseitigen Abhängigkeit, und sie nährten einander. Die Explosion des Industrialismus um des ihm immanenten Maximalprofits willen hat nicht nur dieses Gleichgewicht zerstört, sondern gleichzeitig mit der enormen Vergrößerung, zu der sie in den letzten zweihundert Jahren führte, im Namen der Stadt in Wirklichkeit eine sinnlose Verstädterung ohne Städte erzeugt. Durch die Zerstörung der agrarisch-dörflichen Gesellschaft führte die sogenannte »Stadt- und Industriegesellschaft« zu einem Fall für die Onkologie. In diesem Phänomen, das wir als Explosion der Mittelklasse bezeichnen, gibt es überhaupt keine Funktionalität, sondern ausschließlich Zahlen.

Man erfand einen so seltsamen Begriff wie Mittelklassenarbeitslosigkeit. Um diese Absonderlichkeit der Klassengesellschaft zu rechtfertigen, versuchten einige Ideolog*innen es als ein Rezept zu präsentieren, das die stabile materielle Basis der demokratischen Gesellschaft darstellen sollte. Millionen-, ja sogar Zehnmillionenstädte und dementsprechend gewachsene angebliche Mittelklassen entstanden. »Angeblich« sage ich nicht, weil es sich dabei nicht um eine materielle Tatsache handeln würde, sondern weil sie weder ein für sie spezifisches Sein noch einen Sinn besitzen. Die Wirklichkeit, die vom »Mittelklasse« genannten Phänomen repräsentiert wird, ist die Zusammenführung der in untere und höhere Klassen gespaltenen Gesellschaft. Die Dialektik von Herrschaft und Knechtschaft der höheren und der niederen Klasse wurde vor allem in der hegelschen Philosophie perfekt analysiert und ihre Bedeutung offengelegt. Dass allerdings derselbe Hegel die Mittelklasse in Form des Nationalstaats als Verwirklichung der Freiheit präsentiert, stellt die fauligste Folge seiner großen Philosophie dar. Karl Marx wiederholte den gleichen Fehler im Namen des »Proletariats«. Das Phänomen zweier Klassen, das kein ihm eigentümliches Sein besitzt und als Verirrung der Gesellschaft geschaffen wurde, noch anormaler zu machen und als ein gesellschaftliches Sein zu präsentieren, ist der größte gesellschaftliche Betrug der kapitalistischen Moderne. Alle kapitalistischen Ideologien und Sozialwissenschaften haben die Aufgabe, diesen Betrug zu legitimieren. Sie versuchen, eine Wahrheit aus einem Phänomen abzuleiten, das keine Wahrheit besitzt. Sie halten es für den eigentlichen Zweck ihres Berufs, den großen Wahrheitsverlust mithilfe der positivistischen Metaphysik als »objektive Wahrheit« zu präsentieren.

Die Alternative beziehungsweise die Nachfolger des vorindustrialistischen Stadtstaats waren die imperialen Systeme. Die Imperien, die im Wesentlichen auf der agrarisch-dörflichen Gesellschaft basierten, erklärten sich im Gegenzug zur Sicherheit, die sie boten, zu Eigentümern des gesellschaftlichen Überschusses (des Mehrprodukts und -werts). Sowohl der Stadtstaat als auch das Imperium stellten ein Hindernis für die Kapitalakkumulation dar, die sich mit der industriellen Revolution verstetigte. Der Nationalstaat entsprang im Wesentlichen dem Bedürfnis, diese überholte Staatstradition zu überwinden, die dem Kapital im Weg stand. Er konnte zur vorherrschenden Staatsform werden, indem er diese Hindernisse und Bedrohungen für die kapitalistische Akkumulation von Kapital überwand. Deswegen stellen der Kapitalismus, der Industrialismus, die Nationalstaatlichkeit, das explosionsartige Wachstum der Mittelklasse und der Bürokratie und die Liquidation der agrarisch-dörflichen Gesellschaft ineinander verwobene Phänomene dar. Städte nicht erst mit Millionen, sondern bereits mit Hunderttausenden Einwohner*innen und das Phänomen einer dementsprechend gewachsenen Mittelklasse sind nicht nur die größte Krankheit, Krise und chaotische Folge der kapitalistischen Moderne, sondern machen den Planeten und die Umwelt unbewohnbar. Die Postmoderne erzielte einen Fortschritt, indem sie diese Tatsache, wenn auch sehr zurückhaltend, bemerkte. Die Postmoderne steht unter großem Einfluss der Moderne, spielt aber dennoch eine positive Rolle, indem sie auf die drei apokalyptischen Reiter hinweist.

Die Stadt und die Mittelklasse, die im Zentrum der Moderne eine derartige Phänomenalität erlangten, wirken im Nahen Osten noch zersetzender. Sie sind sinnlose Phänomene. Mit Sinnlosigkeit meine ich ihre Kontingenz[72]. Ansonsten tragen sie einen Haufen negativer Bedeutungen in sich. Die Stadt und ihre Mittelklasse begnügen sich nicht damit, sich selbst arbeitslos zu machen, sondern beweisen ihre Negativität, indem sie die agrarisch-dörfliche Gesellschaft mit hoher Geschwindigkeit auflösen. Die nahöstliche Stadt und Mittelklasse, die weit davon entfernt sind, den gleichen Industrialismus und Bürokratismus wie im Westen zu bieten, treiben in ihrer eigenen Phänomenalität die ganze Gesellschaft in ein lumpenproletarisches, deklassiertes und umherstreifendes Dasein. Der von ihrer historischen Wirklichkeit entkoppelte und auf eine Agentur des kapitalistischen Hegemonialismus reduzierte Zustand dieser Klasse hat den schwächsten Zustand der gesellschaftlichen Wahrheit zur Folge. Ihre Unfähigkeit, eine eigene Wahrheit zu entwickeln, macht die Phänomenalität noch negativer. Sie kann weder die europäische Zivilisation gänzlich annehmen noch ihre alte Zivilisation wiederbeleben. Die Worte Untergang und Zersetzung beschreiben diese zwischen zwei Stühlen sitzende Phänomenalität. Einem Großteil der nahöstlichen Stadt und ihrer Mittelklasse, der sich mit einer konjunkturellen Ressource wie Erdöl über den Tag rettet, geht es noch schlimmer. Der

72 In der ontologischen Philosophie bedeutet »Kontingenz«, dass etwas existieren kann, aber nicht muss. Ob es existiert oder nicht, ist quasi zufällig, aber nicht zwingend.

Zusammenbruch nach dem Ende des Erdöls wird wohl noch viel zerstörerischer und schmerzhafter sein.

Was der Gesellschaft der Region ihre wahre Bedeutung verleiht, ist das etwa fünfzehntausendjährige agrarisch-dörfliche Gesellschaftsleben. Die Liquidation dieses Gesellschaftslebens, das unter anderem eine fünftausendjährige Zentralzivilisation ermöglichte, wird eine viel größere Zerstörung zur Folge haben, als man denkt. Auch wenn man mit den gegenwärtigen verspäteten Elementen der kapitalistischen Moderne noch klarkommt, wird der Umstand, dass die Stadt und die Mittelklasse eine untragbare Last bilden, die Spannungen, Konflikte und Kriege tagtäglich nähren. Dieser sich gegenwärtig ereignende Prozess wird andauern und sich mit jedem Tag beschleunigen und intensivieren.

Daher erscheinen die Verstädterung ohne Städte, das krebsartige Wachstum der Mittelklasse und der Untergang der agrarisch-dörflichen Gesellschaft nicht nur als die schwerwiegendsten gesellschaftlichen Probleme, sondern sie stellen gleichzeitig einen Ausdruck dessen dar, dass die Gesellschaft an der Grenze der Nicht-Nachhaltigkeit angekommen ist. Die Elemente der demokratischen Moderne sind angesichts der Existenz und Nicht-Nachhaltigkeit dieser Probleme nicht nur Problemlöser, sondern erlauben gleichzeitig der Gesellschaft, aus ihrer Stagnation und ihrem chaotischen Zustand auszubrechen. Indem sie die wirtschaftlich-ökologische Gesellschaft verteidigen, widmen sie sich zunächst dem Wiederaufbau der vom Industrialismus zum Kollaps gebrachten agrarisch-dörflichen Gesellschaft auf kommunaler Basis. Die ökologische Landwirtschaft, die die Ernährungssicherheit der Gesellschaft gewährleistet, löst einen Großteil der Probleme. Dies können wir die »Zweite agrarisch-dörfliche Revolution« nennen. Man braucht mit dem einundzwanzigsten Jahrhundert wirklich eine zweite agrarisch-dörfliche Revolution. Diese Revolution rettet nicht nur die Stadt, sondern schützt gleichzeitig die Gesellschaft vor dem krebsartigen Wachstum der Mittelklasse. Je schwächer der sich auf die Stadt und die Mittelklasse stützende nationalstaatliche Faschismus wird, desto größer werden die Entwicklungschancen der demokratischen Gesellschaft. Ohne eine zweite agrarisch-dörfliche Revolution wird die Gesellschaft wirklich Schwierigkeiten haben, weiter zu bestehen. Diese Revolution wird auch die Technologie vor den Schäden durch den Industrialismus schützen können, indem sie ihr den Platz einräumt, den sie verdient. Die Städte können ihr prachtvolles Leben unter fortgeschritteneren technischen Bedingungen zurückerlangen. Sie werden nicht nur die Bevölkerung los, die sich extrem vergrößert hat, sondern können auch das Gleichgewicht mit der agrarisch-dörflichen Gesellschaft mit ihrer neu erlangten sinnvollen Funktionalität wiederherstellen. Die umstrukturierten Städte und Dörfer der demokratischen Moderne werden das Gehirn und die beiden stabilen Standbeine der demokratischen Gesellschaft sein, die sich im Gleichgewicht befinden. Sie werden einander in Reichtum und Vielfalt ergänzen und die eigentliche Basis für die Überwindung des »homogene Gesellschaft«-Faschismus des Nationalstaats bilden.

Sowohl die Chancen als auch das Schicksal des Nahen Ostens hängen davon ab, ob er eine zweite agrarisch-dörfliche Revolution verwirklichen wird. Die Zerstörungen der kapitalistischen Moderne in den letzten beiden Jahrhunderten gehen über eine Krise hinaus und nehmen barbarische Dimensionen an. Die Moderne beschränkt sich nicht darauf, auf ihre drei Standbeine gestützt zu herrschen und auszubeuten, sondern zerstört gleichzeitig die Gesellschaftlichkeit. Diese Zerstörung kann man nicht mit derselben Moderne aufhalten – so wie man Feuer nicht mit Feuer löschen kann. Die Entwicklung der demokratischen Moderne durch eine zweite agrarisch-dörfliche Revolution ist unausweichlich. Die Kriege um Wasser, Energie und Boden erreichen bereits jetzt unaufhaltsame Dimensionen. Die sumerische Gesellschaft konnte sich durch den Wasser- und Bodenkollektivismus entwickeln und somit die Menschheitsgeschichte beginnen lassen. Den Gesellschaften in Ägypten und Harappa ging es ebenso. Selbst das heutige Israel schöpft einen wichtigen Teil seiner Stärke aus den Kibbuz genannten Kommunen, die auf einer modernen technologischen Grundlage basieren.

Die in den Bereichen Wasser, Energie und Boden vor allem im Euphrat-Tigris-Becken zu entwickelnden Einheiten der ökologischen und wirtschaftlichen Gesellschaft werden die Basis dieser zweiten Revolution bilden. Die Dorf- und Stadtstrukturen, die auf dieser Grundlage in Harmonie zueinander und sich gegenseitig ergänzend entwickelt werden sollen, werden die neue Architektur der demokratischen Moderne bilden. Während sich die wirtschaftlichen, ökologischen und demokratischen Gesellschaftseinheiten auf diese Architektur gestützt weiterentwickeln werden, wird sich die bisher vom Industrialismus und Nationalstaat geprägte urbane Zivilisation in Form von demokratisch-autonomen Strukturen neu erstehen. Entsprechend werden die Dörfer in Harmonie mit den neuen technischen Bedingungen als Öko-Dörfer ihre zweite Revolution erleben. Die zweite agrarisch-dörfliche und städtische Revolution in der nahöstlichen Kultur wird dieses Mal bei der Überwindung der von Staaten und Klassen geprägten Zivilisation und dem Eintritt ins Zeitalter der demokratischen Zivilisation eine historische Rolle spielen. In der Konföderation demokratischer Nationen mit ihrem offenen und flexiblen Identitätsverständnis werden alle kulturellen Identitäten als Mitglieder der egalitären, freien und demokratischen Gesellschaft ein friedliches Leben führen. Das von der individualistischen Kultur der kapitalistischen Moderne getötete Individuum wird als das moralische und politische Individuum der demokratischen Moderne wiederauferstehen und ein freies Leben führen.

e) Lokale und regionale Probleme und die Lösung der demokratischen Nation

Noch nie in der Geschichte hat irgendein anderes Staatsregime so viel Zerstörung des Lokalen und Regionalen mit sich gebracht wie der Nationalstaat. Der Nationalstaat entfaltete sich nicht nur zum Nachteil des Stadtstaates und dessen Demokratie sowie des Imperialsystems, nicht nur als ihr Gegensatz. Viel mehr vielleicht als diese beiden Phänomene versuchte er, alle lokalen und regionalen Identitätsmerkmale aus der historischen Gesellschaft auszuradieren, indem er sie verbot, zerstörte oder assimilierte. Demgegenüber berücksichtigten selbst die zentralistischsten Imperien stets das Recht des Lokalen und Regionalen. Im Bewusstsein darüber, dass das Lokale und das Regionale einen Reichtum darstellen, achteten sie darauf, dass Gesellschaften sie nicht entbehrten. Zudem wandten sich nicht einmal die zentralistischsten Regierungen gegen die weitreichende Autonomie, die die Lokal- und Regionalverwaltungen genossen, solange diese nicht ihre Autorität ablehnten. In der Zivilisationsgeschichte waren lokale und regionale Identitäten in gewissem Sinne bis zum Zeitalter der kapitalistischen Moderne wesentlich. Jedes Imperium und jede Zivilisation wurde durch die Stärke der lokalen und regionalen Räume bestimmt, über die sie verfügten.

Obwohl die Geschichte die Summe dieser Identitäten darstellt, versucht der Nationalstaat, sie zu verleugnen und sich selbst als homogene und einzige Autorität zu etablieren. Das hängt mit dem Ausbeutungssystem zusammen, in dessen Dienst der Nationalstaat steht. Die Tendenz des Maximalprofits und der kontinuierlichen Kapitalakkumulation wird in dem Maße Sicherheit erlangen, wie die Identität des Lokalen und des Regionalen liquidiert wird. Der homogene Nationalstaat verfolgt die Idee, die Nation zu stärken und die Einheit der nationalen Kultur zu gewährleisten, indem er die lokale und regionale Macht bricht und ihre Kultur liquidiert. Was dabei wirklich verwirklicht wird, ist aber das Macht- und Ausbeutungsmonopol einer Handvoll Oligarch*innen. Da die rechtliche und kulturelle Einheit als Legitimationsmittel dieses Macht- und Ausbeutungsmonopols fungiert, wird sie zu den wesentlichen Merkmalen des Staates und der Nation gezählt. Noch schlimmer ist die Behauptung, eine solche Homogenität stelle die ideale Voraussetzung für die Demokratie dar. Sie ließe sich höchstens als allgemeine Voraussetzung der Sklaverei verstehen. Wenn die Demokratie nicht die freie Äußerung und die Selbstverwaltung des Lokalen und des Regionalen sein soll, wie lässt sie sich sonst definieren? Es ist offensichtlich, dass wir die Demokratie nicht auf den Bedingungen homogener Nationen aufbauen können. Solange das Individuum, das Lokale und das Regionale sich nicht ausdrücken und ihre kulturellen Interessen nicht verteidigen, kann die Demokratie nicht zur Wirklichkeit werden. In dem Maße, wie der Nationalismus aus staatlicher Hand die Verleugnung des Lokalen, des Regionalen und des Individuums ist, ist das Streben nach einer demokratischen Nation im Gegenteil die Demokratisierung des Lokalen, des Regionalen und des Individuums.

Das Lokale und das Regionale haben in der nahöstlichen Kultur in jeder historischen Ära ihre eigene Identität und ihr eigenes Recht stark verteidigt. In allen Zivilisationssystemen wurden die lokalen und regionalen Identitäten respektiert und ihrem Recht wurde Platz eingeräumt. Die Liquidation und das totale Ignorieren waren selbst unter despotischen Regierungen keine bis zum Ende getriebene Politik. Solche Praktiken gingen nur selten über die Liquidierung von Individuen und Familien hinaus. Wir sehen, dass der Nationalstaat mit der systematischen Liquidation des Lokalen und des Regionalen sein faschistisches Wesen nochmals unter Beweis stellt. Dies belegt die Tatsache, dass in den letzten beiden Jahrhunderten das Erstarken des Nationalstaats mit der Liquidation des Lokalen und des Regionalen einherging. Alleine die Kriege und Gegenkriege, die um der Entstehung der irakischen Nation willen geführt wurden, stellen einen ausreichenden Beweis für die Erbarmungslosigkeit und Destruktivität des Systems dar. Wenn man dagegen dem Regionalen und dem Lokalen demokratische Ausdrucksmöglichkeiten eingeräumt hätte, hätte man für einen materiellen und geistigen Reichtum gesorgt, der vielleicht den der Schweiz überträfe. Der Krieg, der im Irak heute noch aktuell ist, ist sehr lehrreich bezüglich der Ausweglosigkeit, der Zerstörungen und dier Destruktivität der kapitalistischen Moderne.

Die Elemente der demokratischen Moderne legen eine Systematik zugrunde, in der das Lokale und das Regionale die größte Bedeutung erlangen. Die moralische und politische Gesellschaft ist ein vor Ort erlebtes Phänomen. Die wirtschaftliche Gesellschaft ist vorwiegend lokalen und regionalen Charakters. Selbst wenn eines dieser Elemente eine Position innerhalb des Nationalen und des Internationalen einnimmt, erfolgt dies, um selbst stärker zu werden. Die ökologische Gesellschaft stellt ohnehin immer und überall ein Element dar, das im Lokalen praktiziert wird und dort seine Bedeutung erlangt. Die demokratische Gesellschaft gehört ebenfalls zu den Elementen, die über lokale Einheiten verwirklicht werden. Einem aus dem Lokalen und dem Regionalen herausgerissenen individuellen Element fehlt in dem Maße, wie es in Bezug auf seine Identität schwach ist, auch die Wahrheit. Je mehr es dagegen die regionale und lokale Kultur vertritt, desto höher ist auch sein Wahrheitswert. Die demokratische Nation kann nur dadurch zustande kommen, dass das Lokale, Regionale und Individuelle ihre Identität frei ausdrücken können.

Nationen, die im Besitz von verschiedenen, pluralen kulturellen Identitäten sind, sind nicht nur demokratisch, sondern tendieren auch noch dazu, reich und friedlich zu sein. Wenn in der nahöstlichen Gesellschaft dem Lokalen und dem Regionalen die Möglichkeit eingeräumt wird, sich demokratisch auszudrücken, wird offensichtlich ein Großteil der Probleme einfacher überwunden werden. Obwohl auch die historische Tradition diese Tatsache immer wieder betont, stellt sich die Katastrophe namens Nationalstaat der Geschichte gegenüber taub. Indem er sich die Geschichte mit seinen homogenisierenden Scheuklappen anschaut, sieht er den großen Reichtum in nur einer Farbe und lässt auch andere ihn auf diese Weise sehen, woraus die Verleugnung der gesellschaftlichen Wirklichkeit und der Faschismus folgen.

Die demokratische Moderne als Theorie und Praxis bietet eine dauerhafte Lösung für diese Wirklichkeit der nahöstlichen Gesellschaft, in der lokale und regionale Kulturelemente intensiv und ineinander verwoben erlebt werden. Indem sie ihre Wirklichkeit mithilfe der Meinungs- und Redefreiheit in eine Wahrheit verwandeln, erhalten sie eine größere Chance, als Individuen und Gesellschaft in Frieden ein freies und egalitäres Leben zu führen.

f) Die Frauen-, Dynastien-, Familien- und Bevölkerungsfrage im Nahen Osten und die Revolution der Frau

Die Frau, der mit ihrer prächtigen gesellschaftlichen Identität in der Zeit der Morgendämmerung der Geschichte die Rolle der Muttergöttin zugeschrieben wurde, ist im heutigen Nahen Osten leider auf eine gänzlich wertlose Ware herabgestuft worden. Uns fehlt die Möglichkeit, diese Geschichte, die für sich alleine schon eine tragische Erzählung sein muss, ausführlich auszubreiten. Doch wir können ihre Auswirkungen kritisieren. Die durch Menschenhand erzeugten Nebelschleier um die Frau herum zu lüften und so ihre Wirklichkeit zu entdecken, gehört zu den eiligen und vordringlichen gesellschaftlichen Aufgaben.

Ich muss klar sagen, dass ich die Analysen zum Thema gesellschaftlicher Sexismus positivistisch finde. Ich glaube nicht, dass wir die Frau mit vulgärobjektivistischen Ansätzen analysieren können. Insbesondere die der Frau eingeschriebenen Codes der Sklaverei kennen wir nicht. Ich bin überzeugt, dass der Mensch durch die Phallus-Vagina-Mentalität zu sehr verseucht wurde und dass diese Mentalität zur Verkümmerung seiner anderen Fähigkeiten geführt hat. Bei diesem Thema fällt auf, dass die geschlechtliche Vereinigung, die in der gesamten Tier- und Pflanzenwelt eine gewisse sinnvolle Funktion, Dauer und Form besitzt, bei der menschlichen Spezies durch ihre unbegrenzte Dauer, Form und Funktion einen äußerst verkommenen Zustand angenommen hat. Es steht fest, dass diese Degeneration von der Gesellschaft herrührt. Genauer gesagt, wir können festhalten, dass er sich gemeinsam mit der Entstehung und Verallgemeinerung des gesellschaftlichen Problems (Unterdrückung und Ausbeutung) entwickelt hat. Um eine richtige Definition aufstellen zu können, müssen wir festhalten, dass die Frauenfrage, die in jeder Hinsicht die Folge der Auflösung der matrialen Gesellschaft ist, die Hauptfrage der Gesellschaft darstellt.

Der Egoismus und die Rücksichtslosigkeit des Mannes in Bezug auf die Frau stellen ein aktuelles Phänomen dar, das wir jederzeit beobachten können. Wer ein Gewissen besitzt, kann auch nicht ignorieren, dass der Mann, egal aus welcher gesellschaftlichen Schicht, in der Lage ist, die Frau zu ermorden, ohne eine moralische oder rechtliche Regel anzuerkennen und ohne mit der Wimper zu zucken. Dieses Verhalten wird meist im Namen der Liebe an den Tag gelegt. Dabei wird, wenn wir das Verhältnis von Liebe und Wahrheit nur ein wenig beleuchten, sofort deutlich werden, dass dieser Diskurs eine widerliche Lüge darstellt. Weder in der Pflanzen- noch in der Tierwelt, ja nicht einmal in der von uns als »unbelebt« interpretierten physikalischen Welt unternimmt je irgendein Subjekt, das mit Liebe zu tun hat, eine derartige Handlung. Auch wenn sich einige immer noch unverstandene Abweichungen beobachten lassen, so sind doch offenbar die Gründe und der Sinn derartiger Mordtaten, die beim Menschen auftreten, ganz andere. Der Punkt, der hier vor allem genannt werden muss, ist der Zusammenhang dieser Morde mit Herrschaft und Ausbeutung.

Die grundlegende Frage, die wir stellen müssen, ist, warum der Mann nicht darauf verzichtet, in Bezug auf die Frau derart eifersüchtig, tyrannisch und mörderisch zu agieren und vierundzwanzig Stunden täglich in der Position eines Vergewaltigers zu leben. Zweifellos sind Vergewaltigung und Tyrannei Begriffe gesellschaftlichen Missbrauchs. Sie drücken den gesellschaftlichen Charakter des Vorgangs aus und lassen eher an Hierarchie, Patriarchat und Macht[73] denken. Ihre tiefer liegende Bedeutung ist aber, dass sie einen Verrat am Leben ausdrücken. Die vielseitige Verbindung der Frau mit dem Leben kann die gesellschaftlich sexistische Haltung des Mannes aufklären. Gesellschaftlicher Sexismus drückt den Verlust des Reichtums des Lebens unter dem Einfluss der blendenden und verbrauchenden Wirkung des Sexismus und die dadurch ausgelöste, von Wut, Vergewaltigung und herrischem Verhalten geprägte Haltung aus. Der Zusammenhang zwischen dem Sexualtrieb und dem Fortbestand des Lebens liegt auf der Hand. Doch lässt sich kein anderes Lebewesen beobachten, dass vierundzwanzig Stunden täglich eine von sexuellem Hunger geprägte Mentalität besitzt. Offenkundig besteht das Leben nicht nur aus Sexualität. Im Gegenteil, wir können sagen, dass die geschlechtliche Vereinigung eine Art Todesmoment, besser gesagt: einen tödlichen Spielzug des Lebens gegen den Tod, darstellt. Daher bedeutet ein Mehr an sexueller Aktivität auch ein Mehr an Verlust des Lebens.

Ich sage nicht, dass der Geschlechtsakt ausschließlich tödlich sei. Dieser Akt trägt auch das Ideal der Unendlichkeit des Lebens in sich. Doch dieses Ideal ist nicht das Leben selbst. Im Gegenteil, es ist eine Vorkehrung gegen die Angst vor dem Tod, und so können wir sagen, dass es keinen großen Wahrheitswert besitzt. Um es klarer auszudrücken: Sind die Wiederholungen des Lebenszyklus wichtig oder ist es der Zyklus selbst als Einzelheit? Wenn die Wahrheit der Einzelheit vollständig ausgedrückt ist, hat die endlose Wiederholung des Zyklus nicht mehr Sinn. Der einzige Sinn darin ist das Bedürfnis, »absolutes Wissen« zu erlangen. In diesem Falle wird das Bedürfnis nach absolutem Wissen in dem Maße befriedigt, wie

73 Im Türkischen *iktidar*, was gleichzeitig »Potenz« bedeutet.

der Zyklus sich selbst gut erkennt. Dann haben die Zyklen und daher die geschlechtliche Vermehrung nicht mehr viel Wert und Sinn.

Das Ergebnis dieser kurzen Einschätzungen kann lauten, dass die Frau seit dem Ende der matriarchalen Ära einer systematischen institutionellen gesellschaftlichen Unterdrückung und Ausbeutung ausgesetzt ist. Die Sklaverei der Frau ist in einer Weise komplex und grundlegend, in der sie mit keiner anderen Form der Sklaverei vergleichbar ist. In der Geschichte der Zivilisation können Märkte für Sklavinnen und die Institutionen von Konkubinat und Harem das Phänomen teilweise abbilden. Doch in der kapitalistischen Moderne sind die gegen die Frau gerichteten Praktiken ins Unermessliche gestiegen. Keine Zivilisation hat so sehr wie der Kapitalismus mit der Frau Spielchen getrieben, ihren Missbrauch institutionalisiert. Das Phänomen Frau wurde derartig missbraucht, dass die überwiegende Mehrheit der Frauen die Praktiken, die sie selbst maximal erniedrigen, so darstellt, als seien sie grundlegende Identitätsmerkmale der Frau. Sie sind sogar so sehr Gefangene des Spiels, das mit ihnen gespielt wird, dass sie sich als Teil dessen verstehen und bedenkenlos dabei mitspielen. Wir reden hier nicht nur von faktischer Unterdrückung und Ausbeutung. Die Frau schreckt nicht davor zurück, eine bis in jede Zelle des Lebens verinnerlichte Sklaverei in Formen von Stimme, Farbe, Körper und Mentalität freiwillig darzubieten. Sie bemerkt nicht einmal, dass sie die Verbindung zur gesellschaftlichen Wirklichkeit verloren hat und dazu gebracht wurde, aus einem auf der Bühne inszenierten Leben zu bestehen. Besser gesagt: Sie findet nicht die Möglichkeit dazu. Um die Würde und Wirklichkeit des Lebens zu gewinnen, bleibt es von brennender Wichtigkeit, die Nebelschleier um die Frau herum zu lüften.

Es ist eine Tatsache, dass es kein Leben ohne die Frau geben kann, doch es ist offensichtlich auch unmöglich, ein würdevolles und sinnvolles Leben mit einer Frau zu teilen, die derartig erniedrigt ist. Im Wissen und Fühlen, dass das gegenwärtige Leben mit der Frau auf eine Art und Weise stattfindet, die alle und jeden bis zum Hals in erniedrigender Sklaverei begräbt, lösungsorientiert und aktiv zu handeln, ist der richtige Weg zur Befreiung des Lebens. Wir dürfen nie vergessen, dass ein sinnvolles und würdevolles Leben mit der Frau große Weisheit und Erhabenheit erfordert. Wer das Ideal der Liebe verfolgt, muss sich stets erinnern, dass der Weg dorthin über Weisheit und Erhabenheit führt. Sonst handelt es sich um Verrat an der Liebe und dient der Sklaverei. Ohne gesellschaftliche Wahrheit zu erreichen, bleibt Liebe unerreichbar.

Es wird durch verschiedene Belege gestützt, dass in der nahöstlichen gesellschaftlichen Kultur die matriarchale Ordnung intensiv gelebt wurde; die danach errichtete patriarchale Ordnung (ihr Aufstieg wird ab dem fünften Jahrtausend v. Chr. beobachtet) stellt das erste System dar, in dem gesellschaftliche Unterdrückung und Missbrauch ausprobiert wurden. Es handelt sich um eine radikale, frauenfeindliche Revolution, in der die Herrschaft über Kinder und Güter auf den Mann, auf die Institution der Vaterschaft übergeht. Da sie zu einer konservativen, repressiven und ausbeuterischen Ordnung führt, handelt es sich eher um eine Konterrevolution. Viele Kinder zu besitzen, dürfte wohl die erste Güterordnung gewesen sein. Je mehr Kinder man hat, desto mehr wird man zum Besitzer von Stärke, Gütern und Eigentum. Der Zusammenhang zwischen Patriarchat und Dynastien ist offensichtlich. Die Dynastie ist die erste ausgedehnte Familieninstitution: Sie ist größer als der Klan, sich ihrer selbst bewusst und kennt Eigentum – die erste Form des Patriarchats. Sie geht Hand in Hand mit dem Schwinden des Anspruchs der Frau auf Kinder und Güter. An die Stelle der Kultur der Muttergöttin tritt die männliche Gottkönig-Kultur. In der sumerischen Kultur lassen sich diese Entwicklungen in bemerkenswerter Weise beobachten. Die Institutionen Ehe und Familie entwickelten sich durch die Geschichte der Zivilisation hindurch unter dem Einfluss des dynastischen Modells. Eine Ehe, die auf einem Kräftegleichgewicht zwischen Mann und Frau beruht, kommt seltener vor. Da die Dynastie als patriarchale Ideologie und Machtmonopol akzeptiert bzw. ihr Akzeptanz verschafft wurde, müssen die Ehen in dem Modell, das sich letztlich durchsetzt, die Autorität des Vaters anerkennen. Kurz gesagt handelt es sich nicht um natürliche, sondern um konstruierte, autoritäre und missbräuchliche Mikroordnungen.

Die kapitalistische Moderne hat diese Ordnung noch weiterentwickelt. Im rechtlichen Bereich gab es Korrekturen zugunsten der Frau, doch diese sind weit davon entfernt, tatsächliche Gleichheit zu gewährleisten. Die Ehe können wir als eine Institution definieren, die geprägt von der Zivilisation entwickelt wurde und durch die Patriarchat sowie gesellschaftlicher Sexismus legitimiert wurden. In ihr spiegeln sich Hierarchie, Macht- und Staatsmonopol in derjenigen Einheit wider, die am weitesten verbreitet ist und die als Zelle der Gesellschaft fungiert. Zwischen ihrem Wesen und ihrem Anschein, ihrer Legitimierung, besteht ein verdeckter Widerspruch. Sie ist diejenige Institution, die in der Person der Frau die allgemeine Sklaverei der Gesellschaft am besten tarnt. Auf der Grundlage des Prozesses, der mit der Ehefrauisierung der Frau (Herabwürdigung, Erniedrigung, Verwandlung in einen Anhang des Mannes) begann, wird auch die Gesellschaft Schritt für Schritt ehefrauisiert. Die Versklavung des Mannes wurde nach der Ehefrauisierung der Frau und stets mit ihr verschränkt durchgeführt. Nachdem Sklaverei und Ehefraudasein an der Frau erfolgreich praktiziert worden waren, sollten sie auch auf Männer und unterdrückte Klassen angewendet werden. Dieser Prozess, der sich mit der Zivilisation entwickelte, erreicht mit der kapitalistischen Moderne seinen Höhepunkt. Der Faschismus besitzt im Prozess der Ehefrauisierung der Gesellschaft eine besondere Bedeutung. Er drückt die kapitulierte Gesellschaft aus. Die Moderne stellt die kastrierte, allgemeine Ehefrauen-Gesellschaft dar, die ihre Fähigkeit zur Verteidigung verloren hat und in der alle gegenseitig zu Ehefrauen und Ehemännern gemacht wurden. Die verstetigte Kapitalakkumulation erfordert eine solche Aggressivität und Barbarei, dass sie keiner anderen Art von Gesellschaft eine Chance lässt. Sie ist der Bereich, in dem Sklaverei und Vergewaltigung im Namen der Ehre (*namus*) sowohl legitimiert als auch intensiv praktiziert werden.

Der Bankrott der Institution Familie nun reißt der Moderne die Maske herunter. Der Bankrott der Familie in der westlichen Zivilisation zeigt nicht nur die Schwäche der gesellschaftlichen Bindungen; er demonstriert auch, wie tief der Widerspruch dieser Zivilisation zur Gesellschaft, ihre Krise und die chaotische Situation gehen. So, wie die Sklaverei der Frau das Niveau der gesellschaftlichen Sklaverei bestimmt, so spiegelt auch die chaotische Situation in den Beziehungen zwischen Frau und Mann die Widersprüchlichkeit und chaotische Situation der heutigen kapitalistischen Moderne wider.

Der gesellschaftliche Sexismus ist ein Begriff, der nicht auf die Macht in den Beziehungen zwischen Frau und Mann begrenzt ist. Er drückt ein Machtstreben aus, das sich auf allen Ebenen der Gesellschaft ausgebreitet hat. Er verweist auf die Macht des Staates, die mit der Moderne ein Maximum erreicht hat. Kein Objekt muss sich im gleichen Maße wie die Frau als Gegenstand der Stimulation und der Macht darstellen. Es ist ein Merkmal der Frau als objektifiziertes Wesen, die Macht zu maximieren. Sie wird stets dazu angehalten, zu stimulieren und Macht zu vergrößern. Das Verhältnis zwischen Frau und Macht in diesem Umfang zu analysieren, ist wichtig, um die Wahrheit darüber ans Tageslicht zu holen. Jeder Mann besitzt mehr als genug die Mentalität, seine Machtgier an der Frau zu verwirklichen. Dieselbe Mentalität kultivieren und praktizieren die Frauen als Geschlecht in Form von Machtgier gegeneinander und gegenüber den Kindern. Diesmal ist die

Frau der Frau eine Wölfin[74]. Dies ist es, was man Kettenreaktion nennt. Die Rolle der Frau im kapitalistischen Ausbeutungssystem ist viel klarer und dienlicher. Man begnügt sich nicht damit, dass sie für das System kostenlos Kinder gebiert und aufzieht, sie wird auch für den geringsten Lohn zu jeder Arbeit gedrängt. Ständig wird sie in der Position gehalten, auf das Heer der Arbeitslosen Druck zur Lohnsenkung auszuüben. Wie bitter ist es, dass sie die leidvollsten Arbeiten verrichtet und trotzdem keine Lehre, die marxistische eingeschlossen, es für nötig befindet, von den Rechten und der Arbeit der Frau zu sprechen? Keine dieser Richtungen entwickelt die Analyse oder die politische Haltung, die dafür nötig wären. Die Arbeit der Frau ist also auch ein Indikator, der die Verbreitung des Patriarchats und des gesellschaftlichen Sexismus belegt.

Die Demografie, das Bevölkerungsproblem, bedroht die Welt und die Gesellschaft mit der Zeit mehr als die Klassenfrage. Das Bevölkerungswachstum hängt eng mit der sexistischen Gesellschaft und der kapitalistischen Moderne zusammen. Der vierundzwanzig Stunden täglich unverminderte sexuelle Appetit, die Dynastie- und Familienkultur und die Politik von Kapitalismus und Nationalstaat, die für Profit und Stärke auf Bevölkerungswachstum setzen, bringen eine Bevölkerungsexplosion mit sich. Wenn dann noch die Beiträge von Technik und Medizin hinzukommen, entsteht eine Realität, welche in Bezug auf die Nachhaltigkeit von Gesellschaft und Umwelt eine äußerst große Gefahr darstellt. Das demografische Chaos hängt mit dieser Realität zusammen. Unser Planet und die Umwelt stoßen mit der gegenwärtigen Menge (wenn das Wachstum der Bevölkerung von bereits 6,5 Milliarden weitergeht) schon längst an die Grenze der Belastbarkeit. Es ist wichtig, den Bankrott des Systems auch in dieser Hinsicht zu bewerten.

Wir müssen uns sehr genau klarmachen, dass die Frau als Instrument zum Gebären vieler Kinder unter ein furchtbares und kaum erträgliches Joch gezwungen wurde. Das Problem geht weit darüber hinaus, Kinder zu haben, und liegt in einem ziemlich verschärften System der Zwangsarbeit. Außerdem dürfen wir nicht vergessen, dass das Gebären von Kindern kein biologisches, sondern ein systemisches und kulturelles Phänomen ist. Jedes Kind bedeutet aus Sicht der bestehenden Kultur nicht den einfachen, sondern den tausendfachen Tod der Frau. Wir brauchen eine Kultur des Gebärens von Kindern, die sich mit wenigen begnügt, wobei alle gesundheitlichen

74 In Anlehnung an den Satz »Der Mensch ist ein Wolf für den Menschen«, den Thomas Hobbes, der vom »Krieg aller gegen alle« als Naturzustand ausging, berühmt gemacht hat.

Vorkehrungen getroffen wurden und vor allem eine geistige Vorbereitung stattgefunden hat. Anstatt den Gedanken von Unendlichkeit und Stärke über das Kind zu entwickeln, ist es sinnvoller und besser, ihn auf absolutem Wissen und absoluter Schönheit sowie auf der Entwicklung der moralischen und politischen Gesellschaft basieren zu lassen und das Großziehen von Kindern innerhalb des Ganzen mit diesen Prioritäten zu analysieren. Kurz gesagt: Das Großziehen von Kindern müssen wir auf der Grundlage der Bedürfnisse der wirtschaftlichen und ökologischen Gesellschaft sowie der Freiheitsphilosophie analysieren und lösen.

Das System hat längst die Chance verloren, sich durch Reformen zu korrigieren. Nötig ist eine in allen gesellschaftlichen Bereichen vorzunehmende »Revolution der Frau«. So, wie die Sklaverei der Frau die tiefste Sklaverei ist, muss auch die Revolution der Frau die tiefste Revolution von Freiheit und Gleichheit sein. Die Revolution der Frau erfordert sowohl in der Theorie als auch in der Praxis radikalste Aufbrüche. Zunächst erfordert sie einen konsistenten, andauernden Kampf gegen die sexistische Ideologie. Die Revolution der Frau erfordert auch moralische und politische Vertiefung des Kampfes gegen die Vergewaltiger-Mentalität, die vierundzwanzig Stunden am Tag am Werk ist. Sie erfordert die Verurteilung und Ablehnung des Phänomens des Kindergebärens zum Zwecke von Macht und Ausbeutung. Sie erfordert, die willentliche Entscheidung über das Gebären von Kindern ganz der befreiten Frau zu überlassen. Sie erfordert eine Revolution in der Dynastie- und Familienideologie; und, wahrscheinlich am wichtigsten: Sie erfordert die Überwindung der gegenwärtigen Philosophie – oder besser: Philosophielosigkeit – des Lebens mit der Frau. Die Stärke des Lebens mit der Frau müssen wir nicht etwa in Verbindung mit einem Verständnis vom Besitz von Kindern und dem Stillen des sexuellen Appetits betrachten, sondern in der Produktion von Schönheit, Treue, Frieden und Noblesse als Ausdrücke eines Bandes von tiefer Freundschaft und Gesellschaftlichkeit; im gleichen und freien Teilen.

Zweifellos erfordert das gleiche und freie Teilen des Lebens mit der Frau eine gegenseitige Weisheit, durch die sich die gesellschaftliche Wahrheit auf das Absolute zubewegt. Wahre Liebe kann nur gegenseitig und im Kräftegleichgewicht der gesellschaftlichen Wahrheit gelebt werden. In Persönlichkeiten, die durch Sklaverei, Vergewaltigung und Macht befleckt sind, kann sich Liebe niemals verwirklichen. Ständig und immer wieder vorkommende erfolglose Versuche und Bankrotte von Familien bestätigen diese Tatsache. Sobald die Frau mindestens ebenso viel gesellschaftliche

Stärke und Weisheit wie der Mann besitzt, können Liebe und Schönheit ohne Machtausübung, friedlich, gleich und frei produziert, geteilt und erlebt werden. Unsere Gegenwart, das einundzwanzigste Jahrhundert, verlangt, der Revolution der Frau Priorität einzuräumen. Die Parole »Leben oder Barbarei« drängt auf diese Revolution.

So, wie die nahöstliche Gesellschaft eine zweite agrarisch-dörfliche Revolution braucht, so braucht diese Gesellschaft auch eine zweite Frauenrevolution. Das Matriarchat war die Frauenrevolution des Neolithikums. Besser gesagt: Die prächtige neolithische Revolution war eine Frauenrevolution. Vom Erbe der neolithischen Revolution zehrt die Menschheit noch immer. Die Konterrevolution in Form von Patriarchat, Zivilisation und kapitalistischer Moderne drängte die natürliche Gesellschaft zurück, schuf die tiefste Sklaverei der Frau und verbreitete sie in der gesamten Gesellschaft. Diese große Konterrevolution erlebt heute in allen gesellschaftlichen Bereichen eine systematische Krise und chaotische Situation; sie löst sich auf. Es wird verstanden, dass das, wozu die Frau gezwungen wird, ein Verrat am Leben ist. Wenn man leben will, muss dafür vor allem gelingen, mit der Frau von Neuem in beidseitiger Weisheit und in einem Kräftegleichgewicht Gefühle von Schönheit und Erhabenheit zu produzieren und zu teilen. Diese Wirklichkeit muss aufgebaut, ihre Wahrheit erlangt werden. Bei diesem Thema muss das Besondere mit dem Allgemeinen, also die konkrete Frau und der konkrete Mann mit der idealen, abstrakten Männlichkeit und Weiblichkeit, ineinander verschränkt gelebt werden. Damit dies gelebt werden kann, müssen sowohl das Bewusstsein als auch der Wille dazu entwickelt werden. Frau und Mann müssen einander als Besitz und Besitzer in radikaler Weise verlassen. An die Stelle der traditionellen Ehre muss die Attraktivität von Schönheit und edler Persönlichkeit gesetzt werden.

Die Befreiung des Lebens ist unmöglich ohne eine radikale Frauenrevolution, welche die Mentalität und das Leben des Mannes verändern würde. Denn ohne Befreiung der Frau, des Lebens selbst, wird das Leben stets als eine Fata Morgana gelebt werden. Wenn wir nicht imstande sind, Frieden zwischen Mann und Leben und Leben und Frau zu stiften, dann ist auch Glück nur eine vergebliche Hoffnung. Die gesellschaftlichen Wirklichkeiten sind für die Frau und das freie Leben unbegrenzt. Die nahöstliche Gesellschaft und die nahöstliche Frau sind durch die Zivilisation, in der sie leben, die Moderne, die sie erobert hat, so tief erniedrigt, wie es möglich ist; sie haben aufgehört, sie selbst zu sein, wurden zum Objekt gemacht.

Es ist eine richtige Methode, das gesellschaftliche Problem über die Frau zu analysieren und über dasselbe Phänomen zur Lösung zu kommen. Wir können nur mit den richtigen Schritten die Wahrheit erreichen, indem wir der Mutter der Probleme die Mutter der Lösungen, die Revolution der Frau, entgegensetzen.

Die demokratische Moderne als Lösung ist beim Thema Frauenfrage und Frauenrevolution voller Ideale und Tatkraft. Die Nationen der demokratischen Moderne sind keine Projekte, die ohne die Frau geplant und umgesetzt werden könnten. Im Gegenteil, es sind Revolutionen, bei denen jeder Schritt durch die gemeinsame Weisheit und das gemeinsame Handeln von Mann und Frau erfolgt. So, wie der Aufbau der wirtschaftlichen Gesellschaft unter der Führung der Frau verwirklicht wurde, so erfordert auch ihr Neuaufbau die kommunale Kraft der Frau. Die Wirtschaft ist der ureigene gesellschaftliche Beruf der Frau, ihr Handeln. Die Ökologie ist eine Wissenschaft, die nur durch die Sensibilität der Frau in die Gesellschaft integriert werden kann. Die Frau als Identität ist umweltorientiert. Demokratische Gesellschaft ist Gesellschaft, die das Denken und den freien Willen der Frau erfordert. Die demokratische Moderne ist ganz klar das Zeitalter der Revolution und der Zivilisation der Frau.

g) Wie leben, was tun, wo beginnen?

Wahrheit, Leben und Sterben für die Wahrheit sind in der nahöstlichen Kultur wichtige Konzepte. In der europäischen Kultur wurde der Wahrheitsbegriff als Dualität von Theorie und Praxis[75] dargestellt, nach und nach seines Wesens beraubt, zerstückelt und er verlor seine Totalität. In der Spätmoderne wurde dies noch deutlicher. Die Wahrheit wurde dem Ökonomismus geopfert.

Die Suche nach Wahrheit kam meist auf die Agenda, wenn gesellschaftliche Probleme auftauchten. In solchen Zeiten versuchten unweigerlich ein Diskurs und ein Handeln, sich als Wahrheit darzustellen. In soziologischen Analysen wird der Zusammenhang von Wahrheit und Ungerechtigkeit klar dargestellt. Während die Ausbeutung der gesellschaftlichen Arbeit und die

75 Aristoteles stellte als Erster begrifflich der Theorie die Praxis entgegen. Die Praxis als Kriterium der Wahrheit betonten besonders Marx und Lenin: »Die Frage, ob dem menschlichen Denken gegenständliche Wahrheit zukomme – ist keine Frage der Theorie, sondern eine *praktische* Frage. In der Praxis muss der Mensch die Wahrheit, i. e. Wirklichkeit und Macht, Diesseitigkeit seines Denkens beweisen. Der Streit über die Wirklichkeit oder Nichtwirklichkeit des Denkens – das von der Praxis isoliert ist – ist eine rein *scholastische* Frage.« (Marx, *Zweite These über Ludwig Feuerbach*).

gewaltsame Aneignung gesellschaftlicher Werte als Ungerechtigkeit definiert werden, wurde die Erforschung dessen und auch die nötige Abhilfe als Wahrheits-Arbeit bezeichnet und stets gepriesen. Dass die Ungerechtigkeit zur Suche nach Recht (*hak*) führt und *hak* mit Gott gleichgesetzt wird, spiegelt die Verbindung beider Begriffe mit der Gesellschaftlichkeit wider.[76] So bestätigt sich einmal mehr, außerhalb von metaphysischer Abstraktion, wie der Gottesbegriff mit dem gesellschaftlichen Gewissen zusammenhängt.

Der Wahrheit nachzugehen, bringt es mit sich, für die Ungerechtigkeit Rechenschaft zu fordern. Die gesellschaftliche Identität, die sich selbst als höchstes Wesen – Gott – präsentierte, reagierte auf Ungerechtigkeiten gegen sich, indem sie das Unrecht verurteilte, dagegen vorging und seine Beseitigung als »Strafe Gottes« betrachtete. Nahmen die Drohungen und Ungerechtigkeiten gegen die gesellschaftliche Identität von innen oder außen zu, wurde die gesellschaftliche Identität stärker betont und es wurden für diese Identität große Ansichten (göttliche Ansichten = Theorie) und Handlungen (göttliche Angelegenheiten) entwickelt. Aus diesem Grund ist es wichtig, zu verstehen, dass der Religion und Philosophie die gesellschaftliche Identität zugrunde liegt. Daher ist es ein sinnloses Unterfangen, den Ursprung von Religion und Philosophie anderswo zu suchen.

Eine der wichtigsten Absichten, die mit dem ideologischen Hegemoniestreben der kapitalistischen Moderne verfolgt werden, ist die Verdunkelung und Unterdrückung historisch-gesellschaftlicher Tatsachen im Zusammenhang mit dem Begriff und der Praxis der Wahrheit. Unter dieser Hegemonie wurden Religion und Philosophie in Nationalismus und die Vergöttlichung des Nationalstaates verwandelt. Theorie und Praxis wurden der Glorifizierung und Unsterblichmachung der Begriffe und Praktiken des National-Etatismus geweiht. Die Rolle der von der positivistischen Philosophie gelenkten Wissenschaft wurde auf die Analyse und Lösung der Probleme reduziert, die von den drei Standbeinen der Moderne herrühren. Der Kampf für die Wahrheit, so alt wie die Geschichte der Menschheit, wurde auf das Erlangen simpler Vorteile umgelenkt. Während das eigentliche Problem, die Bedrohung der gesellschaftlichen Identität, als Gegenstand der Wahrheit fallen gelassen wurde, versuchte man, an ihre Stelle den Individualismus zu setzen. Die Menschenrechte wurden in diesem

76 Die hier verwendeten türkischen Wörter *hak* (Recht), *haksızlık* (Unrecht, Ungerechtigkeit) und *hakikat* (Wahrheit) hängen sprachlich eng zusammen. Sie stammen aus dem arabischen, wo die Wurzel *ḥaqq* (Wahrheit, Wirklichkeit, Recht) und das davon abgeleitete *ḥaqīqat* (ebenfalls Wahrheit) sich in ihrer Bedeutung noch stärker überlappen. *ḥaqq* im Sinne von Wahrheit ist besonders im sufistischen Islam gleichzeitig eine Bezeichnung für Gott.

Zusammenhang missbraucht. Selbst anti-systemische Ansichten, die sich selbst als wahrheitsverliebte Ideologien präsentieren, scheuen den Mut, über das Paradigma der Moderne hinauszugehen. Dem Liberalismus als der offiziellen Ideologie des Systems ist es gelungen, sein Monopol über die Rechte und die Linke bis heute fortzuführen.

Der Liberalismus als ideologisches Monopol der Moderne schafft einerseits eine Inflation von Ansichten und profitiert andererseits am meisten von dieser Inflation; aus der inflationären Zahl von Ansichten nutzt er diejenigen, die ihm am besten passen, bombardiert über die Medien die Geister und versucht so, ein maximales Ergebnis zu erzielen. Der ideologische Krieg hat letztlich zum Ziel, ein Meinungsmonopol zu verankern. Seine wesentlichen Waffen sind Religionismus, Nationalismus, Sexismus und Szientismus als positivistische Religion. Ohne ideologische Hegemonie, nur durch politische und militärische Repression, wäre es nicht möglich, die Moderne aufrechtzuerhalten. Während der Liberalismus durch den Religionismus das vorkapitalistische gesellschaftliche Gewissen zu kontrollieren versucht, hält er durch den Nationalismus die Bürgerschaft des Nationalstaates und die sich um den Kapitalismus entwickelnden Klassen unter Kontrolle. Ziel des Sexismus ist es, der Frau die Luft zum Atmen zu nehmen. Die wirksame Funktion der sexistischen Ideologie ist es, sowohl den Mann machtkrank zu machen als auch die Frau unter dem Gefühl der Vergewaltigung zu halten. Während durch positivistischen Szientismus die akademische Welt und die Jugend neutralisiert werden, zeigt man ihnen, dass sie keine andere Option haben, als sich ins System zu integrieren und sichert diese Integration durch Zugeständnisse ab.

Angesichts des ideologischen Angriffs des Liberalismus gewinnen die Fragen »Wie leben?«, »Was tun?« und »Wo beginnen?« an Dringlichkeit. Die Antworten, die Systemgegner*innen auf diese Fragen gegeben haben, wurden zumindest bis heute unwirksam gemacht; Wirkung entfalteten die Antworten, welche die Moderne auf alle drei wichtigen Fragen gibt. Die Lebensweise, welche die Moderne in den letzten fünf Jahrhunderten entwickelt hat, prägte ganz überwiegend die Antwort auf die Frage »Wie leben?«. Die Lebensweisen wurden in der Ära der kapitalistischen Moderne durch eine vielleicht noch in keiner Ära der Geschichte dagewesene Assimilations- und Durchsetzungskraft homogenisiert. Die Lebensmuster aller wurden nach allgemeingültigen Regeln standardisiert. Angesichts der Standardisierungen bleiben die Unterschiede blass. Ein Aufbegehren gegen die modern genannte Lebensweise wird als Wahnsinn abgestempelt, die

Aufständischen augenblicklich dazu verurteilt, aus dem System verbannt zu werden. Angesichts dieser Drohung mit Verbannung bringen sehr wenige Personen den Mut auf, den Aufstand fortzusetzen.

Auch die Frage »Was tun?« ist schon lange, seit fünfhundert Jahren detailliert beantwortet: Du sollst individualistisch leben, immer an dich selbst denken, sagen: »Der Weg der Moderne ist der einzige Weg« und entsprechend handeln! Der Weg ist klar, die Methode ist klar: Du tust, was alle tun. Wenn du Boss bist, sollst du Profit machen. Wenn du werktätig bist, sollst du dem Lohn hinterherlaufen. Nach anderen Antworten auf diese Fragen zu streben, ist Dummheit. Ein Beharren darauf führt zu Verbannung aus dem System, Arbeitslosigkeit, Hilflosigkeit, Verfall. Das Leben wurde in ein fürchterliches Pferderennen verwandelt. Die Frage »Was tun?« sollte man am liebsten gar nicht stellen, und die Frage »Wo beginnen?« erhält aus Sicht des Systems eine Antwort wie: »Beginne dort, wo du dich gut ausbildest.« Schulen und Universitäten sind für Erfolg im System unverzichtbare Startpunkte.

Angesichts des Systems besitzen die Wahrheitssuche der demokratischen Moderne, ihre ideologische Haltung und die Antworten, die sie auf die drei Grundfragen gibt, offenbar den Wert eines alternativen Systems. Das Wesen des Kampfes für die Wahrheit ist, die gesellschaftliche Identität mit all ihren Aspekten zu suchen, zu analysieren und Lösungen anzubieten. In meinen Gefängnisschriften habe ich, wenn auch in groben Zügen, die Ergebnisse dieser Suche und dieses Kampfes vorgelegt. Wiederholungen wären sinnlos. Ideologische Haltung bedeutet, die ideologische Hegemonie der herrschenden Moderne auf der Grundlage ausführlicher Kritik zu überwinden. Ideologische Haltung ist die Verteidigung der vorhandenen gesellschaftlichen Wahrheiten. Das Fehlen von Wahrheit in der kapitalistischen Moderne (Bevorzugung des Individualismus gegenüber der Gesellschaft, Angriff auf die gesellschaftliche Identität) aufzuzeigen, die Wahrheit der wirtschaftlichen, ökologischen und demokratischen Gesellschaft und Nation sowie ihre Wahrheitskraft widerzuspiegeln, hängt von dieser Haltung ab.

Die erste gemeinsame Antwort auf die Fragen »Wie leben?«, »Was tun?« und »Wo beginnen?« muss aus dem Inneren des Systems heraus und auf der Grundlage der Systemgegnerschaft beginnen. Jedoch erfordert Systemgegnerschaft aus dem Inneren des Systems heraus ein Verhalten als Wahrheitskämpfer*in auf dem Niveau der alten Weisen, bei dem man jederzeit das eigene Leben aufs Spiel setzt: Die gemeinsame Antwort auf die verschränkten Fragen »Wie leben?« und »Wo beginnen?« lautet: Du wirst das moderne Leben, das die Moderne wie einen Panzer um dich gelegt hat, verlassen, als wenn du aus einer Zwangsjacke schlüpfst und sie wegwirfst; du wirst es hassen und darauf verzichten. Wenn nötig, wirst du wie durch ständiges Erbrechen deinen Magen, dein Gehirn und deinen Körper von diesem Leben, das in dir steckt, reinigen. Selbst wenn das moderne Leben sich dir wie die schönste Sache der Welt präsentiert, wirst du als Antwort das erbrechen, was in dir ist. In Kombination mit der Antwort auf die beiden anderen Fragen wirst du die Frage »Was tun?« durch ständiges Handeln gegen das System beantworten. Auf die Frage »Was tun?« lautet die Antwort »bewusste und organisierte Praxis«.

Aus Sicht des Systems der demokratischen Moderne stellt die Antwort auf alle drei Fragen ein ideologisches und tätiges Zusammenkommen mit den Elementen dieses Systems dar. Die Mission, die früher dem Konzept der Avantgarde-Partei zugeschrieben wurde, hat eine Weiterentwicklung zur theoretischen und aktivistischen Vorhut der demokratischen Moderne erfahren. Die grundlegende Mission der neuen Vorhut ist es, die Bedürfnisse der drei Standbeine des Systems – der wirtschaftlichen, ökologischen und demokratischen Gesellschaft (demokratisch-konföderalistische Verwaltungen auf städtischer, lokaler, regionaler, nationaler und transnationaler Ebene) – in Bezug auf Denken und Willen zu befriedigen. Dafür ist der Aufbau akademischer Strukturen in ausreichender Zahl und Qualität nötig. Je nach Inhalt können unter verschiedenen Namen neue akademische Einheiten aufgebaut werden, die sich nicht damit begnügen, nur die akademische Welt der kapitalistischen Moderne zu kritisieren, sondern gleichzeitig auch die Alternative dazu entwickeln. Wesentliche Aufgabe ist es, akademische Einheiten zu jedem gesellschaftlichen Bereich aufzubauen – angefangen mit Wirtschaft und Technik, ökologischer Landwirtschaft, demokratischer Politik, Sicherheit und Verteidigung, Frau und Freiheit, Geschichte und Sprache, Wissenschaft und Philosophie, Religion und Kunst –, je nach Wichtigkeit und Bedarf. Denn ohne einen starken akademischen Kader lassen sich die Elemente der demokratischen Moderne nicht aufbauen. Genauso, wie ein akademischer Kader ohne die Elemente der demokratischen Moderne keinen Sinn hat, so haben auch die Elemente der demokratischen Moderne ohne akademische Kader keinen Sinn und müssen erfolglos bleiben. Dass sie ineinander verschränkt ein Ganzes bilden, ist die Voraussetzung für Sinn und Erfolg.

Die Auffassung der kapitalistischen Moderne, Denken, Reden und Handeln voneinander zu trennen, die wie ein verfluchtes Kleidungsstück am Rücken klebt, müssen wir auf jeden Fall aufgeben und überwinden.

Denken, Reden und Handeln sind voneinander untrennbare Kennzeichen der Größe der Wahrheit, die wir stets auf dem Rücken tragen, sie in ihrer Gänze anziehen und leben müssen. Wer nicht alle drei gemeinsam auf der Grundlage der Antworten auf die Fragen »Wie leben?«, »Was tun?« und »Wo beginnen?« repräsentiert, sollte nicht in den Wahrheitskampf ziehen. Der Wahrheitskampf akzeptiert die Verzerrung der kapitalistischen Moderne nicht, er kann mit ihr nicht leben. Kurz gesagt: Der akademische Kader ist das Gehirn, die Organisation und das, was sich im Körper (in der Gesellschaft) durch die Kapillaren ausbreitet. Das Wahre ist das Ganze[77]. Wahrheit ist ausgedrückte ganzheitliche Wirklichkeit. Der Kader ist die organisierte und in Aktion versetzte Wahrheit.

Während sich die Kultur des Nahen Ostens erneuert, muss sie auch wissen, dass der Weg zur Erneuerung über die Wahrheitsrevolution führt. Die Wahrheitsrevolution ist eine Revolution der Mentalität und der Lebensweise; es ist die Revolution der Befreiung von der ideologischen Hegemonie und Lebensweise der kapitalistischen Moderne. Wir dürfen nicht auf die pseudoreligiösen und Abstammungs-Chauvinisten hereinfallen. Sie führen keinen Kampf gegen die kapitalistische Moderne; als Gegenleistung dafür, dass sie als Wachhunde des Systems fungieren, wollen sie einen kleinen Anteil haben. Für sie ist ein Kampf für die Wahrheit völlig undenkbar. Außerdem ist ihre Befindlichkeit gegenüber der Moderne nicht nur vom Gefühl der Niederlage geprägt, sondern sie müssen sich auch an sie anbiedern. Auch klassisch linke, feministische, ökologische und kulturalistische Bewegungen müssen, wenn sie konsequent anti-modernistisch sein wollen, wissen, wie sie den Wahrheitskampf in einer Ganzheitlichkeit führen können, indem sie ihn bis hin zu ihrer Lebensweise umsetzen.

Der Wahrheitskampf gewinnt zunehmend an Bedeutung und an Erfolg, wenn er in jedem Moment des Lebens in allen gesellschaftlichen Bereichen, in kommunalistisch-wirtschaftlichen und ökologischen Einheiten, in demokratischen Städten, auf lokaler, regionaler, nationaler und transnationaler Ebene geführt wird. Wer nicht zu leben weiß wie die Prophet*innen und Apostel in der Geburtsstunde der Religionen, wer nicht der Wahrheit nachjagt, kann keinen Wahrheitskampf führen oder, wenn doch, ihn nicht gewinnen. Der Nahe Osten braucht erneuerte Weisheiten weiblicher Göttinnen, Menschen wie Moses, Jesus und Mohammed, den Heiligen

77 G. W. F. Hegel, *Phänomenologie des Geistes.*

Paulus, Mani, Veysel Karani[78], Mansur al-Halladsch, Suhrawardi[79], Yunus Emre[80] und Giordano Bruno. Die Wahrheitsrevolution kann nicht erfolgreich sein, ohne das nicht alternde, aber erneuerte Erbe der Alten zu pflegen. Revolutionen und Revolutionär*innen sterben nicht, sie beweisen nur, dass Leben möglich ist, wenn wir ihr Erbe weiterführen. Die nahöstliche Kultur ist die Kultur des Zusammenführens von Denken, Reden und Handeln und in dieser Hinsicht sehr reichhaltig. Die demokratische Moderne wird ihren Beitrag leisten, indem sie dieser Kultur die Kritik von Zivilisation und kapitalistischer Moderne hinzufügt, und so ihre historische Rolle spielen. Alle Lehrer können das machen.

Das Individuum der demokratischen Zivilisation kann sich nicht verwirklichen, sich nicht als Wegweiser der Wahrheit aufbauen, solange es nicht in einer ständigen Kampfeinheit von Denken, Reden und Handeln gegen die drei apokalyptischen Reiter der kapitalistischen Moderne (Kapitalismus, Industrialismus und National-Etatismus) lebt und gleichermaßen einen Lebenskampf in Denken, Reden und Handeln zusammen mit den drei rettenden Engeln der demokratischen Moderne (wirtschaftliche Gesellschaft, ökologische Gesellschaft und demokratische Gesellschaft) führt. Solange es nicht das Zusammenwirken von Kampf und Leben in der akademischen Einheit genauso wie in der Einheit der gesellschaftlichen Kommune fortführt, kann es nicht verwirklichender Wegweiser von Gerechtigkeit, Freiheit und der Welt der Demokratie sein. Die Kritik durch göttliche weise Frauen und die heiligen Schriften ist wertvoll – sofern sie sich gegen ihre Instrumentalisierung durch die herrschende Zivilisation und Moderne wehrt. Was bleibt, ist das nicht alternde Erbe des Lebens, unsere gesellschaftliche Identität. Militante*r der Wahrheit des demokratischen Zeitalters ist, wer diese Identität in die eigene Persönlichkeit eingraviert, das Erbe des Lebens frei lebt und es am Leben hält.

78 Der Mystiker Uwais al-Qaranī (türk. Schreibweise: Veysel Karani) war ein islamischer Mystiker im siebten Jahrhundert und gilt als erster Sufi.

79 Schihab ad-Din Yahya Suhrawardi war ein persischer Philosoph und Mystiker des zwölften Jahrhunderts, der Gott als das in der Schöpfung verstreute Licht beschrieb.

80 Yunus Emre (ca. 1240–ca. 1325) war ein bedeutender Volksdichter und Sufi-Mystiker.

Fazit

Die Kultur des Nahen Ostens lässt sich mit der positivistischen Ideologie der europäischen Moderne und ihren Wissenschaften nicht analysieren. Wo behauptet wird, die Analyse sei erfolgt, ist das Ergebnis Orientalismus. Was dieses Paradigma, das seit zweihundert Jahren angewendet wird, hervorgebracht und sichtbar gemacht hat, lässt sich weder mit den historischen Realitäten der nahöstlichen Gesellschaft noch mit ihren gegenwärtigen konkreten Ausdrücken vereinbaren. Dazwischen klafft, mit einem Wort, ein Abgrund. Auch die Auffassungen von Wahrheit, die traditionelle Ansätze besitzen, die sich unter dem tiefen Einfluss des Orientalismus wieder gebildet haben (jegliche kulturalistischen Ansätze, vor allem islamistische Strömungen), sind noch irrealer und können nicht über ein trockenes Gerede hinausreichen.

Die Erscheinungen der kapitalistischen Moderne, die sich in Verschränkung mit diesem Paradigma strukturiert, stehen noch stärker im Widerspruch sowohl zur Geschichte als auch zum konkreten, täglichen Erleben. Der Abgrund, der sich durch die vorhandenen Unterschiedlichkeiten und Widersprüche auftut, drückt sich in Arten von Kriegen aus, die in ihrer Brutalität fast beispiellos sind. Dafür sind weder tief sitzende Triebe noch kulturelle Rückständigkeit verantwortlich. Das Problem hängt mit der Art und Weise der Umsetzung der kapitalistischen Moderne, mit der Formation dieser Moderne zusammen. Die Folgen der Anmaßung, eine (materielle und immaterielle) Kultur, in der man seit Jahrtausenden zusammenlebt und die dafür errichtet worden ist, durch Grenzziehungen am Reißbrett aufzuteilen und die eigenen Agenturen (nationalstaatlichen Kapitalismus und Industrialismus) hineinzusetzen, sind die wahren Ursachen der Brutalität. Außerdem bot die erlebte jüngere Vergangenheit kaum etwas Anderes als Brutalität und Genozid.

Die monotheistischen Religionen (Judentum, Christentum und Islam) haben in ihren Kämpfen untereinander wie auch mit den alten Religionen und dem Heidentum niemals so viel Verwüstung angerichtet, wie es die kapitalistische Moderne getan hat. Das jeweilige Verständnis von *umma*, der Gemeinschaft der Gläubigen, war in der Lage, jedes Volk und jede Kultur – mit Ausnahme der längst liquidierten heidnischen Gemeinden – in Frieden leben zu lassen. In Form von *ahl al-kitāb* (Leute der heiligen Schrift) ließen diese Religionen sogar untereinander eine übergemeinschaftliche Einheit zu, wenn auch in primitiver Form. Völkermord war als Begriff und Praxis nicht bekannt. Welche Ideen auch immer man dagegen ins Feld führen mag: Ein Mittelalter, das finsterer war als die positivistische Neuzeit, ist nichts als eine mythologische Erfindung: der Mythos, in dem sich die Neuzeit als Aufklärung präsentiert.

Wir können nicht genug über die Zumutung des Nationalstaates reden, der die nahöstliche Kultur wie mit dem Messer zerstückelt. Denn das unheilbarste der erlittenen Traumata wurde durch dieses Messer ausgelöst. Mit welcher Tragödie wir uns auch befassen, es ändert nichts am Ergebnis. Überall von Indien bis Sibirien, von den Wüsten Marokkos bis zur arabischen Wüste haben alle Kulturen, ob sesshaft oder nomadisch, ihren Teil vom Hieb dieses Messers abbekommen. Die Wunde blutet noch immer weiter. Schauen wir auf den alltäglichen Konflikt zwischen Hindus und Muslim*innen in Indien, das Abschlachten in Kaschmir, im uigurischen Gebiet in China, in Afghanistan und Pakistan, das blutige Ringen der Tschetschen*innen und anderer in Russland, die Kämpfe in Israel/Palästina, Libanon und allen arabischen Ländern, die Konflikte von Kurd*innen mit Türk*innen, Araber*innen und Perser*innen, die konfessionellen Kämpfe im Iran, das ethnische Abschlachten auf dem Balkan, die Auslöschung von Armenier*innen, Griech*innen und Suryoye in Anatolien – lässt sich etwa leugnen, dass die unzähligen andauernden und komplett regellosen Konflikte und Kriege wie diese ein Produkt des kapitalistischen Hegemoniestrebens sind?

Wenn die Interventionen der UN (Vereinten Nationen) als Zusammenschluss der Nationalstaaten keine Ergebnisse bringen, wenn die OIC (Organisation der Islamischen Konferenz[81]) wirkungslos bleibt, wenn die täglichen unzähligen nationalstaatlichen diplomatischen Missionen keine Rolle spielen, außer zu langweilen, dann hängen die Gründe dafür wiederum mit der Mentalität und Struktur des Nationalstaates zusammen. Wir dürfen uns überhaupt nicht wundern, wenn diese merkwürdige Wirklichkeit, die tausendmal konservativer und hermetischer konstruiert ist als die Religiositäten des Altertums und des Mittelalters, uns oftmals als der Faschismus selbst und allerorts in Form seiner Praktiken gegenübertritt. Die Errichtung des Nationalstaates selbst erfolgte stets durch Krieg. Es lässt sich kein einziger Nationalstaat nennen, der nicht durch Krieg errichtet wurde. Noch schlimmer: Lässt sich von einem Nationalstaat sprechen, der sich nicht innen mit der Gesellschaft und außen mit anderen Nationalstaaten ständig im Krieg, in Konflikten und Spannungen befände?

81 Die Organisation hat sich mittlerweile in »Organisation für Islamische Zusammenarbeit« umbenannt, die englische Abkürzung ist weiterhin OIC.

Um das wahre Gesicht der Nationalstaaten im Nahen Osten zu verstehen, wird es helfen, anhand einiger Beispiele aufzuzeigen, wie sie errichtet wurden. Der heutige Irak ist ein Land, das es vor den 1920er Jahren nicht gab. Es existierte nicht einmal als Utopie. Der Nationalstaat Irak wurde gemäß der strategischen Bedürfnisse und der Ölinteressen des Britischen Weltreichs errichtet. Die Situation der kulturellen Einheiten darin wurde in keiner Weise berücksichtigt. Für ihr harmonisches Zusammenleben wurde kein gerechtes Prinzip aufgestellt. An ihre Spitze wurde ein König gestellt, der mit ihrer gesellschaftlichen Wirklichkeit nichts zu tun hatte. Dieser König wurde von militärischen Eliten gestürzt, die als nationalistischer galten. Weil die ausgerufene Republik nicht viel mit der Bevölkerung zu tun hatte[82], existierte das Land stets unter den Bedingungen einer Diktatur. Als die Diktatur des Saddam Hussein, die die Natur des Nationalstaates nicht verstanden hatte, mit seiner Hinrichtung zerfiel, wurde der gesamte Dreck an die Oberfläche gespült. Es gibt keinerlei soziologische Theorie, mit der man den heutigen Irak beschreiben könnte. Er wird vermutlich als chaotischer Ort weiterexistieren.

Die Errichtung der über zwanzig als »arabische Staaten« bezeichneten Länder erfolgte nicht viel anders. Sie haben keinen Bezug zu historischen und gesellschaftlichen Realitäten, die ihnen Sinn verleihen könnten. Ihre Grenzen wie ihre Geschichte, ihre Hymnen, Flaggen, Regime und Gesellschaften, die sie Nationen nennen, wurden als völlig imaginäre Gebilde gemäß der Interessen der Hegemonialmächte festgelegt. Der wichtige Punkt hier ist, dass diese vierundzwanzig Stunden am Tag als heilig angebeteten imaginären Gebilde keine greifbare, wirkliche Geschichte und Gesellschaft besitzen, die wirklich zu respektieren wären. Eine Unwahrheit bekommt den höchsten Rang der Wahrheit zugemessen – natürlich nur als Propaganda. Sicher kann niemand erwarten, dass sie irgendein Problem lösen und ein glückliches gesellschaftliches Leben herstellen. Was keine Wahrheit besitzt, bietet auch nur imaginäre Lösungen und imaginäres Glück.

Noch interessanter ist die Konstruktion Israels. Zwar wird die Idee vertreten[83], sie sei das Ergebnis einer dreitausend Jahre alten Utopie, tatsächlich

82 Im Türkischen ein Wortspiel mit *cumhuriyet* und *cumhur*, ähnlich wie im Englischen *republic* und *public*.

83 Seit seiner ausführlichen Hegel-Lektüre verwendet der Autor – in diesem Band besonders oft – die Neuschöpfung *idea etmek*. Dabei handelt es sich um ein von dem Wort für »Idee« abgeleitetes Verb, also ungefähr »idee-isieren«. Im Türkischen klingt dies sehr ähnlich wie *iddia etmek*, »behaupten«, und kann praktisch überall auch so verstanden werden. Da die Neuschöpfung an keiner Stelle erklärt wird, können wir nur spekulieren, ob es sich um ein Wortspiel handelt, der Autor den besonderen Ideencharakter von Behauptungen betonen oder etwa auf ein bestimmtes

handelt es sich aber um eines der künstlichen Gebilde der letzten zweihundert Jahre. Der Prozess seiner Errichtung, von den ersten Schritten bis zu den letzten, verlief von vorne bis hinten blutig. Es ist wohl sehr schwierig, sich einen schmerzhafteren Weg für das jüdische Volk und die jüdische Kultur vorzustellen. Die Konstruktion des benachbarten Libanon ist noch einmal merkwürdiger. Es ist nicht absehbar, wie die konfliktgeladene Atmosphäre in dieser Gegend zur Ruhe kommen soll. Bei Syrien ist nicht einmal klar, wie der Name ausgewählt wurde. Vor hundert Jahren galt für alle diese Länder der traditionellere Begriff eines osmanischen Vilâyet[84], der vielleicht auch gewisse Bedeutungen besitzt. Wenn wir in der Geschichte weiter zurückgehen, gibt es weder Vilâyets noch Länder. Mit dem Islam war eine Namensgebung basierend auf einem Richtungsgefühl erfolgt. Vielleicht war auch *Bilād al-Islām*, Land des Islam, als allgemeiner Name akzeptiert oder eine solche Benennung galt als unwichtig. Das Land wurde nicht angebetet. Das einzige anzubetende Wesen war Allah, und er war das gemeinsame Gewissen der Gesellschaft. Durch seine Attribute und Namen[85] hatte sich ein gewisser Begriff von ihm gebildet. Vielleicht war das auch richtiger so.

Wenn wir an Zeiten zurückdenken, an denen die Erdoberfläche sich noch nicht in Form der heutigen Kontinente herausgebildet hatte, verstehen wir, dass die Heiligsprechung von Orts- und Landesnamen keine besonders tiefe Wahrheit ausdrückt. Das heißt nicht, dass das Lokale, die Region, das Land der Nation, die Welt der *umma* keinerlei Bedeutung besäßen. Sie besitzen eine Bedeutung, aber diese ist nicht so groß, dass sie vergöttlicht werden sollte. Negativ ist dabei nämlich, dass die extreme Übertreibung so übermächtig wird, dass sie die Wahrheit des kontingenten Seins auslöscht. In gleicher Weise können wir die anderen Identitätsmerkmale der Nationalstaaten (Flagge, Hymne, Nation, Geschichte) kommentieren. Natürlich besitzen Symbole einen wichtigen Platz in der Kommunikation und der Erzählung. Sie aber als heilige Realitäten zu präsentieren, verunmöglicht richtiges soziologisches Wissen. Eine solche Darstellung stellt die Gesellschaft, die sie formen wird, vor gigantische Probleme; und tatsächlich schuf dies derartige Probleme im Übermaß. Verantwortlich und problematisch ist hier im Grunde die Konstruktionslogik. Die Nationalstaaten auf der Welt und

Konzept von Hegels Ideenlehre anspielen will. Entsprechend wäre die wörtliche Übersetzung hier: »Es wird ideeisiert, dass …«

84 Vilâyet war die größte Verwaltungseinheit im Osmanischen Reich. Der heutige Irak beispielsweise entspricht den damaligen drei Vilâyets Mossul, Bagdad und Basra.

85 Gemeint sind die neunundneunzig Attribute bzw. Namen Allahs wie »der Barmherzige«, »der Schöpfer«, »der Eine« usw.

in der Region, die vollständig gemäß der hegemonialen Interessen (bzw. Logik) der kapitalistischen Moderne angelegt wurden, sind nicht vereinbar mit den Wahrheiten des Lokalen, Regionalen, der Nation, der Stadt, des Dorfes (die alle bleibende und universale Realitäten sind). Daher entstehen zwischen ihnen unweigerlich ernste Widersprüche und Konflikte. Da die Nationalstaaten nicht auf Gerechtigkeit, Freiheit und Demokratie errichtet wurden, werden sie immer mit dem Gehalt dieser universalen Begriffe im Widerspruch und in Konflikt stehen.

Das Ergebnis lautet also, dass die Nationalstaatsprosa der letzten zweihundert Jahre einen sehr geringen Wahrheitswert ausdrückt. Wir stehen vor einer mythologischen Erzählung, die vielleicht weniger Bedeutung besitzt als die Mythologien des Altertums, denen sehr wenig Bedeutung zugemessen wird. Meiner Meinung nach ist die Tinte, die im Namen eines einzigen Nationalstaats vergossen wurde, mehr wert als alle Nationalstaaten zusammen. Aus meinen Bewertungen sollte nicht der Schluss gezogen werden, dass ich Staat und Nation vollständig verleugnen würde und ihre Existenz bedeutungslos fände. Sie besitzen jeweils als Realitäten wichtige Bedeutungen. Wichtig ist deren richtige Analyse. Es handelt sich auch nicht um Existenzen, die sofort zerschlagen würden oder werden sollten. Gefährlich finden wir nicht sie, sondern die Konstruktionslogik des Nationalstaates und die Art und Weise seiner Fortführung. Denn er lässt sofort an Krieg, Völkermord und Unglück denken; an die Beschneidung gesellschaftlicher Wahrheiten und die extreme Verherrlichung des Wertlosen.

Der Kapitalismus als System besitzt keinen Wert, den er positiv in die Kultur des Nahen Ostens einbringen könnte. Die Region hat Tausende Jahre lang Ähnliches erlebt. Agrar-, Handels-, Geld- und Industriekapitalismus haben in der Region stattgefunden und besitzen hier eine äußerst lange Geschichte. Die moralische und politische Gesellschaft in der Kultur der Region haben wir bereits diskutiert. Die industrielle Revolution hätte vielleicht einen Beitrag zu dieser Kultur leisten können. Dass sie nun aber schon bei ihrer Entstehung in Form des Industrialismus als Ideologie präsentiert wurde, führte ein ruinöses Schicksal herbei. Das Ergebnis, zu dem der Industrialismus in der Kultur des Nahen Ostens letztlich führte, war eine weitere Verschlimmerung der Lage für die Umwelt, die ohnehin stark geschwächt war. Seit sich in der Region der Industrialismus entwickelt und etabliert hat, kotzt er seine Schlechtigkeiten wie Desertifikation, Mangel, Arbeitslosigkeit und Verschmutzung (von Luft, Wasser, Boden) in beschleunigtem Tempo aus.

Auch den »neuen Islam«, der weniger eine Tradition darstellt, sondern vielmehr als ein modernistisches Phänomen der letzten zweihundert Jahre entwickelt wurde, sollten wir sinnvollerweise im Zusammenhang mit dem Nationalstaat diskutieren. Es ist von entscheidender Wichtigkeit, zu begreifen, dass dieser Islam nicht als eine religiöse Tradition, sondern als Nationalismus konstruiert wurde. Er ist der Prototyp des regionalen Nationalismus und vom Orientalismus geprägt: eine Erfindung von Orientalisten, die mit dem islamischen Leben nichts zu tun hatten. Es besteht ein enger Zusammenhang zur Ausbreitung der europäischen Hegemonialmächte in der Region, insbesondere zum deutschen Hegemonialstreben. In der jüngeren Vergangenheit gab es einen Zusammenhang mit der US-Hegemonie gegen Sowjetrussland[86]. Es ist sehr wichtig, zu verstehen, dass der erfundene politische Islam nichts mit der historischen islamischen Kultur zu tun hat, dass diese Art von Islam einen Nationalismus darstellt und die Zerschlagung des kulturellen Widerstandes und die Schwächung der Region bezweckt.

Der politische Islam ist eine Ideologie des Nationalismus, der die nationalstaatlichen Oligarchien der letzten zwei Jahrhunderte maskiert. Die Islamische Republik Iran demonstriert diese Realität auf besonders eklatante Weise. Ihr schiitischer Islam ist von vorne bis hinten iranischer Nationalismus, die hegemoniale Ideologie der imperialen Tradition des Iran. Doch als originale Kultur, als Geschichte ist der Islam sowohl anders als auch bedeutsam. Ohne den Islam in dieser Wirklichkeit zu analysieren, ist es unmöglich, die Kultur des Nahen Ostens zu analysieren, zu unterscheiden und zum Gegenstand von Lösungen zu machen. Er ist ein gigantischer kultureller Ozean, der noch einer Analyse harrt. Besonders eine Geschichte, die, angefangen mit Mohammed, von der Entstehung des Islam bis heute zwischen ihm als demokratischem Element und dem Islam als Macht-Element unterscheidet, wartet darauf, geschrieben zu werden – und darauf aufbauend eine neue Geschichte der Völker sowie der lokalen und regionalen Existenzen. Die Sozialgeschichte unter diesem Paradigma zu entwickeln, wird mit Sicherheit viel zur Erhellung der Gegenwart beitragen. In dem Maße, wie die gleichen Interpretationsweisen auch in Bezug auf Judentum, Christentum, Zoroastrismus (und auch Synthesen wie der Manichäismus sind bedeutsam) entwickelt werden, können Analysen der Kultur des Nahen

86 Gemeint ist die Strategie des »grünen Gürtels« von islamistischen Bewegungen, der um die Südflanke der Sowjetunion in Zentralasien gelegt werden sollte. Dazu gehört die Unterstützung für die Mudschahedin in Afghanistan ab 1979.

Ostens der Wahrheit nahekommen und zu einem Bedeutungsreichtum führen.

Für Kulturanalysen sind die sumerischen und ägyptischen Ursprünge von entscheidender Bedeutung. Es ist eine bewiesene Tatsache, dass die Quellen der monotheistischen Religionen und der heiligen Schriften in diesen Ursprüngen liegen. Ohne die historischen Auswirkungen der Kultur des neolithischen Zeitalters zu analysieren, die ihrer aller Mutter war, lässt sich gar keine Kultur ausreichend erhellen. Hegel stützt seine Analyse der Kultur seiner Zeit auf das damals nur begrenzt verstandene Altertum und geht dabei bis zur ägyptischen Kultur zurück. Eine Zusammenstellung und Interpretation der kulturellen Geschichte wird zu einer Kultur-Renaissance führen. Für die Kultur des Nahen Ostens wurde diese Aufgabe noch nicht erfolgreich bewältigt. Religionistische und nationalistische Geschichtsperspektiven bieten keine Erzählung jenseits der Präsentation von Dogmen. Eine Soziologie der nahöstlichen Kultur zu betreiben, ist genauso wichtig wie der Beitrag, den die daraus gewonnenen Ergebnisse zur Wissenschaft der Soziologie insgesamt leisten können.

So wichtig die Kritik am Nationalstaat als Ideologie und Struktur auch ist, eine noch wichtigere Aufgabe besteht darin, eine Alternative dazu zu präsentieren. Das *erste Prinzip*, das wir bei der Entwicklung einer Alternative beachten müssen, ist die kulturelle Totalität. Es lässt sich beobachten, dass sich die gesellschaftliche Kultur in allen historischen Zeitaltern der vergangenen mehr als fünfzehntausend Jahre in einer Totalität entwickelt hat. Die Entwicklung innerhalb der Totalität gilt für alle Bereiche der Gesellschaft.

Damit hängt das *zweite Prinzip* zusammen, die Entwicklung von Lösungsmodellen mit einem offenen und flexiblen Verständnis von Identität. Die assimilationistische und gegen Integration gerichtete Ideologie des Nationalstaates, die weder unten noch oben ein integratives Identitätsverständnis besitzen kann, lässt sich nur mit einem offenen und flexiblen Verständnis von Identität überwinden. Modelle, die den Nationalstaat überwinden, der keiner Wahrheit im Kontext der kulturellen Wirklichkeit entspricht, sind von prinzipieller Wichtigkeit. Je mehr der Nationalstaat als Mentalität und Struktur überwunden wird, desto mehr gewinnen Lösungsmodelle auf der Grundlage von kultureller Ganzheit an Einfluss. Wie bei der Wirklichkeit so sollte auch bei der Wahrheit die Betonung auf den entfremdenden, monopolisierenden Auswirkungen der Moderne liegen, die der Region in Feindseligkeit zu ihrer Kultur aufgezwungen wird.

Das *dritte Prinzip* ist dann, den Diskurs und die Art und Weise, Wahrheit auszudrücken, in die Richtung zu entwickeln, dass er die unwahre Symbolik des Nationalstaates ins Visier nimmt und überwindet. Im Gegensatz zum Monopolismus, den die kapitalistische Moderne durch jedes ihrer Standbeine entwickelt hat, sollten bei den drei grundlegenden Elementen der demokratischen Moderne Ergänzung und Integration die Grundlage bilden. Die Entfremdung, Zerstückelung und Desintegration, welche der Kultur der Region die gesamte Zivilisationsgeschichte hindurch, besonders in den letzten zwei Jahrhunderten, aufgezwungen wurden, lassen sich nur durch integrative Strukturen und Wahrheitsdiskurse überwinden.

Versuchen wir, die Einschätzungen und Analysen der nahöstlichen Kultur mit dem Vorschlag eines politischen Programms abzuschließen.

1. Die Dachorganisation der kulturellen Gesamtheit sollte als »Konföderation der demokratischen Nationen des Nahen Ostens« aufgebaut werden. Der Aufbau demokratischer Nationen kann nicht auf der Grundlage der bestehenden nationalstaatlichen Grenzen erfolgen; noch wichtiger: Demokratische Nationen können keine gezogenen Grenzen besitzen. Es kann konzentrierte nationale Gebiete, Regionen, Städte und Dörfer geben. Doch es kann auch multinationale, gemischte Regionen, Gebiete und Städte geben. Das ist auch normaler. Die Geschichte kannte immer zahllose Gebiete und Städte mit ineinander verschränkt lebenden Stämmen und Völkern, Religionen und Konfessionen. Nicht ohne Grund wurde in der Geschichte von der berühmten »babylonischen Sprachverwirrung« und den zweiundsiebzig Nationen Babylons gesprochen. Nationen können auch eine gemeinsame Heimat besitzen. Die Geschichte ist voller Beispiele für diese Tatsache. Ohnehin sind Auffassungen von einer reinen Gesellschaft, einer reinen Nation, niemals wissenschaftlich. Zweifellos kann es Nationen geben, die eine einzige Sprache sprechen, und ebenso kann es mehrsprachige geben. Es gibt auch nicht wenige Beispiele für Nationen mit vielen Symbolen. Das Modell, für das es kein geschichtliches Vorbild gibt, ist der Monopolismus und die Homogenität des Nationalstaates. Wir haben den unmenschlichen und grausamen Charakter dieses Modells zusammen mit seinen Ursachen analysiert. Daher steht eine Konföderation demokratischer Nationen auf der Grundlage von offenen, flexiblen nationalen Identitäten nicht nur im Einklang mit den historischen und gesellschaftlichen Tatsachen, sondern ist gleichzeitig ihr idealer Ausdruck. Wir müssen uns die Konföderation nicht als eine Union von Staaten vorstellen, sondern als eine Einheit demokratischer Kommunen. Demokratische Kommunen sollten als Verwaltung der nationalen gesellschaftlichen Einheiten gedacht werden, in denen sie sich befinden. Ihre Strukturen zeichnen sich dadurch aus, dass dort die demokratischen Prinzipien am besten umgesetzt werden. Sie sind das perfekte Beispiel für die demokratische Verwaltung der Gesellschaft.

Die Nationen der Konföderation werden nicht durch die Stärke von Macht und Staat, sondern mit demokratischen Prinzipien und Praktiken aufgebaut. Ein auf Gewalt gegründeter Aufbau, besonders der auf die Gewalt von Macht und Staat gegründete Aufbau von Nationen, ist nicht die notwendige Folge aller nationalen Interessen, egal, wie oft das behauptet wird; er dient den egoistischen Interessen einer oligarchischen Clique. Der auf Demokratie gestützte Aufbau von Nationen reagiert auf die Interessen der gesamten Nation, weil er freiwillig, gerecht und mit dem Ideal der Freiheit bewerkstelligt wird.

Konzept und Realität der demokratischen Nation sind entgegen dem Irrsinn des Nationalstaates der Ausdruck der sinnvollsten Gesellschaft der Zukunft in Frieden, Gerechtigkeit und Freiheit.

Die demokratische Konföderation ist sowohl für größere als auch für kleinere konföderale Zusammenschlüsse als sie selbst offen. Sie ermuntert demokratischen Konföderalismus auf kontinentaler und globaler Ebene. Dabei begnügt sie sich nicht mit der Feststellung, dass eine andere Welt möglich ist, sondern verkündet, dass sie selbst die realistischste, gerechteste und freieste Welt ist.

2. Die Gesellschaft, die der demokratischen Konföderation zugrunde liegt, ist die wirtschaftliche und ökologische Gesellschaft. Wirtschaftlich zu sein, bedeutet, den Markt anzuerkennen und den Monopolismus abzulehnen. Monopolismus wird abgelehnt, weil er mit allen Arten von Ausbeutung und Repression verbunden ist. Ein gesellschaftlicher Markt ist möglich. Ein Markt, der unter die Kontrolle der Monopole geraten ist, dient nicht der Gesellschaft, sondern nur der Ausbeutung. Ökologisch zu sein, bedeutet, dass das wirtschaftliche Leben sich mit der Umwelt in gegenseitiger Abhängigkeit befindet. Eine Wirtschaft, die nicht ökologisch ist, kann nicht sozial sein. Eine Aktivität allerdings, die unaufhörlich nach Akkumulation und Profit strebt, ist sowohl wirtschaftsfeindlich als auch umwelt- und ökologiefeindlich.

Die Bezugsgröße der Wirtschaft sind die Kommunen. Weder das bis auf Familien aufgeteilte Eigentum an Produktionsmitteln, angefangen mit dem Boden, noch das Eigentum der Monopole an Boden und Geräten ist wirtschaftlich. Dies sind Werkzeuge der Moderne und der Zivilisation, die die Wirtschaft bedrohen. Ideal für maximale Produktivität und maximalen Nutzen in jedem wirtschaftlichen Tätigkeitsbereich ist kommunale Verfügung über Boden und Geräte. Die Frau, die aus der Wirtschaft ausgeschlossen wurde, ist die wahre Schöpferin der Wirtschaft. Frau und Wirtschaft sind miteinander untrennbar verbundene Elemente. Weil die Frau für die wirtschaftlichen Grundbedürfnisse produziert, kennt sie weder Krisen noch verschmutzt sie die Umwelt oder bedroht das Klima. Sobald die Produktion zum Zwecke des Profits beendet wird, hat die Rettung der Welt wirklich begonnen. Das wiederum bedeutet die Rettung des Menschen und des Lebens.

3. Das Verhältnis der demokratischen Konföderation zu den Nationalstaaten besteht weder in Krieg bis zum Letzten noch darin, von ihnen assimiliert zu werden. Das Verhältnis ist ein von Prinzipien geleitetes, das auf der Anerkennung zweier existierender Subjekte beruht, die gegenseitig ihre Legitimität akzeptieren und eine friedliche Koexistenz zur Grundlage machen. Wie viele Staaten auch durch Revolution umgestürzt und wie viele neue gegründet werden, ändert nicht viel für die Frage, wie sehr dies der Freiheit und der Gerechtigkeit dient. Im Gegensatz dazu besitzen demokratisch-konföderative Entwicklungen als politisches Standbein der demokratischen Moderne die Fähigkeit, kurz-, mittel- und langfristig Gerechtigkeit und Befreiung zu gewährleisten.

Staaten komplett abzulehnen oder zu akzeptieren, dient nicht den Zielen von Freiheit, Gleichheit und Demokratie. Die Überwindung des Staates, besonders des Nationalstaates, ist ein Prozess. Sobald demokratische Konföderationen ihre Überlegenheit und ihre Fähigkeit, gesellschaftliche Probleme zu lösen, unter Beweis stellen, wird der Nationalstaat von selbst überwunden werden. Das bedeutet jedoch nicht, der kapitalistischen Moderne und vor allem dem Nationalstaat gegenüber ohne Verteidigung zu bleiben. Demokratische Konföderationen werden immer Kräfte zur Verteidigung der Gesellschaft besitzen.

Demokratische Konföderationen begnügen sich nicht mit der Organisierung innerhalb nur eines Staates. Auch jenseits der Grenzen können sie sich beliebig organisieren, übergeordnete konföderale Zusammenschlüsse bilden und eigene Diplomatie betreiben.

4. Der demokratische Konföderalismus ist eine Lösungsmöglichkeit, um die vielen Kriege, Konflikte und Spannungen aus der Welt zu schaffen, die im Nahen Osten weiterhin andauern und die ihren Ursprung in

historisch-gesellschaftlichen Ungerechtigkeiten haben. Im Gegensatz zur kapitalistischen Moderne, der eigentlichen Verantwortlichen für Kriege und Konflikte, und dem Nationalstaat, der deren Lösung verhindert, ist der Lösungsweg des demokratischen Konföderalismus der Weg des Friedens, der Gerechtigkeit und der Freiheit. In diesem Sinne ist es wichtig, sich vordringlich darum zu bemühen, die Kriege und Konflikte zu stoppen, die Spannungen zu beseitigen und historische Ungerechtigkeiten aus der Welt zu schaffen. Demokratische Lösungen, die nicht auf nationalstaatlichen Prinzipien und Praktiken beruhen, sollten schleunigst auf die Agenda kommen. Um die armenische Frage zu lösen, genügt es nicht, nur die Grenzen zu öffnen[87]; die Armenier*innen sollten auch demokratisch-kommunale Siedlungen besitzen. Das könnte gefördert werden. Auch für die Suryoye, Alevit*innen, Griech*innen, Türk*innen, Kurd*innen, Araber*innen, für andere Christ*innen und für Jüd*innen sollten dieselben Prinzipien und Maßnahmen angewandt werden. Das Beharren auf nationalstaatlichen Ansätzen macht die Fortsetzung heißer Kriege in Israel/Palästina, im Irak (kurdisch/schiitisch/sunnitisch), in Kaschmir, bei den Berber*innen, in Pakistan/Afghanistan, Belutschistan, Kurdistan, Libanon, Sudan und noch vielen weiteren Gebieten unausweichlich. Aus diesem Grunde besteht ein dringender Bedarf an demokratisch-konföderativen Strukturen. Eine demokratische Lösung, die in irgendeinem heißen Konfliktgebiet der Region erreicht wird, kann wie in einer Kettenreaktion Auswirkungen auf alle problematischen Gebiete haben. Daher liegt die Zukunft des Nahen Ostens im demokratischen Konföderalismus.

5. Die anti-systemischen Bewegungen brauchen eine neue Lagebewertung und müssen sich selbst auf den Prüfstand stellen. Wenn an einer Stelle die Probleme extrem geworden sind und die Bewegungen sie nicht lösen können, so werden diese Probleme selbst dann nicht gelöst, wenn sich das System auflöst.

Die Bewegungen, die sich mit der Frauen- und der Umweltfrage befassen, können nicht konsequent vorgehen, wenn sie die Moderne nicht überwinden. Damit diese Bewegungen konsequent und erfolgreich sein können, müssen sie sich mit der Gesamtheit der demokratischen Gesellschaftsbewegung verbinden.

---

87 Die Grenze zwischen der Türkei und Armenien ist seit 1993 geschlossen. Ende der 2000er Jahre gab es Gespräche über eine Grenzöffnung, auf die sich der Autor hier bezieht. Eine Grenzöffnung fand letztlich aber nicht statt.

Der richtige Ausweg für die linken Bewegungen, die das Produkt der früheren realsozialistischen Prozesse sind, ist die Abwendung vom Fokus auf die Macht und eine Hinwendung zu demokratisch fokussierten Organisierungen. Für einen erfolgreichen Aufbruch müssen diese Bewegungen sich vom engen Ökonomismus von Gewerkschafts- und Parteibewegungen befreien und sich mit der Gesamtheit der demokratisch-gesellschaftlichen Bewegung verbinden.

Für die Probleme der anderen traditionalistischen, kulturalistischen, lokalen, regionalen und nationalen Bewegungen besteht der Lösungsweg darin, ihre Strukturen und Wahrheiten, die auf die verschiedenen Begriffe, Theorien und Institutionen der Moderne fokussieren, anders auszudrücken; für einen erfolgreichen Aufbruch ist es notwendig, dass sie sich in die theoretischen und strukturellen Elemente der demokratischen Moderne integrieren. Der neue Internationalismus wird erst durch die Überwindung der kapitalistischen Moderne, insbesondere des Nationalstaates, möglich.

6. Die gegen die kapitalistische Moderne gerichteten ideologischen und politischen Strömungen müssen sich auf wissenschaftliche Arbeiten stützen, welche die positivistische Soziologie überwinden. Die positivistische Soziologie gehört zu den monopolistischen Teilhabenden des hegemonialen Aufstiegs der kapitalistischen Moderne. Die Produkte ihrer in jenem Zeitraum geleisteten positiven und sehr wertvollen wissenschaftlichen Arbeiten hat sie als Kollaborations-Kapital an die Kapital- und Machtmonopole verschenkt und sie zu Teilhabern gemacht. Daher muss die Essenz der neuen Arbeiten der Sozialwissenschaft darin bestehen, das Monopol der in den Dienst des Systems gestellten Wissenschaft zu brechen, das Gute aus ihrem Erbe zu übernehmen und es durch die Synthese mit der Kritik des Konkreten in Form von Wahrheit zu präsentieren. Jegliche anti-systemische ideologische, politische und wirtschaftliche Aktivität kann sich auf die Grundlage dieser Arbeit stellen und sich so erfolgreich weiterentwickeln. Die Haupteinheiten der sozialwissenschaftlichen Arbeiten können als Akademien und Institute errichtet werden. Diese Institutionen können je nach Bedarf in jeglichem Bereich gesellschaftlicher Verhältnisse aufgebaut werden. Eine ideologische Strömung lässt sich als die Anpassung von Wissen auf gesellschaftliche Bereiche durch einen institutionellen Prozess definieren. Die Kultur des Nahen Ostens besitzt dafür einen reichen Erfahrungsschatz. Die Frühphasen der Ausbreitung der Religionen und der Aufbau von Bruderschaften (*tarīqa*) und Konfessionen spiegeln derartige Aktivitäten wider.

Auch die heutige Zivilgesellschaft können wir als ein Beispiel für diese Arbeit betrachten — wenn auch mit Defiziten. Der Feminismus, eine wichtige zivilgesellschaftliche Bewegung, ist im Grunde eine ideologische Strömung. Daher muss er auf einem wissenschaftlichen Fundament ruhen. Doch die feministischen Strömungen bleiben angesichts der enormen Last der auf der Frau lastenden, von Hierarchie, Macht und Staat gedeckten patriarchal-sexistischen Gesellschaft in deren Analyse, bei der Präsentation von Lösungsmodellen und bei der Konkretisierung von Bemühungen in dieser Richtung im eigenen Leben oft zu schwach und erfolglos. Ohne außergewöhnliche Persönlichkeiten haben es Freie-Frauen-Militante schwer, erfolgreich zu sein. Die erreichten begrenzten Erfolge werden zudem durch die täglichen, sehr umfassenden Angriffe der sexistischen Gesellschaft assimiliert. Daher sind die Gründung und die Praxis ideologischer, politischer und wirtschaftlicher Kommunen, die an der Freiheit der Frau ausgerichtet sind, unverzichtbar.

Bei der Demokratisierung der nahöstlichen Kultur ist eine Grundlage für Erfolg, die Zivilgesellschaft geradezu wie die Stämme und Klans der neuen Zeit zu betrachten und den gleichen Ansatz auch für die religiösen Traditionen zu verfolgen – kurz gesagt: Sozialwissenschaft so zu betreiben, dass sie quasi an das Leben von Klans, Stämmen, Konfessionen, Bruderschaften (*tarīqa*) und religiösen Institutionen erinnert. Dies geschieht, indem man sie, wenn nötig, mit dem Erbe dieser Traditionen verbindet und ergänzt und sich gegebenenfalls selbst wie diese organisiert.

Auch wenn sich politische Strömungen und Bewegungen von ideologischen unterscheiden, so stehen doch beide in enger Beziehung zueinander und müssen dies auch. Politische Strömungen, die keinen ideologischen Wert besitzen, sind selbst nicht besonders wertvoll. Genauso können ideologische Strömungen, die sich nicht in der politischen Realität abbilden, kein wertvolles Niveau erreichen.

Der Hauptzweck des ideologischen Kampfes ist die Entwicklung der moralischen und politischen Gesellschaft. Die moralische und politische Gesellschaft zu entwickeln, ist nur durch ideologisches Handeln, gestützt auf die Sozialwissenschaft, möglich. Besser gesagt: Ohne Sozialwissenschaft lässt sich moralischer und politischer Aktivismus nicht entwickeln. Die Gesellschaft, die den Macht- und Kapitalmonopolen gegenübersteht, können wir nur durch ideologisches und politisches Handeln, das sich auf Sozialwissenschaft stützt, bewahren und weiterentwickeln. Ohne das hierarchische, machtorientierte und etatistische Erbe auszusortieren, ohne ein

ideologisches und politisches Handeln zu betreiben, das wir entgegen den täglichen Gegebenheiten zu einer alltäglichen Lebensweise machen, lässt sich die Demokratisierung der nahöstlichen Kultur nicht bewerkstelligen.
7. Die monopolistischen Kräfte Europas, des hegemonialen Zentrums der kapitalistischen Moderne, begannen auf Grundlage der Lektionen aus fünfhundert Jahren Kriegen, Konflikten und Spannungen ab den 1950er Jahren mit radikalen Reformen ihrer Struktur. Die Europäische Union (EU) ist das Ergebnis dieser Lektionen. Ihr Ziel ist aber nicht die Überwindung der kapitalistischen Moderne, sondern sie lebenswerter und nachhaltiger zu machen. In der nahöstlichen Kultur ist eine Demokratisierung durch die Einwirkung dieser Reformen schwierig. Die Moderne wird die Kultur der Region durch die schlimmsten Auswirkungen des Monopolismus in eine Atmosphäre von immer mehr Widersprüchen, Konflikten und Kriegen ziehen. Die einzige Rettung besteht in einem radikalen Bruch mit den Auffassungen und Strukturen der Moderne sowie in einer alternativen Moderne. Die demokratische Moderne entstand aus diesem historischen und tief verwurzelten Bedürfnis heraus. Die demokratische Moderne, die dem Kapitalismus, Industrialismus und National-Etatismus die wirtschaftliche Gesellschaft, die ökologische Gesellschaft und den demokratischen Konföderalismus entgegenstellt, stellt in der nahöstlichen Kultur den Hauptfaktor der Demokratisierung dar. Die Kräfte der demokratischen Moderne führen in einer Synthese die agrarisch-dörfliche Gesellschaft, die im historischen Hintergrund stets gegen die herrschende Zivilisation stand, die nomadischen Stämme, die Handwerker*innen und Gegner*innen der Sklaverei mit den Gegner*innen der kapitalistischen Moderne zusammen. Ihnen wird es in der Folge von Bemühungen um Revolutionen und Reformen auf der Grundlage von wirtschaftlicher Gesellschaft, ökologischer Gesellschaft und demokratisch-nationaler Gesellschaft gelingen, in einem langfristigen Kampf gegen die drei Hauptelemente der kapitalistischen Moderne ihre Überlegenheit zu beweisen.

Zu sagen: »Zwischen zwei unterschiedlichen und widersprüchlichen Modernen wird es immer Krieg oder Frieden geben«, ist ein falscher Ansatz. Revolutions- und Reformprozesse sowie ihre Gegenreaktionen können sich in Form von Kriegen und Konflikten entwickeln, genauso aber auch in Form von friedlichen Kompromissen. Die beiden Modernen sind Strukturen mit komplexen Verhältnissen und Widersprüchen, die sich manchmal intensivieren und offen für Kriegsprozesse, manchmal Kompromisse eingehen und offen für Friedensprozesse sind. Dass sie Alternativen zueinander darstellen, realisiert sich nicht durch die in den Begriffen »kurzfristig« und »mittelfristig« ausgedrückten täglichen Ereignisse und Politiken oder durch Veränderungen während der Reifungsprozesse der Systeme. Derartige radikale Transformationen können nur als Ergebnis langfristiger struktureller, systemischer Krisen stattfinden. Die Kämpfe zwischen den Zivilisationen und Modernen und die Bestrebungen, Alternative zueinander zu sein, dauern seit fünftausend, fünfhundert, zweihundert Jahren an und sind ein Prozess, der immer noch mit voller Geschwindigkeit abläuft. Wie überall auf der Welt wird auch in der Kulturregion Naher Osten kurz-, mittel- und langfristig durch alternative Lebensweisen, Organisierungs- und Aktionsverständnisse (Strategie) und -praktiken (Taktik) die kapitalistische Moderne, die sich in einer strukturellen Krise befindet, überwunden werden. Die demokratische Moderne wird als Epoche, deren Werte obsiegen, Wirklichkeit werden und Sinn finden.

Den Nahost-Teil meines Manifests der demokratischen Zivilisation muss ich hiermit beenden. Dieser Teil stellt den vierten Band dar. *»Die kurdische Frage und ihre Lösung, die demokratische Nation«*[88], das ich als letzten Band geplant habe, wird eine Darstellung sowohl der Probleme der Moderne als auch der Lösungsmodelle enthalten. Um zu erhellen, worauf in meiner Person abgezielt wird und was verurteilt werden soll, ist diese mehrbändige Erklärung notwendig – davon bin ich überzeugt. Wenn das Individuum den Schnittpunkt von Geschichte und Gesellschaft im Augenblick darstellt, so wird sein richtiger (Selbst-)Ausdruck und seine richtige Verteidigung der freie Aufbruch der Geschichte und der Gesellschaft sein.

4. August 2009
Abdullah Öcalan
Einpersonengefängnis İmralı

88 Der fünfte Band konnte erst nach langem Ringen um die Überstellung des Manuskripts an den Europäischen Gerichtshof für Menschenrechte 2012 erscheinen. Arbeitstitel war »Zivilisation und Moderne in Kurdistan«. Der vollständige endgültige Titel lautet übersetzt *»Die kurdische Frage und ihre Lösung, die demokratischen Nation. Verteidigung eines Volkes im Klammergriff des Genozids«*.

Stichwortverzeichnis

B

F

G

H

J

K

T

Z

Biografien

Abdullah Öcalan

Abdullah Öcalan ist Gründer der Arbeiterpartei Kurdistans (PKK). Seit seiner Verschleppung 1999 ist er unter Isolationsbedingungen auf der Insel İmralı inhaftiert. Im Gefängnis verfasste er mehr als zehn Bücher, welche die kurdische Politik revolutionierten. Er schreibt ausführlich über Geschichte, Philosophie und Politik und gilt als Schlüsselfigur für die politische Lösung der kurdischen Frage. Öcalan leistet Beiträge zur Diskussion über die Suche nach Freiheit und entwarf den demokratischen Konföderalismus als nicht-staatliches politisches System. Sein Hauptwerk ist das fünfbändige *Manifest der demokratischen Zivilisation*. Seine Schriften wurden in mehr als zwanzig Sprachen übersetzt.

Leyla Güven

Leyla Güven ist kurdische Politikerin. Sie war Bürgermeisterin von Wêranşar (Viranşehir), Co-Vorsitzende des Demokratischen Gesellschaftskongresses und wurde zweimal als HDP-Abgeordnete ins Parlament der Türkei gewählt. In mehreren politischen Verfahren wurde sie zu langjährigen Haftstrafen verurteilt und saß von 2010 bis 2014 und von Januar 2018 bis Januar 2019 in türkischen Gefängnissen. Im November 2018 initiierte sie einen Hungerstreik gegen die totale Isolation Abdullah Öcalans, dem sich Tausende andere Gefangene, Politiker*innen und Aktivist*innen anschlossen und der über 200 Tage anhielt. Seit Dezember 2020 ist Leyla Güven wieder im Gefängnis, sie wurde zu 22 Jahren Haft verurteilt. Das Vorwort zu diesem Buch schrieb sie im Frauengefängnis Diyarbakır.

Bibliografie

Eine Liste der vom Autor verwendeten Literatur ist unter http://ocalanbooks.com/#/bibliography abrufbar.
Information und weitere Materialien zu diesem Band finden sich auf
https://ocalanbooks.com/#/book/die-demokratische-Zivilisation

Abdullah Öcalans Gefängnisschriften

Aktuelle deutschsprachige Ausgaben

Zur Lösung der kurdischen Frage – Visionen einer demokratischen Republik (2000)
Jenseits von Staat, Macht und Gewalt (2019)
Die Roadmap für Verhandlungen (2019)
Plädoyer für den freien Menschen | Urfa – Segen und Fluch einer Stadt (Neuaufgelegt 2019)
Gilgameschs Erben – Vom sumerischen Priesterstaat zur demokratischen Zivilisation, Band 1 (2019)
Gilgameschs Erben – Vom sumerischen Priesterstaat zur demokratischen Zivilisation, Band 2 (2019)
Manifest der demokratischen Zivilisation
- Band I: Zivilisation und Wahrheit – Maskierte Götter und verhüllte Könige (2019)
- Band II: Die kapitalistische Zivilisation – Unmaskierte Götter und nackte Könige (2019)
- Band III: Soziologie der Freiheit (2020)
- Band IV: Die demokratische Zivilisation (2023)

Noch nicht auf Deutsch erschienen

Manifest der demokratischen Zivilisation
- Band V: *Kürt Sorunu ve Demokratik Ulus Çözümü* (türkisch 2012) (*Die kurdische Frage und und ihre Lösung, die demokratische Nation*), deutschsprachige Ausgabe in Arbeit

Broschüren mit Auszügen aus den Gefängnisschriften
Krieg und Frieden in Kurdistan (2018)
Demokratischer Konföderalismus (2018)
Befreiung des Lebens: Die Revolution der Frau (2019)
Demokratische Nation (2019)

Mehr Informationen und PDF-Ausgaben auf ocalanbooks.com